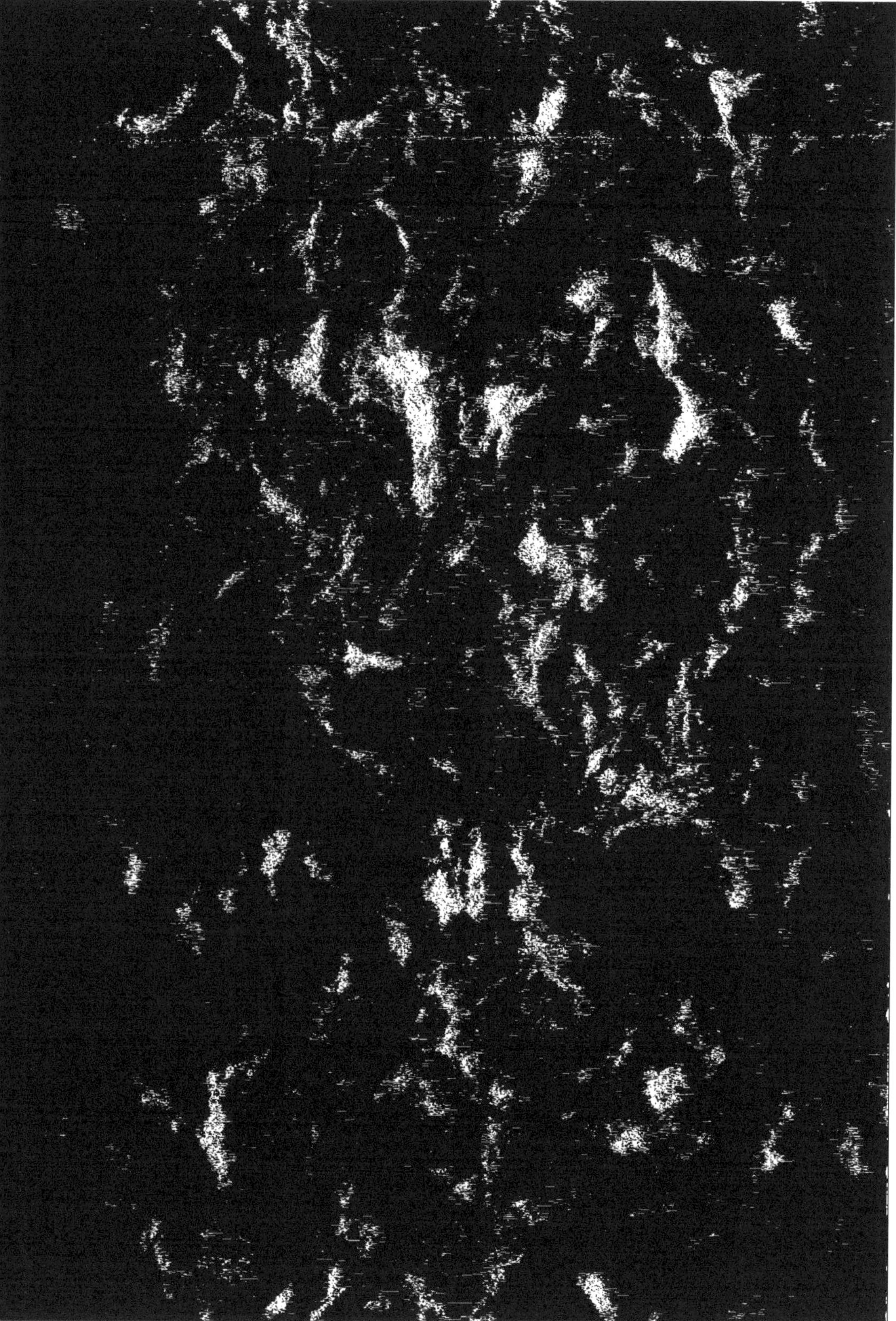

# HISTOIRE

DES

# HOTELLERIES,

## CABARETS, COURTILLES,

ET DES ANCIENNES COMMUNAUTÉS ET CONFRÉRIES

D'HOTELIERS, DE TAVERNIERS, DE MARCHANDS DE VINS, ETC.

PARIS. TYPOGRAPHIE DE HENRI PLON, RUE GARANCIÈRE, 8.

LE LIVRE D'OR DES MÉTIERS.

# HISTOIRE

DES

# HOTELLERIES,

## CABARETS, COURTILLES,

ET DES ANCIENNES COMMUNAUTÉS ET CONFRÉRIES

D'HOTELIERS, DE TAVERNIERS, DE MARCHANDS DE VINS, ETC.,

PAR

FRANCISQUE-MICHEL & ÉDOUARD FOURNIER.

TOME SECOND.

PARIS.

ADOLPHE DELAHAYS, LIBRAIRE-ÉDITEUR,

4-6, RUE VOLTAIRE, 4-6

1859

# LIVRE PREMIER.

---

## HOTELLERIES; CABARETS.

(SUITE.)

# CHAPITRE V.

## LES HOTELLERIES ET LES CABARETS

### DU XV^e AU XVI^e SIÈCLE.

SOMMAIRE. Misère de Paris au commencement du xv^e siècle. — Les Anglais et les loups maîtres de la ville. — Famine. — Les tavernes désertées par les buveurs et hantées par les conspirateurs. — Édit du roi anglais Henri VI qui restreint de moitié le nombre des cabaretiers. — Plaintes des poëtes. — Regrets du temps passé. — Le chanoine Roger de Collerye. — Comment ce prêtre est le prototype de Roger Bontemps. — Son histoire. — Sa manière de dire les offices. — Ce qu'était sa chapelle. — L'*office du vin* selon l'auteur du *Catholicon des mal advisez*. — Appel fait par Roger Bontemps à tous les bons drôles, surtout aux suppôts de la basoche. — Un mot sur le cabaret du *Pot de cuivre* à Dijon où s'assemblent les enfants de la *Mère-folle*. — La *nef des fols*. — Les enfants *Sans-soucy*. — Ballade que Marot écrit pour eux. — Le mardi gras de l'an de bombance 1511. — *Teneur du cry* ou annonce qui invite tous les *sotz* à cette fête. — Le *prince des sotz* aux Halles. — Une ballade d'Étienne Dolet. — Pourquoi cet imprimeur poëte fut brûlé, et pourquoi les écoliers ne durent pas le plaindre. — Un dernier mot sur Roger-Bontemps. — Discussion à propos de son nom, etc. — Encore les moines au cabaret. — Le moine aux monosyllabes. — Les jacobins au cabaret du *Treillis vert*. — Les taverniers hypocrites. — Images saintes dans leurs bouges. — Comment chaque chambre des hôtelleries porte un nom de saint ou de sainte. — Le diable cabaretier. — Bon tour que lui jouent des soldats. — Comment toute l'histoire de la réforme se passe dans les tavernes, etc. — La vente des indulgences. — Ce que dit Cornelius Agrippa dans son livre de la *Vanité des sciences* sur les moines mendiants. — Les Augustins et autres moines comparés aux bohémiens. — Luther et Carlostadt à l'*Ourse noire*. — Une histoire de cabaret racontée par Bossuet. — Naissance de Calvin à l'hôtellerie des *Quatre nations*. — Hôtes divers des tavernes. — Les avocats et les voleurs pêle-mêle. — Les soldats et les servantes. — Une cabaretière au xvi^e siècle. — Les cabarets-tripots. — Une cause célèbre en 1599. — Assassinat dans l'hôtellerie des époux Bellanger. — Complots dans les tavernes et les hôtelleries. — La conspiration d'Amboise à l'hôtel garni. — Le tripotier Becquet. — Assassinat chez les taverniers Perrichon et Levasseur pendant la ligue. — Édit de 1562 sur la police des hôteliers et cabaretiers. — Philosophes et poëtes à l'hôtellerie et au cabaret. — Villon; sa vie dans les tavernes. — Rabelais. — Sa naissance à l'hôtellerie de *la Lamproye*, etc. — Mellin de Saint-Gelais. — Sa *folie aux hostelliers*. — Passerat, son sonnet sur les auberges d'Angerville et d'Artenay. — Montaigne en voyage. — Ce qu'il raconte des auberges de Suisse et d'Italie. — Curieux détails. — Excursions dans les cabarets de Rome. — Érasme. — Ce qu'il dit des hôtelleries de la Suisse et de l'Allemagne. — Shakespeare. — Comment une grange d'auberge est son premier théâtre, etc. — Conclusion.

Le xv$^e$ siècle est un temps de deuil pour nous. Si nous voulions le bien décrire avec toutes ses détresses et toutes ses misères, il faudrait mettre un crêpe à notre plume ou plutôt laisser là notre œuvre, bien qu'elle doive être le récit des douleurs sociales aussi bien que le tableau des débauches et des infamies.

Paris alors est aux mains des Anglais. C'est une ville captive et bâillonnée. Au lieu d'un roi fou, la conquête lui a donné pour souverain un enfant presque idiot, l'imbécile Henri VI. Le peuple y meurt de tristesse et de faim. Autrefois au moins, dans les plus mauvaises années du règne de Charles VI, il avait, pour se distraire un peu, le spectacle des fêtes et des mascarades bruyantes qu'on donnait à l'hôtel Saint-Pol, le palais des grands *esbattements* royaux ; ou bien, comme allégement de ses ennuis, comme satisfaction de ses haines cruelles, il lui était encore donné de voir, à certains jours, le supplice de quelques grands rebelles, décapités en place de Grève ou clandestinement noyés dans la Seine, aux environs de la tour de Nesle ou de la tour de Billy ; il avait aussi ses journées de représailles en ce temps-là, journées sanglantes des *maillotins* et de caboche, où le maillet populaire avait raison de la dague féodale ; journées de massacre et de débauche, où l'on passait sans encombre de la Grève, toute ruisselante de carnage, à la taverne, toute pleine de bruit et de rires joyeux, de l'orgie du sang à l'orgie du vin. C'étaient là les belles journées du peuple, le droit de tuer, le droit de boire dans toute leur hideuse licence; mais maintenant, ces jours si terribles par leurs crimes et même par leurs joies sont passés. Paris n'est plus libre, Paris est à son tour la proie d'une conquête. Le peuple qui lui est le plus odieux, l'Anglais, pour lequel il se sent au cœur une haine d'instinct, le tient pantelant dans ses serres, c'est une sentinelle anglaise qui garde ses portes, c'est un roi anglais qui trône dans son hôtel Saint-Pol et dans son Louvre, c'est un fauconneau anglais qui, toujours braqué et mèche allumée, le regarde et le menace du haut des noirs créneaux de la Bastille. Toutes les misères à la fois l'accablent et le dévorent, ce pauvre peuple de Paris. Comme si ce n'était pas assez des Anglais pour le ronger jusqu'aux os, les bêtes fauves elles-mêmes se sont mises de la partie, et la curée est complète. Les loups sont sortis par bandes des bois immenses qui alors serraient de près la ville et lui faisaient comme une ceinture d'ombrages; ils sont entrés par les brèches des murailles, par les portes mal closes, et, à la nuit tombante, ils se ruent en hurlant sur les passants attardés. Ils rôdent surtout aux environs des cimetières « et même dans les rues, dit M. de Barante, pour dévorer les corps morts dont ils trouvaient abondance. » Le voisinage du cimetière Saint-Jean fait que la Grève en est infestée; mais les environs de celui des Innocents sont plus dangereux encore : « Et si, lisons-nous dans le *Journal du bourgeois*, mangèrent un enffent de nuit en la place aux Chats, derrière les Innocents. » C'est pendant l'hiver de 1420 que ces bandes errantes font le plus de ravages, en 1438 elles reparaissent; et alors, s'il fallait en croire le récit peut-être un peu exagéré du chroniqueur déjà cité, le nombre de leurs victimes s'accrut encore. Il paraîtrait qu'en septembre de cette année-là les loups dévorèrent quatorze personnes entre Montmartre et la porte Saint-Antoine.

Encore est-ce là le moindre et le plus évitable des maux qui s'étaient abattus sur Paris et qui le dévoraient en ce temps-là. La famine était un fléau bien autrement terrible, et qui, le froid aidant, jetait sur le pavé des rues un bien plus grand nombre de victimes : « La ville, écrit M. de Barante, continuait à souffrir une horrible misère; le pain devenait chaque jour plus rare et plus cher; il fallait se lever la nuit pour aller faire foule à la porte des boulangers, et encore, il n'y en avait pas pour tout le monde. Les riches qui pouvaient, outre le prix du pain, payer pinte ou chopine de vin au garçon boulanger, étaient les seuls servis. On voyait de pauvres petits enfants se traîner dans les rues en pleurant et en criant : « Je meurs de faim. » Ils tombaient sur les fumiers où on les trouvait morts d'inanition et de froid; car le bois était devenu aussi d'une rareté extrême, et ce n'était pas une des moindres souffrances. »

A quoi bon ajouter qu'au milieu de toutes ces misères celle des cabaretiers était la plus grande. Ces gens, qui vivent de la joie et de l'abondance, devaient naturellement être les premières victimes de la détresse publique et de la famine. C'est ce qui arriva ; nos vins, proie de la conquête, étaient emportés par immenses naulées en Angleterre. A la place, on nous rendait cette froide ale anglaise dont nous vous avons déjà dit l'histoire en lui laissant le nom de *godale* (bonne *ale*), qu'on lui donnait alors un peu par antiphrase. On nous laissait aussi, comme par grâce, nous abreuver d'une mauvaise piquette faite de pomme et de prunelles, et qu'on appelait *despense*.

Comment vouliez-vous qu'avec de pareilles boissons à mettre en vente, et dans un temps pareil, les cabaretiers pussent mener leur métier? Aussi, la plupart fermaient-ils boutique ; ou bien ne l'ouvraient que pour tenir chez eux assemblées clandestines où se tramait à bas bruit la ruine de l'Anglais. La police de Henri VI et de son tuteur, le duc de Bedfort, faisait bonne garde ; elle eut connaissance de ces menées des taverniers, qui, pour se dédommager de n'avoir plus de vin à vendre et de pratiques à enivrer, faisaient métier et marchandise de politique et de complots ; le 23 février 1429, une ordonnance que nous avons déjà citée plus haut fut rendue par le roi anglais en vue de ces désordres. Ceux qui se faisaient les agents de ces conspirations de tavernes furent menacés des peines les plus sévères ; et, afin de mieux couper court au mal en rendant moins nombreux les bouges où il s'abritait et trouvait son aliment, un de ses articles réduisit de soixante à trente-quatre le nombre des cabaretiers qui exerçaient alors à Paris.

De là, nouvelles imprécations contre le roi anglais ; de là, nouvelles plaintes de tous ces pauvres diables, qui regrettaient le temps passé, le *bon temps*, et dont l'ivresse des cabarets, quelque piteuse et frelatée qu'elle fût alors, était la dernière consolation.

Nous n'en finirions pas s'il fallait vous citer toutes les pages des livres de ce temps-là où les regrets de ce *bon temps* se trouvent formulés en phrases plus ou moins amères. C'était le thème favori des poëtes ; partout, quel que fût le caractère de l'œuvre qu'ils écrivissent, ils trouvaient le moyen de glisser des vers pleins d'angoisses, comme désolation du présent et comme regret du passé. Voici par exemple ce que nous lisons dans le *Mistere du viel Testament par personnages*, etc., scène de *Laban*, *ses bergiers*, *et ses filles*, *et de la venue de Jacob en Mesopotamye* :

SUFFÈNE.

Le bon temps, qu'est-il devenu,
Jetham? il n'en est plus nouvelles.

JETHAM.

A ceste heure il est descongneu
Le bon temps.

SARRUG.

Qu'est-il devenu?
Plus n'est comme je l'ay congneu.

SUFFÈNE.

Est-il chanu?

SARRUG.

Est-il ange ou s'il a des elles,
Le bon temps?

SUFFÈNE.

Qu'est-il devenu,
Jetham?

JETHAM.

Il n'en est plus nouvelles, etc.

Un de ceux qui se distinguèrent le mieux par ces plaintes contre la misère du temps présent, parce que sans doute il s'était aussi distingué le mieux par son ardeur pour les joies et les orgies du temps passé, ce fut un chanoine d'Auxerre nommé Roger Collerye; assez bon poëte, mais gourmand meilleur. Il chanta si bien le *bon temps*, le regret étant pour sa muse ce que l'indignation avait été pour celle de Juvénal; il personnifia si complétement en lui l'objet de ses plaintes, qu'on ne les sépara plus; le poëte et son sujet ne firent qu'un tout, sous une seule et même appellation. De par sa bonne humeur et le caractère joyeux de ses vers, le chanoine auxerrois perdit son nom de Collerye pour prendre celui de Bontemps, et comme son prénom de Roger lui resta toujours, on eut en lui, complétement baptisé, le type encore vivant de la gaieté populaire, toujours franche, gaillarde, épanouie, éclatante; Roger Bontemps. M. de Paulmy consacre ainsi cettte origine du célèbre type : « Roger de Collyrie n'est vraiment illustre que parce que l'on assure que c'est lui qui est le véritable Roger Bontemps. Bontemps était en effet le sobriquet qu'il avait adopté et sous lequel il se désignait dans ses poésies. Il le justifiait par le genre de ses productions, toujours gaillardes et même un peu libertines. Cependant il était prêtre, et secrétaire de l'évêque d'Auxerre... »

Quelques vers, extraits çà et là de ses poésies, petit volume rarissime publié en 1536, nous prouveront mieux encore comment le renom joyeux du chanoine n'est pas un renom usurpé.

Commençons par les plaintes, qui ne durent guère chez lui, et qui sont toujours tempérées d'un sourire. C'est dans son *Dialogue des abusez* qu'on trouve les plus amères :

— Quel temps court-il? — Temps à redire.
— N'est pareil au temps passé.
— Du temps passé mon cœur soupire,
Au temps qui court le monde empire
De jour en jour. — J'en suis lassé.
— Or, est le bon temps trépassé.

Mais la plainte, encore une fois, ne dure guère pour le chanoine bon vivant, c'est la note la plus brève de sa gamme poétique. Bontemps est mort, vient-il de dire, eh bien, il faut qu'il renaisse, ajoute-t-il presque aussitôt, comme s'il voulait qu'il n'y eût pas interruption dans sa lignée joyeuse, et qu'il en fût au contraire pour cette dynastie de la joie comme pour celle de la royauté. Bontemps est mort! Vive Bontemps! Et pour qu'il ressuscite mieux, c'est en lui que le chanoine le fait revivre. Tout d'abord, il se compose un digne cortége, une cour tout à fait bien *duisante*. Pour faire appel à tous ceux qu'il veut pour compagnons et pour escorte, il ne dit qu'un mot : Je suis Bontemps. Or, s'écrie-t-il dans la ballade dont cet appel est le sujet :

Or, qui m'aymera si me suive,
Je suis *Bontemps*, vous le voyez.
. . . . . . . . . . . .
Moi, mes suppôts, à pleine rive,
Nous buvons d'une façon vive
A ceux qui y sont convoyés.
Danseurs, sauteurs, chantres, oyers (rôtisseurs),
Je vous retiens de ma chapelle.

Sa chapelle! digne chanoine, et qu'était-ce que cette chapelle? vous l'avez dit déjà sans doute, une bonne et grasse taverne bien close et bien hantée; quelque cabaret dont il desservait les offices en compagnie de cet autre chanoine auxerrois dont il fit l'agréable épitaphe, prêtre d'aussi bon appétit que lui, prenant pour devise : Courte prière et long dîner; passant volontiers ses heures en taverne, empruntant avec plaisir, rendant avec peine, et lequel enfin, pour en finir avec lui par quelques vers de l'épitaphe :

A ses debteurs disoit des paraboles,
Et les payoit doucement en paroles.
Aucunes fois au sexe féminin
Se démontroit gracieux et benin, etc.

Sa chapelle, encore une fois, car ce mot un peu profane ici nous tient au cœur, sa chapelle, à ce brave Roger de Collerye, c'était celle de tous les prêtres de ce temps-là, celle de ces moines dont parle si souvent Rabelais et qui laisseraient plutôt troubler le *service divin* que le *service du vin;* celle encore de ces gourmands tonsurés dont Laurens Desmoulins nous décrit les rites gastronomiques dans son livre si rare le *Catholicon des maladvisez :*

Les gros gourmands n'ont jamais d'autre église
Qu'une cuisine où ils font leur service,
Et le prêtre est que pas fort je ne prise;
Le cuisinier qui fait par haute guise
Oblation au ventre et sacrifice,
Car autre Dieu n'ont, la chose est notice.
. . . . . . . . . . . . . .
Et leur autel est sans qu'on le demande,
La belle table où souvent on gourmande.
L'odeur des mets est l'encens délectable.

Roger lui-même avoue qu'il n'avait pas d'autre foi et ne pratiquait jamais d'autre culte :

> A Dieu foisois, en tout temps et saison,
> Soigneusement brève et courte oraison,
> Trouvé n'étois en roches ni cavernes,
> Soigneusement visitois les tavernes.

Et pour mener là la vie joyeuse avec toute sa licence, pour y boire *d'autant et d'autel*, comme dit encore Rabelais, *pour y manger patenotres et tout*, il ne se contentait pas de la sequelle ardente, gloutonne et libertine, qu'il a conviée tout à l'heure, il lui fallait encore, pour grossir son cortége, les clercs du Parlement, les clercs du Châtelet, toute la basoche enfin, bande trop austère par métier pour ne pas être avide de gaillardises dans ses récréations, gent trop braillarde pour ne pas être toujours altérée. Sus, leur dit-il :

> Bon pied, bon œil, sus, à coup qu'on s'éveille;
> Francs chastelains, soudain, tôt à l'estrade.
>
> . . . . . . . . . . . . . . .
>
> Gentils suppôts, aujourd'hui je conseille,
> Pour éviter d'avoir la bouche fade,
> Qu'en un préau, au dessoubs d'une treille,
> A ces flacons vous tirerez l'oreille.

Quel appel gaillard et bien digne de trouver un écho dans tous les cabarets et sous toutes les treilles de la France, depuis Auxerre la vermeille jusqu'à Sens, autre grasse cité, toute pleine de gras chanoines ; depuis Dijon, la bonne ville du bon vin bourguignon, où les gais suppôts de la *mère folle* tenaient leurs assises à cet éternel cabaret du *Pot de cuivre*, ouvert et baptisé en 1250, et encore debout au milieu du XVII^e^ siècle, en 1630 ; jusqu'à Paris, cette capitale si plantureuse en toutes sortes de biens et de joies ; ce chef d'ordre de toutes les compagnies du plaisir, de toutes les congrégations de la bombance. Jamais, que nous sachions, ses écoliers, fussent-ils de la nation allemande et *lichards* (*leccatores*) de la nef des fols (*navis stultifera*), jamais ses basochiens, je dis les meilleurs, les plus gais, ceux qui menaient le mieux farces et *sotties* en rayant de leur talon ferré la surface glissante de la table de marbre, jamais enfin ni les *enfants Sans-soucy*, ni aucun des sujets du prince des sots n'avaient ouï proclamation plus affriandante, *cry* plus digne de les provoquer aux *franches lippées* de la fête de l'Ane et aux ivresses des tavernes.

Je n'en excepte, pour entrer en parallèle et l'emporter sur cette pièce du chanoine d'Auxerre, que la ballade composée par Clément Marot pour ses compères les *enfants Sans-soucy*, et la fameuse complainte *Teneur du cry*, rimée pour le mardi gras de 1511, à l'occasion d'une grande représentation de Gringore. Nous allons vous donner ballade et *cry ;* aussi bien ce sont choses de notre sujet ; vous croiriez, tant ils allèchent à l'ivresse et poussent aux hantises du cabaret, ouïr encore l'appel du cabaretier vous hélant de la voix et du geste, et, du haut de son seuil, vous provoquant à boire. Par ma foi, si après avoir lu ces vers friands vous vous sentez en humeur de ripaille, ne vous en prenez qu'aux poëtes qui vous y auront mis par leurs rimes alléchantes, et dites volontiers ce que disait le héros des *Débats et facétieuses rencontres de Gringalet et de Guillot Gorgeu, son maistre :* « Le tavernier a plus de tort que moy, car passant devant sa porte, et luy étant assis (ainsy qu'ils sont ordinairement); il me cria, me disant : Vous plaist-il de déjeuner céans? Il y a de bon pain, de bon vin et de bonne viande. »

Nous commencerons par la ballade, laquelle, nous le répétons afin de vous donner mieux le désir de la lire, est de maître Clément Marot :

## BALLADE DES ENFANTS SANS-SOUCY.

Qui sont ceux-là qui ont si grand envie
Dedans leur cueur, et triste marisson,
Donc cependant que nous sommes en vie,
De maistre ennuy n'écoutons la leçon ?
Ils ont grand tort, veu qu'en mainte façon
Nous consommons nostre florissant âge.
Sauter, danser, chanter à l'avantage,
Faux anvieux est-ce chose qui blesse ;
Nenny pour vray, mais toute gentillesse
Et gay vouloir qui vous tient en ses laqs,
Ne blasmez pas doncques nostre jeunesse,
Car noble cueur ne cherche que soulas.

Nous sommes druz, chacun ne nous suit mye,
De noirs soucys ne sentons le frisson,
Mais de quoy sert une teste endormie?
Autant qu'un bœuf dormant près d'un buisson,
Languards piquants plus forts que hérisson,
Ou plus reclus qu'un vieil corbeau en cage,
Jamais d'autruy ne tiennent bon langage ;
Toujours s'en vont cherchant quelque finesse.
Mais entre nous nous vivons sans tristesse,
Sans mal penser, plus aises que prélats,
Sans dire mal, c'est donc grande simplesse,
Car noble cueur ne cherche que soulas.

Bon cueur, bon corps, bonne phizionomie,
Boire matin, fuyr noise et tanson ;
Dessus le soir, pour l'amour de sa mie,
Devant son huys la petite chanson,
Trancher du brave et du mauvais garçon ;
Aller de nuict sans faire aulcun outrage,
Se retirer ; voilà le tripotage.
Le lendemain recommencer la presse
Conclusion : nous demandons liesse ;
De la tenir, jamais ne fûmes las,
Et maintenant que cela est noblesse,
Car noble cueur ne cherche que soulas.

ENVOY.

Princes d'amour à qui devons hommage
Certainement, c'est un fort grand dommage
Que nous n'avons en ce monde largesse
Des grands trésors de Junon la déesse
Pour Vénus suivre, et que dame Pallas
Nous vint après réjouir en vieillesse,
Car noble cueur ne cherche que soulas.

Voyons maintenant le *Teneur du cry*, qui eut tant d'échos des Halles jusqu'à la place Maubert, au mardi gras de l'année de bombance 1511 ; mais auparavant, écoutez ce que dit M. Sainte-Beuve sur cette grande journée de farces et de *beuveries*, où l'argot et le vieux *gof* des Halles eurent si beau jeu. Ce vous sera une occasion de savoir, si vous ne le savez déjà, ce qu'était, au XVIe siècle, une représentation dramatique.

« Le mardi gras de l'année 1511, dit donc M. Sainte-Beuve, est surtout mémorable, dans l'histoire du théâtre, par la représentation du *Prince des sots* et de *Mère sotte*, qui se donna aux halles de Paris, sous la direction de Jean Marchant, charpentier, et de Pierre Gringore, compositeur. Le spectacle était composé d'une sottie, d'une moralité et d'une farce, et la sottie elle-même, composée d'un *cry*, espèce de prologue en style d'argot. A l'appel qui leur est fait, les sots de toute espèce s'assemblent : On voit arriver les grands de la cour, le *seigneur de Joye*, le *seigneur du Plat*, le *seigneur de la Lune*, le *général d'Enfance;* on cause de l'excellent prince :

UN DES SOTS.

On lui a joué de fins tours.

UN AUTRE SOT.

Il en a bien la congnoissance,
Mais il est si humain tousjours,
Quand on a devers luy recours,
Jamais il ne use vengeance.

« Les abbés et prélats font défaut ; on cherche l'*abbé de la Courtille*, autrement dit *de Plate bourse :*

Je cuyde qu'il est au concile.

» Il arrive pourtant tout essoufflé. On jase très-librement des absents :

Vos prélats ont ung tas de moynes,
Ainsy que moines réguliers ;
Mais souvent dessouls les courtines
Ont créatures fémynines
En lieu d'Heures et de Psautiers.

» Dans la scène suivante arrive *Mère sotte* « habillée par-dessous en Mère » sotte, et par-dessus son habit ainsi comme l'Église ; » elle déclare à *Sotte occasion* et à *Sotte France*, ses deux confidentes, qu'elle veut usurper le temporel des rois, et, à la faveur de son déguisement, elle s'applique à séduire les prélats et abbés du *Prince des sots*. *Plate bourse* et les autres courent au piége. Ces prélats révoltés et les seigneurs fidèles engagent un combat, pendant lequel le prince découvre la robe de Mère sotte, et lui arrache son vêtement emprunté. Les combattants alors reconnaissent leur erreur, et s'entendent pour déposer la fausse papesse. Notez que *Sotte commune*, c'est-à-dire le bon peuple qui paie, n'a cessé de faire entendre ses doléances à travers ce jeu..... *plectuntur Achivi*. L'allusion personnelle au pape paraît encore plus à nu, s'il est possible, dans la moralité de l'*Homme obstiné*, qui fut jouée après la sottie. D'une part, le *peuple français* et le *peuple italique* déplorent leurs maux, de l'autre, *Simonie* et *Hypocrisie* célèbrent leurs propres vices, et l'*Homme obstiné* en *miles gloriosus*, énumère les siens dans une ballade; comment il aime à faire et défaire les rois; à braver ciel, terre et enfer; à boire soir et matin du *vin de Candie friand et gaillard*, etc. Mais, à l'arrivée de *Pugnition divine*, qui menace les endurcis des flammes éternelles, et à la vue des *Démérites communes*, en qui chacun peut reconnaître ses péchés comme en un miroir, tout le monde se convertit, excepté l'*Homme obstiné*, qui persévère dans l'impénitence et qui reste piqué du *ver-coquin*, comme il dit. Le même jour du mardi gras 1511, ajoute M. Sainte-Beuve, la sottie et la moralité furent suivies d'une farce joyeuse tout à fait étrangère aux affaires publiques, et qui n'avait de hardi que son obscénité. Malgré tout, un souvenir historique s'attache à cette représentation des Halles qui faisait ainsi, comme la petite pièce et les violons à la veille du concile de Pise et de la bataille de Ravenne. Nous avons là nos franches atellanes gauloises; c'est déjà notre vaudeville. »

Oui, nous sommes de l'avis du savant et ingénieux critique, c'est déjà notre vaudeville, moins la morgue prétentieuse et l'apprêt cherché; plus la franchise et la modestie. Ils ne cherchent pas leur esprit, ces braves gens de la table de marbre; ils ne courent pas après, et quand ils l'ont trouvé, ils ne le thésaurisent pas en avares; ils le donnent tel qu'il éclôt, en pleine verve, en plein éclat de rire; ils le dépensent comme une richesse infuse et intarissable; et même, voilà le plus merveilleux, alors qu'ils sont le mieux en fonds de ce bon et savoureux esprit, et qu'ils le prodiguent avec le plus de largesse, ils veulent toujours qu'on les appelle *sotz*, compères de *Mère-sotte*, suppôts des *sotties*. N'est-ce pas la plus malicieuse des antiphrases, la plus adroite et la plus ironique des contre-vérités. Le *cry* qui annonce ce beau mardi gras dramatique de 1511 est fait au nom de la compagnie des *Sotz*, et ne s'adresse qu'aux *sotz* de toutes sortes. Écoutez plutôt :

## LA TENEUR DU CRY.

Sotz lunatiques, sotz étourdis, sotz sages,
Sotz de ville, sotz de château, de village,
Sotz rassotez, sotz nyais, sotz subtils,
Sotz amoureux, sotz privez, sotz sauvages,
Sotz vieux, nouveaux, et sotz de toutes âges,
Sotz barbares, étranges et gentilz,
Sotz raisonnables, sotz pervers, sotz rétifs,
Vostre prince, sans nulles intervalles,
Le mardy gras jouera ses jeux aux Halles.

Sottes dames et sottes damoiselles,
Sottes vieilles, sottes jeunes et nouvelles,
Toutes sottes aymant le masculin,
Sottes hardies, couardes, laides et belles,
Sottes fresques, sottes douces et rebelles,
Sottes qui veulent avoir leur picotin,
Sottes trottantes sur pavé, sur chemin,
Sottes rouges, maigres, grosses et palles,
Le mardy gras jouera le prince aux Halles.

Sotz ivrognes aymant les bons loppins,
Sotz qui ayment jeux, tavernes, esbatz,
Tous sotz jalloux, sotz gardant les patins,
Sotz qui faites aux dames les choux gras,
Advenez y, sots lavez et sotz salles,
Le mardy gras jouera le prince aux Halles.

Mère sotte semond toutes ces sottes;
N'y faillez pas y venir, bigottes,
Car en secret faites de bonne chière,
Sottes gaies, délicates mignottes,
Sottes qui êtes aux hommes familières,
Montrez-vous moult douces et cordiales,
Le mardy gras jouera le prince aux Halles.
Fait et donné, buvant à pleins potz,
Par le prince des sotz
Et ses suppotz.

Nous ne savons vraiment pourquoi M. Sainte-Beuve disait tout à l'heure que ce *cry* « est une espèce de prologue en style d'argot. » Il est bien en français vraiment, et en français le meilleur qui se parlât en ce temps-là, je ne dis pas au Louvre où notre pauvre langue tendait déjà à se dénaturer en s'italianisant, mais aux Halles, mais à la place Maubert. Or, n'est-ce pas là que Malherbe allait prendre leçon de bon et franc langage? M. Sainte-Beuve a donc eu tort de faire fi de cette pièce et surtout de ne la pas donner. Pour nous, nous nous serions bien gardé d'un pareil dédain, d'un pareil oubli. S'il est des vers que nous passions discrètement sous silence, ce ne sont pas ceux-là, ce sont ceux, au contraire, qui poussent au mépris de nos héros ordinaires, à la haine de l'ivresse, à la désertion des tavernes. Nous ne citerions pas, par exemple, dans toute son étendue, certaine ballade d'Estienne Dolet, dans laquelle il s'avise, l'ingrat! de conseiller la sobriété aux écoliers d'Orléans, et de leur dire :

> Laissez à part vos vineuses tavernes,
> Museaux ardents de rouge enluminés.

Dire aux écoliers d'alors, aux enfants Sans-soucy, d'abandonner la taverne, mais c'en était assez pour être lapidé en pleine place Maubert; aussi Dolet y fut-il brûlé vif. Les pamphlets qui avaient été la cause de sa condamnation et l'avaient conduit au bûcher, étaient, j'en suis sûr, aux yeux des écoliers, une raison de supplice moins grave que la malencontreuse ballade où il déconseille l'ivresse. Ceux des écoliers qui la connaissaient durent le maudire sur son bûcher; le chanoine d'Auxerre, plus rigoureux encore, l'aurait excommunié.

Tout ce que nous vous avons raconté sur les basochiens, ses compères, nous a quelque peu distrait et détourné de ce qui nous restait à dire de ce bon prêtre; pourtant, nous ne nous en sommes pas éloigné autant que vous pourriez croire; est-on loin du curé quand on parle des paroissiens? Nous pouvons donc, sans encombre et sans plus de transition, reprendre son histoire. Pour en finir avec lui comme nous avons commencé, c'est de l'origine de son surnom de Roger Bontemps que nous allons vous entretenir encore une fois.

Tout le monde n'est pas d'accord sur l'étymologie que nous vous en avons donnée. Il est beaucoup de gens qui lui cherchent une autre origine dans laquelle notre chanoine auxerrois n'entre pour rien. Pasquier, par exemple, n'est pas de notre avis, ce que nous lui rendons bien en n'admettant pas celui qu'il émet lui-même au chapitre soixante-deuxième du livre VIII de ses *Recherches de la France*. D'abord, il commence par se moquer, avec un dédain spirituel, de ces recherches d'étymologies populaires; « car je vous prie, dit-il, quel profit rapportera-t-on, apprenant dout vient le *Roger Bontemps* et telles autres particularitez, sinon pour faire le moi, ce que quelques auteurs anciens reprenoient en un Junius Codrus, qui, en escrivant les Vies des empereurs de Rome, par une superstition trop grande, particularisoit par le menu mille petites façons de faire qui estoient en eux, lesquels non seulement ne servoient d'aulcune édification, mais au contraire apportoient ennuy à qui les lisoit. « ... Se ravisant cependant, il ajoute bientôt : « Je veux donc dire que le *Roger Bontemps* que nous practiquons pour dénoter l'homme de bonne chère, est ainsi dit par abus, au lieu de Rouge Bontemps; parce que ceste couleur au visage de toute personne promet je ne scay quoi de gai et non soucié, comme au contraire la couleur blesme est ordinairement accompagnée d'une humeur fade et mélancholique. » Cette opinion de Pasquier n'est que soutenable, personne toutefois ne l'a partagée, aucun livre ne l'a reproduite. L'abbé Tuet, dans ses *Matines Senonoises*, est de l'avis de l'abbé Lebœuf, et par conséquent du nôtre. Le Duchat, étymologiste un peu hasardeux selon son habitude, suit le même procédé que Pasquier. Il veut que le nom de Roger soit une altération, et c'est le mot *réjoui* qu'il y retrouve travesti. Il est vrai qu'en plusieurs provinces, notamment dans l'Orléanais, on dit encore non pas un *Roger*, mais un *réjoui Bontemps*. Mais ce n'est pas tout, ces dissidences étymologiques ne s'arrêtent pas là. Fleuri de Bellingen, dans son livre si curieux des *illustres proverbes*, cherche à son tour le prototype du viveur proverbial, et ce n'est pas dans la personne de notre chanoine qu'il prétend le retrouver; selon lui, le premier Roger Bontemps fut un seigneur nommé *Roger*, de la famille de *Bontemps*, dans le Vivarais, lequel était un homme sans souci, et grand amateur de la bonne chère. Le dictionnaire de Trévoux reproduit en ces termes l'opinion de Fleuri de Bellingen à propos du nom-proverbe : « Il vient d'un seigneur nommé Roger, de la maison de Bontemps, fort illustre dans le pays de Vivarais, dans laquelle le nom de Roger est toujours affecté et propre à l'aîné, depuis plusieurs siècles ; et parce que le chef de cette maison fut un homme fort estimé par sa valeur, sa belle humeur et sa bonne chère, on tint à gloire, en ce temps-là, de l'imiter en tout, et plusieurs se firent, par honneur, appeler *Roger Bontemps;* ce qui, par corruption, a été étendu aux fainéants et aux débauchés. » Pour conclure, disons qu'on ne s'en est pas encore tenu là; une dernière version étymologique, toute différente des précédentes, a été émise notamment par Quitard, qui s'exprime ainsi dans son *Dictionnaire des proverbes :* « On a prétendu que la dénomination de *Roger Bontemps* concernait Pierre Roger, troubadour du XII^e siècle, chanoine d'Arles et de Nîmes, qui abandonna ses bénéfices pour aller de cour en cour, jouer des comédies dont il était auteur; mais on n'a appuyé cette assertion d'aucune preuve. »

Ainsi, en s'égarant pour la plupart, nos étymologistes ont fouillé toutes les classes de la société, pour trouver l'ancêtre de la race joyeuse des Roger Bontemps; celui-ci en a fait un chanoine, celui-là un bon gros gentillâtre, cet autre un gai jongleur; ce qui prouverait au moins une chose, c'est que parmi tous ces gens de castes si diverses, il y avait assez de gaieté native, assez de bonne humeur, pour qu'on pût hésiter entre eux et ne savoir à laquelle de ces castes rieuses renvoyer l'honneur de la rieuse origine. Il n'y a guère qu'au peuple qu'on n'ait point songé; le pauvre Bonhomme était si misérable et si morose en ces temps-là, qu'on ne pouvait en conscience s'imaginer qu'un type si jovial pût naître et grandir chez lui. Mais depuis, sa gaieté s'est bien émancipée; de triste et morose qu'il était, il est devenu rieur, gabeur et narquois. Pendant que la verve et le rire du noble, du chanoine et du poëte s'éteignaient peu à peu, sa verve et son rire à lui s'éveillaient et prenaient le dessus; c'est au point qu'aujourd'hui, remettez en question cette origine douteuse du vieux type, et vous verrez tout le monde s'écrier que ce doit être un enfant du peuple, que le peuple seul a pu, dans un jour d'ivresse, donner un pareil fils à la joie, que le peuple, enfin, est de droit le vrai père de Roger Bontemps. Béranger n'a pas pensé autrement. Ayant à chanter notre personnage, il ne s'est inquiété ni du chanoine d'Auxerre, ni du gentillâtre du Vivarais, ni du troubadour toulousain; pour le trouver tout créé, bien vivant, en pleine joyeuseté, il l'a demandé au peuple; il l'est allé chercher dans la mansarde; il en a fait un gamin de Paris; un de ces gueux aimables qui chantent à tout propos le refrain déjà si célèbre au XVII^e siècle.

Vivent les gueux...

Enfin, un bon buveur de Courtille, un beau chanteur de cabaret :

Aux gens atrabilaires,
Pour exemple donné,
En un temps de misères,
Roger Bontemps est né.
Vivre obscur à sa guise,
Narguer les mécontents,
Eh, gai! c'est la devise
Du gros Roger Bontemps.

Du chapeau de son père
Coiffé dans les grands jours,
De roses et de lierre
Le rajeunir toujours;
Mettre un manteau de bure,
Vieil ami de vingt ans;
Eh, gai! c'est la parure
Du gros Roger Bontemps.

Posséder dans sa hutte
Une table, un vieux lit,
Des cartes, une flûte,
Un broc que Dieu remplit,
Un portrait de maîtresse,
Un coffre et rien dedans,
Eh, gai! c'est la richesse
Du gros Roger Bontemps.

Aux enfants de la ville
Montrer de petits jeux;
Être un faiseur habile
De contes graveleux;
Ne parler que de danse
Et d'almanachs chantants;
Eh, gai! c'est la science
Du gros Roger Bontemps.

Faute de vins d'élite,
Sabler ceux du canton;
Préférer Marguerite
Aux dames du grand ton;
De joie et de tendresse
Remplir tous ses instants;
Eh, gai! c'est la sagesse
Du gros Roger Bontemps.

Dire au ciel : Je me fie,
Mon père, en ta bonté ;
De ma philosophie
Pardonne la gaieté ;
Que ma saison dernière
Soit encore un printemps ;
Eh, gai ! c'est la prière
Du gros Roger Bontemps.

Vous, pauvres pleins d'envie ;
Vous, riches désireux ;
Vous, dont le char dévie
Après un cours heureux ;
Vous qui perdrez peut-être
Des titres éclatants ;
Eh, gai ! prenez pour maître
Le gros Roger Bontemps.

Oui, nous le répétons, ce Roger Bontemps de Béranger, né du peuple, grandi chez le peuple, est bien le Roger Bontemps de notre XIXe siècle, mais encore une fois, ce ne peut pas être en même temps celui du XVIe. Les deux époques ne peuvent pas avoir un même représentant de la joie, un même type de l'ivresse; de nos jours, c'est un homme du peuple ; en ce temps-là, ce devait être un chanoine, ou peut-être encore un moine mendiant ; mais ce qui est certain, c'est que, de nécessité, ce devait être un homme d'église. Si vous vous souvenez de ce que nous vous avons dit sur les moines au cabaret dans notre dernier chapitre, et même si vous n'avez en mémoire que les vers cités tout à l'heure de Roger de Collerye et de Laurens Dumoulin, vous ne nous démentirez pas, vous vous trouverez en effet suffisamment édifiés sur les mœurs sacerdotales et monastiques, et sur l'insatiable amour de toutes joyeusetés qui faisaient alors l'essence et le mobile de la vie de l'église et du cloître. Nous ne nous en tiendrons pourtant pas là. Nous savons trop de choses à ce propos pour que nous ne vous fassions pas un peu nos confidents. Nos mains sont pleines de vérités, et nous ne sommes pas de l'humeur timorée de Fontenelle, qui les fermait en pareil cas, nous, nous les ouvrons toutes grandes, au risque de faire crier un peu au scandale.

Selon Marot, il n'y avait bon docteur de l'église qui, pour se bien ouvrir les idées et se bien éclaircir la vue, ne bût quelques larges rasades du meilleur, un verre de vin étant pour ces casuistes la glose la mieux explicative, la plus lumineuse des scholies. Priez, dit-il, dans le *Second colloque d'Erasme :*

Priez doncques ces beaulx docteurs
Qu'aux sainctz escriptz ils vous en treuvent
Quelque passage ; et s'ils ne peuvent,
Commandez-leur de boire un verre
De bon vin de Beaulne et d'Auxerre,
Ils pourront bien faire cela...

Par malheur, il arrivait parfois à nos docteurs que l'abus de la lumineuse liqueur amenait pour les yeux de l'esprit, comme pour ceux du corps, les ténèbres après la clarté. La vue se perdait, mais nos docteurs tenaient bon : ils divaguaient et buvaient à tâtons, voilà tout; les plus sages se tenaient le raisonnement que Marot rima si bien peut-être encore en souvenir de quelque chanoine, dans cette très-jolie épigramme :

Le vin qui trop cher m'est vendu
M'a la force des yeux ravie;
Pour autant il m'est défendu
Dont tous les jours m'en croît l'envie.
Mais, puisque lui seul est ma vie,
Malgré les fortunes senestres,
Les yeux ne seront pas les maistres
Sur tout le corps, car, pour raison,
J'aime mieux perdre les fenestres,
Que perdre toute la maison.

Quand nos gens d'église et de cloître ne s'en prenaient ainsi qu'à leur santé et ne satisfaisaient qu'aux dépens de leur corps cette ardeur insatiable qu'ils avaient pour l'ivrognerie et la bonne chère, ce n'était que demi-mal; c'était même bénédiction, le péché trouvait ainsi son purgatoire terrestre. Mais c'était pis quand il fallait que le bien du pauvre en souffrît, quand ces dépenses des honteuses ripailles étaient faites sur l'argent des aumônes; quand, recourant à d'indignes mensonges, on déclarait employées en œuvres pies les sommes qui, en réalité, avaient été gaspillées au cabaret. C'est pourtant ce qui arrivait à journée faite. Aussi, dans tous les libelles qui parurent au XVI^e siècle contre le clergé et les moines, ne se fait-on pas faute de le dire hautement; on y va jusqu'à nommer les tavernes où s'assemblaient ces moines gloutons et faisant carrouses. On lit, par exemple, au livre I^er, chapitre XXXVI de l'*Introduction au traité de la conformité des merveilles anciennes avec les modernes* : « Et alors (Jean Menard) composa un livre appelé Déclaration de la règle et estat des cordeliers, où il descouvre quelque peu le pot aux roses; et entre autres choses escrit qu'outre ce qu'il falloit pour la pension du couvent de Paris, on demandoit tant souvent argent pour avoir habillements, livres, papier, encre, pour la despense faicte en maladies, etc., qu'il en demeuroit assez pour visiter le *Pannier verd*, près des Jacopins, et autres tavernes et maisons secrettes. »

Chaque fois que les vieux conteurs ont des moines à mettre en scène hors de leurs cloîtres, soyez assurés que c'est à la taverne ou dans une hôtellerie qu'ils vous les feront voir, ici caressant l'hôtesse ou la servante, là mangeant gloutonnement, et de peur de perdre une bouchée, se gardant bien de parler autrement que par monosyllabes, à la façon de ce moine dont Bonaventure Desperriers a fait le héros de sa LX^e nouvelle :

« Quelque moine passant par pays arriva dans une hôtellerie sur l'heure de souper. L'hôte le fait asseoir avec les autres, qui avoient déjà bien commencé; et mon moine, pour les atteindre, se met à bauffrer d'un tel appétit, comme s'il n'eût vu de trois jours pain. Le galant s'étoit mis en pourpoint pour mieux s'en acquitter, ce que voyant, un de ceux qui étoient à table lui demandoit force choses, qui ne lui faisoit pas plaisir; car il étoit empêché à remplir sa poche. Mais, afin de ne perdre guère de temps, il répondoit tout par monosyllabes rimés; et crois bien qu'il avoit apprins ce langage de plus longue main, car il y étoit fort habile. Les demandes et les réponses étoient. Un lui demande : « Quel habit portez-vous? — Froc. — Combien êtes-vous de moines? — Trop. — Quel pain mangez-vous? — Bis. — Quel vin buvez-vous? — Gris. — Quelle chair mangez-vous? — Bœuf. — Combien avez-vous de novices? — Neuf. — Que vous semble de ce vin? — Bon. — Vous n'en buvez pas tel? — Non. — Et que mangez-vous les vendredis? — OEufs. — Combien en avez-vous chacun? — Deux. — » Ainsi cependant, il ne perdoit pas un seul coup de dent, et il satisfaisoit aux demandes laconiquement. S'il disoit ses matines aussi courtes, c'étoit un bon pilier d'église. »

Nos moines avaient leurs cabarets attitrés, leurs hôtelleries de choix, et il est bien entendu que ces hôtelleries et ces tavernes étaient celles où l'on recevait le mieux, où l'on mangeait grassement, où l'on buvait largement, le tout à bon marché. Il se trouvait des aubergistes assez bons apôtres, des hôtesses assez bonnes dévotes pour faire aux moines tous ces avantages, même à leurs propres dépens. Il est vrai que les bonnes âmes avaient sur les autres pratiques un dédommagement tout prêt. Certaine hôtelière que Bonaventure Desperriers met en scène dans sa CXIX[e] nouvelle était du nombre de ces dévotes hôtesses si avenantes aux moines, et cela au grand déplaisir de son fils, qui, du reste, sut bien s'en venger, et par une gaillarde *cautelle*.

« Au diocèse d'Anjou, fut une bonne femme vefve, hôtesse, laquelle, par bonne dévotion, avoit accoutumé logé les cordeliers, et les bien traiter selon son pouvoir; dont un sien fils en fut marri, voyant qu'ils dépendoient beaucoup du bien de sa mère, sans espoir de récompense; et pour ce délibéra les étrangers. » Suit le récit de sa vengeance, pour laquelle un maître *jeune veau*, innocente bête, lui sert trop bien de complice. Comme le conte est grivois et a des parties au moins gaillardes, nous vous laisserons aller le lire au lieu indiqué. Qu'il vous suffise ici de savoir que la *cautelle* réussit au mieux. Le cordelier, que le fils de l'hôtesse voulait faire déguerpir, et que le jeune veau, caché dans sa chambre, assaillit de nuit, et de la plus burlesque manière, poussa les plus beaux cris. « Adonc le pauvre cordelier commença à crier hautement miséricorde, incontinent s'en retourna coucher, implorant la grâce de Dieu, disant les sept psaumes et autres oraisons. » La farce était jouée, la vengeance prise, le jeune garçon n'en voulait pas davantage. « Le lendemain, devant les quatre heures, le fils retourna aussi secrètement qu'il avoit fait auparavant, et emmena son veau. Quand les pauvres cordeliers furent levés, ils annoncèrent à l'hôtesse de céans ce qu'ils avoient ouï la nuit, et lui donnoient à entendre que c'étoit un trépassé qui faisoit céans sa pénitence; et ainsi décrièrent tant cette hôtellerie en le racontant à tous les frères qu'ils rencontroient, qu'oncques puis n'y logea cordelier n'y autre moine. »

Cette peur qui a pris les bons moines, cette frayeur des trépassés et des revenants écartaient beaucoup de gens des hôtelleries; car la superstition que nous avons trouvée en Allemagne existait aussi dans toutes les provinces de France, de même qu'au delà du Rhin on y croyait aux sortiléges des aubergistes, et au retour nocturne des esprits dans leurs bouges; les âmes, se disait-on en cela, revenant de préférence au lieu où le corps avait été frappé : or, comme vous le savez et comme nous nous réservons de vous le faire voir encore, les meurtres étaient toujours fréquents dans les auberges.

Afin d'écarter ces idées sinistres et de mettre leur gîte à l'abri des maléfices et des piéges du diable, les hôteliers y multipliaient sur les murs des figures pieuses, des images de sainteté. On n'y voyait pas seulement alors, comme au XVIIe siècle, de ces tableaux des quatre saisons, grossièrement enluminés, qui inspirèrent à madame de Sévigné sa charmante et spirituelle phrase sur « les printemps d'hôtellerie; » ni les douze mois de l'année, « l'un semant, dit Monteil, l'autre moissonnant; l'un taillant la vigne, l'autre vendangeant; l'un tuant un cochon, l'autre s'asseyant devant une bonne table. » L'hôtelier voulant plutôt sanctifier qu'orner son logis, ne s'accommodait pas seulement « de ces femmes en peinture dont il est parlé dans les *Dames galantes* de Brantôme, que l'on porte de Flandres et que l'on met au-devant des cheminées d'hostelleries et cabarets avecques des flûtes d'Allemant au bec. » Il lui fallait aussi, à cet hôte dévôt, des *crucifiements*, des *images de la passion*, des figures de martyrs, etc.; enfin, toute une série de beaux cadres comme ceux que Monteil fait acheter par son aubergiste de Pithiviers. « Dans les salles, lui fait-il dire, je mis grand nombre de formes, d'escabelles; et ce que les voyageurs aiment encore mieux, des images pour attendre plus patiemment les heures des repas. Je les fis venir de Tours, je les fis placer sur velours, dans de beaux cadres; et comme je ne suis rien moins que jaloux de ma science d'hôtelier, et que je ne crains rien moins que de la faire connaître, je dirai qu'une bonne hôtellerie ne peut se passer d'une arche de Noé avec tous les différents animaux qui, à travers les ouvertures, passent leurs têtes, qui chantent, qui crient ou qui bêlent; d'une tour de Babel avec ses canonnières et ses canons; des principaux patriarches avec l'habit bourgeois de la Champagne et le chapelet au bras; d'un crucifiement avec un bon larron dont l'âme est reçue par un ange, et un mauvais larron dont l'âme est fouettée par un diable, etc..... »

Encore n'était-ce pas assez de ces images saintes; l'hôte ne croyait pas de cette façon sa maison suffisamment sanctifiée et recommandable aux âmes dévotes. Il donnait à chacune de ses chambres ainsi pieusement décorées le nom d'un saint ou d'une sainte, singulier système de numérotagè dont le martyrologe faisait les frais, et qu'indique assez justement comme étant une parodie sacrilége, ce bon Artus Désiré. Il est le seul qui nous ait transmis ce détail, et voici comment il en parle dans un couplet de son rarissime petit poëme, la *Loyauté consciencieuse des taverniers*, auquel nous aurons à faire tant et de si utiles emprunts :

Semblablement toutes leurs chambres painctes,
Où il n'y a qu'ordure et ivrongnise,
Portant les noms des benoistz sainctz et sainctes :
Contre l'honneur de Dieu et son Église,
L'une s'appelle à leur mode et devise
Le Paradis, et l'autre Saint-Clément;
Et quand quelqu'un rabaste fermement,
L'hostesse crie, André, Guillot, Mornable,
Laisse-moy tout, et va legerément
En Paradis compter de par le diable
Son si veut chauffer
Portent le fagot
Robin ou Margot,
De par Lucifer.

Les hôteliers et les cabaretiers avaient beau faire avec toutes leurs momeries, elles n'empêchaient pas que pour le commun elles ne passassent pour lieux de sorcelleries hantés par tous les démons qui venaient apprendre sur terre leur métier de mauvais diables. Les uns, disait-on, diablotins ou diablotines, se faisaient valets ou chambrières, comme il est écrit au livre Ier, p. 4, du livre *De l'imposture du diable;* les autres, plus délurés, s'établissaient hardiment taverniers, en ayant soin, bien entendu, de n'arborer leur enseigne que dans quelque lieu bien sombre, au coin de quelque bois bien ténébreux, rappelant ainsi l'enfer par ses terreurs et par son ombre. Les voleurs, dignes pratiques, venaient seuls dans ces bouges, et le diable tavernier happait de première main les âmes des malheureux qu'ils y tuaient chaque nuit; ou bien, c'étaient encore des soldats pillards, matois, plus matois que le diable, et capables de le faire endiabler lui-même. Guillaume Bouchet nous conte à ce propos une très-amusante histoire dans la *quinzième série* de son second livre :

« Je vous feray certain, dit-il, de ce que j'ay leu en un livret, pourquoy c'est que les picoreurs et gens de guerre s'amusent tant à remuer mesnage, et bouleverser coffres, sacs et bahuts, cercher de tous costez; mesme creuser la terre et mettre le nez partout. Or il est escrit en ce livret, qu'une compagnie de soldats estant en un bourg, ne laissoient coing ne cornière sans cercher, visiter et creuser; parquoy on leur demanda dont cela venoit que les gens d'armes souloient espier et fureter tous les lieux où ils estoient les maistres et les plus forts. Un soldat balafré leur en donna une bonne raison, leur disant : « — Qu'un petit diable fut une fois envoyé d'enfer pour voir le monde et pour se déniaiser parmy les hommes; et que ce petit diable s'estant mis tavernier près d'un bois, cinq ou six soldats vindrent en son logis, qui mangèrent à un repas toute la provision de la sepmaine, demandans toujours viandes de renfort. Le diabloton, qui estoit du nombre de ceux que les bonnes gens de village disent ne sçavoir que faire gresler le persil, leur dit qu'ils avoient tout mangé, et qu'ils devoient estre saouls de ce qui eust pu contenter dix fois autant d'hommes qu'ils estoient. — Comment, ventre! teste! dirent les soldats, penses-tu que si le diable estoit cuit, nous ne le mangeassions tout maintenant? » Le farfadet, tout espouvanté, s'enfuit d'où il estoit venu, et dist à ses compagnons ce qu'il avoit veu et ouy, qui arrestèrent de ne plus recevoir de là en après soldat en enfer. De manière que le mesme jour y estant descendus quelques tout droit, la porte leur fut fermée, et lettres authentiques données que doresnavant nuls soldats ne seroient reçeus en enfer, lesquelles lettres ils cerchent partout, et il n'y a coing ne cornière qu'ils ne visitent, pensans trouver leur lettre d'exemption, qu'ils ne peuvent recouvrer. Et cependant grippent tout ce qu'ils trouvent, et s'accommodent de tout ce qui leur est utile et nécessaire, faschez de la perte de telle lettre et privilége. Voilà par une raison, demanda celui qui faisoit le conte, digne de son autheur, qui devoit estre quelque bon goulu, qui parloit ainsi à l'advantage des soldats, desquels seroit l'enfer dès longtemps plein, s'il estoit ainsy qu'il se peut remplir? »

Cette histoire de démon nous ramène facilement aux moines, qui, à l'occasion, en eussent bien agi avec le diable comme avaient fait nos soudards; plus fins même et mieux avisés, peut-être l'eussent-ils pris à leur service, trouvant qu'office de diable n'est pas déplacé dans un cloître, et peut même y être nécessaire, ne fût-ce que pour ouvrir la porte aux vices, qui ne demandaient qu'à entrer en tels lieux. C'est ce que pensa certain prieur qui prit aux gages de son couvent je ne sais quel malin esprit qui s'était fait l'hôte de je ne sais quelle chambre d'auberge. Vous allez voir que ce diable devenu moine ne fut pas moins misérable que celui qui s'était fait cabaretier. C'est Martin Luther qui racontait l'histoire, et comme elle est amusante, on l'a placée parmi ses *Propos de table* :

« Le prieur d'un monastère se mit en voyage avec un autre frère, et quand ils furent arrivés à une auberge, l'hôte leur dit qu'ils étaient les bienvenus et qu'ils lui porteraient bonheur, car il avait dans une chambre un malin esprit que personne ne pouvait chasser, et ceux qui logeaient là étaient battus et tourmentés de toutes les façons. Et il ajouta qu'il ferait placer pour les respectables pères un bon lit dans cette chambre, car le diable n'aurait aucune prise sur d'aussi saints personnages. La nuit, lorsqu'ils se furent couchés et qu'ils voulaient dormir, l'esprit commença à faire du bruit et à les tourmenter; les moines se dirent alors l'un à l'autre : « Mon frère, demeure en repos et laisse-moi dormir. » Le diable revint une seconde fois, et il prit le prieur par le cou, et celui-ci s'écria : « Retire-toi, au nom du Père et du Fils et du Saint-Esprit, et reviens nous trouver dans le couvent. » Et, après qu'il eut ainsi parlé, ils restèrent en repos et ils s'endormirent. Lorsqu'ils revinrent dans le couvent, le diable était assis sur le seuil de la porte, et il se mit à crier : « Sois le bienvenu, père prieur. » Ils ne furent point troublés, car ils voyaient qu'il était en leur puissance et en leurs mains, et ils lui demandèrent ce qu'il voulait. Il répondit qu'il désirait les servir dans le couvent, et il demanda qu'on lui indiquât un endroit où ils pourraient le trouver lorsqu'ils auraient besoin de son service. Et ils lui assignèrent un coin de la cuisine; et, afin qu'on pût le reconnaître, ils lui donnèrent un froc auquel ils attachèrent une petite clochette, comme un signe auquel on le distinguât. Ensuite, ils l'appelèrent pour qu'il leur apportât de la bière. Alors, ils l'entendirent courir et dire : « Donnez-moi de la bonne bière, et je vous apporterai de bons écus. » Il fut connu dans la ville entière. Lorsqu'il allait chez un débitant et qu'on ne lui donnait pas la quantité convenable, il disait : « Donnez-moi pleine mesure et bonne bière, je vous ai donné de bon argent. » Ces papistes pensaient qu'il y avait de bons esprits qui pouvaient obtenir le salut, et qui servaient les hommes; c'est ainsi que les païens envisageaient leurs dieux lares, ignorant qu'ils n'adoraient que des démons. Un cuisinier du couvent se plut à tourmenter cet esprit en jetant des plats et des débris dans le coin où il était, et ayant continué, quoique averti plusieurs fois de cesser, l'esprit le blessa en faisant tomber sur lui une poutre de la cuisine; alors, le prieur le força de partir. »

Pour en finir avec ces histoires de diables au cabaret, que nous n'avons pu épuiser dans notre dernier chapitre, et qui sont la partie légendaire, la mythologie de notre livre, nous allons vous en donner une dernière, toujours d'après le récit qu'en faisait Martin Luther, mais revue et dramatisée par la plume humouristique de Henri Heine. Il commence par nous édifier sur cette croyance au diable qui possédait la forte intelligence de Luther, et qui est cause de sa presque continuelle intervention dans les *Propos de table* du grand réformateur :

« Au temps de la réformation, dit Henri Heine, le souvenir des légendes catholiques s'effaça rapidement, mais nullement la croyance aux enchantements et aux sorciers. Luther ne croit plus aux miracles du catholicisme, mais il croit encore à la puissance du diable. Ses *Propos de table* sont pleins d'histoires anciennes et curieuses où il est question des tours que fait Satan, des kobolds et des sorcières. Lui-même souvent il crut lutter avec le diable en personne. A la Wartbourg, où il traduisit le Nouveau Testament, il fut si fortement troublé par le diable, qu'il lui jeta son écritoire à la tête. Depuis ce temps, le diable a une grande horreur de l'encre, mais peut-être plus encore du noir d'imprimerie. Dans ses *Propos de table*, il est bien souvent question de la finesse et de l'astuce du diable, et je ne puis me dispenser de vous citer encore une histoire :

« Le docteur Martin Luther conte qu'un jour quelques bons compagnons étaient assis et devisaient dans un cabaret. Il y avait parmi eux un garçon impatient, emporté et sauvage, qui s'était mis à dire que si quelqu'un voulait lui donner une bonne pinte de vin, il lui vendrait son âme.

» Peu de moments après, un homme entra dans la chambre, s'assit près de lui, but avec lui et lui dit :

» — Écoute, tu as dit tout à l'heure que si quelqu'un voulait te donner une bonne pinte de vin, tu lui vendrais ton âme.

» Celui-ci répéta encore : — Oui, je le veux bien ; aujourd'hui buvons, faisons des folies et soyons de bonne humeur.

» L'homme, qui était le diable, dit oui, et bientôt après il disparut. Lorsque le même buveur eut passé joyeusement toute la journée, il se trouva ivre ; le même homme, le diable, revint, s'assit près de lui, et dit aux autres compagnons de débauche :

» — Mes chers sires, quand quelqu'un achète un cheval, la selle et la bride ne lui appartiennent-elles pas aussi? Que vous en semble?

» Tous eurent une grande frayeur. Mais finalement l'homme leur dit :

» — Allez, parlez nettement.

» Ils en convinrent et répondirent : — Oui, la selle et la bride lui appartiennent aussi. Alors le diable s'empara de ce garçon emporté, l'enleva par le toit, et personne ne sut jamais où il était allé. »

Henri Heine conclut ainsi :

« Bien que je porte le plus grand respect à notre grand maître Martin Luther, il me semble qu'il a complétement méconnu le caractère du diable. Celui-ci ne parla jamais du corps avec autant de mépris qu'il le fait en cette circonstance. Quelque mal qu'on ait dit du diable jusqu'ici, on ne l'a pas encore accusé d'être spiritualiste. »

Était-ce pour dégoûter de l'hôtellerie et de la taverne les Allemands poltrons que Luther les donnait presque toujours pour scènes à ses contes diaboliques? Nous ne le pensons pas. Le moyen, d'ailleurs, eût été assez peu efficace; les Allemands étaient peureux, c'est vrai, mais ils étaient encore plus ivrognes : ils avaient moins de peur pour le diable qu'ils n'avaient d'amour pour le vin. Quand Luther voulait détourner les Allemands de l'ivrognerie, il procédait autrement ; il savait alors leur faire des contes qui les prenaient non par la peur, mais par la nausée, moyen bien plus infaillible, quoique le buveur de ce temps-là fût de nature assez inaccessible au dégoût. Par exemple, pour leur donner une juste défiance des vins d'exportation et des ingrédients de toutes sortes qu'ils peuvent contenir, il leur racontait « qu'un juif opulent étant mort, avait ordonné que son corps fût porté à Ratisbonne: mais comme le cadavre d'un juif ne pouvait voyager sans s'exposer à payer des taxes considérables, les autres juifs déposèrent en secret le cadavre dans un tonneau plein de vin. Les voituriers, ignorant cette circonstance, burent souvent furtivement, durant la route, de ce vin où séjournait le cadavre du juif. Ils furent bien attrapés. »

Souvent il avait des paroles plus graves, et combattait par les raisonnements de la plus sévère morale le vice des ivrognes. Un jour on lui demanda : « Un délit commis dans un moment d'ivresse est-il excusable? » Il répondit par ces paroles d'un sens profond dont nos hommes de police et nos juges pourraient encore faire leur profit : « Nullement; au contraire, l'ivresse aggrave la faute. Les péchés cachés se manifestent durant l'ivresse, comme dit le proverbe : « Ce qui est dans le cœur de l'homme sobre est dans la bouche » de l'ivrogne. » Aussi, les hommes astucieux observent-ils ce que dit un homme ivre. Parlait-on des bons vins et se mettait-on devant lui à décrire et à détailler leurs qualités, lui aussitôt prenait la parole pour énumérer les maladies dont ils sont la source amère : « Nous abusons de la boisson, disait-il, et nos excès sont à notre détriment; ils nous causent diverses maladies, la pierre, la goutte. Ceux qui font usage du vin sont le plus souvent goutteux; la bière produit l'hydropisie. »

Quelquefois il allait jusqu'à monter en chaire pour mieux tonner contre les ivrognes, et pour mieux recommander aux juges la répression de leurs désordres et de leurs orgies bruyantes dans les cabarets :

« L'an 1534, le jour de Saint-Jean-Baptiste, le docteur Luther prononça une exhortation très-vive contre les buveurs qui faisaient tapage dans les tavernes, en dépit des préceptes de Dieu et des ordonnances de l'électeur, et qui donnent scandale aux étrangers. Il rappela aux magistrats qu'il était de leur devoir de punir de semblables désordres, de peur que la punition de Dieu ou de l'électeur ne vînt les frapper eux-mêmes. Pareils scandales ne doivent pas être tolérés dans la ville, à cause de l'Évangile. »

En 1539, il fait sermon pareil, dans lequel il n'est pas avare de citer de bons exemples.

« Le 10 mai 1539, jour du dimanche *Exaudi*, lisons-nous toujours dans ce curieux livre de ses *Propos de table*, le docteur Luther prononça un sermon très-véhément sur un texte des épîtres de saint Paul contre l'habitude brutale de l'ivresse à laquelle s'adonnent les Allemands, se rendant la fable de toutes les nations, se privant des biens corporels, de l'honneur et de la santé, et se fermant le ciel. C'est un vice qui mérite l'excommunication, et qu'il faut combattre de toutes les manières; autrement, les femmes et les enfants au berceau s'enivreront, et, au jour du jugement, le monde se trouvera rempli d'ivrognes. Il parla de la sobriété des Turcs, qui vivaient bien plus frugalement et qui faisaient usage d'une boisson qu'ils appelaient *maslack*, faite avec des herbes et du miel. Et ils avaient trois sortes de boissons différentes : la première, pour l'usage de tous les jours; la seconde, lorsqu'ils voulaient aller à la guerre; la troisième, quand ils voulaient approcher d'une femme, comme la bière de Torgau. »

Ailleurs, il s'en prend aux jeunes, qui, par le luxe de leurs habillements et leur goût pour les boissons, ne cessent de ruiner l'Allemagne :

« Si l'Allemagne, dit-il, n'avait besoin de tant de soieries et d'épiceries, elle serait certes bien plus riche. Nous pourrions bien renoncer à l'orge et boire de l'eau au lieu de bière; mais si les jeunes gens n'ont pas de bière, il leur semble qu'ils ne peuvent avoir aucune satisfaction. »

Mais il y a deux hommes dans Luther, le moraliste et le buveur : souvent, quand le moraliste a parlé, le buveur a soif; et alors surviennent de singulières contradictions. Il se trouve que notre docteur est tout aussi bon ivrogne que ceux qu'il sermonnait si fort; tout aussi fin gourmet que ces gais convives auxquels il montrait tant de maladies cachées au fond de leur hanap. Personne ne pleure mieux que lui sur le froid climat de l'Allemagne, patrie des tristes vendanges; personne n'a plus de haines pour les vins frelatés, et plus d'invectives contre ceux qui commettent pareil sacrilége.

« Nous autres Allemands, dit-il par exemple, nous sommes bien malheureux, car nous ne pouvons avoir aucune boisson bonne et franche. Les vins, qui nous viennent du Rhin ou d'ailleurs, sont fraudés par les conducteurs. Aussi les Italiens se moquent de nous et disent que celui qui boit de nos vins devient hydropique. Voici ce qui m'est arrivé : Un prince très-honorable m'envoya un tonneau rempli d'excellent vin du Rhin, et les conducteurs burent une portion de ce vin et substituèrent de l'eau à sa place. »

Luther avait été moine, il fallait bien qu'il se souvînt un peu de son ancien métier; il était Allemand, il fallait bien qu'il fût un peu de son pays. Il faut hurler avec les loups, il faut boire avec les Allemands. Luther se donnait d'instinct et par complexion naturelle ce conseil d'ivrognerie raisonnée, dont Balzac fit le texte d'une longue lettre à je ne sais quel officier français, prisonnier au delà du Rhin :

« Pour les Brindes d'Allemagne, dit-il, dont vous me parlez avec douleur, de la même sorte que des coups de bâton de Turquie, il me semble qu'en cela votre sobriété est un peu délicate. Il faut apprendre à hurler avec les loups, comme disent ceux qui parlent proverbe; et sans vous alléguer les grands capitaines, ne savez-vous pas que les sages ambassadeurs se sont enivrés autrefois pour le bien des affaires de leur roi, et ont sacrifié toute leur prudence et leur gravité à la nécessité des grands et à la coutume des pays où ils étaient? Je ne vous conseille pas la débauche défendue; mais je ne pense pas qu'il y ait du mal de noyer quelquefois vos ennuis dans le vin du Rhin, et de vous servir de cet agréable moyen d'accourcir le temps dont la longueur dure extrêmement aux prisonniers. »

Tous ces raisonnements un peu avinés de la lettre de Balzac, le solennel ivrogne, Luther, nous le répétons, les eût énergiquement combattus du haut de la chaire, mais comme à part lui, il leur eût donné raison! Comme il se les fût bien adressés à lui-même, alors qu'il était seul, méditant et buvant, méditant pour mieux boire, buvant pour mieux méditer, ou bien alors qu'attablé au cabaret avec son meilleur ami, le doux Mélanchthon, ils mettaient entre eux, pour aiguillon de l'entretien, un broc bien fourbi, plein d'excellente bière de Torgau, mousseuse et écumante aux bords! On connaissait ses goûts et on les flattait. Après son grand discours du 17 avril 1521, dans la grande salle de la diète, à Worms, le duc de Brunswick ne crut pouvoir mieux le dédommager de sa fatigue et le récompenser de son éloquence, qu'en lui envoyant quelques cruchons de bière.

« Notre cher maître, dit Henri Heine, était debout près d'une fenêtre, exposé à un courant d'air très-vif, tandis que la sueur découlait le long de son front. Son long discours l'avait sans doute beaucoup fatigué, et il paraît que son gosier était devenu très-sec. — Cet homme doit avoir sans doute grand'soif, — pensa le duc de Brunswick; du moins, nous lisons qu'il lui envoya à son auberge trois cruchons de la meilleure bière de Eimbeck. Je n'oublierai jamais cette noble action, qui fait tant d'honneur à la maison de Brunswick. »

Quand Carlostadt, disciple apostat de Luther, et chef nouveau des sacramentaires, vint jeter à la face de son ancien maître ce défi fameux qui fut le prélude d'une si grande querelle, qui mit le schisme dans le schisme, l'hérésie dans l'hérésie, c'est au cabaret qu'il vint le trouver, c'est à la taverne que fut lancé le grand cartel scolastique. Bossuet, au chapitre 3 du livre II de son *Histoire des variations*, nous a décrit cette scène étrange avec sa plume énergique et magistrale :

« A Orlemonde, dit-il, au sortir du sermon de Luther, il (*Carlostadt*) vint le trouver à l'*Ourse noire*, où il logeoit... Carlostadt déclare à Luther qu'il ne peut souffrir son opinion de la présence réelle. Luther, avec un air dédaigneux, le défia d'écrire contre lui, et lui offrit un florin d'or s'il l'entreprenoit. Il tire le florin de sa poche, Carlostadt le met dans la sienne.... Ils se promettent de faire bonne guerre. Luther but à la santé de Carlostadt et du bel ouvrage qu'il alloit mettre au jour. Carlostadt fit raison, et avala le verre plein. Ainsi, la guerre fut déclarée à la mode du pays. L'adieu des combattants fut mémorable :

» — Puissé-je te voir sous la roue, dit Carlostadt à Luther.

» — Et toi, puisses-tu te rompre le cou avant de sortir de la ville. »

N'est-ce pas étrange de voir de pareilles scènes, de pareilles luttes dont les plus vénérables dogmes de la religion sont l'objet, prendre des tavernes pour théâtre et pour lice? Il en fut pourtant ainsi pour la plupart des luttes braillardes et sanglantes des deux grandes révolutions religieuses, le luthéranisme et le calvinisme. On y parla moins du haut d'une chaire que du haut d'un banc de cabaret. Calvin, qui en cela fut mieux prédestiné que Luther, naquit tout préparé pour ces querelles trempées de vin et de sang, dans la grasse hôtellerie des *Quatre nations*, à Noyon. Le fils d'un hôtelier devait être porté d'élan contre une religion qui, comme le catholicisme romain, ordonnait des jours maigres; et d'élan aussi vers l'hérésie, qu'il rêva plus tard, laquelle, biffant du calendrier les jeûnes et le carême, proclamait la souveraineté universelle et quotidienne du gras. Qu'on n'aille pas croire que nous nous moquons : cette question du maigre et du gras fut pour beaucoup dans ces grandes querelles. Combien de gens en firent la question unique, le point important! combien prirent conseil de leur ventre en cette grave affaire de conscience, et se décidèrent d'après les raisonnements de leur appétit! Les sceptiques furent ceux qui se dirent comme Érasme : « J'ai l'esprit catholique et l'estomac luthérien, » et qui se firent à l'avenant une croyance mi-partie, n'étant ni chair ni poisson.

La première protestation contre le catholicisme fut une protestation du ventre plutôt qu'une protestation de conscience. Par quoi commence-t-on, en effet? Par l'inobservance du vendredi, des vigiles et du carême. Le premier manifeste huguenot à Paris fut quelque bonne oie bien grasse, achetée chez le meilleur rôtisseur de la rue aux Ouës et mangée sournoisement un vendredi de carême. Ces sortes de complots à la fourchette se tramaient surtout et se consommaient dans le faubourg Saint-Germain, aux environs de la rue de Seine, dans cette petite rue des Marais où devait venir mourir le dévôt Racine, et qui alors était un repaire de huguenots, le foyer le mieux attisé du calvinisme. Quand d'Aubigné en parle, voici ce qu'il en dit, comme au chapitre XIII du livre III de son *Baron de Fœneste :* « .... La *rue des Marais*, que nous autres appelons le petit Genève. »

Il y avait toujours dans le complot quelque cabaretier, digne confrère du père de Calvin. C'était lui qui dressait la table et qui assaisonnait le repas hérétique. La réforme religieuse, comme de nos jours la réforme politique, avait eu ses banquets facétieux. Le capitaine Frisquet mena Fœneste et Monrond dans l'une de ces tavernes huguenotes : on le voit par le passage dont nous venons de citer deux lignes; et la première rafle de calvinistes opérée par la police royale sous François Ier se fit aussi en lieu pareil. On y prit, chez un nommé Visconte, quinze ou vingt pauvres diables de huguenots en flagrant délit de viande mangée un vendredi, et vous allez voir ce qui leur en coûta, d'après le récit que Regnier de la Planche a fait de cette prise, dans son *Histoire de l'Estat de France*, etc., sous la date de 1559 :

« Et d'autant qu'il y avoit plusieurs captures à faire; outre ce que les juges du Chastelet et les commissaires départirent tous les sergents par bandes et cantons, il fut aussi mandé de la cour aux maistres du guet et aux archers de la ville de leur assister, fust de jour et de nuict; lesquels avec tous les bedaulx des juridictions ecclésiastiques et subalternes, faisoient assez bon nombre.

» Du commencement, afin de n'effaroucher personne, ils firent semblant de recercher quelques voleurs et larrons, et furent quelques jours rôdans çà et là, sans toutefois entrer en aucune maison suspecte de la religion, ny mesme approcher du faubourg Saint-Germain des Prés, qui estoit sur tous autres recommandé, pour ce qu'on l'estimoit une *petite Genève*, comme ils en parloient entre eux.

» Ceux de la religion s'estant ainsi rasseurez, tout en un coup ce faubourg fut assailli, et commença l'on en la *rue des Maretz*, près le Pré aux Clercs, chez un nommé Le Visconte, qui retiroit coutumièrement les allans et venans de la religion, et principalement ceux qui venoyent de Genève et d'Allemagne, en la maison duquel aussi se faisoient souvent de grandes assemblées. Et, afin de le surprendre mangeant de la chair aux jours défendus, comme il en avoit la réputation, ils dressèrent leurs embuscades par un jour de vendredy, chez les accusateurs, et nommément chez un clerc du greffe criminel nommé Freté, caut et rusé en ces matières, s'il en fut oncques. Aussi, estoit-il dressé de la main du feu président Lizet, en sorte que, quand on ne pouvoit tirer témoignage et confession suffisante des accusés de ce crime, on mettoit ce fin Freté aux cachots avec eux, lequel savoit si bien contrefaire l'évangéliste que le plus subtil et advisé tomboit en ses filets, et par ce moyen, on en avoit fait mourir beaucoup.

» Freté donc, alléché de la despouille de ses voisins, pour les avoir de longtemps remarquez, retira chez soy quarante ou cinquante sergents en sa part, qui y estoient entrez à la file. Et sur les onze heures, estant arrivé Thomas Bragelonne, surnommé Le Camus, conseiller au Chastelet (je le nomme ainsi à la différence de son frère, lieutenant particulier), avec deux ou trois commissaires des plus envenimés contre ceste doctrine, la maison de Visconte fut incontinent environnée et rudement assaillie. Mais combien que de quinze ou seize personnes qui estoyent à table, il n'y en eust que quatre qui fissent teste (car les autres se sauvèrent par-dessus les murailles et à travers champs), si firent-ils une telle résistance, se croyant assaillis par brigands et voleurs, que tous ces sergents furent mis en route, et les plus hardiz si vivement blessez qu'on pensoit qu'il en deust mourir une douzaine pour le moins; ce qui leur vint contre espérance, car ils faisoyent leur compte de prendre, piller et emprisonner, et non d'estre battus.

» En ce conflit, Bragelonne et ses commissaires furent en grand danger d'estre tuez, et n'eust été ce Visconte, c'estoit fait d'eux. Le malheur tomba sur les blessez, qui n'eurent part au butin, ains ouvrir seulement le passage à leurs compagnons qui leur vindrent sur le soir pour renfort.

» Cependant, les combattants (du nombre desquels estoient deux frères, gentilshommes d'Anjou, appelez Soucelles) eurent loisir de se sauver, et les autres de la religion, des maisons prochaines, eurent aussi le temps de se retirer, quittant leurs maisons à la merci des juges et sergents qui y trouvèrent richesses d'or et d'argent monnoyé, principalement chez ce Visconte, où ces hostes avoyent laissé leur argent en garde.

» Et par ainsy furent menez prisonniers la femme d'iceluy, ses petits enfants et son père, homme vieilli et caduc; emportant devant eux, comme en triomphe, un chapon lardé et de la chair crue qui estoit au garde-manger; car, de cuite, il ne s'en trouva point. Cela estoit pour les rendre davantage odieux au peuple. Aussi receurent le père et la belle-fille tels maltraitements, qu'ils moururent en prison, en grande pauvreté et langueur. »

On ne s'en tint pas là : la maison, ou plutôt, pour l'appeler de son vrai nom, l'*hôtel garni* du pauvre Visconte fut minutieusement fouillé, ses livres de comptes compulsés; et, pour achever de le ruiner, on finit par mettre garnison chez lui du grenier à la cave.

« Ayant, continue La Planche, Bragelonne et ses commissaires trouvé au journal du Visconte que certains deniers qu'ils avoyent prins, appartenoyent aux gentilshommes du roy de Navarre et autres gens de nom, ils se persuadèrent que ceux-là ne laisseroient perdre leur bien légèrement, et qu'ayant osé le défendre en plein jour, ils pourroient retourner la nuict, et leur donner une charge plus aspre. Pourquoy ne voulant quitter ce butin, ils firent venir à leur secours plus de quatre ou cinq cents hommes de pied et de cheval, tous armez à blanc, qui firent le guet quatre ou cinq jours et nuicts, pendant qu'on vuidoit la maison des absents, et les fist-on tant boire de ces *vins de provisions* de Visconte, qu'ils se battoient entre eux-mesmes, en sorte qu'il y en eut un tué d'un coup de pistolet. »

Et il en était ainsi par toute la ville, dans tous les cabarets; perquisitions, saisies, garnison, et cela, toujours pour cette grave question du gras et du maigre.

« Ces juges et pillards, tout ensemble, ne sentant plus de résistance, estendirent leurs poursuites par tous les endroits de la ville, là où pareillement les suspects avoyent abandonné leurs maisons. Mais leurs meubles furent si bien remués par ces officiers de justice que c'estoit à qui se reprocheroit d'avoir chacun jour mieux butiné, comme à vray dire les coins des rues estoient tellement farcis de meubles à vendre, que, durant les fuites de Paris pour crainte de la guerre, ni en autre temps, ils ne furent oncques à tel marché.

» Bref, on ne pouvoit aller par Paris sans passer à travers gens de pied et de cheval armez à blanc, qui tracassoyent çà et là, menant prisonniers hommes et femmes, petits enfants et gens de toutes qualitez. Les rues aussi estoyent si pleines de charrettes chargées de meubles qu'on ne pouvoit passer, les maisons estant abandonnées comme au pillage et saccagement, en sorte qu'on eust pensé estre en une ville prise par droit de guerre, si que les pauvres devenoient riches et les riches pauvres. Car avec les sergents altérez se mesloyent un tas de garnementz qui ravageoient le reste des sergents, comme glaneurs.

» Mais ce qui estoyt le plus à déplorer, c'estoit de voir les pauvres petits enfants qui demeuroyent sur le carreau, crians à la faim avec gémissements incroyables, et alloyent par les rues mendiants, sans qu'aucun osast les retirer, sinon qu'il voulust tomber au mesme danger; aussi en faisoit-on moins de compte que de chiens, tant ceste doctrine estoit odieuse aux Parisiens, pour lesquels davantage aigris et acharnez, il y avoit gens par tous les coins des rues (je ne sais de qui envoyez et ressemblans à pauvres prestres ou *moynes crottez*), qui disoyent à ce pauvre peuple crédule que ces hérétiques s'assembloyent pour manger les petits enfants, et pour paillarder de nuict à chandelles éteintes, après avoir mangé le cochon au lieu de l'agneau paschal, et commis ensemble une infinité d'incestes et ordures infâmes : ce qui estoit receu comme oracle. Bref, ce spectacle dura longtemps, en sorte que ces manières de gens avoyent fait comme une habitude ordinaire d'aller de jour et de nuict saccager maisons au sceu du parlement, lequel cependant fermoit les yeux. »

Et tout cela, encore une fois, pour un peu de viande mangée un jour indu dans un cabaret, entre amis qui voulaient plutôt sans doute faire ripaille que sédition, et à qui l'hérésie importait moins que la bonne chère.

Nous avons ici retrouvé nos moines mendiants et prédicants, nos *moynes crottez*, ainsi que La Planche les désigne. C'était naturel. Partout où il y a quelques désordres en matière de religion, on les rencontre, tantôt les excitant, tantôt s'acharnant à les réprimer. Aujourd'hui, c'est à la répression qu'ils poussent, c'est le feu des persécutions qu'ils attisent, ce sont des victimes que leur faux zèle cherche partout, même dans les cabarets. Au temps où Luther les prit enfin à parti, il n'en était pas ainsi. Ce n'était point comme persécuteurs qu'on les voyait s'installer et prêcher dans ces mêmes tavernes. En ce temps-là, moins religieux que marchands, ils y venaient faire argent des choses saintes; la grande vente des indulgences avait été décrétée par le pape Léon X. Le cardinal Pucci, premier ministre de ces bénédictions fiscales, ayant pris une carte d'Europe, l'avait divisée par départements, avait calculé, d'après la richesse d'un pays, ce qui devait lui revenir des bonnes grâces du ciel et du saint-siége; enfin, selon l'expression si spirituelle de l'abbé Banier dans son *Histoire générale des coutumes religieuses*, il avait disposé toutes choses pour mettre en *fermage le salut de tous les chrétiens*.

Un vigoureux dominicain, Jean Tetzès, celui dont la voix était la mieux vibrante et stentorée, s'était chargé de l'affaire pour la haute et la basse Saxe, et c'est lui qui rencontra Luther sur son chemin. Il allait faire un marché, c'est une bataille qu'il trouva. Les cabarets en furent les premiers champs clos.

Tout se fit d'abord avec une certaine solennité, Tetzès et ses moines gardèrent bien le décorum de leur mission : « Lorsqu'ils entraient dans une ville, dit Miconius, prêtres, moines, le sénat, l'école, les hommes, les femmes et les enfants allaient au-devant d'eux, bannière au vent et cierges allumés. On élevait une croix au milieu du temple, surmontée des armes du pape. Enfin, Dieu même n'aurait pas été reçu avec plus de magnificence. »

Voilà certes une splendide manière d'entrer en marché avec les consciences : Tetzès et les siens ont l'air de vrais apôtres, et il serait injuste de dire d'eux ce que le chansonnier disait si spirituellement des missionnaires de 1823 :

Les missionnaires sont tous
Commis voyageurs trafiquant pour nous.

Mais tout se gâte bientôt, l'Église s'efface pour faire place au négoce; l'apôtre disparaît, le marchand arrive; l'Évangile cède à la réclame. Alors, selon Beausobre, à qui nous accordons toute créance ici, bien qu'en sa qualité de protestant, il soit intéressé dans l'affaire, alors « on eut l'audace de prêcher que Tetzès avait sauvé plus d'âmes par les indulgences que saint Paul par ses prédications; que dès qu'on entendait le son de l'argent dans le bassin, les âmes étaient à l'instant délivrées du purgatoire; que les homicides, les débauches, et un outrage même à la virginité de la Mère de Dieu étaient des crimes dont on pouvait acheter le pardon. » Pour faire ces propositions éhontées, les dominicains ont eu la pudeur de sortir du sanctuaire. C'est dans les tavernes, lieux où toutes choses alors se vendaient à la criée, qu'ils ont établi leur chaire, ou plutôt leur comptoir. Là, une fois la vente faite, ne sont-ils pas d'ailleurs installés au mieux pour dépenser à leur guise la meilleure partie des sommes qui en ont été le produit!

« On tenait les bureaux dans les cabarets, dit formellement l'abbé Banier, et l'on y voyait ces prédicateurs consumer en débauches une bonne partie de l'argent qu'ils recevaient. »

C'est là que Luther, sortant de sa retraite de Wittemberg, tout pâli par les orgies de l'étude, vint les surprendre en plein scandale; c'est là qu'il leur lança pour défi ses quatre-vingt-quinze conclusions sur la matière des indulgences, dont la dernière était celle-ci : « Pourquoi le pape, qui retire les âmes du purgatoire pour de l'argent, ne le fait-il pas par charité? » C'est là enfin, dans ces tavernes devenues les immondes succursales des églises chrétiennes, que retentit pour la première fois la parole de l'âpre démolisseur, parole intarissable et effrayante dans son ardeur, et dont il disait lui-même : « C'est la parole qui, pendant que je dormais tranquillement et que je buvais ma bière avec mon cher Mélanchthon, a tellement ébranlé la papauté, que jamais prince ni empereur n'en a fait autant. »

Vous savez le reste.

Les pratiques de pieux mercantilisme, que nous venons de voir exercées tout à l'heure par les moines dans les tavernes allemandes, n'étaient pas nouvelles. De tout temps et dans tous les cabarets de la chrétienté, il y avait eu un semblable colportage des choses saintes. Nous avons déjà rencontré les pèlerins qui, bien loin d'y donner leurs coquilles, savaient en faire du bel et bon argent. Les moines vendeurs d'indulgences et de pardons ne nous ont pas davantage échappé, et vous devez vous souvenir d'un certain *pardonneur* qui, dans une farce dont nous vous avons donné l'analyse, dupe je ne sais quelle tavernière. Mais ce n'était alors qu'un menu négoce de reliques mal contrôlées, d'indulgences peu authentiques; maintenant, les affaires se font en grand, c'est une grande foire de pardons ouverte au grand soleil, sous la commandite du saint-siége : tout marché conclu est béni du pape, le trésorier pontifical touche les fonds, et le moine colporteur palpe son droit de courtage. Il y a profit pour tout le monde.

C'est dans les villages surtout qu'on trouvait le plus de gens prêts à se prendre à cette glu de béatitude et de miséricordes; les moines négociants y affluaient donc mieux encore que dans les villes. Le curé, d'ordinaire, s'entendait avec eux; au prône, il tonnait bien fort contre les péchés, mortels ou véniels, dont les indulgences fraîchement apportées devaient obtenir le pardon, et, au sortir de la messe, c'était à qui courrait chez le *pardonneur*. Une indulgence de quelques jours dispensait de tant de *meâ culpâ!* Le moine écoulait promptement toute sa marchandise, et, avant de partir, il régalait bien le curé qui avait si à propos amené la clientèle à sa boutique. C'est au cabaret que s'était faite la vente, c'est au cabaret que se faisait le régal donné comme récompense au complaisant curé.

L'auteur des *Repues franches* connaissait tous ces bons tours; blotti dans un coin de taverne, il avait assisté sans doute à plus d'une de ces bonnes ripailles où l'on mangeait l'argent des ouailles en se gaussant bien de leur crédulité;

aussi ne les a-t-il pas oubliés dans l'appel qu'il fait à tous bons ribauds chercheurs de *repues franches*,

Tant jours ouvriers que dimanches.

Voici de quelle façon il invite le marchand d'indulgences et le curé son compère :

Venez-y tous, bons pardonneurs,
Qui sçavez faire les honneurs
Aux villages de bons pastez,
Avecques ces gras curatez,
Qui ayment bien vostre veneue,
Pour avoir sa franche repeue;
Affin que chascun d'eux enhorte
Les parroissiens, qu'on apporte
Des biens aux pardons de ce lieu,
Et qu'on face du bien pour Dieu.
Tant que le pardonneur s'en aille,
Le curé ne dependra maille,
Et aura maistre Jehan Laurent,
Fermement payé les despens,
Et quarte de vin simplement
Au curé à son département.

Mais ces vers de l'auteur des *Franches repues*, à propos des moines mendiants et des *pardonneurs*, ne sont que reproches anodins, invectives de bonne humeur; Cornélius Agrippa les apostrophe d'une bien autre manière quand il les prend à partie dans son fameux traité de la *Vanité des sciences*, aux chapitres des *Sectes monastiques* et de la *Mendicité*. Il va jusqu'à les comparer à la pire espèce des vagabonds et des *belistres*, « aux Cyngres ou Égyptiens, lesquels, dit-il,

Ayment à caymander, de leur logis s'ennuyent,
Quierent les estrangers et leurs combourgeois fuyent.

» Or, ajoute-t-il, après avoir énuméré tous les excès de cette Bohême de son temps, or, cette vilaine façon de belistrer, nonobstant que l'on soit fort et deluré, ne se pratique point par gents vils, ny entre la racaille tant seulement, mais a trouvé lieu en la religion, et s'est haussée jusques à l'estat ecclésiastique, et parmy les moynes : dont nous avons tant de sectes de frères mendiants et autres questeurs et caymans, du nombre desquels sont ceux qui, sous la couverture d'une perverse et dangereuse religion, portent çà et là avec eux des reliques des saints, comme ils font à croire, ou contrefaisant des gens de bien par une fràuduleuse apparence de saincteté, garnis de plusieurs fables, de miracles saincts et controuvés, font peur au simple peuple, le menaçant ores d'une calamité, ores d'une autre qu'ils diront venir de quelque sainct courroucé, ou leur promettent des indulgences et dispenses, et par tels moyens sous le titre d'aumosnes, remplissent leurs bourses, et, rodans par le païs, attrapent, des païsans credules ou des femmelettes étonnées par la superstition, des aigneaux, des chevreaux, des veaux, des cochons, du lard, du vin, de l'huile, beurre, bled, légumes, lait, fromage, des poules, de la laine, du lin, et de l'argent aussi : tant qu'ayant pillé toute une contrée, ils s'en retournent chargés de proye et grasse dépouille en leurs repaires : Là où ils sont receus avec grand feste et joye par leurs compagnons, loués et extollés de ce qu'ils ont sceu si religieusement et saintement piper et abuser le poure menu peuple et les devotes femmelettes, et ont opinion, ces gueux, de faire service très agréable à Dieu, et s'acquittent très bien de leur devoir, quand par telles façons de bélistrer et caymander et par ces tromperies insignes, au grand dommage et diminution du bien public, remplis de pillage, ils peuvent engraisser leurs compagnons de séjour et oisifs, faisant cependant fort peu de compte des vraies œuvres de miséricorde, sous ombre desquelles tant d'aumosnes leurs sont faictes et apportées. La farce de ceste manière de gens a esté autres fois écrite par Apulée sous les tiltres des prêtres de la déesse syrienne, en son *Asne doré*. »

Cette comparaison des moines mendiants et des prêtres de la déesse syrienne, nous l'avions déjà faite sans savoir certainement que ce passage de Cornélius Agrippa nous donnerait si bien raison. Grâce à ce que nous avons écrit déjà, ce n'est plus qu'une redite, mais en pareil cas, ce qui est deux fois dit est deux fois vrai.

L'auteur de la *Vanité des sciences* ne s'en tient pas encore là ; voici comment il continue sur le compte de ces moines, qui lui tiennent tant au cœur :

« Avec ceux-ci l'on peut joindre tant d'autres frères et moynes mendiants, lesquels ayant délaissé la saincteté de leurs reigles et professions ont changé la piété au gaing et proffit, comme si la religion ne consistoit en aucune œuvre que à courir çà et là sous le voile de poureté et qu'il leur fut licite de rôder par tout le monde, bélistrant, raclant, amassant de tous costés argent d'une façon hypocrite, déshontée, importune et présomptueuse, n'estimant déshonnête aucune sorte de gaing, se présentant audacieusement aux assemblées et convocations, aux places et marchés, aux temples, escholes, cours et palais des princes, aux colloques et conférences publiques et privées, aux confessions et disputes, aux prédications et chaires, forteresses de leur imprudence, et de là espandre entre le peuple leurs calomnies et mensonges, vendre leurs marchandises de pardons et indulgences, et mesurer leurs bienfaicts par cérémonies et mines, partir (partager) avec les marchands, usuriers, ravisseurs et destructeurs du peuple, les biens qu'ils ont mal acquis, attirer à eux partie du butin et attraper argent des gens simples, grossiers et ignorants et des superstitieuses vieilles, allèchant premièrement, à l'exemple du vieil serpent, les sottes femmelettes et par icelles se faisans voye et planche pour pouvoir après decevoir les hommes. Et combien qu'ils soient enveloppés dans un habit vil et simple, affecté et curieusement composé pour servir à leur badinage, et monstrer qu'ils sont poures, et qu'ils crient qu'il faut avoir l'argent en mespris, et s'éloigner de toute ambition : eux néantmoins n'ont à cœur chose du monde plus que de faire amas d'argent, pour l'amour duquel ils tournoyent la mer et la terre, se fourrent par toutes les maisons et *hostelleries*, vendent à beaux deniers les sacrements et ministères de religion, exigent tyranniquement les aumosnes ainsi que servis et tribus qui leur seroient deus, s'entremettent des affaires d'un chascun et le tout en faisant leur proffit et non autrement. »

Dès le précédent chapitre traitant des *sectes monastiques*, Agrippa avait longuement parlé de cette *belistrerie* des gens de cloître. Prenant à partie tout le monde des moines, il avait dit avec une franchise inexorable :

« ... Le nombre des bons entre eux est fort esclairci et diminué en ce temps, et la trouppe des mauvais accreue à merveille. Car là abbordent de toutes parts, ainsi qu'à une franchise et receptacle des meschans garnements, tous ceux qui sont effrayés par leur mauvaise conscience, qui craignent la rigueur des loix, et n'ont retraicte asseurée ailleurs, qui sont chargés de crimes dignes de grands supplices, qui ont mené vie infâme et deshonneste, qui sont reduits à belistrer et demander leur pain après avoir dissipé leurs biens en paillardises, berlans et tavernes, et sont chargés de debtes envers un chascun. Ceux qui prennent plaisir à ne rien faire, fuyent le travail et espèrent de vivre là en oisiveté....

» Voylà la grande mer en laquelle, avec les autres poissons, vivent Behemot et Leviathan, monstres énormes et estranges reptiles, le nombre desquels est infini : d'où sortent tant de marmots stoïques, tant d'importuns attrape-deniers, tant de belistres bien emmantelés, tant de monstres embéguinés, porte barbe, porte cordes, porte licols, porte sacs, chaussés de cuir ou porte sabots, pieds nuds, vestus de noir, gris, blancs, grivellés, fauves, portant rochets, retz, chappes, manteaux, cappes, ceincts, desseincts, portant brayes, et tant d'autres tels bouffons et bastelleurs, lesquels ayant perdu entièrement leur crédit en ce qui concerne les affaires du monde, parlent avec grande autorité des choses célestes et divines ; en quoy leur est foy adjoustée, à cause de leur habillement estrange et prodigieux ; en sorte qu'eux seuls usurpent aujourd'hui le sainct tiltre de religion, sont, ce disent-ils, compagnons de Jésus-Christ et de mesme chambrée avec les apostres. Néantmoins leur vie est pleine de meschanceté, d'avarice, luxure, gourmandise, ambition, témérité, arrogance et en somme de tout vice : mais tousjours excusée et impunie sous le couvert de la religion... »

Qu'on lise tous les auteurs du XVI^e siècle, prosateurs ou poëtes, on les trouvera tous d'accord sur la paillardise des moines, sur leur amour de la luxure et du cabaret. Ici c'est l'auteur du *Moyen de parvenir* qui dit avec la cynique sincérité de son style : « ... D'autant qu'il n'y a gens qui soient plus sur le c... que moines et gens bénis, ministres et sçavants qui étudient assis, et qui au lieu de conserver les saints ordres qui leur ont été conférés, les quittent, et abandonnant l'ordre de Dieu, se rangent aux ordres du diable, qui leur confère grâce d'être plus ribauds que jamais et plus... que les autres gens. » Ailleurs, ce sont les mille et un sarcasmes de Rabelais sur ces *beaulx pères* mendiants, sur leurs *viresvoustes* ou tours de souplesse dans les maisons et les tavernes dont ils écrèment les grasses délices, sarcasmes violents et amers sur lesquels la verve des rimeurs du XVII^e siècle devait encore surenchérir. Que n'a-t-on pas dit, par exemple, sur la *mule des cordeliers?* que n'a-t-on point conté des capucins s'en allant *naqueter* de cabarets en cabarets, de fermes en fermes, et employant mille inventions ou *virevoutes* — car ce mot avait survécu à Rabelais — pour attraper les bribes les plus savoureuses.

Voici, par exemple, comment un livre imprimé en 1607, le *Passe-partout des jésuites*, parle des capucins, gens, y est-il dit :

> Desquels la troupe vagabonde
> Ne s'attache point en ce monde
> A quelque certain ratelier :
> Et marmiteuse ne s'arreste
> Qu'aux *virevoustes* de sa queste,
> Faisant de son dos son grenier.

Le peuple ne tarissait pas lui-même en facéties sarcastiques, en appellations burlesques, pour bien désigner et flageller ces moines. Ainsi, les voyant toujours errants par les campagnes, y glanant la dîme des meilleurs fruits, il s'accoutuma à ne plus séparer cette dîme multiple de ceux qui la percevaient, et à désigner, par le même mot *mendiant*, le moine et quelques uns des fruits dont il emplissait sa besace. Ces fruits d'ailleurs, voyez le hasard, se rapprochaient par la nuance de leur écorce de la couleur exigée pour les habits des quatre ordres mendiants, ou *quatre mendiants*, comme on disait par abréviation. Ils étaient, comme nous l'apprennent deux vers de *la Muse en belle humeur*,

> Les uns noirs et les autres blancs,
> Les uns gris, etc.

Or, les fruits dont nous voulons parler ont en effet des couleurs pareilles : le raisin sec est noir, la figue séchée et sucrée est blanche, l'amande est grise, la noisette ou l'aveline sont brunes. Vous comprenez maintenant pourquoi on appelle *quatre-mendiants* certaine assiette friande, joie des desserts de restaurant. Ce n'est qu'un souvenir des moines quêteurs, noirs, blancs, gris, bruns et de leur lourde besace toute remplie de ces fruits noirs, blancs, gris et bruns comme eux. Au XVII^e siècle, le fameux dessert s'appelait déjà comme aujourd'hui. Les hôtes du *Petit-Môre* et de la *Pomme-de-Pin* ne le désignaient point autrement quand ils le demandaient à l'*issue* du repas pour bien aiguillonner leur soif. Le

*Dictionnaire de Trévoux* en fait foi. Le prédicateur le plus burlesque de cette époque, le petit père André, connaissait le mot et son étymologie, et un jour il s'avisa de retourner celle-ci en chaire pour en faire une raillerie plus directe contre les moines. Les *quatre mendiants* étaient aussi appelés *fruits de carême*, parce qu'en effet c'était surtout en carême que les moines les acceptaient pour dîme et s'en délectaient au réfectoire. Le malin prédicateur, pour en bien parler en leur temps, prit donc occasion d'un sermon de carême qu'il prêchait devant Louis XIII et voici, à leur propos, la singulière sortie étymologique qu'il hasarda : « On appelle, dit-il, le *fruit du carême, quatre-mendiants*, parce qu'en effet chacun des fruits qui le composent a pour patron un des quatre ordres mendiants : Les *franciscains-capucinaux* représentent les raisins secs ; les *recollets* sont les figues sèches ; les *minimes* semblent des amandes avariées, et les *moines déchaux* ne sont que des noisettes vides. »

Nous voudrions en avoir fini depuis longtemps avec les désordres des gens de cloître et d'église, et le cœur nous *deult* de nous y être arrêtés si longtemps ; la faute n'en est pas à nous, mais bien au sujet même, trop riche et trop abondant pour qu'il nous fût possible d'en dire moins et d'atténuer le scandale par quelques réticences. Et que de choses encore nous aurions à dire si nous tenions à être tout à fait complets et à ne rien sous-entendre! Nous n'aurions pour cela qu'à puiser à pleines mains dans l'*Apologie pour Hérodote* d'Henri Estienne, dans les œuvres d'Érasme, etc., comme nous avons déjà puisé dans Rabelais, dans Eutrapel, dans Bonaventure des Perriers, dans le *Moyen de parvenir;* la moisson de scandales serait pareille, sinon plus abondante encore. Dans Érasme, en son livre des *Adages*, nous trouverions jusqu'à des proverbes consacrant la renommée d'ivrognes intrépides qu'avaient partout les moines et les prêtres. Il dit, par exemple, que de son temps, pour désigner un vin excellent et plein de force, on l'appelait *vinum theologicum* (vin théologal), et en cela il est d'accord avec Rabelais, qui dit quelque part *boire théologalement* pour « boire abondamment. » Érasme rapporte encore, dans ce même livre des *Adages*, que les Allemands de son temps avaient ce proverbe : *Monachorum nunc nihil aliud est quam facere*, esse, *bibere;* « la vie des moines ne consiste qu'à manger, boire et paillarder. » Songez que c'est chez les Allemands, buveurs à l'ivrognerie proverbiale, que ce proverbe avait cours!

De tous les moines, les plus gourmands peut-être étaient les Dominicains. Nuls parmi les frères prêcheurs n'abusaient mieux de la permission que donnent les longs sermons d'être altérés et de bien boire. Ces moines avaient des vignes partout, même dans Paris. La rue *Saint-Dominique d'Enfer* doit son nom au vignoble qu'ils possédèrent sur son emplacement jusqu'en 1550. Leur vendange était toujours la première faite et la première consommée. C'est d'un de leurs prieurs au large visage et à la trogne bien enluminée qu'était venue la locution proverbiale *une face d'abbé*, et je croirais volontiers que ce vers d'un poëte latin du XIVe siècle :

O monachi, vestri stomachi sunt amphora Bacchi,

« Moines, vos estomacs sont des cruches de vin, » fut écrit par allusion aux panses dominicaines. Du reste, il ne faut que connaître un couplet de sept autres vers latins, écrits par un poëte du même temps en manière d'oraison mentale, que ces moines auraient adressée à leur patron chaque fois qu'ils se mettaient à table, pour bien savoir jusqu'où allait leur passion pour le vin, leur ferveur et leur culte pour la *dive bouteille :*

Sanctus Dominicus, sit nobis semper amicus
Cui canimus nostro jugiter præconia nostro,
De cordis venis, siccatis ante lagenis.
Ergo tuas laudes si tu nos pangere gaudes,
Tempore paschali, fac ne potu puteali
Conveniat uti ; quod si fit undique muti
Semper erunt fratres qui non curant nisi fratres.

« Honneur au bon saint Dominique, qui ne permet pas que nous allions au chœur chanter d'un gosier sec des hymnes à sa gloire! grand Dieu! si tu veux que nous célébrions dignement tes louanges, ne nous réduis pas à ne boire que de l'eau de puits, car nous serions muets pour toujours. »

Sur la réputation bachique des Dominicains, un cabaretier avait pris pour enseigne l'*image de saint Dominique.* Elle lui avait porté bonheur; grâce à ce patronage de bon augure, son logis s'était achalandé des meilleurs buveurs, qui, une fois en nombre, se constituèrent en confrérie d'ivrognes, et, de par l'enseigne de leur tavernier, s'intitulèrent *dominiquains (sic)*, ni plus ni moins que s'ils eussent fait vœu monastique. L'ordre, dont ce cabaret devenait ainsi la succursale, n'avait-il pas en effet deux patrons, saint Dominique et le vin; nos drôles n'avaient prêté serment qu'au dernier, avaient-ils eu tort? leur vœu, du moins, était ainsi certain d'être sincère.

Ils avaient une règle, comme de vrais moines, et cette règle, véritable code monastique en cela, portait que chacun des confrères observerait la chasteté. Je suis sûr qu'ils ne l'enfreignirent point. Le buveur n'est point polythéiste, il n'a jamais deux passions à la fois. Il aime le vin, cela lui suffit; il dédaigne l'amour. Un moine est moins abstinent; il admet volontiers le cumul dans ses désordres, et l'ivresse pour lui n'est qu'un aiguillon de luxure. Nos *dominicains* du cabaret, à tout prendre, vaudraient donc mieux que ceux du cloître. Une chanson du XVIIe siècle, publiée dans le *Nouveau recueil des belles poésies*, etc., sous ce titre : *Pour ceux qui fréquentoient le logis de saint Dominique et qu'on appeloit dominiquains*, nous détaille, en quelques couplets, tous les statuts de ce chef d'ordre bachique. Voici quelques vers du premier qui nous importe seul :

Nous sommes dix, tous grands buveurs,
Bons ivrognes et grands fumeurs,
Qui, ne cessant jamais de boire
Et de remuer la mâchoire,
Méprisons d'Amour les faveurs...

Pour expliquer l'amour des moines et des prêtres pour le vin, on cherchait alors et l'on trouvait mille raisons plus ou moins facétieuses, mais surtout ironiques. L'un disait, à propos de cette locution, *vinum theologicum,* dont nous avons parlé : « Les gradués en droit se sont emparés des canonicats, des doyennés, archidiaconnés, et n'ont laissé aux pauvres théologiens que les bénéfices à charges d'âmes. Or, comme il est écrit des pasteurs qu'ils mangeront les péchés du peuple, il n'y a qu'un vin très actif qui puisse faire digérer un aliment si coriace ; de là l'expression. »

D'autres trouvaient d'autres arguments, notamment Henri Estienne dans son *Apologie pour Hérodote.* Nous allons reproduire en partie ce qu'il a écrit à ce propos :

« Retournant, dit-il, à ces proverbes, *vin théologal* et *table d'abbé* ou *table de prélat,* je soutiens que, sans eux, on n'eût jamais pu avoir l'intelligence de ce passage d'Horace :

Nunc est bibendum, nunc pede libero
Pulsanda tellus : nunc saliaribus
  Ornare pulvinar Deorum,
  Tempus erat dapibus sodales.

» Ni de celui-ci du même poëte :

Absumet hæres cæcuba dignior,
Servata centum clavibus et mero
  Tinget pavimentum superbis
  Pontificum potiore cœnis.

» Et, ajoute Henri Estienne, la preuve qu'on a eu besoin de ces proverbes pour faire bien entendre ces passages, je la trouve encore dans la glose suivante sur ce dernier : *Mero dicit potiore (meliore) cœnis pontificum quam quo pontifices in cœnis suis quæ semper sumptuosissimæ fuerunt, undè nunc theologicum dicunt vinum usi sunt.* Horace dit que ce vin étoit encore meilleur que celui qu'on servoit aux pontifes romains dont les repas étoient très somptueux ; et c'est là l'origine du *vin théologal.* Voilà de quoi sont responsables les commentateurs envers les théologiens et les prélats. »

L'exemple, comme on voit, venait de loin . des prêtres du paganisme ; et pour qu'il se perpétuât mieux, c'est dans les hautes régions de la hiérarchie religieuse qu'il s'était conservé. Dans un certain temps, les papes avaient été les premiers ivrognes. Le Vatican était devenu avec eux ce qu'avaient été les palais des empereurs de Rome, une splendide taverne, sinon un lieu pire. Théodoric de Niem, secrétaire du saint-siége, évêque de Ferden, avoue, sans rougir pour son héros, qu'Alexandre V, dont il écrit l'histoire, était « grand buveur, et de grands vins. » Ce sont ses propres expressions traduites.

S'il fallait en croire les lettres de l'ambassadeur d'Espagne à Philippe II, Sixte V n'aurait été qu'un méchant ivrogne; on soupçonne aussi Boniface VIII d'avoir donné dans le même travers, mais sans grande preuve. L'excellent pontife nous semble en effet n'avoir fait acte de buveur que le jour où, par une bulle, il institua des indulgences pour ceux qui boiraient un coup après grâces. Enfin, d'après tout cela, on donne volontiers raison au chansonnier dont Henri Estienne cite ce couplet touchant la sobriété plus que douteuse des pontifes :

Le pape qui siége à Rome
Boit du vin comme un autre homme,
Et de l'hypocras aussi...

Nous pourrions finir ici ce chapitre de *beuverie* pontificale, mais une autre chanson le couronnera mieux. Il s'agit d'Innocent XII. Quand il eut été élu pape, les plaisants firent, comme c'est l'usage, mille quolibets sur sa personne. Le nom de son père et celui de sa mère, dont on se souvint à propos, y prêtaient surtout. Pasquin et Marforio s'en défrayèrent pendant plus d'une semaine. Il n'y eut pas un cabaret de Rome qui ne trouvât un écho pour les refrains avinés qui consacrèrent l'élu du conclave. Or, comme vous allez voir, il ne pouvait, en cette occasion, naître autre chose que des chansons à boire, et il fallait de nécessité que les rieurs de taverne se mêlassent de l'affaire; par ses deux noms malencontreux, le nouveau pape leur revenait de droit. Il s'appelait *Pignatelli* du chef de son père et *Caraffa* du chef de sa mère. Vous comprenez le dernier nom et vous voyez d'ici les allusions de buveur qui en pouvaient naître; quand vous saurez que, d'un autre côté, l'autre nom *Pignatelli* veut dire *petit pot* en italien, vous aurez le secret de tous les couplets qui entrèrent en circulation dans les tavernes romaines, toutes roulant sur les mêmes mots, toutes aiguisées par le même trait. En tout cela, c'est le hasard qui avait été le plus spirituel. Coulange, qui était alors à Rome, voulut faire aussi son couplet, et il ne le fit ni meilleur ni pire que tous ceux qui couraient :

Nous devons tous boire en repos,
Sous le règne de ce saint père;
Son nom, ses armes, sont des pots,
Une caraffe était sa mère.
Célébrons donc avec éclat
Cet illustre pontificat.

Le trait n'est pas bien fin, la rime n'est pas bien riche, et, je le répète encore, c'est la rencontre fortuite de deux noms qui fait ici tout l'esprit. Le hasard en avait déjà eu plus d'une fois de cette manière. Je me souviens d'un passage de la scène I$^{re}$ des *Grenouilles* d'Aristophane, où Bacchus plaisante de même sur le nom de *Stamnion*, qu'il dit être celui de son père; or en grec *stamnion* signifie *cruche*. Le dieu s'écrie donc fièrement : « Moi, Bacchus, fils de Cruche. » Enfin, tout cela nous rappelle, et à vous sans doute aussi, une bonne vieille chanson :

Mon père était broc,
Ma mère était pot,
Ma grand'mère était pinte,

dont nous trouvons l'histoire dans une note de l'article écrit sur Philippe Pot par M. G. Peignot dans la *Biographie universelle*, note que, pour le dire en passant, M. Génin a reproduite, sans en indiquer, bien entendu, l'origine, en un endroit de son édition des *Lettres de la reine Marguerite*. Voici ce que dit M. G. Peignot : « Guy Pot, frère aîné de Philippe, fut père d'Anne Pot, qui épousa Guillaume de Montmorency, d'où viennent les ducs de Montmorency, les princes de Condé, de Conti, etc. » Puis, avec une intention ironique à l'adresse des nobles maisons dont il dévoile ainsi la très-roturière origine, il ajoute cette note sournoise : « On a fait, pour ridiculiser cette alliance, une chanson dont le refrain est :

Mon père était broc. »

Nous ne savons où Peignot a trouvé l'anecdote, mais elle est curieuse ; quelle qu'elle soit et d'où elle vienne, elle méritait d'avoir sa place ici ; nous ne savons si elle est vraie, mais elle est certainement vraisemblable ; elle est tout à fait dans l'esprit du temps où elle dut être faite, c'est-à-dire le règne de Louis XI, dont Philippe Pot, comme on sait, fut le conseiller et le ministre. Si la chanson nous était parvenue tout entière, peut-être y trouverions-nous, dans quelques autres allusions malicieuses, les preuves qui nous manquent. Malheureusement nous n'en avons que le refrain, et c'est à tort qu'un érudit du *Bulletin du bibliophile* a prétendu la retrouver dans une autre, qui en ramène bien le refrain, il est vrai, qui en reproduit bien l'esprit, mais qui n'a en aucune façon le caractère de satire politique, que son origine devrait lui faire supposer. Cette seconde chanson, du reste, étant franche et d'une bonne allure bachique, est tout à fait de notre domaine : aussi allons-nous en citer ici les trois couplets tels que les donne le recueil manuscrit d'un amateur de Lyon. Pour ce qui est de l'air, tout le monde le sait, depuis que Béranger l'a remis à la mode en l'adaptant à sa charmante chanson de *Paillasse*; si pourtant quelqu'un ne le connaissait pas, il le trouvera noté sous le n° 633 de la *Clé du caveau* de Capelle, première édition :

CHANSON DE TABLE.

Buvons à tire larigot,
Chers amis, à la ronde,
Au dieu du vin soyons dévot,
Il gouverne le monde.
Jadis nos ayeux
Prêchaient encor mieux
Cette morale sainte.
Mon père était broc,
Ma mère était pot,
Ma grand'mère était pinte.

Il suffirait de ce couplet pour prouver, quoi que prétende M. Pericaud, auteur de l'article cité tout à l'heure, pour prouver, dis-je, qu'ici le refrain est plus vieux que la chanson, et qu'il n'est ramené que comme souvenir et citation d'une plus ancienne.

J'eus pour parrain le dieu Bacchus,
Ce fut sous une treille
Que de luy le nom je reçus
D'enfant de la bouteille.
Dès que je fus né,
De ce jus sacré
J'eus la première atteinte.
Mon père était broc,
Ma mère était pot,
Ma grand'mère était pinte.

La nourrice que je tetais
Me donnait la bouillie,
Mais à ce mets je préférais
Le vin de Malvoisie.
Enfant, je suçais,
Au lieu de hochet,
Un raisin de Corinthe.
Mon père était broc,
Ma mère était pot,
Ma grand'mère était pinte.

C'est le jeu de mots fait sur un prince de l'Église qui nous a conduit à cette citation chansonnière. Nous ne quitterons pas le sacré collége, qui pourtant n'est guère limitrophe à notre domaine, sans y glaner quelques faits nouveaux assortissants au sujet de ce livre.

Un cardinal du temps de Paul IV nous en fournira d'abord l'occasion, c'est Innocenzo del Monte, qui, neveu adoptif de Jules III, avait dû à cette parenté, à ce *népotisme*, c'est la véritable expression, d'être promu au cardinalat dès l'âge de dix-sept ans. « Cet indigne sujet, comme dit Amelot de la Houssaye, ne fit que déshonorer la pourpre; on lui donna le surnom de cardinal *Simia*, soit parce que ses manières immondes rappelaient celles du singe, soit, comme le dit encore la Houssaye, à cause de l'emploi qu'il avait eu de gouverner le singe dans la maison de son oncle. »

Tout ce qu'il commit de bassesses, d'actions honteuses et même de crimes ne se peut nombrer. Quand Paul IV eut succédé à Jules III, il voulut faire justice de cet abus vivant de *népotisme* papal ; « il eut envie, dit la Houssaye, de lui ôter le chapeau, et il l'aurait fait sans doute si le cardinal Pedro Pacheco ne l'eût détourné par un mot que Paul interpréta comme dit contre ses neveux, qui abusaient de son autorité : *Très saint père, la réformation doit commencer par nous-mêmes.* » Sauvé cette fois, Innocenzo del Monte n'échappa point à la rigueur plus efficace de Pie IV. Il est vrai qu'il mit le comble à ses crimes. Dans une aventure que nous ne voulons pas raconter et qui eut pour théâtre une hôtellerie des États romains, il fit mettre à mort, par ses sbires, un hôtelier et son fils. Pie IV fut instruit de ce nouveau méfait, il fit arrêter le coupable, et, pour son double homicide, le retint treize mois en prison. Ce n'était certes pas assez, et, en effet, sa sévérité ne s'en tint pas là. Innocenzo fut dépouillé d'une partie de ses revenus ecclésiastiques, qui furent appliqués à un hôpital de Saint-Esprit, et on le confina pour toute sa vie dans le monastère du mont Cassin. Amelot de la Houssaye conclut ainsi cette scandaleuse histoire, dont le meurtre de l'hôtelier et de son fils fut le principal forfait : « Ainsi rien ne convenait mieux au cardinal Innocenzo del Monte que le proverbe de *simia in purpura.* » Pour accepter cette conclusion, il faudrait d'abord admettre que le singe est un animal dangereux.

Nous n'en finirons pas avec ces épisodes singuliers de l'histoire des cabarets et des hôtelleries, auxquels des prélats se trouvent si étrangement mêlés, sans vous dire un mot de l'abdication peu volontaire d'un évêque, qui eut une auberge pour théâtre.

C'est de Jean de Heinsberg, évêque de Liége au temps de Philippe le Bon et de Charles le Téméraire, que nous voulons parler. Il était domestique *parasite* des ducs de Bourgogne ; il leur avait vendu sa ville, au point que, s'autorisant d'un prétendu arbitrage de l'archevêque de Cologne, il leur avait laissé lever, en 1431, sur les Liégeois, l'amende monstrueuse de deux cent mille florins du Rhin. Il fut puni par où il avait péché ; il fut dévoré par ceux mêmes dont il avait alléché l'avidité. Une heure vint où, voyant les progrès que le parti français faisait à Liége sous les auspices du *Sanglier des Ardennes*, le comte de la Marche, l'évêque tenta de fausser compagnie à ses premiers patrons, et pencha visiblement vers la France. Il tendit les bras à la Marche, l'attira dans son évêché, et, le 8 mars 1455, lui rendit le gouvernement de Bouillon. Le duc de Bourgogne prit alors l'éveil. « Son évêque tournait, » comme dit M. Michelet, et, pour peu qu'il lui laissât achever sa volte-face, Liége était perdue pour lui. Il déjoua le danger. Attirer le prélat au palais ducal, et là, par des menaces de mort, qui, quoi qu'on ait dit, ne furent pas mises en avant, l'amener à une abdication, c'était chose facile. Le duc craignit qu'on ne criât à la violence, il prit un autre parti. Afin qu'on pût croire que l'évêque avait pu conserver toute l'indépendance de sa volonté, c'est sur un terrain neutre, c'est dans une auberge qu'on l'attira sous je ne sais quel prétexte; elle portait l'enseigne du Cygne (*hospitium de cygno*), dit la chronique. Il suffit de la vue des gardes du duc, postés, hallebarde en main, à toutes les issues, pour que, sur une première invitation, le pauvre évêque résignât ses pouvoirs, et acceptât pour successeur un neveu du duc de Bourgogne, le jeune Louis de Bourbon.

Nous voilà loin, grâce à cette péripétie politique, des scènes joyeuses dont nos tavernes et nos hôtelleries sont l'ordinaire théâtre. Un couplet peut nous y ramener; aussi bien c'est pour compléter l'idée surgie à propos d'un couplet que nous nous en sommes écartés.

Il s'agit encore de moines, et c'est un poëme gaillard, le *Triomphe des Carmes*, qui nous donnera notre couplet de transition.

> Jean Gilles, dit le Prieux,
> Nous ne sommes cy que tous deux,
> Or, nous donne, par courtoisie,
> Ung peu de fromage de Brie,
> Et plain *poichon* de vin d'Ausoire.

A l'antépénultième mot de ce dernier vers, à ce mot *poichon*, qui vous semble être d'un argot bachique plus moderne, vous avez, j'en suis sûr, levé l'oreille. Quelle en est l'étymologie? Est-ce celle que nous avons avancée dans notre premier volume en rappelant la légende de saint Martin et du pêcheur de la Loire, ou bien ce mot ne serait-il qu'une altération de cet autre « *poinçon* » employée encore dans l'Orléanais pour désigner un petit tonneau, les deux tiers du muid environ? Cela peut être; en tous cas, pour se transformer de cette façon, si le mot perd une lettre, la chose perd beaucoup de sa capacité, car le *poisson*, comme l'entend le bon carme et comme l'entendent encore nos ivrognes, n'est qu'une faible partie du *poinçon*.

Le débat ne vaut pas la peine qu'on le pousse plus loin. Nous remarquerons seulement que *poisson*, pris dans le sens de mesure, était un mot usuel du jargon des tavernes au XVI^e siècle.

Les *Trois poissons* était une enseigne assez commune pour les cabarets; à Paris seulement nous en connaissons deux qui l'avaient arboré. Un d'abord rue Saint-Marcel, et celui-là même où mons Eutrapel voudrait grassement passer sa vie.

« Que pleust à Dieu, disois-je en moi-même, lisons-nous dans ses *Contes*, estre avec les compagnons d'Iservay, au petit cabaret des *Trois poissons*, au faubourg Saint-Marceau de Paris, à ce bon vin d'Orléans. »

L'autre cabaret des *Trois poissons* était situé dans les environs du Palais ; il y avait affluence de jeunes clercs qui, buvant bien et perpétuellement, faisaient de l'heureuse taverne la rivale de la *Pomme de pin.* Nous lisons, à la scène VI^e de l'acte II de la *Vefve,* l'une des *Comédies facecieuses de Pierre de l'Arivey* : « Si je vay au Palais, tous ces clercs sont alentour de moy ; l'un me mene aux *Trois poissons,* l'autre à la *Pomme de pin.* »

Puisque nous tenons ici les clercs de procureur et avocats au cabaret, nous ne les quitterons pas si vite ; nous les chercherons en d'autres tavernes, et nous ne manquerons jamais de les y rencontrer en compagnie des meilleurs drôles, s'y accoutumant même à la fréquentation de ces maîtres jurés voleurs, pour lesquels ils plaideront d'autant mieux plus tard que ce seront d'anciens amis. « Doncques pour donner fin à tels vénérables *hillots,* comme dit Jacques Tahureau en ses *Dialogues,* je ne veux oublier une bonne partie d'entr'eux, et principalement de ces jeunes advocatz, escoutant les quels ne sçavent pas moins pratiquer la loy *vinum,* le livre *de edendo,* au *Petit diable,* au *Roy Pepin* ou autre ressort de bons alterez. » S'ils n'étaient pas là en lieu convenable pour s'instruire du *Digeste* et des *Institutes,* au moins s'y trouvaient-ils quelquefois fort à point pour instrumenter contre des coupables. Il s'en rencontrait de toute sorte aux hôtelleries et aux tavernes. L'hôte, d'abord, qui, d'ordinaire, cumulait en soi toutes les sortes de perversions, et dont ils étaient les premières dupes, en dépit de leur science dans l'art de flairer et de dépister les voleurs. Écoutez ce qu'en son livret, cité plus haut, la *Loyauté consciencieuse des taverniers,* Désiré Arthus a dit de cette engeance tavernière, recrutée dans la plus tarée et la plus vile de toutes :

> Bref, ils ont tous si très grand privilége
> De *desrober* et de *piller marchans*,
> Que plusieurs gens abandonnent leur siége
> Et leur mestier pour estre des meschans.
> Sur les chemins des grands villes et champs,
> Ne trouverez de douze maisons l'une
> Qui n'ait enseigne, d'un soleil, d'une lune,
> Tous vendans vin, chascun en son quartier,
> Depuis qu'un coup ont gousté la fortune,
> Ne veulent plus faire d'autre mestier.
>     Quand en cest endroit,
>     Sur vous et sur moy,
>     Ils ont plus de droit
>     Qu'empereur ne roi.

Pas de clerc bien avisé qui pût se vanter d'échapper à leurs piéges et de n'y laisser quelques écus de trop. Dans le cas, d'ailleurs, où ce subtil argent de la chicane en goguette se fût sauvé des lâcs du tavernier, il y avait toujours, tendus tout près, les filets de quelque bon *hillot,* disposés à happer ce que le cabaretier laissait perdre. Les *enfants sans soucy,* dont nous vous parlions tantôt, étaient certainement, de toute la basoche, ceux qui, pour l'habileté à déjouer une intrigue, à se sauver d'une tromperie, auraient pu lutter le mieux avec un tavernier, et ces dignes filous piliers de leurs bouges; et cependant, voyez l'adresse de ces drôles, nos basochiens eux-mêmes donnèrent plus d'une fois dans le panneau et durent s'en aller de la taverne volés et partant dégrisés. Guillaume Bouchet, en sa *quatriesme serée*, nous raconte une aventure survenue au fameux cabaret du *Petit More*, dans le temps de l'Épiphanie, les *bacchanales du roy boit*, comme il dit, laquelle se termina par un dénoûment de cette sorte, le tout au profit d'un maître filou et à la courte honte d'une très-honnête compagnie, à laquelle nos *enfants sans soucy* et leur badin s'étaient venus mêler. Vous allez voir comment les dames y perdirent leurs bijoux et les hommes leur argent, ne gagnant que les invectives du tavernier, qui cherchait son débiteur au milieu de toutes ces pauvres dupes.

« Il se trouva, dit-il, à ceste serée du Roy boit, un homme assez d'apparence qui nous faisoit cest honneur de nous rechercher et de se trouver en toutes ces bacchanales du roy boit. Le voyant lest et accort, on fut d'avis de luy bailler le bouquet, et de fait une honneste damoiselle, en le baisant, luy présente au nom de toute la compagnie. Il le prend avec une grande révérence, il les remercie de l'honneur qu'on lui fait, mais il leur dit qu'estant si petit compagnon, il craignoit fort qu'on ne lui fit pas ce bien de se trouver à son festin, et que, pour en estre asseurée, il les prie de luy donner quelque gage pour plus grande assurance, autrement qu'il se défiera de leur promesse et ne pensera pas qu'on le veuille tant honorer et priser que de se trouver au lieu où il a grand envie de leur faire bonne chère. Il fait tant que pour s'assurer il tire d'une damoiselle une chaisne, d'une austre un bracelet, d'une dame un anneau, de l'autre un carcan; des hommes qui n'avoient pas de joyaux, il tire de l'un un double ducat, de l'autre un escu, des autres des réales et testons, chacun s'efforçant à luy bailler des arres, tant on avoit grand envie à se trouver à ce banquet, car il avoit dit qu'il ne feroit nul compte de ceux qui ne l'asseuroient point, et les prioit de n'y venir, parce qu'il ne les pourroit pas bien traicter, ne sachant le nombre. Ceux qui n'avoient pas de gages pour donner estoient les plus faschez du monde et empruntoient à leurs amis. Cestuy à qui l'on avoit baillé le bouquet ayant ces gages, il leur baille le jour et le lieu où il devoit faire son festin, et les prie de s'y trouver sans les envoyer convier, car, disoit-il, je n'ay pas tant de serviteurs. Il ne faut pas de faire ses apprêts, il marchande au *Petit More*, il convient, pour ce soir là, à tous les joueurs d'instruments, et à des *enfants sans soucy* avec leur badin, qui luy promirent de bien badiner. Toute la ville était asçavante de ce grand banquet. Celuy qui avoit entrepris la charge de les festoyer fait ses provisions et les appreste au lieu à ce dedié, les violons et cornets avec les farceurs tiennent leurs promesses : celuy à qui l'on avoit baillé le bouquet, et qui devoit faire tous les frais, s'y trouve tout le premier; les conviez ne faillirent point à se rendre à l'heure du disner, afin de voir la magnificence, et retirer leurs gages. Estans arrivez, le maistre du convy fist couvrir et les remercie de l'honneur qu'il recevoit d'eux. Estans assis, sans grande cérémonie, on les sert de telles sortes que tous disoient qu'ils n'avoient jamais veu de nopces ne receptions de mariées, ne quelque autre festin si magnifique que cestuy-cy. Durant le banquet, on n'entend rien que violons, cornets, flustes, luths et épinettes. Estans finis, voicy des matachins, voicy des farceurs et badins qui redoublent la feste. Après la badinerie finie, on commence à danser, celuy qui les avoit invitez menant la danse. Le branle finy et le bal commencé, il remercy un chascun de la courtoisie qu'on luy avoit faite, et qu'il demeuroit leur serviteur à jamais, les priant de l'excuser s'ils n'avoient été si bien traictez comme il leur appartenoit et comme il en avoit bonne envie. Durant le bal, il fait apporter la collation, où il ne manquoit rien. Quand il voit tout le monde empesché, mesme que les violons avoient cessé et faisoient comme les austres, il se dépestre de toute la compagnie, si bien qu'il esvanouït et fait un pertuis en l'air, dont il n'est point encore sorty. Tous les conviez le rechercheent, tant pour le remercier que pour avoir leurs gages, et se trouvèrent bien estonnez qu'on n'en sçavoit aucunes nouvelles; mais ils le furent bien encores plus quand ceux qui avoient entrepris le banquet ne les vouloient laisser sortir qu'on ne baillast un escu pour teste, comme il avoit esté convenu entre eux et celuy qui leur avoit fait apprester le festin. Ce fut le meilleur, et ne me peut tenir de rire, quand je vy qu'on contraignoit les tabourineurs à payer leur escot, qui ne l'ont pas accoustumé, et que le badin ne peut si bien badiner qu'il n'en eust meilleur marché que les austres. Je vous laisse à penser si ceux qui avoient baillez de bons gages n'avoient pas bien payé leur escot, et, pour nous fascher davantage, la ville en estans toute asçavantée, on venoit de toutes parts au-devant de nous, et demandoient : Eh bien messieurs! eh bien mesdames! avez-vous pas esté bien traictez pour votre argent? Voilà comment ceux qui veulent mestre les autres en despense bien souvent y tombent eux-mesmes, dont ils ne se doivent plaindre; autrement, eux-mesmes s'accuseroient, s'ils reputoient à offense ce qu'ils vouldroient bien commettre à l'endroit d'autruy. »

Ces *serées* de Guillaume Bouchet, d'où ceci est extrait, sont pleines de ces bons contes de duperies au cabaret par les pratiques entre elles ou par l'hôtelier lui-même, par l'hôtelier surtout, avec lequel il semble que maître Bouchet ait eu souvent maille à partir pour des tromperies de cette sorte.

C'est lui qui, dans sa *Première serée*, *Du vin*, donne du mot *hoste* la singulière étymologie de *hostis*, vu que tout hôtelier est l'*ennemi*-né de celui qu'il héberge, de celui qu'il fait boire, et pour qui il gâte la meilleure chose que Dieu ait faite, le vin.

« ... Les François, dit-il, ont appelé ces gens icy *hostes*, du mot latin *hostis*, qui est à dire ennemy : le François retenant du mot latin *hostis*, hoste et hostellier, n'ayant, le François, plus grand ennemy que celui qui gaste et corrompt une si bonne chose qu'est le vin, ne le pouvant autrement ne plus proprement appeler qu'ennemy. »

Bouchet, qui fait de cette *étymologie* celle qu'il adopte, continue par les preuves qui constatent son excellence et sa raison.

« Et pour monstrer, dit-il, que ce n'est pas d'aujourd'hui qu'on tient les hostes et taverniers pour ennemys, vous trouverez qu'anciennement celui qu'on nomme *hospes* en latin s'appeloit *hostis ab hostiendo, i, œquando,* aussi *nostri hostes,* nos ennemys meslant l'eau avec le vin les rendent esgaux, vendant l'un autant que l'autre. »

Puis, partant de cette étymologie burlesque, si bien dans l'esprit de son époque, toute bouffonne et tout érudite, maître Guillaume Bouchet s'échappe en mille citations grecques et latines qu'il trouve moyen de changer toutes en invectives contre ces *hostes*, cabaretiers ou ennemis, suivant qu'on prenne le mot avec son acception française ou son acception latine.

« Et c'est une des raisons, dit-il, pourquoy Platon ne veut point que ses citoyens soient hostes et tiennent hostelleries, et le permet seulement ès plus abjecte du peuple, à cause que telles gens sont vicieux. Et le jurisconsulte, au tiltre *de Nundinis,* fait mention de ce qu'en dit Platon. Muret dit avoir trouvé en un livre non encores imprimé, que les hostes sont accomparez à la fortune, en ce qu'ils baillent, en commençant, de bon vin, puis en servent de mauvais. La fortune, en faisant ainsi, en livrant d'entrée à ses favoris de grands biens avec grande félicité, puis après les remplissant d'autant de malheurs qu'elle leur a desparty de bonheur. La saincte Escriture mesme voulant exprimer un grand mal quand la parole de Dieu est falsifiée, altérée, meslée et corrompüe, elle use de ce mot *cauponari* (être cabaretier). Et aussi il ne falloit pas, aux prémices que les anciens présentoient à leurs dieux, que les Latins appeloient *libationes,* leur bailler du vin meslé avec de l'eau, estant appelé *spurcum,* le vin pur dénotant une sincérité et un cœur sans fraude; meslé avec de l'eau, superstition et tromperie. »

Encore Guillaume Bouchet ne s'en tient-il pas là; le vin frelaté lui tient trop au cœur; il n'est pas content s'il n'a pas dit à quoi on peut le reconnaître, et si, de ce nouveau paragraphe, il n'a pas fait une nouvelle invective contre les taverniers.

« Messieurs, fait-il dire à l'un de la *serée*, si vous aymez ma santé, je vous prie de m'enseigner comme je pourrai sçavoir si, en du vin, il y a de l'eau, et, s'il y en a, comme je la pourray séparer d'avec le vin, estant subject à deux maladies qui sont causées et aydées pour boire de l'eau. La plus dangereuse est l'hydropisie, la plus douloureuse la colique, qui peut venir de la mixtion d'eau et de vin, dont s'engendre un vent flatueux qui est dissipé par la chaleur du vin pur. Que si le vin pur, dissipant par sa chaleur les vents, me nuisoit en quelque autre chose, j'aymerois mieux boire le vin tout pur et l'eau toute pure que le boire meslez.

» Si ne laisserois-je pourtant de vous apprendre à cognoistre s'il y a de l'eau dans le vin, et s'il y en a, de les séparer, m'asseurant qu'estes si advisé que ne prendrez du vin que modérément si le beuvez sans eau, craignant l'hydropisie. Si vous mettez des pommes ou des poires sauvages, disoit-il, dans un vaisseau de vin, et tout va au fond, asseurez-vous qu'il y a de l'eau parmy ce vin. A défaut de pommes et de poires, prenez un baston frotté d'huyle, et si, le mettant dans le vaisseau, il retient quelque chose de ce vin, le vin, indubitablement, est meslé; aucuns mettent le vin de quoy ils se doubtent dessus de la chaux vive, que si elle se dissoult et détrempe, c'est chose asseurée qu'il y a de l'eau avec ce vin. Que si on veut les séparer, mettez-les en un vaisseau de lierre, car le vin s'escoulera dehors, et ne demeurera que l'eau dans le vaisseau, à cause que le lierre, dont est fait ce vase, estant plein de trous, fait place au vin qui sortira, et ce qui a plus de corps se contiendra mieux dans le vaisseau, le vin ne voulant avoir nulle amitié avec l'eau, si bien que par après ne le vin ne l'eau se sentent d'aucun meslange, le vin pouvant passer à travers l'eau sans aucune mixtion de l'une avec l'autre, ce que pourrez aisément comprendre prenant deux vaisseaux de terre nommez monte-vins. »

Après cela vient le chapitre non moins important des vins mêlés, de ces mélanges effrontés que les taverniers vendaient sans vergogne pour des nectars sincères, mais qui leur valaient toujours de rudes invectives de la part des connaisseurs. Le surnom de *brouilleurs de vin* était la moindre de ces injures, et le plus accommodant de ces ivrognes se contentait de se plaindre en montrant les bourgeons de sa trogne rubiconde, floraison vineuse née de cette rosée frelatée :

. . . . . . . . . . . . . . . . . .
Des taverniers, brouilleurs de vins,
Gros bourgeons avons entour nez;
Ce sont biens que nous ont donnés
Les taverniers en leurs buvettes.
Voyez nos nez bien bourgeonnez,
N'en reste plus que les cliquettes.

Ainsi parle un poëte buveur dont Techner a admis les rimes avinées dans son *Recueil de facéties et joyeusetés*. Mais on ne s'en tenait pas toujours, contre les frelateurs, à ces vers moitié tristes, moitié badins; les poëtes sérieux eux-mêmes, qui, après tout, n'étaient pas fâchés d'avoir du bon et vrai vin quand, d'aventure, ils allaient à la taverne, se mêlaient aussi de ces abus et en faisaient bonne justice.

Écoutez, par exemple, comment, en son *Catholicon des mal advisez,* le grave Laurens Dumoulin nous dévoile l'adresse des marchands pour brouiller et frelater les vins :

On trouve aussi un tas de taverniers,
Affin que d'eux je parle pur et franc,
Qui lescive faire sont coutumiers;
Meslant le vin rouge avec le blanc,
Qui feront boire reversures aux gens.
Tels taverniers en fin sont indigents.
Je demande, pour faire conséquence,
A nos seigneurs messieurs les taverniers,
S'ils trouvent point chargé leur conscience
De brouiller vins, comme ils font volontiers?
Je crois que non.....

La conscience d'un tavernier! ô brave homme! ô poëte! pourquoi donc en parler, puisque, non content de frelater ton vin, il ne te donnait même pas ta mesure?

O gens pervers, en malice rusez,
. . . . . . . . . . . . . . . . . .
Vin éventé vous vendez soir et main (*matin*);
On le connoist, chascun sait votre cas :
C'est que mesure bonne ne faites pas,
Sur deux bons pots, un mauvais aux repas
Passe parmy.

Au style près, ne pourrions-nous pas adresser reproches pareils à nos marchands de vin d'aujourd'hui, et les délégués de la régie ne retrouveraient-ils pas ici l'origine de bon nombre de ces secrets qu'ils éventent chaque jour dans tant d'entrepôts clandestins, finement, mais, hélas! impuissamment dévoilés par mainte plume expérimentée, notamment par celle de M. Lanquetin, dans le *Journal des Débats* du 20 janvier 1845?

Pour rendre la similitude des ruses du passé et de celles du présent plus complète encore, à la honte des marchands de vin de toutes les époques, on nous permettra de ne pas nous en tenir aux citations que nous venons de faire, et d'en risquer encore quelques-unes qui ajouteront à la vérité du détail.

La meilleure nous sera fournie par un manuscrit de la *Bibliothèque de la Haye,* dont M. Jubinal a tiré de très-curieux extraits pour enrichir la lettre qu'il adressa, à propos des richesses littéraires de cette collection, à M. de Salvandy, alors ministre, sous la date du mois de novembre 1844.

Le principal personnage en jeu dans la pièce dont nous voulons parler est le seigneur Triche, dont vous comprenez le rôle d'après le nom. Les taverniers, *grands suppôts de tricheries* depuis qu'il existe un cabaret, sont, bien entendu, ses premiers serviteurs. C'est pour Triche, c'est de par la volonté de Triche qu'ils frelatent le vin :

Triche est tout plein de décevance
Quant il, par si fait alliance,
Tantz vin divers fait faire unir
D'Espaigne, Guyene et de France,
Voir et du Rhyn fait la muance,
De quoi le gaing puet avenir,
Mais s'il porra fort vin tenir,
Bien sciet del eaue fresche emplir.
..... J'auques Triche en point voldras
Connoistre, tu le conoistras
De son pyment, de son clarrée
Et de son novell ypocras,
Dont il fera sa bource crass,
Quand les dames de la cité,
Ainz qu'au moustier ou au marchée,
Vers la taverne au matinée
Venent trotant le petit pass;
Mais lors est Triche bien paié,
Car chacun vin est essaié,
Mais qu'il vinègre ne soit pas.
Et lors les ferra Triche entendre
Qu'ils auront, s'ils veulent attendre,
Gamache, Grec et Malvoisie.
Pour faire les le plus despendre,
Des vins lour nomme mainte gendre,
Candy, Ribole et Romanie;
Provence et le Montross escrie;
Si dist qu'il ad en sa baillie
Rivere et Muscadelle à vendre;
Mais il la tierce part n'ad mie,
Ainz ditz ce pour novellerie
Au boire dont les puet suspendre.

..... Il contrefait de son engin
Du vin françois le vin du Rhin,
Voir ce que creust en tièle guise
Près de la rive de Tamise.

Notre homme, qui est Anglais, on le voit de reste à son patois, continue sur le même ton à propos des cervoises frelatées qu'on servait dans les tavernes de Londres. Nous en parlerons quand nous serons arrivés à ces tavernes d'outre-Manche.

Maintenant, il nous tarde de revenir aux *Serées* de Guillaume Bouchet et à ce que nous devons y trouver encore touchant ces frelateurs, dont elles nous ont si à propos conduit à parler.

C'est par un bon conte que Bouchet termine ce chapitre si important, et c'est par une invective nouvelle contre ces mécréants du bien boire que son conte entre en matière :

« Une république bien policée devroit surtout punir ces brouille-vins !

» Pleust à Dieu, répliqua un bon drôle, qu'ils fussent aussy bien chastiez que celuy dont je vous vais faire présentement un petit conte : J'estois un jour, disoit-il, en une taverne avec aucuns miens voisins; il arriva, ainsi que nous beuvions, que je vay apercevoir nostre hoste qui portoit deux seaux tous pleins d'eau en sa cave, et deux aultres pleins de vin que portoit son valet. Tout sur l'heure, me mestant à la fenestre, je crie à pleine teste : Au feu! au feu! aussi effroyablement que le petit bossu de Turc qui routissoit le gentil Panurge crioit : Dalbaroth! Dalbaroth! Toute la ville fut incontinent esmue, craignant le feu, à cause que c'estoit vers le soir, tellement que la taverne se trouva pleine de toutes sortes de gens. Les uns y apportant de l'eau, comme contraire au feu, les autres de l'huyle, le feu estant aucune fois si grand, que l'eau, à cause de sa frigidité, ne peut pénétrer jusque là où est la nourriture du feu, mais l'huyle, qui est lente et crasse, ne s'escoulant pas si aisément, estoupe et assopist ce qui nourrist le feu; les austres apportoient du vin aigre, estant, par sa grande frigidité, du tout contraire au feu, et, par sa ténuité, pénétrant où l'eau ne l'huyle ne peuvent pénétrer. Le peuple entrant en la chambre où nous estions, et ne voyant ne feu ne fumée, nous demande où estoit le feu. Tout enroué d'avoir si crié au feu, je leur respons qu'il falloit bien qu'il feust en la cave, et là trouvent le tavernier avec son valet qui mettoient de l'eau dans le vin et brouilloient tout. Alors, l'un leur jette son eau et son seau à la teste, l'autre son huyle, l'autre son vin aigre, si bien que peu s'en fallust qu'ils ne fussent noyez et assomez de coups. Nostre hoste esbahy de voir tant de gens en sa cave; et si ne laissèrent pas après à le trouver, et si bien le pelauder, qu'il garda le lit plus de six mois après. Et quand il en voulust informer, il ne trouva sergent, ni procureur, ni advocat, ni juge qui voulussent estre pour luy.

» Qui voudroyt estre aussy pour ces gens-là, adjoutta celuy qui avoit fait ce conte, qui non-seulement marient le puys à la cave, mais, pour habiller leur vin, mettent dans les tonneaux des choses qui nuisent grandement à nostre santé, comme de la semence de éruca, du soufre, de l'eau de mer cuite, du miel, de la résine, du lait de vache et de la chaux, du sable, des œufs. Quelqu'un prenant la parole va dire que de là estoit venu ce qu'on dist : c'est un ris de l'hostelier, il ne passe pas le bout des dents, ou plustost des lèvres, car je ne sçay pas de quelle partie on rit. Et à la vérité, disoit-il, comment est-ce que ceux qui gastent ce que Dieu a fait, pourroient rire à bon escient, et du bon cœur, et contre leur conscience? »

Toutes les fois qu'en faisant ses *Contes*, G. Bouchet trouve sous sa main un hôte ou un tavernier, c'est toujours pour le dauber ainsi d'importance en racontant de lui quelque friponnerie nouvelle. En une seule occasion il se départ de cette verve railleuse, il rend justice à l'action honorable d'un hôtelier : encore ne prend-il pas cette histoire dans ses souvenirs, pas un hôte de son temps n'étant assez honnête homme pour mériter mention pareille, c'est dans l'historien Cedrenus qu'il trouve l'anecdote; or, cachée ainsi dans un recoin de la *Byzantine*, elle peut presque passer pour une fable, et G. Bouchet ne crie pas trop fort qu'elle n'en est pas une en effet. Quant à nous, elle nous semble telle, et d'autant mieux, qu'un conte courant depuis des siècles dans nos traditions, l'*Histoire du chien de Montargis*, nous paraît, à peu de chose près, avoir été copié sur elle.

On en va juger par la version qu'en donne G. Bouchet dans sa *Septième sérée : Les chiens.*

« Cedrenus raconte qu'un hostelier trouva un passant mort qu'on avoit volé et tué, ayant son chien auprès de luy qui le gardoit. Cet hoste, meu de pitié, fit enterrer ce mort; le chien le gratifiant, se donne à luy et le suit, demeurant avec luy en l'hostellerie. Il arrive qu'un jour le meurtrier de son maistre arrive là dedans pour loger; ce chien lui saute au visage, ayant accoustumé de faire bonne chère aux autres hostes. Cela donna si grande présomption à l'hoste qui avoit faist enterrer le maistre du chien que ce brigand estant prins fut convaincu d'avoir fait le meurtre et condamné d'estre roué. »

Faits pareils ne sont pas communs dans l'histoire des hôtelleries. Nous y trouverons plus souvent un hôte voleur et assassin qu'un hôtelier vengeur de gens assassinés. La funeste réputation que les aubergistes du XVI^e siècle s'étaient en cela acquise, comme dignes successeurs de tous ceux que nous avons rencontrés sur notre chemin depuis l'époque des Romains jusqu'à celle-ci, fut cause qu'en certaines circonstances on les prit pour les auteurs de crimes qu'ils n'avaient pas commis, et qu'on les envoya au supplice comme de vrais coupables, bien qu'ils fussent innocents.

Les époux Henry Bellenger et Catherine Cordier, dont la cause criminelle eut tant de retentissement la dernière année du XVI^e siècle, durent tous leurs malheurs à une erreur de justice, basée moins sur la vraisemblance des faits que sur cette fatale renommée qu'avaient les aubergistes de tenir non des auberges, mais des *coupe-gorge* où ils faisaient eux-mêmes fonctions d'assassins.

Un soir du mois de février 1599, un étranger se présente chez eux, on lui donne l'hospitalité qu'il demande, et le lendemain il se retire.

A peu de jours de là, ce même étranger, qui se nommait Jean Prost, disparaît, et l'on cherche vainement sa trace. Enfin, après de nombreuses et longues perquisitions, on retrouve son cadavre gisant au loin. Le malheureux avait été assassiné.

La prévôté informe. On apprend que Jean Prost a logé, peu de jours avant sa mort, chez les époux Bellenger, et, comme, par une fatalité qui tenait un peu aux habitudes larronnes des hôteliers, ceux-ci avaient profité de l'absence du voyageur pour mettre la main sur les hardes et l'argent qu'il avait laissés dans sa chambre, on les mit sans désemparer en prison; on les crut assassins parce qu'ils étaient voleurs. Le délit que constituait le larcin de cette *épave* fit croire au crime de meurtre dont on les accusait.

La mère de Jean Prost, Sébastienne Domenchin, activa, par ses démarches, les rigueurs de la justice. La cause s'instruisit, et des charges accablantes s'amoncelèrent contre les deux époux. Traînés dans les cachots du Châtelet avec une de leurs servantes, accusée de complicité, on les soumit tous trois à une longue captivité; on leur fit subir toutes les tortures atroces de la question ordinaire et de la question extraordinaire; enfin, leur exécution allait mettre le comble à tous ces supplices préliminaires, quand une révélation, on peut le dire miraculeuse, vint les sauver, en faisant connaître le véritable coupable.

Un voleur de grand chemin nommé Jean Bazana, et qui n'était pas sans doute autre chose, son nom le donnerait à penser, qu'un de ces aventuriers italiens ou espagnols qui infestaient alors les grandes routes, fut arrêté par la maréchaussée; son procès étant fait, on le conduisait à la potence, quand il fit les plus complets aveux pour tous ses crimes passés et présents. C'est alors qu'on apprit qu'il était seul, et sans aucun complice, le meurtrier de Jean Prost.

L'accusation contre les époux hôteliers et contre leur servante tombait d'elle-même; la porte de leur cachot s'ouvrit en effet, mais les tortures de la question leur avaient disloqué les membres; ils étaient innocents, et pourtant, par suite des rigueurs d'une justice trop hâtive, ils devaient rester infirmes toute leur vie. Qui donc subviendrait à leurs besoins? N'allaient-ils être rendus à la liberté que pour tomber dans une misère injuste? C'était au tribunal d'implorer pour eux de la munificence royale quelque bienfait les vengeant des maladresses de la justice; il n'en fut pas ainsi, on ne leur accorda qu'une chose, le droit d'actionner devant les juges la mère de la victime, cette malheureuse Sébastienne Domenchin, qui, par un sentiment bien naturel, s'était montrée si ardente à obtenir justice du meurtre de son enfant, et avait ainsi contribué, sans le vouloir, aux tortures subies par les époux Bellenger. Certes ces malheureux méritaient un dédommagement de leurs souffrances, mais ce n'était pas à la mère de la victime à le leur accorder; en les accusant, elle n'avait fait qu'invoquer le droit de sa douleur et de son deuil. Elle s'était trompée en faisant frapper des innocents, mais la justice, qui agissait pour elle, devait, avant de porter ses coups, éclairer son implacable accusation; avant d'exercer ses sévices, elle devait ne céder ni à l'évidence de certains faits, ni à l'éloquence trop intéressée des plaintes d'une mère voyant partout des coupables et criant vengeance.

Le tribunal appelé à juger cette cause singulière en décida ainsi : les époux Bellenger n'obtinrent rien de Sébastienne Domenchin.

La cause des deux hôteliers fut pourtant éloquemment plaidée par mestre Anne Robert. On remarqua entre autres choses, dans son plaidoyer, qui est demeuré célèbre, le récit qu'il fit d'un meurtre à peu près semblable à celui de Jean Prost, et dont une même erreur de justice avait été la conséquence. »

« Un historien moderne, qui a recherché les singularités de l'histoire de Venise, récite une aventure approchante de nostre faict. Fuscarus, fils d'un duc de Venise, avait inimitié mortelle et capitale avec un autre gentilhomme vénitien nommé Hermolaus Donat. Ce gentilhomme se trouva mort, sans sçavoir l'auteur du meurtre; Fuscarus, sur le soupçon de l'inimitié, est mis en justice, condamné et envoyé en exil, où il mourut de regret de se voir chassé de son pays. Advint, trois mois après sa mort, qu'un voleur fut exécuté, lequel, à l'échelle, entre autres crimes, confessa que c'étoit lui et non Fuscarus qui avoit commis le meurtre de ce gentilhomme vénitien. En tels et semblables inconvénients, seroit-il raisonnable de donner une impunité à celui qui a esté calomniateur en effet, soit que la malice, soit que l'imprudence l'ait conduit à cette calomnie? »

Et mestre Anne Robert part de là pour dire que Sébastienne Domenchin, elle aussi, a été calomniatrice envers les époux Bellenger, et qu'elle doit réparer à leur égard le tort des sévices qu'elle a excité la justice à leur faire subir.

« Qui doute, dit-il, s'emportant trop loin, sans songer que c'est d'une mère en deuil qu'il parle, qui doute que les pleurs et les larmes malicieuses de cette femme ont esté de fausses adresses et des inventions suffisantes pour surprendre la prudence des meilleurs juges, qui, au milieu de la nuict, c'est-à-dire en l'obscurité d'un crime occulte, ont suivi la route des formes ordinaires de la justice? »

Il est plus vrai, il est plus éloquent, quand, invoquant le souvenir des tortures souffertes, il s'écrie :

« Vous estes cause du cruel traitement que le demandeur a souffert en la question, mais vous dites que c'est par imprudence et sans malice; à tout le moins, par une condamnation de dommages et intéretz, suppléez quelque récompense pécuniaire, pour subvenir à la misère de ce pauvre homme et lui aider à traîner le reste de sa vie languissante après tant de tourments. Et si cette femme vous représente la piété et les regrets d'une mère, imaginez-vous, messieurs, les misérables gémissements de cet innocent au milieu de la cruauté d'une question ordinaire et extraordinaire, n'ayant lors autre sentiment que de ses douleurs, en une heure mille morts sans mourir. Un corps gehenné, tirassé, demi-deschiré, les nerfs séchez et roidis, les membres froissez et fracassez, avec un effroyable traictement du reste du corps, lié, tiré, misérablement estendu. Et, à dire vray, c'eust esté à ce pauvre homme un grand heur de mourir, car ce qui lui reste n'est plus un corps entier, ce sont pièces disloquées et disjointes, membres desrompus, estropiez et affoiblis, ayant à présent le corps resduit en tel estat et en telle misère que mal aisément désormais il pourra, au travail de ses bras, gaigner la vie de lui, de sa femme et cinq enfants. C'est la clameur et les plaintifs gémissements de ces pauvres petits enfants, dont la voix pénètre au ciel, et la plainte en vient jusqu'à vous en ce lieu, pour vous esmouvoir en pitié. Luy cependant se voyant misérable en son corps, et sa famille réduicte à la mendicité, vit et meurt tout ensemble. Ce luy est une peine qui tousjours renouvelle et une mort qui jamais ne prend fin. »

Dans cette émouvante péroraison, maître Anne Robert n'oublie qu'une chose, c'est que le vrai coupable en toute cette affaire, ce n'est pas cette mère qui pleure et qu'il faut vénérer à cause de son ardeur même à demander le supplice de ceux qu'elle croit être les assassins, le vrai coupable ici c'est la loi barbare qui commande les tortures, cette loi qui frappe avant d'avoir condamné, et qui, une fois de plus, par ces souffrances de trois innocents, vient de prouver sa cruelle absurdité.

La matière était belle pour plaider contre la question et pour devancer, par d'éloquentes paroles, la généreuse, mais si tardive mesure inspirée à Louis XVI par M. Hue de Miroménil, l'abolition de la torture. Maître Anne Robert manqua l'occasion d'anticiper ainsi sur le bienfait du roi philanthrope. Le président Louis Servin, qui résuma les débats, ne la saisit pas davantage. C'est d'autant plus à regretter que ce résumé de la cause est un morceau vraiment remarquable, une digne réponse à la belle plaidoirie d'Anne Robert.

Les faits s'y trouvent relatés avec une éloquente lucidité et avec plus d'un détail que nous avons omis. Il sera donc utile de citer encore quelques passages de ce morceau.

« Or, dit Louis Servin, d'une part mestre Anne Robert vous a représenté au vif la misérable condition de Bellenger et de sa femme, naguères accusés, maintenant demandeurs, comme ils ont été poursuivis en Chastelet, jugés, appelants, condamnés par arrest, le mari mis aux tourments, la question présentée à la femme et à la servante, bref, toute la famille mise en trouble par l'accusation d'un horrible crime d'assassinat prétendu commis en la personne d'un hoste, crime duquel Dieu a fait connoistre par la révélation de l'assassin que les âmes et les mains de ces pauvres gens sont innocents... Le mary accusé en ce parlement, et non accusé tant seulement, mais jugé et tourmenté au corps et en l'esprit, vient aujourd'huy en jugement, comme un homme ressuscité par l'innocence, amène sa femme avec lui, et dit contre l'accusatrice, que celuy qui calomnie son prochain ressemble au faux témoin, qui est comme le marteau, l'espée et la flesche aiguë; quoi qu'il soit nay pauvre et misérable, que néantmoins il est de vie pure et innocente; que son âme et celle de sa femme n'est moins précieuse devant Dieu que celle des plus riches; qu'ils n'ont fait tort à personne; qu'ils ont vescu contents en leur pauvreté, pauvreté don singulier de Dieu et mal cogneu des hommes : et néantmoins qu'eux pauvres et innocents ont été affligez, mille peurs lui ont saisi le cœur, la vie du mary fut mise en péril, et celle de la femme, le fils ouy contre le père, toute la famille diffamée ; la crainte de perdre crédit, d'avoir tous les jours mauvais, n'avoir plus moyen de gagner sa vie, n'oser plus se montrer ; les fascheux ennuis d'une triste prison, privation de lumière, détention et gouffres homicides, de cachots obscurs... Question baillée au mary, présentée à la femme, tout danger, toute angoisse, les yeux ternis, l'âme accablée, appréhension de nudité, de faim, de mort, et de mort ignominieuse... Ils demandent aujourd'huy ce que demandoient les hommes tourmentez injustement en la justice d'Athènes, que l'autel de la miséricorde fust paré d'un monument portant déclaration de leur innocence. Ils prétendent une réparation contre l'accusatrice... »

Cela dit pour la cause des demandeurs, mestre Servin, en juge intègre, ajoute avec non moins d'éloquence, dans l'intérêt de la défenderesse, à qui l'on fait un crime de son trop d'ardeur à chercher les assassins de son fils :

« Ceste pauvre mère estoit en peine, elle cherchoit son fils et ne le trouvoit, fils qui estoit homme simple, à qui il estoit aysé de faire tort, car il estoit tout seul, il avoit de l'argent, il le laissoit en sa chambre, il tendoit aux larrons ; son hoste et son hostesse y ont mis la main, ils ont laissé entrer des hommes à sa chambre, hommes qu'ils ne connoissent. Qu'est-ce que la mère pouvoit penser après cela ? N'avoit-elle pas raison de dire qu'on l'avoit tué ?

» Peut donc ceste pauvre mère soustenir avec raison qu'il ne faut avoir esgard à la faute des demandeurs sous ombre de leur basse condition. Car, pour une pièce de pain, ils eussent commis forfait, puis qu'ils ont touché à l'argent d'un hoste qui se fioit en eux.

» Ce sont les moyens par lesquels la pauvre deffenderesse peut dire qu'elle n'a intimé une accusation pour laquelle on puisse l'arguer de calomnie. »

Maître Servin conclut ainsi :

« Doncques, pour faire fin à la misère des demandeurs telle qu'elle fut à celle de Joseph, la cour s'il luy plaist ayant esgard aucunement à leur requeste, les mettra en liberté en les déclarant innocents du crime d'hospitalité violée et assassinat dont ils ont esté accusés, sans néantmoins leur adjuger aucune réparation, despens, dommages et intérêts contre la deffenderesse, puis qu'elle n'est pas, ne peut estre jugée calomniatrice.

» Ainsi chacune des parties obtenant ce qu'elle doit espérer par la raison, l'authorité demeurera aux choses jugées... »

Et selon nous, ces conclusions étaient aussi bonnes qu'on pouvait les espérer alors ; l'arrêt rendu les consacra. La justice consentit à ne pas se souvenir du vol que les époux Bellenger avaient commis en s'emparant des hardes abandonnées de Jean Prost, et cet oubli, qui devait coûter à sa rigueur, dut, en les graciant d'une peine méritée, leur être comme un dédommagement, bien faible il est vrai, de celles dont une fatalité judiciaire de l'époque leur a fait subir les tortures anticipées.

De tout cela il résulte qu'il pouvait se trouver des hôteliers innocents du crime d'assassinat, mais innocents du crime de vol, jamais.

Ceux mêmes qui eussent pu comparaître devant le Châtelet sous le coup de l'une et de l'autre accusation sans mettre la justice en état de faillir, comme pour les époux Bellenger, formaient, je crois, le plus grand nombre. Encore oublié-je les autres petits délits de *receleurs, entremetteurs*, etc., qui compliquaient d'ordinaire, pour tout hôtelier incriminé, ces accusations fondamentales. Je ne parle pas non plus de certains méfaits dont, plus que personne, ils se rendaient coupables en temps de trouble, leurs vrais jours de triomphe et de bombance à eux.

Du reste, pour qu'on juge de leur art en toutes ces mauvaises industries, nous allons glaner quelques faits dans les *Mémoires de Pierre de l'Estoile.* Voici ce qu'on y lit sous la date de décembre 1589 :

« En cest an 1589, sept jours après la mort du très chrestien roy Henri troisième, roy de France et de Pologne (comme Dieu est juste et admirable en toutes ces précédures et jugements), l'un des plus meschans séditieux et ligués larrons de Paris, nommé François Perrichon, tavernier et capitaine du quartier de l'école Saint-Germain l'Auxerrois, tua un autre ligueux son compagnon, nommé Muteau, apparanté et soustenu des principaux ligueux de Paris; lesquels poursuivirent si vivement et animeusement la justice de ce meurtre, que combien que ledit Perrichon fut des plus grands ligueux de Paris, porté et appuyé des Seize, comme ayant barricadé le feu roy de plus près, et jusques à la porte de sa maison du Louvre, ce néantmoins, au rapport de maistre Hiérosme Auroux, conseiller en la grant chambre, fut condamné à estre pendu et estranglé. Ce qui fust exécuté le 9 aoust de cet an 1589, au quel jour nous le vismes pendre M. Sebilet et moy, au carrefour devant le Châtelet, estans sortis de la conciergerie deux jours auparavant, où nous l'avions veu amener et crier après nous *aux Politiques!* disans qu'il nous falloit tous pendre. »

A deux ans de là, le dimanche 3 mars 1591, un autre meurtre fut commis par un tavernier, non plus sur la personne d'un confrère, mais sur celle bien plus considérable d'un gouverneur de l'Arsenal. L'affaire, fort curieuse, se complique de l'un de ces cas de *maquerellage* qu'on retrouve si fréquemment quand on étudie les mœurs des taverniers de ce temps-là ; mais ce qui la rend plus piquante, ce sont les détails du marché, la vente de la fille, dont le prix payé par le tavernier est nié par le gentilhomme. Celui-ci ne veut plus d'argent, mais la fille même qu'il a cédée, et, en fin de compte, il n'obtient du cabaretier ni la fille ni la somme, mais un bon coup d'épée dont il meurt.

« Ce jour, dit l'Estoile (dimanche 3 mars 1591), moururst Selincour, un des gouverneurs de l'arsenail à Paris, qui avoit été blessé de sa propre espée le dimanche 3 de ce mois, par un marchand de vins nommé Levasseur, à raison de quelques meubles qu'avoit le dit Vasseur au dit Selincourt appartenans, dont il voulut que l'autre lui fist restitution. Mais le principal fondement de leur querelle étoit une *garse* que Selincour avoit vendue au Vasseur; et disoit le dit Vasseur en avoir payé à Selincour quatre cens escus, lorsqu'il se maria à la veufve Yver, contrôleur de la chancelerie de Paris. Laquelle estant morte, le dit Salincour vouloit ravoir sa garse, ce que l'autre refusoit faire, si on ne lui rendoit préalablement son argent. Querelle digne du temps. »

Si ce ne sont des taverniers que nous trouvons prêtant la main à tous les mauvais coups de cette époque de meurtre et de guet-apens, ce sont gens de la même espèce, teneurs de lupanars et de tripot. De ces derniers, l'Estoile en cite un, le nommé Becquet, qui prend part à l'assassinat du marquis de Megnelet, comme il nous avait indiqué tout à l'heure ce damné Perrichon, émeutier enragé, professeur de barricades à la barbe de Henri III, bloqué dans son Louvre. Si nous cherchions bien de notre temps, nous trouverions encore les marchands de vin et leurs garçons au premier rang des recrues de l'émeute. La déportation en fait justice aujourd'hui; alors c'était la pendaison. Nous avons vu celle de Perrichon, l'Estoile va de même nous faire assister à celle de Becquet.

« Le mercredi 4 (mars 1594), Becquet fut pendu et estranglé devant le Louvre à Paris, pour avoir assisté au meurtre commis en la personne du marquis de Megnelet, à la Fère, qui néantmoins n'estoit encores réduitte. M. Levoix, conseiller en la grant chambre, lequel il avoit emprisonné et mal traité pendant la ligue, aida fort à ceste exécution, et fut cause en partie de le faire pendre. »

Les teneurs de tripot, comme l'était ce Becquet, qui, sous prétexte de donner à jouer à la paume, ouvraient leurs maisons à toutes sortes de désordres, passaient pour d'aussi dangereux drôles que les taverniers et les hôteliers. Cela est si vrai que, par l'article 535 de la *Coutume de Normandie*, il ne leur était pas accordé, plus qu'à ces derniers, d'action en revendication contre les gens qui avaient pu contracter dettes chez eux. Jugez par là combien ils devaient être âpres au paiement, avec quelle ardeur ils devaient prendre, fût-ce même en nature, ce qui leur était dû : à celui-ci sa cape, à cet autre son feutre, etc., puisqu'enfin il fallait être payé sur place ou se résoudre à ne pas l'être du tout. Cette avidité du cabaretier s'acquittant de sa créance sur ce que possédait la pratique sembla encore coupable à la loi. Elle vit dans son assouvissement un énorme abus à réprimer; car, de cette manière, des familles entières couraient risque d'être dépouillées, tout ce qui était dans un logis d'ivrogne pouvant, en dépit des besoins de la femme et des enfants, passer de la main du mari buveur dans celles du cabaretier.

Défense fut donc faite au tavernier de rien acquérir par cette voie d'acquittements forcés.

L'article 361 de l'ordonnance du roi Henri III, donnée à Paris au mois de mai 1579, le stipula ainsi :

« Deffendons.... aux dits taverniers et cabaretiers de faire aucunes acquisitions pour debtes et tailles de despense de bouche faicte en leurs tavernes et cabarets, pour pain, vin et autres denrées par eux fournies, sur peine de nullité des contrats. Et à tous notaires de passer tels contracts sur peine d'amende arbitraire. »

Cette législation était des plus rigoureuses: aussi Boucher d'Argis, qui commenta l'ordonnance, s'en étonne, au point d'ajouter en note : « Les anciens commentateurs ne rendent aucune raison de cette prohibition rigoureuse, et les lois romaines, qui renferment un grand nombre de dispositions contre les hôteliers, n'en contiennent point de semblables. Il paraît, en effet, bien extraordinaire d'enlever à celui qui a pu faire des avances considérables pendant une longue suite d'années le droit d'une compensation légitime, et la faculté de se faire rembourser en acquérant sans fraude l'héritage de son débiteur; mais il y a lieu de présumer que le législateur a voulu sagement prévenir l'abus des crédits, dont la dangereuse facilité, offrant à l'ivrognerie et à la débauche un appât ruineux, n'étoit qu'un piége adroit dont les cabaretiers se servoient pour envahir le patrimoine de ceux qui fréquentoient leur maison; et cette opinion, que nous croyons pouvoir présenter, doit mériter quelque confiance, quand on compare l'article 361 de l'ordonnance de Blois avec l'article 128 de la coutume de Paris, qui refuse aux cabaretiers et taverniers *toute action pour vin ou autres choses par eux vendues en détail par assiette en leur maison.* La coutume de Normandie, celles de Melun et d'Étampes, ont des dispositions semblables. »

Voilà donc ce que nous disions plus haut, des prescriptions de la coutume normande, dûment justifié. Mais ces mesures sont vaines. Rien ne pouvait empêcher l'hôtelier ou le cabaretier de se payer sur les effets de l'hôte, quand il ne pouvait se payer sur sa bourse. Il faisait happer par un de ses valets le feutre ou le manteau, les envoyait vendre, et palpait l'argent. N'étant ainsi nanti d'aucune harde, mais bien de son prix, il n'enfreignait pas la loi.

Nous avons pour exemple de pareils faits l'histoire lamentable d'un jeune soudard qui fut ainsi dépouillé par un hôte qu'il n'avait pu payer, et qui, de désespoir, finit par se donner la mort. Cette triste aventure, qui avait lieu au temps à peu près où était rendue l'ordonnance citée tout à l'heure, et pour laquelle elle est un amer démenti, a été mise en vers par un rimeur de l'époque, Claude Mermet; nous allons donner son récit un peu émondé. La vie de l'hôtellerie au XVI$^{e}$ siècle s'y développe dans toute sa curieuse vérité.

# CAS

## MERVEILLEUX D'UN JEUNE SAOUL D'ART (*sic*),

*lequel (après avoir mangé son cheval) s'est planté son espée au travers du corps.*

Dans la ville, un jour, sur le tard,
Arriva un brave saoul d'art,
Sur un cheval courant la poste,
Et s'en va loger chez un hoste,
Où il fust servy et traité,
Honnoré, chery, respecté,
Comme doit estre un gallant homme,
Portant d'escuz quelque grand'somme.
Il estoit vestu bravement,
Ayant tousjours l'habillement
D'un jeune qui a prime teste,
Mais homme de bien quant au reste.
Il disoit qu'il avoit le soin
De desloger pour aller loin :
Mais sentant sa bouche friande,
La table pleine de viande,
Les pots et verres (sans raison)
Tous remplis de vin de Couson,
Vin d'Abas et vin de Bourgoigne
(Cuidant fol qui d'iceux s'esloigne),
De Millery, de Saincte-Foy,
Il fut si à la bonne foi,
Voyant les marchands tant honnestes
Qui là mangeoyent les allouëttes,
Grives, perdrix et gras chapons,
Boudins, saucisses et jambons,
Qu'il ne sçavoit trouver manière
De ce lieu se tirer arrière.
Toujours tenoit propos humain,
Sans avoir soin du lendemain.
Il devisoit bien de la guerre,
Qui se fait par mer et par terre,
Mais il ne se souvenoit rien
De dire à son hoste combien
De chère si bien ordonnée
Il faisoit payer par journée :
Il ne luy challoit de compter
Que ses despens pourroyent monter.
Il avoit toujours la manière
D'accoster quelque chambrière,
Cherchant passe-temps et délit,
Ou en allant faire le lit,
Ou, en quelque coin de chambrette,
Quand il la rencontroit seulette,
Quelque petit coup la baisoit,
Ou d'autre chose la pressoit.
. . . . . . . . . . . . . . .
Il s'en alloit boire d'autant,
La chambrière muguettant,
Avecque son escharpe verte,
Quand il trouvoit la cave ouverte.
. . . . . . . . . . . . . . .

Mais il changea tantost propos
Quand il fallut faire son compte.
L'hoste lui demandoit (sans honte)
Dix escuz, arrestant marché.
Ha, dit-il, je suis bien fasché,
Je ne trouve rien en ma bource,
Et si l'ai par trois fois secousse.
Et l'hoste lui disoit tousjours :
Je vous ay nourry vingt jours
Céans, vous et vostre monteure,
Mais vous payerez à ceste heure.
Le saoul d'art dit : C'est bien raison,
Quand je serai dans ma maison.
Je vous manderay sans doubtance,
La somme, et vous ferez quittance
En bonne forme au messager;
Vous n'aurez point d'escu léger,
Vous aurez une pleine manche
De souls et de monnoye blanche.
Comment! seriez-vous tel garçon
De payer en ceste façon?
Dist l'hoste. Devant que l'on sorte
Ce gentil cheval par la porte
Du logis, je seray payé.
Vous n'avez que trop delayé.
Allez-moy appeler la crie,
Varlet, qu'on mène à l'herberie,
Le cheval, pour estre vendu
Somme, c'est assez entendu.
N'oublie selle ny croupiere
Et (à ma requeste et priere)
Que le dernier encherisseur
Soit de ce cheval possesseur.
Et n'ayons pas tant de dispute :
Laschez là ceste haquebute,
Je seray payé tout comtant.
Lors le saoul d'art (en se grattant
D'une bonne grâce la teste)
Dit ainsi : La mauvaise beste
Qu'un lyon quand on lui faict tort;
Il est dispos, agile et fort,
Il est raisonnable et non traitre,
Mais il ne veut jamais permettre
Qu'on luy face quelque tour gent,
Sinon à beau jeu, bone argent.
Quand je n'avoy cheval ny mule,
Sans argent, gage ny cédule,
J'ai prins mille et mille repas,
Estant en ce bon pays bas :
Au Daulphiné (bonne province)
J'estois respecté comme un prince,
Chacun me presentoit son bien
Pour en user comme du mien;
Il ne se parloit que de prendre.
Ores, il faut mon cheval vendre.
Ha! qu'il ne se fust pas vendu,
Si j'eusse le pair entendu.

Sur cela le varlet vint dire
Qu'il ne se trouvoit tout au pire,
Du cheval avec ses harnois,
Que vingt et cinq livres tournois.
Eh bien, dit l'hoste, l'arquebuse
Fera bien encore l'excuse,
Avec son gentil fourniment,
Pour achever le payement.
Varlet, fais que le crieur ouvre
Le ressort et vende la pouldre
Pour en payer le vin muscat
Que beust le saoul d'art délicat,
Dernièrement, jour de feste,
De quoy il doit encore feuillette.
Fais que toute la somme y soit :
Et le compagnon qui pensoit
Avoir ses despens à créance,
S'en ira froid à pied sans lance.
Or, le jeu fut si bien joué,
Que mon saoul d'art fut desnué
De son cheval, de son armeure;
Après quoy ne fist grand demeure
Au logis, n'ayant point d'argent.
Il fut encor si diligent,
Qu'il s'en va (portant son espée
Tenant tousjours bonne pippée)
Accoster un cabaretier
Qui, vendant vin, faisoit mestier
D'acheter hardes et les vendre.
Lors le saoul d'art lui va semondre
Son espée pour l'achetter.
Cet hoste là, sans contester
Lui baille un escu de l'espée
Toute neufve, fresche dorée.
Le saoul d'art serre son escu,
Disant : Or je me voy vaincu,
Par perte de cheval et d'armes,
Jusqu'à en jetter chauldes larmes :
Par force je seray records
De me planter l'espée au corps.
En pain, en vin, et en viande,
De petit prix et peu friande,
Mon cheval tout vif j'ai mangé,
En volaille et pastez changé,
Chez l'hoste qui me l'a fait vendre.
A chacun veux-je faire entendre
(Comme à ceste heure je l'entends)
Que ceux qui prennent le bon temps,
Demeurans en l'hostellerie,
Mengeans la bécasse rostie,
La poullaille, le coq farcy,
La perdrix, et la caille aussy,
Les longes de veau, les ruelles,
Les pigeons et les tourterelles,
Voire les petits passereaux,
Y mangeront leurs chevaux,
Leurs harquebouzes, leurs espées,
Leurs robes simples et fourrées,

Leurs vignes, leurs prés, leurs maisons.
Il n'y a rithme ni raison
De s'aller fourrer chez un hoste
Sans marchander combien il coste;
Encor ny fault (sans nul flatter)
Que le moins qu'on peut arrester.

Nous avons eu rarement occasion de citer d'aussi longs récits rimés; mais, comme l'histoire est curieuse, les détails piquants et faisant tableaux, les vers d'ailleurs d'un tour qui ne manque ni d'esprit ni de franchise, on nous pardonnera sans peine notre citation.

Le recueil des poésies de Mermet est assez rare, et comme ce n'est pas là la seule pièce qui s'y trouve être de notre ressort, nous allons, puisque nous avons le bonheur de le tenir en main, le mettre encore à contribution.

Il s'y rencontre surtout un morceau fort intéressant pour nous, en ce qu'il est le portrait complet d'une hôtelière de l'époque. C'est celui que Mermet intitule : *D'une bonne hôtesse!* Nous en tenons donc une enfin, allez-vous dire. Halte-là! notre poëte est gausseur : je crois l'hôtesse modèle qu'il nous donne pour tout à fait imaginaire, tandis que les drôlesses d'hôtelières sur lesquelles il daube d'importance, sous prétexte de faire son éloge, étaient bel et bien vivantes; vices bien portants en chair et en os. C'est un tableau par antiphrase, un portrait ironique, montrant moins ce qui est que ce qui ne devrait pas être. Il n'en est, du reste, que plus piquant.

### D'UNE BONNE HÔTESSE.

Une femme de renommée
Sous ceste pierre est enterrée.
Elle a plus aimé en son temps
L'homme que les escus comptans.
Depuis l'âge de la jeunesse,
La bonne femme fut hôtesse.
Elle logeoit de bons marchans;
Et fermoit la porte aux meschans;
Ell' ne cherchoit servante belle
Pour en être la maq...elle;
Elle ne vouloit, à grand tort,
Acheter aucun poisson mort,
De peur d'envoyer en la fosse
Ceux qui en mangeroyent la sausse.
Ell' faisoit payer seulement
Ce qu'on dépensoit justement;
Elle se contentoit, discrète,
En tout temps d'un profit honneste.
Elle respectait selon Dieu
Son pauvre mary en tout lieu.
L'on connoissoit à sa vesture
Qu'elle estoit sage créature;
Elle avoit son habillement
Garny d'un simple passement;

Elle ne fardoit son visage,
Pour se montrer plus jeune d'âge;
Elle ne portoit tortillon
Fait en aisle d'émerillon
Ou de faulxcon, mauvaise beste,
Père du cocu deshonneste;
L'on voyoit sous son couvre-chef
Grisonner le poil de son chef;
Ell' ne portoit en nulle sorte
Les cheveux d'une teste morte,
Elle avoit toujours sur le cœur
La crainte de quelque moqueur.
Elle ne portoit dans sa boëte
De musc ambre gris ny civette,
De peur qu'on n'eut dit sans raison
Qu'elle sentoit la venaison :
Ell' faisoit, comme charitable,
Maint pauvre disner à sa table.
Elle estoit prompte à secourir
Les gens qui s'en alloyent mourir :
Si elle fut pauvre en ce monde,
Elle est là où tout bien abonde.
Ses hoirs ne pourront par excès
Dissiper ses biens en procès :
Ell' n'a laissé autre héritage
Que le nom d'une femme sage
Qui a bien cinquante ans vescu,
Sans mettre de reste un escu.
Elle a esté si vertueuse
Qu'elle est maintenant bien heureuse.

Si nous voulions trouver un digne époux à cette hôtesse modèle, nous ne pourrions le rencontrer vraiment pareil, c'est-à-dire, avouons-le, tout aussi imaginaire que dans les œuvres de maistre Roger de Collerye. Cet hôte merveilleux, si digne de cette merveilleuse hôtesse, c'est maître Huguet Taillant, qui, en son vivant, était *hoste de la Monnoye à Ausserre.*

Pas un homme qui le valût aux yeux de Collerye, et ce suffrage devrait déjà lui tenir lieu d'un immense éloge. Si, dans une fête où se trouvait le gai chanoine, Taillant n'avait pas fait chorus à une ballade, la ballade ne valait rien; applaudi à une saillie, la saillie était mauvaise. C'est l'opinion de Taillant qui faisait loi pour le bien rire et le bien boire, et qui consacrait tout. Aussi, après une bombance où tout s'était bien passé, maître Roger écrivait-il à la fin des vers qui en célébraient la gloire :

Les jeux d'amour y furent approuvez
Du dict Taillant et de sa chambrière.

Quand il mourut, maître Roger lui devait une belle complainte, ou tout au moins une belle épitaphe. Il ne manqua pas cette dernière, et c'est là que nous trouvons ce pendant tant désiré pour le portrait de la bonne hôtesse de Claude Mermet :

ÉPITAPHE DE FEU HUGUET TAILLANT, HOSTE DE LA MONNOYE,

A AUSSERRE.

Cy gist le bon honorable Huguet,
En son seurnom Taillant bien renommé,
Qui, en son temps, ne feist jamais le guet
Aux amoureux qui cuillent le muguet,
Se dy alier par eux n'estoit sommé,
Ilz se voyoit dont il faisoit taverne,
Lequel estoit des buveurs consommé
Qui ne croissoit n'en rocher ne caverne.

Ceux qui n'avoient or et argent en bourse,
Ne se trouvoyent par lui les bien venuz,
Ce néantmoins ne leur estoit rebourse
Se sur iceulx il y avoit ressource,
Et fussent-ilz en chemise et tout nudz,
Riches et plains qui ont gros revenuz,
Bien recueilliz estoient en sa maison,
Gens d'église jeunes, vieulz et chenus,
Bien les aymoit, comme homme de raison.

L'escot n'estoit compté ne hault ne bas,
Par son varlet ne par ses chambrières;
Et si d'amours ilz aymoient les esbas,
Pourvu que bruyt n'en venoit ne debas,
Le bon Taillant ne s'en soussioit guières.
Par cœur sçavoit les façons et manières
Comme il failloit les gens entretenir,
Au doulx Jésus soient faictes les prières
Qu'avecques luy le veuille retenir.

Que vous semble de notre hôte d'après ce portrait? Il était bon diable, c'est vrai, mais quelque peu faible et complaisant aussi; donnant assez volontiers dans ces utiles services rendus aux amours faciles, avec lesquels on ne marchande pas trop « *pourvu qu'il n'en vienne ni bruit ni débat.* » Que voulez-vous? C'était là le fond du métier; pas un tavernier n'échappait à sa honte; Taillant lui-même, vous le voyez, Taillant, le cabaretier modèle, y donne les mains.

Nous aurions beau dire ici, nous aurions beau crier, nous ne pourrions faire qu'il en fût autrement alors, comme aujourd'hui. Ce bon Laurens Desmoulins, déjà cité tout à l'heure, s'évertua pour cela, en vers indignés, dans son *Catholicon des mal advisez;* mais ce fut en pure perte. Nous n'imiterons pas sa grande colère. Tout ce que nous pourrons faire, c'est de redire les vers que lui inspirèrent ces amours clandestins et coupables, trop complaisamment abrités sous les tonnelles ombreuses des guinguettes du temps, trop impunément blottis dans les cabinets particuliers des restaurants de l'époque.

Il s'adresse aux taverniers et leur dit :

Vous qui êtes recelleurs de gens tels,
Le mal qu'ils font vous encombre et vous blesse.
. . . . . . . . . . . . . . . . . . . . . . . . . . .
Vous leur livrez vos jardins, vos hôtels,
Ou recélez sont de jour et de nuict.
Amendez-vous, taverniers déceptifs,
Car de tous maux vous estes nutritifs.

Un éloge, sans restriction aucune, que Collerye fait de Taillant, c'est qu'il ne comptait jamais un écot ni trop haut ni trop bas : or, ma foi ! cet éloge-là en vaut bien un autre, surtout par le temps qui courait alors, voué sans vergogne aux tarifs arbitraires, excessifs, ruineux ; laissé enfin tout au bon plaisir de messieurs les hôtes, qui réglaient, comme ils l'entendaient, la dépense, et étaient en droit de regarder tout nouvel arrivant comme une *proie taillable à merci.*

Jusqu'au règne de Henri III, les choses allèrent de même. Point de loi, point de tarif ; tout était remis à la bonne foi, à la conscience de l'hôte, autant dire à celle du diable.

Enfin, les voyageurs, les buveurs, furent pris en pitié : une ordonnance fut rendue ; et il y eut une telle joie dans la gent biberonne, qui naturellement compta toujours quelques poëtes parmi ses meilleurs suppôts, que tout d'abord, comme le thème le plus joyeux, elle fut prise pour être mise en chant.

Le vin à deux sols la pinte ! quel plus beau texte en effet ? Cela ne valait-il pas bien la peine de trouver quatre vers ? On les trouva :

Le plus cher vin vendu la pinte
Partout ne sera que deux sols ;
Qui le vendra plus cher sans feinte
Payera l'amende tout son saoul.

C'est là le couplet le plus saillant de ce décret mis en rimes, que nous avons trouvé dans le recueil de Techener : *La fleur des chansons nouvelles*, p. 6-11, sous ce titre : *Discours de l'ordonnance du roy sur le faict de la police générale de son royaume.* Le tout se chantait sur le chant : *du soldat de Poictiers.* On s'y préoccupait de toutes les choses de la goinfrerie, non-seulement pour le boire, mais pour le manger. On en jugera par les quatrains suivants :

Les tavernes seront munies
De ce qu'il faut tant pain que vin,
De viandes seront fournis
Comme il appartient à tel train.

Comme pour un pareil sujet de jubilation la rime devait venir abondante et facile à celui qui écrivait !

Au rotisseur pour l'abillage
D'une grosse pièce, sans plus,
Prest à larder selon l'usage,
Aura un douzain et non plus.

. . . . . . . . . . . . . . . . . .
Banquets ne feront ne despense
Les jurés de chacun mestier :
En passant maistre en ceste France,
Ny d'eulx prendre aucun denier.

Pour ce dernier quatrain, reproduisant l'article de l'ordonnance qui interdisait les repas de confrérie, la rime dut être plus difficile à naître ; mais qu'importe après tout la défense de se griser en compagnie, puisque restait la liberté de bien boire seul ?

Payé sera pour la despense
D'homme et cheval à l'hostellier,
Pour les jours suivant l'ordonnance,
Vingt et cinq sols au prix dernier.

Quant à cette dernière prescription, je doute bien fort qu'elle fût jamais observée dans toute sa teneur. Cela était bon dans le compte de la loi, mais dans celui de l'hôtelier, non pas. Venait-il quelques gens du roi, pour eux on en passait par le tarif légal, il le fallait bien ainsi ; mais c'était à charge de revanche et d'indemnité sur le pauvre diable qui venait après.

L'ordonnance, cependant, avait bien pris ses précautions pour que personne ne fût ainsi lésé, en ignorant du prix à payer pour chaque chose dans une auberge. Nous n'avons vu que le texte rimé de l'ordonnance du 21 mars 1579, *sur le taux des hôtelleries,* laquelle n'était, du reste, elle-même qu'une reproduction de celle du mois de mars 1577 ; il est assez explicite déjà, le texte en prose l'est plus encore. Il y est dit que l'hôte sera tenu d'écrire sur la principale porte de son auberge le taux de tout ce qui se prend chez lui : le manger, le boire et le coucher. Les aubergistes se soumirent : on put lire, en effet, le tarif exigé, écrit en gros caractères sur les montants ou bien au-dessus de l'huis principal de l'hôtellerie. Si c'était une petite auberge où l'on ne logeât que les gens à pied, on lisait : DÎNÉE DU VOYAGEUR A PIED, SIX SOLS ; COUCHÉE DU VOYAGEUR A PIED, HUIT SOLS.

Si c'était une grosse auberge, au contraire, de celles qui logeaient hommes et bêtes, qui avaient vastes écuries, vastes remises, vastes cuisines, vastes salles, grandes tables, grands feux, et qu'on nommait plutôt *gîtes* qu'hôtelleries, ainsi qu'on le voit au chapitre premier du *Guide des chemins de France,* par Charles Estienne, alors le tarif montait. On lisait écrit à la porte : DÎNÉE DU VOYAGEUR A CHEVAL, DOUZE SOLS ; COUCHÉE DU VOYAGEUR A CHEVAL, VINGT SOLS. C'était déjà une assez forte dépense, surtout pour le temps. Encore n'était-ce pas tout, et lorsque dans quelques hôtelleries, qui s'annonçaient par la splendide enseigne pendue sous de beaux grillages dorés, on vous avait servi en une belle vaisselle d'argent ; lorsqu'on vous avait fait coucher dans de moelleux lits de soie, comme ceux que trouva Montaigne à la couchée de Châlons, je ne puis vous dire à quel taux élevé montait la dépense; seulement il est certain que le tarif était de beaucoup dépassé, et qu'alors vous n'aviez pas à vous plaindre. Si vous vous en avisiez, c'était l'hôte qui criait le plus fort; si, bien plus, vous refusiez de payer, il n'était pas empêché pour recourir de suite aux grands moyens. Vous étiez arrivé sur un bon cheval, maintenant à l'écurie : vite, notre homme ne pouvant avoir argent du maître, se payait sur la monture. Répliquiez-vous? Fort sur le droit, il vous ripostait sans sourciller, en palpant le prix de la bête, qu'il en agissait ainsi en vertu de l'article 396 des *coutumes de Rheims*. Si le cheval ne suffisait pas, l'hôte faisait comme pour le pauvre soudard de tout à l'heure; il vendait l'épée du voyageur, avec le baudrier, etc., et cela avec d'autant moins de peine, qu'une ancienne ordonnance lui permettait de désarmer les pratiques dès l'entrée. On trouve cet édit, bien digne d'un temps de guerre civile, dans les registres du Parlement, sous la date du 20 juillet 1553; il est des plus formels : « Les hostelliers, y est-il dit, désarmeront leurs hostes. »

Quand on reprochait aux hôteliers d'être si âpres au paiement, si inexorables pour la pratique, ils se justifiaient par des plaintes, se disaient de pauvres diables bien dignes de pitié, plus misérables cent fois que ces mendiants pour lesquels l'article 30 des ordonnances de la ville de Metz, sur la *police des pauvres*, les forçait d'appendre un tronc à leur huis. Ils s'indignaient surtout des impôts qui les accablaient; ils parlaient toujours des contributions dont ils avaient été grevés par les édits du 15 décembre 1595 et du 13 février 1596. Et cependant, quand on allait au fond de la vérité de ces plaintes, il se trouvait que la plupart des aubergistes qui criaient le plus fort étaient justement exempts d'impôt, soit pour une cause, soit pour une autre. En Bretagne, il y avait beaucoup de ces hôtelleries franches. On lit, sous la date du 9 décembre 1599, dans le *Précis des délibérations des États de Bretagne* : « Par les baux des impôts et billots, l'exemption des hôtelleries franches est réservée et stipulée. » Plus tard, sous la date du 23 janvier 1637, on y lit encore : « Les États consentent à l'établissement d'une hôtellerie franche des impôts et billots à Quintin... Permis par lettres-patentes aux héritiers de Lalouer de Saint-Brieux, en considération des services par lui rendus à Henri IV. »

Mais qu'ils fussent ou non francs d'impôts, les hôteliers volaient; jamais la pratique ne profitait de leurs franchises. Voyez si Artus Désiré, dans son inexorable petit pamphlet déjà si souvent cité ici, fait exception pour les voleries des privilégiés. Ils volent si bien à l'avenant des autres, qu'il ne prend pas la peine de parler de cette exemption d'impôts, qui devrait pourtant rendre quelques-uns moins ardents et moins impitoyables. Partout la *piperie* est la même et procède par ruses semblables : pots d'étain bossués exprès, chopines à fonds élevés en dedans; mauvaise huile, beurre rance, etc.

Si vous prenez bien garde à leurs forfaits,
Vous trouverez leurs chopines et pots
Tous maschoquez, bossus et contrefaitz
Pour desrobber aux chalans et suppotz.
Ces choses-là ils font tout à propos,
A celle fin qu'ils ne tiennent pas tant,
Et les culs sont si repoussés avant,
Si tempestez et si renforcez d'eulx,
Que vous perdrez, sans être consentans,
Dessus un pot, bien près d'un verre ou deux.
Il n'y a pipeurs,
Entre tous mestiers,
Ne plus grands trompeurs
Que sont taverniers.

Semblablement, ils ont escuelle et platz,
Dont chascun plat le cul eslève et haulce,
Et tout exprès ils les font faire platz,
Afin que pas ne tienne tant de saulce,
Et pour couvrir leur déception faulce,
Vous y donront, à vos grands coustz et frais,
D'une morue et austres poissons frais,
Avec un peu de vieux beurre vilain
Gros comme un pois, et à veoir leurs aprestz,
Il semblera que le plat soit tout plain.
Les faux desloyaux,
Trippes et boyaux,
Se donront en vain,
Pour un liard de pain.

Si vous mangez sallade en leur maison,
Dans lesditz platz aussi unis que glace,
Ils vous mettront pour maille de cresson,
Auec un peu d'huile d'olive grasse,
Et de cela, sauf notre bonne grâce,
Ils ne prendront que dix et huit deniers,
Et eussiez-vous tout plain coffre et panniers
D'or et d'argent, vous n'en payerez point plus,
Car c'est le taux des susditz taverniers,
Mais gaigneront les trois pars au surplus.
D'un seul denier quatre,
Et n'en rabatront,
Payer vous feront,
Pour crier ne battre.

Arrive après cela le tableau des avanies que font les taverniers à quiconque regimbe pour payer : rien n'est omis, ni leur morgue insolente qui ne permet pas qu'on les contredise d'un mot ou qu'on rabatte leur compte d'un denier; ni leur emportement, ni les injures dont ils vous accablent pour un liard en litige. Ils vous tiennent par la honte dont ils savent bien qu'ils vous abreuveront quand il leur plaira de vous invectiver en pleine rue, les gros mots en bouche et le poing sur la hanche :

En leur estat, ils ont plus de puissance,
Cent mille foys que le roy notre sire,

Car ils prendront toute vostre chevance,
De fait et force, et n'oseriez mot dire.
. . . . . . . . . . . . . . . . . . . . . . .
Si selon Dieu et vostre conscience,
Vous les payez, et qu'ils ne soient contents,
Ils se mettront contre vous en deffense,
Et vous suyvront un espace de temps,
Devant le monde en injure et contens,
Crieront sur vous au meilleur de la rue :
« Vilain meschant, paye-moi ma morue ; »
Dont vous feront si grande injure et honte,
Qu'arresteront vos chevaulx et charrue,
Et les payerez tout au long de leur compte...

Un peu plus haut Artus Désiré nous avait fait voir, par un exemple, la façon dont la plus détestable cuisine devait être toujours chèrement payée dans une taverne :

Devant mes yeulx j'ay veu en plaine rue,
A une hostesse achepter sur le banc,
Pour six deniers d'une vieille morue
Qui ne valoit à peine pas un blanc.
Or, devinez, sans le vin, ne pain blanc,
Combien el' fut aux compagnons vendue ?
Je suis mauldit si la faulce pendue
N'en fit payer deux soulz et six deniers.
Or, regardez si c'estoit chose due,
Et combien c'est que gaignent taverniers.

Artus Désiré ne s'en prend pas seulement aux maîtres d'hôtellerie qui se pavanent si bien sur leur seuil, bouquet à l'oreille, comme les montre Robert Gobin en sa fable des *Loups ravissants*, ou bien portant ce bonnet de drap blanc dont il est parlé chapitre 6, livre II, des leçons de la Nauche, et qui tranche si bien avec le bonnet rouge des pâtissiers de village que Brantôme, il nous semble, mentionne quelque part ; il s'attaque aussi, comme à drôles ne valant pas mieux que leurs maîtres et même faisant pis, aux garçons de tavernes et aux chambrières :

Dedans Rouen, varletz sont appelez,
Et à Paris nommez clercz de taverne,
Clercz d'yvrongnise ordoux et verolez,
Qui ont la chair toute puante et terne,
Promptement sont les clercz de Maugouverne ;
Les clercz du diable, où tout péché abonde.
Au demourant les meilleurs filz du monde,
En outre plus l'esprit si maling ont,
Qu'il n'y a gentz soubz la machine ronde
Plus adonnez à mal faire qu'ilz font.

Ce sont ces *clercs de tavernes*, ces garçons de cabaret, qui sont chargés d'avoir l'œil sur le client et surtout de le harceler à la dépense quand, sa bouteille étant vide, il n'en demande pas une nouvelle :

Si trop longtemps vous demourez à table,
Sans boire vin, comme l'on est par coups,
Jehan l'ivrongnet, plus puant que le diable,
Sans l'appeler accourra devers tous,
Et vous dira : « Messieurs, que voulez-vous? »
Pour vous donner occasion de boire,
Et tant de fois vous baillera mémoire
D'avoir du vin, que sans nécessité,
Vous contraindra, en son audace et gloire,
D'offencer Dieu par prodigalité.

Pour la chambrière Margot, comme l'appelle notre rimeur, sa besogne est de flatter et de dorloter la riche pratique, tout en faisant mine revêche aux pauvres gens.

Si ce sont gens de grosse gravité,
Portant un bord de velours sur leurs manches,
Servis seront en grand félicité,
A nappe fresche et à serviettes blanches
Margot viendra qui frottera leurs hanches,
Auprès du feu, à beaulx couvrechef blanc;
Mais si un pauvre, assis au coin du banc,
Demande avoir serviette sur l'espaulle,
On luy donra plutost pour un grand blanc
De coups de poing ou de grands coups de gaulle.

Margot ne s'en tient pas là, elle vient s'asseoir à l'écot des riches, les cajole et les enjôle.

Incontinent que serez arrivez,
Ils vous donront pain et vin sans demande.
Et à cel fin que plus fort vous buvez,
Ils vous feront filer long la viande,
Et la Margot orgueilleuse et friande,
Auprès de vous viendra rire et prescher.
. . . . . . . . . . . . . . . . . . . . . . . . .

Ainsi, toujours bonne mine à celui qui arrive bien monté, avec grand équipage; mauvais visage et souvent même porte close à celui qui survient à pied :

Si ce sont gens bien montez et bottez,
Reçus seront à grand joye et soulas,
Et près du feu ils seront décrottez,
Traictez, grattez, et frottez hault et bas.
Mais comme ay dit, si c'est quelque homme las,
Qu'il soit à pied par faulte de monture,
De leur logis ne feront ouverture;
Ains l'envoyeront chercher un autre apport,
En grand danger de coucher sur la dure,
Et de gaigner possible là sa mort.

Les laisse-t-on entrer par pitié, ces malheureux passants, c'est pour les abreuver de mépris et de mauvais vin, les reléguer dans le coin le plus enfumé de la salle, et leur dire à chaque chose qu'on leur sert et dont ils se plaignent : « C'est assez bon pour vous. »

Si pauvres gens tant de villes que champs
Dessus le jour vont boire en leur maison,
Les vieux pourris, podagres et meschants,
Pour leurs habitz feront d'eulx méprison,
Et leur donront d'un vin hors de saison,
Du plus petit, et de basse valeur,
Lequel payeront autant que le meilleur;
Et s'il advient qu'en demandant du doulx,
Ils respondront par une grande fureur :
« Au diable! au diable! il est trop bon pour vous. »

Croyez-vous toutefois que, pendant ce temps, le riche, qui a bien payé, soit convenablement traité, et qu'on lui continue toutes les petites mijoteries dont les dorloteries de Margot étaient la friande promesse? Point. On le mène en une mauvaise chambre, mal close, mal éclairée, et on le couche en de sales draps. Il a grassement payé pourtant; oui, mais il a payé d'avance, et c'est là le mal. Le lit le fait durement repentir de son imprudence : il crie après la chambrière; mais c'est peine perdue, elle lui soutient que les draps sont tout blancs, tout frais sortis de la lessive; et à la première réplique, elle lui souffle la chandelle au nez, de telle sorte que s'évertuant dans l'ombre, il ne puisse plus lui montrer, preuves en main, qu'elle a menti :

Après qu'aurez tout à leur mot compté,
Et accordé ce qu'ils demanderont,
De salles draps vous serez remonté,
Et en vieulx lict qu'il vous appresteront,
Et facilement accroire vous feront,
Qu'il sont tous blancz et venant de buée;
Et la servante à jurer despravée
Affermera, tant au riche qu'au pauure,
Qu'ils sont tous frais et que la relevée,
Ils ont esté repliez dans le coffre.

Une des choses qu'Artus Désiré reproche le plus aux taverniers, — et ceci fait honneur à sa piété, — c'est le mélange éhonté qu'ils font des choses de la religion avec les choses d'ivrognerie et de luxure. Il leur fait d'abord un crime de leurs enseignes peintes, presque toutes à l'invocation d'un saint ou d'une sainte,

En leurs logis pleins de vers et de teignes,
Où est logé le grand diable d'enfer,
Mettent de Dieu et des saints les enseignes.
. . . . . . . . . . . . . . . . . . . . . . .
Leurs ditz logis où ny a que desroys,
Pendre font tous sur le pavé du roy,
De grands tableaux et enseignes dorées,
Pour desmontrer qu'ilz ont fort bien de quoy,
Et qu'il y a de très grasses porées.
. . . . . . . . . . . . . . . . . . . . . . .

L'un pour enseigne aura la Trinité,
L'autre sainct Jehan, et l'autre sainct Savin,
L'autre saint Mor, l'autre l'Humanité
De Jésus-Christ nostre sauveur divin.
De Dieu des sainctz sont leurs crieurs de vin,
Tant aux citez que villes et villages,
Et vous mettront dessus les grands passages,
Aux lieux d'horreur et d'immondicité,
Des susditz sainctz les dévotes images,
En prophanant leur préciosité.

Notre rimeur s'indigne aussi de ce que les tavernes restent ouvertes pendant les offices, et qu'on y trouve plus grande foule qu'aux églises. Il est en cela plus intolérant que certains chapitres, notamment celui de Troyes en Champagne. Par ses Statuts synodaux, *qualiter sacerdotes erga parochianos suos se debent habere; locus primus*, il avait permis à tout tavernier d'ouvrir sa porte et de tenir table, même pendant les offices, pour les étrangers passants. Il est vrai que certains édits royaux n'avaient pas été du même avis que les statuts synodaux, et avaient même défendu ce qu'ils permettaient. C'est sur ces ordonnances, moins écoutées par les taverniers que celles du synode, que maître Artus se fondait pour dire :

Au temps présent on a beau leur défendre,
De bailler vin durant la dicte messe,
Maulgré le roy ne laisseront à vendre,
Et à tenir jeux de dez à largesse,
Car en ces jours, c'est quand il y a presse,
Et que leurs lieux sont tout pleins d'ivrongnise,
Parquoy il fault quand on est à l'église,
Qu'à leurs gourmans ils ouvrent la taverne,
Et qu'à toute heure ayent la nappe mise :
Ce temps pendant que le diable gouverne.

Que n'a pas dit déjà Artus Désiré sur les abus des tavernes, et cependant sa verve n'est pas épuisée; loin de là, ses plus vertes invectives sont en réserve. C'est aux gens qui quittent un bon métier pour prendre l'immonde profession de cabaretier, c'est enfin aux hôtelières elles-mêmes, si coquettes, si arrogantes dans leur coquetterie, qu'il tient à décocher les meilleurs traits de sa satire. Voyons ce qu'il dit d'abord des premiers :

Quand un marchant pour taverne tenir,
Vient à laisser son train de marchandise,
De son salut ne luy peut souvenir.
Par avarice où son cueur tire et vise,
Compte ne tient de Dieu ne de l'église,
Ains n'a soucy que d'amasser du bien;
Et s'il estoit aussi homme de bien
Que fut jamais monsieur sainct Jehan-Baptiste,
Meschant sera, de ce n'en fauldra rien,
Et deviendra malicieux et triste.

Il s'acharne plus opiniâtrément encore avec un esprit d'analyse plus impitoyable après les hôtelières; il ne les laisse qu'après les avoir détaillées, avec une plume vengeresse, dans tous les secrets ridicules de leur orgueil et de leur coquetterie :

Quand l'hostelière a le bruit des yvrongnes,
Et quel se voit un grand amas d'argent,
Cela lui fait si enfler ses deux trongnes,
Quelle ne fait compte d'aucune gent.
Quand elle voit quelque gros président
Loger chez elle et qu'elle a tout l'apport,
Alors son cœur s'eslève si treffort,
Qu'il semble à voir sa mine et contenance,
Que crainte el' n'ait de diable ne de mort,
Et qu'il n'y ait femme plus riche en France.

Être belle et brave, comme une dame de haute noblesse, avoir de somptueux atours, comme une duchesse et comme une présidente, et trôner tous les jours, splendide et fière, dans ce luxe et cet apparat, voilà ce qui tenait le plus au cœur des tavernières de ce temps-là. En cela, nos belles limonadières, si avides de beaux affiquets, de dentelles, de dorures, etc., qui les fassent rayonner derrière le comptoir, sur un trône en velours d'Utrecht, sont bien leurs dignes descendantes; la coquetterie et le faux luxe étaient du métier, ils se sont éternisés, sans compter les autres menues grâces de l'état.

Mais écoutons encore ici Artus Désiré :

Regardez-moy ces hostesses pisseuses,
Elles seront dessus leurs bancz assises,
En grant orgueil et si très glorieuses,
Qu'on jugeroit que sont femmes rassises;
Le nez el' ont rouge comme cerises,
Et en cela se pensent si très belles,
Que s'il advient que quelqu'un parle à elles,
Ell' lui tiendront gravité si très grande,
Que de fierté les mauldites femelles,
Ne respondront à ce qu'on leur demande.

A Toulouse, il y eut presque une émeute, à cause de cette morgue des tavernières, qui, ne s'en tenant pas à la coiffure bourgeoise, voulaient, comme grandes dames, se parer du noble chaperon de velours. Un arrêt du *Livre blanc* vint formellement le leur interdire; et si, plus tard, cette licence de coquetterie leur fut enfin octroyée, ce fut seulement par ironie dans les *Joyeuses recherches de la langue tolosaine*, rarissime livret de ce bouffon d'Odde de Triors. Il y est dit : « Hotelières et tavernières avec leur face cramoysie et rouge museau peuvent porter chaperon de velours, qu'est une chose du tout contrevenante à l'ordonnance d'institutions du Livre blanc de cette ville de Toulouse. » Oh! que si cette sentence n'eût pas été une moquerie, c'est-à-dire eût été aussi réelle qu'elle semble l'être, quelle liesse et quels airs de triomphe dans le monde de mesdames les hôtesses toulousaines, dans tous ces cabarets et toutes ces auberges qu'Odde de Triors a soin de nous nommer en un autre endroit : « En ces tavernes et lougis, comme Remond Lautier, la Véronique, la Clef, la Francimande, la *Loannette,* la Prune, la Saulvage, Pinel, la *Blanque, Gueissel, Le Romieu, Gratalon, Alias,* le Pipotier et Paillardise, quand tenait lougis, et plusieurs autres, lesquels je ne nomme *brevitatis causa.* »

Mais revenons aux hôtesses parisiennes, aussi bien ce sont elles seules qui tiennent au cœur de notre guide, Désiré Artus. A un certain passage, il trouve presque de l'éloquence pour les invectiver, et nous dire qu'elles étaient le plus immonde composé de tous les vices :

Si tout l'orgueil qui fut jamais au monde
Estoit perdu, on le recouvreroit
Au maudilt corps de l'hostelière immonde;
Qui d'un couteau son cœur inciseroit,
Et vous dy plus, que l'on y trouveroit
Ire, larcin, avarice et usure,
Avecques pots de mauvaise mesure,
Et qui pi est, dans le profond meillieu,
Un gros fardeau de charnelle luxure,
Couvert de dez et d'impudicque jeu.
Tant graves sont les dites hostelières,
Que par superbe elles se font nommer,
Dames sans queue ainsi que chevalières,
Des grands seigneurs qui sont à renommer.
Or, en ces lieux, je les veulx surnommer
Pour leur oster ce tiltre de princesses,
Je les baptise et les nomme diablesses,
Filles du diable, encor de Lucifer,
Qui leur donna sur leurs paillardes fesses,
De gros fouets et des verges d'enfer, etc.

Si en passant vous ostez le bonnet
En leur faisant honneur et révérence,
Un fier regard vous donront le cornet
En meprisant vostre honneste présence,
Et outre plus, d'une folle loquence,
Se gaudiront et mocqueront de vous.
. . . . . . . . . . . . . . . . . . . . . . .

Tout ce qu'a dit Artus Désiré sur les taverniers, leurs femmes, leurs chambrières et les abus de toutes sortes qui leur servaient d'escorte, n'est pas son opinion exclusive. On en retrouve le détail exact, précis et toujours amer dans plus d'une pièce du temps; par exemple, dans celle que nous allons citer maintenant, et qui, tout en nous donnant des faits nouveaux, ajoutera par plus d'un point au piquant de ceux connus déjà.

Rien ne dit plus et mieux sur les mœurs qu'une chanson bien faite. Or, c'est une chanson sur les taverniers et les tavernières que nous allons reproduire, et c'est une des meilleures que nous ayons jamais trouvées. Elle ne laisse rien à apprendre sur les façons en pratique dans les cabarets, sur la moralité de ceux qui les établissaient pour refaire leur fortune ruinée ailleurs ; sur les habitudes dissolues des chambrières, *bonnes à tout faire*, comme dans nos modernes hôtelleries ; sur les manières de galanterie et de ruineuse coquetterie des dames du lieu ; bref, sur les mauvaises denrées effrontément servies, chèrement tarifées, mais aussi en échange très-souvent fort mal payées. Écoutez, d'ailleurs, ces dix longs couplets qui se trouvent à la page 91 de la *Fleur des chansons nouvelles* (à Lyon, par Benoist Rigaud, 1586), petit volume que Techener a reproduit dans le recueil de ses *Joyeusetez*, *facécies*.

## CHANSON NOUVELLE

### DES TAVERNIERS ET TAVERNIÈRES.

sur le chant :

*Enfans, prenez courage.*

Bourgeois et gentils hommes,
Qui allez par pays,
D'argent vous faut grands sommes
Pour payer vos logis ;
Vous trouverez une hostesse
Qui fait de la maistresse,
Quelque vin ripopé,
Vous avez d'advanture,
Souvent lasche ceinture,
Quand vous avez soppé.

Taverniers, tavernières,
Qui sçavez les manières
D'amasser à grand tas,
Quand vous avez un hoste,
Pour Dieu vivez de coste,
Mais ne le pillez pas.

Les despences sont chères,
Chez ces beaux taverniers,
Et si n'en mangez guères
Pour beaucoup de deniers.
Le disner qu'on vous donne,
La carpe n'est pas bonne,
Le brochet trop gardé,
Au dessert le fruictage,
De Milan le fromage,
Vous estes mal disné.

Taverniers, tavernières,
Qui sçavez les manières, etc.

Pour toute la journée,
Pour homme et pour cheval,

Grasse somme est payée,
Cela vous faict grand mal,
Trois francs ou quatre livres,
Et si n'êtes pas yvres,
Car le vin est petit;
Souvent sortez de table,
La chose est véritable,
Avecques appétit.

Taverniers, tavernières,
Qui sçavez les manières, etc.

Au cheval son avoine,
Vous sçavez présenter,
Mais vous n'avez la peine
De la lui voir oster.
Quand vous avez l'hostesse
Qui vous faict la caresse
Pour avoir de l'argent,
Elle a bien la finesse
De prendre hardiesse
De prester son corps gent.

Taverniers, tavernières,
Qui sçavez les manières, etc.

S'il faut une chandelle
Pour aller vous coucher,
La chambrière belle
Vous faut pour la moucher;
Si elle est godinette,
Vous baisez sa bouchette
Un petit coup ou deux;
Si vous estes bien sage,
C'est tout un du visage,
Mais gardez l'entre-deux.

Taverniers, tavernières,
Qui sçavez les manières, etc.

La belle chambrière,
Au matin vous va voir,
Vous faisant bonne chère
Pour son butin avoir;
Ce sont les tromperies
Et les affronteries
Que font les taverniers,
Un chacun s'employe
Pour attrapper monnoye,
Ce sont fins alesniers.

Taverniers, tavernières,
Qui sçavez les manières, etc.

S'il y a en la ville
Quelque malentendu,
De nature serville
Qui a tout despendu;
Prend quelque chambrière
Qui entend la manière

De dresser son tétin,
Ayant argent en bource,
Il y va d'une cource
Pour avoir ce butin.

Taverniers, tavernières,
Qui sçavez les manières, etc.

Ayant fait bonne chère
Quelque petit de temps,
Avec sa chambrière
Prenant son passe-temps.
Hélas! se dict la dame,
Ce nous serait diffame,
Quand nous n'aurons plus rien,
Pauvreté nous gouverne,
Il faut lever taverne
Pour amasser du bien.

Taverniers, tavernières,
Qui sçavez les manières, etc.

La taverne levée,
L'enseigne et le bouchon,
La dame bien peignée,
Les cheveux en bouchon :
Soudain y aura presse
Pour l'amour de l'hostesse,
Chacun y accourra;
Il n'y aura yvrongne
Qui n'y porte sa trongne,
L'argent y demeurera.

Taverniers, tavernières,
Qui sçavez les manières,
D'amasser à grand tas,
Quand vous avez un hoste,
Pour Dieu, vivez de coste,
Mais ne le pillez pas.

Voilà certes des vers qui sentent leur bon poëte, mais leur poëte touriste étrillé à l'auberge.

Villon lui-même n'aurait pas mieux fait, s'il se fût jamais avisé de tracer le récit satirique de ses pérégrinations à travers les hôtelleries de la France, notamment de l'Orléanais, alors qu'il fuyait les anathèmes, et, qui pis est, les potences de monseigneur Thibault d'Aussigny, évêque d'Orléans. Lui, du moins, s'il avait eu à raconter nombre de mauvaises *couchées*, nombre de détestables soupers faits dans les auberges, ou plutôt, comme on disait alors, parlant des bouges de grandes routes, dans ces *repues* provinciales. Il aurait pu, par revanche, nous donner après le détail des bons tours qu'il joua aux cabaretiers de Paris, comme s'il eût voulu prendre sur eux et leurs victuailles le dédommagement des mauvaises choses qu'il avait prises, et, aventure plus rare, payées peut-être dans ces hôtelleries.

Ces bonnes tavernes de Paris! c'était donc toujours à elles qu'il fallait revenir. Le vin y était frelaté, d'accord, mais d'une si adroite manière, qu'on prenait presque volontiers le faux pour le vrai. Leurs hôtes, d'ailleurs, étaient souvent si commodes à la fraude, si accessibles au crédit!

Eustache Deschamps les avait déjà vantées entre toutes, surtout avant celles d'Allemagne; il avait dit aux souverains de ce triste et morne pays, pour leur prouver qu'un château, chez eux, ne valait pas un cabaret en France :

Princes, par la vierge Marie!
On est, en la *Cossonnerie*,
Aux *Cannettes*, ou aux *Trois rois*,
Mieux servis en l'hostellerie,
Car ces gens que je vous escrie,
Jà n'y parleront que Thioys.

Villon fait mieux, il ne s'en tient pas aux vers de louanges envers les tavernes parisiennes, il revient à elles, et, pour en jouir plus longtemps, il écrème gratis leurs délices. Il a pour cela des ruses particulières, dont il fait ses uniques ressources, et qui se trouvent racontées dans les *Repues franches*, comme dans un traité de recettes larronnes. Ce titre de *Repues franches* est bien trouvé, qu'en dites-vous? Ce sont en effet repas où le convive fripon, tout en se repaissant bien, reste *franc* et quitte du prix à payer, et, tant il est alerte à décamper, *franc* aussi des poursuites de l'hôte. Bien boire le vin de celui-ci, et s'en aller en lui faisant la nique, voilà le sublime du métier; Villon a fait quatre vers qui en sont bien la devise, mais non pas certes la morale :

C'est bien disné, quand on s'échappe,
Sans débourcer pas ung denièr,
Et dire adieu au tavernier,
En torchant son nez à la nappe.

Ce quatrain termine la III^e de ces *Repues*, et il pourrait, pour toutes, revenir comme final et comme conclusion. Pour être complets, il n'en est pas une des onze, cinq pour la première partie, six pour la seconde, que nous ne devrions vous conter en détail, mais cela, malgré le charme du récit que nous prendrions tout fait à Villon, traînerait peut-être en longueur ou en ennui. Il nous suffira de donner le titre de chacune avec quelques vers en guise de scholies, et surtout avec l'indication du lieu où se passe la scène friponne; nous connaîtrons ainsi quelques tavernes de plus.

D'abord vient le préambule, où, en vers dignes du sujet, il fait appel à quiconque doit, par nature, se mettre à la piste et faire sa joie des *Repues franches*.

Tous gallans, à pourpointz sans manches,
Qui ont besoing de repeues franches;

Et tous ceux tant yver qu'esté,
Qui en ont grant nécessité.

. . . . . . . . . . . . . . . . . . . . .

Venez y donc grans et petis.

. . . . . . . . . . . . . . . . . . . . .

Venez, gorriers et gorrières.

. . . . . . . . . . . . . . . . . . . . .

Venez y, varletz, chamberières,
Qui sçavès si bien les manières,
En disant mainte bonne bave,
D'avoir du meilleur de la cave.

. . . . . . . . . . . . . . . . . . . . .

Afin d'attrapper la repeue,
Que chascun de vous se remue.

. . . . . . . . . . . . . . . . . . . . .

Venez y pour sçavoir plusieurs
Des passaiges et des adresses,
De maintes petites finesses
Que l'on faict bien facillement,
Qu'advient par faulte d'argent,
En maint lieu la franche repue,
Qui ne doit à nul estre teue.
Par tel, qui ne veue ne l'aura,
Paiera, et celuy qui fera
De ceste repeue le présent,
De l'escot s'en yra exent.

Cela dit, pour bien prêcher d'exemple, l'*acteur* (l'auteur) se met lui-même en scène, et raconte ce qui lui advint, quand, nouveau venu à Paris, et n'ayant ni sou ni maille, il chercha pourtant où manger et se coucher :

Et ne sçavoye où héberger;
D'ung logis me vins approcher,
Sçavoir si on m'y vouloit loger,
En disant avez à menger?
L'hoste me respondit : Si ay;
Lors luy priay pour abréger,
Apportez le donc devant moy?

L'hôte obéit; on sert mon homme *passablement*, *selon son estat et sa sorte*, et on le laisse ruminer à l'aise, tout en digérant le dîner, la ruse qu'il emploiera pour s'échapper sans payer. Il ne trouve rien de bon, et faute d'argent comptant, à la dernière sommation de l'hôte, il lui met en main son épée, *qui bien tranche*, avec le fourreau, etc. Et le tavernier, happant le tout, lui donne un bonsoir pour quittance. C'était la dernière ressource du drôle, et alors, comment vivre le lendemain? Par bonheur, en musant de par les galeries du Palais, il rencontre quelques *compaignons* besoigneux comme lui, et tout aussi altérés. Ils furent donc bientôt d'accord. Un grand complot de volerie et de ripaille s'organisa, et voici comment le grand dessein en fut formulé :

Sçaurions-nous trouver la manière
De tromper quelqu'ung pour repaistre?
Qui le fera sera bon maistre.
Ainsy parloient les compaignons
De bon maistre Françoys Villon,
Qui n'avoient vaillant deux ongnons,
Tentes, tapis, ne pavillons.
Il leur dist ne nous soucions,
Car aujourd'huy sans nul deffault,
Pain, vin et viande à grant foison,
Aurez, avec du rost tout chauld.

La première proie happée, c'est du poisson frais; Villon est seul à faire le coup, et il s'y prend d'une assez étrange manière, ainsi que vous allez voir. En pleine poissonnerie, il marchande un panier plein de poisson, et il finit par l'acheter, sans payer bien entendu, mais en disant : « Faites-le-moi apporter, je paierai au porte-panier. » En s'en allant, il passe par Notre-Dame, toujours suivi de l'homme qui porte le poisson. Un *penancier* (confesseur) était au confessionnal, il s'en approche et lui dit tout bas : « J'ai là mon neveu, à qui un gros péché pèse, et qui voudrait bien être dépêché au plus vite. — Ainsi ferai-je, » dit le penancier. Et maître François, s'approchant du porte-panier et, d'un tour de main le débarrassant, lui glisse à l'oreille : « Le poisson était pour ce penancier, je le porte à sa cuisine, mais c'est lui-même qui vous paiera, attendez-le. » Et il décampe : le tour est fait. Nous ne vous dirons pas comment les deux dupes se débrouillèrent, nous suivrons maître François, qui est déjà en train de voler des tripes sur le Petit-Pont. De quelle manière? Cette fois, l'obscénité du détail nous empêchera de vous le dire; nous glisserons aussi, vu sa vulgarité, sur la ruse employée pour avoir du pain dans la hotte même d'un varlet de boulanger, et nous viendrons vite au tour qu'ils jouèrent au tavernier pour se procurer du vin. C'est là peut-être la meilleure friponnerie de ce maître larron, dont il a été dit plus haut :

C'estoit la mère nourricière
De ceux qui n'avoient pas d'argent.

La scène, cette fois, se passe en plein cabaret, dans cette fameuse taverne de la *Pomme de pin*, dont le nom aux bachiques souvenirs reviendra si souvent sous notre plume. Alors on ne s'y attablait pas encore, on n'y buvait pas du *vin à assiettes*, afin de nous servir de l'expression consacrée pour désigner les cabarets où l'on donnait à boire et à manger; non, on n'y vendait, comme on va voir, que du vin à emporter, ce qui fait cette taverne bien différente de ce qu'elle sera plus tard, alors que Racine et Boileau, Chapelle et Régnier, y venant chercher les traces de Rabelais, et même celles de Villon, y feront largement ripaille de bon esprit et de bonne chère. Ces poëtes-là valent mieux que celui que nous avons en main : ils ont le *savoir*, et non plus le *décevoir*, ainsi que le disait Marot; mais il faut concéder quelque chose au temps de misère et de rapine où il vivait, et parce qu'il fut gai, parce qu'il fut plein d'esprit et de verve, lui pardonner un peu d'avoir été fripon.

Après qu'il fut fourny de vivres,
Il fault bien avoir la mémoire,
Que s'ils vouloient ce jour estre yvres,
Ils falloient qu'ilz eussent à boire.
Maistre Françoys, debvez le croire,
Emprunta deux grans brotz de boys,
Disant qu'il estoit nécessaire
D'avoir du vin par ambargoys.

L'un fist emplir de belle eau clère,
Et vint à la *Pomme de pin*,
Portant ses deux brotz sans renchère,
Demandant s'ils avoient bon vin,
Et qu'on luy emplist du plus fin,
Mais qu'il fust blanc et amoureux.
On luy emplist, pour faire fin,
D'ung très bon vin blanc de Baigneux.
Maistre Françoys print les deux brocs,
L'un empres l'autre les bouta.
Incontinent, par bon propos,
Sans se haster il demanda
Au varlet, quel vin est cela?
Il luy dist vin blanc de Baigneux.
Ostez, ostez, ostez cela,
Car par ma foy, point je n'en veulx.
Qu'esse-cy, estes-vous bejaulne?
Vuidez-moy mon broc vistement,
Je demande du vin de Beaulne,
Qui soit bon et non aultrement.
Et en parlant subtillement,
Le broc qui estoit d'eaüe plain
Luy changea à pur et à plein.
Par ce point ils eurent du vin
Par fine force de tromper,
Sans aller parler au devin;
Ils repurent per ou non per.
Mais le beau jeu fut à souper,
Car maistre Françoys à brief mot,
Leur dist : Je me vueil occuper,
Qui mangeront ennuy du rost.

Vient donc après le tour de la pièce de rôti à enlever pour compléter le menu de cette ripaille, toute de friponneries. Il est aussi lestement joué que les deux autres, et nos compains ainsi

..... eurent par grant excès
Pain, vin, chair, et poisson et rost.

Mais de quelle sorte de viande était ce rôti *empoigné en pleine broche*, comme dit Villon, c'est ce qu'il oublie de nous apprendre. C'était sans doute quelque quartier de mouton, quelque grasse éclanche, ou bien plutôt encore un gros épinai de porc, la chair qui fût le mieux de mise dans un repas de cabaret. « Aussi, écrit Guillaume Bouchet dans sa *Quinzième sérée*, n'y a-t-il point de viande plus à propos à la taverne, et en plus grande quantité, que celle du pourceau, ny qui se puisse apprester en tant de sortes, ayant bien cinquante diversitez de goust : combien que ce soit toujours chair de pourceau, que la sauce diversifie, comme disoit l'hoste de Flaminius, n'entrant en cuisine viande plus à propos que celle-là, ne qui serve tant pour apprester les autres. C'est pourquoi les comiques disent que les gourmands et hanteurs de tavernes ne demandent que du pourceau, mesmement s'il est salé. »

Maître François ne s'en tient pas aux fredaines larronnes racontées tout à l'heure, il ne nous a dit que la première partie de ses *Repues franches*. La seconde s'entame par un tour qui n'est pas de notre ressort, vu le lieu qui lui sert de scène et les gens qui en sont les dupes. Point de tavernier ici, mais un ambassadeur de *loings pays*, trop grand personnage pour que nous parlions de lui.

La seconde *Repue franche* de cette deuxième partie nous ramène au cabaret. C'est dans l'une des meilleures tavernes que le Lymousin, héros de cette nouvelle équipée, nous conduit. La désignation du lieu nous est donnée avec détail :

S'en vint à une hostellerie
Rue de la *Mortellerie*,
Où pend l'enseigne du Pestel.
A bon logis et bon hostel.

Vous voyez que pour annoncer une auberge, on s'y prenait alors déjà comme nos hôteliers de grandes routes. Mais à ce nom de la Mortellerie, si mal famée aujourd'hui, si pleine de piètres gîtes et de misérables cabarets, vous avez pensé peut-être que nous avons affaire à un bouge de la pire espèce, ou bien à l'un de ces *phalanstères* populaciers où s'entassent, par chambrées infectes et vermineuses, maçons, manœuvres, et gâcheurs de plâtre, tous ces *mortelliers* enfin, ainsi qu'on les appelait alors, et qui formaient déjà, comme aujourd'hui, la principale population de cette rue, dont ils ont été les parrains? Point du tout. Nous sommes dans une hôtellerie de haut étage, digne de rivaliser pour la renommée avec celle du *Paon blanc*, située tout près, au coin de la ruellette boueuse qui lui doit son nom, et la même où je ne sais quelle fausse Marion Delorme devra plus tard venir mourir centenaire.

Dans cette auberge du *Pestel* viennent de grands seigneurs, menant train magnifique, faisant somptueuse dépense, et ayant affaire à un hôte assez riche pour obtenir de lui un crédit de cinq ou six mois. Il est vrai, et cette *Repue franche* en est la preuve, que le plus souvent le bonhomme en est pour sa confiance. Mais lui-même aura tant de dupes à tondre pour se dédommager! La dame du lieu est bien parée. Le conteur cite même quelque part :

..... Les robbes de l'hostesse,
Qui sentoyent le muguelias.

La taverne où s'en va le souffreteux dont la friponnerie fait les frais de la troisième *Repue franche* n'est peut-être pas aussi bien munie, et pourtant notre drôle a bien vu qu'il serait servi à souhait s'il demandait

Une perdrix ou un poussin,
Avec une pinte de vin
De Beaulne, qui soit frais tirée.
Et puis après, pour faire fin,
Le cotteret et la bourrée.

Mais il faut payer, et c'est toujours la même histoire. L'hôte veut prendre la robe du souffreteux, et celui-ci offre sa personne, aimant mieux garder son vêtement que sa liberté :

Dieu mercy, je n'ay pas trop chault;
Mais s'il vous plaisoit m'employer,
Je vous serviray sans deffaut,
Jusques à mon escot payer.
— Et comment, que sçavez-vous faire?
Dites-le moy tout plainement.

C'est l'hôte qui dit ces deux derniers vers, et le souffreteux répond qu'il sait chanter; alors arrive, pour dénoûment, la même aventure que Desperriers nous a contée déjà comme étant arrivée à un hôte qu'un gueux paya d'un refrain. La chanson est la même, la morale aussi. Vous connaissez l'une, voici l'autre :

Devant tous fut notiffié,
Qu'il estoit gentil compaignon,
Et qu'il avoit, par son traicté,
Bien disné pour une chanson.

La *Repue du pelletier* ne nous occupera pas, non plus que celle des *Gallans sans soucy*. Cette dernière, en effet, n'est autre que l'aventure tant répétée de ces convives fripons qui, sommés de payer, feignirent de se disputer à qui délierait sa bourse, et ayant pris le valet d'auberge pour juge et lui ayant bandé les yeux afin qu'il choisît le payant au hasard, décampèrent pendant que le pauvret se débattait dans l'ombre. On sait que le maître survient enfin, et que le valet, cherchant toujours à l'aveuglette, le prend au collet en lui criant : C'est vous qui payerez. Pas un recueil d'anecdotes où ne se trouve ce conte, pas un cabaret un peu fameux où l'on n'en place la scène. Le récit de Villon, sur lequel se modelèrent tous les autres, se passe à la taverne du *Plat d'étain*, enseigne très-répandue à Paris au moyen âge, puisque, dès le XIVe siècle, elle donnait son nom à la rue qui va de la rue des Lavandières-Sainte-Opportune à celle des Déchargeurs, et puisqu'une impasse, restée célèbre dans le voisinage de la rue Saint-Martin, lui doit aussi la désignation qu'elle porte. L'enseigne du cabaret dont parle Villon n'a pas laissé de pareilles traces, bien qu'elle fût la même; rien, en effet, ne nous parle plus du *Plat d'étain* dans les environs de la rue des Arcis, où Villon la place :

Le cas advint au *Plat d'estain*,
Emprès Saint-Pierre des Arsis.

De Villon à Rabelais, il n'y a que la main, pour les allures du style, s'entend, sinon pour celles des mœurs. C'est donc à cet autre maître François que nous allons venir maintenant.

Il est certes bien de nos gens, mais il le serait mieux encore s'il était né, comme on l'a dit, dans une hôtellerie. Par malheur, ce fait de la naissance à la fameuse auberge de la *Lamproye* de Chinon est aujourd'hui controuvé. Voici comment Bréquigny s'en explique au tome V des *Notices des manuscrits*. Il vient de parler d'Antoine Leroi et de la biographie de Rabelais, et il ajoute : « Il fait voir... que Rabelais n'était pas sans biens, puisqu'il avait à Chinon une grande maison, qui, par la suite, servit d'hôtellerie, où J. de Thou logea en 1593. C'est cela sans doute qui a donné lieu de dire que Rabelais était fils d'un aubergiste de Chinon. Ce ne fut qu'après sa mort que sa maison devint une hôtellerie, comme le même de Thou nous l'apprend dans une jolie pièce de vers latins où il suppose que l'ombre de Rabelais se félicite de ce qu'on a fait de sa maison un usage si conforme à ses goûts, en la consacrant aux festins et transformant son cabinet en cellier. Cette pièce se trouve dans la vie de de Thou. »

Bréquigny aurait dû, ne fût-ce qu'en note, citer, et le passage des *Mémoires de de Thou* relatif à son séjour à Chinon, et ces vers de l'*ombre de Rabelais*, qu'il composa dans un moment de bonne humeur. Nous ferons mieux que lui, nous donnerons l'un et l'autre, non pas dans le texte même, c'est du latin, et cela nous répugne, mais d'après la traduction qui fut faite en 1714.

« Avant que le roi vînt dans l'Anjou, lisons-nous dans ces *Mémoires de de Thou* traduits, à la fin du VIe livre, Calignon et de Thou, qui s'étoient rendus à Saumur et à Chinon, eurent quelques petites aventures peu considérables à la vérité, mais qu'on ne doit pas passer sous silence dans la vie d'un particulier.

» Ils étoient logez à Chinon, dans une grande maison qui, autrefois, avoit appartenu à François Rabelais, médecin célèbre, savant dans les langues grecques et latines, et fort habile dans sa profession. Il avoit absolument abandonné ses études sur la fin de ses jours, et s'étoit jeté dans le libertinage et dans la bonne chère. Il soutenoit que la raillerie étoit le propre de l'homme, et sur ce pié-là, s'abandonnant à son génie, il avoit composé un livre très spirituel, où il avoit une liberté de Démocrite et une plaisanterie outrée; il divertit ses lecteurs sous des noms empruntez, par le ridicule qu'il donne à tous les état de la vie et à toutes les conditions du royaume.

» La mémoire d'un homme si agréable, qui avoit employé toute sa vie et toute ses études à inspirer la joye, donna lieu, au président de Thou et à Calignon, de plaisanter avec ses mânes, sur ce que sa maison étoit devenue une hôtellerie où l'on faisoit une débauche continuelle; son jardin, le rendez-vous des habitants les jours de fête, et le cabinet de ses livres, qui donne dessus un cellier, pour mettre du vin. A la prière de Calignon, de Thou fit sur ce sujet, les vers suivants :

## L'OMBRE DE RABELAIS.

J'ai passé tout mon temps à rire,
Mes écrits libres en font foi;
Ils sont si plaisants, qu'à les lire,
On rira, même malgré soi.

La raison sérieuse ennuie,
Et rend amers nos plus beaux jours.
Que peut-on faire de la vie,
Sans rire et plaisanter toujours?

Aussi Bacchus, dieu de la joie,
Qui régla toujours mon destin,
Jusqu'en l'autre monde m'envoie
De quoi dissiper mon chagrin.

Car de ma maison paternelle
Il vient de faire un cabaret,
Où tout plaisir se renouvelle
Entre le blanc et le clairet.

Les jours de fête on s'y régale,
On y rit du soir au matin;
Dans le jardin et dans la salle,
Tout Chinon se trouve en festin.

Là chacun dit sa chansonnette;
Là le plus sage est le plus fou,
Et danse, au son de la musette,
Les plus gais branles de Poitou.

La cave s'y trouve placée
Où fut jadis le cabinet;
On n'y porte plus sa pensée
Qu'aux douceurs d'un vin frais et net.

Que si Pluton, que rien ne tente,
Vouloit se payer de raison,
Et permettre à mon ombre errante
De faire un tour à ma maison,

Quelque prix que j'en püsse attendre,
Ce seroit mon premier souhait
De la louer ou de la vendre
Pour l'usage que l'on en fait.

Ces vers sont d'un bon tour, et je doute, tant ils sont francs d'allure, qu'ils aient rien fait perdre à la pièce latine dont ils sont la très accessible et très élégante traduction. Nous y gagnons d'apprendre en outre, d'une façon certaine, que la maison de Rabelais devint en effet une taverne, si, comme on l'a cru d'abord, elle ne l'était pas dans l'origine. Peut-être, moins le doute qui l'entoure, cette dernière version eût-elle mieux valu que celle alléguée par de Thou; peut-être y eût-il eu plaisir à continuer de croire que le père de maître François était non pas un apothicaire, mais un cabaretier possédant, en outre de cette belle taverne, le petit clos de la *Devinière*, que Rabelais chantera si bien, et qui était si fertile en ce bon vin *pineau* qu'il préférait à tous les autres. Mais qu'importe après tout, il faut le répéter, que maître Alcofribas ait eu ou non, pour maison natale, un cabaret, et pour apanage de famille un vignoble en renom : il n'en fut pas moins prédestiné aux hantises de ces lieux de gaillarde liesse et de riche vendange; il n'en fêtera pas moins tous ceux qu'il rencontrera sur sa route, il n'enverra pas moins à la postérité le nom des bonnes tavernes qui lui auront agréé le plus, tant à Chinon qu'à Paris. A Chinon, c'est la *Cave peintė*, où, *fesant gaillardement sur une jambe la gambade en l'air,* on descendait « sous terre par un arceau incrusté de plastre peinct au dehors rudement d'une danse de femmes et satyres, accompaignans le vieil Silenus riant sur son asne. » A Paris, ce sont les plus fameux cabarets qu'il hante, et, pour bien faire voir qu'il les connaît de reste, il y envoie son *escolier lymousin.* C'est bien maître François qui est guide de celui-ci quand il s'en va « pour cauponiser ès tabernes méritoires de la *Pomme de pin*, du *Castel,* de la *Madelaine* et de la *Mule.* » Tous ces lieux, vous les connaissez déjà, ou vous les retrouverez bientôt. La *Pomme de pin,* Villon nous y a déjà conduits; le *Castel,* ce doit être cette auberge du *Château fétu* où nous sommes entrés déjà en la compagnie de ces chevaliers anglais dont Froissard nous a raconté l'arrivée dans Paris; la *Mule,* c'est, sans nul doute, cette même taverne que Bonaventure Desperriers nous a déjà nommée dans un de ses *Contes et joyeux devis.* Quant au cabaret de la *Madelaine,* le seul des quatre que nous ne connaissions pas encore, il devait être tout proche de l'église du même nom, située en la Cité, et voisine elle-même de la *Pomme de pin;* bien qu'étant la paroisse de la corporation des porteurs d'eau, elle fut peu digne de ces entours bachiques. Cette *Madelaine,* j'entends parler du cabaret, se retrouvera pour nous à l'époque des grands buveurs du grand siècle, quand Saint-Amand, dans un accès de mythologie avinée, fera cette invocation :

Paris! qui prends pour ton Hélène
Une petite Magdelaine, etc.

Rabelais ne s'en tient pas à ces *popines* chinonnaises et parisiennes; autant il a vu de pays, autant il a hanté de cabarets, et vous savez combien il voyagea : il va jusqu'à citer les rôtisseries fameuses, et c'est à celles d'Amiens, puis, dans Amiens même, à celle d'un certain Guyot, qu'il donne la palme.

Il dit d'abord au chapitre XI du livre IV de son *Pentagruel :* « Dedans Amiens, en moins de chemin quatre fois, voire trois qu'avons faict en nos contemplations, je vous pourrois montrer plus de quatorze roustisseries anticques et aromatizantes. » Plus loin, dans le même livre, au chapitre LI, parlant d'un repas et d'une beuverie faite par quelques lecteurs de décrétales qui cherchaient à s'éclaircir la vue, il écrit : « Ce que feut faict, et en beau cabaret assez retirant à celluy de Guillot en Amiens. Croyez que la repaissaille fut copieuse et les beuvettes numéreuses. »

Maintenant cherchons si Rabelais a raison dans les préférences qu'il accorde à cette ville si bien *roustissante,* et ensuite à ce Guyot, le premier rôtisseur de cette cité de rôtisseurs; nous trouvons qu'en effet son flaire de gourmet ne le trompait pas, et que son enthousiasme gastronomique s'adressait à la bonne enseigne.

Amiens, avant d'être la patrie des bons pâtés, fut celle des bons rôtis, et voici la raison que le Duchat en donne dans une note vraiment curieuse : « La raison, dit-il, du grand nombre de rôtisseries que longtemps depuis encore on trouvoit dans toute la Picardie, et particulièrement à Amiens, c'est que, dans les hôtelleries du pays, on ne fournissoit au passant que le couvert, la nappe, les verres, le pain et le vin... » Et le Duchat cite, à l'appui de son dire, un passage de Iodicus Sincerus, à la page 315 de son *Itinerarium Galliæ.*

Il justifie, en termes aussi clairs et en vertu de citations non moins certaines, la réputation que Rabelais vient de faire à l'Amienois Guillot. On nous pardonnera, pour cette fois, de répéter après lui les quelques phrases latines, du reste assez transparentes, qu'il cite pour autorité :

« Voici, dit-il, comme Jean de la Bruiere Champier, livre XV, chap. I, de son *De re cibaria,* parle du nommé Guillot, qui, vers le milieu du XVI^e siècle, étoit en réputation du plus délicat traiteur qui fût en France. *Nostra memoria,* dit-il, *novimus in Gallia Belgica Ambiani unum popinarium nomine Guilliclmum* (Guillotum *vulgus cognominat*) *qui etiam num citius dicto exquisitissimis omnis generis avitii cibis, aut formæ, aut piscium cœnas instruebat, quæ vel regibus dari dignissime potuissent. Hic facile inter popinarios Gallicos palmam jure obtinuit.*

Nous ne savons guère, pour opposer comme rivaux à la célébrité de cet illustre restaurateur du XVI^e siècle, que « le beau et noble cabaret à Tours, à l'enseigne de la *Mitre et la Crosse,* » dont il est parlé au chapitre XI du *Supplément au Catholicon,* ou bien celui de la *Rose* de Blois, cité au livre I^er, chapitre X de la confession de Sancy, celui aussi des *Trois Maures,* dans la même ville; ou bien ceux, plus fameux encore, qui faisaient affluer à leur table toute la noblesse gourmande de Paris. C'est à ce passage d'un écrit du temps cité par Meyer en sa *Galerie du* XVI^e *siècle*, qu'on doit de connaître le nom des hôtes heureux de ces riches tavernes, et de savoir en quel temps de raffinement culinaire il leur fut donné de prospérer : « On ne se contente plus, y lit-on, à un dîner ordinaire de trois services, consistant en bouilli, rôti et fruit, il faut, d'une viande, en avoir cinq ou six façons, des hachis, des pâtisseries salmigondis; chacun veut aller dîner chez *le Môre,* chez *Samson,* chez *Innocent,* chez *Havard.* »

Il y a certes loin de ces beaux cabarets à ces misérables *repues* dont parlent certains auteurs de la même époque, en gens qui s'étaient, et pour cause, attablés plus souvent qu'ailleurs à ces maigres festins.

Le gîte, par exemple, que l'Espagnol et le soldat gascon cités par d'Aubigné en son *Baron de Fœneste* finirent par trouver à la Réole, devait être des plus mauvais. Son enseigne tout argotique, *le Maupiteux,* le donne assez à penser; elle suffit pour qu'on voie, sans autre description, la cohue de garnements qui devait en faire son repaire.

Dans Paris et aux environs surtout, on eût pu en rencontrer mille semblables; les tavernes champêtres, mais peu innocentes en aucune sorte, qu'on trouvait à foison tant à Gentilly qu'à Vaugirard, étaient certainement des bouges du même aloi. Entre autres convives de piètre valeur, on y voyait mesdemoiselles les chambrières avec messieurs leurs galants, faisant là régal en pique-niques de tout ce qui avait été dérobé, la semaine durant, dans le buffet du maître, ou de ce qu'on avait obtenu, par paroles menteuses, du fournisseur de la maison :

> Avoir convient pastez du pastissier,
> Et les escrire au compte de nostre maistre.
> Le mien amy m'avoit promis hier
> Qu'à Gentilly feroit la nappe mettre,
> Et si me fist ma foy promettre,
> Que luy ferois au retour compaignie.

Voilà ce qu'on lit en la page 7 d'un petit in-12 imprimé à Rouen chez Loys Costé, sous le titre très-appétissant de *Le caquet des bonnes chambrières déclarant aucunes finesses dont elles usent vers leurs maistres et leurs maistresses.*

Un peu plus loin, à la page 9, une chambrière passée maîtresse nous apprend comment il faut s'y prendre pour s'échapper de la maison; comment, ayant feint d'être malade, on obtient d'aller respirer l'air pur des champs, mais comment aussi, une fois libre, on ne va prendre que l'air du cabaret :

Puis maintenant il faut aux champs aller
Se récréer pour n'être plus malade,
Et pour ce faut à madame parler
En soupirant et faisant la fanfade,
Dire faut qu'elle veut l'estrapade
Et que longtemps à la soif endurée
Le sien amy appreste la sallade,
Le hareng sor, le pain, pinte et bourée.

On ne s'attendait pas à trouver autre chose que des soudards ivres mêlés et acoquinés à ces chambrières larronnes et joufflues; il se faufile pourtant d'autres gens encore dans ce pêle-mêle nauséabond et criard, et ce qui va peut-être vous surprendre, ces nouveaux venus, ce sont des poëtes.

Ronsard le dithyrambique ne prit pas autre part ses inspirations. Son Permesse, c'était, dit-on, le flot frelaté qui coule de la bonde d'une tonne de cabaret; sa muse, c'était une tavernière décorée tantôt du doux nom de Marie, tantôt de celui plus héroïque, mais tout aussi menteur, de Cassandre.

« Oh! pourrons-nous dire avec Furetière, qui nous transmet ce fait curieux dans son *Roman bourgeois*, et dont nous ne pouvons mieux faire que répéter l'éloquente invective; oh! que les pauvres lecteurs sont trompés quand ils lisent de bonne foi un poëte, et qu'ils prennent ses vers au pied de la lettre : ils se forment de belles idées de personnes qui sont chimériques, ou qui ne ressemblent en aucune façon à l'original. Ainsi, quand on trouve dans certains vers :

Je ne suis point, ma guerrière Cassandre,
Ni Mirmidon, ni Dolope soudard,

il n'y a personne qui ne se figure qu'on parle d'une Pantasilée ou d'une Talestris. Cependant cette guerrière Cassandre n'étoit réellement qu'une grande hallebreda qui tenoit le cabaret du *Sabot*, dans le faubourg Saint-Marcel. »

Mellin de Saint-Gelais, qui fut en sa façon tout aussi bon poëte que Ronsard, et en même temps hanteur tout aussi assidu des tavernes, eut bien plus de franchise que le chantre héroïque de la Cassandre tavernière; il ne fit point passer les images coutumières qui l'entouraient à travers le prisme menteur de sa poésie : du cabaret il ne fit point un Parnasse, du cabaretier un Bacchus, et de la cabaretière une Hébé. Il vit chaque chose dans sa réalité, il ne la déforma en aucune sorte, il la nomma par son vrai nom.

En ce dernier point même il alla trop loin, c'est-à-dire jusqu'au cynisme parfois ordurier de l'expression. La pièce de lui, qu'il nous faut absolument citer ici, ne le prouve que trop. Il nous faudra bien malgré nous, sinon la mutiler, au moins l'entrecouper de points qui conserveront à notre texte une décence que Mellin n'a pas su conserver aux mots.

## FOLIE AUX HOSTELIERS.

Hosteliers, vos hostes passans
De ces droits-cy sont jouïssans :
Ils peuvent en toute saison
Besongner en vostre maison,
Par prix ou par douces prières,
Vos filles et vos chambrières.
Ils ont loy sans vous offenser,
Ne trouvant le pot à p.....
En sa place déterminée,
De p..... à la cheminée.
Un temps fust que sans grand respect,
On lâchoit à table le p.....
Et le r...... et y fut le pape.
Et qu'on se mouchoit à la nappe;
Et souloyent les plus paresseux,
Se torcher le c..... aux linceuls.
Aujourd'huy on est plus honneste.
Toutesfois, je vous admoneste,
Afin que mieux vous y pensiez,
Qu'aucuns s'en tiennent dispensez,
Tant de droit humain que divin,
Quand vous leur donnez mauvais vin.

A la bonne heure, voilà bien la véritable hôtellerie du XVI^e siècle, enfumée et infecte, réceptacle honteux de prostitution et de paillardise, et par là d'autant plus digne des gens qui en font leur gîte. Les poëtes, il faut bien le répéter, s'y fourvoient pourtant : Saint-Gelais aurait-il si exactement décrit s'il n'avait pas vu par lui-même? La vérité même de son tableau trahit ses fréquentations au cabaret! Bien mieux, il est des écrivains de ce temps-là qui ne se contentent pas d'aller à la taverne, mais qui, même sur un coin de ses tables tachées, viennent y écrire leurs œuvres.

Joachim du Bellay fait allusion à un grand historien de son temps qui ne composait jamais en un lieu plus sérieux ses plus sérieux chapitres. A l'entendre, cet homme grave ne se fit une popularité qu'en laissant, comme par mégarde, sur la table de taverne où il venait de les tracer, les quatre premières lignes de son principal livre :

C'est un gentil appas, pour les oiseaux attraire,
Ce que d'un autre dit le commun populaire,
Qui par les cabarets tout exprès delaissoit
Quatre lignes d'un livre et outre ne passoit,
Avec un tiltre au front, qui se donnoit la gloire
D'estre le livre quart de la françoise histoire.
Qui doncques, je te pry, niera que cesty-cy
Ne soit des plus heureux sans se donner souci,

Qui quatre livres peut de quatre lignes faire,
Qui du doigt pour cela est montré du vulgaire,
Qui pour cela de France est dit l'historien,
Et auquel pour cela on fait beaucoup de bien.

La tradition de cette façon de composer entre les pots, l'usage de dater ses œuvres poétiques ou historiques d'une taverne, se conserveront longtemps. A deux siècles de là, nous retrouverons les cabarets érigés encore en officines de poésies, de romans ou d'histoire. Une taverne, par exemple, sera le cabinet de travail de ce charmant vagabond, de ce nomade de génie, qui eut nom l'abbé Prévost.

« Souvent, écrit M. Ambroise Firmin Didot dans son intéressante *Histoire de la typographie*, souvent il disparaissait pendant plusieurs années; puis il revenait tantôt de Hollande, tantôt de quelque couvent, et rapportait des manuscrits qu'il donnait à imprimer à mon bisaïeul. La feuille d'impression lui était payée un louis, somme considérable alors. Nous possédons des traités signés au cabaret, au coin de la *rue de la Huchette*, selon l'usage du temps. »

Nous ne savons ce qu'étaient, à l'époque de l'abbé Prévost, ces cabarets de la rue de la Huchette, mais nous devons vous dire qu'au temps dont nous parlons, au XVI^e siècle, ils étaient de beaucoup les meilleurs de Paris. Il n'y avait, tout le long de cette rue, que belles hôtelleries, bonnes tavernes et rôtisseries odorantes. L'ambassadeur vénitien, le révérend Bonaventure Calatigirone, qui vint à Paris sous Henri IV, garda de ces merveilleuses cuisines le plus appétissant souvenir. Quand il fut de retour à Venise, le mettait-on sur le chapitre de son voyage à Paris, aussitôt il songeait à cette bienheureuse rue de la Huchette, et il s'écriait en son patois : « *Veramente queste rotisserie sono cosa stupenda.* »

Si maintenant vous vous étonnez qu'un ambassadeur ait pu mettre le pied dans une rue si dédaignée aujourd'hui par les gens de cette qualité, je vous dirai qu'au temps dont nous parlons, ils faisaient plus encore; non-seulement ils venaient voir la *rue de la Huchette*, mais encore ils y logeaient.

Les ambassadeurs de l'empereur Maximilien, qui vinrent à Paris sous le règne de Louis XII, furent hébergés dans cette rue même, à l'hôtellerie de l'*Ange*. C'était, à ce qu'il paraît, la plus fameuse; car, en novembre 1552, on l'assigna aussi pour demeure à certain autre ambassadeur de très loin venu, à celui du roi d'Angus, « prince qui règne en la terre d'Achaye, dite l'Achaïe. » D'après ce que nous lisons dans un *extrait des registres de la ville*, donné par les *Archives curieuses*, ce brave étranger venait à Paris sans mission, il y passait seulement « pour veoir, selon une lettre du roi, le Palais et autres choses qui y sont singulières et recommandées envers les nations étranges. » On craignit pour lui les embarras de la badauderie parisienne, et le connétable écrivit aux échevins de lui donner quelques officiers ou archers de la ville. « Afin que allant par la ville le peuple ne luy soit pas à la queue, comme il a coutume quand il s'offre à luy chose nouvelle, et qu'il n'a pas accoutumé. »

On eut beau faire, la curiosité du populaire fut la plus forte; au grand ennui du pauvre ambassadeur, elle eut plusieurs fois le dessus sur les archers qu'on lui avait donnés pour garde.

« Il y avoit, lit-on dans une lettré du prévost, une si grande multitude de gens assemblez de toutes parts, par curiosité de les veoir, que impossible leur eust été de le pouvoir démeller et désenvelopper, et encore a fallu tenyr des archers à la porte de leur hostellerye pour garder le peuple d'y entrer, qui n'y afflua à autre intention, sinon pour les veoir. Ils ont été au Louvre, aux Tournelles, à la Bastille, à Notre-Dame, à laquelle, sur toutes choses, ils ont demandé à veoir l'ymaige Saint-Cristofle, qu'ils ont trouvée de grande et singulière admiration, et se délibèrent d'aller aujourd'huy au Palais, et demain à Saint-Denys, en France. Ils demandent fort à veoir des draps d'escarlate des plus beaux. Il me faudra leur en faire montrer. Ils ont confessé d'eux-mêmes que la ville de Constantinople n'approche à l'excellence de ceste ville, qu'elle n'est à moitié tant peuplée, et se sont fort ébays de la grande affluence du peuple. »

Quand, pour les voyageurs étrangers, il n'y avait d'ennui dans ces auberges que ces sortes d'embarras résultant de la curiosité populaire, c'étaient choses facilement supportées, mais bien souvent, au lieu de ces ennuis, on trouvait des dangers, surtout si l'on avait quelque caractère politique capable d'éveiller la suspicion; surtout encore si, au lieu d'être logé dans une bonne hôtellerie de France, on avait pris gîte dans quelque mauvaise auberge d'un mauvais pays, dans un de ces bouges, par exemple, qui se trouvaient sur les routes et aux environs des villes d'Espagne.

Le gouvernement espagnol avait-il un piége à tendre à quelque envoyé secret, c'est là qu'il avait soin de le dresser, sûr que la proie attendue y viendrait toujours à point. Il prit ainsi ce pauvre Bodin, qui s'en allait à Madrid savoir des nouvelles des fils de François Ier, restés en ôtages.

Il s'était logé avec ses compagnons dans une hôtellerie « en laquelle, dit-il, tost après vindrent huit ou dix souldars de la garde de mes dits seigneurs, lesquels saisirent les clefs du logis, et par dedans et dehors, firent le guet toute nuict. »

A tous égards, ces auberges espagnoles étaient les plus dangereuses que pût affronter un voyageur; si l'on n'y trouvait pas la soupçonneuse Sainte-Hermandad, toujours prête à vous inquiéter, on y trouvait des bandits bien plus inquiétants encore. Quant aux vivres, ils étaient toujours absents; point de viande, pas de vin, pas même de pain, cela n'était pas dans l'usage. On n'y trouvait que de quoi assaisonner fort mal ce qu'on avait pu apporter, de l'huile, du vinaigre et du sel. Ces détails se lisent textuellement au chapitre I^er *De hospitiis* de l'*Itinerarium Hispaniæ et Lusitaniæ,* publié chez Janson, à Amsterdam, en 1656. On n'a qu'à songer à cette pénurie des *ventas* espagnoles, pour que la méprise de ce pauvre Don Quichotte, qui prend l'une d'elles pour un château superbe, et les filles de joie qui s'y trouvent pour de nobles châtelaines, paraisse encore plus plaisante : « Regardant de toutes parts, pour voir s'il ne découvrirait pas quelque château, quelque hutte de berger où il pût trouver un gîte et un remède à son extrême besoin, il aperçut, non loin du chemin où il marchait, une hôtellerie ; ce fut comme s'il eût vu l'étoile qui le guidait au port de sa rédemption. Il pressa le pas, si bien qu'il arriva à la tombée de la nuit. Par hasard, il y avait sur la porte deux jeunes filles, de celles-là qu'on appelle de joie, lesquelles s'en allaient à Séville avec quelques muletiers qui s'étaient décidés à faire halte cette nuit dans l'hôtellerie. Et, comme tout ce qui arrivait à notre aventurier, tout ce qu'il voyait ou pensait, lui semblait se faire et venir à la manière de ce qu'il avait lu, dès qu'il vit l'hôtellerie, il s'imagina que c'était un château, avec ses quatre tourelles et ses chapiteaux d'argent bruni, auquel ne manquaient ni le pont-levis, ni les fossés, ni aucun des accessoires que de semblables châteaux ont toujours dans les descriptions. Il s'approcha de l'hôtellerie, qu'il prenait pour un château, et à quelque distance il retint la bride à Rossinante, attendant qu'un nain parût entre les créneaux pour donner avec son cor le signal qu'un chevalier arrivait au château. Mais voyant qu'on tardait, et que Rossinante avait hâte d'arriver à l'hôtellerie, il s'approcha de la porte, et vit les deux filles perdues qui s'y trouvaient, lesquelles lui parurent deux jolies demoiselles ou deux gracieuses dames qui, devant la porte du château, folâtraient et prenaient leurs ébats. »

On ne s'étonnera pas tant du mauvais état des auberges espagnoles quand on saura par qui elles étaient tenues, et quelles gens les hantaient d'ordinaire. Elles n'avaient d'autres maîtres que des *Gitanos,* et l'on n'y voyait venir que des muletiers, contents de trouver de la paille pour leur coucher et un peu d'orge pour leurs bêtes. C'est tout au plus encore s'ils étaient servis à souhait, car ne regardant leurs *ventas* que comme de vrais campements de nomades, les *Gitanos* hôteliers ne s'occupaient jamais de les pourvoir suffisamment. Ils ne songeaient à la paille du coucher et à l'orge que lorsqu'ils voyaient arriver muletiers et mulets. Le grenier était vide, et il fallait que les arrivants se décidassent à passer outre, ou bien à dormir là, sur la dure et sans souper. Ainsi, ces auberges n'offraient en réalité que le couvert, la chose la moins indispensable sous le ciel pur et la chaude atmosphère de l'Espagne.

A la fin du XVIII^e siècle, rien de tout cela ne s'était amélioré. On en peut juger par ce qui est dit dans une brochure aujourd'hui assez rare, parue en 1784, sous le titre de *Voyage de Figaro en Espagne :* « Les chemins sont affreux , les voitures incommodes, fatigantes, peu roulantes; les journées sont longues, il fait chaud, l'air est vif; on est las, on a soif, on a faim, on brûle d'envie d'arriver, de manger, de dormir; on donnerait de l'or pour un bon repas, pour un bon lit, pour arriver, et le plus souvent, quand on arrive, on ne trouve dans les auberges ni paille ni pain : il faut dîner, souper par cœur, dormir par terre ou sur une chaise. Les auberges de Madrid ne sont guère mieux pourvues de vivres et de meubles; ce sont les Milanais qui les tiennent. Les Bohémiens ou *Gitanos* tiennent les cabarets sur la route. »

En France, il n'y avait jamais eu misère si grande dans les cabarets, même au XVe et au XVIe siècle. A la fin de celui-ci, quand Passerat fit, d'Orléans à Paris, ce voyage dont les déconvenues lui inspirèrent un sonnet si plaintif, il n'avait pas, quoi qu'il en dise, rencontré pénurie ni délabrement pareils. Il avait mal dîné à Artenay, il avait mal soupé à Angerville, nous voulons bien le croire, mais encore avait-il dîné, mais encore avait-il soupé; en Espagne, dans un trajet beaucoup plus long, je gage qu'il n'eût fait ni l'un ni l'autre. Que n'eût-il donc pas dit alors? Que ne lui eût pas inspiré ce jeûne forcé? Puis qu'ayant même fait ces deux repas, il avait au cœur toute l'amertume épanchée dans ces stances de mélancolique digestion :

Qui a rompu l'humaine et la divine loi,
Qui a trahi sa foy, son pays et son roy,
Et allumé les feux de la guerre civile;

Quiconque est celui-là, s'il veut que ses péchés
Ne lui soient à la fin devant Dieu reprochés
Qu'il dîne à Artenay et soupe à Angerville.

Les meilleures auberges étaient celles d'Italie et d'Allemagne, pays de touristes déjà, et partant intéressés aussi déjà à leur faire bon accueil en des gîtes convenables.

Nous connaissons, par Montaigne mieux que par tout autre, le confortable de ces auberges d'outre-Rhin et transalpines, qui lui avaient donné le vivre et le couvert pendant le long voyage dont il nous a laissé une relation si curieuse. Il n'en trouva que fort peu dont il eût à se plaindre.

« A dire vrai, écrit-il, parlant de celles au delà des Alpes, j'ai toujours été non-seulement bien, mais même agréablement logé dans tous les lieux où je me suis arrêté en Italie, excepté à Florence (où je ne sortis pas de l'auberge, malgré les incommodités qu'on y souffre, surtout quand il fait chaud) et à Venise, où nous étions logés dans une maison trop publique et assez malpropre, parce que nous ne devions pas y rester longtemps. »

Il ne se plaint même pas des prix qu'on y réclamait pour la table et le coucher; il est vrai que, d'après le tarif qu'il en donne, ces prix étaient fort raisonnables. « On paye en cette route, dit-il, parlant de celle de France, environ 10 sous pour table, 20 sous par jour pour homme, le cheval, pour le louage et despans, environ 30 sous, font 50 sous. »

Où il se plut davantage et où il se serait arrêté volontiers plus longtemps si la curiosité ne l'eût bien vite emporté plus loin, c'est à Lavenelle, tout près d'Arezzo. Il n'a jamais vu auberge pareille à celle qui s'y trouve, et il va jusqu'à la comparer à celle du *More,* à Paris, et à celle même de *Guillot,* à Amiens.

« L'hostellerie, écrit-il, est au deçà dudict village d'un mille ou environ, et est fameuse; (aussi) la tient-on la meilleure de Thoscane, et a-t-on raison, car à la raison des hostelleries d'Italie, elle est des meilleures. On en faict si grande feste qu'on dict que la noblesse du pays s'y assemble souvent comme chez le *More,* à Paris, ou *Guillot,* à Amiens. Ils y servent des assiettes d'estein, qui est une grande rareté. C'est une maison sule, en très bele assiete, d'une pleine, qui a la source d'une fontaine à son service. »

Cette vaisselle d'étain qui l'émerveille tant ici, et qui nous semble si commune à nous, il l'avait déjà trouvée tout aussi bien fourbie dans les hôtelleries de Bade. « Les fames, dit-il,... fourbissent aussi beaucoup mieux la vaisselle qu'en nos hostelleries de France; aux hostelleries, chaque chambrière a sa charge, et chaque valet. »

Quand Montaigne était bien satisfait d'un hôte, ainsi que cela lui arriva tant de fois sur sa route, il ne dédaignait pas, comme c'était, à ce qu'il paraît, l'usage à cette époque, de lui laisser ses armoiries peintes, lui permettant d'en appendre l'écusson à sa porte, en guise d'enseigne. Il gratifia de cette faveur son hostesse de Plombières : « Il me commanda, dit-il, parlant de lui-même comme si c'était d'une autre personne, à la faveur de son hostesse, selon l'humeur de la nation, de laisser un escusson de ses armes en bois qu'un peintre dudict lieu fist pour un escu, et le fist l'hostesse curieusement attacher à la muraille par le dehors. »

Le touriste roturier qui n'avait pas d'armoiries à laisser en peinture, et comme souvenir à son hôte, se contentait de charbonner quelque inscription sur les murs de l'auberge qu'il quittait, inscription menteuse, on s'en doute bien, car elle témoignait d'une satisfaction que le voyageur devait avoir rarement éprouvée. A la fin du dernier siècle, la vieille coutume existait encore. Choisy, qui écrivit à Florian, sous le titre de *Rêveries d'un voyageur,* une lettre descriptive moitié vers, moitié prose, sur son voyage en France, s'y conforma comme tout le monde, et en parle ainsi :

« J'arrivai, par la plus belle des soirées, à Saint-Pierre le Moutié, bercé de ces idées douces, bienfaisantes et heureuses; je résolus d'y coucher, et c'en fut une de plus. Si ce voyage étoit un itinéraire, je devrois un article de distinction à l'auberge de *Saint-Nicolas,* je vous la ferois connoître comme la meilleure que j'ai trouvée en France, et je recueillerois sur la cheminée une foule d'inscriptions honorables en français, anglais et allemand, toutes de bonne compagnie; elles attestent la vérité de celle que je mis à mon tour sur cette cheminée polyglotte :

Saint-Pierre-le-Moutier est un charmant séjour;
Bons chevaux, bonnes gens, bon lit et bonne chère,
Voilà, mes chers amis de France et d'Angleterre,
Ce qu'on y trouve nuit et jour.

» Cela ne peut s'appeler *charbonner de ses vers les murs d'un cabaret.* Cette auberge ne mérite pas ce nom, et le crayon des jolies miss qui revenoient de Nice eût inspiré, même à ceux de Boileau, des idées plus galantes. »

Puisque le mot cabaret vient d'être ramené sous notre plume par cette citation, nous en profiterons pour regretter que Montaigne n'en ait pas parlé en même temps que des hôtelleries italiennes, sur le compte desquelles il trouve tant à s'extasier. Il avait dû pourtant voir des tavernes à Rome. Il s'en trouvait, et de fort bonnes. L'Arétin, moins discret, en parle en maintes circonstances. Il est vrai que dans les sujets que traite sa plume obscène, la vie de taverne devait naturellement et souvent intervenir.

A la scène IV de l'acte II de la comédie de la *Courtisane*, il nous donne à penser que les cabarets comptaient non pas seulement parmi les plaisirs, mais même parmi les curiosités de Rome; après s'y être grisé, on allait dans des lieux pires encore.

ANDRÉ. Ah! ah! Allons voir le Campo-Santo, l'obélisque, Saint-Pierre, la *Pomme de pin*, la banque, la tour de Nona... Nous irons ensuite au pont Sixte, et dans tous les b... de Rome.

MACO. Le b... est partout dans Rome.

ANDRÉ. Comme dans toute l'Italie.

Un peu plus loin, à la scène VII, il parle encore d'une autre taverne portant l'enseigne du *Vœu du paon*, en souvenir sans doute des grands festins dans lesquels figurait cet oiseau chevaleresque. L'espèce de sorcière entremetteuse qui l'amène à parler de cette taverne, dans laquelle elle venait ivrogner benoîtement, est une bien singulière créature, et vous ne nous pardonneriez pas de la laisser passer sans permettre à l'Arétin de vous crayonner son portrait.

ALVIGIA. ... Quand je pense que tout le monde, jusqu'au villageois, lui donnait la bienvenue, le cœur me crève; et il n'y a pourtant pas mille ans qu'elle but au *Vœu du paon* (*al Pavone*) peut-être de six sortes de vins.

ROSSO. Dieu la bénisse! car au moins elle n'était pas de ces précieuses.

ALVIGIA. Jamais, jamais il n'y eut vieille de plus grand appétit et de si belle paresse.

ROSSO. Que t'en semble?

ALVIGIA. Chez le boucher, chez le charcutier, au marché, au four, à la rivière, à l'étuve, à la foire, au pont Sainte-Marie, au pont Quadrocapre, et au pont Sixte, toujours, toujours c'était à elle de parler, et elle passait pour un Salomon femelle, une sibylle, une chronique, auprès des sbires, des taverniers, des portefaix, des cuisiniers, des moines, et de tout le monde. Et elle allait comme une dragonne au milieu des gibets, pour tirer les yeux aux pendus, et comme une baladine à travers les cimetières, pour arracher les ongles des morts à la belle heure de minuit.

La joie ne devait pas toujours venir à la taverne à la suite d'une pareille femme, hanteuse du sabbat et des gibets. Elle a même jeté, rien qu'au passage, je ne sais quelle odeur cadavérique sur ce chapitre. Afin de nous ragaillardir avec nos véritables hôtes, allons un peu au *mont Testaccio*, le quartier des guinguettes romaines, les Porcherons de Rome. On le trouve tout près de l'Aventin, à côté du Tibre, et à fort peu de distance des restes du pont Sublicius. C'est un monticule artificiel formé de gravois et de vases brisés (*testæ*), ainsi que l'annonce son nom de *Testaccio*. Dans les flancs de terre meuble et facile à creuser, on a pratiqué un grand nombre de caves, dans lesquelles le vin se conserve à merveille. Cela explique la présence de toutes les guinguettes qui le couvrent de la base au sommet, et l'affluence de tout le peuple de Rome sur ce point. A chaque grande fête il ne manque jamais d'y venir dîner; et alors les gens du monde, qui, faute de joie pour eux-mêmes, ont toujours aimé à voir celle du peuple, comme si elle devait jeter sur leur ennui un reflet de franche gaieté, viennent en foule au mont Testaccio. Les acteurs sont à table, buvant bien, et les spectateurs en voiture, enviant leur part dans ces plaisirs. A certains jours, on peut dire que Rome tout entière est aux guinguettes. L'Arétin en fait la remarque dans la première scène de la *Talanta* :

TALANTA. Chaque fois qu'il y a fête au Testaccio, il ne reste personne à Rome.

Coulange, lors de son voyage à Rome, ne manqua pas d'y faire pèlerinage, en bon buveur et bon chansonnier qu'il était. Seulement, quoique assez grand seigneur de naissance et de fortune, il ne voulut pas s'en tenir au spectacle de la joie populaire qui s'ébattait là si gaillardement, il en voulut sa part, et bravement il alla boire. L'usage de Paris et de ses cabarets l'avait accoutumé à pareilles licences.

Il ne quitta pas Rome sans en avoir vu toutes les tavernes. Dans le nombre, il en préféra quatre, y compris la plus fameuse du *mont Testaccio*, et en leur honneur il fit ces quatre couplets sur l'air alors le plus en vogue dans le monde des ivrognes :

## SUR LES QUATRE FAMEUX CABARETS

### DE ROME.

Sur l'air de : *Lampons.*

Sur mer fuyons les combats ;
Pour moy, je fais plus de cas
Des vaisseaux de la *Palotte*
Que de tous ceux de la flotte.

Lampons, lampons,
Camarades, lampons.

Le bruit court que Papachin
Nous prendra quelque matin :
Il vaut mieux baiser la mule
Du saint homme *Pape Jule.*

Lampons, lampons,
Camarades, lampons.

Mourons où mourut Bourbon,
Il éternisa son nom,
Suivant l'histoire profane,
A la porte *Ethimiane.*

Lampons, lampons,
Camarades, lampons.

J'opine à rester icy,
J'y bois fort bien, Dieu mercy :
J'aime mieux le *pont Tetache*
Que le quartier Saint-Eustache.

Lampons, lampons,
Camarades, lampons.

Avouez, après cela, que Saint-Amand ne fut qu'un médisant, quand au retour de son voyage de la ville des papes, se disant, en bon ivrogne, désespéré de la pénurie de tavernes qu'il avait trouvée là-bas, il s'écriait dans une pièce à son meilleur ami :

O cher ivrogne ! ô cher Faret !
Qu'avec raison tu la méprises ;
On y voit plus de trente églises,
Et pas un pauvre cabaret !

Avouez aussi, je le répète, que Montaigne eut tort, ne fût-ce que comme touriste, curieux de toutes choses, ainsi qu'il devait l'être, de ne pas s'acoquiner, même une heure, dans quelque cabaret du mont *Testaccio.* Mais il paraît qu'en fait de tavernes, il ne voulut rien voir, rien connaître. Il s'arrêta pourtant, sans doute malgré lui, en quelques hôtelleries qui n'étaient pas autre chose, il nous semble ; celles, par exemple, où il logea à Fo, et qui n'étaient sous forme d'auberges que des *cabarets chantants* : « Il se trouve, dit-il, quant à toutes les hostelleries des rimeurs qui font sur champ des rimes accommodées. Les instruments sont en toutes les boutiques, jusqu'aux ravaudins des carrefours des rues. »

Du côté de Spolète, certaines tavernes villageoises, avec tables dressées sous l'ombrage, verte ramée et mets rustiques, lui plurent tant aussi qu'il ne put s'empêcher d'en parler, en quelques lignes qui ont je ne sais quel agreste parfum des vers d'Ovide sur l'âge d'or : « Cette contrée est semée de plusieurs tavernes, et où il n'y a point d'habitation ; ils font des ramées où il y a des tables couvertes, et des œufs cuits, et du fromage, et du vin. Ils n'y ont point de beurre, et servent tout fricassé de l'huile. » Par malheur, l'âge de fer n'est pas loin de cet âge d'or ; il y a un loup dans cette bergerie. Non loin de ces campagnes aux riantes tonnelles, est un brigand toujours prêt à tomber sur les voyageurs qui se laisseront prendre trop longtemps aux charmes de ces verdoyantes tavernes. Tout le pays est en terreur, et il fallut bien que Montaigne s'effrayât et prît ses précautions comme un autre : « Nous fûmes contraints d'y montrer notre bollette (*passe-port*), non pour la peste qui n'étoit alors en nulle part d'Italie, mais pour la crainte en quoi ils font d'un Petrino, leur citoyen, qui est le plus noble banni voleur d'Italie, et duquel il y a plus de fameux exploits, duquel ils craignent et les villes d'alentour d'être surpris. »

Il n'arriva heureusement malheur à Montaigne ni là ni ailleurs, en Italie. Sa seule déconvenue fut de *gîter* quelque nuit dans la mauvaise hôtellerie dont il nous a déjà parlé, et à Pavie, dans une auberge pire encore. Celle-là, par exemple, était vraiment la plus détestable de toute la Péninsule. Il en parle, en récapitulant les bons et mauvais gîtes dans lesquels il s'est arrêté : « La meilleure auberge où j'eusse logé, depuis Rome jusqu'ici, étoit la poste de Plaisance, et, je le crois, la meilleure d'Italie depuis Vérone ; mais la plus mauvaise hôtellerie que j'aie trouvée dans ce voyage est le *Faucon* de Pavie. On y paye, ici et à Milan, le bois à part, et les lits manquent de matelas. »

Nous ne savons comment il se trouva à Sienne ; mais, par le *Poggiana* (partie IV), nous sommes à même de combler cette lacune et de vous apprendre qu'il y avait là aussi belles et bonnes auberges, si grandes même et capables de loger un tel nombre de cavaliers, que, par suite de cette cohue, un voyageur assez novice se vit exposé à la plaisante affaire ainsi contée par le Pogge :

« Antoine Lusco, dit-il,... était un homme à bons contes. Il dit un jour qu'étant allé à Sienne avec un Vénicien fort simple, peu accoutumé à monter à cheval, ils couchèrent dans une auberge où il y avoit quantité de cavaliers. Quand il fallut partir, chacun prend son cheval, sans que le bon Vénicien branlât de sa place. Antoine lui ayant demandé à quoi il s'amusoit pendant que tous les autres étoient déjà à cheval : — Je suis, dit-il, prêt à partir ; mais, comme je ne saurois reconnoître mon cheval entre tant d'autres, j'attends que tout le monde soit parti, parce que celui qui restera sera le mien. »

En Allemagne, où nous arrivons avec Montaigne, et montés en croupe, le bon philosophe n'avait pas été si dédaigneux du cabaret. Comment d'ailleurs eût-il pu faire? Il le trouvait partout; chaque maison était une taverne. Il fallait bien boire, et il but. Il en vint même à dire, ô doux et invincible effet de l'ivresse! que ce pays-là valait mieux que la France.

« Il préféroit les commodités de ce pays-là, sans comparaison, aux françoises, et s'y conforma jusqu'à y boire le vin sans eau. Quant à boire à l'envi, il n'y fut jamais convié que de courtoisie et ne s'entreprit jamais. La chèreté en la haute Allemagne est plus grande qu'en France; car, à notre compte, l'homme et le cheval dépensent pour le moins, par jour, un escu au soleil. Les hostes comptent, au premier lieu, le repas à quatre, cinq ou six *bas* (baths) pour table d'hoste. Ils font un autre article de tout ce qu'on boit avant et après ces deux repas, et les moindres collations; de façon que les Allemands partent communément le matin du logis sans boire, etc. » Ailleurs Montaigne dit : « Et est un crime de voir un gobelet vide. » Parole singulièrement justifiée et complétée par ce passage des *Voyages du duc de Rohan :*

« Je doute, dit-il, que les mathématiciens de notre temps puissent jamais si bien trouver le mouvement perpétuel que les Allemands le font faire à leurs gobelets... Ils ne pensent faire bonne chère, ni permettre amitié ou fraternité, comme ils disent, à personne, sans y apporter le seau plein de vin pour la sceller à perpétuité. »

De Thou, dans ses Mémoires, avait étendu le tableau davantage, sans pourtant trop charger la couleur; il en avait fait une véritable toile de Rubens. Après avoir lu cette description d'une foire allemande, le grand peintre n'eût eu qu'à prendre sa palette :

« On trouve devant Mulhausen, dit de Thou, une grande place où s'assemble, durant la foire, une prodigieuse quantité de monde de tout âge et de tout sexe; on y voit les femmes soutenir leurs maris, les filles leurs pères chancelants sur leurs chevaux ou sur leurs ânes : c'est la vraie image d'une bacchanale. Dans les cabarets, tout est plein de buveurs; là de jeunes filles qui les servent, leur versent du vin dans des gobelets d'une grande bouteille à long col, sans en répandre une goutte; elles les pressent de boire, dans les plaisanteries les plus agréables, boivent incessamment et reviennent à toute heure faire la même chose, après s'être soulagées du vin qu'elles ont pris. Ce qu'il y a de particulier, c'est que dans un si grand concours de peuple, et parmi tant d'ivrognes, tout se passe sans querelle et sans contestations. Ce fut inutilement qu'il appela plusieurs fois son hôte, trop occupé à servir tant de monde; enfin, après l'avoir attendu longtemps, l'hôte vint lui faire un lit dans un poêle. »

De ce *poêle* que de Thou a nommé ici, nous en parlerons tout à l'heure, quand nous aurons pénétré davantage, à la suite d'Érasme et de quelques autres, dans les tavernes de l'Allemagne et de la Suisse. Mais auparavant, achevons ce que nous avons à dire, ce que nous avons à peindre ici des mœurs et des coutumes ivrognantes de ce bienheureux pays. Misson, avec quelques fragments de ses *Voyages*, complétera ce que nous avons dit déjà :

« Les Allemands sont, comme vous savez, d'étranges buveurs; il n'y a point de gens au monde plus caressants, plus civils, plus officieux; mais encore un coup, ils ont de terribles coutumes sur l'article de boire. Tout s'y fait en buvant, on y boit en faisant tout; on n'a pas eu le temps de se dire trois paroles dans les visites, qu'on se trouve tout étonné de voir venir la collation, ou tout au moins quelques brocs de vin, accompagnés d'une assiette de croûtes de pain hachées avec du poivre et du sel, fatal préservatif pour de mauvais buveurs. Il faut vous instruire des lois qui s'observent ensuite, lois sacrées et inviolables. On ne doit jamais boire sans porter la santé de quelqu'un : aussitôt après avoir bu, on doit présenter du vin à celui dont on a porté la santé. Jamais il ne faut refuser le verre qui est présenté, et il le faut nécessairement vider jusqu'à la dernière goutte. Faites, je vous prie, réflexion sur ces coutumes, et voyez par quel moyen il est impossible de boire. Aussi ne finit-on jamais; c'est un cercle perpétuel : boire en Allemagne, c'est boire toujours... Vous saurez encore que les verres sont respectés dans ce pays autant que le vin y est aimé. On les met partout en parade; la plus grande partie des chambres sont lambrissées jusqu'aux deux tiers de la muraille, et les verres sont arrangés tout autour, comme des tuyaux d'orgue, sur la corniche de ces lambris. On commence par les petits, on finit par les grands; et ces grands sont des cloches à melon, qu'il faut vider tout d'un trait, quand il y a quelque santé d'importance. »

Quelle ivrognerie robuste! avouez-le, et que de scènes de grosse et brutale joie elle doit amener! Je n'en sais qu'une vraiment grave et presque sinistre qui eut une hôtellerie allemande pour théâtre, et que nous allons vous conter d'après de Thou, ne fût-ce que pour faire un peu contraste avec les précédents tableaux, dont la succulence avinée finit par écœurer.

De Thou, près d'arriver à Stuttgard, s'arrête dans un petit village où il ne se trouve qu'une auberge. L'hôte ne sait point parler français; de Thou parle l'allemand assez mal; le souper court risque de n'être pas commandé, faute au convive et à l'aubergiste de pouvoir s'entendre. Le ministre du lieu sait, par bonheur, parler latin, et, pour de Thou, c'est une langue presque maternelle. Il prie le bon luthérien de venir souper avec lui; il commandera le repas, et, en récompense, il en prendra sa part. Un ministre luthérien n'est jamais un homme bien réjouissant; celui-ci est sinistre : il mange à peine et ne dit mot.

De Thou l'excite vainement; même sobriété, même silence. Une fois pourtant il hasarde un mot sur la Saint-Barthélemy, affreuse catastrophe alors de fraîche date; il a pris son homme au défaut de l'armure. Ce n'est plus alors qu'un flot de paroles ou plutôt d'invectives : voilà notre ministre qui s'emporte en blasphèmes et en cris à ameuter tout le village. Par bonheur, les portes sont bien closes, et d'ailleurs, pour que de Thou ne perde rien de sa harangue, notre homme parle latin. Aussi bien, s'il eût ainsi crié en bon allemand, l'hôte, comprenant tout, aurait ouvert les portes, et, clamant aussi fort que l'énergumène, il eût appelé là toute la population huguenote. Qui sait si de Thou en eût pu réchapper ! Pour la première fois, il se trouva heureux de ne savoir pas l'allemand en Allemagne. La scène, après tout, aurait pu tourner au tragique; n'en rions point. Pour nous elle nous semble être, avec moins de solennité toutefois, le pendant de celle où un prince d'Allemagne, l'électeur de Bavière, je crois, fit une si terrible peur au duc d'Anjou, en passage dans ses États pour aller prendre possession du trône de Pologne : on sait qu'il le fit dîner dans une salle toute tendue de noir, en face du portrait de Coligny, la grande victime, et qu'après un repas plus silencieusement sinistre que celui de de Thou avec son luthérien, il le força d'entendre l'éloge funèbre du noble amiral et de le saluer en passant. Si le duc d'Anjou eût fait la moindre résistance, une troupe de huguenots armés eût envahi la salle, et le prince français eût été écrasé avec sa faible suite.

Ces mornes et sanglants luthériens attristaient jusqu'à des lieux plus gais que ceux dont nous vous faisons la bizarre chronique. Ne les avons-nous pas vus déjà, dans les cabarets et les hôtelleries, à l'œuvre de leurs disputes haineuses et de leurs rixes acharnées, sous le regard fulgurant de Luther, de Carlostadt, démons de ces luttes où la vraie religion doit laisser tant de lambeaux ? Et les calvinistes, ne les avons-nous pas rencontrés aussi faisant des cabarets leurs premiers prêches, les souillant de leurs premières agapes confraternelles, les ensanglantant de leurs premiers combats ? Rien ne manque à la teinte sinistre que ces hommes d'apostasie et de haine ont jetée sur nos pauvres tavernes et sur nos pauvres hôtelleries, à qui suffisaient bien pourtant les scandales et les crimes de leurs clients ordinaires ! Jusqu'ici tout s'y trouve arrivant à leur suite; tout, hormis cependant une conspiration, mais c'est que nous avons oublié d'en parler à son heure; car le plus gigantesque des complots de ce temps-là, la conjuration d'Amboise, fut tramée et vendue dans un des repaires qui sont de notre ressort, dans une maison garnie. Afin de réparer notre oubli, nous allons laisser le sieur de la Planche vous conter, dans son *Histoire de l'Estat de France*, les particularités peu connues de cette grande trame d'hôtel garni, les connivences, puis la trahison du sieur des Avenelles, avocat et logeur tout ensemble, puis la perte de la Renaudie qui en fut la suite.

« La Renaudie, dit donc la Planche, pour la difficulté des logis, à cause des troubles et persécutions, se retira chez un suyvant le Palais comme avocat, nommé des Avenelles, qui tenoit maison garnie à Saint-Germain des Prez, à la mode communément usitée à Paris. Cestuy-ci faisant communément profession de l'Évangile, avoit receu la Renaudie chez soy. Advint que pour les continuelles allées et venues de plusieurs gens et pour les propos qui eschappoyent il se douta qu'on brassoit quelque chose. La Renaudie aussi voyant qu'il hallenoit après, et qu'il ne se pouvoit passer de cette maison, luy en jetoit quelques mots à la traverse, comme par forme de dispute. Ayant donc la Renaudie conféré avec luy, luy cognoissant le danger où il se mettoit de loger les ministres, et d'entreprendre beaucoup de choses hazardeuses pour le temps, il fit tant qu'on luy en declara autant qu'il s'en pouvoit dire. De quoy encore ne se contentant, fit tant que des uns et des autres il sceut le but, et de prime face, loua, approuva grandement le tout, voire jusques à offrir et jurer d'employer sa personne et biens pour une chose toute saincte et équitable. Mais, comme l'affaire prenoit longs traits, ses bouillons aussi diminuoient. Après donc avoir considéré la grandeur de l'entreprise, l'authorité de ceux à qui l'on s'adressoit et la difficulté d'y parvenir, il se proposa que si elle ne sortoit son effet, il estoit en danger de mort, tant pour avoir logé le chef, que de n'avoir decelé ce qu'il en savoit. Davantage estant pauvre, avare et ambitieux, il pensa avoir trouvé prompt moyen de se faire riche et mémorable à jamais, comme faisant le contraire, il seroit toujours des plus avant et des moins prisez. Ces choses considérées, il se proposa d'en advertir les gens du cardinal, estimant qu'ils seroient bien lasches s'ils recognoissoient un tel service. Ayant donc retiré à soy un jeune Italien qui avoit aussi juré et promis de le servir à cette affaire, il alla trouver un maistre des resquetes du Roy, nommé l'Allemand, seigneur de Vouzé, autrement dit Marmagne, qui gouvernoit les plus secrettes affaires du cardinal, et chez secretaire de duc de Guise, auxquels il desclara tout ce qu'il en savoit et avoit pu conjecturer. »

Ce qu'il advint de cette trahison, l'arrestation des conjurés, les massacres d'Amboise, la mort de la Renaudie lui-même, tué en combattant, tout cela est trop connu pour que nous ayons à en dire même un mot; nous avons hâte d'ailleurs d'en finir avec ces lâchetés, que suivent de si près des spectacles de mort, et il nous tarde d'arriver à des tableaux d'un tout autre genre, sans pourtant sortir de l'époque à laquelle nous sommes revenus.

Celui pour lequel nous persisterons à nous y arrêter encore est le plus gai, le plus vraiment aimable des hommes de ce temps-là, c'est Érasme, ce Lucien de la latinité moderne, aussi vif, aussi fin dans son latin du XVI<sup>e</sup> siècle que l'autre avec son grec si pur encore du temps des sophistes; Érasme, ce subtil observateur, philosophe trop pratique pour ne pas être douteur, philosophe trop nomade pour ne pas être conteur, et pour ne pas assaisonner ses récits de cette pointe railleuse qui aiguise le scepticisme de tous les gens d'esprit coureurs de routes et d'aventures, et qui donne à leur satire je ne sais quelle malice tempérée, la plus facilement insinuée, la plus pénétrante de toutes. Nous regrettons bien de n'avoir à vous montrer que dans les auberges, halte de ses voyages, ce joli causeur, ce délicat diseur : il vous semblera bien dépaysé dans ces bouges, mais moins peut-être que vous ne pensez, car il aimera presque à y venir une fois qu'il aura surmonté le premier dégoût; il aimera à y parler, à y écouter surtout, blotti dans un coin de la salle encombrée, comme Molière assis sur sa chaise de bois, et toujours aux écoutes, dans la boutique pleine et bruyante du perruquier de Pézénas. A toutes ces observations d'Érasme attentif, nous devrons un de ses plus spirituels colloques, tout entier sur les diversités d'hôtelleries que ses voyages l'ont mis à même de connaître, et sur les variétés de confortable ou de malaise qu'il y a trouvées. Nous vous le donnerons tout entier, comme le tableau le plus complet des gîtes que nous étudions depuis si longtemps, et dont pourtant nous n'avons pu jusqu'ici donner que des descriptions partielles. Nous en tenons une à peu près complète, véritable faisceau de détails charmants auquel peuvent se rattacher tous ceux que nous avons nous-même éparpillés dans ce chapitre; nous ne la laisserons pas échapper.

Voici donc ce colloque, dont les interlocuteurs sont Bertolphe et Guillaume, celui-là parlant pour Érasme et racontant, celui-ci n'ayant qu'à écouter ou tout au plus à hasarder une réplique qui ranimera le récit.

Et d'abord, pour affriander à la lecture du reste, donnons le sommaire qu'en a dressé Gueudeville, dont nous suivons la traduction.

### L'HOSPITALITÉ ALLEMANDE OU LES AUBERGES.

*La civilité, la joie, les servantes bonnes rieuses, la propreté, le bon marché, tous agréments qui attirent à une auberge, et qui font qu'on s'en arrache plutôt qu'on en sort; surtout si la bonne chère répond au reste. — Grossièreté male d'un aubergiste : recevoir un étranger sans saluer ni parler, lui montrer de la main l'écurie; le laisser accommoder son cheval; lui refuser tout ce qu'il demande; vouloir qu'il se conforme aux autres; et, à la moindre plainte, lui dire brusquement de chercher ailleurs. — Compagnie fort désagréable, mauvaise chère, mauvais vin, contrainte en tout, paier chèrement et n'oser le dire, manières toutes sauvages, et qu'on traite néanmoins de franchise et d'égalité humaine.*

Bertolphe. Je vois que presque tous ceux qui passent par Lyon y restent deux ou trois jours. D'où vient cela? Je suis tout d'une autre humeur; car lorsque j'ai un voyage à faire, dès que je suis en chemin, je n'ai point de repos que je ne voie où je devois arriver.

GUILLAUME. Et moi, je ne sais comment on peut quitter sitôt cette agréable ville; j'admire qu'on ait assez de courage pour s'en arracher.

BERTOLPHE. Mais enfin, par quel endroit?

GUILLAUME. C'est qu'il y a là le lieu d'où les compagnons d'Ulysse ne pouvoient sortir, il y a des sirènes. Personne ne sauroit être mieux traité chez soi qu'à Lyon dans une auberge.

BERTOLPHE. C'est beaucoup dire. Qu'est-ce qu'on y fait de si extraordinaire?

GUILLAUME. Il y avait toujours, près de la table, quelque bonne rieuse, quelque grosse réjouie qui, par ses bons mots et ses plaisantes saillies, faisoit la joie du repas. Il y a là aussi du plus beau sang qu'on puisse voir; et les femmes y sont pleines de charmes et d'attraits. Premièrement, l'hôtesse, qui a l'air de quelque chose, venoit nous voir, nous disant de nous réjouir, et nous priant de prendre en bonne part ce qu'on mettoit sur la table. A la mère succédoit la fille, fort jolie personne : des manières engageantes, et surtout d'un caquet si agréable qu'elle auroit inspiré de la gaieté à Caton; oui, tout grave qu'étoit ce Romain, notre nymphe lyonnoise l'auroit *desourcillé,* l'auroit mis en belle humeur. Ce qui faisoit le plus de plaisir, c'est que ces demoiselles ne nous parloient pas comme à des étrangers, comme à des passagers qui logent chez elles, mais elles s'entretenoient aussi librement avec nous que si nous avions été des plus anciens et des plus intimes amis de la maison, que si elles nous avoient vus toute leur vie.

BERTOLPHE. Je reconnois en cela l'honnêteté, la bonté, la franchise de la nation française.

GUILLAUME. Comme ces aimables jaseuses ne pouvoient pas être toujours avec nous, ayant leurs occupations domestiques, et d'ailleurs étant obligées de visiter aussi et de saluer les autres passagers, on nous laissoit, pour nous tenir compagnie et pour nous divertir, une jeune fille instruite et aguerrie à toutes sortes de railleries et de badinages : elle ne se faisoit point une affaire, quoique seule, de recevoir tous les traits de satire, de plaisanterie qu'on lui lançoit. Elle repoussoit toutes les attaques, elle se défendoit contre tous les assauts. Enfin, elle soutenoit la comédie, jusqu'à ce que la demoiselle du logis vînt la relever et la dégager; car la mère étant une femme d'âge, elle n'agissoit pas en jeune actrice, et son rôle étoit plus sérieux.

BERTOLPHE. Mais qu'est-ce que c'étoit que le repas? car, enfin, le ventre ne se remplit pas de plaisanteries, on ne vit pas de saillies et de bons mots.

GUILLAUME. Je puis vous assurer qu'on mange très-bien : et si bien que je ne conçois pas comment ils traitent de cette abondance, de cette force-là pour un prix si médiocre : on croiroit qu'ils y mettroient du leur, et qu'ils viseroient plutôt à pratiquer la vertu d'hospitalité qu'à vivre commodément de leur négoce et qu'à amasser du bien. Est-on hors de table, ils vous débitent des contes à faire mourir de rire, et cela pour empêcher qu'on ne s'ennuie. Pour moi, je m'imagine être au logis plutôt qu'en voyage et en auberge.

BERTOLPHE. Et dans les chambres, comment cela va-t-il?

GUILLAUME. Nous n'y manquions jamais de jeunes filles ou soi-disant telles : c'étoient des gaillardes qui ne demandoient qu'à rire : on jouoit, on folâtroit avec elles en tout bien et en tout honneur. Ces prétendues pucelles vous demandoient librement si vous n'aviez rien de sale; et si on leur donnoit des hardes à laver, elles les rapportoient dans toute la propreté souhaitable. Pour abréger l'histoire, nous n'avons vu là que des filles et des femmes, excepté à l'écurie; et même souvent les filles y accouroient. Quand vous partez, elles vous embrassent, et vous disent adieu avec autant d'affection et d'amitié que si tous leurs hôtes étoient leurs frères ou leurs plus proches parents.

BERTOLPHE. Ces manières-là conviennent peut-être aux Français, mais pour moi, je préfère les Allemands; leurs coutumes et leurs usages dans les logements sont beaucoup plus de mon goût, parce que ces manières sont mâles et qu'elles sentent l'homme.

GUILLAUME. Je n'ai jamais eu ni l'occasion ni la volonté de voyager en Allemagne; si donc vous vouliez bien vous donner la peine de m'apprendre comment on est reçu en ce pays-là dans les hôtelleries, vous me feriez plaisir.

BERTOLPHE. Si cette réception est uniforme, et si les passagers sont traités de même dans toute la contrée germanique, c'est ce qui ne m'est pas connu; mais pour ce que j'ai vu, ce qui s'appelle vu de mes propres yeux, je vous en instruirai volontiers. Premièrement, quand vous entrez dans l'auberge, ne croyez pas qu'on coure au-devant de vous, qu'on vous souhaite la bienvenue, enfin qu'on vous fasse l'honneur de vous saluer, tant s'en faut; on vous admet d'un air froid, d'un visage indifférent. Et pourquoi? C'est que ces messieurs, qui sont pourtant *aubergistes* de métier, seroient fâchés qu'on crût qu'ils se soucient d'avoir des hôtes, qu'ils les briguent; du moins indirectement, qu'ils font la moindre démarche pour attirer chez eux les voyageurs, car ils regardent cela comme quelque chose de bas, de lâche, et qui est indigne de l'austérité, de la sévérité germanique. Sur ce principe de grandeur d'âme et de noble fierté, après qu'on vous a laissé appeler et crier *tout votre saoul,* enfin quelqu'un ouvrant la petite fenêtre de l'étuve, car ils s'y tiennent presque jusqu'au solstice d'été, c'est-à-dire jusqu'au mois de juin, ouvrant, dis-je, cette petite fenêtre, il avance sa tête à peu près comme fait la tortue lorsqu'elle regarde hors de son écaille. Il faut demander humblement à cet homme-là : Monsieur, ose-t-on se flatter d'avoir l'honneur de loger ici? S'il ne vous répond pas par un rude *non,* s'il ne vous refuse point, vous pouvez à coup sûr inférer de là qu'il y a de la place pour vous, et qu'on vous fait la grâce de vous recevoir. Si vous demandez où est l'écurie, on vous la montre de la main; vous y allez, vous y entrez, et il vous est permis d'accommoder votre cheval à votre fantaisie, à moins que vous n'ayez un valet, car aucun domestique de la maison n'y met la main. Dans une hôtellerie d'importance, un garçon ne se contente pas de vous indiquer l'appartement des bêtes chevalines, il veut bien se donner la peine de vous y conduire; il fait plus, car il vous montre précisément l'endroit où vous devez mettre votre monture, c'est-à-dire le lieu le moins commode de l'écurie, leur méthode étant de garder toujours les meilleures places pour les survenants, et principalement pour les nobles. Si vous avez le courage de vous plaindre, on ne diffère pas d'un moment à vous mettre le marché à la main : « Monsieur, vous crie-t-on, si cela ne vous plaît pas, vous tenez le remède, pourvoïez-vous ailleurs, il y a d'autres auberges que celle-ci. » Dans les villes, ils ont bien de la peine à vous donner du foin; ils en fournissent tout le moins qu'ils peuvent, encore le vendent-ils presque aussi cher que l'avoine. Quand vous avez eu soin de votre cheval, vous vous rendez tout entier dans la chambre du poêle. Je dis *tout entier,* car cette chambre étant commune, vous y entrez avec vos bottes, votre bagage et votre boue.

GUILLAUME. La coutume de France vaut beaucoup mieux. On vous mène dans une chambre particulière; là, vous pouvez à votre aise vous débotter, vous nettoyer, vous chauffer, et même dormir si l'envie vous en prend.

BERTOLPHE. Il s'en faut bien que ce soit la même chose chez les *logeurs* de la Germanie. Étant dans la grande salle du fourneau, vous ôtez vos bottes, vous mettez vos souliers, vous changez même de chemise, si le cœur vous en dit. Ensuite, vous pendez auprès du fourneau vos hardes mouillées, et vous vous en approchez pour vous sécher. Il y a aussi de l'eau toute prête pour vous laver les mains, si vous le jugez à propos; mais ordinairement cette eau est si nette, que quand vous vous en êtes servi, il faut au plus vite en chercher d'autre pour se laver encore une fois et pour se purifier de la purification.

GUILLAUME. J'aime et je loue ces vrais hommes; ils sont ennemis des délices et de la mollesse.

BERTOLPHE. Quand vous arriveriez à quatre heures après midi, n'espérez pas, pour cela, souper avant neuf heures; il en est quelquefois bien dix.

GUILLAUME. Pourquoi cette longue abstinence?

BERTOLPHE. C'est qu'ils n'apprêtent rien que quand ils croient qu'il ne viendra plus personne; et cela pour pouvoir servir tout le monde à la fois, tant ils sont bons ménagers de leur peine et de leur temps.

GUILLAUME. Ils vont au plus court et n'aiment pas longue besogne.

BERTOLPHE. C'est cela même. Imaginez-vous donc que souvent il s'assemble dans la même étuve quatre-vingts ou quatre-vingt-dix voyageurs à pied ou à cheval : fantassins, cavaliers, marchands, mariniers, charretiers, laboureurs mâles et femelles, sains et malades, etc.

GUILLAUME. Cela s'appelle à la lettre une vie de communauté.

BERTOLPHE. Ce qu'il y a de fort désagréable : l'un se peigne la tête qui est peut-être une forêt, l'autre essuie sa sueur, l'autre décrotte ses guêtres ou ses bottes, et il y en a tel qui pue l'ail. Enfin c'est une cohue épouvantable; et pour la diversité, tant de personnes que de langues, jamais la tour de Babel n'en forma une plus grande confusion. S'ils voient quelqu'un d'une autre nation que la leur, qui, à son habit, paraisse revêtu de quelque dignité, ou du moins qu'on juge que c'est un homme de façon et au-dessus du commun, alors toute la vénérable assemblée jette les yeux sur lui, et on le contemple, on l'examine par des regards aussi fixes, aussi attentifs et aussi longs, que si c'étoit quelque nouvelle espèce d'animal qu'on auroit amené d'Afrique, et que ces grossiers sont tellement appliqués à ce nouvel objet, que lors même qu'ils sont à table, ils tournent la tête pour le regarder, et ils le dévorent tellement des yeux que ces bonnes bêtes oublient que la *pature les semond.*

GUILLAUME. A Rome, à Paris, à Venise, on n'est pas si sujet à l'admiration, et on se soucié fort peu, dans ce pays-là, d'éplucher les nouveaux visages.

BERTOLPHE. Cependant quelque besoin que vous ayez de prévenir le repas, il vous est défendu, sous peine de péché mortel, de rien demander. Entre neuf et dix heures du soir, lorsqu'il est trop tard pour attendre d'autres passagers, paroît, sur la scène, le premier acteur : c'est un vieux domestique avec la barbe blanche, la tête rasée, l'air hagard, et parfaitement sale dans son ajustement.

GUILLAUME. Je souhaiterois à nos seigneurs les révérentissimes et illustrissimes cardinaux de la sacro-sainte Église romaine des valets de chambre ou des échansons de cette tournure-là.

BERTOLPHE. Ce barbon, jetant les yeux partout, compte tout bas combien il y a de gens dans l'étuve, et plus il s'y trouve de passagers, plus on fait grand feu dans le fourneau. Or, vous remarquerez que cela se fait quelquefois dans un temps où le soleil est brûlant, où l'on a bien de la peine à supporter la chaleur de la saison ; car, dans ces auberges dures, et qu'on pourroit presque nommer les antipodes de la délicatesse, la meilleure partie du bon traitement, c'est de chauffer si bien les gens que la sueur tombe du visage à grosses gouttes ; cependant si quelqu'un de la compagnie, n'étant pas accoutumé à cette torture-là, se hasarde seulement à entr'ouvrir la fenêtre, de peur d'étouffer, il entend aussitôt : « Fermez! fermez! » Si vous donnez pour réponse : « Mon Dieu, je n'en puis plus, je meurs de chaud, » on vous crie d'un ton plus fort et fièrement brusque : « Cherchez donc une autre hôtellerie. »

GUILLAUME. Avec tout cela, rien ne me paroît plus dangereux que ce grand nombre de personnes qui respirent la même vapeur, surtout lorsque le corps étant fatigué, on est obligé de manger là et d'y passer plusieurs heures. Je ne dis rien de cet encens d'ail qu'on y rend par le haut, de ce parfum mâle ou femelle qu'on laisse aller par le bas, de ces haleines empuantissantes. De plus, il n'est pas qu'il n'y ait plusieurs de ces passagers qui ont des maladies cachées; or chaque maladie porte avec soi sa contagion. Il est certain que la plupart sont infectés de la gale d'Espagne ou de France, comme quelques-uns l'appellent, parce que cette gale est commune à toutes les nations. Je crois que ces invalides de Vénus ne sont pas moins contagieux que les ladres. Jugez à présent si on court moins de risque dans ces auberges que dans un lieu pestiféré.

BERTOLPHE. Ce sont des gens d'une forte et d'une robuste complexion, et loin que cela leur fasse peur, ils s'en moquent et n'y font pas la moindre attention.

GUILLAUME. Mais cependant leur force et leur courage mettent la vie et la santé des autres en danger.

BERTOLPHE. Quel remède à cela? Telle est leur coutume, et les braves gens, les esprits fermes et constants, n'aiment pas à changer d'usage; ils prennent toute innovation pour légèreté.

GUILLAUME. Il n'y a pas encore vingt-cinq ans que les thermes ou les bains publics se pratiquoient chez nous; rien n'étoit plus commun en Brabant. A présent ils sont éteints, ils sont tombés presque partout. Pourquoi? C'est que la maladie vénérienne nous a fort bien appris à nous en passer.

BERTOLPHE. Mais écoutez le reste de mon histoire. Ce Ganymède barbu fait une seconde visite, et, cette fois-là, c'est pour mettre la nappe. Il couvre les tables proportionnellement au nombre des convives. Mais, bon Dieu! comment les couvre-t-il? Ce n'est assurément pas avec la propreté, avec la magnificence de ces Milésiens outrément sensuels qui se préparoient un an à faire un festin! Le linge de notre étuve est d'une grosse toile de chanvre; vous croiriez qu'il a servi à des antennes de vaisseau. Chaque table est destinée pour huit personnes; il n'y en a jamais moins. Alors ceux qui connoissent la carte et les manières du pays se placent comme il leur plaît. Car, là, l'espèce triomphe en égalité d'individus; et la fortune y tenant l'orgueil sous les pieds, il n'y a nulle différence entre le pauvre et le riche, entre le maître et le valet.

GUILLAUME. C'est là cette ancienne et heureuse égalité que la tyrannie, la violence, l'ambition et l'intérêt ont bannie du monde. Je ne doute point que le législateur des chrétiens n'ait vécu de même avec ses disciples.

BERTOLPHE. Tout le monde étant assis, ce beau mignon de maître d'hôtel apparoît pour la troisième fois; et ayant passé toutes les compagnies en revue, on perd pour un moment l'honneur de sa présence. La quatrième apparition est pour distribuer à chacun une assiette de bois, une cuiller de même métal, une tasse de verre, et, enfin, du pain : tout cela se fait par intervalles; autant d'ustensiles, autant de voyages du Ganymède. Avoit-on une fois muni les convives de pain, chacun avoit tout le temps de le chapeler, de le gratter, de le nettoyer, enfin de l'accommoder à son goût. On donnoit cela comme un amusement pendant que la cuisine s'apprêtoit; à quoi il ne se passoit guère moins d'une heure.

Guillaume. Et pendant ce temps-là aucun membre de ce corps bigarré ne crie : Faites-nous donc manger, si vous voulez; faut-il nous en tenir au pain sec?

Bertolphe. La hardiesse ne va pas jusque-là : du moins ceux qui connoissent l'air du bureau ne prendront jamais tant de liberté. Après cette longue pause, on apporte, enfin, de quoi boire. Quelle liqueur à votre avis? Il est vrai qu'elle a le nom et la couleur du vin : mais, Père éternel! est-ce là le fruit du bienfait de notre père Noë? Ce jus de vigne n'avoit pas la moindre force! il convenoit parfaitement aux sophistes; très-délié et encore plus âcre. Si quelqu'un de la salle chaude, étouffante, prie qu'on lui aille chercher d'autre vin, offrant même de le païer séparément, on ne dit rien d'abord, on laisse passer cela, mais néanmoins en vous regardant, comme si on vouloit vous dévisager. Si vous retournez à la charge, vous devez vous attendre à cette rude et fière réponse : « Vous êtes donc, à ce que je vois, bien dégoûté, mon bon monsieur! De tant de comtes et de marquis que j'ai bien voulu recevoir dans mon auberge, pas un ne s'est plaint de mon vin, et vous ne le trouvez pas bon! Mais, enfin, il ne faut point tant de façon, si la finesse de votre palais, si la friandise de votre gosier ne s'accommodent point de ma cave, cherchez fortune ailleurs. » Car les Allemands ne prennent pour des hommes que les nobles de leur nation; et c'est pourquoi ils font partout une grande parade de leurs armes. Nos convives sont donc déjà pourvus de pain et de vin : c'est toujours, en attendant mieux, pour faire taire leurs boyaux qui crient après la pâture; c'est de quoi étourdir la grosse faim. Ensuite viennent les plats en grande pompe. Le premier contient des morceaux de pain trempés dans du bouillon de viande; et, si c'est un jour maigre, dans du bouillon de légumes. A cela succède une autre soupe. Puis, de la viande récente ou de saline réchauffée. Après cela, des espèces de bouillies, ou, si vous voulez, des pois, des fèves, du riz, des choux au lard, etc. Enfin, le prélude qui dure plus que la pièce; cet accessoire, qui surpasse le principal, étant fini, on vous sert de la viande rôtie, ou du poisson bouilli : l'un et l'autre mets sont passablement bons; mais ces officiers de gueule sont fort épargnants sur le dernier article, et, par un effet de leur vigilance, ces plats font sur la table une station très-courte. Au reste, ces repas d'hospitalité vénale se font comme la comédie se joue sur le théâtre. Car, comme dans les pièces dramatiques il y a des entr'actes, des intermèdes et des chœurs, de même il sort de la cuisine allemande quantité d'entremets qui ne sont pas grand'chose. Mais ils ont soin que le dernier acte soit toujours le meilleur.

Guillaume. C'est en agir comme un digne favori des études, comme un bon faiseur de pièces théâtrales; en un mot, c'est faire les règles de la bonne comédie.

BERTOLPHE. Autre circonstance remarquable! Il n'est permis à aucun convive de dire : « Otez-moi ce mets-là, personne n'en mange. » Ce seroit un attentat contre la patience, contre la gravité germanique. Non, il faut que le temps prescrit, fixé pour chaque partie du spectacle ou du repas soit rempli, et je crois, Dieu me pardonne, qu'ils mesurent ces espaces de durée avec des clepsydres ou des horloges d'eau. Enfin, le barbon tant de fois rebattu se remontre; quelquefois le maître du logis vient lui-même, qui, en parure et en ornements, ne le cède point à ses domestiques, nous demandant avec une simple et naïve humanité : « Eh bien, mes amis! comment vous en va? que dit le cœur? » A cet agréable signal, on apporte du vin un peu meilleur que le précédent. Or, vous saurez que les Allemands étant gens dévots de Bacchus, ces hôtes dont je vous parle estiment le plus ceux qui boivent le mieux. C'est un grand mérite chez la nation de réitérer souvent les rasades, et preuve de cela, c'est que dans les hôtelleries, le passager qui auroit plus avalé de verres lui seul que toute la compagnie ensemble ne payeroit pas un denier plus que les autres.

GUILLAUME. Bonne nation! dignes descendants de Noé!

BERTOLPHE. Dans le sérieux, et sans hyperbole, il est certain que souvent un convive dépensera en vin la moitié plus qu'il ne doit payer pour tout le repas.

Mais avant de finir, il faut encore que je vous régale d'un point ou d'une circonstance historique. Lorsqu'on a bu à l'allemande et que le vin commence à fumer dans la cervelle, c'est une chose incroyable que le bruit de voix et le joyeux tintamarre qui se fait dans cette chaude et suante assemblée. Il suffit de vous dire que c'est comme si une surdité s'étoit emparée de toute la chambre, et que, comme dit le proverbe, on n'y entendroit pas Dieu tonner. Il s'y mêle souvent de ces mauvais plaisants qui contrefont les fous, et quoique de toutes les espèces d'hommes il n'y en ait point à mon sens de plus haïssable que celle-là, vous ne sauriez croire néanmoins combien les Allemands y prennent de plaisir. On pourroit dire, en jeu de mots, que le vulgaire germanique est fou de cette folie-là. Ces fous donc, vendeurs de sagesse pourtant, chantent, causent, crient, dansent, s'entre-poussent, se culbutent. Enfin, ils font un si horrible fracas, qu'on croiroit que l'étuve va tomber, et qu'on se parle les uns aux autres comme si on étoit devenu sourd. Cependant nos bonnes gens ne croient pas qu'il y ait au monde un plaisir qui approche du leur. Fussiez-vous un Socrate, il faut paroître approbateur, vrai supplice pour un honnête homme. Ce qu'il y a de plus désagréable, c'est que, bon gré, mal gré, il faut indispensablement passer dans ce tumulte une bonne partie de la nuit.

GUILLAUME. Oh! je vous prie, mon ami, finissez promptement votre festin; car, franchement, sa longueur commence à m'ennuyer.

BERTOLPHE. Encore un mot d'audience, et je vous laisse en repos. Enfin, après qu'on a desservi le fromage, notez, par parenthèse, que le fromage, pour être excellent, doit être pourri, voire fourmiller de vers; après donc qu'on a ôté ce premier et dernier dessert, vient le Mercure à barbe neigée, tenant à la main comme un tranchoir de cuisine, sur lequel il fait avec de la craie quelques cercles et demi-cercles; il met sur la table cette pièce mystérieuse, et qui est comme une figure de grimoire : mais il vous met cela sans ouvrir la bouche, et affectant un visage morne, un air triste, une contenance sombre; enfin, vous le prendriez pour un autre Caron, ce sale, ce crasseux, ce renfrogné batelier du Styx. Ceux qui savent de quoi il s'agit sur ce cadran calculaire et arithmétique fouillent d'abord dans la poche et donnent de l'argent, et chacun apporte tour à tour son offrande; la cérémonie ne finit que quand le tranchoir est rempli. Ensuite, le vieux maître d'hôtel ayant remarqué ceux qui ont fourni leur contingent, il suppute la somme sans rien dire, et si le compte est juste, il fait signe de la tête qu'il est content.

GUILLAUME. Et si par hasard il trouvoit plus qu'il ne faut?

BERTOLPHE. Apparemment le bonhomme le rendroit, et la chose n'est pas sans exemple.

GUILLAUME. Personne ne crie-t-il contre le compte, se plaignant qu'il monte trop haut?

BERTOLPHE. Personne, à moins qu'il ne veuille faire une sottise, car il entendroit sur-le-champ : « Quelle sorte de visage est-ce là? Quoi, vous êtes assez ridicule pour ne vouloir pas payer comme les autres? »

GUILLAUME. Vous me parlez là d'un genre d'hommes qui, loin d'être nés pour la servitude, comme les Romains sous Tibère, ne connoissent ni la flatterie ni le déguisement.

BERTOLPHE. Si quelqu'un, fatigué du chemin, demande à passer de la table au lit, et à se coucher immédiatement après le repas : « Vous estes bien pressé, lui dit-on, ne sauriez-vous attendre les autres? Si faut-il bien pourtant que vous preniez patience. »

GUILLAUME. Suivant l'idée que vous me donnez de cette nation-là, je m'imagine être dans une ville de la république de Platon.

BERTOLPHE. La scène bachique finie, et quand il est temps que la paix du dieu du sommeil succède au tumulte et à la confusion du dieu du vin, alors on montre à chacun son nid. C'est un endroit qu'on peut vraiment, et à la lettre, appeler *cubiculum*, chambre à coucher, car il n'y a que des lits, rien qui soit d'un autre usage, rien qui puisse exciter la tentation du larcin.

GUILLAUME. Du moins la propreté règne dans ce dortoir?

BERTOLPHE. Sans doute, on dort aussi proprement qu'on mange. Vous vous souvenez du linge de table? Les draps ne sont pas moins fins; et pour comble d'agrément, ils servent quelquefois sur un blanchissage de plus d'une demi-année.

GUILLAUME. Pendant ce temps-là, comment en use-t-on avec les chevaux, comment sont-ils traités!

BERTOLPHE. Avec le même ordre, la même discipline, la même régularité que les hommes.

GUILLAUME. Mais est-on reçu partout de même? toutes les hôtelleries d'Allemagne sont-elles sur le même pied?

BERTOLPHE. A prendre la chose à la rigueur, ce n'est pas partout de même ; il y a des endroits où l'on est reçu plus honnêtement, plus civilement, mais il y en a aussi où la réception est plus impolie, plus grossière, plus dure que je n'ai dit. En général, vous pouvez vous en tenir à ma peinture et à ma description.

GUILLAUME. Que diriez-vous à présent? M'écouteriez-vous avec plaisir si je vous contois comment les passagers sont traités dans cette province d'Italie qu'on appelle la Lombardie? comment aussi en Espagne, ensuite en Angleterre, et dans la province de Galles? Car les manières angloises sont moitié françoises, moitié allemandes, la nation britannique étant composée de ces deux peuples; quant aux Gallois, ils se vantent d'être les anciens et naturels habitants de l'île.

BERTOLPHE. Si vous voulez me faire connoître les coutumes, les manières, les usages de ces pays-là, je vous en aurai beaucoup d'obligation, et loin de vous dispenser de cette peine-là, je vous prie de vouloir bien la prendre, car je n'ai jamais voyagé dans les lieux que vous venez de nommer.

GUILLAUME. Ce ne sera pas pour à présent, car je n'ai pas le temps; le batelier m'a dit de ne pas venir plus tard qu'à trois heures, qu'autrement on pourroit bien partir sans moi. Cependant il a tout mon petit bagage dans son bateau. Une autre fois nous aurons la commodité de causer tout notre saoul.

Il est dommage qu'Érasme ne nous ait pas donné un second colloque sur ces auberges espagnoles, suisses, anglaises, etc., comme il avait écrit le premier sur les hôtelleries allemandes. Nous aurions eu ainsi, et peint des plus vives nuances, le tableau complet de l'*hospitalité vénale*, comme dit Érasme, dans tous les pays. La tâche lui a paru peut-être trop longue, ou bien peut-être a-t-il eu peur que le dégoût ne le prît trop vite en renouvelant trop souvent le récit de ces scènes si naturellement dégoûtantes; ce n'est pas en effet la connaissance de ces choses qui dut lui manquer. Touriste infatigable, il avait, en matière d'hôtelleries, une expérience cosmopolite; mais il était si las de vivre en auberge! Il devait craindre même d'en parler. C'est même par lassitude, par dégoût pour cette existence, qu'il se priva longtemps de visiter certains pays. Le pape Adrien l'invitait à venir en Italie : invitation pareille venue d'aussi haut avait de quoi séduire Érasme; que répondit-il pourtant? Une lettre où l'ennui de vivre encore dans les hôtelleries l'emportait même sur son désir de voir Rome : « Y auroit-il sûreté pour moi, dit-il, de voyager à travers les neiges des Alpes, et les poêles, dont l'odeur me fait mourir, et les auberges sales et incommodes, et les vins piqués, dont le goût seul met en danger ma vie. »

Puisque Érasme se lassant des voyages, à cause des auberges, recule ainsi devant la tâche de conteur qu'il eût pu si bien remplir, nous la prendrons à sa place. En complétant ce que nous avons dit déjà, nous nous efforcerons, avec l'aide des meilleurs guides, de faire le plus exact tableau des hôtelleries anglaises, espagnoles, russes même et suisses. Ces auberges alpestres, qu'Érasme, il nous l'a dit tout à l'heure, a craint d'affronter, nous vous les décrirons les premières, avec le secours de l'excellent Mabillon. Sa description vient plus d'un siècle après Érasme, mais tout était si stationnaire, si immuable encore dans ces pays primitifs, que le pieux bénédictin ne dut pas les trouver différentes de ce qu'elles étaient au temps du sceptique voyageur. Son récit, daté de 1682, peut donc bien, pour nous, remplacer celui qu'Érasme aurait fait au XVI^e^ siècle :

« Lorsqu'on arrive dans une auberge, l'hôte et l'hôtesse vous tendent la main, et vous assurent qu'il ne pouvait venir personne chez eux qui leur fût plus agréable.

» On entre ensuite dans la salle à manger, dans laquelle il y a une si grande quantité de mouches, à cause du poêle où elles se cachent en hiver, qu'il faut se défendre de leur importunité avec un petit balai.

» L'odeur d'un tabac très-violent n'est pas moins incommode... On vous sert plus souvent ce que vous ne voulez pas que ce que vous voulez : un pain désagréable, fait avec du levain de bière et assaisonné de fenouil, des viandes imprégnées de poivre, selon l'usage de la nation, ou d'autres épices de cette force. Chaque plat est soigneusement noté sur une table d'ardoise.

» La forme des lits est fort incommode pour des Français, car ils sont plus courts que le corps, et tellement chargés d'oreillers, qu'on y semble moins couché qu'assis. La matière n'en vaut pas mieux que la forme, parce qu'en été même, au lieu d'une légère couverture, vous êtes étouffé sous une pesante couette de plume.

» Du reste, tout y est propre et net; chaque salle à manger d'une auberge catholique a toujours un crucifix dans le lieu le plus élevé. Quand vous êtes disposé à partir, l'hôte apporte le tableau de votre dépense, écrit avec de la craie, et après avoir compté à demi-voix, il vous indique la somme, sur laquelle on ne peut élever impunément la moindre contestation, tant sont grandes la bonne foi et l'équité de cette nation.

» Au moment du départ, c'est une coutume de porter aux partants une santé pour l'amour de saint Jean. »

Nous ne contredirons que sur un point le bon Mabillon, c'est pour cette phrase par trop apologétique, ce nous semble, à propos de la probité des hôteliers helvétiens : « On ne peut pas élever impunément la moindre contestation, tant sont grandes la bonne foi et l'équité de cette nation. »

Pour que les aubergistes des Alpes méritassent un si formel éloge, il fallait qu'ils fussent bien différents de ce qu'ils sont maintenant pour la plupart, bien différents de ce que nous les avons trouvés nous-même. Pour justifier notre dire, si bien en opposition avec celui trop bienveillant de l'excellent moine, il nous suffirait de citer quelques faits qui nous sont personnels, et qui nous feraient voir écorchés au vif par ces mêmes gens dont les ancêtres l'avaient si bien traité; mais comme nous pouvons faire le procès sans nous constituer partie, nous préférons ne donner notre témoignage que comme conviction, et pour les détails et les preuves, nous en référer à quelque aventure qui nous soit étrangère. L'une des plus singulières en ce genre est celle-ci, que nous extrayons d'une revue anglaise, du mois de décembre 1836. Jamais peut-être l'inhospitalité helvétique n'a mieux été montrée avec toutes ses ressources larronnes et son avidité; l'aubergiste n'est pas positivement le voleur, mais il est le complice :

« A Hirschensprung, petit hameau qu'on trouve à quelques lieues de Sargans, en descendant la vallée du Rhin, du côté d'Attresten, l'unique auberge est un vieux chalet où viennent se réunir et boire quelques paysans d'Appenzell et de Saint-Gall, quelques ouvriers wirtembergeois qui se dirigent sur Neuchâtel, et les conducteurs de voitures qui se rendent à Coire ou se dirigent vers le lac de Constance. Malgré la misère du lieu, il y a un poêle, c'est-à-dire un édifice allemand, haut comme la salle, avec un enfoncement où les femmes se tapissent et se grillent pendant l'hiver, et des cordes disposées pour la dessiccation du linge autour de ce vaste monument. Deux ou trois chandelles de suif éclairaient trois tables de chêne massif, et une Thurgovienne au grand réseau de dentelle noire distribuait en riant le cidre aigre, le pain et le tabac enfermé dans de grosses boîtes de plomb aux assistants gravement accoudés. Leur attention était absorbée par la chanson d'un marchand d'œufs à moitié gris et de fort belle humeur. Près du poêle, on distinguait, dans la demi-teinte, un Anglais maigre et triste, enveloppé d'un grand manteau écossais, et évidemment fatigué de cette atmosphère infecte, où venaient se confondre toutes les saveurs de l'étable suisse et du poêle allemand. Un autre homme, appuyé sur la table la plus voisine de l'Anglais, arrêtait sur lui ce long regard à demi voilé sous la paupière, et qui semble guetter une proie. »

Voilà certes un tableau d'une très-curieuse réalité; c'est presque celui d'Érasme en raccourci, avec quelques détails de plus et quelques autres de moins. Le tabac et l'Anglais manquaient chez Érasme. Mais continuons, nous verrons bientôt que le voleur absent aussi de l'hôtellerie décrite dans le spirituel dialogue ne fait pas défaut ici, et qu'il y trouve au moins un complice.

« Il y avait encore, à l'autre extrémité de la salle, deux paysans d'une physionomie caractérisée et singulière, l'un vêtu de velours brun usé, comme les paysans d'Italie, l'autre enveloppé d'un vieux carrick roussâtre et pelé, la face surmontée d'un chapeau pointu, le corps protégé par un long et vieux gilet rayé. Pendant que le vieux marchand d'œufs continuait sa psalmodie gutturale, et que l'Anglais engageait conversation avec son voisin, conducteur de char, qui devait le mener à Rorschach, sur le Boden-Lee, les deux hommes mal vêtus dont je parle plaçaient sur la table un de leurs chapeaux, détachaient les courroies de leurs ceintures de cuir, en faisaient jaillir plusieurs centaines de pièces d'argent, et se mettaient à compter les florins que la dernière foire leur avait valus. C'étaient des marchands de bœufs du Tessin; leur commerce avait été bon; le chapeau pointu se trouva rempli par douze cents florins, qu'ils partagèrent en présence de tous ceux qui étaient là, parlant haut et faisant leur évaluation et comptant leur argent sans crainte. La vivacité de leur accent, la mobilité de leurs traits, leur gaieté méridionale, la joie d'un gain considérable, et la pensée de leur retour à Bellinzona, où ils allaient rapporter cette richesse, contrastaient avec la tranquillité lourde des Suisses septentrionaux qui les entouraient et avec la misère du hameau et du logis.

» Cependant l'Anglais disait au conducteur de char, en allemand mêlé d'anglais et d'italien :

» — Six florins pour cette route, n'est-ce pas beaucoup?

» — Combien de florins dans la guinée? demandait encore l'Anglais embarrassé.

» — Deux florins, reprit le Suisse d'une voix accentuée. La guinée contient près de douze florins, mais le conducteur espérait que la confusion du mot deux et du mot douze (*swey* et *swielfe*) amènerait trente florins de plus dans ses filets.

» — Ainsi vous demandez trois guinées pour neuf lieues? c'est exorbitant.

» A ce moment l'aubergiste entra; les paroles de l'Anglais le frappèrent, il ouvrit la bouche pour parler, mais un coup d'œil du conducteur la lui fit fermer aussitôt sans qu'il eût dit un mot. Un geste accompagnait ce coup d'œil. L'un voulait dire : Ne dis rien; l'autre ajoutait : Il y aura cinq florins pour toi. Le conducteur, en effet, avait déployé sa main de manière à faire voir à celui qu'il faisait son complice ses cinq doigts largement ouverts.

» Le voiturin avait fait tout cela avec une assurance et l'autre avait compris avec une prestesse qui décelaient une longue habitude. C'est avec le même aplomb, qui tournait cette fois à l'ironie, que le conducteur ajouta, s'adressant toujours à l'Anglais :

» — Je vous rendrai neuf kreutzers.

» Et l'hôte, comme pour se donner la même assurance dans sa complicité, ajoutait aussi naïvement qu'il pouvait : — Neuf kreutzers, ce serait le compte.

» Les trois guinées de l'Anglais retentissaient déjà sur la table, et déjà aussi le Suisse tirait de son gousset pelé sa misérable petite pièce mal argentée, lorsque le marchand de bœufs du Tessin se leva et dit à l'Anglais avec un mélange de vivacité italienne et de bonhomie suisse :

» — *Per Dio!* voulez-vous des florins pour vos guinées, le compte sera facile : attendez, attendez.

» Et le marchand de bœufs, sans engager la moindre discussion avec le conducteur son compatriote, jeta trente-six florins sur la table de chêne, ramassa les trois guinées, fit apporter du vin blanc de *Margrave* (*Margrafer's weine*), et le but à la santé de l'Anglais, auquel il venait de rendre trente florins. Le conducteur prit ses six florins, mangea son fromage, et ne parut point troublé. L'aubergiste sifflait tranquillement dans l'enfoncement du poêle tout en bourrant sa pipe. »

Maintenant si l'on vient encore, se faisant fort du témoignage suranné de Mabillon, vous vanter trop haut la loyauté des hôteliers de l'Appenzell ou du reste de la Suisse, contentez-vous de répliquer à l'éloge par ce récit.

S'il fallait d'autres pièces de conviction encore, on en trouverait sans peine dans les relations des touristes anglais, ceux de tous les voyageurs en Suisse qui ont certainement le plus souffert des exactions inhospitalières des aubergistes. Il en est un qui a fait, à ce point de vue, une étude complète de leur caractère, déduisant les causes pour ainsi dire nécessaires de leur perversion. C'est dans le *Monthly Magazine* de septembre 1835 que son esquisse a paru. Nous en extrairons quelques passages :

« Qu'un voyageur s'engage dans les petits chemins, dans les sentiers inexplorés, s'il tient à connaître la Suisse. Qu'il entre dans les auberges misérables des bords du Rhin, sous les huttes des Grisons et dans les chalets d'Euslibuch, qu'il contrarie toutes les indications des voyageurs qui l'ont précédé, qu'il dérange tous les jalons plantés par eux. Voilà le seul moyen d'étudier le pays, autrement il remportera la plus fausse idée des habitants et de leurs mœurs. Les aubergistes, les conducteurs, les bateliers, représenteront à ses yeux le caractère suisse, trois classes d'hommes parmi lesquelles l'honnêteté se rencontre sans doute encore, mais pour lesquelles les occasions de pécher sont fréquentes, et qui sont bien loin de résister toujours à la tentation si souvent offerte. Le contact des étrangers, leur passage rapide et constant, ont d'ailleurs effacé sur les routes les plus suivies les traits distinctifs de la vieille nationalité.

» Cette moisson annuelle, cette coupe réglée de voyageurs, cette exploitation des bourses étrangères, ce grand appât monté à l'amour du gain, n'agissent point sur un peuple sans le modifier. La Suisse est couverte, pendant trois mois, de visiteurs qui lui paient tribut. Elle les regarde comme son butin, et cette idée n'a pas laissé que d'altérer un peu, sur les grandes lignes, la cordialité et la loyauté d'autrefois.

» Les Anglais contribuent particulièrement à augmenter ce genre de démoralisation, qui (selon quelques personnes) menace d'envahir la Suisse entière. L'exigence anglaise, les mille raffinements et les soins nombreux auxquels le confort accoutume nos gens de bon ton et nos dandys, ont tout à fait désorienté les calmes et graves habitudes des Suisses. Forcés d'obéir à leurs hôtes, de se déplacer à chaque moment, d'aller chercher de l'eau chaude à tous les quarts d'heure, ils ont pris le parti de subir tant de contrainte avec patience, mais de la transformer en argent et de la porter sur la carte. »

Les Allemands sont moins âpres au gain; l'habitude de voir des voyageurs ne leur a pas appris l'avidité. Il est vrai qu'ils ignorent tout à fait la manière d'attirer la clientèle touriste. Ils ne savent rien des secrets du confortable. Ils en sont encore à ne mettre qu'un drap dans un lit, et à couvrir à cru leur voyageur avec un édredon.

« Je passai ma dernière nuit en Bavière, à l'hôtel des *Trois Mores*, dit, dans ses *Nouveaux souvenirs d'Allemagne*, M. de Reiffemberg. J'en dirais du bien si je pouvais m'accoutumer à ces lits étroits munis d'un seul drap... et où l'on vous recouvre à cru, même au milieu des ardeurs de l'été, d'un édredon banal, chose à la fois incommode et malpropre. Quant aux rideaux du lit, c'est une superfluité que les souverains mêmes ne se permettent pas dans la meilleure partie de l'Allemagne. »

Si les auberges sont ainsi dénuées, les tavernes, en revanche, sont l'abondance même; toujours foule nouvelle, toujours bière coulant à flots.

Quand tout se ferme, la taverne reste ouverte. A Munich, on ne voit plus personne dans les rues à neuf heures et demie, les spectacles eux-mêmes sont terminés, mais il y a encore foule au cabaret. On peut y festoyer jusqu'à onze heures, et il faut voir comme les bons Bavarois usent de la permission.

» Un des plaisirs de la bourgeoisie, dit encore M. de Reiffemberg, est la fréquentation des celliers à bière. On nomme ainsi des guinguettes où se rendent le plus d'honnêtes gens et les personnes les plus graves. On vous y sert de la bière simple ou de la bière double appelée *bock*, boisson réellement très-confortable, et avec le cruchon qui la contient on ne manque jamais de vous apporter du pain. Le pain est l'accompagnement obligé de la bière bavaroise.

» Une de ces tavernes les plus connues était le *Knorr Keller*.

» Elle est située sur une colline d'où l'on découvre toute la ville, et couronnée d'un pavillon dans lequel M. Knorr a eu l'heureuse idée d'établir une chambre obscure, où tout ce qui se passe à quatre lieues à la ronde vient se refléter avec une perfide fidélité.

» Il est curieux de remarquer les mouvements que se donnent quantité d'individus qui ne pensent pas être observés et qui se livrent avec sécurité aux occupations les moins faites pour être données en spectacle, etc. »

Suit le portrait de M. Knorr, brave homme ayant l'obésité et la bonhomie allemandes; un vrai bourgeois bavarois enfin, rond comme une boule, mais pourtant poli. Son urbanité pour les dames va jusqu'à l'idylle. A chacune il offre un bouquet à l'entrée.

Les salles de son cellier (*Keller*) sont immenses. On y boit et l'on y mange pêle-mêle au milieu des barils; quand la foule est trop grande, c'est ceux-ci qu'on déloge pour faire place. Quand Thorswalden vint à Munich, on fit aussi cave nette, afin de recevoir à l'aise les trois cents convives du banquet donné au grand sculpteur, le Canova du Nord.

Chaque dimanche Knorr reçoit chez lui, dans ses salles ou dans ses jardins, cinq mille personnes au moins. Or, admettez pour chacun trois cruchons de bière, et vous aurez un bénéfice net de 15,000 kreutzers, c'est-à-dire 250 florins; mais comme tout Bavarois en boit bien six fois autant, il faut, dans notre calcul, sextupler la somme du profit.

Knorr était brasseur avant d'être tavernier, et il possédait un million de fortune. Il y avait de cela douze ans en 1843, époque où M. de Reiffemberg visita son cellier. Il avait déjà doublé son million.

C'est surtout dans les villes d'universités que les *Keller* sont d'un bon rapport; ils ne désemplissent pas d'étudiants. A Heidelberg, à Iéna, à Leipzig, la fortune de tout tavernier est certaine; s'il peut, pendant dix ans, s'accoutumer au plus effrayant tintamarre de verres brisés, de cruchons cassés, de chansons hurlées, et à l'infecte atmosphère du tabac fumé jour et nuit, il est sûr de se retirer riche.

Nous vous parlerons plus loin des tabagies de Leipzig, où nous voulons vous faire voir en un faisceau les souvenirs réunis de Luther, de Gœthe et de Faust, mais dès à présent nous voulons vous mener à celles d'Iéna. Nous aurions désiré qu'ici encore M. de Reiffemberg nous servît de guide, mais puisque à sa place nous trouvons lord John Russel, qui, par un *Curieux voyage en Allemagne*, préludait assez peu gravement aux graves fonctions de ministre, le spirituel polygraphe belge nous permettra de ne pas le regretter lui-même.

C'est après nous avoir fait connaître longuement les mœurs familières aux *Buschenschaft*, associations des étudiants allemands, que le noble touriste nous fait pénétrer avec lui jusque dans les tabagies où chaque Buschen, dieu de la joie, s'agite dans sa fumée comme Jupiter dans son nuage.

John Russel nous donne d'abord la chanson des Buschen, odes enthousiastes en l'honneur de la joie, ironiques satires contre ceux qui ne sont pas Buschen et qu'on flétrit du nom de Philistins :

« Buvons à la ronde, frères! et vive à jamais Iéna! Partout le désir d'être libre se fait sentir autour de nous; les Philistins brûlent de faire partie de notre corps, car les Buschen sont libres... *Houzza!*

» Buvons donc à la ronde, et vive à jamais notre pays! soyons toujours purs et fidèles, comme l'ont été nos pères, et n'oublions pas non plus ce que nous devons à la postérité. Oui, les Buschen sont libres... *Houzza!*

» Buvons donc, Buschen, buvons à la santé de notre prince! Il a juré de maintenir nos droits et nos priviléges; notre amour est à lui tant qu'une goutte de sang coulera dans nos veines. Oui, les Buschen sont libres... *Houzza!*

» Buvons à la santé des dames! S'il en est un qui ose outrager ce sexe, il n'est pas pour lui de place parmi les amis et les hommes libres. Oui, les Buschen sont libres... *Houzza!*

» Buvons aussi à la santé de l'homme courageux; l'amour, les chansons et le vin sont les preuves de sa force : celui qui ne les connaît pas est digne de pitié, mais les Buschen sont libres.... etc. »

Souvent les chants des Buschen n'ont pas cette portée démocratique. La seule liberté qu'ils demandent est celle qu'on trouve dans le vin, et alors, comme dit fort spirituellement John Roussel : « Je ne sache que la loi de Mahomet qui pût en être offensée. »

« Que le temps vienne, qu'il vienne comme il pourra, que les empires s'élèvent et tombent, que la fortune tourne sur sa roue, et gouverne à son gré la terre, nous placerons notre couronne sur le front brillant de Bacchus; la gaieté sera la reine et le Rhin leur capitale.

» Sur la grosse tonne d'Heidelberg siégera notre conseil d'État; voici notre Johannisberg, où notre sénat discutera; notre cabinet ira régner au milieu des vins de la Bourgogne, et nos lords et nos fidèles communes s'assembleront en Champagne. »

Vienne maintenant la description du lieu où se font ces orgies, où se chantent ces chansons, et pour nous le tableau sera complet. Voici cette description, toujours de la main de lord John Russel, et d'après ce qu'il vit à Iéna.

« Entrez, dit-il, dans l'auberge qui est située vis-à-vis de la place du Marché, et qui est sans contredit la première de la ville, vous n'apercevez qu'un nuage épais de fumée qui vous dérobe la vue de tous les objets. Du sein de ce nuage s'échappe, vous ne savez comment, une sombre lueur, et vous n'entendez autour de vous qu'éclats de joie et chants de débauche. A mesure que l'œil s'accoutume à cette atmosphère, des visages humains semblent se dessiner, mais obscurément encore, à travers le nuage à demi éclairé. Des pots d'étain commencent à briller à côté des personnages. Enfin, comme la fumée qui sort de la fiole et prend par degrés la forme de notre ami Asmodée, l'homme et son pot de bière se dégagent et prennent une forme décidée.

» Vous pouvez alors avancer, mais en tâtonnant, entre deux longues tables qui semblent être sorties de terre comme par enchantement. Lorsque vous arrivez au bout de la table à côté du grand poêle, vous avez devant vous le paradis de Buschen, auquel il ne manque plus que ses houris. Chaque Buschen, coiffé de sa toque, un pot de bière à la main, une pipe ou un cigare à la bouche, et une chanson sur les lèvres, ne doute pas que lui et ses compagnons ne croissent pour la régénération de l'Europe, qu'ils ne soient les véritables représentants du courage et de l'indépendance du caractère germanique, et les seuls vrais modèles d'une jeunesse généreuse et libre. La main sur leur pot de bière, ils font serment de délivrer l'Allemagne, ils prennent une seconde pipe, allument un second cigare, et jurent que la sainte-alliance est une chose fort incommode. »

Ceci, on le devine, était écrit en 1824, et rien n'a changé pour les Buschen, seulement ce n'est plus à la sainte-alliance que s'adresse leur haine; elle ne manque pas pour cela d'aliments.

Auprès de la taverne, toujours si florissante en Allemagne, l'hôtellerie continue à être misérable : ainsi, à Munich, les auberges sont d'un dénûment tout à fait primitif. On n'y trouve qu'un avantage, c'est d'y vivre économiquement. On voudrait faire de la dépense qu'on ne le pourrait pas. « Si je rends hommage aux ginguettes, dit M. de Reiffemberg, je ne suis pas aussi content des hôtels. » Il n'en trouva qu'un seul dont le confortable fût à peu près suffisant, c'est celui de la *Cour de Bavière*. Mais pour le monter tel qu'il était, il avait fallu les efforts et les fonds d'une compagnie d'actionnaires.

Dans les villages, les auberges valent moins encore, mais au moins sont-elles franchement, rustiquement misérables, et présentent-elles d'ailleurs le tableau de mœurs fort curieuses à étudier.

« Les auberges de villages, dit M. de Reiffemberg, ont un aspect qui leur est propre. La salle commune est longue et basse, une étuve immense est la pièce principale. Le plafond, tout de bois, est noirci par la fumée et par le temps. On dit en Flandres, pour une promesse en l'air : *Écrivez cela au plafond.* Ce proverbe vient sans doute d'un usage observé également dans ces cantons, où l'on écrit à la craie, sur les solives qui soutiennent l'étage, les comptes arriérés des rouliers et des autres chalands. »

Ne se croirait-on pas encore au temps d'Érasme, et qu'on va dresser la table pour la compagnie qu'il nous a décrite, et que lui-même, le repas fait, va se blottir dans un coin de l'étuve pour mieux observer? Tout est immuable dans ces pays-là. Les maisons aujourd'hui sont ce qu'elles étaient il y a deux siècles. Depuis le XVI^e siècle, il en est dont on n'a pas reblanchi les murs. C'est si vrai, qu'en 1825 on trouva dans une chaumière du Tyrol, appendue à la même place où on l'avait clouée il y a deux cent cinquante ans, une gravure représentant l'assassinat du duc de Guise à Blois.

C'est pour de pareilles contrées qu'en racontant ce qui était, il se trouve qu'on décrit encore ce qui est aujourd'hui : les deux âges se complètent. Le présent ici est toujours un peu le passé; nous croyons donc avoir bien fait en nous complaisant dans cette longue halte. Faute de renseignements sur ce qui était autrefois, nous avons dit ce qui est aujourd'hui, et c'était, je crois, la même chose pour la vérité du tableau. Nous terminerons par deux épisodes qui appartiennent plus directement aux choses de jadis, et qui n'en compléteront pas moins le tableau anticipé que nous avons fait de celles du présent.

Le premier de ces deux épisodes est le voyage d'Albert Durer dans les Pays-Bas, de 1520 à 1521; le journal en existe écrit par l'illustre peintre lui-même. Il en a été donné une version fort exacte dans le tome Ier du *Cabinet de l'amateur et de l'antiquaire*. C'est d'après elle que nous ferons ici nos citations :

Albert Durer loge moins souvent à l'auberge que chez des personnes amies, ou auxquelles il a été recommandé. L'hospitalité qu'on lui donne est donc à peu près gratuite; il ne lui en coûte qu'un pourboire, qu'il paie même plus souvent en gravures qu'en argent, ce qui fait grand honneur aux valets allemands. Se trouver satisfait d'un pareil salaire, et ne pas dire, comme l'ignorant de la Fontaine :

.... Le moindre ducaton
Ferait bien mieux mon affaire,

voilà qui sent le valet presque lettré. On n'en ferait pas tant chez nous.

« J'ai, dit Durer, donné à Jean, le valet du beau-frère de Jobst, une *Passion* sur cuivre. » Une autre fois, c'est d'une *Némésis* qu'il fait cadeau à un autre valet amateur.

Il lui arrive aussi, quand par hasard il loge en auberge, de payer en pareille monnaie la dépense qu'il a faite. Il crayonne le portrait de l'hôte ou de l'hôtesse, et on lui donne quittance.

« A Bruxelles... j'ai dessiné pendant la nuit, à la lumière, maître Conrad, qui a été mon hôte; j'ai aussi dessiné au crayon, dans le même temps, le fils du docteur Lampartes et mon hôtesse. »

Les hôtes pourtant ne sont pas tous aussi accommodants, et quelques-uns préfèrent l'argent comptant à cette monnaie en peinture; l'aubergiste chez qui Durer logea à Anvers était de ceux-là.

« Le jeudi après l'Assomption 1520, dit le peintre voyageur, je suis rentré dans la maison de Jobst Planckfels, et j'ai mangé quatre fois avec lui; ma femme a mangé avec lui deux fois; j'ai changé un florin pour nourriture, de plus une couronne. Pendant les sept semaines de mon voyage, ma femme et ma servante ont dépensé sept couronnes; elles ont acheté divers objets pour une valeur de quatre florins. J'ai dépensé quatre stubers avec les camarades, j'ai mangé six fois avec Tomassin. Le jour de Saint-Martin, on a coupé la bourse à ma femme dans l'église Notre-Dame, il y avait deux florins dedans; quelques clefs s'y trouvaient également. *Item*, le soir de Sainte-Catherine, j'ai donné un à-compte de dix couronnes d'or à mon hôte Jobst Planckfels; j'ai mangé deux fois avec le Portugais. Rodrigo m'a fait présent de six noix indiennes. J'ai donné deux stubers de pourboire à son garçon. » Ces détails-là, tout insignifiants qu'ils paraissent, en apprennent beaucoup sur la vie privée à cette époque-là, sur les mœurs du temps, assez vagabondes et assez larronnes. On coupe les bourses à l'église, et Albert Durer ne dédaigne pas d'aller au cabaret pour y dépenser quatre stubers avec les camarades. Il y fait souvent de plus grands régals. A Malines, il trouve un peintre qui est en même temps hôtelier, et, pour se conduire en bon confrère, il fait là plus grande dépense qu'ailleurs. « J'ai logé, dit-il, à l'hôtel de la *Tête d'or*, chez maître Henri le peintre. Les peintres et les sculpteurs m'ont invité dans mon auberge, et m'ont fait de grands honneurs dans leur assemblée. » Cet usage de festoyer un confrère se renouvelle pour célébrer la bienvenue de Durer partout où il passe; à Gand, on lui fait même plus grande chère encore : « Le doyen des peintres est venu chez moi, dit-il, et avec lui, les peintres les plus distingués; ils me firent beaucoup d'honneur et soupèrent avec moi. Mercredi matin, les peintres m'ont conduit sur la tour Saint-Jean; là, j'ai dominé la vaste et merveilleuse ville, dans laquelle j'ai été reçu comme un grand artiste. Après j'ai vu le tableau de Johannes : c'est un ouvrage admirable qui montre un grand génie, particulièrement Ève, Marie et Dieu le Père, qui sont très bons. J'ai vu ensuite les lions vivants, j'en ai dessiné un au crayon. J'ai vu aussi, sur le pont où l'on décapite, les deux simulacres d'honneur qui furent élevés en mémoire d'un fils qui y décapita son père. Gand est agréable, c'est une ville curieuse; quatre grandes rivières la traversent. J'ai donné pour boire, aux sacristains et aux valets des lions, trois stubers. J'ai encore vu à Gand bien des choses singulières. Les peintres et leur doyen ne m'ont pas quitté, ils ont déjeuné et soupé avec moi, ont tout payé, et ont été très affables. J'ai donné en partant cinq stubers de pourboire dans mon hôtel. »

Nous pourrions faire encore plus d'une citation de ce voyage de Durer, parler de ses relations avec Érasme, des présents de bonne amitié qu'ils échangèrent, des portraits que Durer crayonna à la ressemblance du fin et spirituel savant, etc.; nous pourrions aussi donner comme hors-d'œuvre la chaude et mystique apostrophe que notre peintre adresse à Luther, mais nous en avons déjà tant dit sur ce grand réformateur, que s'il nous était encore permis de parler de lui, ce devrait être seulement à propos des anniversaires qu'on célèbre encore en son honneur dans les cabarets allemands, aussi bien et plus dévotement peut-être que dans les temples luthériens. Nous essayerons encore cette esquisse, et ce sera notre irrévocable adieu aux cabarets d'outre-Rhin.

On saura d'abord que la grande place de Leipzig forme un immense parallélogramme ainsi disposé. D'un côté l'énorme hôtel de ville avec sa grosse tour, dont les exécutions des criminels ensanglantent trop souvent la base; des autres côtés, un triple rang de hautes maisons, dont le rez-de-chaussée et les étages supérieurs sont habités par des marchands ou des commissionnaires, tandis que les caves sont envahies par des cabarets et des restaurants.

On y vend de la bière, du vin, des liqueurs de toutes sortes, de la charcuterie, et leur clientèle ordinaire se compose de petits boutiquiers, de commis marchands, de juifs, et surtout d'étudiants. L'éternel va-et-vient dont les tavernes sont le centre forme le tableau le plus animé. A l'entrée, tous ces visitants sont mornes, la brume de l'atmosphère a jeté sur leur face je ne sais quel triste voile; mais à la sortie, ils ont une tout autre figure, vive, riante, colorée enfin de toutes les teintes dont on peut s'enluminer au cabaret.

De tous leurs hôtes, après Luther, Hoffmann et Gœthe ont été les plus illustres.

Laissons d'abord parler Hoffmann : « La vie, dit-il, serait fort agréable et peu coûteuse à Leipzig, sans une disposition fatale qui me coûte bien des florins. Sur le marché et dans le *Peterstrass*, se trouvent la *Cave italienne*, celles de *Rossi*, de *Triober* et de *Mainoni*. Le pavé, usé par les habitués qui s'y rendent, décline tellement en pente jusqu'aux degrés de la cave, qu'involontairement, presque sans le savoir, on est entraîné jusqu'en bas. Dès qu'on y est, on se trouve dans une assez jolie salle, bien meublée et fort agréable à voir : mais la maudite température souterraine dessèche tellement le gosier qu'il faut sans cesse l'humecter, ce qui coûte horriblement de temps et d'argent. »

C'est surtout le 19 mai, jour anniversaire des prédications de Luther à Leipzig, que les libations sont copieuses, et quand une fois par siècle cet anniversaire devient une centenaire, c'est beaucoup mieux encore. Le 19 mai 1839 fut une de ces fêtes séculaires : c'était la troisième depuis Luther.

Les caves, d'ordinaire, sont fort mal éclairées à l'entrée, ce jour-là elles étaient resplendissantes. Des transparents avec devises, des allégories, des guirlandes de fleurs, tout annonçait qu'on fêtait le dieu de l'endroit, dieu terrible et joyeux tout ensemble, dieu porte-foudre et dieu buveur, Jupiter et Bacchus à la fois, mais qu'on dépouillait de ses premières attributions pour ne lui laisser que les autres. Sa face rubiconde étincelait vermeille et riante à tous les coins sous la fumée des lampions, et entourée d'une guirlande de devises épicuriennes. Tout ce que Luther lança d'aphorismes joyeux se lisait là en pleine lumière.

« L'ivresse nous rapproche de la Divinité; celui qui n'aime ni les femmes, ni le vin, ni la musique, sera fou toute sa vie. »

C'était là le plus brillant, le mieux en saillie de tous ces aphorismes du bachique apôtre. Il avait des disciples, ce jour-là, en nombre innombrable et d'une soif intarissable. Les flammes du punch ruisselaient partout, embrasant la lourde atmosphère. Au milieu de la salle, des jeunes filles échevelées comme des bacchantes, et surtout ivres comme elles, chantaient les ballades lascives, et quand la salle était pleine à en suffoquer, des escouades d'étudiants allumaient leurs torches aux feux du punch, sortaient de la taverne, et s'en allaient par les rues, chantant pour refrain de leurs chœurs avinés l'éternel *gaudeamus igitur, dum juvenes sumus.*

Une des caves se distinguait des autres par un transparent singulier, en ce que l'image de Luther ne s'y voyait pas seule; des scènes de Faust s'y voyaient représentées. Pourquoi ce souvenir de Gœthe mêlé à celui du grand apôtre? C'est que dans cette cave de l'*Auerbach Keller* Gœthe était venu plus d'une fois, c'était son cabaret de prédilection. Quand il était simple étudiant à l'université de Leipzig, il ne fréquentait pas d'autres tavernes. C'est là que, charbonnant sur les murs tachés de vin des vers d'un jet aussi facile que le flot qui coule de la tonne défoncée, il préludait à ses grandes œuvres.

Il composa à l'*Auerbach Keller* plus d'une scène du *Faust*, et c'est là aussi qu'il écrivit cette étrange ballade de la *Puce* transformée en ministre, pendant que le chœur répète en pizziccato :

> Wie kuicken und ersticken
> Doch gleich wenn einer stichs.

« Nous écrasons et nous étouffons tous ceux qui nous piquent. »

Gœthe quitta de bonne heure les hantises du cabaret. Il était devenu trop vite un grand fonctionnaire pour pouvoir sans vergogne leur rester fidèle. Mais il n'eut pas la même inconstance pour le vin du Rhin. Tout le monde savait son goût pour la vive liqueur, et les patriciens de Brême savaient bien qu'ils chatouillaient délicatement la fibre du fin buveur quand ils lui envoyaient tous les ans, pour sa fête, deux bouteilles tirées de ces divines caves de Roleinwein, où se conserve encore du Johannisberg de la récolte de 1625. On désobéissait, pour Gœthe, à la loi nationale, qui donne aux seuls citoyens de la république brémoise la faculté d'acheter de ce vin.

A cause de Gœthe, cet autre dieu allemand, l'*Auerbach Keller* est le but d'un pèlerinage pour les poëtes de toutes nations. Blumembach, Schiller, Oken, Tieck, les deux Schlegel, Coleridge, l'ont fait. Enfin il n'est personne d'un peu lettré qui, se trouvant à Leipzig, ne croie devoir rendre cet hommage à Gœthe. Ceux dont l'admiration est pratique et positive se grisent largement ce jour-là à la table où la tradition dit que Gœthe, buvant fort, écrivit la fameuse scène des étudiants; ceux qui n'ont qu'une admiration platonique se contentent de lire cette scène, qui là se trouve illustrée par les peintures murales dont les sujets sont tous extraits du *Faust*. Pour nous, qui ne sommes pas à l'*Auerbach*

*Keller*, mais qui tenons le précieux livre, nous nous dédommagerons en le relisant et en vous faisant relire à vous-mêmes la célèbre et fantastique scène. Elle sera d'autant mieux à sa place qu'elle se passe, on le sait, à l'*Auerbach Keller* même. Nous empruntons la traduction de M. Gérard de Nerval, charmante et exacte.

## CAVE D'AUERBACH A LEIPZIG.

### ÉCOT DE JOYEUX COMPAGNONS.

Frosch. Personne ne boit! personne ne rit! Je vais vous apprendre à faire la mine! Vous voilà aujourd'hui à fumer comme la paille mouillée, vous qui petillez ordinairement comme un beau feu de joie.

Brander. C'est toi qui en es cause, tu ne mets rien sur le tapis, pas une grosse bêtise, pas une petite saleté.

Frosch *lui verse un verre de vin sur la tête*. En voici des deux à la fois.

Brander. Double cochon!

Frosch. Vous le voyez, j'en conviens.

Siebel. A la porte ceux qui se fâchent! Qu'on chante à la ronde, à gorge déployée! qu'on boive et qu'on crie : Ohé! holà! oh!

Altmayer. Ah! Dieu! je suis perdu! Apportez du coton, le drôle me rompt les oreilles.

Siebel. Quand la voûte résonne, on peut juger du volume de la basse.

Frosch. C'est juste. A la porte ceux qui prendraient mal! Ah! tara la la da!

Altmayer. Ah! tara la la da!

Frosch. Les gosiers sont en voix. (*Il chante.*)

Le très saint Empire romain
Comment peut-il durer encore?

Brander. Une sotte chanson! Fi! une chanson politique! une triste chanson! Remerciez Dieu chaque matin de n'avoir rien à démêler avec l'Empire romain.

Frosch, *chantant :*

Lève-toi vite, et va, beau rossignol,
Dix mille fois saluer ma maîtresse.

Siebel. Point de salut à ma maîtresse, je n'en veux rien entendre.

Frosch. A ma maîtresse, salut et baiser! Ce n'est pas toi qui m'en empêcheras. (*Il chante.*)

Tire les verrous, il est nuit;
Tire les verrous, l'amant veille :
Il est tard, tire-les sans bruit.

Siebel. Oui, chante, chante, loue-la bien, vante-la bien : j'aurai aussi mon tour de rire, elle m'a lâché, elle t'en fera autant. Qu'on lui donne un kobold pour galant, et il pourra badiner avec elle sur le premier carrefour venu. Un vieux bouc qui revient de Blocskberg peut en passant au galop lui souhaiter une bonne nuit, mais un garçon de chair et d'os est beaucoup trop bon pour une fille de cette espèce. Je ne lui veux point d'autre salut que de lui voir ses vitres cassées.

Brander *frappant sur la table.* Paix là, paix là, écoutez-moi! Vous avouerez, messieurs, que je sais vivre; il y a des amoureux ici, et je dois, d'après les usages, leur donner, pour la bonne nuit, tout ce qu'il y a de mieux. Attention! une chanson de la nouvelle facture, et répétez bien fort la ronde avec moi (*il chante*) :

Certain rat, dans une cuisine,
Avait pris place, et le frater
S'y traita si bien, que sa mine
Eût fait envie au gros Luther.
Mais un beau jour, le pauvre diable,
Empoisonné, sauta dehors,
Aussi triste, aussi misérable,
Que s'il avait l'amour au corps.

Choeur.

Que s'il avait l'amour au corps!

Brander.

Il courait devant et derrière,
Il grattait, reniflait, mordait,
Parcourait la maison entière,
Où de douleur il se tordait;
Au point qu'à le voir en délire
Perdre ses cris et ses efforts,
Les mauvais plaisants pouvaient dire :
Hélas! il a l'amour au corps?

Choeur.

Hélas! il a l'amour au corps!

Brander.

Dans le fourneau, le pauvre sire
Crut enfin se cacher très-bien;
Mais il s'y trompait, et le pire
C'est qu'il y creva comme un chien.
La servante, méchante fille,
De son malheur rit bien alors :
Ah! disait-elle, comme il grille!
Il a vraiment l'amour au corps!

Choeur.

Il a vraiment l'amour au corps!

Siebel. Comme ces plats coquins se réjouissent, c'est un beau chef-d'œuvre à citer que l'empoisonnement d'un pauvre rat!

Brander. Tu prends le parti de tes semblables.

Altmayer. Le voilà bien, avec son gros ventre et sa tête pelée, comme son malheur le rend tendre ; dans ce rat qui crève, il voit son portrait tout craché. »

Au milieu de cette scène, où se peignent si bien les mœurs des Allemands en gaieté, où retentit avec tout son bruit leur gros rire, avec toute sa trivialité leur façon de plaisanter lourde et obscène, on voit arriver Méphistophélès et Faust.

Du seuil, Méphistophélès juge le tableau qui s'offre à lui, et avant de faire un pas de plus pour entrer dans la taverne, il parle ainsi à Faust :

« Je dois avant tout t'introduire dans une société joyeuse, afin que tu voies comme on peut aisément mener la vie. Chaque jour est ici pour le peuple une fête nouvelle ; avec peu d'esprit et beaucoup de laisser-aller, chacun d'eux tourne dans son cercle étroit de plaisirs comme un jeune chat jouant avec sa queue ; tant qu'ils ne se plaignent pas d'un mal de tête, et que l'hôte veut bien leur faire crédit, ils sont contents et sans soucis. »

C'est peut-être ce qui a été dit de plus juste sur la vie de cabaret, existence de désœuvrement ruineux, où l'on s'initie à tous les vices, où l'on désapprend l'honnêteté et le travail, où le vin qu'on boit pour se désaltérer vous embrase d'une soif nouvelle, où l'on devient insatiable des plaisirs en s'en rassasiant toujours.

Faust ne connaît point encore cette vie, mais, en bon Allemand qu'il est, il pourrait y trouver des délices ; Méphistophélès le craint, et comme il rêve pour lui d'autres tentations autrement dangereuses, il ne veut lui faire connaître les orgies du cabaret que pour l'en dégoûter aussitôt. Voilà pourquoi il descend avec lui dans la taverne, voilà pourquoi, s'attablant avec les écoliers, il est le premier à les provoquer à boire. Faust les verra s'enivrer et prendra cette ivresse en horreur ; celle de l'amour, dont Méphistophélès veut faire sa seule passion, n'aura donc ainsi que plus de charme pour lui. Mais le vin de l'hôte ne suffisant pas pour griser ces durs ivrognes : « Allons, vite en perce le vin de l'enfer, » se dit tout bas Méphistophélès, et, après avoir chanté sa fameuse chanson de la *Puce*, dont nous citions deux vers tout à l'heure, pendant qu'Altmayer s'écrie : « Vive la liberté, vive le vin ! » il dit lui-même : « Je boirais volontiers un verre en l'honneur de la liberté si vos vins étaient tant soit peu meilleurs.

Siebel. N'en dites pas davantage...

Méphistophélès. Je craindrais d'offenser l'hôte, sans quoi je ferais goûter aux aimables convives ce qu'il y a de mieux dans notre cave.

Siebel. Allez toujours, je prends tout sur moi.

Frosch. Donnez-nous-en un bon verre, si vous voulez qu'on le loue, car lorsque je veux en juger, il faut que j'aie la bouche bien pleine.

ALTMAYER. Ils sont du Rhin, à ce que je crois.

MÉPHISTOPHÉLÈS. Procurez-moi un foret.

BRANDER. Qu'en voulez-vous faire? Vous n'avez pas sans doute vos tonneaux devant la porte.

ALTMAYER. Là, derrière, l'hôte a déposé un panier d'outils.

MÉPHISTOPHÉLÈS *prend le foret de Frosch.* Dites maintenant ce que vous voulez goûter.

FROSCH. Y pensez-vous? Est-ce que vous en auriez de tant de sortes?

MÉPHISTOPHÉLÈS. Je laisse à chacun le choix libre.

ALTMAYER *à Frosch.* Ah! ah! Tu commences déjà à te lécher les lèvres.

FROSCH. Bon! si j'ai le choix, il me faut du vin du Rhin; la patrie produit toujours ce qu'il y a de mieux.

MÉPHISTOPHÉLÈS, *piquant un trou dans le rebord de la table, à la place où Frosch s'assied.* Procurez-moi un peu de cire pour servir de bouchon.

ALTMAYER. Ah çà! voici de l'escamotage.

MÉPHISTOPHÉLÈS *à Brander.* Et vous?

BRANDER. Je désirerais du vin de Champagne et qu'il fût bien mousseux. *Méphistophélès continue de forer, et pendant ce temps quelqu'un a fait des bouchons et les a enfoncés dans les trous.*

BRANDER. On ne peut pas toujours se passer de l'étranger, les bonnes choses sont souvent si loin! Un Allemand ne peut souffrir les Français, mais pourtant il boit leur vin très-volontiers.

SIEBEL, *pendant que Méphistophélès s'approche de sa place.* Je dois l'avouer, je n'aime pas le fort; donnez-moi un verre de quelque chose de doux.

MÉPHISTOPHÉLÈS *forant.* Aussi vais-je vous faire couler du tokay.

ALTMAYER. Non, monsieur, regardez-moi en face, je le vois bien, vous nous faites aller.

MÉPHISTOPHÉLÈS. Hé! hé! Avec de tels convives ce serait trop risquer! Allons vite, voilà assez de dit. De quel vin puis-je servir?

ALTMAYER. De tous, et assez causé. *Après que les trous sont forés et bouchés, Méphistophélès se lève.*

MÉPHISTOPHÉLÈS *avec des gestes singuliers :*

Si des cornes bien élancées
Croissent au front du bouquetin,
Si le ceps produit du raisin,
Tables en bois, de trous percées,
Peuvent aussi donner du vin.
C'est un miracle, je vous jure,
Mais, messieurs, comme vous savez,
Rien d'impossible à la nature!
Débouchez les trous et buvez!

TOUS *tirant les bouchons et recevant dans leurs verres le vin désiré par chacun.* La belle fontaine qui nous coule là !

MÉPHISTOPHÉLÈS. Gardez-vous surtout de rien répandre.

TOUS *chantent :*

Nous buvons, nous buvons
Comme cinq cents cochons !

(*Ils se remettent à boire.*)

MÉPHISTOPHÉLÈS. Voilà mes coquins lancés, vois comme ils y vont.

FAUST. J'ai envie de m'en aller.

MÉPHISTOPHÉLÈS. Encore une minute d'attention, et tu vas voir la bestialité dans toute sa candeur.

SIEBEL *boit sans précaution, le vin coule à terre et se change en flamme.* Au secours ! Au feu ! Au secours ! L'enfer brûle.

MÉPHISTOPHÉLÈS *parlant à la flamme.* Calme-toi, mon élément chéri. *Aux compagnons.* Pour cette fois ce n'était rien qu'une goutte du feu du purgatoire.

SIEBEL. Qu'est-ce que cela signifie ? Attendez ! attendez ! Vous le payerez cher ; il paraît que vous ne nous connaissez guère.

FROSCH. Je lui conseille de recommencer.

ALTMAYER. Mon avis est qu'il faut le prier poliment de s'en aller.

SIEBEL. Que veut ce monsieur ? Oserait-il mettre en œuvre ici son *Kocus-pocus ?*

MÉPHISTOPHÉLÈS. Paix ! vieux sac à vin !

SIEBEL. Manche à balai, tu veux encore faire le malin !

BRANDER. Attends un peu, les coups vont pleuvoir !

ALTMAYER *tire un bouchon de la table, un jet de flamme s'élance et l'atteint.* Je brûle ! je brûle !

SIEBEL. Sorcellerie ! Sautez dessus ! Le coquin va nous le payer. *Ils tirent leurs couteaux et s'élancent vers Méphistophélès.*

MÉPHISTOPHÉLÈS, *avec des gestes graves :*

Tableaux et paroles magiques,
Par vos puissants enchantements,
Troublez leurs esprits et leurs sens !

(*Ils se regardent l'un l'autre avec étonnement.*)

ALTMAYER. Où suis-je ? Quel beau pays !

FROSCH. Un coteau de vignes, y vois-je bien ?

SIEBEL. Et des grappes sous la main.

BRANDER. Là, sous les pampres verts, voyez quels pieds ! Voyez quelle grappe ! *Il prend Siebel par le nez, les autres en font autant naturellement et lèvent les couteaux.*

MÉPHISTOPHÉLÈS, *comme plus haut :*

> Maintenant partons, c'est assez.
> Source de vin, riche vendange,
> Illusions, disparaissez!
> C'est ainsi que l'enfer se venge

(*Il disparaît avec Faust; tous les compagnons lâchent prise.*)

SIEBEL. Qu'est-ce que c'est?

ALTMAYER. Quoi?

FROSCH. Tiens, c'était donc ton nez?

BRANDER *à Siebel.* Et j'ai le tien dans ma main!

ALTMAYER. C'est un coup à vous rompre les membres; apportez un siége où je tombe en défaillance.

FROSCH. Non, dis-moi donc ce qui est arrivé.

SIEBEL. Où est-il le drôle! Si je le trouve, il ne sortira vivant de mes mains.

ALTMAYER. Je l'ai vu passer par la porte de la cave.... à cheval sur un tonneau... J'ai les pieds lourds comme du plomb. (*Il se retourne vers la table.*) Ma foi! le vin devrait bien encore couler.

SIEBEL. Tout cela n'était que tromperie, illusion et mensonge.

FROSCH. J'aurais pourtant bien juré boire du vin!

BRANDER. Mais que sont devenues ces belles grappes?

ALTMAYER. Qu'on vienne dire encore qu'il ne faut pas croire aux miracles. »

Pareilles scènes, sauf la sorcellerie, bien entendu, sauf surtout les métamorphoses un peu renouvelées de celles des compagnons d'Ulysse par Circé, ne sont pas rares dans les tavernes de Leipzig. Gœthe a peint d'après nature. Il est seulement dommage qu'il ait mêlé le fantastique à son tableau; pour quelques-uns, c'était le rendre peut-être invraisemblable, mais pour nous il n'en garde pas moins sa vérité. Nous l'aurions toutefois voulu plus complet encore, mais avec ce que nous avons dit déjà des caves de Leipzig, avec ce que nous allons pouvoir en dire encore, grâce à la citation d'un article fort intéressant de M. G. Depping, on pourra compléter l'esquisse. C'est de Leipzig, au temps de la foire, qu'il parle ici.

« On peut bien penser, dit-il donc, que les cafés, les tavernes, les cabarets, et ce qu'on appelle les *Keller* ou caveaux font de bonnes affaires; aussi le nombre en est-il considérable. Plusieurs de ces établissements sont renommés. »

M. Depping parle alors du *Auesbach,* mais il n'ajoute aucuns détails autres que ceux que nous avons donnés. Il n'est pas tout à fait de notre avis sur la scène de Gœthe, que nous pensions devoir se renouveler chaque jour dans les *Keller;* il aime même à croire « que les buveurs qui fréquentent aujourd'hui cette taverne ne chantent point comme les joyeux compères Siebel, Frosch et Altmayer, enivrés par le vin que leur a versé le mystérieux personnage » :

Uns ist ganz Kannibalisch wahl
Als wie.....

Vers traduits plus haut dans tout leur cynisme; il a tort selon nous : il croit les Allemands beaucoup plus réservés qu'ils ne sont.

Il termine ainsi : « Dans tous ces lieux de réunion, on fait, le soir, de la musique. Pendant le jour, des musiciens ambulants, des harpistes, des chœurs nombreux d'instruments à vent parcourent les rues de la ville; on remarque entre autres les montagnards de l'Erbirge Saxon, qui causent l'admiration générale, et par la vigueur de leurs poumons et l'ensemble de l'exécution. Naguère le dimanche, quand le temps était favorable, on se rendait sous les chênes et les bosquets touffus de *Kintschy*. Nous ne savons si cet établissement existe encore aujourd'hui, mais le lieu le plus fréquenté par la population ouvrière, c'est le *champ de la foire*, qui s'étend devant le jardin de Riemer. On y voit toutes ces curiosités qui sont l'accompagnement ordinaire des foires : des bêtes féroces, des figures de cire, des escamoteurs, des acrobates, et surtout des cabarets....

» Si vous n'aimez pas le tapage et que vous vouliez pourtant voir ce spectacle, venez le matin : le soir, c'est un bruit assourdissant; les orchestres, les danses, les cris des marchands; les ouvriers s'y donnent rendez-vous après leur travail.

» Le samedi de la troisième semaine, appelé semaine des comptes (*Zahlwoche*), à midi, la cloche de l'hôtel de ville se fait entendre de nouveau pour annoncer la clôture de la foire.

» Les baraques disparaissent, les étrangers s'en vont, le mouvement extraordinaire des chemins de fer qui, pendant trois semaines, apportaient et remportaient des flots de curieux, cesse, et la ville rentre dans son calme habituel. »

Nous aussi nous quittons Leipzig; nous dirons même adieu à toute l'Allemagne, où nos lecteurs trouvent peut-être que nous sommes restés trop longtemps acoquinés aux hantises de ces tavernes. Pour retrouver bien vite des gens de la nature de ceux que nous venons de voir, des étudiants, nous retournerons en Espagne, où cette gent-là abonde. Nous prendrons ses plus célèbres types : don Pablo de Ségovie, Lazarille de Tormes, Guzman d'Alfarache; à leur suite, nous irons dans les hôtelleries où ils firent si maigre chère et de si bons tours, chez le *gargotier* où ils salirent tant de fois leurs chausses et leurs dentelles trouées, mais où ils disaient de si bons contes; puis nous les quitterons pour une excursion dans les pays que nous n'avons pu visiter encore. Après une course rapide dans les auberges slaves, nous viendrons aux tavernes anglaises, et, nous attablant avec Shakespeare et ses compagnons, nous finirons là notre interminable pérégrination à travers la ribaudaille du moyen âge et de la renaissance.

Mais d'abord abordons l'Espagne, et pour premier guide, prenons le grand *Tacano*, ce don Pablo de Ségovie que Quévédo s'est complu à peindre avec tant d'amour, et dont toute la vie, telle qu'il nous la livre, est une véritable comédie, bien mieux, une véritable épopée de *capa e spada*, de cape et d'épée, montrant la corde au dénoûment.

Toutes les hôtelleries d'Espagne, Pablo les a connues, les mauvaises comme les bonnes, si toutefois de son temps il en était de celles-ci. Celle qu'il dut hanter d'abord n'était, du moins, pas du nombre. C'est celle de Viveros, « hôtellerie éternellement maudite, » dit-il lui-même, d'après la spirituelle traduction de M. Germond de Lavigne, que nous ne cesserons pas de suivre. Ce qu'il ajoute nous confirme bientôt qu'il avait raison dans son invective.

« L'hôtelier, dit-il, était Morisque et fripon, et de ma vie je n'ai vu chat et chien en aussi bonne harmonie. »

Pour comprendre cette première plaisanterie, il faut savoir qu'en Espagne on donnait aux Morisques le nom de *chien*, et qu'un fripon s'appelle un *chat*. Les deux sobriquets, mis d'accord pour qualifier dignement l'aubergiste, faisaient de lui, en somme, un fort mauvais drôle.

Comme tous ceux de son espèce, il commençait par être obséquieux et bas : flatteur avant d'être voleur.

« Il nous fit grande fête, dit Pablo, s'approcha du carrosse, nous donna la main pour nous aider à descendre, et nous demanda si nous allions étudier. Après notre réponse, il nous conduisit dans l'hôtellerie, où se trouvaient deux sacripants avec des filles de joie, un curé qui lisait son bréviaire à la fumée, un vieux marchand avare qui cherchait à oublier de souper, et deux étudiants à petit collet, pique-assiettes avisant au moyen de se rassasier à bon compte. »

Jolie clientèle, n'est-ce pas? Vous allez bientôt voir que ses façons répondent à sa mine. Diégo, le maître de Pablo, fait commander, pour lui et ses gens, un copieux souper; les étudiants s'en invitent et en font inviter les deux donzelles.

« Il n'est pas convenable, disent-ils, que dans un lieu où se trouve un cavalier si distingué, ces dames restent sans manger. Ordonnez, seigneur, qu'elles prennent une bouchée. »

Diégo fait mieux, il prie ces dames de prendre place, et tout le souper dévoré est la modeste bouchée qu'on demandait pour elles : il ne resta qu'un cœur de laitue que mangea don Diégo.

Ce n'est pas tout encore, voici maintenant les deux sacripants qui se mettent de la partie; afin d'être servis plus à point, ils sont allés eux-mêmes chercher à la cuisine ce qui reste à apporter du souper commandé par Diégo.

« Ils s'installent portant à eux deux la moitié d'un chevreau rôti, deux longes de cochon, et une paire de pigeons en ragoût que le curé, resté dans un coin, dévorait du regard.

» Eh bien, père, lui disent-ils, allez-vous rester là? Venez, approchez-vous, le seigneur don Diégo nous traite tous.

» Le bon père ne se le fit pas dire deux fois, et quand don Diégo vit qu'ils s'étaient tous impatronisés à sa table, il commença à s'attrister. Les convives se partagèrent le menu et lui donnèrent je ne sais quoi, des os et des ailerons; le reste fut avalé en un clin d'œil.

» — Mangez peu, seigneur, disaient les sacripants, cela pourrait vous faire mal.

» — Il est bon, ajouta le maudit étudiant, de peu manger pour s'accoutumer à la vie d'Alcala. »

Pablo, pendant ce temps, jeûnait avec l'autre domestique de don Diégo, et entre ses dents affamées, maugréait fort de son jeûne.

Après le souper, nos vauriens, bien repus au compte de Diégo, s'en prennent au pauvre avare qui ronflait dans un coin, rêvant sans doute qu'il avait bien mangé. Ils délient sa valise, y trouvent une boîte de confiture sèche qu'ils vident d'une bouchée, et qu'ils remplissent de pierres; une outre de vin vieux qu'ils vident de même pour la remplir de cailloux et de laine; puis, riant bien, ils vont dormir. Le matin venu, avec lui l'heure du départ, ils s'adressent à l'hôtelier pour discuter la dépense. « Ils firent un compte, dit Pablo, auquel Juan de Leganos lui-même n'aurait rien compris, et qui se trouva monter à soixante réaux. Mon maître paya, nous mangeâmes un morceau... Les étudiants et le curé se buchèrent chacun sur un âne, et nous remontâmes dans notre voiture. Nous ne fûmes pas plutôt en route que les uns et les autres se mirent à nous faire la nique et à se moquer de nous tout à leur aise.

« — Seigneur élève, criait l'hôtelier, pareilles leçons vous feront vieux.

» — Je suis prêtre, disait le curé, je dirai pour vous une messe.

» — Seigneur mon cousin, hurlait l'étudiant maudit, c'est quand il en cuit qu'on se gratte, et non après.

» — Je vous souhaite plus de prudence, seigneur don Diégo, ajoutait l'autre.

» Nous feignîmes de ne pas entendre, mais Dieu sait combien nous étions furieux. La pensée de cette aventure nous conduisit jusqu'à Alcala, où nous arrivâmes à neuf heures; nous descendîmes à l'auberge, et nous passâmes le reste du jour à refaire le compte du souper de la veille, sans parvenir à le tirer à clair. »

L'hôtelier qu'ils quittaient leur avait au moins servi un vrai souper pour leur argent, ce qui ne se trouvait pas toujours alors, nous l'avons dit plus haut, dans les auberges espagnoles; de plus il leur avait donné pour adieu un bon conseil qu'il ne leur devait pas; c'était beaucoup pour la conscience d'un aubergiste, et Morisque encore; je doute que celui chez qui ils descendirent à Alcala en eût fait autant.

Celui-ci aussi était de la race des Morisques, la seule qui, avec celle des *Gitanos*, desservît alors les auberges et les cabarets de l'Espagne.

Ce nouvel hôte n'hébergeait que des étudiants, et il le faisait en vrai pédagogue, pour la mauvaise humeur du moins.

« L'hôte, dit Pablo, était du nombre de ceux qui croient en Dieu par courtoisie ou d'une manière inexacte ; le peuple les appelle Morisques, et il y a encore à Alcala bon nombre de ces gens-là, aussi bien que de certains autres qui ont de grands nez et qui n'en manquent que pour sentir le porc. » — Il veut parler des juifs. — « Notre hôte, donc, en me recevant, me fit plus mauvaise mine que si j'étais curé ou si je venais lui demander un billet de confession. Je ne sais s'il voulut par cette réception nous inspirer dès l'abord un certain respect pour sa personne; je croirais plutôt que de telles manières sont d'usage entre ses pareils; il n'est pas étonnant de trouver mauvais ce caractère chez ceux qui ne suivent pas une bonne loi. »

A Madrid, Pablo eut d'assez grandes mésaventures dans la seule hôtellerie où il s'arrêta. L'aubergiste le rançonna, et un moine qu'ils avaient pris en route le pilla au jeu sans merci, lui et un vétéran de Philippe II, dont le visage tout couturé d'estafilades servait d'enseigne à sa bravoure mal récompensée.

La scène des tricheries du juif et les incidents qui lui font suite sont fort plaisamment racontés.

« L'honnête homme nous pluma complétement, dit Pablo du vieux moine au long rosaire de bois; il m'enleva tout ce que j'avais, six cents réaux, et au soldat les cent qu'il avait offerts. Nous lui proposâmes de continuer sur gages; il répondit que ce n'était qu'un passe-temps, que nous étions son prochain, et qu'il ne voulait pas nous gagner davantage.

» — Je vous donnerai maintenant un conseil, ajouta-t-il : ne jurez plus; voyez, je me suis recommandé à Dieu, cela m'a porté bonheur.

» Nous ne soupçonnions pas l'habileté de ses doigts, et nous le crûmes; le soldat jura... mais trop tard, de ne jouer jamais, et je fis comme lui.

» — Vive Dieu! disait le pauvre sergent (il m'avoua que c'était là son grade), je me suis vu au milieu des luthériens et des Maures, et jamais je n'ai été dépouillé de la sorte.

» L'ermite se mit à rire et retourna son rosaire; moi qui n'avais plus un maravédis, je lui demandai de nous faire souper et de nous défrayer tous les deux jusqu'à Ségovie, puisque nous n'en avions plus le moyen; il nous le promit et commanda trois cents œufs pour notre souper. »

Voici maintenant la scène de la nuit et celle du réveil :

« On nous fit coucher dans une salle commune, parce que les chambres de l'hôtellerie étaient occupées ; je me couchai fort triste ; le soldat appela l'hôte, le pria de lui garder ses papiers avec la boîte de fer-blanc qui les renfermait, et un paquet de chemises hors de service.

» L'ermite se recommanda à Dieu, pendant que nous le recommandions au diable, et il s'endormit. Je restai éveillé quelques instants encore, cherchant un moyen de lui reprendre mon argent, et le sergent ronfla bientôt, songeant à ses cent réaux.

» Avant le jour, le sergent, éveillé le premier, demanda de la lumière, appela l'hôte et lui réclama ses papiers. Mais voici que l'hôte ne pouvait se rappeler où il les avait mis, et lui rendit seulement son paquet. Ce fut une scène terrible autant que comique. Le pauvre sergent, en chemise, l'épée à la main, remplissait la maison de ses cris, poursuivait l'hôte en menaçant de le tuer. L'ermite, craignant que ce ne fût un coup monté contre ses réaux, se tenait bien tranquille au fond de son lit, en jouant avec son rosaire. Enfin, on retrouva les papiers, le soldat se calma et acheva de s'habiller ; l'ermite en fit autant, paya pour nous, reprit son âne, et nous continuâmes ensemble notre route, fort mécontents, le brèche-dent et moi, de n'avoir pu reprendre notre fortune. »

A Ségovie, c'est une autre cuisine. Pablo est descendu chez son oncle le bourreau, qui doit lui remettre l'héritage de son honorable père. Pablo se trouve là dans une compagnie assez mêlée de toutes sortes de gens, excepté de gens honnêtes ; c'est un spadassin, un frère quêteur, un porcher, etc., et, sur le tout, l'oncle lui-même, bien digne d'être l'amphitryon de tout ce monde à titre de fouetteur et de pendeur juré, tous devant tôt ou tard lui passer certainement par les mains.

Le repas fut digne de la compagnie. Il fut pris à la gargote, et Pablo, dans son récit, va vous dire de quelle façon on sut le hisser de cette gargote du rez-de-chaussée jusqu'à la mansarde qui servait de salle de festin.

« On mit la table, dit-il, et ce ne fut pas long, puis l'un des convives, attachant un chapeau au bout d'une corde, le descendit par la fenêtre, comme font les prisonniers pour demander l'aumône, et le remonta avec le dîner servi dans des morceaux de plats, des assiettes écornées et des tessons de cruche.

» Tout cela venait d'une gargote située au-dessous du logis de mon oncle.

» On prit place autour de la table, le quêteur au haut bout et le reste sans ordre. Je ne saurais dire ce qu'on nous servit ; c'étaient toutes choses propres à exciter à boire. Je m'abstins, mais les convives de mon oncle ne s'en firent pas faute ; ils mangèrent *avec soif*, on peut le dire, car ce fut moins parce qu'ils étaient affamés que parce qu'ils calculaient à l'avance la quantité de vin que ce stimulant leur ferait boire. »

Une seule fois Pablo trouve à prendre sa revanche de ces repas de sale gargote, et de ses couchées en de vermineuses hôtelleries : c'est à Séville. Mais on lui donne plus qu'une compensation. La jeune hôtesse qui le loge tombe dans l'excès contraire à la malpropreté si bien d'usage dans les auberges espagnoles ; c'est la propreté même avec tous ses soins, toutes ses coquetteries méticuleuses.

C'était une jeune fille « blonde et blanche, éveillée, clignotante, un peu rieuse, un peu coquette. Elle zézayait quelque peu, elle avait peur des souris et se piquait d'avoir de jolies mains ; aussi, pour les faire voir, elle mouchait très-souvent les chandelles et découpait à table. A l'église, elle avait toujours les mains jointes; dans les rues elle avait sans cesse quelque chose à désigner ; chez elle, c'était à tout moment une épingle à remettre à sa chevelure; elle jouait de préférence aux dames; elle faisait sans cesse semblant de bâiller, afin de montrer ses dents et de se faire des croix sur la bouche. Enfin toute la maison n'était occupée que de ses mains, et tout le monde, même ses parents, en était ennuyé. »

Une auberge tenue par une pareille mijaurée devait être peu fréquentée. Il n'y avait de logement que pour trois locataires. C'était donc plutôt une maison garnie qu'une auberge, mais maison garnie avec table d'hôte où Pablo fit assez bonne chère tout en jouant de la prunelle avec la petite hôtesse proprette.

Il fit bien de s'en donner à cœur joie dans cette maison du bon Dieu, car à peu de temps de là il devait tomber dans une autre qui était bien vraiment l'hôtellerie du diable.

La duègne qui en était l'hôtesse était la plus affreuse duègne qu'on ait jamais pu voir. Celle que nous avons rencontrée à l'auberge d'*el Pavone*, à Rome, et la fameuse Célestine n'étaient pas plus hideuses. Comme elles, celle-ci était sorcière et entremetteuse, et avait tous les secrets mignons de ces deux honorables métiers. Tous ses hôtes n'étaient que des mendiants de la pire espèce, des rufians, des voleurs, et pour tous elle était une complice commode ou une recéleuse.

« C'était, dit Pablo, une femme de bien faisant la cinquantaine, armée d'un grand chapelet, et dont le visage était sec et ridé comme une pomme cuite au four, ou comme une coquille de noix. Sa réputation était grande dans le quartier; elle y était aimée, choyée, recherchée, autant que le fut en son temps la vieille Célestine, d'illustre mémoire. Sa maison était connue de tout ce qui avait du cœur, de la jeunesse, de la beauté, et il était peu de jeunes filles qui ne fussent ses écolières.

» Nulle aussi bien qu'elle ne savait enseigner la manière de porter le voile et de laisser coquettement à découvert les parties du visage les plus dignes d'être vues. A celle qui avait de belles dents, elle conseillait de rire toujours, même en pleurant; à celle qui avait de jolies mains, elle donnait des leçons d'escrime;

elle enseignait à la blonde de laisser flotter ses cheveux en longues boucles sur la toque et sur les épaules ; à celle qui avait de beaux yeux, elle apprenait ces clignotements, ces élans vers le ciel, ces manœuvres sans nombre qu'on ne pourrait analyser dans un volume de cinq cents pages. Elle en remontrait aux plus savantes dans l'art de composer des fards; elle prenait les brunes, les noires, les corbeaux les plus invétérés, et les blanchissait de telle sorte que les maris ne les reconnaissaient plus lorsqu'elles rentraient chez elles. Elle disait qu'elle avait pour chaque âge une manière d'obtenir les générosités d'un galant; pour les fillettes par gentillesse, pour les jeunes filles par faveur, et pour les vieilles par dévouement. Elle avait des recettes pour tous les maux, pour toutes les passions, pour tous les désirs. Enfin, et ici je m'arrête de peur de trop dire, la brave femme était des plus habiles dans l'art si familier à ma pauvre mère et à la bonne Cyprienne ma gouvernante. Que d'innocence toutes trois ont protégées. »

Pablo ne tarde pas à être assailli par les conseils de la vieille, qui prétend quand même se faire conseillère d'amourette; c'est là son métier, et elle veut mal de mort à tout jeune garçon qui ne lui donne pas à lever quelque gibier féminin.

« Comment, nigaud, dit-elle un jour à notre pauvre niais, des femmes te mettent martel en tête, tu loges chez moi, tu sais qui je suis, et tu ne penses pas à moi ! Oubliais-tu donc que je suis, sur cette terre, l'inspectrice perpétuelle de cette sorte de marchandise, que je ne vis que des services que je suis appelée à rendre, et que nulle aussi bien que moi ne sait engager une intrigue et mener à bonne fin une aventure. Au lieu de s'adresser à moi, tu t'en vas avec un fripon et un autre fripon à la poursuite d'une poupée de céruse et d'amidon qui t'en a donné à retordre. Avant d'user leurs jupons, ces dames veulent toujours savoir ce qui leur en reviendra. Sur ma foi, mon fils, tu eusses épargné bien des ducats, si tu te fusses adressé à moi ; car moi, je ne tiens pas à l'argent, je le jure sur les âmes de ceux que j'ai perdus, et puisse m'échoir un bon mariage en récompense de ma franchise, je ne te demanderais pas, à l'heure qu'il est, un maravédi de ce que tu me dois pour ton logement si je n'en avais besoin pour acheter des simples et des petites bougies.

» La bonne femme, ajoute Pablo, allait sur les brisées des apothicaires, elle se graissait souvent les mains pour s'en aller par le chemin de la fumée tenir conseil avec les sorcières ses pareilles. »

Pablo n'eut pas longtemps à jouir de l'hospitalité gratuite et des amours à bon marché que lui offrait la sorcière. Des alguazils vinrent un jour, qui les délogèrent, l'hôtesse et lui ; les garrottèrent bel et bien, et les eussent menés tous deux en prison si, à quelques paroles du pauvret, ils n'eussent reconnu qu'il n'était pas encore un gibier assez fait pour eux.

Il l'échappait belle ; pour ne pas courir de nouveaux risques, il quitta la maison maudite. Il y avait connu, entre autres honorables personnes, de faux mendiants, de faux estropiés, qui gagnaient gros avec leur ton pleurard et leurs cicatrices d'emprunt. L'envie lui prit de faire comme eux; il vendit son accoutrement de cavalier, s'acheta des haillons, et, ainsi vêtu à souhait pour la gueuserie, il s'en alla par les carrefours.

« J'achetai, dit-il, un vieux colletin de cuir de Cordoue, un large pourpoint de toile d'étoupe, un gaban de pauvre rapiécé, mais propre, des guêtres et de vastes souliers. Je me reversai sur la tête le collet de mon gaban, je pendis à mon cou un christ de cuivre et un rosaire à mon côté. Je cachai dans la doublure de mon pourpoint soixante réaux qui me restaient, puis je m'abandonnai à ma nouvelle fortune.

» Un pauvre qui savait parfaitement son état m'apprit à donner à ma voix un ton doucereux, m'enseigna quelques phrases bien larmoyantes, et je me traînai par les rues de la ville, pratiquant mon nouveau métier.

» — Donnez, bon chrétien, disais-je d'une voix exténuée; donnez, serviteur de Dieu, au pauvre estropié; il est sans ressource et il a faim.

» C'était là ma formule de la semaine, mais pour les fêtes j'en avais une autre, et je débitais sur un ton différent.

» — Fidèles chrétiens, disais-je, dévots du Seigneur, au nom de la reine des Anges, mère du Christ, faites l'aumône au pauvre perclus qu'a frappé la main de Dieu.

» Je m'arrêtais un instant, chose des plus importantes, et je reprenais :

» — Le mauvais air et une heure fatale m'ont frappé pendant que je travaillais dans une vigne, et mes membres sont restés perclus. Je me suis vu sain et robuste comme vous tous et comme je demande à Dieu qu'il vous conserve... Loué soit le Seigneur!

» Là-dessus pleuvaient les doubles maravédis, et je gagnai beaucoup d'argent. J'eusse gagné bien davantage, si je n'avais eu un concurrent redoutable. C'était un gros garçon, laid comme le péché, manchot des deux bras, estropié d'une jambe, qui parcourait les mêmes rues que moi dans une charrette et recueillait beaucoup d'aumônes, parce qu'il parlait fort mal.

» — Prenez pitié, serviteurs de Jésus-Christ, disait-il d'une voix rauque en terminant par un cri de fausset, prenez pitié des maux que le Seigneur m'a envoyés pour mes péchés. Donnez au pauvre, Dieu vous le rendra, donnez au nom du bon Jésus.

» Le malheureux parlait faux, écorchait tous les mots, et n'en gagnait pas moins gros comme lui. Je compris qu'en matière d'aumône le style et le ton font plus de mal que de bien; c'était une science que l'étude et les épreuves pouvaient seules me donner; aussi en peu de temps j'eus changé de langage, les doubles maravédis revinrent à ma sébile, et je fis de magnifiques recettes.

Du reste, j'etais digne de compassion. Mes deux jambes étaient enveloppées, attachées ensemble, enfermées dans une poche de cuir, et je ne pouvais me traîner sans mes deux béquilles. Je passai la nuit sous la porte d'un chirurgien, avec un pauvre du quartier, l'un des plus effrontés coquins que Dieu ait créés. Il était fort riche, et nous le considérions comme le recteur de l'ordre des mendiants; il gagnait plus que tous les autres. Le pauvre diable ne manquait pas d'infirmités naturelles, mais il comptait davantage sur celles que produisait l'artifice pour émouvoir la charité publique; il se serrait un bras près l'épaule avec un cordon, en sorte que sa main était gonflée et ce bras tout enflammé; il avait près de lui un coussin sur lequel reposait ce bras malade et immobile.

» — Considérez, disait-il d'une voix dolente, les afflictions que Dieu envoie au chrétien.

» Si une femme passait : Belle senora, lui criait-il, Dieu conduise votre âme! et toutes les femmes du quartier passaient à dessein devant lui et lui faisaient l'aumône pour être appelées belle senora.

» S'il voyait venir un soldat jeune ou vieux : — Ah! seigneur capitaine.

» Si c'était un seigneur mal ou bien mis : — Ah! seigneur cavalier.

» A ceux qui passaient en voiture, il disait : — Votre Seigneurie.

» Au clerc qui venait sur une mule : — Seigneur archidiacre, et Seigneur docteur, à l'apprenti chirurgien.

» En un mot, il flattait d'une manière terrible. Je me liai avec lui d'une telle amitié qu'il me prenait pour compère de toutes ses ruses, pour confident de tous ses secrets, et plus d'une fois il m'associa à ses bénéfices.

» Il avait trois petits enfants qui s'en allaient par les rues, demandant l'aumône et volant tout ce qu'ils pouvaient. Ils lui rendaient compte chaque soir de leurs recettes de la journée, et il gardait tout. Il était de moitié avec plusieurs des enfants commis dans les églises à la garde des troncs, et il partageait avec eux les saignées qu'ils parvenaient à y faire. Avec les conseils et les leçons d'un si bon maître, j'acquis bientôt un talent égal, et j'exploitai aussi à merveille toute cette petite engeance. En moins d'un mois, j'étais le possesseur de plus de deux cents réaux qui ne devaient rien à personne, mais que je devais à tout le monde, et ce petit pécule fut considérablement accru par une nouvelle invention pour laquelle mon camarade de chambre me proposa un acte de société.

» Jamais mendiant n'eut une idée plus industrieuse. Nous enlevions chaque jour à nous deux quatre ou cinq enfants; on les faisait réclamer à son de trompe; nous allions l'un ou l'autre demander le signalement.

» — En vérité, disions-nous, c'est celui-là même que j'ai recueilli à telle heure, et sans moi un carrosse l'écrasait; il est dans mon logis.

» Nous rendions l'enfant, et on nous donnait la récompense. L'affaire fut excellente et nous enrichit de telle sorte que j'amassai cinquante écus d'or.

Pendant ce temps mes jambes s'étaient guéries, bien que je les tinsse toujours enveloppées, et je sentais revenir en moi mes idées de vagabondage et de changement. »

En effet, Pablo se remet bientôt en route d'hôtellerie en hôtellerie. Il se dirige vers Tolède. Pierre qui roule n'amasse pas de mousse, dit le proverbe; Pablo lui, en courant toujours, n'amassa pas la sagesse. Il y perdit même le peu d'honnêteté qu'il avait encore, si tant est qu'il pût lui en rester après son séjour parmi les gens qu'il vient de quitter.

De la *Cour des miracles*, et nous y étions tout à l'heure, ces gens-là ne faisaient qu'un saut à la prison. Pablo prit le plus long, mais n'y arriva pas moins; encore ne fut-ce qu'un relai pour pousser jusqu'à la potence.

Auparavant il s'acoquinera quelque temps avec des comédiens qui lui eussent appris l'art des mauvais rôles, mais non celui des mauvaises actions; puis il deviendra *grec* par métier, il fera profession de filer la carte, de piper les dés, le tout avec assaisonnement de langage argotique, le seul idiome étranger qu'il ait appris dans ses courses, et c'est à l'horizon de cette dernière phase de sa vie que la potence se dressera enfin.

Voyons-le d'abord parmi les comédiens, c'est-à-dire à l'auberge encore, car les troupes nomades n'ont pas d'autres gîtes, souvent même pas d'autres salles. C'est dans les hangars qu'ils dressent leurs tréteaux.

« A quelque distance de Madrid, dit Pablo, je rencontrai dans une hôtellerie une compagnie de comédiens qui s'en allaient à Tolède. Leur équipage se composait de trois charrettes, etc. »

Un de ses anciens condisciples se trouve être de la bande, il renoue connaissance avec lui, et demande à être admis *in comico corpore*. On le lui accorde moyennant finance, et le marché conclu, on se met en route, la noble compagnie trouvant le pays de trop peu d'importance pour s'y faire voir, et ayant hâte d'aller cueillir des bravos à Tolède. Chemin faisant Pablo ébaucha et acheva une conquête.

« Quand il fut question de partir, dit-il, nous nous entassâmes tous pêle-mêle, hommes et femmes, sur les trois chariots. Dans celui où j'étais monté se trouvait la danseuse de la troupe, chargée en même temps de jouer les reines et les rôles graves de la comédie. Elle avait un minois des plus agaçants, le regard vif, la bouche souriante, et en un clin d'œil j'en fus vivement épris. »

Il lui faut un confident. Il s'adresse à son voisin, c'était le mari. Mais ne croyez pas que ce soit un obstacle pour l'amour de Pablo. Le mari était bonhomme, sans passion aucune, et il trouvait bon qu'on dépensât quelque argent pour sa femme, il y mettait même de la vanité. « Elle en vaut bien la peine, » disait-il en se rengorgeant.

Quand pour réponse à sa confidence Pablo eut reçu cet aveu : « Je suis le mari, » il s'attendait à des jalousies, à des espionnages. Point; cet époux savait vivre. « Il sauta hors du chariot et s'en alla dans un autre : sans doute, dit l'amoureux aventurier, pour me laisser libre de parler à la princesse. Le procédé du mari me sembla fort plaisant, et me prouva, comme il le disait lui-même, qu'il était sans passion; jamais je n'avais rencontré un plus touchant exemple d'abnégation et l'esprit de communauté porté à un plus haut degré. »

L'amour pour la danseuse enchaîne Pablo à toute la compagnie comique; il s'enrôle pour deux ans, avec assignation d'emploi et promesse d'une belle part dans les revenus.

Il commença par d'assez tristes recettes; l'auteur *impressario* qui dirigeait la bande lui fit jouer une pièce qui fut sifflée à outrance. Ses acteurs s'insurgèrent contre lui et l'accusèrent de leur insuccès; lui, se drapant avec fierté, leur soutint que ce n'était pas lui qu'on avait sifflé, vu que dans la pièce vilipendée rien ne lui appartenait. La raison n'était-elle pas excellente? Il la développa complaisamment à Pablo, qui criait plus fort que les autres : « En prenant un incident à l'un, lui disait-il, à l'autre un autre, il avait fabriqué un manteau de pauvre. » Puis il ajoutait que les comédiens poëtes étaient ainsi tous sujets à restitution, parce qu'ils n'avaient d'esprit que celui qu'ils avaient appris et de talent qu'à l'aide de leur mémoire; que l'appât de deux ou trois cents réaux rendait fort communs ces petits larcins, etc.

Cet art poétique eut des séductions pour Pablo. Voler des bribes de vers ou de prose valait mieux que voler sur les grands chemins, c'était moins dangereux, et il en revenait presque autant de réaux; notre drôle voulut donc tâter du métier. Il fit tout ce qui le concernait. Il fit des vers pour les amoureux, des cantiques pour les sacristains et les sœurs converses.

« Les aveugles seuls, dit-il, m'eussent fait vivre par une prodigieuse dépense d'oraisons qu'ils payaient huit réaux la pièce. »

Il ne négligeait pas pour cela la comédie, il avait toujours quelque pièce sur le métier. Il composait d'ordinaire avec grand bruit, en marchant, en criant, en gesticulant. Il eut pour cela une assez plaisante aventure dans l'hôtellerie qu'il habitait.

« Ce jour-là donc, dit-il, j'étais à l'œuvre, j'écrivais une scène de chasse; la servante du logis montait l'escalier, qui était étroit et obscur, et m'apportait mon dîner; elle arrive à la porte de ma chambre et l'entr'ouvre au moment même où je récitais avec de grands cris cette strophe de ma scène :

Fuyez, fuyez, gardez-vous de cet ours,
Il m'a blessé, il est furieux,
Il va se précipiter sur vous.

» La brave fille m'entend, elle était Galicienne, et partant, des plus simples;

elle veut fuir, marche sur ses jupes, tombe et roule dans l'escalier, renverse la soupe, brise les plats, descend jusqu'en bas comme une boule, se relève sans avoir aucun mal, et se sauve dans la rue en criant : — A l'aide, un ours est dans la maison, il a tué un homme.

» J'entends ses cris, je descends en toute hâte, et je trouve tous les voisins déjà réunis se disposant à chasser la bête fauve. Alors, je leur racontai la cause de l'effroi de la servante, et j'eus beaucoup de peine à les persuader. Je fus obligé de jeûner ce jour-là, et pour comble d'ennui, l'aventure fut connue de mes camarades, et devint en un instant la fable de toute la ville. »

C'en fut assez pour Pablo, il quitta le métier de poëte et celui d'histrion, qui l'avait entraîné vers l'autre. Avant de se hasarder dans une voie nouvelle, il voulut se sanctifier un peu. La vie de couvent l'affriandait, il la commença par l'escalade d'un cloître de nonnes où nous le laisserons avec son bonheur, suivi bientôt d'assez tristes déconvenues.

L'amour est un fruit difficile à cueillir en lieu pareil. Que de nuits il faut passer auprès de la muraille, que de pluies il faut subir, que de gelées supporter pour trouver enfin le moment de le saisir et de le croquer à l'aise! Pablo s'en lassa bien vite, mais avant de dire adieu à ses passions claustrales, il voulut se payer par ses mains des peines qu'elles lui avaient fait endurer, et dont quelques profits d'amourettes ne l'avaient pas suffisamment dédommagé.

« Il y avait du reste, dit-il, assez longtemps que j'étais à Tolède ; je priai ma nonne de me confier, pour une loterie, une provision de colifichets de prix, des voiles, des bas de soie, des sachets d'ambre, et m'adjugeant, d'autorité privée, tous ces lots, dont la valeur allait bien à cinquante écus, je pris le chemin de Séville, où je comptais trouver plus d'espace pour courir l'aventure. Je vous laisse à penser, seigneurs, combien la nonne donna de regrets et de larmes, sinon à moi, du moins à ce que j'emportais. »

Pour vous parler de la vie larronne de Pablo, après vous avoir parlé de ses amours dévots, la transition est toute trouvée, lui-même vient de s'en charger.

Il ne fait qu'un saut de Tolède à Séville, du cloître où l'on vole à si grande peine un baiser, aux hôtelleries où l'on peut faire de si bons coups et tout voler à l'aide d'une carte adroitement filée ou d'un dé prudemment garni de plomb pour qu'il tombe toujours sur le double six.

« J'avais pris, dit-il, un métier facile. Je jouais, et nul ne pouvait m'en remontrer en matière de tricherie. J'avais une grande provision de dés pipés, de cartes préparées, et de tous les instruments nécessaires pour duper le Maure, saigner le chrétien, et plumer la poule sans crier.

» Je déballais et dressais ma boutique dans toutes les hôtelleries de la route, et de l'argent qui venait sur la table, il m'en échappait bien peu. »

Pablo fait ensuite la description de tous les tours qu'il jouait, c'est un *manuel* de piperies, un *vade-mecum* de tricheries au complet. Il peut servir pour ceux qui veulent tromper comme pour ceux qui ne veulent pas qu'on les trompe; il est ainsi utile pour le bien comme pour le mal. Mais il est bien entendu que, pour son compte, Pablo ne le pratiquait que pour l'un de ces deux usages, le mauvais.

« Seigneurs, disait-il, déclamant *ex professo,* n'abandonnez jamais votre jeu de cartes, sinon on vous le changera tout en mouchant la chandelle.

» — Gardez pour vous les cartes dont les coins sont usés ou brunis, c'est à cela qu'on reconnaît les as.

» — S'il y a parmi vous quelque aide d'office ou quelque marmiton, qu'il n'oublie pas que dans les cuisines et dans les écuries on pique les as avec une aiguille, ou bien on en plie les coins afin de les reconnaître.

» — Si vous jouez avec d'honnêtes gens, gardez-vous des cartes imprimées, elles portent le péché avec elles; l'impression traverse le papier, et on les reconnaît à l'envers aussi bien qu'à l'endroit.

» — Ne vous fiez pas aux cartes blanches, elles se salissent trop, et pour celui qui tient le jeu, la moindre tache lui suffit.

» — Quand vous jouez au jeu d'*écart,* surveillez celui qui tient les cartes; s'il fait des cornes aux figures, c'est comme s'il vous les faisait à vous-mêmes, et votre argent n'est plus à vous.

» — Je ne vous en dirai pas davantage, seigneurs, ceci suffira pour vous prouver que vous devez agir de prudence; soyez certain que le nombre des manigances que je vous cache est immense. »

En effet, maître Pablo, vous n'en êtes là qu'aux éléments de l'art de la tricherie, à l'A B C grec, comme on pourrait dire, et Dieu sait combien vous en remontreraient à partir du M. Toutabas de Regnard, tous ces joueurs des tripots parisiens, qui, chez Frédoc ou à l'hôtel de Tresmes, savaient si bien par quels secrets on corrige le hasard, soit aux cartes, soit aux dés, soit au tric-trac.

Un livre entier, fort curieux, et par bonheur aussi fort rare, a été fait sur ces manœuvres industrieuses des grecs de l'autre siècle. On y apprend une foule de procédés qu'ignorait ce bon Pablo. Il y est dit comment on pipe les dés de diverses manières, à l'aide de divers métaux; comment, pour reconnaître les cartes, on peut faire usage de craie, de pâtes, de savons ou autres drogues: mais ce sont là encore des secrets mesquins dont se servent aussi les joueurs de gobelets, les novices seuls en font usage. Les grecs de bonne race, les tricheurs experts ont des façons de friponner qui ne laissent pas de traces après elles. Le grand talent pour chaque grec est d'avoir sa ruse particulière, avec laquelle il puisse duper même ses pareils, voler des voleurs. Ainsi il étudiera de nouvelles manières de mêler méthodiquement les cartes; il les combinera par leur nombre, il étudiera par cœur leurs différentes séquences. Quelques-uns faisaient en cela de véritables prodiges. Il en était un, grand pilier du Pharaon, qui était la terreur des banquiers par les sommes énormes que son habitude ou plutôt même sa prescience dans le maniement des cartes lui faisait toujours gagner. Il lui suffisait de regarder le jeu sur la tranche pour dire où se trouvait chacune des douze figures. Le banquier avait-il fini la taille et relevé ses cartes, notre grec ne manquait pas de savoir par cœur l'ordre de celles qui étaient dans les deux tas. Si le banquier, par malheur, ne mêlait pas bien ses cartes ou en laissait seulement trois de suite, il était débanqué à coup sûr. C'est même inutilement qu'il prenait à toutes les tailles un nouveau jeu, notre homme savait la séquence, et jouait toujours avec le même avantage.

Vous voyez qu'avec celui-là Pablo n'eût été qu'un enfant. Les ruses qu'il nous a dites tout à l'heure eussent fait sourire de pitié ce grand grec. Il n'en est pas une qui ne fût connue même des dupes, et qui, lorsqu'un grec s'en avisait encore, ne lui attirât quelque mauvaise affaire. Celle, par exemple, qui consistait à moucher la chandelle d'une main et à enlever de l'autre le talon du jeu coûta cher un jour à un joueur qui voulait en abuser trop.

Il jouait au piquet avec un vieux capitaine de cavalerie, et le croyant sa dupe, il faisait son tour sans beaucoup d'adresse. Le capitaine était au fait, il se défiait toujours des moucheurs de chandelle. Il laissa la manœuvre se renouveler deux ou trois fois, et enfin, posant ses cartes sur la table : « Monsieur, dit-il au joueur, permettez-moi de vous faire remarquer que toutes les fois que vous mouchez la chandelle, je n'ai point d'as. Je vous serais bien obligé de vous dispenser de prendre tant de peine. J'aime mieux ne pas voir clair que d'avoir des jeux si louches. »

Cela équivalait certes à un bon avertissement, notre joueur n'en tint compte; décidément il n'était pas adroit. Il lui arrive un jeu déplorable; pour le raccommoder, il ne lui fallait pas moins que les huit cartes du talon. Il prend donc les mouchettes et dit au capitaine : « Je vous demande bien pardon, monsieur, mais c'est une vieille habitude que j'ai prise au piquet de moucher toujours les lumières. » Et il moucha, mais le capitaine le prit sur le fait et lui arrêtant la main en plein escamotage : « Moi aussi, monsieur, lui dit-il, j'ai l'habitude de moucher ceux qui me volent au jeu. » Il tira de sa poche un pistolet et lui brûla la cervelle.

Maintenant revenons à don Pablo, et laissons-le terminer ses cours de tricherie élémentaire par l'explication des termes qui formaient l'argot spécial de l'honorable métier. Voyons s'il était bon professeur de *langue verte*, comme on appelle aujourd'hui, d'après un drame moderne, tout bon grec bien initié au langage des tapis verts.

« Donner la mort à quelqu'un, dit Pablo, signifie lui gagner son argent; on appelle *reflux* un mauvais coup joué à un ami. Les simples d'esprit étant notre meilleure ressource, nous appelons *doubles*, par opposition, ceux qui les raccolent; *blanc* est le synonyme de l'homme sans malice, bon comme le pain; *noir* la qualification de celui qui a oublié la délicatesse. »

Pablo vécut, comme il dit, de ce langage et de ces artifices jusqu'à Séville, gagnant, avec l'argent de ses dupes, le loyer de ses mules, sa nourriture, son logis, et bien mieux, le faisant servir à gagner encore d'autres dupes.

A Séville, il mène grand train dans une hôtellerie décorée de cette enseigne du *Maure*, qui, je ne sais pourquoi, s'était popularisée dans tous les pays, surtout comme enseigne d'auberge et de cabaret. Pablo rencontre là un de ses anciens condisciples d'Alcala, qui avait changé son nom de *Mata* en celui de *Matoral*, comme s'il était plus sonore et coïncidait mieux avec le noble métier de matamore, que l'ancien étudiant exerçait en effet. C'était un forcené spadassin. « Il faisait commerce de vies, dit Pablo, il était marchand de coups de couteau, commerce dont il paraissait fort satisfait. Il en portait, du reste, les preuves sur son visage; il n'y manquait pas de cicatrices, et il disait d'ordinaire qu'on juge du talent d'un maître d'armes et de l'habileté d'un spadassin aux balafres de sa figure. »

Pablo est invité par lui à un dîner de matamores de la même espèce, qui se donnait dans l'auberge où logeait Matoral, sorte de guinguette des faubourgs. Tous les bons fils de Séville devaient se trouver là, et afin que Pablo n'eût pas l'air trop novice dans cette compagnie, Matoral lui enseigne comment il faut marcher, la cape traînante et faisant le gros dos; comment surtout, afin de hurler avec les loups, il faut parler l'andalou avec les Andaloux, et par conséquent grasseyer largement. Pour que l'accoutrement soit à l'avenant du langage, Matoral lui plante au côté une dague longue comme une épée et large comme un coutelas, puis il lui fait avaler une demi-mesure de vin, l'homme n'ayant d'esprit et de vaillance qu'avec cette pointe-là.

Il n'a pas fini de s'équiper qu'il voit entrer quatre braves de la plus fine fleur, tout balafrés d'estafilades, de vrais visages de goutteux enfin, comme dit Pablo en son style pittoresque. Ils marchent ainsi que des balançoires, se carrant sous leurs capes drapées et sous leurs hauts chapeaux relevés par devant comme un diadème. Ils sont armés jusqu'aux dents, n'ayant pas moins d'une paire d'épées dont la pointe traîne par terre à dépaver les rues. L'œil fixe et flambant, la moustache cirée et montrant les cornes, la barbe et les cheveux taillés à la turque, ils sont vraiment effrayants à voir.

Le repas est digne des convives; quatre vagabonds déguenillés en sont les officiers servants. On mange peu, mais on boit terriblement. Le poisson, la viande, tout ce qui est servi n'est qu'un prétexte de *beuverie mirifique*, comme eût dit Rabelais. On mange pour boire. De simples bouteilles n'eussent pas suffi, on a donc placé au milieu de la chambre une auge immense pleine jusqu'aux bords. A chaque santé portée, celui qui veut faire raison va se mettre à genoux et boire dans l'auge à pleine gorgée. A la seconde génuflexion, le plus solide ne peut plus se relever et bat la campagne; alors on ne porte plus de santés, on vocifère des menaces de mort, on voue vingt coups de poignard à l'assistant de Séville, et l'on marque à tuer tout espion, tout recors qu'on pourra atteindre. Il en est un surtout qu'on jure de ne pas épargner, c'est celui qui a dépêché, il y a quelques jours, Alonzo Alvarez, un autre de ces fiers-à-bras. Matoral jure de le venger et de boire le sang des recors qui l'ont tué avec autant de volupté qu'il a bu le vin de l'auge sacramentelle.

Des menaces on va passer à l'exécution; tout trébuchants, nos matamores se mettent en route. Matoral est à l'avant-garde, les autres font le corps de bataille, et Pablo est prudemment derrière. La ronde de nuit paraît au détour d'une rue, on l'attaque bravement, et Pablo décampe. Il manque la seule occasion de combat qu'il eût trouvée de sa vie, mais il se souvient qu'il fut poëte et grand admirateur d'Horace; il veut, ne fût-ce qu'une fois, l'imiter efficacement; il se montre aussi mauvais soldat que lui. Ainsi il échappe aux recors, mais ce n'est que partie remise; encore quelques équipées, et, bel et bien arrêté, puis paternellement accommodé par les mains de son oncle, qu'il ne retrouve que pour cela, il s'en ira à la potence rendre son âme vagabonde.

C'était là une fin digne de sa vie, mais que de bons drôles, en l'Espagne de ce temps-là, auraient méritée comme lui. Toute cette ribaudaille dépenaillée et hardie qu'ont dépeinte Quévédo et Allemani se recrutait de pareils vauriens, et passait toute sa vie à tendre au même but. C'était injustice ou hasard quand toute la bande ne l'atteignait pas.

Guzman d'Alfarache et Lazarille de Tormes sont les plus curieux et les plus amusants de l'espèce. Voyons d'abord, pour une courte esquisse, le Guzman d'Alfarache, non tel que l'a dépoétisé Lesage en le francisant, mais tel qu'il sortit, naïf et vrai, des mains de son auteur espagnol; tel qu'il passa pour arriver jusqu'à nous par la très-singulière traduction de Chapelain, oui, du grand Chapelain lui-même, qu'on ne s'attendait pas à trouver dans cette affaire. Mettre en français les aventures du *Gueux*, comme il appelle Guzman en tête du livre, c'était en effet préluder étrangement au poëme qu'il fit plus tard. De Guzman à l'héroïne immaculée dont il fit une épopée, quelle distance! Le même homme ne pouvait suffire aux deux efforts et réussir pour l'un comme pour l'autre. Par bonheur pour nous ici, c'est le poëme qui est détestable, et la traduction qui est excellente. Elle a une séve, une tournure, une verdeur archaïque tout à fait étonnante. On dirait Rabelais traduisant Quévédo. C'est la même connaissance de toutes les ressources de notre langue fouillée jusque dans ses bas-fonds; c'est le même jet toujours heureux, toujours abondant du mot juste, du mot vrai, bravant, pour rester sincère, tous les hasards de la trivialité. On en jugera, du reste, car cette fois encore nous n'épargnerons pas les citations, non plus seulement dans un intérêt de curiosité, mais dans un intérêt littéraire. Le livre n'est pas connu et il mérite de l'être beaucoup : nous ferons donc tout pour qu'il le soit du moins un peu.

A plus d'un autre titre Guzman mériterait sa place ici. D'abord c'est le gueux prototype, et puis, entre autres métiers de gueuserie, il a exercé celui de garçon hôtelier. N'en est-ce pas assez pour que, mieux que personne, il soit des nôtres ?

L'auteur qui le fait parler est des plus bavards, c'est souvent un mal, mais ici ce sera un avantage ; il n'en prêtera que mieux à Guzman, touchant les hôtelleries, toutes sortes de propos d'une très-amusante et très-utile prolixité. Après ce qu'il en dira, nous pourrons clore le chapitre des hôtelleries espagnoles. Il n'y aura plus matière qu'à des redites.

Voici donc comment Guzman raconte son enrôlement, la vie qu'il passa chez l'hôtelier et les friponneries dont il fut le complice.

« L'hoste me dist : Escoute, petit, veux-tu me servir? Je ne le trouvay pas mal à propos pour l'heure, bien qu'il me fust dur à digérer d'apprendre à servir, ayant appris à commander, et plus que tout autre un tavernier. Je lui dis qu'ouy. Entre donc, dit-il, et demeure; je ne veux pas que tu serves à autre chose qu'à donner la paille et l'avoine et les gerbées, et tenant bon compte de combien et à qui tu le donneras. Je le feray ainsi, lui répondis-je, et en cest office, je passay ainsy quelques jours mangeant sans qu'on me limitast ma pitance, et travaillant règlement par forme de passe-temps, car si ce n'estoit le jour que venoit l'asnerie, tout le reste avec les passants ne valoit pas le parler.

» Là, j'appris à tremper l'avoine en l'eau bouillante pour la renfler et croistre de moitié; je me dressay à faire fausse mesure, à raffler de la main, à enfoncer le mollet du bras dans le picotin, à revisiter la mangeoire, et à chastrer d'un tiers les mesures à ceux qui s'en fioyent à moy et qui me chargeoient de soigner leurs chevaux.

» Vous y voyez parfois venir de jeunes hobereaux, copieuses jarretières et moustaches redressées, proprets, et sans valets, faisant des gentilshommes : c'estoit avec ceux-là qu'il faisoyt bon. Nous nous en venions à eux, et prenant leurs montures, les menions à l'escuyrie, où nous leur donnions assignation pour moitié de payement sur les hostelleries suivantes, et pour l'autre on la leur bailloit souvent par advance, encore étoit-ce mal mesuré; mais je te jure bien que quand ce venoit à compter, ils payoient le tout comme entier.

» Pour nos bouches, elles estoient réglées à notre discrétion, pour mettre le prix aux denrées, sans esgard de taux ni d'ordonnances qui ne s'observent point, et qui sont là seulement posées, afin que l'on en paye les droits au juge et au greffier du lieu, et afin de n'estre pas mis à l'amende faute de les avoir là attachées. »

Vous voyez qu'il en est en Espagne comme nous avons vu qu'il en était en France. On y dit fi de la loi, et l'on vole à journée faite, en vue même de la pancarte qui, appendue à la porte, vous défend légalement de voler. L'ordonnance qui vous dit d'être honnête est chose bonne en théorie, mais en pratique le déshonnête vaut bien mieux. C'est donc seulement à son corps défendant que l'hôtelier espagnol aussi bien que l'aubergiste français reste dans la probité. Pour certaines choses il y est contraint, et Guzman, déjà hôtelier dans l'âme, l'avoue en enrageant.

« Pour la nourriture des bestes, dit-il, chaque chose ayant son prix fait, on sçait jusques au dernier denier ce que chacun dépend, tant en foin et en avoine qu'en logement. Il n'y avoit là-dessus que surfaire, mais la dépense de la bouche estoit ce qui me plaisoit, car nous disions à tort et à travers d'une voix asseurée, cela vaut autant de testons et tant de sols, disant toujours plustost un teston plus qu'un denier moins.

» Les sages nous payoient sans réplique à nostre parole, mais les novices demandoient comme quoy; et c'estoit se gaster à eux, car montant le prix à toutes choses, nous cherchions tousjours à y adjouter quand ce n'eust deu estre que pour l'assaisonnement de la marmite; et de l'argent ainsi leur venoit à manquer qu'il falloit payer aussi roide qu'une obligation par corps dont le terme est eschu.

» La parole de l'hostelier est un arrest définitif dont il ne faut point penser à appeler qu'à sa bourse, et rien ne sert de hausser le ton et d'user de menaces ; la plupart d'iceux sont archers de la sainte confrérie, et s'il leur entre en fantaisie, ils vous suivront un homme sans mot dire jusques au premier bourg et là luy mettront sus qu'il leur aura violé leur femme ou leur fille, voulu brusler leur maison, donné des coups de bastonnade, seulement pour meffaire et pour se vanger. »

L'hôtelier espagnol était décidément plus dangereux que l'aubergiste français; celui-ci n'entendait que le vol, celui-là, plus raffiné dans son vice, entendait le *chantage*. Guzman, ma foi, était à bonne école.

« Nous avions aussi, continue-t-il, des bestes de réserve pour la commodité des pauvres passants, lesquelles estoient telles que personne d'eux n'entroit à pied dedans l'hostellerie qui n'en sortît à cheval. »

Il y a là-dessous, si je ne me trompe, quelque obscénité, tout au moins quelque ironie. Ce qui suit nous donne raison de le croire :

« Au reste, dit en effet Guzman, si vous y laissiez quelque chose, que vous fussiez un peu négligent à serrer votre fait, vous le retrouviez soudain, mais je me mocque.

» Que de larcins, que de violences, que de meschancetez se font et se commettent dans les hostelleries! Que Dieu y est en peu de révérence, et que la justice y a peu de lieu! En effet, il n'y en a point pour eux, ou, s'il y en a, elle est de leur cabale. »

Ce dernier trait, ce nous semble, n'est guère à l'honneur de la Sainte-Hermandad, qui, s'il fallait en croire Guzman, eût été volontiers la complice des méfaits des hôteliers. Serait-ce que, pourvu qu'on les logeât gratis, les archers de la redoutable confédération fermaient volontiers les yeux sur la façon dont le passant était rançonné et écorché? Je ne jurerais point du contraire, d'autant qu'en ceci Guzman peut être digne de créance. Il a tenu de près aux abus dont il parle, il en a vécu même, et c'est pourquoi sans doute il n'est que plus âpre à blâmer ceux qui en vivent encore.

Ce qu'il dit pour conclure touchant le danger de cette mauvaise police des auberges espagnoles, sur les entraves qui en résultent pour le commerce, etc., est on ne peut plus sensé.

« Le trafic est interrompu par la crainte des hosteliers, lesquels, pour de mauvais services tirant un bon payement, volent au veu et au sceu d'un chascun. Je suis, ajoute-t-il, oculaire tesmoin de beaucoup de choses, qu'en beaucoup de temps je ne déduirois pas, je dis de ces insolences-là, lesquelles, si nous entendions dire qu'elles se fissent parmy les barbares, tous barbares qu'ils sont, nous ne lairrions pas de les en blasmer, et cependant nous le voyons de nos propres yeux, en nos propres terres, et nous ne nous en remuons pas.

» Mais je vous puis assurer que la réparation des chemins des passages et des hostelleries ne requiert pas moins de soin que force autres choses de conséquence, à cause du commerce qui en dépend, et je donne volontiers cet advis, quand mesme il n'y iroit du mien, et que sortant de ce lieu, je n'aurois plus guère à battre la campagne, pour ça estre subject à l'incommodité. »

Ce n'est pas en cette seule occasion que nous trouvons Guzman d'Alfarache acoquiné aux hôtelleries, et ayant à pâtir de la vie qu'on y mène. C'est par une mésaventure d'auberge que ses aventures avaient commencé.

« J'arrive en une hostellerie, dit-il, desgouttant de sueur, poudreux, les pieds foulez, mélancolique, et plus que tout, les mâchoires deslibérez, les dents longues, et l'estomach afflachi. Il pouvoit estre midy, je demanday à disner, l'on me dist qu'il n'y avoit que des œufs, encore passe s'il eust esté vray, mais la fausse hostesse en avoit la pluspart de couvez, vu que l'excessive chaleur en fust cause, ou bien que le renard eust mangé ses poules sur le poinct de les esclorre; et pour n'en pas tout perdre, elle faisoit passer parmy d'autres bons; ce que pourtant mesme elle ne fist pas pour moy; que Dieu les lui veuille rendre aussy bons qu'elle me les donna. »

Après cela, Guzman raconte comment sa table fut mise par cette hôtesse mécréante. « Elle me fist cheoir sur un petit banc escourté de l'un des pieds, et dessus un siége de pierre m'estendit un torchon de cuisine et me servit une salière d'un cul de pot cassé, une auge à poulet pleine d'eau fangeuse et la moitié d'une galette plus bise et plus grise que la nappe mesme, puis soudain, dans un plat, une aumelette qui méritoit plustôt le nom d'emplastre qu'austrement; les œufs, le pain, la cruche, l'eau, la salière, la nappe et l'hostesse ne faisoient qu'un. Je me vis sans répliquer le ventre vuide, et les boyaux si ramonez qu'ils alloyent et venoient s'entrechoquant en iceluy. Je mangeay le tout pour bon et avec mesme ardeur que le porc fait le gland, bien que véritablement je sentisse craquer sous mes dents les tendres ossements des pauvres poussinets, mais ils ne faisoient que me chatouiller les gencives. »

Ce qui suit forme un fort long chapitre que nous ne donnerons pas, quoiqu'il ne manque point d'intérêt par les détails qu'il contient sur toutes sortes de friponneries d'hôteliers, de pâtissiers et de juges, surtout aussi par le récit de la vengeance que quelques soldats vauriens tirèrent de la duègne aubergiste qui leur avait fait faire un tout aussi piètre dîner qu'à Guzman, vengeance des plus justes, soit dit en passant, et qui tint lieu à Guzman de bonne digestion.

Il va bientôt loger dans une autre hôtellerie, et il y tombe de fièvre en chaud mal, il y fait aussi mauvaise chère, et pour surcroît, il y est mangé de vermine. « Les puces, dit-il, avoient donné sur moy en si grande abondance qu'il sembloit que pour elles il fust aussi an de famine, et qu'on leur eust baillé mon corps pour se nourrir. Et comme si j'eusse eu la rougeole, je me levay si malmené qu'il n'y avoit partie en tout mon corps ou endroit de mes mains ny de mon visage où l'on eust pu donner encore une saine atteinte. »

Que pensez-vous pourtant que dise de la vieille de tout à l'heure l'aubergiste qui, lui aussi, traite si mal son monde? Il en dit pis que pendre, et s'évertuant aussi contre la justice avec laquelle il doit avoir maille à partir, il prétend qu'elle la protége et la soutient pour raison de certains profits cachés.

« Comme quoi, crie-t-il, cette vieille sorcière est-elle au monde et que la terre ne l'engloutict pas! Tous les hostes en sortent mal contents, je n'en vois point qui ne la mauldissent, chacun s'en plaint; ou bien tous sont meschants, ou bien elle est meschante, qui est bien le plus vray, car le mal ne peut estre égal en tant de personnes.

» Pour ces choses et beaucoup d'austres, nul ne s'arrête chez elle, on luy faist la bénédiction d'une lieue, et ne passe-t-on à quartier, mais ma foy elle devroit avoir été faite sage par le pourpoint qu'elle porte sous la chemise, boutonnée de cent boutons que l'on luy a vestu pour pareille affaire. On luy a défendu de faire taverne, et je ne sçay, quant à moi, comme quoy elle en recommence le mestier, et qu'on ne commence pas à la chastier. Je ne sçais à quoy est bon cela, il doit y aller quelque chose, comme dit la fourmy. Il y a du mystère caché qu'aujourd'huy aussi librement que hier, et que l'an précédent elle vole et rançonne les passants. Mais ce qui en est de pis, c'est qu'elle vole comme par commandement, et il doit être ainsi, puisque le gardien, le dénonciateur, les sergents et le commissaire le voyent tous et font tous les aveugles, sans qu'aucuns d'eux la recherche; sans doute elle les tient contents, les emplumant de ce qu'elle desplume d'autruy. Ce qu'il faut de nécessité, autrement elle se perdroit, et ils luy feroient faire un autre tour de ville, bien qu'elle perde beaucoup plus, la malheureuse, qu'elle est à deschalander sa maison de la sorte, car si elle accommodoit bien le monde, on y courroit et de force choses de peu on en fairoit une de conséquence et de valeur, comme fait la fourmy qui, tirant de chaque fente un grain, en forme son grenier pour le long de l'année; personne ne lui tiendroit le pied sur la gorge. Maudiltte soit-elle, qui est si dépravée.

» Arrivé qu'il fut là, continue Guzman, je crus que c'estoit fait, mais il recommença disant : La pureté de la Vierge en soit louée, en ma maison, au moins, tout pauvre que je suis, il n'y a pas de fallace, tout s'y vend pour ce qu'il est, non pas du chat pour du lapin, de la brebis pour du mouton. C'est la netteté de la vie qui rend un homme estimable et qui le fait aller la teste haulte et descouverte par tout le monde. Que chascun prenne le sien et qu'on n'affronte personne, etc. »

Or, savez-vous quelle fut la conclusion de cette belle morale, dont l'hôte se faisait le prêcheur, n'oubliant que de la mettre en pratique lui-même? C'est qu'à peu de temps de là, il fut pendu pour le seul de ces méfaits qui eût été découvert, et dont la justice saisit avidement l'occasion pour lui faire payer tous les autres.

Nous n'en finirions pas s'il nous fallait détailler ici toutes les haltes de Guzman dans les hôtelleries, et à chacune les mésaventures qu'il rencontrait. Même sous une bonne fortune, il y avait quelque accident, tant il est vrai qu'en pareils lieux il ne se trouve rien de bon. Ainsi, à Orgay, il rencontra une de ces accortes servantes d'auberge dont le moindre défaut est d'être honnête fille; il lui donna, pour la nuit, un rendez-vous qui fut accepté, mais ayant trouvé chaland meilleur, elle ne vint pas, et à sa place, c'est une ânesse détachée de sa mangeoire qui s'en vint dans la chambre de Guzman. Tout émerillonné de désirs, il se releva cherchant baisers et embrassades, et ne trouva que ruades. Voici de quelle façon il nous avait fait le portrait de sa belle, portrait dont toute fille d'auberge pourrait, sauf la beauté qu'avait celle-ci, être vraiment l'original :

« En entrant dans l'hostellerie, une jeune fille me vint prendre le manteau, elle étoit plus que servante, mais moins que fille aussi, d'assez belle taille, gaye et bien emparlée, telle que les maistres les cherchent pour achalander les maisons. »

On pourrait croire que Guzman, si bien édifié à l'endroit de ces fines donzelles, s'en garerait désormais. Point du tout; quand il se mariera plus tard, c'est une femme de cette sorte qu'il épousera. Il est vrai qu'il nous la donne comme la perle des filles, n'ayant rien des vices du métier, prude au contraire, et, pour comble, jolie et gracieuse au possible, dernier détail qui rend peut-être invraisemblable celui de ses vertus pudiques.

Il la trouva à Alcala, où il menait, avec les écoliers dont il s'était fait le condisciple émérite, la vie de liesse et d'orgie qui mérite de sa part cette description exclamative :

« O la douce vie que celle des escoliers, quand ils créent un petit évesque le jour de saint Nicolas, quand ils harcellent les niais, qu'ils les resveillent et qu'ils les hastent d'aller, qu'ils les affeublent de neiges, et qu'ils leur crochettent leurs coffres et leur font payer la bienvenue, à faute de quoy ils ne leur laissent livre entier, chapeau ne manteau qu'ils n'enferment; quel plaisir il y a de les voir rechercher; pratiquer des voix et des suffrages pour leurs élections de généraux, comme les nations sont estroitement liées en particulier pour leur manutention, et comme elles se liguent diversement avec les autres pour faire leur parti plus fort.

» Que c'est une chose galante, lorsque, attendant leur messager et leur quartier, ils mettent leurs meubles en gage, les uns pour des pastez, les autres pour des tartes, que les Tescots vont chez les rôtisseurs et les Aristotes à la taverne, sans couverture et sans tranchefils qui soit. De plus, la jaque de maille se cachoit dans la paillasse et l'espée sous le lit; la rondelle pendoit dans la cuisine avec le couvercle de la tinette et du saloir. En quelle boutique de confiturier n'avions-nous de nos hardes engagées, quand on ne nous y vouloit plus faire de crédit? De cette sorte, parmy ces passe-temps divers, je poursuivis ma théologie. »

Au lieu d'être prêtre et docteur en fin de cette théologie-là, Guzman fut époux; et marié, que fut-il? Il nous le dira de reste tout à l'heure.

La fillette qu'il épousa se nommait Grâce, et, à ce qu'il nous en dit, était digne de ce nom à toutes sortes de titres. Nous vous avons dit qu'elle était honnête fille, bien qu'elle fût fille d'hôtelier; ce qui va vous surprendre davantage encore, c'est que son père, bien qu'hôtelier, était honnête homme; nous allons de merveille en merveille, mais enfin il faut bien en croire ce pauvre Guzman. Il tire même occasion de l'honnêteté de son beau-père pour nous dire qu'après tout il se trouvait parfois de telles gens parmi les aubergistes. Quant à d'honnêtes femmes parmi les hôtelières, c'est beaucoup plus rare.

« Mon beau-père, que Dieu absolve, dit donc Guzman, combien qu'hostellier, ne laissoit pas d'estre honneste homme; ils ne crochettent pas tous, non, les malles des passants ni leurs bougettes; il y en a tout plein encore qui ne font pas oster l'aumosne aux montures par leurs garçons d'estable, et qui ne limitent pas si estroitement le disner aux voyageants; cela appartient plutôt aux femmes, qui regardent volontiers de près à toutes choses et qui trouvent à tondre sur un œuf; que s'il se passe quelque chose de semblable, ils n'en peuvent mais pour eux, et surtout mes gens n'y trempèrent oncques. »

Guzman part de là pour parler de l'honnêteté de son beau-père l'hôtelier et pour donner la raison de cette rarissime exception. Ces gens-là, à l'entendre, étaient hors de leur place en ce métier.

« Car ils estoient des plus vaut mieux dans leur contrée, gentilshommes à l'épreuve du canon, que la seule pauvreté avoit réduits à ce métier infâme. »

N'étant pas né pour son état, il le fit mal; il faut être voleur d'instinct pour être bon voleur, et notre homme ne le fut pas; faute de savoir ruiner les autres, il se ruina lui-même. Il avait eu le malheur de se faire cautionner par un effroyable mangeur qui dévorait en festins intérêts, capital, bref, toute la maison, et qui, croquant toujours, mena ainsi la pauvre auberge à la banqueroute. L'hôtelier étant mort, sa femme, qui tenait la maison, en eut tous les ennuis avec ce pauvre Guzman, qui, en épousant la fille, ne pensait pas s'être *engendré* — c'est le mot du temps — dans une pareille misère. Il était là, quand vint la débâcle.

« Quand le terme du payement fut expiré, dit-il, on vint exécuter ma belle-mère pour y satisfaire, et emporta-t-on tout tant qu'on trouva au logis, sans qu'il y eust rien à dire qu'à nous emporter aussi, moy et ma femme, mais autant valut, puisqu'ils nous en mirent dehors, sur le beau carreau de la rue. »

Ne croyez pas que Guzman y reste; il est homme d'industrie, il se relève, mais pour tomber en pire misère. La maison est décrétée et mise en vente, la belle-mère la rachète, mais à quel prix! Pour faire honneur au payement, il faut mourir de faim ou bien avoir recours au vice; on commence par l'un, puis bientôt lassé, on finit par l'autre.

« Cette hostellerie, comme j'ay dit déjà; estoit des plus hantée et des mieux achalandée de la ville, chascun la désiroit pour soy; c'est pourquoy on y mit enchère sur enchère, montant sur ma belle-mère, qui la prétendoit aussi fort et ferme de son costé, pour son assentement, comme personne qui s'estoit là nourrie, de tout temps elle et ses filles, et dont la bonne grâce y avoit attrait les chalands; et de fait elle nous demeura en dépit des jaloux, mais à bien si haut prix et désavantageux marché, Dieu mercy leur envie et leur collusion, qu'à peine après cela avions-nous du pain à mettre sous nos dents, et tout le bien que nous faisions, la rente nous l'engloutissoit et suçoit comme une esponge, de sorte qu'avec l'office mesme, quelque grand personnage que nous fussions, nous tirions la langue d'un pied, et mourions de malle rage de faim. »

C'est alors que, « se voyant si chétif et si maigre, » Guzman voulut bien se faire, pour le profit, mari aveugle, mari complaisant; il pensa d'abord que la vertu de sa femme ferait tant que rien ne tournerait à conséquence, que tout serait ombre et fumée, hors le bénéfice qui serait palpable et sonnant; il s'abusait.

« Mon seul désir, dit-il tout contrit, estoit de vivre et de rouler, mais je m'y efforçay en vain, encore bien qu'à ce dessein je permisse chez moy qu'on tînt académie, qu'on y fist des visites, et qu'on s'y assemblast pour rire et pour causer, avec mille autres sottises qui me tournèrent toutes à contrepoil; je croyois éviter Carybde, et je tombai dans Scylla.

» Il ne me sembloit pas qu'aucune de ces choses peut faire feu, et que ce seroit bien tout si les galants en avoient la fumée et la senteur, pour affamez qu'ils puissent estre. Je me persuaday que ma femme estoit comme une botte de cumin, pendue dedans un sac au milieu d'une fuye, pour y faire venir les pigeons à l'odeur : mais il m'en arriva comme au confiturier, les mouches se jettèrent sur mes pots et les mangèrent. Du commencement je dissimulay d'en rien cognoistre, et ne faut donner qu'un pied à une femme pour faire qu'elle en prenne quatre; nous estions misérables et vivions par ce moyen, quoyque très mesquinement, mais les libertez se faisoient grandes et profondes, il n'y avoit plus de pied, on s'esmancipoit desjà. Perdant pour moy le respect et la crainte, ma réputation se noyoit, mon honneur se honnissoit, la maison s'en alloit descriée et me falloit tout avaller pour vivre. Ma belle-mère ne disoit mot, ma belle-sœur négocioit, et ma belle femme en passoit par où l'on vouloit, tant elle estoit accommodante. Pour moy, je ne pouvois pas en parler, ayant ouvert la porte au mal, et cognoissant en effect que sans cela nous fussions tombez de faim, sans espoir de remède; je laissay le moustier à sa place, en faisant l'ignorant tant qu'il me fut possible. »

Si du moins cette vie honteuse eût eu de moins maigres profits, Guzman eût pu s'accommoder avec sa conscience, et voyant l'effet, se moins repentir de la cause; par malheur il n'en était pas ainsi, et comment eût-il pu en être mieux ? Il n'y avait dans ce pays-là que des escoliers pauvres hères, payant plus d'audace et de mine que d'argent comptant, du reste, pas un de ces richards avec lesquels on est si bien payé du mal bénin qu'on peut faire et du vice qu'on sert. Quand on fait tant que de se jeter dans le travers, encore faut-il y trouver son gain, et bien escompter sa faute, sinon l'on est deux fois dupe. Guzman en fut bientôt à se faire ces aveux-là.

« Alors, dit-il, je pensay : Mon malheur a cela de bon qu'il est en son dernier poinct, et qu'il ne peut plus croistre, je ne dois pas craindre qu'il m'arrive jamais pis, quoi que je puisse faire, j'en tiens si jamais personne, c'est un mal qui est fait, le plus fort en est passé; puis donc que mon honneur est si très engagé, il vaut mieux tout à fait le vendre, mais ne faut pas que ce soit icy, où le profit est si petit, l'infamie si grande, les escoliers si trompeurs, et le vivre si pénible. Si d'une ou d'autre façon il nous convient mal faire, prenons-nous à ce qui sera le plus utile; je veux bien que nous perdions quelque chose, mais au moins ne soyons point comme le simple ravaudeur du coin, qui, pour regarnir les bas de ses chalands, ne feint point d'employer jusqu'aux haillons qui couvrent sa misère; il ne nous faut pas ainsi tout mettre à l'abandon, mais demeurer avec telle pièce, par devers nous, qu'elle puisse fournir du moins aux nécessitez de la vie, et donner le *vestum* et le *vestitum;* sortons, sortons de cette vallée de larmes et de calamités devant que les vacances arrivent, où tout sera mort en ce lieu. Quittons cette perverse nation, de qui tout ce qu'on peut tirer en gros est un pasté de requeste, ou deux tourtes de blanc-manger; encore, lorsqu'ils en font la despense, ils ne partiront pas qu'ils n'en aient frippé la moitié. Si leurs mères leur envoyent un baril d'olives de Cordoue, ils pensent faire encore beaucoup de nous en apporter un plat, et nous veulent bien crever les yeux avec leurs deux saulcisses enfumées. Non, non, bonnes gens, non, ce n'est pas pour vostre nez, il nous couste un peu davantage. »

Quand on fait tant que de se déshonorer, encore faut-il que ce soit avec éclat, avec profit, et la cour est le seul pays où cela soit possible; voilà ce que se dit Guzman pour conclure, et il prend aussitôt son parti de s'en aller dans cette cocagne des déshonneurs bien récompensés, dans cette terre promise des hontes profitables.

Il sait comment il devra jouer son rôle de mari complaisant, comment il lui faudra déguerpir aussitôt que le galant arrivera chez madame; il connaît les prétextes qu'il lui faudra adroitement alléguer pour pallier ces départs et laisser le plus tôt possible le galant seul avec sa femme. Il a rencontré tant de gens qui pratiquaient ces manéges et y gagnaient une grande aisance pour leur ménage!

« Ce sont ceux-ci, dit-il, qui vont à la rostisserie acheter eux-mêmes la viande, quérir le vin à la taverne, et porter le panier au marché; mais, pour les honorables, il leur suffit de laisser la place franche et de s'en aller à la comédie ou au jeu de billard, si d'aventure les commissions leur manquent. »

Guzman veut être de ces honorables-là; aussi, quand il a plié son bagage, « petit comme celuy d'un limaçon, » quand il l'a mis dans une charrette avec sa femme, ce grand espoir de sa fortune à venir, quand avec cet équipage il a passé la porte d'Alcala et qu'il se trouve sur le chemin de Madrid, alors il se met à faire mille rêves dorés, à travers lesquels passent et repassent à la file les galants les plus jolis du monde, pleins d'amour pour sa femme et de générosité pour lui. Afin de les mieux recevoir, il songe à ouvrir une maison où il tiendra table, où sa femme trônera, régnant par le sourire et par l'œillade, et où lui-même sera le percepteur des beaux et bons écus, produit net de ces séductions.

« J'alloys, dit-il, j'alloys pensant en moi-mesme : Je mène ici un boucon de roy, un fruict nouveau, tout frais cueilly, qui n'est point encore desfleury, j'y mettray tel prix que bon me semblera. Je ne puis manquer à trouver personnes qui m'employent fort utilement pour entrer en ma place, et en ce cas un des plaisirs secrets se peut bien dissimuler et supporter, pourveu que sous prétexte d'amitié on espargne un louage de maison, et la despence qu'il y faudroit faire, d'austre costé, avec ce que je pourroy gagner de mon industrie, il n'y a pas de doute que je n'enrichisse bientôt. Quand je me verray devant moy assez de quoy tenir logys, je prendray des pensionnaires, six ou sept, qui fonceront à l'appointement et qui défrayeront nostre table, et ainsy nous roulerons. Je pense avoir toutes les parties nécessaires à un homme de service, pour tout ce à quoy l'on vouldroyt m'occuper; dedans le logis, je suis patient et endurant; dehors, je suis d'humeur active et allante, je me donneroy des cognoissances, j'acquereray du nom et du crédit; puis, quand je me trouveray où je me désire, alors je prendray l'essor, et lairray là toutes ces mesquineries; je feray mon trafic tout seul, sans qu'il me soit plus besoin d'user de ces moyens sinistres, ny de ces ressorts odieux. »

Tout alla bien d'abord; Guzman et sa femme firent une entrée royale à Madrid. Dans l'hôtellerie où ils se présentèrent, on les reçut bien, non à cause de leur équipage, qui était mince, mais à cause de leur mine, qui était avenante et prospère, celle de l'épouse surtout.

« L'on nous fit tout bon accueil, dit Guzman, et non pas à cause de l'asne, ains à cause de la déesse qu'il portoit. »

Il est vrai que cette déesse, comme Guzman se plaît à appeler sa femme, était d'aspect tout à fait affriandant. Elle séduisait par le visage et par la parure.

« Ma femme, dit l'heureux mari, avoit vestu le meilleur de ses habits, et sur sa teste portoit une toque popine garnie de sa plume et de son cordon. » C'était là, pour le ménage nomade, le plus beau de son avoir, aussi mons Guzman se hâte-t-il d'ajouter : « Hormis cela, je donne au diable le meuble que nous avions, vous en excepterez la guitare qui nous accompagna toujours. »

Qui lui eût dit, hélas, qu'arrivé à Madrid en un si triste équipage, il en partirait dans un plus misérable encore, avec la honte de plus et le regret de n'avoir su conserver le bien-être qui d'abord s'y était offert à lui, et l'abondance que les premiers galants de sa femme, un riche fripier et un gentilhomme, avaient à l'envi jetée dans son ménage? Pourquoi aussi fut-il trop avide? Complaisant discret, sauvant tout par la façon de tout prendre, il était heureux, mais ayant une fois levé le masque, s'étant fait le proxénète public des caresses vénales de sa femme, il perdit tout, même le droit de rester à Madrid. L'ordre de déguerpir lui arriva un beau soir, et il partit, trop heureux de retrouver la petite charrette qui l'avait amené. Quelle conclusion tirer de cette honteuse histoire? Que, Dieu merci, les gens de cette misérable espèce savent toujours être à point les artisans de leur punition. Leur façon imprudente de jouir du bonheur les amène vite à la cruelle expiation de ce bonheur honteusement acquis.

N'eussions-nous gagné que l'occasion d'en déduire cette utile morale, l'histoire de Guzman était, avouez-le, fort bonne à raconter ici; mais, Dieu merci, elle était excellente encore par mille détails qui étaient tout à fait de notre sujet et que nous nous fussions fait un crime de négliger.

Les lieux qu'ils nous a fait connaître en nous entraînant à sa suite sont pourtant moins les véritables hôtelleries espagnoles, ces *ventas* citées plus haut, que des hôtels garnis d'étudiants curieux à visiter, j'en conviens, mais non pas autant que les autres. D'ailleurs, avec lui, pas un mot des cabarets, à tel point qu'on pourrait croire qu'il ne s'en trouve pas en Espagne. Par bonheur, Lazarille est là pour nous détromper à ce sujet.

Suivons-le, et ce que Guzman, ce que Pablo lui-même ont omis ou dédaigné de nous faire connaître, va nous apparaître en pleine lumière, avec sa vraie couleur et tout son mouvement.

Lazarille, guidant l'aveugle son maître, s'arrête-t-il à Escalona, ce n'est pas dans une de ces hôtelleries confortables que nous a montrées Guzman, c'est dans une vraie *venta*, dénuée, misérable, plus même que celle où notre héros d'Alfarache s'arrêta au début de son voyage, pour ne plus rencontrer la pareille. Il y avait trouvé un triste souper, c'est vrai, mais encore ce souper existait-il; rien de cela dans la *venta* d'Escalona. L'aveugle est obligé de faire acheter une andouille que Lazarille est obligé de faire rôtir lui-même, et quant au vin, il faut l'aller chercher au cabaret; bonne fortune pour Lazarille, qui, on sait l'histoire, profite de cela pour dépêcher l'andouille à laquelle il a substitué un navet, et pour avaler la meilleure partie du broc qu'il est allé faire remplir.

Avec son aveugle, ce fripon de Lazarille trouvait ainsi à mettre sous sa dent quelques bons morceaux que les coups du maître, vengeant son estomac frustré, lui faisaient, il est vrai, payer bien chèrement après, mais avec l'écuyer dont il devient ensuite le valet, il n'a plus même la ressource de ces bouchées friandes dont son dos meurtri ne regrettait pas le payement. Cette fois il jeûne tout à fait. Sauf la morgue et l'habit, le maître et le valet sont de vrais gueux, et comme on fait rechercher par toutes les villes d'Espagne les mendiants qui affament le pays, alors en disette de blé, comme tous ceux qui ne veulent pas déguerpir de bonne grâce sont pourchassés à grands coups de fouet dans les carrefours, le pauvre écuyer et le pauvre valet sont obligés de dissimuler leur misère, de cacher leur faim, qui, ainsi, est devenue plus qu'un malheur, presque un crime, puisqu'elle entraîne la proscription. C'est en pareil cas que Dufresny eût pu placer à propos son mot si profond : Pauvreté n'est pas vice, lui disait-on, et il répondit : C'est bien pis.

Lazarille a bientôt son dédommagement, et il en mésuse, bien entendu. L'occasion de boire gratis de ce bon vin qui lui a si longtemps manqué se présente enfin, le cabaret lui devient hospitalier : il ne se contente pas d'y aller; il y vole, il y demeure, il n'en sort plus; il n'y boit pas, il s'y noie.

C'est aux lansquenets allemands arrivés à Tolède à la suite de l'empereur Charles-Quint qu'il devait cette bonne fortune. Ils étaient tous fort bien fournis d'argent. Or, où un soudard allemand peut-il dépenser ce qu'il possède, sinon à la taverne? Lazarille le savait bien, il s'attacha donc aux lansquenets, s'accrocha à leur amitié et ne les quitta plus.

« Pendant, dit-il, que mes Allemands ont été ici, je les allois enlever chez eux pour les conduire au cabaret où étoit le meilleur vin, et nous nous en donnions si bien et si beau, que tel qui y étoit allé de lui-même ne s'en retournoit plus chez lui, que l'on ne l'y apportât à quatre; et le meilleur étoit que Lazarille de Tormes n'y mettoit pas un blanc du sien.

» Vraiment oui, ils eussent bien souffert que j'eusse mis la main à la bourse, ils faillirent à me battre deux ou trois fois, que j'en voulus faire le semblant. « *Point! point! monsir Lézard Tormet,* me disoient-ils en jargon, *vous vous mocquez du monte, fermez, fermez vot l'argent dans lit vot bourse.* » Voulant dire que je me moquois du monde et que j'enfermasse mon argent, qu'où ils étoient présents nul ne devoit payer un seul denier.

» J'adorois l'humeur de ces gens-là, et j'en étois d'autant plus charmé que je ne les quittois jamais sans revenir chargé de pain, de jambon, de langues de mouton, et de toutes sortes de viandes salées d'un goût admirable, tant ils savoient bien assaisonner avec le bon vin et les épices.

» Ils m'en remplissoient mes basques et mes poches avec tant de profusion, que nous avions à manger, ma femme et moi, pour toute une semaine, de ce qu'ils me donnoient à chaque fois.

» La bonne chère me faisoit repasser avec plaisir sur la faim que j'avois autrefois endurée, et j'en rendois de bon cœur grâce à Dieu de tout. Mais, comme dit le proverbe, *le bon temps ne dure pas toujours,* la cour a quitté Tolède, et mes chers Allemands, au départ, m'ont fort pressé de les suivre et de ne me mettre en peine de rien. »

Si Lazarille n'eût écouté que son envie, il se mettait du voyage, il suivait l'escouade biberonne partout où il lui aurait plu d'aller, sachant bien que tous les cabarets du chemin eussent été les relais du voyage; mais il était marié, et pour une femme maussade, il lui fallut renoncer à ces Allemands joyeux. Ah! dit-il avec un soupir du plus profond regret, comme ils mènent une vie douce!

« Vous voyez ces bonnes gens sans cérémonie, qui portent le cœur sur la bouche, qui entrent sans difficulté dans le plus petit cabaret comme dans le palais du prince, et qui ne dédaignent point de saluer jusqu'au moindre bouchon, pourvu que le vin en vaille la peine. C'est une nation ronde et franche, et toujours si bien fournie de monnoie, que je ne demanderois jamais à Dieu de meilleure rencontre que la leur, toutes les fois que la soif me pourroit prendre. »

Pauvre Lazarille! il court risque alors de mourir altéré, car pareille compagnie ne se rencontrera plus pour lui. Par malheur le pli était pris; son habitude du cabaret était devenue entraînante, irrésistible. Tout l'argent du ménage y passait, car on ne payait plus pour lui. La femme criait Dieu sait comme! et Lazarille ne l'apaisait qu'en restant à la maison pour songer à ses affaires. Mais c'était un effort trop grand pour qu'il fût de longue durée; après deux jours au plus de travail, d'ennui, et surtout de soif, il s'échappait vers la taverne, aussi vite que l'éponge s'en irait à l'eau si elle pouvait courir.

Un jour qu'il s'attendait à une bourrasque de reproches et qu'il baissait déjà la tête pour la laisser passer, il fut fort surpris, en rentrant chez lui, de trouver sa femme douce comme un agneau. Elle ne lui adressa pas le plus petit mot blessant, et si elle lui parla du cabaret, ce fut pour lui dire de suivre son envie et d'y retourner le lendemain. Il n'eut garde d'y manquer ce jour-là, et aussi les suivants, car il n'attendit pas pour obéir au bienheureux conseil que sa femme l'eût renouvelé.

Il finit par ne plus quitter la taverne, il y resta le jour et la nuit. Un matin il se ressouvint de sa maison, et cahin-caha il en reprit le chemin. Il y trouva sa femme en couches, et M. le corrégidor, qui, tout en plaignant la mère, berçait déjà le nouveau-né. Lazarille comprit tout et retourna philosophiquement au cabaret. Là avait été la cause de sa mésaventure, la consolation devait bien s'y trouver aussi.

Toute sa vie fut pleine de pareilles déconvenues, et elle nous mènerait trop loin, à n'y prendre même que les détails de mœurs qui sont de notre sujet; nous le laisserons donc ici, en compagnie des brocs qui le consolent. L'épisode même de son séjour avec les Bohémiens logés « dans un casal souterrain, » et parmi lesquels il retrouve la fille de son aubergiste de Madrid, ne nous alléchera point assez pour nous retenir plus longtemps avec lui; nous passerons de même sur son aventure dans la misérable hôtellerie où il s'arrêta, tout près de Valladolid, en compagnie d'une fille de joie, d'une duègne, son chaperon, et de quelques bravaches d'allure singulière; nous aurons hâte d'arriver au peu de mots que nous avons à dire sur les hôtelleries portugaises, et sur les méfaits de toutes sortes, vols surtout, qui se commettent là comme ailleurs.

Le P. Vieyra a fait en sa langue maternelle, le portugais, un livre dont le titre seul prouve le curieux attrait, c'est l'*Art de voler;* il n'a garde, bien entendu, d'oublier les taverniers parmi les plus habiles suppôts de l'industrie dont il révèle les mystères. Ceux qui frelatent le vin, ceux qui donnent des viandes menteuses, de la chèvre, par exemple, pour du mouton, sont rangés par lui, en son XLVIII^e chapitre, parmi *ceux qui volent avec des ongles invisibles.* En voici la très-curieuse liste d'après la traduction de M. Eugène de Montglave :

« Les ciriers qui étendent de la cire noire sous de la cire blanche ; les confiseurs qui couvrent une couche épaisse de sucre *moscovade* ou terré d'une couche légère de sucre blanc ; *les pâtissiers qui glissent des abatis de chat dans une demi-douzaine de pâtés ; les cabaretiers qui baptisent leur vin ; les traiteurs qui donnent de la chèvre pour du mouton ;* le tondeur de draps qui, sans mettre les ciseaux dans une pièce qu'il apprête, retient un vingtain par aune pour son industrie ; le maréchal ferrant qui encloue votre cheval et le blesse de nuit pour pouvoir le guérir ensuite et nourrir sa famille ; les pharmaciens qui mêlent de l'huile de lampe à un emplâtre qui exige toute autre huile prescrite par le Codex ; le cordier qui vend pour neuve une amarre qu'il a confectionnée avec deux vieux câbles qu'il a défaits ; le chapelier qui a étendu de la laine grossière et pourrie sous une pâte fine, afin de vous livrer un chapeau qu'il vous donne pour du castor ; le serrurier qui emploie du mauvais fer là où il devrait se servir d'acier de bonne trempe ; l'orfévre qui a compté dans le poids de l'or la matière dont il s'est servi pour les soudures, et dans le poids de l'argent l'alliage et le cuivre qu'il y a mêlés : tous ces industriels, quels qu'ils soient, et beaucoup d'autres encore qu'il serait trop long d'énumérer ici, usent de ces stratagèmes et de mille autres pour cacher les ongles invisibles qui nous dépouillent. »

Pas un métier, on le voit, n'échappe à la nomenclature larronne. S'il fallait qu'un jour toute la bande des voleurs de l'industrie se mît à défiler, il en serait comme pour celle des fous ; il ne resterait plus personne pour la regarder passer. Toutefois il y a voleurs et voleurs ; les uns le sont par hasard et accident de leur profession, les autres par la force même, par l'exigence du métier ; et les taverniers sont de ceux-ci. Le P. Vieyra, qui oublie volontiers les autres, revient donc souvent sur leur compte.

Ici il nous parle de je ne sais quel empirique vinicole qui, *brouilleur de vin* en grand, prétendait pouvoir conserver et bonifier les produits de tous les crus, mais qui ne faisait que les gâter : « Un curieux lui donna quelque argent pour en faire l'expérience sur un tonneau. Mieux eût valu, ajoute le judicieux jésuite, la tenter sur un quartaut, que de perdre deux pipes de vin, avec je ne sais quel mélange de sable et d'ingrédients hétérogènes. »

Ailleurs, il prend à partie une hôtelière par trop bien entendue, qui savait d'un seul plat en faire dix et plus, à force d'allonger la sauce, et par là, multiplier ses profits en proportion égale.

« J'ai vu, dit-il, à Beja, une hôtesse acheter pour dix reis deux choux de Murcie ; elle les mit dans un pot avec deux piments bien écrasés, dix reis d'huile, les fit bouillir à deux reprises, et, sans dépenser un réal de plus, elle en composa trente plats copieux d'un vingtain chacun, avec lesquels elle festoya ses hôtes et ses muletiers, qui furent enchantés du régal; mais la malicieuse hôtesse fut plus enchantée encore du résultat de son calcul, qui lui produisit, avec un vingtain, six testons, qu'elle empocha. »

Le P. Vieyra raconte cela en son chapitre XXII$^{e}$, qu'il intitule : *De ceux qui volent avec les ongles malicieux.*

C'est dans le même passage qu'il parle de ces gros marchands habiles à faire surenchérir par fraude les huiles et les vins, à leur profit et au détriment du pauvre peuple.

« Ils font, dit-il, entrer leurs approvisionnements en ville, peu à peu, afin que de trop grands arrivages n'amènent pas l'abondance, et que l'abondance ne fasse pas baisser les prix. Pour les maintenir en hausse et enfler leurs bourses, au prix de la désolation des masses, ils ont recours à certaines malices qui, heureusement, sont découvertes et auxquelles on mettra un terme, si on leur fait perdre sans pitié toutes les denrées qui auraient été injustement frappées par un semblable monopole. »

Suivent plusieurs passages curieux sur d'autres industriels aux *ongles malicieux*, comme les a appelés le révérend père. Il n'en épargne aucun. Il vient de nous dénoncer tout à l'heure quelques-uns des plus considérables, monopoleurs, accapareurs, etc.; maintenant, pour n'être pas moins sévère envers les petits, et les mettre, devant sa justice, sur un pied d'égalité qui fait peu d'honneur aux puissants du monopole qu'il a flagellés déjà, et à qui en vertu de cette égalité même on est amené à donner les noms de voleurs et de faussaires aussi bien qu'aux moindres fripons, il va nous parler de cabaretiers faisant fausses mesures, puis de faux monnayeurs, puis d'usuriers, etc.

Deux histoires sont excellentes entre toutes celles qu'il cite : c'est celle d'abord d'un faux monnayeur qui, déjà condamné, croit pouvoir se sauver par un faux brevet scellé d'un sceau royal qu'il veut fabriquer lui-même avec un morceau de plomb.

« Je ne sais si je dois dire, écrit le P. Vieyra, que la malice de pareils ongles frise de près le crime de lèse-majesté, lorsque je les vois pousser l'audace jusqu'à vendre des lettres et des provisions fausses revêtues de signatures et sceaux du roi.

» J'ai connu un paroissien de cette école qui était détenu à la prison de Lisbonne pour avoir fabriqué de la fausse monnaie et en avoir rogné de la bonne; il me demanda de lui procurer en secret un peu de plomb, et il paraissait certain de pouvoir réussir à faire casser le jugement qui le condamnait en appelant à une autre cour; il se donnait du reste pour un pauvre religieux de je ne sais quel ordre d'Italie. Il s'était muni déjà d'un magnifique diplôme de sa composition; il n'y manquait plus que d'y apposer le sceau royal, et c'est pour le fabriquer en conscience qu'il lui fallait absolument un peu de plomb. »

La cabaretière qu'un peu auparavant il avait alléguée en exemple est, il faut l'avouer, beaucoup moins coupable. On pourrait même à la rigueur ne pas lui faire un crime de ce dont il l'accuse. Que fait-elle, en effet? Elle tire bon parti de sa marchandise, voilà tout. Où donc est le grand mal?

Il paraît du reste qu'il n'y a pas beaucoup de bien à dire des hôtelleries portugaises. Toutes mauvaises que nous ayons trouvé celles des Espagnols, elles étaient, à ce qu'il paraît, beaucoup meilleures que celles de leurs voisins : c'est du moins ce que pense le voyageur Twiss, qui vit le Portugal et l'Espagne en 1765, époque où rien ne devait être encore changé dans le confortable des auberges de la Péninsule. Cette contrée-là, en effet, porte dans ses mœurs une immuabilité que nous avons déjà constatée en Allemagne.

Twiss dit donc, à propos de *Ciudad-Rodrigo,* la première ville qu'il rencontre après avoir passé la frontière portugaise : « J'y trouvai les auberges bien meilleures que celles du Portugal ; on y a de bons lits et des draps propres, quoique sans rideaux, ce qui est général en Espagne. »

Voici donc pour la première fois dans la Péninsule une auberge qui n'est pas dégoûtante. Il ne faudrait pourtant pas trop croire le bon touriste sur parole. Un peu plus loin en effet il donne un détail qui nous semble quelque peu menteur à propos de la prétendue sûreté des routes espagnoles. Il ne tend à rien moins qu'à faire penser que c'est là le moins dangereux des pays pour celui qui voyage. C'est la Bétique de Fénelon toute retrouvée.

« Nous traversâmes le 27 février, dit-il, un beau pays de plaine, couvert de champs et de forêts de chênes verts ; nous dînâmes au pied d'un arbre et fûmes coucher dans une *venta*. Je remarquai qu'il n'y avoit aucune serrure aux portes. L'aubergiste me dit qu'il tenoit lui-même lieu de serrure, et qu'on pouvoit se reposer en sûreté. J'eus lieu d'observer en effet, dans mes voyages en Espagne, ajoute Twiss, que les voyageurs ne courent aucun danger. »

Voilà d'un seul mot toutes les histoires de voleurs déclarées menteuses, la Sainte-Hermandad reconnue inutile, enfin tout ce que nous avons dit précédemment démenti et non avenu. Mais encore une fois nous ne croirons pas le bon Anglais sur parole. Toutefois nous ne ferons pas pour cela complétement fi de lui et de son livre ; il s'y trouve des faits qui sont encore bons à prendre, des pages bonnes à citer : ainsi celle qu'il consacre aux points de ressemblance qu'il a remarqués entre certaines coutumes des Espagnols et des Hollandais, ressemblance qu'il explique par la longue domination de ceux-ci chez ceux-là. On secoue le joug des hommes, mais non pas celui des usages.

C'est à la suite d'une scène d'auberge où il vit danser par son hôte portugais et sa femme je ne sais quel *fandango* à deux tout à fait semblable au *plugge dansen* des Hollandais, que Twiss est amené à écrire cette curieuse page.

« ..... Je me rendis à l'auberge, dit-il, c'est la meilleure que j'aie trouvée en Portugal, excepté à Lisbonne; j'eus le plaisir de voir danser un *fandango* au cabaretier avec sa femme, à la musique d'une guitare. Le joueur pinçoit plusieurs cordes ensemble, à trois temps, et battoit de la main la mesure sur le corps de l'instrument. Le *fandango*, qui se danse à deux, ressemble beaucoup à ce que les Hollandais appellent *plugge dansen*. Apparemment que ces peuples ont adopté cette danse, ainsi que beaucoup d'autres usages, dans le temps qu'ils étoient sous la domination espagnole. Tels sont, ajoute-t-il, ces voiles de taffetas noir dont les femmes se couvrent le visage quand elles sortent, et que les Espagnols nomment *velo* et les Hollandois *faly*. Telle est la coutume de fumer du tabac, dérivée sans doute des Espagnols. Il n'y a pas jusqu'à la prononciation de la lettre G, qui s'aspire également dans les deux langues, qui ne prouve aussi cette imitation...

» Quand mon hôte et sa femme eurent dansé jusqu'à se mettre à la nage (*sic*), un autre couple leur succéda, et la chambre s'étant à l'instant remplie de la meilleure compagnie du village, qui dansa successivement, je fis les frais du bal et finis la soirée en jouant une partie de whist avec mon hôte, sa femme et sa sœur. J'eus un assez bon souper consistant en une pièce de volaille rôtie, des sardines au poivre et au vinaigre, une salade au lard, des œufs, des pommes et des oranges, et je couchai dans un bon lit. »

Twiss aurait pu pousser beaucoup plus loin qu'il ne le fait la comparaison entre les mœurs espagnoles et les mœurs hollandaises. Il aurait pu la poursuivre jusque dans la langue, et la trouver, par exemple, non-seulement dans l'usage du tabac, qu'il regarde comme une importation des Espagnols chez les Hollandais, mais encore dans le mot même du lieu où il s'en fait la plus grande consommation, l'*estaminet*. C'est là, j'en jurerais, un mot d'origine espagnole, un dérivé évident d'*estamiente*, qui signifie *cercle, réunion, assemblée*.

Tout à l'heure nous venons de voir un *cabaret dansant;* pourquoi Twiss, cherchant toujours ses points de ressemblance, ne nous parle-t-il pas à ce propos-là des cabarets chantants qui depuis de longues années déjà existaient en Hollande? En revanche, le médecin français Sorbières va nous en parler.

« Près la bourse au blé d'Amsterdam, lisons-nous donc dans le *Sorberiana*, il y avoit un certain cabaret où il y avoit trois fois le jour musique de violons et d'orgues, et des fontaines avec des personnages qui jouoient au sommet de la maison : cela attiroit continuellement du monde à boire, et l'invention étoit d'un certain anabaptiste qui, ayant appris l'arabe en sa captivité, fut depuis agent pour les États à la Porte du Grand Seigneur, et enfin professeur à Leyde en cette langue, mais avec si peu de latin, que lorsqu'il faisoit rire les auditeurs, il disoit : *Rideant quantum volent, interim nos pergabimus.* » Après tout, ce cabaretier fait professeur pouvait bien garder quelque chose de son premier métier : ce fut le latin de cuisine.

Le luxe décrit tout à l'heure ne régnait pas dans toutes les auberges et tous les cabarets hollandais. De l'aveu du même Sorbières, on y faisait chère assez maigre, d'où il résultait que les voyageurs français, les moins accommodants de tous, s'emportaient en gros mots et souvent en coups contre les autres. Sorbières avait vu déjà chose pareille en Italie, les aubergistes étant partout les mêmes, et les Français portant aussi partout leur humeur emportée. « Il me souvient, dit-il, qu'allant de Florence à Rome par le messager, deux François de notre compagnie voulurent battre l'hôte de Radicofant, parce qu'il leur donnoit des omelettes trop minces. »

Mais revenons aux tavernes hollandaises. Le tableau en est tout fait dans les mille scènes de tabagies si admirablement peintes par Van Ostade, Brawer, Ténier, et nous ne pourrions que gâter la matière en la faisant passer, toute colorée qu'elle est déjà, à travers notre style incolore ; nous ne nous en aviserons donc pas. Nous n'en dirons que quelques mots.

Grâce à la *Description d'Amsterdam en vers burlesques* par Blainville, nous savons quel était le mieux achalandé des taverniers d'Amsterdam au XVII^e siècle :

> Nous boirons aussi chopinette
> Chez Dérick, en sortant de là.

Ce Déric était peut-être le même que notre tavernier anabaptiste et arabisant de tout à l'heure. Blainville n'en dit rien. Il ne dit pas non plus si son cabaret était de ceux qui s'ouvraient de jour pour se fermer la nuit, ou de ceux au contraire qui s'ouvrent à la nuit tombante pour n'être fermés qu'à l'aurore.

Ceux-ci s'appellent des *Nachtuys* (maisons de nuit), et je vous laisse à penser quelles orgies elles abritent, de quelles dégoûtantes ivresses elles sont le théâtre de cinq heures du soir à cinq heures du matin. Il n'est pas un bon Hollandais qui n'y oublie le proverbe paternel :

> Als de vièn es in der man,
> Dan is de wièsheid in de kan.

« Quand le vin est dans l'homme, la sagesse est dans le flacon. »

Les tavernes de jour ne valent guère mieux que celles de nuit, et quand vient la *kermiss*, je ne sache pas de guinguette hollandaise, de *Slaatuintjes*, comme on nomme les petites tavernes populacières qui se trouvent dans la banlieue d'Amsterdam, en dehors de la porte de Leyde, où l'on ne s'ébatte en pareilles ivresses. Voyez plutôt la *kermiss* de Rubens, ce n'est pas une scène de *Nachtuys*, c'est un tableau de *Slaatuintjes* : jugez! Aussi la description que

M. Marmier, dans ses *Lettres sur la Hollande*, nous a faite d'une *kermiss*, nous semble-t-elle un peu terne. Le mouvement n'y manque pas, mais la couleur. Voici pourtant ce tableau, vrai Rubens en camaïeu.

« C'est une chose curieuse que ces *kermiss*, avec leurs petites boutiques en plein air, leurs voitures de charlatans, et tout ce monde endimanché qui accourt des environs; chaque ville a sa ferme, et même chaque village un peu important. Les fourneaux des marchands de gaufres, les petites échoppes ambulantes où l'on vend des liqueurs, en sont les éléments essentiels. A Amsterdam, la kermesse dure un mois, et du matin au soir, sur les places publiques, la graisse fondue petille dans la chaudière, les crêpes s'amoncellent sur le plateau d'étain, et le violon crie dans les tavernes. Heureuse! oh! bien heureuse alors la jeune servante qui a de par la ville un cousin ou un fiancé pour lui donner le bras, la promener en grande toilette à travers les magnificences du *Kulverstraat*, les délices culinaires du *Botermarkt*, et lui faire savourer le soir le rosbif du *Nachtuys*. »

Mais passons vite à d'autres scènes d'un plus chaud et plus saisissant coloris; parlons de ces auberges coupe-gorge, de ces *kochmer-beyes* qui, des frontières de la Hollande jusqu'au Danube, formèrent jusqu'au commencement de ce siècle une ligne non interrompue de dangereux repaires.

C'est pour les besoins de la plus terrible des associations de bandits que furent ouverts ces innombrables refuges. En 1790, ils existaient déjà, et les malheurs des temps, en détruisant le commerce, en rendant désertes les grandes routes, ne faisaient qu'accroître les dangers de toutes sortes qui suivaient partout les brigands maîtres de ces bouges. On les avait disposés et échelonnés de telle sorte qu'ils formaient, sur une étendue de près de deux cents lieues, une ligne de postes redoutable, où chaque détachement de la bande pouvait s'embusquer pour attendre une proie, et, au besoin, chercher un refuge pour échapper aux poursuites.

Afin d'en arriver là, il avait fallu enrôler dans la bande tous les aubergistes, tous les cabaretiers, ce qui n'avait pas été fort difficile; la probité plus que suspecte de ces gens-là et leur ardeur à accepter les propositions qui tendent au mal les rendant toujours par avance les complices de tout bandit qui viendra chez eux et qui les paiera bien.

On fit plus : dans cette association, véritable *whêm* de brigands, on enrôla jusqu'aux gens de justice. Dans plus d'une contrée, tous les fonctionnaires de la police, aussi bien le commissaire que le dernier de ses agents, furent à la solde des bandits : c'est ce qui explique le calme et la sécurité de ces voleurs, alors même qu'ils étaient pris en flagrant délit. Pour peu qu'ils eussent quelque inquiétude au moment de leur arrestation, elle se dissipait bientôt au seul nom du juge devant lequel on devait les conduire.

Les femmes se chargeaient d'être les faussaires de la bande; c'étaient elles qui fabriquaient avec une dextérité merveilleuse les passe-ports, à l'aide desquels les bandits circulaient sans inquiétude d'une ville à l'autre. Il est vrai que la police, grassement payée, était toujours prête à fermer les yeux sur les petites défectuosités de forme ou d'écriture qui eussent pu trahir le faussaire.

On ne saurait croire jusqu'où alla l'audace de ces aventuriers, du moment que, par ces utiles précautions, ils se furent assurés une impunité presque certaine. On vit dix d'entre eux, par exemple, aller passer toute une saison aux eaux d'Aix-la-Chapelle. Ils s'y donnaient pour des barons allemands ou pour des négociants hollandais, et ils en revinrent avec de très-gros profits.

Comme toute bande bien apprise et bien organisée, celle-ci avait son argot, dont nous aurons occasion de vous dire plus d'un des termes usuels. Il se composait d'hébreu, de hollandais, d'allemand, de français, c'est-à-dire qu'on trouvait dans le langage la trace de tous les éléments hétérogènes dont l'association s'était elle-même formée. Le mot *kochmer-beyes*, cité déjà, était de ce jargon : il signifiait lieu de refuge, que ce fût ou non une auberge.

Les bandits ne tenaient pas tous à la fois la campagne. Pendant que les chefs et les membres les plus actifs de l'association se cachaient dans les *kochmer* ou couraient la plaine, le plus grand nombre, distribué sur le sol, dans les villes, dans les villages, vaquait tranquillement aux travaux des métiers ordinaires : c'était la masse de réserve; on les appelait les *apprentis*. A un signal ils devaient être prêts, déserter leurs maisons, quitter leurs familles, et suivre le chef jusqu'à la mort. Le jour de leur enrôlement, ils en devaient faire serment, et ils savaient que s'ils manquaient à le tenir, un poignard invisible était prêt à les frapper. Tout apprenti faisant défaut à l'appel était considéré comme déserteur, et le déserteur comme traître. Or, on va voir, par le fait suivant, comment on tirait vengeance d'une trahison.

Un des bandits tomba aux mains des gens de la police, et, jeté dans un cachot, révéla le lieu de la retraite de Picard, son chef. La peur et peut-être l'espoir d'une prompte libération l'avaient conduit à cet aveu. La nuit qui suivit, il crut entendre quelqu'un qui l'appelait à demi-voix, il leva les yeux et vit un bras passé entre les barreaux de sa fenêtre : « Qui es-tu? dit-il. — Picard, ton maître. Mon devoir m'obligeait à tout tenter pour te rendre libre, je viens te délivrer. » Et Picard, descendu dans le cachot, limait déjà les fers du prisonnier. Un barreau, détaché de la fenêtre, leur livra passage à tous les deux, la muraille fut escaladée, et les deux brigands arrivèrent bientôt au lieu où les attendait toute la bande, rangée en demi-cercle, silencieuse et sous les armes.

« *Schleichener* (traître), dit Picard à celui qu'il venait d'arracher au cachot et qu'il poussa d'un geste terrible au milieu de la troupe immobile, tu pensais sans doute que ta perfidie resterait inconnue, parce que c'est au fond d'une prison que tu nous trahissais, et impunie parce que tu étais défendu contre nous par ta captivité même : tu te trompais, rien n'est caché pour Picard, aucune vengeance ne lui échappe, celle qu'il doit tirer de ton crime est toute prête. »

Le canon d'un pistolet touchait déjà la tempe du misérable, il demanda grâce, il supplia à genoux qu'on le laissât mourir les armes à la main, en l'exposant aux plus terribles dangers dans la prochaine expédition; les brigands, devenus des juges, furent inexorables.

« Compagnons, leur criait Picard, ce n'est pas pour un malheureux de cette espèce qu'il faut violer les lois de notre troupe. » Il lâcha la détente de son pistolet, et le traître tomba à ses pieds.

Les brigands seuls allaient par troupe, les apprentis, au contraire, sauf un cas exceptionnel qui pouvait exiger une levée en masse, devaient exercer leur industrie isolément. Défense leur était faite de se rassembler même dans les foires. Si les chefs les rencontraient réunis, fût-ce seulement par groupes de quatre ou cinq, ils les faisaient arrêter immédiatement et punir très-sévèrement.

Au premier ordre, ils devaient se rendre à la plus grande distance. Il était de la politique de la bande, sans doute par crainte des trahisons, de dépayser autant que possible les adeptes, et de faire ravager un pays par des bandits venus d'un autre assez lointain. C'est ainsi qu'il arriva souvent que les villages de la Meuse inférieure furent envahis par des voleurs venus des bords du Weser et de l'Èbre, tandis que, au contraire, ces derniers parages étaient désolés par les incursions d'une bande arrivée des bords du Rhin.

Les expéditions ne s'entreprenaient jamais que sur un avis donné par les espions juifs, qui, sous le nom tout argotique de *baldovers,* étaient comme les éclaireurs de la bande. Ils savaient toujours où se trouvait quelque belle proie à saisir, et ils étaient aussi à même de donner sur les lieux où l'on pouvait tenter un coup de main pour s'en emparer, les renseignements les plus certains et les plus précis. Seulement ils les faisaient toujours payer chèrement au chef, à qui importaient ces révélations. Ils ne parlaient qu'à prix d'or. Les bandits payaient, mais malheur au baldover si le butin n'était pas aussi considérable qu'il l'avait annoncé. Alors on lui faisait rendre gorge, et il fallait que par ses propres richesses, considérables d'ordinaire, il suppléât à ce qui manquait dans la proie espérée. Le plus souvent toutefois les choses marchaient au mieux, et l'on n'avait pas à revenir sur le premier accommodement. C'est la victime désignée par le juif qui payait tout. Celui-ci prenait alors un autre rôle : de *baldover* il devenait *scherfendspieler,* c'est-à-dire recéleur, toujours d'après le vocabulaire argotique de ces bandes. Double rôle, double profit, et le *scherfendspieler* savait toujours s'arranger de telle sorte que son gain ne fût pas inférieur à celui du *baldover :* c'est l'*égyptien* (le voleur) qui payait tout.

Voyons maintenant comment celui-ci savait à son tour saisir la proie qu'avait levée le *baldover* et que le *scherfendspieler* guettait déjà comme une dépouille opime.

Sitôt qu'une expédition avait été résolue, chaque membre de l'association en recevait avis par un message confidentiel, quelquefois même par le chef en personne. Tous alors se dirigeaient vers le lieu du rendez-vous, soit isolément, soit deux par deux, mais jamais plus de trois. La façon de voyager dépendait des ressources de chacun; les plus pauvres allaient à pied, les plus riches à cheval ou en voiture. Il en était enfin qui menaient avec eux les charrettes destinées à transporter le butin.

La route était souvent longue, difficile, entrecoupée de ravins et de forêts Pour qu'on ne s'y égarât pas, on convenait des lieux où les bandits en marche devaient faire halte, et où chaque groupe pourrait trouver les *kochemeresucks*, ou signes de ralliement que le chef y avait laissés en passant.

Ces signes, placés à l'entrecroisement des routes, étaient on ne peut plus simples : c'était d'ordinaire une ligne tracée sur le chemin même qu'il fallait prendre; chacun, en passant, la coupait d'une ligne plus courte. Le dernier venu apprenait ainsi la direction qu'il lui fallait suivre, et savait en même temps, en comptant les petites lignes échelonnées sur la plus grande, quel était le nombre des amis qui étaient passés avant lui.

Pour plus de précaution, quand la difficulté, et pour ainsi parler l'ambiguïté des routes le rendait indispensable, on jetait comme par hasard sur la voie une branche d'arbre chargée de ses feuilles, en dirigeant l'extrémité feuillue vers le sentier qu'il fallait suivre.

La nuit, ces signaux ne pouvant plus servir, on recourait à d'autres qui ne s'adressaient point à la vue. On avait dédaigné le sifflet, trop connu des voleurs ordinaires; on l'avait remplacé par le *kochemloschen*, cri aigu et prolongé que le voyageur attardé pouvait prendre pour la voix criarde des hiboux.

On atteignait ainsi le lieu du rendez-vous. Là, le chef passait l'inspection des armes; il faisait charger le *schneller* (le pistolet), il donnait les mots d'ordre, les mots de ralliement, et ceux qui devraient faire connaître le moment de l'attaque et le moment de la retraite. Enfin il distribuait les torches, qui, à un signal, devaient être toutes allumées.

La colonne, alors, s'avançait en silence, ayant son chef en tête. Il était armé de son bâton de commandement et du levier avec lequel la première *pesée* devait être faite. Après lui venait le bélier, longue poutre de douze pieds destinée à enfoncer les portes et les murailles. Les officiers subalternes suivaient, tous armés jusqu'aux dents, et portant les outils du métier, qu'ils appelaient *clamones* dans leur jargon. Enfin on voyait défiler tout le reste de la bande. Pas un qui ne fût armé comme les chefs, pas un non plus qui n'eût le visage noirci ou masqué. Ce n'était point par crainte qu'on ne les reconnût, car ils étaient presque tous étrangers au village qu'ils venaient ainsi attaquer, c'était au contraire pour qu'on pensât qu'ils étaient du voisinage, et afin de rejeter ainsi les soupçons sur tout autre que sur eux-mêmes.

Quand on était arrivé au bourg, dont nous supposerons que la principale maison était le but de l'attaque, on détachait aussitôt, pour s'assurer des cloches et des crieurs de nuit, ceux de la bande qui connaissaient les localités. Cela fait, on marchait sur la maison condamnée, et tout d'un coup elle se trouvait cernée de toutes parts.

On ne procédait point comme dans les siéges en règle, par l'envoi d'un parlementaire et par des sommations de se rendre; on commençait par une attaque, et l'attaque par une épouvantable clameur annonçant que l'ennemi était là et qu'il ne fallait espérer ni grâce ni merci.

Les torches s'allumaient comme par enchantement, et le bélier allait rebondir à coups pressés et retentissants contre la principale porte de la maison assiégée. Malheur à qui paraissait aux fenêtres! En même temps qu'on ébranlait les portes, on criblait de balles les croisées; mais les bourgeois, même sans la crainte de ce danger, n'avaient garde de se montrer. Au premier bruit ils avaient barricadé toutes les issues, ils avaient éteint les lumières et étaient descendus dans les caves, livrant sans défense aux bandits toutes les rues du village.

La porte de la maison assaillie finissait, quelle que fût la force de ses verrous, par céder aux efforts redoublés du bélier; alors les bandits, toujours leur capitaine en tête, entraient pêle-mêle dans cette terre promise. S'il en était un seul que la peur d'une résistance inattendue fît hésiter sur le seuil, le chef avait le droit de lui brûler la cervelle et de lui passer sur le corps. C'était un cas prévu par le code de la bande, mais il se présentait bien rarement; la proie était si proche et le danger si peu probable! L'ardeur à se ruer sur un butin que les *baldovers* avaient promis si riche et si abondant était plus naturelle que l'hésitation.

Qu'eussent fait d'ailleurs contre une pareille multitude les pauvres habitants revenus de leur effroi? A quoi eût pu servir leur résistance désespérée? Si quelques-uns s'y hasardaient, ils étaient bientôt massacrés; si au contraire ils se livraient d'eux-mêmes, on se contentait de les garrotter, puis hommes, femmes, enfants étaient enveloppés dans des matelas ou des tapis, et entassés dans quelque coin sombre. La maison étant ainsi déblayée de ses habitants, on l'illuminait de la cave au faîte, et l'on commençait le pillage.

Le butin espéré devait être tel que l'avaient annoncé les baldovers, il n'y devait pas manquer un denier, sinon malheur au propriétaire! Il était momentanément tiré de son cachot pour être soumis aux plus horribles tortures. Les bandits n'écoutaient ni les protestations ni les prières. Un aveu, l'indication du lieu où se trouvait le trésor pouvaient seuls faire cesser les tourments.

Quand tout le butin était réuni, empaqueté, emballé et mis sur les chariots, le capitaine rappelait par un signal tous ses bandits épars. Les blessés étaient mis sur les épaules des plus vigoureux, mais en cas d'alerte un peu vive, on les tuait d'après ce principe d'épouvantable prudence : « Les morts ne parlent plus. »

La retraite de la bande était souvent inquiétée par l'arrivée de forces supérieures. Les voleurs tenaient bon, et plus d'une fois on les vit soutenir avec avantage le feu des troupes régulières. Dans le cas plus ordinaire encore d'une retraite tout à fait victorieuse et sans inquiétude, ils fêtaient leur triomphe par d'épouvantables cris. Avec les débris des portes et des meubles brisés, ils allumaient un feu de joie, et jusqu'à ce qu'ils fussent revenus au lieu du premier rendez-vous, ils marchaient en agitant leurs torches. Ce but une fois atteint, tous les cris cessaient en même temps, toutes les lumières s'éteignaient, et au milieu de ces ténèbres et de ce silence, les voleurs, se disséminant par petites troupes, disparaissaient comme une bande de mauvais esprits.

Vous connaissez maintenant ces aventuriers redoutables, leurs mœurs, leurs institutions; il vous reste à savoir leur histoire, leur origine. Un curieux article paru dans le *Pictural annual*, au mois d'octobre 1832, va vous édifier complétement à ce sujet :

« Un homme appelé Moïse, juif de nation, et dont le premier nom était Jacob, passe pour avoir été le patriarche de cette race vagabonde.

» Ce fut lui qui donna une forme et une organisation aux éléments discords de la grande famille des voleurs, et qui investit le coquin isolé et errant de la qualité de bandit. Sa femme, sa digne compagne, dressa son sexe dans l'art de pénétrer au fond des prisons et d'entretenir la correspondance générale; enfin leur fils, vrai sang de son père et de sa mère, devint à son tour un chef célèbre, et leurs deux filles épousèrent des hommes qui moururent par la corde et la guillotine, en les laissant mères d'une postérité de francs voleurs.

» La résidence de cette noble famille était Windschoof, près de Groningue, en Hollande. Abraham Jacob le fils, plus célèbre sous le sobriquet de Snyder, peu content des lauriers qu'il avait cueillis en Hollande et en Belgique, fit trois campagnes jusque sous les murs de Paris, et des deux filles Rébecca et Dinah, l'une fut mariée à Francis Bosbeck, capitaine de la bande hollandaise, et l'autre à Picard surnommé Kotza, juif belge, l'un des plus fameux bandits de l'Europe.

» La bande du Brabant se fit bientôt connaître, grâce aux talents et à la cruauté des deux chefs rivaux, Picard et Bosbeck. Celui-ci surtout était un démon incarné, ce qui ne l'empêcha pas d'aimer la belle Rébecca Moïse, et d'en être aimé. Rébecca était cependant trop bonne israélite pour accorder sa main à un chrétien ; elle exigea de son amant qu'il se conformerait à l'ancienne loi, et après avoir hésité quelque temps entre son Dieu et sa maîtresse, Bosbeck se fit juif et prit le nom de Jéhu. Rébecca fut alors la plus tendre, la plus dévouée, et pendant quelque temps la plus heureuse des femmes légitimes... ; mais enfin Jéhu se rendit coupable d'une infidélité conjugale.

» Ses malheurs, il est vrai, eussent suffi pour aigrir un caractère plus ferme que le sien. Son premier accident après son mariage fut une captivité de dix-neuf mois dans un cachot souterrain si profond et si étroit, qu'il pouvait à peine y respirer. Ses pieds étaient chargés de lourdes chaînes qui les tenaient plongés dans une vase humide, et il ne pouvait espérer un changement de position que lorsqu'il était transporté sur l'instrument de torture. Il persévéra cependant avec fermeté dans son refus de rien avouer, et fut enfin relâché ; mais comme pour se refaire la main il commit un vol en plein jour : pris une seconde fois, il fut délivré par le dévouement vraiment héroïque de sa femme, qui donna sa liberté pour la sienne. Cependant, quand le sort les réunit, il ne la remercia qu'avec des coups et des malédictions. Les mauvais traitements ne purent l'arracher à son amour... Rébecca aimait toujours l'ingrat ; mais enfin, nous l'avons dit, Jéhu fut infidèle ! Sa femme le vit de ses propres yeux se promenant bras dessus, bras dessous avec sa rivale, et indignée, elle courut le dénoncer à la police. Sa rage ne fut satisfaite que lorsqu'il fut suspendu au gibet de la Haye. »

Jéhu mort, un autre diable incarné, Jean Bosbeck, son frère, prit le commandement de la bande, et sut la maintenir à la hauteur de sa réputation.

Elle avait une rivale, celle de Crevendt et de Neuss, aussi nombreuse, aussi redoutable, mais agissant par des moyens tout différents. Où la bande de Bosbeck employait toutes les ressources de la violence, portes enfoncées par le bélier, fenêtres escaladées, etc., les bandits de Neuss ne recouraient qu'à la ruse. Ceux-là volaient par force, ceux-ci pour ainsi dire par *insinuation*. C'est seulement quand ils eurent pour chef Mathieu Weber, surnommé Fetzer, qu'ils commencèrent à se servir du bélier. Jusque-là ils avaient trouvé plus facile de s'introduire dans les maisons par un stratagème fort simple et qu'on pourrait appeler le *vol à l'hospitalité*. Un voyageur se disant égaré, et presque toujours accompagné d'une petite fille dont le rôle était de prendre une voix suppliante, venait heurter à la maison désignée pour le pillage. Il était rare qu'on n'ouvrît pas aux accents pleurards de l'enfant ; c'était ce qu'attendaient les bandits apostés aux deux côtés de la porte. A peine avait-elle crié sur ses gonds qu'ils se ruaient dans le corridor et envahissaient toute la maison. Suivant que la circonstance était ou non pressante, le danger d'une surprise plus ou moins imminent, ils n'y restaient que le temps de la dévaliser, ou bien ils s'y installaient pour toute la nuit. Dans ce dernier cas, on faisait bombance, on banquetait largement, joyeusement, si bien même qu'on a vu Fetzer forcer les pauvres diables qu'il pillait, ses hôtes par la violence, de s'asseoir à table et de trinquer avec lui.

Ce Fetzer était le plus étrange des bandits; on ferait le plus beau roman avec l'histoire de sa vie, histoire que d'ailleurs il rédigea lui-même, et dont le manuscrit, trouvé dans la prison, fut produit devant le tribunal qui l'envoya à l'échafaud. Nous en détacherons ce fragment :

« Michel de Dentz et moi, dit Fetzer, nous fûmes pris au bourg de Neuss et logés dans un vieux moulin qui servait habituellement de prison à des personnages importants comme nous. Ce moulin, à raison de son élévation et de sa situation isolée sur les remparts, semblait devoir ôter aux captifs tout espoir de fuite; mais je pensai qu'il ne nous en coûterait pas davantage de tenter l'aventure. Après bien des projets, je conclus qu'il était nécessaire de parvenir jusqu'à l'étage au-dessus de celui dans lequel nous étions enfermés; je montai sur les épaules et puis sur la tête de mon camarade, et, à l'aide d'une barre de fer que j'avais détachée de son lit, je réussis à pratiquer une ouverture dans le plafond, à travers laquelle je me glissai assez facilement; mais il me fallut toute ma force pour glisser Michel après moi.

» Il y avait une fenêtre dans la chambre où nous nous trouvâmes, mais elle était solidement grillée, et nous vîmes la sentinelle qui allait et venait au bas, de sorte qu'il nous fallut encore monter à un étage supérieur. Nous y parvînmes encore par le même moyen, et là nous n'avions plus sur nos têtes que la coupole de bois qui sert communément de toiture aux moulins. Il ne s'agissait donc plus de monter, mais de descendre. Comment faire à une hauteur dont la vue seule donne le vertige? Il me vint à l'idée que les vieilles voiles du moulin nous seraient utiles si nous pouvions nous en emparer sans être aperçus; nous en tirâmes en effet deux à nous. « Avec la première, nous pourrons, me dis-je, nous laisser glisser jusqu'à la galerie qui entoure la tour à la hauteur de la meule, et avec la seconde, sauter jusqu'à terre. Aussitôt fait que dit : la voile fut fixée tant bien que mal au balcon où nous étions, et saisissant étroitement la toile dans mes bras, je me mis à descendre. Le vent, par malheur, soufflait comme le diable, et une bourrasque qui éclata me froissa si violemment contre cette maudite muraille, que tous mes os en craquèrent. Aveuglé par les plis de la voile, étourdi par les contusions, je ne savais plus où j'étais ni ce que je faisais. Avais-je atteint la galerie? l'avais-je dépassée? Les forces me manquèrent, mes doigts s'engourdirent et lâchèrent prise : je tombai.

» Le choc fut tel, que je me crus mort. Cependant Michel, en tombant sur moi le moment d'après, rappela mes sens. La sentinelle prit l'alarme et cria à la garde; il fallait fuir sans plus de retards, et trouvant, à ma grande surprise, que je n'avais aucun os brisé, nous courûmes jusqu'à l'Erp, qui était tout proche, passâmes la rivière à la nage, et gagnâmes la forêt. »

C'est à Cologne que Fetzer fut exécuté. Son repentir était profond; un seul regret s'y mêla, regret d'un vol qu'il n'avait pu faire, mais regret bien touchant pourtant : « Ah! disait-il à son confesseur, que n'ai-je seulement deux heures de liberté, je ferais le plus beau vol dont on ait entendu parler, et avec mon trésor j'assurerais de quoi vivre à ma fille, qui va tomber dans la misère. Dire, ajoutait-il les larmes aux yeux, dire que je n'ai pas même pu laisser de quoi lui faire donner une bonne éducation chez les Ursulines de Cologne! ».

L'une des dernières bandes fut celle de Neuwied, qui se forma des débris des autres, quand les autorités eurent enfin réussi à les détruire ou à les disperser. Elle tint bon même contre les troupes françaises, et ne craignit pas d'en venir aux mains avec elles en bataille réglée. Ce fut son dernier, son suprême effort.

Presque tous les chefs périrent les armes à la main, avec les plus courageux de la bande.

Qu'on ne croie pas cependant que la grande association des voleurs du Rhin fut ainsi anéantie tout entière. Elle ne fut détruite que comme armée active de bandits, comme troupe ostensible et organisée; mais comme association clandestine frappant et volant dans l'ombre, agissant par groupes de nuit et par détachements isolés, ayant pour séides ici des joueurs, là des vagabonds obscurs, etc., elle subsista toujours. Ses défaites l'avaient ramenée à ses éléments primitifs, à ce système de brigandage occulte qui, avec d'aussi beaux profits, lui assurait une sécurité plus certaine.

Un seul brigand, Schinderannes ou Schinder-Hans, le vrai voleur du Rhin, dont il ne quitta jamais les bords, continua ses vols à main armée, à ciel ouvert.

Il était né à Nastœtten en 1779, dans la plus basse classe du peuple. Un châtiment infamant qu'il reçut pour je ne sais quel délit de jeunesse le jeta dans la carrière du vol. Il se donna pour maître le fameux Frick, dit Tête-Rouge, qui le mit bientôt au premier rang de la bande avec Mosebach, Siebert, Iltis Jacob et Zughetto.

Schinderannes ne tarda guère à prendre le pas sur tous ces hardis voleurs. Un an après son entrée dans la bande, il la commandait. Sa tête alors était mise à prix, tous les efforts des agents de l'autorité tendaient à sa capture; ils y réussirent. Une nuit, Schinderannes fut pris dans le moulin de Weiden. On le dirigea sur Oberstein. Pendant une halte, mis dans une prison de village, il tenta de s'échapper. Il avait déjà gagné le toit, et, à l'aide d'une corde, il se laissait glisser jusqu'à terre; mais lorsqu'il était encore à une assez grande hauteur, la corde cassa. On accourut au bruit de sa chute, et on le plongea dans une geôle plus sûre; on pouvait le croire perdu. Déjà à Saarbruck, dont la forteresse était devenue sa prison, tout se préparait pour son exécution, la nouvelle s'en répandait partout; une lettre signée de Schinderannes, et jetée à profusion dans le pays, vint troubler cette espérance et la remplacer par la terreur. Il n'était resté que trois jours à Saarbruck, la troisième nuit, il s'était échappé.

Sa bande, quand il la rejoignit, s'était donné un autre chef, l'Italien Petri, surnommé Pierre le Noir, espèce de géant crépu et à longue barbe. A regarder son teint livide, on eût dit un cadavre; à l'entendre parler, on eût dit un corbeau. Il en avait le croassement et les instincts de mort. A jeun pourtant il n'était pas terrible. Il fallait, pour le faire sortir de sa paresse inerte, une bouteille d'eau-de-vie ou de *kirchen :* alors la bête fauve se réveillait, et l'incendie d'une église, d'un village entier, ne lui coûtait pas plus cher que l'assassinat du premier venu. Il n'était digne de commander une bande qu'à cause de sa férocité. C'était beaucoup déjà, et Schinderannes, au retour, put craindre de ne pouvoir rentrer dans le commandement de sa troupe. Petri fut heureusement pris peu de temps après; on le délivra, mais pendant le peu de jours de son emprisonnement dans un cachot humide, sans une goutte d'eau-de-vie, il avait pris un tel dégoût pour la rive française sur laquelle il s'était laissé surprendre, qu'à peine redevenu libre, il franchit le Rhin et ne reparut plus sur ce bord; il le laissa sans partage à l'ambitieux commandement de Schinderannes.

Celui-ci faillit lui-même le perdre bientôt après; cette rive française était décidément fatale aux bandits. Au lieu même où Petri avait été pris, Schinderannes fut arrêté, et on le plongea à Simmerm, dans le même cachot qui avait inspiré au pâle géant tant de mélancolie et une si brusque résolution. Vous allez voir par la description que M. D.-L. Ritchie, historien de ces bandes, a laissée de la geôle souterraine de Simmerm, comment il était en effet naturel d'y prendre un amer dégoût de la vie : « C'était un trou voûté, creusé à vingt pieds de profondeur, sous les fondations d'une prison, avec une simple ouverture au faîte, par laquelle on descendait le prisonnier comme un seau dans un puits. On n'aurait pu, il est vrai, fermer cette ouverture sans l'étouffer, mais il paraissait impossible d'y grimper, pratiquée comme elle l'était au milieu même du toit, tandis que la chambre où elle conduit n'était elle-même qu'un second cachot occupé par un autre bandit. »

Comment sortir d'un pareil *in pace?* Schinderannes y réussit, et c'est M. Ritchie qui va vous dire de quelle manière :

« Le jeune chef, écrit-il, ne désespéra pas de sa fortune. Il tissa une corde avec la paille sur laquelle il couchait, força les barreaux d'une fenêtre, et sauta dans les fossés de la ville, où il se disloqua le pied. Il lui fallut trois jours et trois nuits pour se glisser jusqu'à la porte d'un ami, restant étendu dans les bois pendant le jour, comme une bête fauve, et recommençant la nuit son pénible voyage. »

M. Ritchie, qui a fait de la vie de ce brigand étrange tout un roman curieux, *Schinderannes, le voleur du Rhin,* nous raconte ensuite comment, ayant rejoint sa bande, ce chef, ainsi délivré, sut la fortifier de recrues nouvelles dont Karl Benzel, jeune noble au caractère romanesque et hardi, fut la plus importante et la plus imprévue. Ensuite il entre dans le détail vraiment singulier du caractère de son héros, qu'il pose, sans pourtant rien emprunter à la fiction, en vrai *Fra Diavolo*, en vrai *Marco Spada*, enfin, en brigand complet d'opéra-comique. Écoutez ce qu'il en dit, et vous avouerez que M. Scribe, dans ses fables, n'est pas à beaucoup près aussi ingénieusement invraisemblable que M. Ritchie dans cette histoire vraie :

« Redouté, dit-il, au point que les mères faisaient taire leurs enfants criards en les menaçant de son nom, Schinderannes était cependant aimé des paysans, qui ne l'eussent trahi à aucun prix, et l'une des plus belles filles de l'Allemagne abandonna ses parents pour partager sa vie aventureuse en costume d'homme.

» Gai, généreux, humain, il sut jeter sur ses actes les plus audacieux un vernis de poésie qui le rendait intéressant. Il aimait la musique et les vers. On chante encore aujourd'hui sur les bords du Rhin la chanson qu'il fit pour sa maîtresse. Adonné aux plaisirs, adorateur des femmes, il fut volage dans ses amours tant qu'il ne connut pas Julia Blasius, la jeune fille dont nous parlions tout à l'heure, et qui sut le fixer par ses charmes. »

Schinderannes fut pourtant longtemps avant de connaître la grande vie du chef de bande; sans savoir comment en Hollande, comment en Belgique, où nous avons vu déjà tant de troupes bien organisées, on faisait avec des bandits de véritables armées : il n'avait qu'une compagnie, hardie il est vrai, fidèle et bien aguerrie, mais peu nombreuse, peu régulière, et il pensait que son ambition de chef devait s'en tenir là. Picard, que nous connaissons déjà, fut le premier qui lui révéla le contraire. La renommée de Schinderannes était venue jusqu'à lui, et il voulut se l'adjoindre avec sa troupe pour une expédition qu'il préparait sur les bords du Mein. Il vint lui-même l'inviter à cette alliance. Voyant ce chef venir à lui à la tête d'une escorte de cinquante cavaliers régulièrement armés et équipés, payés comme des soldats, sans compter leur part du butin, Schinderannes comprit qu'auprès de Picard il n'était, lui, qu'un chef errant, qu'un brigand vulgaire. Dès lors sa résolution fut prise de changer de manière et d'entrer plus fièrement dans le brigandage, en ne se contentant plus de parcourir à pied les forêts, d'aller d'un moulin abandonné à un château en ruine, et d'écumer à grande peine les hameaux et les routes. Sa dignité de bandit avait d'ailleurs été blessée de l'effet que la vue seule de sa misérable troupe avait produit sur les voleurs belges. « Ceux-ci, dit M. Ritchie, avaient été surpris de voir la troupe du grand Schinderannes, qui consistait en une poignée de brigands à pied, chacun accoutré à sa fantaisie, ou selon ses moyens, et conduits par un jeune homme dont la jolie figure et les bonnes manières sentaient plus le boudoir que le camp. »

Schinderannes, en modifiant les allures trop irrégulières de sa bande, ne changea rien à ses propres habitudes d'humanité dans le vol; il continua d'être pitoyable pour le paysan pauvre, mais par contre aussi, et selon une façon d'agir qui le distinguait des autres chefs, il persista à être impitoyable pour les juifs.

« Tout au rebours des autres bandits, dit M. Ritchie, Schinderannes poursuivait les juifs avec une sorte d'acharnement.

» Il se fit même tellement redouter de tous les enfants d'Israël établis sur les bords du Rhin, qu'ils demandèrent la faveur de composer avec lui, en payant un tribut semblable au *black mail* (impôt du voleur) des montagnes d'Écosse.

» Un de ses tributaires, Isaac Herz, riche marchand de Sobernheim, craignant encore pour sa vie, n'osait pas toutefois sortir sans une escorte de gendarmes. Schinderannes, l'ayant su, somma le juif de comparaître devant lui pour répondre de cette défiance.

» A l'heure convenue, la face cadavéreuse d'Isaac se montra à la porte du voleur, où une sentinelle était en faction. S'étant nommé, il monta l'escalier, et trouva sur le palier du premier étage une autre sentinelle qui l'annonça. La porte s'ouvrit et le juif, la tête basse, se glissa dans la chambre plus mort que vif. Schinderannes, entouré de ses officiers, sous les armes, était assis avec un télescope devant lui, à côté de sa belle Julia, tous deux magnifiquement vêtus.

» — On nous a rapporté, dit le capitaine d'un ton sévère, que tu ne voyages qu'avec une escorte de gendarmes, pourquoi cela? — Le juif voulut répondre, mais la parole expira sur ses lèvres.

» — Ne sais-tu pas, continua Schinderannes avec plus de douceur, que je n'aurais qu'un mot à dire pour te faire loger une balle dans la tête, quand tu serais au milieu d'un escadron? — Isaac se prosterna en signe d'acquiescement, mais il ne put prononcer une syllabe. Il paya vingt-six francs pour les frais de cette audience, et renonça à ses inutiles précautions. »

Nous venons de voir Shinderannes au comble de la puissance, sa chute est prochaine pourtant, et c'est encore M. Ritchie que nous allons laisser vous en conter les péripéties.

« Ayant été pris sur la rive allemande du Rhin, il fut transporté à Francfort et de là à Mayence, pour y être jugé par les autorités françaises, ayant pour compagnon de ce dernier voyage la belle et fidèle Julia et le fameux voleur Fetzer.

» En chemin une roue de la voiture se brisa. — Camarades, dit Fetzer, c'est l'image de la roue de notre vie qui bientôt ne tournera plus.

» A Mayence, ils trouvèrent une grande partie des gens de leur bande dont on instruisait aussi le procès. Le jour du jugement, tous ces bandits, ayant comme naguère leur chef à leur tête, mais escortés par de nombreux détachements de troupes et entourés par la moitié de la population du pays, se rendirent en long cortége à l'ancien palais électoral.

» En entrant dans la grande salle de l'Académie, dont les murailles de marbre avaient tant de fois retenti des sons d'une musique de fête, Schinderannes alla tranquillement s'asseoir sur son banc et promena ses regards sur le concours de spectateurs qui étaient accourus pour voir ce redoutable brigand.

» On eût dit qu'il éprouvait un étrange plaisir à être le héros de ce spectacle. Peut-être son imagination lui retraçait-elle le souvenir de son enfance méprisée, du châtiment qui l'avait flétrie, et peut-être le contraste lui donna-t-il de l'orgueil.

» Pendant tout le cours de l'audience, il joua avec son jeune enfant, parla bas à sa Julia et lui pressa souvent les mains.

» Quand on lui lut la sentence, il fut agité d'une émotion inattendue. Ses craintes pour sa Julia l'emportèrent sur son sang-froid : — Elle est innocente, s'écria-t-il, elle est innocente, c'est moi qui l'ai séduite!

» Ce cri du cœur fit verser des pleurs à tout l'auditoire.

» Julia ne fut condamnée qu'à deux ans de prison, mais Schinderannes et dix-neuf membres de sa bande eurent la tête tranchée.

» L'exécution eut lieu le 21 novembre 1803, où l'on vit tomber vingt têtes en vingt-six minutes. »

Cette exécution de Schinderannes, qui amena la destruction complète de sa bande, mit fin aux représailles de ces brigands redoutables contre ceux qu'ils soupçonnaient de les avoir trahis, et que pour cette raison ils poursuivaient à outrance, comme une whême sanglante, jusqu'à ce qu'ils eussent pris leur vengeance complète. Du nombre des gens menacés, marqués à tuer par le terrible chef, était un officier français, M. de la Fizelière, qui, étant à Mayence avec un de ses camarades, avait fait manquer un coup de main tenté par un des lieutenants de Schinderannes contre l'hôtel de la poste de cette ville.

C'est du fils même de M. de la Fizelière que nous tenons cette particularité. Il a bien voulu nous en écrire lui-même le récit, et nous allons le reproduire ici tel qu'il nous l'a donné :

« Le colonel d'artillerie de la Fizelière, étant sous-lieutenant, se trouvait à Mayence au moment où la troupe de Schinderannes dévastait les provinces rhénanes.

» Il habitait le premier étage d'une maison située en face de la poste aux lettres, et il partageait ce logement avec un de ses camarades nommé Cailly.

» M. de la Fizelière fut éveillé une nuit par un bruit singulier qui venait de la rue. Il se leva et ne tarda pas à entrevoir dans l'obscurité quatre hommes qui, à l'aide d'une échelle, essayaient de forcer les barreaux de la fenêtre située en face de la sienne.

» Il se hâta d'appeler son ami, et le chargea de surveiller les mouvements des voleurs, tandis qu'il irait de son côté prévenir le directeur de la poste par une porte de derrière dont il avait par hasard remarqué la situation dans une rue voisine.

» M. de la Fizelière réussit au gré de ses désirs, sans donner l'éveil aux voleurs; il prit ses armes, M. Cailly en fit autant, et ils allèrent se mettre en embuscade derrière la porte de leur maison, tout prêts à sortir pour charger les bandits au premier signal de défense venu de l'hôtel de la poste.

» Ils n'attendirent pas longtemps; les voleurs, étant parvenus à scier ou à tordre un des barreaux, ouvrirent la fenêtre. L'un d'eux se disposait à se glisser par l'ouverture qu'ils avaient pratiquée, quand le directeur des postes et son domestique se glissèrent devant lui, le fusil à la main, et le précipitèrent du haut de l'échelle.

» Les deux sous-lieutenants s'élancèrent alors de leur cachette, et, l'épée à la main, se ruèrent sur les brigands.

» Après une courte lutte dans laquelle l'un des bandits fut grièvement blessé d'un coup d'épée, ils prirent la fuite et sortirent de la ville.

» M. de la Fizelière et M. Cailly les poursuivirent, mais ils ne tardèrent pas à perdre leurs traces dans les sentiers dont ils ignoraient les détours.

» Le lendemain ils reçurent une lettre par laquelle on les menaçait dans les termes les plus énergiques de la vengeance de Schinderannes, Par bonheur pour les jeunes officiers la troupe des voleurs du Rhin fut dispersée quelques semaines après, par suite de l'exécution de ses chefs. »

Si nous nous sommes appesanti si longuement sur l'histoire de ces bandits du Rhin, bien que l'époque toute moderne à laquelle ils appartiennent soit très-éloignée des siècles dans les limites desquels ce chapitre devrait se renfermer, c'est que, par la nature des faits qu'ils racontent, ces récits, véritables épopées du moyen âge ou du XVI^e siècle, semblent du domaine de ces mêmes époques et jurent étrangement avec la civilisation de la nôtre. On ne croirait jamais que nous avons été contemporains de Schinderannes. Quand sa vie étrange sera passée avec le temps à l'état de légende, ce n'est pas sous sa véritable date qu'on la placera, on la fera remonter d'un siècle au moins pour faire du grand bandit du Rhin un contemporain de notre Cartouche et de notre Mandrin; ou plutôt encore, pour la rapprocher mieux des époques dont ses brigandages ont le caractère, on fera de Schinderannes un bandit du temps de l'empereur Mathias ou de Bethlem-Gabor. Nous avons devancé le moment où se fera cette transposition de date, et nous nous sommes mis ainsi dans la vraisemblance, sinon dans la vérité.

Il est un autre héros plus moderne encore, mais qui n'appartient pas moins, comme Schinderannes, par ses mœurs, son caractère, à une époque beaucoup plus reculée, à cette ère d'héroïsme sauvage où le bandit commençait le conquérant, et qu'on appelle le moyen âge; cet homme, c'est le Hongrois Sobri. Dans notre siècle ce ne fut qu'un brigand, au moyen âge c'eût été sans nul doute un héros; sa biographie n'est pour nous qu'une histoire de voleur, c'eût été une épopée pour nos pères du xve siècle.

Il avait le courage d'un preux, bien plus, il en avait la loyauté et l'honneur. Qu'on oublie un moment que nous parlons d'un homme de notre époque, qu'on transpose sa vie comme nous le faisons nous-même, qu'on le rejette dans le passé, lui et ses actes, à deux siècles plus loin, et l'on verra que ces mots d'honneur, de loyauté, d'humanité, dont nous nous servons ici, ne sont pas exagérés, mais lui sont dus. Il n'eut qu'un tort, c'est de donner, lui caractère du passé, lui homme primitif et abrupt, dans l'une des manies de notre présent aux doctrines frelatées; c'est de se jeter dans les idées de réforme humanitaire, et de se croire un apôtre; à partir de là il devient coupable. J'aime presque à le voir, fils de paysan, se cherchant une fortune dans le pillage de ces insolentes richesses dont se gorgent les magyares, rançonnant le riche, épargnant le pauvre, le nourrissant même et lui donnant une part de son butin, mais du moment qu'il érige cette façon d'agir en doctrine, en actes de haute justice, je ne vois en lui qu'un brigand et un fou. Je consens qu'il suive un instinct, mais non pas un parti pris. Si quelque chose a jamais légitimé ou plutôt excusé le vol, c'est la misère de l'homme à l'état sauvage, tel enfin qu'était Sobri quand la première chaleur de l'âge et du besoin le jeta sur les grandes routes; mais si c'est par système, par raisonnement, que cet homme est bandit, tout l'accuse, tout le flétrit. Je ne sais pas de pire monstre qu'un brigand philosophe. Sobri eut le malheur de chercher à l'être, mais ce n'est pas sous cet aspect que nous le considérerons; c'est le voleur que nous voulons voir, le bandit menant ses continuelles maraudes dans les steppes de la Hongrie; disputant la vie du désert, les honneurs du brigandage nomade aux *topindas* ou bandes de bohémiens; prenant d'assaut un donjon magyare, et le lendemain faisant grâce à une chaumière et même y jetant comme aumône une part de ses dépouilles opimes; voilà notre homme, voilà le Sobri que nous voulons vous faire connaître, ne fût-ce que par un seul épisode de sa vie.

Un de ces ouvriers errants, nomades de l'industrie, qu'on appelle *reisende mechanici* et qui parcourent l'Allemagne à pied, venait de quitter un *hane*, sorte d'auberge hongroise où il avait passé la nuit, lorsqu'il fut attaqué près d'un bois par des voleurs qui lui enlevèrent tout ce qu'il possédait. Son livret d'ouvrier, qu'on lui prit comme le reste, lui tenait surtout au cœur. Cette perte, en effet, l'exposait à être arrêté aux portes de la première ville où il entrerait.

Son chagrin allait jusqu'aux larmes, lorsqu'un cavalier fort bien vêtu vint à passer. Il lui demanda pourquoi il se plaignait ainsi; en ayant su la cause : « Pensez-vous, lui dit-il, pouvoir reconnaître à première vue les gens qui vous ont volé? » L'ouvrier répondit affirmativement, et l'étranger l'engagea à le suivre. L'autre reculait, il était peu soucieux de retrouver ces gens qui, ne lui ayant laissé que la vie, pouvaient bien maintenant s'aviser de la lui prendre. Sur les instances de l'inconnu, il s'y décida pourtant.

Quand ils furent arrivés à l'endroit où avait été commis le vol, le cavalier siffla trois fois. Trois hommes sortirent du taillis. « Voilà mes voleurs! cria l'ouvrier épouvanté et reculant encore. » Mais l'étranger gourmandait déjà en termes fort vifs les trois bandits, leur reprochant de s'être oubliés assez pour voler un si pauvre homme. « Sommes-nous donc, leur disait-il, des voleurs ordinaires? ces malheureux à qui nous devrions donner par humanité, devons-nous, dans l'égarement de la cupidité, leur prendre le peu qu'ils possèdent? » Il siffla alors une seconde fois, et d'autres hommes parurent. Il leur commanda de s'emparer des trois premiers et de les fouetter jusqu'au sang. Une fois ce supplice infligé, il leur ordonna de rendre à l'ouvrier non-seulement son livret, mais ses hardes et l'argent qu'il avait sur lui quand on l'avait arrêté. A cette petite somme, il en ajouta une plus forte de sa propre bourse; puis il le congédia en lui disant : « Allez maintenant, et si l'on parle de Sobri, dites comment il traite ses gens quand ils oublient ce qu'ils doivent à ses ordres et à leur réputation. »

L'ouvrier, très-surpris, mais non encore tout à fait rassuré, s'en alla en hâte vers la ville voisine. Au premier *mehana* (restaurant) où il entra pour se refaire un peu par un petit verre de *raki* ou une rasade de *smercdevski*, ce qu'il eut de plus pressé à faire, ce fut de raconter ce qui venait de lui arriver. Il y avait là des gens de l'autorité qui prirent bonne note de son récit. Le lendemain ils firent appeler l'ouvrier devant le juge. C'est par une offre que l'on commença avec lui. S'il voulait faire connaître la retraite de Sobri, on lui promit cent ducats. Le pauvre garçon fut d'abord interdit de la proposition et hésita un moment; la reconnaissance finit pourtant par être la plus forte, il refusa. « La retraite de Sobri, dit-il, m'est tout à fait inconnue. — Je vous crois, dit le juge, mais nous savons qu'il parcourt en ce moment les environs de la ville, vous seul pouvez nous aider dans les recherches que nous dirigeons contre lui. Si vous refusez de rendre ce service à la loi, nous regarderons votre refus comme un acte de complicité, et l'on vous mettra en prison comme si vous étiez de sa bande. »

L'ouvrier ne s'attendait pas à cette conclusion, il en fut atterré. Il ne voulait pourtant pas trahir Sobri. Il feignit de consentir à ce qu'on lui demandait, mais il se réserva en lui-même de n'agir qu'au gré de sa reconnaissance, et d'égarer la justice, si c'était possible, au lieu de la guider.

Tout agité de ce qui venait de se passer, il s'en alla, au sortir du tribunal, errer quelque temps dans la campagne. Il n'avait pas fait deux cents pas qu'un passant l'arrête : « Me reconnaissez-vous? — Non, répond l'ouvrier stupéfait, ou plutôt je ne veux pas vous reconnaître, votre tête est mise à prix. — Et l'on vous a proposé de la vendre, n'est-ce pas? eh bien, c'est ce qu'il faut faire. — Comment! — C'est de l'argent fort bon à gagner, gagnez-le, c'est moi qui vous en prie. Allez dire aux juges que vous m'avez vu, et assurez-les que je dois me trouver à cet endroit demain, à la même heure. » Cela dit, Sobri s'éloignait, il revint : « S'il vous plaît d'ajouter que je viendrai avec cinquante des plus déterminés de mes hommes, faites-le ; je vous laisse libre pourtant de ne pas le dire. Quant à vous, comptez toujours sur moi, brave homme, je sais aussi récompenser la fidélité. »

Tout ce que Sobri avait prévu arriva. L'ouvrier rendit compte aux magistrats de ce qu'il avait vu ; cent cinquante ducats lui furent promis, payables le jour où Sobri serait dans leurs mains. Vaine promesse! en la faisant ils tremblaient des mesures qu'il leur faudrait prendre pour être à même de la réaliser. Ils n'osèrent rien faire pour prendre Sobri. Le pauvre ouvrier n'eut pas un seul des ducats promis. Le brigand fut plus généreux : un jour le pauvre ouvrier reçut une bourse contenant mille florins, c'est Sobri qui la lui envoyait.

Qu'est devenu ce redoutable chef? C'est ce qu'on n'a pas encore pu savoir.

Voici ce qu'on lisait à ce propos dans une revue anglaise du mois d'avril 1837 ; nous empruntons la traduction de la *Revue britannique* : « Jamais la police n'a pu parvenir à s'emparer de Sobri, dont le sort est encore aujourd'hui enveloppé de mystères. On assure qu'il a été tué en 1837 dans un combat acharné contre un détachement de lanciers, et quoiqu'on n'ait point obtenu de preuves authentiques de ce fait, ce qui le rend fort probable, c'est que depuis ce temps sa bande est complétement dispersée.

» On rencontre bien parfois encore de petits détachements de cinq ou six hommes qui infestent les routes, mais le noyau de cette armée, qui devait régénérer la Hongrie à sa manière, a disparu avec le chef. »

Les *hane* ou hôtelleries de la Hongrie ne sont pas pour les brigands de ce pays des repaires aussi favorables que le sont les auberges pour les bandits des autres contrées. Il est si rare qu'un voyageur de quelque importance vienne y loger! Les vertus hospitalières qui revivent dans le monde gréco-slave, comme au meilleur temps de la *philoxenia* antique, peuplent d'étrangers passants les demeures particulières, et rendent désertes les hôtelleries. Qu'y viendraient alors faire les bandits? Ils en dédaignent l'approche ou n'y viennent que lorsque, par un temps trop mauvais, ils ont eux-mêmes besoin d'un abri. Il y a là, pour eux comme pour le passant, une chambre vide où l'homme peut s'établir, une écurie délabrée où le cheval peut prendre place. Tout cela est mal clos, sans portes et sans fenêtres. Le vent y souffle comme en plaine, et, pour se réchauffer, on n'a qu'un étroit *mengal* ou plat de braise qu'il faut sans cesse renouveler. Quant aux vivres, on n'en trouve point. Pour les repas, il faut aller au *mehana*, sorte de cabaret moitié café, moitié restaurant, dont nous avons déjà dit un mot, et où l'on est hébergé à l'orientale.

La vie du voyageur, on le voit, serait assez difficile dans ces pays si l'hospitalité slave, digne reflet de l'hospitalité de la Grèce antique, ne remédiait à ses incommodités. Quand un Bulgare apprend qu'un Franc de quelque importance est au hane, il vient le trouver et l'emmène chez lui. L'arrivée de l'étranger sous chaque toit bulgare est une véritable fête. Les voisins sont invités, la cuisine flambe, le *saki* coule à flots, et le gobelet des ancêtres circule de main en main. Si l'on est chez un Albanais, chez un Grec, chez un Slave macédonien, ce n'est plus, comme chez le Bulgare, une grossière coupe d'étain, mais un vase qui porte encore les traces d'une vieille dorure ou d'une ciselure précieuse.

Le vin n'est pas non plus épargné, car la vigne est la culture favorite des Gréco-Slaves; son produit est leur meilleure richesse. Leurs vins mériteraient d'être célèbres à l'égal des vins grecs. Si celui de Ténédos, dont la couleur pourpre est si éclatante; si celui de Chypre, dont on admire tant la couleur dorée; si enfin le vin de Samos, qui a la douce saveur du lunel, comme celui de l'Athos rappelle par son parfum le bouquet pénétrant des vins d'Espagne; si tous ces nectars ont une juste renommée, il ne faut pas accorder moins d'honneur aux vins de Moldavie. On croit, en les buvant, boire du bourgogne d'un bon cru. A Ambelakia, à Pharsale, sur toutes les côtes, se vendange un petit vin de liqueur tout à fait délicieux. Le principe sucré domine dans les vins grecs; la verdeur spiritueuse fait, au contraire, la force et le fumet des vins slaves. Les vignobles de l'Herzégovine, de la Bosnie et de la Serbie, sont abondants en vins d'une séve énergique. Ils valent beaucoup mieux que ceux du Danube valaque ou moldave, où dominent les principes acides et aqueux. Ceux-ci pourtant peuvent s'améliorer beaucoup par un procédé étrange. Le Valaque qui veut avoir de bon vin fait geler toute sa récolte pendant l'hiver : ce qu'il y a de plus généreux dans la liqueur résiste à la congélation; il le prend et jette le reste.

Les Serbes ont le vin célèbre qu'ils appellent *smederevski*, et qui croît en effet sur les coteaux de Smederevo. A les entendre, les vignobles qui produisent ce vin blanc exquis descendent, par une reproduction non interrompue, des ceps que l'empereur Probus planta sur le mont d'Or, montagne de ces contrées.

On conserve le *smederevski* dans des outres goudronnées ou de petits tonneaux très-longs qui peuvent se porter à dos de cheval. Jamais un *starechine*, ou chef de village, ne se met en route sans porter avec lui une de ces outres pleine ou un de ces petits barils oblongs.

Le Serbe, le Valaque ou le Bulgare, sont très-jaloux de leurs récoltes. A la garde de chaque vignoble est préposée une sentinelle armée qui se loge dans une *vigla* (vedette), abritée elle-même par un gros orme ou un rocher. S'il vient un homme ou quelque bétail faire du dégât dans la vigne, la sentinelle doit faire feu. Les champs de maïs sont gardés de la même manière.

Dans les banquets qui suivent les vendanges, dans ceux qui sont donnés en l'honneur des hôtes, ces bons vins, dont le fruit a été si bien gardé, coulent à pleines rasades, non point pendant, mais avant ou après les repas, car les Orientaux ne trouvent rien de plus plaisant que de boire en mangeant, et nos manières, en cela, leur prêtent fort à rire.

Les libations se prolongent longtemps, mais c'est que le Slave aime fort à converser, et que le vin est le nerf des entretiens. Le chef de la famille se lève le premier et dit : « Nous nous sommes assis honnêtes, nous nous levons en tout honneur. » Les réjouissances de l'hospitalité ne sont pas finies là.

De la salle qu'on appelle *oda*, on monte à l'espèce de belvédère qu'on nomme *tchardak*; là des pipes et le café vous attendent. Tout à l'heure on a bu à la même coupe circulant de convive en convive ; maintenant on fume au même tchibouck. Chacun y hume sa bouffée et le passe après à son voisin.

Quand le soleil est couché, on conduit l'hôte à l'appartement qu'on lui destine. Un grand feu y est allumé, et quelqu'un de la famille, un enfant, la jeune fille surtout, reste auprès pour l'entretenir et veiller sur le sommeil de l'hôte.

Si tout à l'heure, avec Schinderannes et Sobri, nous nous sommes trouvés reportés aux temps héroïquement barbares du moyen âge, ceci, par un même retour vers un passé plus lointain, ne nous ramène-t-il pas aux époques antiques où l'hospitalité, le culte des hôtes, était la première des vertus ?

Entrons maintenant au *hane*, et un autre tableau va s'offrir à nous, tableau aux reflets antiques encore, et tout empreint de je ne sais quel parfum de traditions grecques ; nous allons nous croire dans le *pandokeion* solitaire et délabré des environs d'Argos, ou bien dans quelque *kani* à moitié désert de l'Hellade. Rien n'y manquera, que le bien-être toujours absent de ces gîtes slaves comme il l'était jadis des *pandokeia* antiques. Mais ce délabrement, ce dénûment, seront des points de ressemblance de plus entre le passé et le présent.

M. Desprez, qui a consacré de si curieux articles aux Gréco-Slaves dans la *Revue des deux mondes*, sera notre guide pour cette visite au *hane* bulgare.

Il nous montre d'abord le voyageur désireux d'un gîte où il puisse se reposer au bout de sa route, trouvant enfin ce *hane* « désert et ruiné, » et seul avec son guide, s'y installant sur un grabat, n'ayant d'autre couche que quelques ais trébuchant sur des pieds boiteux, d'autre nourriture que les provisions qu'il a lui-même apportées. N'est-ce pas, je le répète, tout à fait le khani de la Grèce moderne?

Selon M. Desprez, il serait difficile de trouver d'autres gîtes publics en Bosnie, en Romélie et vers le bas Danube, « où, dit-il, les Russes ont tout détruit. »

« Souvent, ajoute-t-il pourtant, notre voyageur rencontrera dans ce *hane* abandonné une compagnie de *palikares*, et l'arrivée d'un *vrai franc* éveillera chez eux une gaieté, une verve poétique où se révélera tout le moderne hellénisme. Tantôt ce sont des danses mimiques et à caractère comme l'Europe n'en connaît plus; tantôt ils raconteront quelques légendes des anciens temps de la ville, comme ils appellent Stamboul, qui égalera en luxe d'images les plus merveilleux contes de l'Orient, ou bien ils se livreront à des exercices où éclate leur admirable souplesse, et où l'on reconnaît tous les jeux décrits par Homère.

» Puis s'accompagnant de la lyre de leurs frères barbares, comme quelques-uns appellent encore les Slaves, c'est-à-dire de la *guzla*, ils chanteront leurs derniers combats. Au milieu du silence profond des auditeurs, assis en cercle autour du feu, passe et repasse, pleine de vin pourpré, l'énorme *tchoutoura*, bouteille en bois ciselé dont le bouchon, de bois aussi, ferme si hermétiquement l'orifice, qu'on a peine d'abord à le croire séparé du vase. Peu à peu tout s'anime; la réserve fait place à l'abandon, et alors devient claire la grande, l'éternelle antithèse entre l'Orient et l'Occident. »

Ici, grâce surtout à cette *tchoutoura* rebondie d'où l'ivresse jaillit à flots pourprés, le *hane* se transforme presque en taverne, et l'on pourrait s'en étonner, car nous sommes sur terre ottomane, presque chez des mahométans. Ce qui surprendra bien mieux encore, c'est qu'à Stamboul même on trouva longtemps des cabarets véritables où le buveur turc, en dépit de Mahomet, ne se gardait d'aucun des excès auxquels le vin entraîne.

A la fin du XVI^e siècle il en était encore ainsi à Constantinople, et pour faire cesser ces désordres et ramener les croyants à l'observance de la sobriété et à la haine du vin prescrites par le prophète, il ne fallut rien moins que les rigueurs d'Amurath et de Mahomet IV.

C'est de 1634 que datent les sévérités longtemps infructueuses du premier.

Nous lisons à ce sujet dans l'histoire des Turcs, par Ricaud : « Amurath résolut, en 1634, d'interdire entièrement le vin. Un édit sévère ordonna de raser les cabarets, de défoncer les tonneaux qui s'y trouveraient, et de répandre le vin dans les rues.

» Afin de savoir au vrai de quelle manière on obéissait à ses ordres, il se déguisait souvent pour se promener en cet état dans la ville, et lorsqu'il trouvait quelqu'un chargé de vin, il l'envoyait en prison et le faisait battre jusqu'à la mort.

» Un jour il rencontra un pauvre sourd qui, n'entendant pas le bruit qu'on faisait à l'approche du sultan, n'évita pas assez promptement un prince dont l'abord était funeste. Cette négligence lui coûta la vie : il fut étranglé par ordre du Grand Seigneur, qui ordonna qu'on jetât le corps dans les rues ; mais cette grande sévérité ne dura guère, et tout retourna bientôt sur l'ancien pied. »

C'est Mahomet IV qui accomplit la nouvelle réforme. Ricaud va nous dire de quelle manière.

« Il résolut, écrit-il, en 1670, de défendre à tous les soldats l'usage du vin. On se souvenait des terribles séditions que cette liqueur avait fait naître, et principalement de ce qui était arrivé sous Mahomet III, qui avait vu son sérail forcé par une bande de soldats furieux, et qui ne s'était dérobé à leurs fureurs qu'en leur sacrifiant ses principaux favoris. Une ordonnance fut publiée pour défendre entièrement l'usage du vin et pour commander à tous ceux qui en avaient dans leurs maisons de l'emporter hors de la ville.

» Le sultan condamnait à mort tous ceux qui violeraient cette ordonnance, dans laquelle il parlait du vin comme d'une liqueur infernale inventée par le démon pour faire périr les âmes des hommes, pour troubler leur raison, pour mettre les États en combustion.

» D'abord on fut rigoureux dans l'exécution de cet arrêt, jusque-là qu'il en coûta beaucoup de sollicitations et d'argent à l'ambassadeur d'Angleterre et aux marchands chrétiens de Constantinople pour obtenir la permission de faire du vin autant qu'il en faudrait pour leur maison.

» A Smyrne, les officiers du Grand Seigneur n'eurent pas la même indulgence pour les chrétiens, qui, de cette sorte, furent une année entière sans faire de vin. On eut même de la peine à consentir qu'ils en fissent apporter des îles de l'Archipel et des autres lieux qui n'étaient pas compris dans la défense, car elle n'avait lieu que dans les endroits où il y avait des mosquées.

» Outre cela, on faisait tous les vendredis des sermons chargés de déclamations contre ceux qui en boiraient.

» Enfin, l'ordonnance était si sévère que le vin semblait banni pour toujours des États du Grand Seigneur ; mais, au bout de l'an, on se relâcha un peu de cette sévérité : les ambassadeurs et d'autres chrétiens eurent permission de faire du vin chez eux.

» Au bout d'une autre année, l'indulgence des vins fut générale ; les cabarets furent rétablis, et aujourd'hui cette liqueur y est aussi commune qu'auparavant. »

Cette interdiction du vin était l'une des ordonnances les plus formelles de Mahomet. Il suivait en cela un vieux précepte de sobriété en cours depuis des siècles chez les Arabes.

Selon un passage cité par M. de Sacy au tome I^er de sa *Chrestomathie arabe*, le vin de datte était seul permis par quelques docteurs aux époques qui précédèrent l'hégire; quant au vin véritable, il était sévèrement proscrit. Comme nous l'indique à quelques pages plus haut un autre passage du même livre, les nobles eux-mêmes ne s'en permettaient pas l'usage.

Mahomet mit en préceptes ces antiques coutumes, et leur donna force de lois. Deux passages du Koran s'expliquent sur cette interdiction du vin, et la maintiennent en termes sévères. D'abord pourtant le Prophète, ayant à se déclarer personnellement à ce sujet, avait été moins rigoureux. Interrogé par Osman sur le vin et sur les jeux de hasard, il lui avait répondu par ces paroles, qui devinrent un verset du Koran :

« Il y a dans ces choses-là de grands dangers et de grands avantages pour les hommes. »

Ces paroles étaient d'une interprétation trop commode, et surtout trop élastique. On pouvait selon son désir y trouver une défense ou une permission. Or, comme on le pense bien, ce n'est pas la défense qu'y vit le plus grand nombre, toujours empressé à ne pas trouver de dangers dans la débauche, mais à y voir au contraire des avantages, le plaisir étant le plus grand pour eux. On se mit donc à boire avec excès sous les tentes et dans les villes arabes.

Un jour Osman se trouva à Médine, dans un banquet où vers la fin les convives, échauffés par le vin, se prirent de querelle et se battirent à outrance. Plusieurs furent laissés pour morts. Il raconta ces désordres au Prophète, qui en fut fort attristé. C'est alors qu'il écrivit dans le Koran, au chapitre *Maidahou de la table*, cet autre verset, qui est le complément formel du premier, et qui ne laisse aucun doute sur l'intention d'abord mal comprise qui l'avait dictée :

« Certainement le vin, les jeux de hasard, les pierres sur lesquelles on sacrifie des chameaux ou autres animaux pour être partagés par le sort des flèches, sont toutes choses abominables devant Dieu; retirez-vous-en, afin que vous vous sauviez. »

Les paroles du Prophète étaient claires cette fois; mais sous l'inspiration du premier verset, le mauvais pli avait été pris, et l'on continua à compter bon nombre d'ivrognes chez les mahométans. Il en est même des plus sages qui croient encore que le vin ne leur est pas défendu. S'ils n'en font point usage, c'est par raison et non parce qu'ils suivent un précepte du Koran.

Cela rendit nécessaires les édits des kalifes et des sultans. Ils firent bien voir qu'à leur sens il n'y avait point d'ambiguïté dans les préceptes du Prophète, et qu'on ne devait pas, suivant son tempérament, leur donner tantôt l'une, tantôt l'autre interprétation.

Hadgage, ce lieutenant des kalifes dont la sévérité est devenue proverbiale chez les Orientaux, sévit surtout avec la plus grande rigueur contre ceux des habitants de Bagdad qui se prenaient de vin, et qui, pour raison de débauches, se déshonoraient et passaient la nuit hors de chez eux.

On lit au sujet de ces édits sévères un conte fort ingénieux dans le *Halbetel kumeit* (n° 1466). Nous allons le reproduire ici d'après la traduction qu'en a donnée Cardonne dans ses *Mélanges de littérature orientale* sous ce titre : *Défaite ingénieuse de deux ivrognes :*

« Hadgage, ce lieutenant des kalifes si renommé par sa sévérité, avait ordonné à l'intendant de police de Bagdad de faire périr tous ceux qu'il rencontrerait dans les rues deux heures après le coucher du soleil. Cet officier, faisant sa ronde, surprit deux jeunes gens pris de vin. — Qui êtes-vous, leur dit-il d'un ton menaçant, pour oser contrevenir aux ordres du lieutenant du calife? L'un des deux jeunes gens lui répondit par ces deux vers impromptus :

» — Les plus grands seigneurs, pâles et tremblants devant mon père, inclinent la tête en sa présence, mais leur posture humiliée le touche peu. Il verse leur sang et s'empare de leurs richesses.

» L'intendant, persuadé que ce jeune homme était un proche parent du kalife, n'osa le faire périr et se contenta de le faire conduire en prison.

» Il fit la même question à son compagnon, qui lui répondit par ces deux autres vers :

» — Le feu est allumé jour et nuit dans les cuisines de mon père, et une foule de convives assiége continuellement sa table.

» L'intendant, le prenant pour le fils de quelque prince des Arabes du désert, crut devoir à ce coupable les mêmes ménagements qu'au premier.

» Il conduisit le lendemain les deux jeunes gens devant Hadgage en lui racontant ce qui était arrivé. Ce vizir les ayant interrogés, le premier avoua qu'il était le fils d'un chirurgien, et le second dit que son père vendait des fèves toutes cuites dans le bazar de la ville. Hadgage, malgré sa sévérité naturelle, ne put s'empêcher de rire de la méprise de l'intendant de police, et fit grâce aux deux coupables en faveur de la subtilité de leur esprit. »

Les sages, comptant peu sur la sévérité de ces ordonnances, fort mal suivies en effet, on vient de le voir, ont aussi voulu ériger en précepte cette interdiction du vin dont les princes avaient fait une loi, et je doute qu'ils aient obtenu plus d'obéissance. Il n'est pas jusqu'à des poëtes qui ne se soient mis de la partie en prenant eux aussi le rôle de censeurs, et qui ont flétri d'un vers impitoyable cette fréquentation des cabarets si chère à leurs pareils des autres pays.

Sadi, dans son Gulistan, ne permet pas qu'on aille à la taverne pour quelque prétexte que ce soit; et il ne voit qu'hypocrisie dans le fait de ceux qui prétendent y aller pour leurs affaires, et même pour prier. Singulier oratoire en effet!

« Si, dit-il dans ce poëme du *Parterre des fleurs*, traduit dernièrement par M. Semelet, si une personne va au cabaret pour faire sa prière, elle ne sera censée (*y être*) que pour boire du vin. »

Le poëte Nadi-Effendi, l'un des plus célèbres du XVII^e siècle en Orient, est d'une sévérité plus grande encore. Dans les conseils qu'il donna à son fils et qu'il formula dans un poëme excellent digne d'être lu et obéi à l'égal du Koran, il ne flétrit rien tant que l'usage de ces choses pernicieuses qui ont nom le vin et l'opium.

« Le vin, mon fils, dit-il, était un présent que la nature avait fait aux mortels pour réparer leurs forces épuisées par le travail et adoucir leurs maux, mais ils ont abusé de ce don précieux; l'usage immodéré qu'ils en ont fait a obligé notre Prophète à proscrire cette liqueur. Soumettez-vous sans murmures à la loi qu'il a portée. Le vin dégrade celui qui en boit avec excès, et l'humanité même. Il lui fait perdre la raison, qui devrait être son guide; il ruine la réputation et nous fait perdre pour toujours l'entrée des honneurs et des dignités.

» Mais si le vin produit des effets si pernicieux, ceux de l'opium sont mille fois plus funestes. C'était sans doute de cette plante que Dallé-Mutaléha, cette fameuse magicienne d'Égypte, présenta à ceux qui voulaient la faire périr quand elle les changea en toutes sortes d'animaux. C'est l'effet que produit le jus du pavot. Elle tire de la classe des hommes celui qui en fait usage pour le ranger sous celle des bêtes.

» Voyez la démarche d'un preneur d'opium. Il s'avance à pas lents et tardifs; ses jambes peuvent à peine soutenir son corps, maigre et décharné qu'il est; ses yeux pâles et éteints, ses joues creuses, son teint livide et plombé, font douter, en le voyant, si c'est un cadavre sorti du tombeau ou un être qui respire. »

Une chose dont ne parlent pas tous ces livres et dont les scandales n'étaient pourtant pas moins criants que ceux qu'entraîne l'ivresse, c'est le spectacle honteux que donnait la prostitution dans les tavernes orientales. Pour avoir quelques détails sur ces désordres, il faut lire ce que les historiens européens ont écrit sur ces contrées et surtout les relations des anciens voyageurs.

De ceux-ci, le plus curieux peut-être est le Bolonais Ludovico Barthema, qui visita tout le littoral de la Syrie et de l'Égypte, depuis Tripoli jusqu'à Damas, et qui ne nous laisse rien ignorer des choses plus ou moins honteuses dont il fut témoin. Il flétrit surtout les mauvaises mœurs des mamelucks, encouragés aux vices et à tous leurs désordres par des priviléges qui leur assurent toutes sortes d'impunités.

Selon Barthema, ils ne vont jamais seuls, mais toujours deux ou trois ensemble. Rencontrent-ils des femmes, ils peuvent les emmener dans une hôtellerie et en user à leur bon plaisir. C'est un des honteux priviléges dont nous parlions tout à l'heure. Seulement, comme les femmes ne marchent jamais que voilées, ils n'ont pas le droit de leur faire violence quand elles ont refusé de montrer leur visage. Si après qu'ils l'en ont priée la femme répond : « N'est-ce pas assez, mon frère, d'avoir usé de moi comme il te plaît, sans chercher à me connaître ? » ils doivent la laisser libre sur-le-champ.

Cela amenait d'étranges aventures. Barthema, qui nous édifie sur toutes ces choses au tome I^er, page 348, de son *Ramusio*, ajoute que du temps de son séjour à Damas, c'est-à-dire en 1502, « il arriva que des mamelucks avaient ainsi joui de leurs propres femmes sans s'en douter, et en croyant s'être emparés d'une femme étrangère. »

Dans les temps antiques au moins, et surtout en Assyrie, pareille confusion ne pouvait jamais arriver. Maris et femmes allaient à la taverne ensemble et à front découvert, c'est ensemble qu'ils faisaient la débauche, et même quand il en fallait revenir, il paraît que l'époux s'en trouvait bien. La femme, bien qu'elle ne s'y fût pas épargnée davantage, était toujours moins envahie par l'ivresse. Elle devenait le guide et l'appui du pauvre mari trébuchant. Écoutez G. Bouchet dans sa *Première sérée* : « Athénée dit, écrit-il, que les Assyriens n'alloient jamais à la taverne sans leurs femmes, et encore qu'elles bussent à leurs maris et à tous ceux qui estoient dans le cabaret, si est-ce que les femmes ramenoient leurs maris dans leurs maisons. »

Si l'on doutait, même après tout ce qui précède, qu'il y eût des cabarets en Orient, nous invoquerions comme autorité de notre dire M. Quatremère en sa traduction de l'*Histoire des sultans mamelucks* de Makrisi. Parlant des réformes faites par le sultan Melik-Daher-Bibars, en l'an 667 de l'hégire (1268), l'historien dit :

« Il ordonna, par un édit, de supprimer, dans les villes de Forstat et du Caire, ainsi que de leur territoire, l'usage du vin, les désordres des divers genres, et les courtisanes. Toute la contrée se trouva délivrée de la présence du vice.

» On pilla les cabarets où se tenaient habituellement les hommes débauchés; on saisit les biens des prostituées, et on les retint en prison jusqu'à ce qu'elles se mariassent; des hommes vicieux furent en grand nombre condamnés à l'exil. Des ordres du même genre avaient été envoyés dans les différentes provinces; on abolit la contribution qui se levait sur ce honteux trafic, et les fermiers de cet impôt reçurent en échange des fonds affectés sur une branche de revenus licites. »

Le savant traducteur et commentateur, pris du même scrupule que nous tout à l'heure, à propos de ce mot *cabaret* qu'il vient d'employer, le justifie en note par ces explications sur le mot arabe qu'il a ainsi traduit : « Les commentateurs de Hariri (Makam II) expliquent [*ici le mot arabe*] par maison d'un marchand de vins. On lit dans le *Kitab-Aligali*, tome IV, fol. 16 : Le mot *hânâh* est le pluriel de *hânah*, qui désigne le lieu où l'on vend le vin. » Nous trouvons ici le prototype du *hane* gréco-slave.

M. Quatremère ajoute, citant toujours le même livre : « Ailleurs je lis (t. I^er, fol. 334) : « plusieurs fois j'avais bu dans son cabaret ; » dans la chronique d'Olbi : « les cabarets furent supprimés ; » dans le *Kitab aarou-datain* : « le sultan trouva que le camp de Mausel (Mosul) ressemblait à un cabaret, tant on y voyait du vin, des lyres, des luths, des cymbales, des musiciens, des musiciennes. »

L'existence des hôtelleries en Orient n'a plus besoin d'être prouvée ici ; nous en avons assez parlé, au commencement de cet ouvrage, et nous avons assez montré leur identité avec les caravansérails. Il est bon toutefois d'ajouter qu'après avoir peu à peu disparu dans ces temps de désastres, ces gîtes publics furent rétablis par le grand Noureddin. C'est un des utiles services qu'il rendit aux musulmans. Son historien, traduit par M. Reinaud dans son extrait des *Historiens arabes relatifs aux guerres des croisades*, se garde bien de l'oublier. Ce que Noureddin fit là pour les voyageurs lui semble devoir être cité après ce qu'il fit pour les pauvres et les malades. Il parle ainsi de tous ces bienfaits du sultan :

« On est redevable à Noureddin de la fondation de plusieurs hôpitaux, entre autres du grand hôpital de Damas.

» Cet établissement est très-vaste et doté de riches revenus. J'ai été à même de voir par mon expérience qu'il n'a pas été fait seulement pour les indigents, mais pour tous les musulmans en général, riches et pauvres. Une fois que je revenais tout malade d'un pèlerinage à Jérusalem, je demandai un médecin ; on m'adressa à celui du grand hôpital, et je trouvai le médecin qui écrivait des ordonnances.

» Du plus loin qu'il me vit, il vint à moi d'un air riant, et me demanda ce que je voulais ; je lui expliquai mon mal. Aussitôt il écrivit une recette, puis il prépara des médicaments et me dit : « Mon apprenti va vous les porter. — Mais, lui dis-je, Dieu merci ! je puis bien me passer de vos drogues, je suis assez riche pour ménager le bien des pauvres. » A ces mots le médecin me regarda et dit : « Eh, monsieur ! je ne doute pas que vous ne puissiez vous passer de nos drogues, mais ici personne ne dédaigne les bienfaits de Noureddin. Par Dieu ! Il n'y a pas jusqu'aux enfants de Saladin et à ses émirs qui n'envoient chercher leurs médicaments à cet hôpital. — J'ignorais cela, repris-je. » Il répliqua : « C'est que Noureddin a voulu être utile à tous les musulmans, riches et pauvres. »

Ici le musulman égale le chrétien. Ce sont les principes du Christ mis en œuvre au nom du Prophète. On ne s'étonnera plus après cela que Noureddin, qui s'occupait ainsi du soin des malades et des pauvres, ait aussi pris le voyageur en pitié.

« C'est, dit le même écrivain, c'est encore Noureddin qui a bâti les khans ou hôtelleries le long des grandes routes.

» Maintenant, on peut voyager en sûreté, et l'on sait où déposer ses effets. Il fit aussi bâtir des tours et des lieux d'observation le long des frontières. Au moindre mouvement de l'ennemi, on lâchait un pigeon, et les musulmans, avertis, se mettaient sur leurs gardes. Ce fut là une très-bonne idée de Noureddin, et l'une des plus utiles. Dieu lui fasse miséricorde! »

Nous avons dit tout à l'heure que, ces faits étant posés, le mahométan devient l'égal du chrétien; ce n'était pas assez dire, car si l'on compare la conduite tenue ici par Noureddin, et la façon d'agir des chrétiens établis en Palestine à l'époque des croisades, on verra que tout l'avantage reste à l'infidèle. Les vertus sont de son côté, le brigandage de l'autre.

Nous avons pour preuve le témoignage de Jacques de Vitry, qui, dans son *Histoire de Jérusalem*, annexée aux *Gesta Dei per Francos*, nous initie, page 1097, aux scandales des chrétiens établis en terre sainte, et s'y faisant voleurs et recéleurs sous le couvert du métier d'hôteliers, qu'ils avaient pris pour la plupart.

« Ceux-ci, dit Jacques de Vitry, qu'un esprit de pénitence n'avait pas poussés vers la terre sainte, mais qui n'y étaient venus et ne s'en étaient faits les habitants que contraints par la violence (*violentia coacti*), ouvraient des hôtelleries pour les étrangers à des prix immodérés (*immoderato pretio*). Ils trompaient de mille manières ces pauvres gens sans défiance, ils tiraient d'eux des sommes qui ne leur étaient dues en aucune façon ; enfin ils ne cherchaient que dans la dépouille de leurs hôtes les ressources de leur misérable existence. Bien plus, entraînés par l'espoir d'un gain plus considérable, ils faisaient de leurs hôtelleries des asiles pour les assassins, les voleurs, les joueurs et les prostituées : « *Sicariis, latronibus, alearum lusoribus et meretricibus publicis, spe lucri majoris receptacula præparantur.* »

Les Européens ont continué de préférer en Orient le métier d'aubergiste à beaucoup d'autres, et sans doute aussi ils ont conservé la tradition de brigandage que leur transmettaient leurs devanciers du temps des croisades. Chardin remarque dès les premières pages de son *Voyage en Perse* que la plupart des Français qu'il trouva en grand nombre à Smyrne étaient « teneurs d'auberges et cabaretiers. »

Les musulmans leur laissaient volontiers la honte de ces vilains métiers, se réservant pour eux-mêmes l'honneur d'être hospitaliers gratuitement et de fuir le vin.

Dans quelque contrée du monde gréco-slave, l'amour de l'hospitalité et le mépris pour les gîtes où on la vend si cher sont encore poussés plus loin. On y va jusqu'à ne pas permettre, même à des Francs, l'établissement d'une hôtellerie.

Il en est ainsi par exemple dans le district frontière de Budna, annexée à l'Albanie autrichienne. Selon J. Müller dans son *Roumelien*, *Albanien*, etc., qui fait l'éloge de cette contrée aux mœurs primitives : « ... Un dévouement chevaleresque pour l'empereur et la patrie, enfin des mœurs cordialement hospitalières qui ne permettent pas l'établissement d'une auberge, même dans la capitale, tels sont les principaux traits du caractère national, dont l'amour de la vengeance est la seule tache. »

Dans l'Asie Mineure, on n'est pas moins fidèle à ces patriarcales coutumes. Le culte de l'hospitalité y est le premier devoir. Les soins qu'il réclame passent avant tous les autres; l'argent qu'il faut pour y pourvoir dignement est toujours le premier mis en réserve.

Chaque village, quelque petit qu'il soit, a son *oda*, logement d'hospitalité gratuite. Quelquefois il en a plusieurs, cela dépend du nombre des habitants.

Une maison est choisie pour l'établissement de l'*oda*, et une fois que la fondation a été solennellement consacrée, celui dont la demeure en a été honorée et pour ainsi dire sanctifiée prend l'engagement pour lui et les siens d'entretenir l'*oda* à perpétuité. Il laisse ce devoir à ses enfants comme un pieux héritage. Refuser l'*oda* compris dans une succession, c'est la refuser tout entière.

« Le gouvernement, lisons-nous dans une relation recueillie par le *Litterary Gazette* de 1834, ne prend aucune part aux dépenses de cette hospitalité. Et cependant ce n'est pas sur les riches seulement que pèse cette charge d'une espèce nouvelle.

» Un pauvre Turc à qui un petit champ suffit à peine pour nourrir sa femme et ses enfants, après qu'il a payé la dîme à l'aga, se fait une loi de réserver une chambre dans sa maison, qui souvent n'en a que deux, pour servir d'*oda* à l'étranger.

» On ne demande pas à l'hôte qui se présente s'il est disciple du Prophète, juif ou chrétien; il est étranger et voyageur, cela suffit, il a droit à l'hospitalité. On lui fournit le logement, le feu et la nourriture. A-t-il un cheval ou un chameau, on en prend soin aussitôt.

» Une nappe ou une peau, suivant l'occurrence, est étendue sur la table, chacun s'empresse à la servir. La soupe et le pilau, le fromage, le *petmer* (espèce de raisiné), un pain mat en couronne avec un grand plat de viandes fumantes, sont accumulés devant l'hôte. Quelquefois le repas est la contribution de plusieurs familles. L'une fournit la soupe de *trakane* (espèce de pâte de toutes sortes de farine, d'un goût relevé par les assaisonnements), l'autre le pisan, une troisième le petmer, une quatrième le pain; puis on se gêne, on se presse, on se foule dans un étroit réduit, pour laisser une meilleure place à l'étranger et à sa suite, quelle qu'elle soit. »

Par toute la Turquie vous en trouverez autant; il n'est pas un coin de terre où l'on y ait désappris les vertus de la Bible, si bien oubliées dans nos contrées. C'est par l'hospitalité que la tradition du livre saint revit surtout dans sa primitive beauté, tradition divine que l'Évangile, tout en nous enseignant les devoirs de la charité, n'a pas pu, pour la perpétuité des vertus hospitalières, éterniser et féconder chez nous.

Il est triste de dire que les devoirs commandés par le plus ancien de ces deux codes divins, la Bible et l'Évangile, sont ceux qui sont le plus fidèlement suivis; il est triste de prouver que l'obéissance due depuis cinquante siècles aux prescriptions du Deutéronome survit, soumise et forte, à celle que depuis deux mille ans seulement nous devons à l'Évangile. A quoi cela tient-il? A l'immuabilité des usages dans l'Orient, immobile et rêveur, et d'un autre côté, à l'inconstance native des peuples occidentaux, qu'une fièvre incessante emporte sans cesse vers des civilisations nouvelles, oublieuses du passé et dédaigneuses même de ce qu'il y avait d'excellent dans ses coutumes.

Qu'on jette un coup d'œil sur l'Europe d'aujourd'hui, et qu'on dise si elle a rien gardé de l'Europe d'il y a cent ans. Un siècle passe, et tout ce qu'il avait vu naître disparaît et s'engloutit avec lui. Allez en Orient, au contraire, et c'est la vie d'il y a trois mille ans qui va revivre sous vos yeux, la vie sereine des patriarches pasteurs.

Chez nous, vous auriez trouvé le luxe et le confortable, là, vous trouvez la rusticité nomade; mais les uns devaient se payer chèrement, l'autre est gratuite; ceux-là ne s'accordaient qu'entourés de périls et de tromperies de toutes sortes, celle-ci se donne, se livre avec effusion, sauvegardée par l'honneur de l'hôte qui vous ouvre sa tente, et qui, pour vous défendre des larrons ou des assassins, se ferait tuer sur son seuil. Son dévouement, son désintéressement, vous commandent à vous-même d'être dévoué, d'être désintéressé, tandis que malgré vous, par les rapines de l'hôtelier européen, par ses astuces obséquieuses, vous étiez presque porté à lui rendre tromperie pour tromperie. La vie d'auberge nous a même gâtés pour l'hospitalité gratuite; quand on nous l'accorde par hasard, on nous l'accorde mal, sans laisser-aller, sans effusion, et nous la recevons de même, avec la conscience visible de la gêne que nous apportons. Il y a toujours je ne sais quelle défiance entre les deux hôtes, celui qui reçoit et celui qui est reçu, surtout si ce dernier n'est pas un ami de la famille, mais simplement un étranger recommandé. En Turquie, quand il s'agit d'être hospitalier, on ne fait pas de distinction entre l'intime et le passant.

« Chez nous, dit l'Anglais E. Maltby dans son intéressant ouvrage *Mœurs et coutumes bibliques expliquées d'après les récits des voyageurs,* chez nous les passants s'abritent dans des hôtelleries, et il faut dire à la grande honte des pays chrétiens qu'il ne serait pas toujours prudent d'exercer l'hospitalité dans nos villes en recevant sans aucune distinction tous les étrangers, comme le font les mahométans.

» D'un autre côté, ajoute finement Maltby, les occasions de nous montrer charitables envers nos semblables ne nous manquent pas, et si nous ne pouvons loger des anges sans le savoir ou fournir aux besoins de notre Sauveur, rappelons-nous ces paroles du maître : « *En tant que vous avez fait ces choses à l'un de ces plus petits de mes frères, vous me les avez faites.* » (Matthieu, XXV, 40.)

Un peu auparavant, comme pour prouver que, si les chrétiens, qui doivent suivre les préceptes de l'Évangile, ne sont pas aussi empressés à exercer l'hospitalité que les mahométans, qui ont encore pour loi la tradition biblique, la faute n'en revient pas à un oubli du code évangélique, Maltby cite divers passages où les vertus hospitalières sont recommandées. Il invoque par exemple le témoignage des apôtres, qui ont dit : « *Prenez part aux nécessités des saints.* » Il prend aussi pour garant cette parole de saint Paul, au XIII$^{e}$ verset du chapitre XII de son Épître aux Romains : « *Empressez-vous d'exercer l'hospitalité;* » et cette autre de l'Épître à Tite : « *Que l'évêque exerce l'hospitalité, qu'il aime les gens de bien,* » et enfin cette parole de saint Pierre dans sa première Épître (chap. IV, verset 9) : « *Exercez l'hospitalité les uns envers les autres sans murmurer.* » Mais pour conclure, Maltby en arrive toujours à dire que la vertu si éloquemment recommandée n'en a pas moins été complétement mise en oubli.

Pour se consoler des pensées de tristesse où le jettent ce dédain et cette négligence, il se complaît au spectacle de ce qui se passe en Orient; n'ayant pas trouvé un lieu en Europe où le précepte évangélique soit suivi, il revient aux lieux où les prescriptions bibliques sont religieusement observées.

Nous y reviendrons avec lui, dussions-nous, par là, retomber dans quelques redites en répétant quelques détails sur lesquels nous nous étions déjà appesanti dans notre premier chapitre.

« Autrefois, comme aujourd'hui, dit-il, il n'y avait pas en Orient d'auberges comme les nôtres. La cabane des voyageurs, *diversorium viatorum,* dont parle Jérémie (chap. IX, v. 2), était sans doute semblable aux khans ou caravansérails qu'on y voit de nos jours. Un caravansérail est tout simplement une enceinte formée par quatre murs, et qui contient à l'intérieur une rangée de petites chambres. Au milieu de la cour qu'elles forment se trouvent ordinairement un puits ou une fontaine.

» Les chambres sont tout à fait vides, en sorte que le voyageur doit porter avec lui tout ce dont il a besoin pour son voyage, même sa nourriture et celle de ses bêtes, comme le firent les frères de Joseph, car personne ne demeure dans les khans pour fournir les provisions à ceux qui arrivent. »

M. Maltby cite ici un verset de la Genèse que nous avons reproduit nous-même dans l'une de nos premières pages, puis il ajoute :

« Les portes sont toujours ouvertes pour laisser entrer les étrangers, à moins que ceux qui y logent momentanément ne les aient fermées, pour être plus en sûreté. Les chevaux et les chameaux n'ont plus d'autre place que la cour, où on les voit s'agenouiller tranquillement, même dans la boue, quand il pleut.

» Les hôtelleries des grandes villes sont tout à fait semblables, seulement elles sont plus grandes et mieux bâties que celles du désert; elles sont munies d'étables pour les bêtes et de magasins pour les marchandises, on peut acheter des provisions chez les rôtisseurs, qui se logent ordinairement tout près.

Suivent quelques lignes sur l'opinion déjà développée par nous que l'hôtellerie où naquit le Sauveur n'était autre qu'un caravansérail, et quelques explications sur la crèche qui fut le premier berceau du divin enfant. Cette crèche, selon Maltby, était l'auge de pierre où l'on met en Orient la nourriture des bestiaux.

De là le savant anglais passe à quelques détails sur l'hospitalité qu'on reçoit dans les maisons d'Orient, et qui est si nécessaire pour suppléer à l'insuffisance ou plutôt au dénûment des grands gîtes publics. Ici encore il retrouve l'Évangile recommandant aux disciples, par la bouche de saint Luc, de préférer au séjour dans les hôtelleries l'asile qu'on pourra leur offrir dans la plus humble maison. Ce conseil concilie le bien-être avec la morale.

« Comme les voyageurs, dit Maltby, ne peuvent commodément faire un long séjour dans les caravansérails, ils se font toujours recevoir dans la maison d'un des habitants de la ville quand ils désirent y rester quelques jours. C'est ce que faisaient les disciples du Sauveur quand il les eut envoyés prêcher l'Évangile en leur disant : « *Dans quelque maison que vous entriez, demeurez-y, mangeant et buvant tout ce qu'on vous donnera.* » (Luc, X, 57.)

Très-souvent il arrive que, de peur d'embarrasser trop son hôte par le nombre de chameaux et la quantité de bagage qu'on traîne après soi, on vient seul loger dans sa maison, laissant au khan et chameaux et bagage. La plus vaste habitation ne suffirait pas en effet pour loger à la fois le plus simple voyageur et tout ce qui l'accompagne. S'il faut en croire Burckardt, il ne faut pas moins de dix chameaux pour porter les bagages d'un seul marchand et de sa famille pendant un voyage. Si le voyageur est un personnage d'importance, c'est pis encore. Selon le même Burckardt, l'épouse du vice-roi d'Égypte, Mahomet-Ali, avait besoin de cinq cents chameaux quand elle voyageait en Arabie.

Un touriste anglais, M. Buckingham, nous raconte comment il passa plusieurs jours chez un hôte après avoir eu soin de laisser au caravansérail tout ce qui aurait été un embarras pour la maison hospitalière. Il voulait lui-même rester au khan, mais on lui fit violence pour qu'il vînt habiter chez l'hôte.

« Nos chameaux furent déchargés au khan, dit-il, mais les nombreux amis de notre compagnon de voyage ne nous permirent pas de rester là. Ils nous invitèrent avec tant d'instances que nous crûmes d'abord nécessaire de refuser à tous pour prévenir toute jalousie. Pendant une journée entière, nous reçûmes les visites des habitants les plus respectables de la ville, et le soir, au nombre de trente, nous nous rendîmes dans une maison où l'on avait préparé à souper. Nous fûmes reçus dans une chambre magnifique, ornée de lambris dorés, de siéges couverts de riches tapis avec des coussins de soie. Deux fakirs ou mendiants indiens étaient assis avec les autres sur le sofa, et quoique vêtus de haillons et couverts de vermine, ils étaient servis avec la même attention que nous.

» Notre souper fut servi sur un grand plateau de métal richement orné; il était composé de quarante plats d'étuvée de riz, de fruits, etc. Nous eûmes pour boisson du lait caillé, du lait glacé, des sorbets, et du jus de grenade glacé et parfumé avec de l'eau de rose, en sorte que personne ne pouvait regretter l'absence du vin. Nous nous rendîmes ensuite sur la terrasse, d'où l'on jouissait d'une vue fort belle et très-étendue, pour fumer nos pipes et pour prendre notre café du soir. »

C'est là de l'hospitalité magnifique. Celle que vous offrent les pauvres gens a moins d'éclat, mais ne se livre pas avec moins d'effusion et de cordialité. Ainsi le voyageur Keppel, qui a raconté les voyages de son ami M. Hamilton, nous dit comment celui-ci, arrivé au milieu d'un camp d'Arabes, passa la nuit sous l'une de leurs tentes.

On mena une brebis à sa porte, et la fille de l'hôte vint la traire elle-même.

On étendit un tapis pour qu'il s'y reposât : on lui donna des pipes, du café, du lait et du beurre, et pour son repas, un mouton rôti tout entier. Il partit le matin, et le soir, ayant gagné un autre camp arabe, il y reçut la même hospitalité.

Le voyageur reçu sous la tente est inviolable et sacré. Il n'en est pas malheureusement de même pour le voyageur sur la route. Dans le désert, ce sont les Arabes qu'il rencontre; dans la Mésopotamie, aux environs de Bagdad, ce sont les Kurdes, pillards plus à craindre encore et plus impitoyables.

Deux missionnaires anglais avaient laissé à Bagdad la caravane avec laquelle ils avaient fait une longue route, et qui, par le nombre de ses hommes armés, avait jusque-là imposé aux brigands qui infestaient le pays. Ils s'étaient joints à une autre beaucoup moins forte et que rien ne garantissait d'une attaque. Ils firent pourtant sans danger une partie du chemin; ils se croyaient sauvés, quand, arrivés au fond d'une vallée étroite et longue, encaissée entre deux rangs de collines escarpées, repaire ordinaire des Kurdes, ils entendirent tout à coup un grand cri : c'était le signal d'une attaque.

Les Kurdes s'élancèrent du milieu des rochers et se précipitèrent sur eux; les marchands tirèrent quelques coups de fusil et s'enfuirent derrière les collines; d'autres, qui ne pouvaient se résoudre à abandonner leurs riches ballots de soieries, restèrent sur leurs chameaux et s'arrachèrent de désespoir les poils de la barbe. Ils furent presque tous massacrés. M. Hocker, l'un des missionnaires, fut l'un des premiers blessés. Un coup de lance l'atteignit dans le dos avant même qu'il eût été averti du danger, et lorsqu'il se retourna, il reçut dans le côté un autre coup qui le jeta à bas de son chameau et le fit rouler du haut de la colline.

Cette chute pouvait le sauver, mais un Kurde en avait observé les mouvements. Il arriva au bas de la colline aussitôt que le missionnaire déjà ensanglanté, il tira sur lui, et lui fit au menton une blessure assez profonde.

M. Hocker fut ainsi laissé pour mort. Il parvint pourtant à se relever; il se traîna plus loin, et vit avec une stupeur mêlée de satisfaction qu'il était seul. Tout ce qu'il possédait lui avait été enlevé; on lui avait ôté jusqu'à ses habits, en ne lui laissant que sa chemise, mais les Kurdes avaient disparu. La caravane avait même pu réunir ses tronçons épars, et, tant bien que mal recomposée, elle avait repris sa marche. M. Hocker, tout affaibli qu'il était, tenta de l'atteindre, et y réussit.

Pour cela il lui fallut panser ses plaies avec sa chemise, qu'il déchira par lambeaux, et marcher pieds nus sur le sable brûlant, pendant que le soleil frappait d'aplomb sur sa tête découverte.

Le tout n'était pas de rejoindre ses compagnons dépouillés, dénués comme lui, et moins préoccupés de leurs richesses perdues que du désir de trouver une source pour se désaltérer; le meilleur était pour tous d'arriver à un gîte. Ils eurent ce bonheur vers le soir du même jour.

Là on put se compter et calculer ses pertes. Le missionnaire compagnon du P. Hocker n'avait pas été blessé comme lui; il s'était échappé sain et sauf, mais sans vêtements. Pour lui comme pour Hocker, grâce au bagage qui n'avait pas été pillé, on improvisa une garde-robe, et on les conduisit dans une maison où on leur offrit le couvert et la nourriture : du pain et des raisins.

Par malheur le village était petit, et la caravane, bien que cruellement décimée, était nombreuse encore; on ne put rester longtemps en cet endroit.

Après deux jours de halte, qui furent employés à réunir les chameaux échappés de l'attaque des Kurdes, ou bien à en acheter de nouveaux, on se remit en route. C'était pour courir de nouveaux dangers. Le pays qu'ils parcouraient présentait de grands obstacles, et à peine s'y étaient-ils engagés depuis une semaine, à travers mille fatigues, qu'ils eurent à soutenir une nouvelle attaque de voleurs.

Ils y perdirent le peu qne les Kurdes leur avaient laissé.

« Il est, dit Maltby, dont nous avons suivi la narration, il est impossible de décrire les souffrances que les deux missionnaires eurent à subir dans cette circonstance; mais, ajoute-t-il avec une mystique onction, et se faisant fort de la parole évangélique, *leur vie ne leur était point précieuse,* pourvu qu'ils pussent enseigner à ces barbares la *bonté du Christ.* Ils n'abandonnèrent point leur pieuse entreprise, car plus ils voyaient de cruauté dans leurs oppresseurs, plus ils se sentaient pressés de leur annoncer l'Évangile de paix et d'amour. »

Ces bandes de Kurdes, dont la rencontre est si terrible pour les voyageurs, sont forcées par la misère au brigandage, qu'elles exercent avec une si sauvage ardeur. Ceux de cette race qui se livrent à l'agriculture ou bien au soin des troupeaux sont bientôt contraints d'abandonner cette vie misérable pour celle plus lucrative que procurent le vol et l'assassinat. Il en est qui n'en viennent à cette extrémité qu'après avoir vendu même leurs enfants,

Écoutons plutôt ce qu'en dit un voyageur français, M. Otter.

« Les Kurdes, écrit-il, qui demeurent dans les pays que nous traversions, apportaient à la caravane du lait, du beurre, du fromage, des volailles, et quelquefois des agneaux.

» Un jour un homme vint m'offrir quelques volailles à acheter; il avait avec lui sa fille, alors âgée de douze à treize ans, vêtue seulement d'une chemise de toile. Je demandai au père, qui n'avait lui-même que des caleçons de toile, pourquoi il n'habillait pas mieux son enfant? — Hélas! me répondit-il, les calamités de la guerre et notre extrême pauvreté ne nous permettent pas d'y songer. Dans ce moment, il faut que je paye trois *tomans* (environ soixante francs), et je ne sais comment me procurer cette somme. Mon troupeau, mes meubles et tous mes autres biens ont été saisis par les impôts; il ne me reste que deux brebis dont le lait nous nourrit tous les deux. Je vendrais volontiers cette pauvre fille à quiconque me donnerait l'argent qu'on me demande, fût-ce même à un étranger, car elle ne pourrait pas être plus mal qu'avec moi. Elle serait plus malheureuse encore si elle venait à me perdre, ce qui arrivera sûrement si je ne puis trouver de quoi payer.

» Je me sentis ému de pitié pour ce malheureux, mais je ne pouvais le tirer de sa misère. J'achetai ses volailles et son lait, que je lui payai quatre fois leur valeur. »

Les Arabes, sans avoir comme les Kurdes la misère pour excuse de leurs brigandages, sont tout aussi voleurs. C'est de ceux-là, fils d'Ismaël, le bâtard d'Abraham, que l'Écriture a eu raison de dire :

« *Leur main est contre tous et la main de tous contre eux.* »

Verset de la Genèse (XVI, XII) qui maintenant encore est applicable dans toute sa vérité.

Voleurs, comme je l'ai dit, pour le passant, les Arabes sont empressés et charitables pour leur hôte, et même pour le voyageur qu'un ami leur a recommandé.

Le vieux La Brocquière, qui parcourut l'Orient pendant la première moitié du XVe siècle, raconte le bon traitement que sur pareille recommandation lui firent les Arabes, qui, en toute autre circonstance, l'eussent certainement dépouillé.

« Aucun d'eux, dit-il, ne me fit le moindre déplaisir, et ils ne me prirent rien. Ce leur était cependant chose bien aisée, et je devais d'ailleurs les tenter, puisque je portais sur moi deux cents ducats et que j'avais deux chameaux chargés de provisions. »

Ce même voyageur nous donne quelques détails sur les khans ou caravansérails qu'il trouva sur sa route en Judée et en Syrie : « Après la vallée d'Hébron, dit-il par exemple, nous en traversâmes une autre fort grande, près de laquelle on montre la montagne où saint Jean-Baptiste fit sa pénitence. De là, nous vînmes en pays désert loger dans une de ces maisons que la charité a fait bâtir pour les voyageurs et qu'on appelle khans, et du khan nous nous rendîmes à Gaza. »

Un peu plus loin La Brocquière nous raconte une aventure qui lui arriva dans un caravansérail où les Albanais lui prouvèrent que, s'ils respectaient l'hospitalité chez eux, ils ne se croyaient pas engagés aux mêmes égards pour celle qu'ils partageaient dans cet asile gratuit. Ils n'eussent pas volé leur hôte, mais ils dépouillaient volontiers leurs compagnons d'hôtellerie. C'est à Colthay que notre vieux touriste eut cette mésaventure :

« La ville, dit-il, possède un caravansérail où nous allâmes loger. Déjà il y avait des Turcs, où nous fûmes obligés d'y mettre tous nos chevaux pêle-mêle, selon l'usage; mais le lendemain matin, au moment où j'apprêtais le mien pour partir, je m'aperçus qu'on m'avait pris l'une des courroies qui me servait à attacher, derrière ma selle, le tapis et autres objets que je portais en trousse.

» D'abord je criai et me fâchai beaucoup, mais il y avait là un esclave turc, homme de poids et d'environ cinquante ans, qui, m'entendant et voyant que je ne parlais pas bien la langue, me prit par la main et me conduisit à la porte du caravansérail. Là, il me demanda en italien qui j'étais. Je fus stupéfait d'entendre ce langage dans sa bouche. Je répondis que j'étais Franc. D'où venez-vous? ajouta-t-il. — De Damas, dans la compagnie d'Hoyarbarach, et je vais à Brousse retrouver un de mes frères. — Eh bien! vous êtes un espion et vous venez chercher ici des renseignements sur le pays. Si vous ne l'étiez pas, n'auriez-vous pas dû prendre la mer pour retourner chez vous?

» Cette inculpation, à laquelle je ne m'attendais pas, m'interdit. Je répondis cependant que les Vénitiens et les Génois se faisaient une guerre si acharnée que je n'osais m'y risquer. Il me demanda d'où j'étais. — Du royaume de France, repartis-je. — Êtes-vous des environs de Paris? reprit-il. Je dis que non, et je lui demandai à mon tour s'il connaissait Paris. Il me répondit qu'il y avait été autrefois avec un capitaine nommé Bernardo. « Croyez-moi, ajouta-t-il, allez dans le caravansérail chercher votre cheval, et amenez-le-moi ici, car il y a là des esclaves albaniens qui achèveraient de vous prendre ce qu'il porte encore. Tandis que je le garderai, vous irez déjeuner et vous ferez pour vous et pour lui une provision de cinq jours, parce que vous serez cinq journées sans rien trouver.

» Je profitai du conseil, j'allai m'approvisionner, et je déjeunai avec d'autant plus de plaisir que depuis deux jours je n'avais goûté viande, et que je courais risque de n'en point tâter pendant cinq jours. »

Pour se reconforter comme vient de le faire La Brocquière, il y a toujours quelques rôtisseries dans le voisinage des caravansérails, quelquefois aussi des cabarets, mais au temps de notre vieux voyageur on n'en était pas encore arrivé là. Les Turcs n'osaient vendre du vin, à peine osaient-ils en boire. Ils ne s'y risquaient qu'en cachette, et surtout dans les maisons des Francs, s'imaginant peut-être que, le péché n'existant pas pour leur hôte, il cessait d'exister pour eux.

« En route, dit donc La Brocquière, je m'étais lié avec quelques-uns de mes compagnons de caravane. Ceux-ci, quand ils surent que j'étais logé chez un Franc, vinrent me trouver pour me demander de leur procurer du vin. Le vin leur est défendu par la loi, et ils n'auraient osé en boire devant les leurs, mais ils espéraient le faire sans risque chez un Franc, et cependant ils revenaient de la Mecque. J'en parlai à mon hôte Laurent, qui me dit qu'il ne l'oserait, parce que, si la chose était sue, il courrait les plus grands dangers. J'allais leur rendre cette réponse, mais ils en avaient déjà cherché ailleurs et venaient d'en trouver chez un Grec. Ils me proposèrent donc, soit par pure amitié, soit pour être autorisés auprès du Grec à boire, d'aller avec eux chez lui, et je les y accompagnai.

» Cet homme nous conduisit dans une petite galerie où nous nous assîmes par terre, en cercle, tous les six. Il posa d'abord au milieu de nous un grand et beau plat de terre qui eût pu contenir au moins huit lots (seize pintes). Ensuite il apporta pour chacun de nous un pot plein de vin, le versa dans le vase, et y mit deux écuelles de terre qui devaient nous servir de gobelets.

» Un de la troupe commença le premier, et il but à son compagnon, selon l'usage du pays. Celui-ci en fit de même pour son suivant, et ainsi des autres. Nous bûmes de cette manière et sans manger pendant fort longtemps. Enfin, quand je m'aperçus que je ne pouvais pas continuer davantage sans m'incommoder, je les suppliai à mains jointes de m'en dispenser; mais ils se fâchèrent beaucoup et se plaignirent, comme si j'avais résolu d'interrompre leurs plaisirs et de leur faire tort.

» Par bonheur il y en avait un parmi eux qui était plus lié avec moi et qui m'aimait tant qu'il m'appelait *karday*, c'est-à-dire frère. Celui-ci s'offrit à prendre ma place et à boire pour moi quand ce serait mon tour. Cette offre les satisfit, ils acceptèrent, et la partie continua jusqu'au soir, où il nous fallut retourner au khan.

» Le chef était en ce moment assis sur un siége de pierre, et il avait devant lui un falot allumé. Il ne lui fut pas difficile de deviner d'où nous venions, aussi y eut-il quatre de mes camarades qui s'esquivèrent. Il n'en resta qu'un avec moi. Je dis tout ceci afin de prévenir les personnes qui demain ou un jour quelconque voyageraient ainsi que moi dans leur pays, qu'elles se gardent bien de boire avec eux, à moins qu'elles ne veuillent être obligées d'en prendre jusqu'à ce qu'elles tombent à terre. »

Il sera bon, croyons-nous, de compléter tous les détails qui précèdent sur les hôtelleries et les tavernes orientales par quelques autres sur la police à Constantinople. Nous en avons trouvé de fort intéressants dans le journal le *Temps* du 24 décembre 1833, et le meilleur sera de les reproduire ici.

« La police de Constantinople, y est-il dit, est confiée à plusieurs fonctionnaires civils ou militaires. Les plus importants sont : L'*estambol cadisi*, ou juge de Constantinople : on peut le comparer à notre préfet de police; l'*estambol hagassi*, ou le commandant militaire de la ville; le *muhsir aga*, ou prévôt militaire, fait chaque mercredi la visite des marchés, il veille au maintien des ordonnances; le *bottandschi baski* est chargé de la surveillance des deux rives du Bosphore, et conséquemment des ports de Constantinople, de Scutari et des autres mouillages. Il a la prérogative de pouvoir condamner à mort; le *muhtessib*, ou juge des marchés, veille au maintien des statuts des diverses maîtrises et corporations. Il n'a pas le droit de condamner à mort, mais il peut faire fendre les narines et même faire couper le nez; l'*ajak naïbi*, ou inspecteur des provisions de bouche, ne s'occupe nullement de la qualité, mais du poids et du prix; l'*assas baschi*, ou prévôt de la ville, est le surveillant des prisons; le *susbaschi*, ou commissaire de police, fait exécuter les sentences prononcées par les fonctionnaires que nous venons de nommer; enfin le *mimar baschi*, ou inspecteur des bâtiments, est le grand voyer de Constantinople. On ne peut rien construire et faire aucune réparation sans son autorisation.

» Les agents subalternes sont nombreux; les uns sont militaires et représentent notre gendarmerie; d'autres ont les mêmes fonctions que les sergents de ville; enfin viennent ceux qui doivent entretenir la propreté et ceux qui veillent à la sécurité pendant la nuit.

» Ces derniers se nomment *passban* et forment plusieurs classes. La plus nombreuse est celle des *passbanleri* ou gardes du feu. Armés de longs bâtons ferrés, ils se promènent toute la nuit, et au premier indice d'incendie, ils font retentir la ville du cri sinistre : *Janghin war* (le feu est).

» On se croirait presque dans les rues de Paris lorsqu'à Constantinople on rencontre une bande de chercheurs de boue (*araidschilar*) armés de pelles et de balais, chaussés de longues bottes qui couvrent les cuisses, couverts d'un caftan de cuir. Ces *araidschilar* enlèvent les boues et autres immondices; ils les transportent sur le bord de la mer, et là ils en font le triage, le lavage, pour en retirer tous les objets qui peuvent avoir quelque valeur. Ils payent un tribut annuel au *subaschi*.

» Voici maintenant quelques-unes des principales dispositions des ordonnances de police.

» Le gain du marchand, le salaire de l'ouvrier sont limités; le premier ne doit jamais aller au delà de 11 pour 100; quant au second, on lui permet un bénéfice de 12. Tout marchand d'objets de première nécessité qui refuse de vendre au taux fixé par le juge, tout ouvrier qui s'obstine à ne vouloir pas travailler, sont punis.

» L'attention de l'autorité doit toujours se porter sur la confection du pain. Les gâteaux doivent être bien examinés et faits dans la proportion de sept *okka* du beurre le plus frais pour un *mudd* de farine.

» Chez les *traiteurs*, la viande doit être cuite et les légumes salés à point, les verres et les assiettes propres, la vaisselle bien étamée, le linge blanc, et les mets en suffisance. Il leur est expressément défendu de préparer de deux manières différentes le même morceau de viande, c'est-à-dire d'en faire un rôti d'abord et une fricassée le lendemain.

» Une surveillance sévère doit être exercée sur les tailleurs; il leur est enjoint, sous peine d'amende, d'être de parole; s'ils gâtent un vêtement ou s'ils le cousent mal, c'est à leurs risques et périls; il en est de même s'ils osent innover en la moindre chose dans la forme des caftans ou autres vêtements.

» Il est défendu aux marchands d'esclaves de se servir de rouge et de blanc pour embellir la figure des femmes qu'ils vendent; il leur est également enjoint de ne pas déshabiller les femmes lorsqu'ils les livrent aux acheteurs, les habits dont elles sont revêtues devant leur rester.

» Si les coutures des babouches et autres chaussures manquent dès les deux premiers jours, on punit le cordonnier, mais si c'est la peau ou le maroquin, on s'en prend au corroyeur. Des peines sévères doivent être appliquées aux parfumeurs et confiseurs qui introduiraient quelque mélange dans les parfums et autres objets qu'ils confectionnent.

» Les *bezas* ou commerçants en toiles et en soieries seront punis s'ils mêlent de la mauvaise soie à la bonne, et s'ils trompent sur la mesure. Il est enjoint aux teinturiers, sous peine d'amende, de n'employer que de bonnes couleurs.

» Les meuniers ne doivent pas élever de volailles, qui mangeraient l'orge et le seigle de ceux qui font moudre. Il leur est cependant permis d'avoir un coq pour savoir l'heure.

» Les pauvres ne peuvent mendier que le lundi et le jeudi, jours de marché, mais jamais dans les mosquées. »

A examiner toutes ces prescriptions de la police ottomane, en mettant à part quelques sévérités par trop minutieuses, on voit que les Turcs ne sont pas aussi barbares qu'on le pense. La même réflexion vient quand on étudie la législation des Hindous, qui ne condamne pas moins rigoureusement les désordres des débauchés et les duperies des commerçants.

Par les lois de Manou, l'oignon, l'ail et le vin sont prohibés sous peine de bannissement. Le jeu est encore plus formellement interdit.

« Le joueur de profession, est-il dit dans ce code de morale primitive, doit être, aussi bien que celui qui tient maison de jeu, puni du supplice des voleurs. Quand l'esprit du jeu domine dans un pays, on peut regarder comme prochaine la ruine du prince et de l'empire. »

Quelques lignes après, on trouve sur l'organisation de la police des prescriptions qui étonnent par leur raffinement. On ne devrait pas s'attendre à trouver chez un peuple patriarcal l'emploi de moyens qu'on pouvait croire tout modernes, et dont l'usage implique certaines perversions chez ceux qui, même dans l'intérêt de la sécurité publique, y ont recours. Ces moyens ne sont autres que l'enrôlement dans la police des voleurs de profession.

« Pour que les crimes ne soient pas impunis, est-il dit formellement dans les lois de Manou, on a des agents secrets, généralement des repris de justice ou des voleurs de profession, lesquels se glissent partout, écoutent, épient et donnent à la justice les moyens d'agir avec promptitude. »

Du reste, on se tromperait fort si l'on ne s'attendait qu'à trouver vertus et pureté chez ces peuples du primitif Orient. Tous les vices y ont germé dès les temps les plus antiques, et de là vient l'abâtardissement qui peu à peu a fait de ces races des populations inférieures aux nôtres.

En Chine, on trouve les mœurs les plus honteuses. On n'a qu'à lire au tome Ier des *Notices et extraits des manuscrits de la bibliothèque du roi*, page 162, quelques pages sur le penchant des Chinois pour les plus infâmes débauches, entre autres pour la sodomie, et l'on saura tout à fait que penser de la pureté de ces races naïves.

Si même le christianisme est le seul culte qui soit rigoureusement interdit en Chine, c'est qu'il tendait à ramener les populations vers une pureté devenue désormais incompatible avec les mœurs de cette race corrompue; c'est que, défendant le culte des idoles et du concubinage, il rapporte tout à Dieu. La religion des Chinois a-t-elle au moins conservé quelques principes capables de dédommager ces peuples de l'absence de la seule vraie croyance; impose-t-elle la pratique de quelques vertus? Non, pas même la pratique rigoureuse de l'hospitalité. Ce sont les bonzes qui se la sont attribuée, et loin de l'exercer gratuitement, ils s'en font un commerce, un monopole.

« En Chine, lisons-nous dans l'*Asiatic journal* de juin 1829, les monastères sont souvent, suivant les circonstances, transformés en hôtelleries. Dans les temples appelés des *houams*, les moines vont jusqu'à donner à dîner, même à un Fankwei, diable étranger de race européenne, mais ils en attendent toujours une récompense. »

Cependant, lorsque l'institution des bonzes chinois se trouve attaquée dans son existence par quelque secte ennemie, c'est en se faisant une arme de cette hospitalité soi-disant gratuite qu'elle se défend et prouve son utilité. « Ils ont toujours représenté au gouvernement, écrit Paw dans ses *Recherches philosophiques sur les Chinois et les Égyptiens*, que l'empire manquant de prêtres, le peuple ne pouvait se passer de moines, et que ce n'est que dans leurs pagodes qu'on exerce l'hospitalité, vertu que l'état pitoyable des auberges chinoises rendait nécessaire. Ils disent que les voyageurs peuvent se vanter d'être reçus à toute heure dans leurs monastères, que les envoyés et les ambassadeurs mêmes y logent, parce qu'on ne peut leur indiquer même des endroits plus commodes, ou que les *cong-quam*, ou hôtels publics, n'existent pas dans toutes les villes ou y tombent souvent en ruine.

» Il est vrai, ajoute Paw, que les auberges sont sans comparaison plus délabrées et plus misérables à la Chine qu'en Portugal et en Espagne, mais les bonzes ont tort de vouloir justifier un grand abus par un autre encore plus grand; et si l'on en croit les jésuites, il n'y a pas de sûreté à passer la nuit dans les bonzeries? »

Où donc vivre alors dans ce pays, quand on y voyage? Les mesures prises par les Chinois pour fermer leur empire aux Européens étaient donc précautions à peu près inutiles; on y serait bien entré, mais certes on n'y serait pas resté; il eût fallu pour cela le zèle évangélique des missionnaires, qui y prirent pied quelque temps en dépit des privations et des persécutions. C'est par eux que nous connaissons l'inhospitalié de ce pays, où l'on nous appelle barbares; aussi Paw, pour appuyer le passage cité tout à l'heure, se fait-il fort de leur témoignage. Par exemple il reproduit en note ces quelques lignes de la *Description de la Chine*, par le P. Du Halde (tome II, page 62), à propos du *cong-quam* :

« Quelques-unes de ces hôtelleries chinoises, dit le bon missionnaire, paraissent mieux accommodées que les autres, mais elles ne laissent point d'être très-pauvres. Ce sont pour la plupart quatre murailles de terre battue et sans enduit qui portent un toit dont on compte les chevrons. Encore est-on heureux quand on ne voit pas le jour à travers; souvent les salles ne sont pas pavées et sont remplies de trous.

» Telles sont, ajoute Paw, les meilleures auberges de la Chine, car les autres qu'on voit dans le centre des provinces sont si misérables qu'on ne peut les comparer à rien. »

Ce qui étonne, c'est qu'auprès de cette misère, qui annonce une complète barbarie, on rencontre à chaque pas chez les Chinois des choses qui accusent au contraire la civilisation la plus avancée et la mieux entendue. Ici il ne faut que se moquer d'eux et fuir leur exemple; là, au contraire, il faut en toute sincérité leur rendre justice et les imiter. C'est ce que pensa un utopiste du siècle dernier, comparant le peu de surveillance exercée sur nos chemins, avec celle qui donne au contraire tant de sécurité aux grandes routes chinoises.

« Nous lisons, dit-il dans le journal l'*Avant-Coureur* du 13 juin 1768, nous lisons dans les *Mémoires de la Chine* qu'on y trouve sur les grands chemins, de demi-lieue en demi-lieue, un poteau sur lequel sont écrits en gros caractères la distance de la ville prochaine d'où l'on est parti, et celle de la ville où la route conduit. Ainsi les guides ne sont pas nécessaires, et l'on sait à tout moment où l'on va, d'où l'on vient, combien on a fait de chemin, et ce qu'il en reste encore à faire. Rien de plus satisfaisant pour les voyageurs. Ne pourrait-on pas, en France, imiter cet établissement chinois en mettant de pareils poteaux, non pas de demi-lieue en demi-lieue (car la dépense serait trop considérable), mais seulement de deux lieues en deux lieues, ce qui suffirait pour la commodité des voyageurs, qui ne seraient plus exposés à être trompés par de fausses indications verbales ?

» A la Chine, sur les bords des grands chemins, on rencontre de demi-lieue en demi-lieue un corps de garde où est arboré l'étendard de l'empereur, et où logent deux soldats qui veillent à la sûreté de la route publique. Ainsi, ajoute l'historien, *on voyage dans cet empire aussi tranquillement qu'on se promène dans les villes.* A l'instar de cette coutume chinoise, on pourrait parmi nous envoyer, dans la distance de huit ou dix lieues, par exemple de Paris à Beaumont-sur-Oise, deux cavaliers de maréchaussée qui partiraient tous les jours de Paris au lever du soleil, et qui iraient jusqu'à Saint-Brice, où l'on enverrait deux autres cavaliers de Beaumont, qui, tous les quatre, auraient le temps de se rendre dans leurs villes respectives avant la nuit fermée, et ainsi dans toutes les autres villes du royaume. Par ce moyen, on n'aurait plus rien à craindre sur nos grands chemins de la part des malfaiteurs. On supprime les réflexions d'utilité évidente qui résultent de ce projet, qui ôterait désormais toute inquiétude aux voyageurs et à leurs familles.

« Quant aux frais de cet établissement, on ne doute pas que s'il était approuvé du gouvernement, les corps de ville, les riches commerçants et les citoyens zélés n'y contribuassent volontiers. »

Le service fait tous les jours par notre gendarmerie remplace à peu près celui que demandait de la maréchaussée notre utopiste de 1768 ; mais on ne se doute guère que la première idée de cette organisation, toute de sécurité, eût son origine dans l'imitation d'un usage des Chinois. Il serait à souhaiter, en revanche, et par un échange de bons exemples, que ceux-ci nous imitassent dans l'établissement de leurs hôtelleries ; ils arriveraient ainsi à les rendre moins délabrées, plus confortables. Ce ne serait, du reste, que les ramener à leur premier état de prospérité, car du temps de Marco-Polo et de Maïol elles étaient loin, à ce qu'il paraît, d'être dans un si complet dénûment. Selon le premier, au livre II, chapitre XX, de ses *Voyages*, et suivant l'autre, au XXII^e^ de ses *Colloques*, les anciennes auberges chinoises étaient si immenses et si bien munies, que tous les jours une armée entière aurait pu y trouver le vivre et le logement :

« *In regno Chinarum,* » écrit Gronovius, qui répète le dire des deux écrivains que nous venons de citer, « *hospitia disposita per vias, quæ singula quotidie exercitum possunt excipere...* »

Suivant une tradition en cours dans le pays même, c'est par suite de la dernière invasion des Tartares que ces magnifiques gîtes auraient été détruits. Paw répète ce bruit et s'en moque, mais sans trop de raison ; il donnerait même à penser qu'il n'avait lu ni Marco-Polo ni Maiol, et qu'il ne savait rien de l'ancienne prospérité des hôtelleries chinoises. « On a dit, écrit-il, que c'est par l'invasion des Tartares que beaucoup de *cong-quan* (ou *cong-kuan*) sont tombées en ruines ; mais on ne voit point que les Tartares se soient amusés à renverser ou à piller des édifices dégarnis de toute espèce de meubles, et où l'on ne peut loger que quand on est muni d'une patente ou d'un ordre de la cour, de sorte que les voyageurs ordinaires n'osent même y entrer. »

Nous n'avons pas parlé des cabarets en Chine ; nous nous dédommagerons en nous étendant longuement sur les coutumes bachiques de leurs ennemis les Tartares et sur celles des Russes, dignes descendants de ces derniers, et surtout leurs dignes héritiers en fait d'ivrognerie.

Chez eux, on s'enivre à outrance, non pas seulement isolément, mais par masses, on pourrait même dire par multitudes. Au XVI^e^ siècle, tandis que le brandevin était encore d'un usage fort rare dans les pays du Nord, au point qu'on le considérait comme un remède en Suède, les Russes en faisaient déjà débauche, et je ne parle pas seulement des seigneurs, mais des paysans et des soldats. En 1788, l'année même où les Suédois le payaient chèrement comme le meilleur spécifique contre la peste, on vit le czar Boris Godunow régaler de brandevin, jusqu'à ce que complète ivresse s'ensuivît pour chacun, son armée tout entière, qui ne comptait pas moins de trente mille hommes.

Si le voyageur russe désire quelque chose, c'est l'arrivée à quelque chaude hôtellerie; si le cocher qui mène son *drowski* réchauffe un désir, c'est pour la grasse taverne où il pourra approcher ses doigts d'un bon poêle et ses lèvres d'un gobelet de forte eau-de-vie. Dans tous les chants moscovites, il n'en est pas de plus brûlant, de plus amoureux que celui du postillon désirant le cabaret et adressant son invocation altérée à l'enseigne bachique qui tarde trop à poindre au bout de la route glacée.

« Petite taverne, chante-t-il le regard en avant et la narine flairant déjà la fumée qu'il voudrait apercevoir, petite taverne qui porte le Czar pour enseigne, ma bonne petite mère, tu es là sur la route, qui invites si gracieusement le passant! Sur la grande route qui mène à Saint-Pétersbourg, pas un garçon tel que moi ne passe sans céder à ton sourire et sans s'arrêter un peu. »

Après viennent d'autres couplets où l'amour de la jeune hôtesse se mêle bien un peu à l'amour pour son cabaret, mais c'est celui-ci qui domine, et l'on sent bien que l'un ne serait pas venu sans l'autre.

« Voilà, continue le postillon chanteur, voilà le brillant soleil rouge qui se lève derrière la montagne, qui brille sur la girouette, et qui colore les chênes de la forêt; qu'il réchauffe mon cœur, qu'il le ranime ainsi que le cœur ami de la petite fille que j'ai choisie.

» Ah! c'est toi, petite fille chérie, dont les sourcils sont noirs et les petits yeux noirs. C'est toi dont la face ronde est charmante, et toute blanche et toute rose, sans fard et sans céruse. Ta voix est douce et ta causerie est gentille, et sur ta ceinture on voit retomber tes beaux grands cheveux nattés. »

Il n'est pas toujours prudent aux cochers de trop fréquenter les tavernes, surtout au temps des fortes gelées. Il arrive souvent alors que l'ivresse est mortelle par la transition subite de la chaleur excessive du cabaret avec le froid très-vif du dehors.

Plus d'un cocher de grand seigneur a été trouvé mort de cette manière. Voici, par exemple, ce que nous lisons dans les *Souvenirs de Russie*, publiés en 1829 par le *Literary Gazette* :

« L'ivresse suivie du sommeil est presque toujours mortelle. Je me souviens de l'exemple d'un cocher qui, après avoir conduit la voiture de son maître au théâtre, se rendit à un *kaback* (cabaret) voisin afin d'y charmer les heures d'attente par son breuvage accoutumé, un ou deux verres d'eau-de-vie. Cette fois il doubla la dose, et remonta sur son siége plus étourdi qu'à l'ordinaire. Il s'y endormit. Le laquais, quelques instants après, donna le signal du départ, mais les rênes étaient immobiles dans les mains de l'infortuné Jéhu, et l'un des valets, en essayant de le soulever, le trouva mort. Il est aisé, ajoute le touriste chroniqueur, de concevoir le grand nombre d'accidents auxquels les sentinelles sont exposées pendant un hiver en Russie : à Saint-Pétersbourg et à Cronstadt, l'année 1820, on en trouva plusieurs qui avaient péri dans une seule nuit. »

Le moindre danger pour les cochers des voitures publiques qui sont connus à Saint-Pétersbourg sous le nom de *isvotchik*, c'est, quand ils sont un peu gris, d'être trompés par les mauvais sujets qui les mettent en course, et, le trajet fait, les frustrent de leur salaire. Cela est assez facile, eût-on même affaire à un *isvotchik* à jeun. Les maisons de Saint-Pétersbourg ont, en effet, deux portes : on se fait descendre devant l'une, et l'on disparaît par l'autre.

Les *isvotchiks* plusieurs fois trompés sont maintenant sur leurs gardes; ils ne laissent descendre la pratique que s'ils sont d'abord nantis du payement ou d'un bon gage. Le voyageur que nous venons de citer raconte, à ce propos, une aventure singulière dont l'empereur Alexandre fut le héros :

« Il lui arrivait souvent, dans ses excursions incognito, de prendre la voiture modeste d'un *isvotchik*. Un jour qu'il avait ordonné de le conduire au palais, il dit, en descendant, à son cocher d'attendre un moment et qu'on lui enverrait son salaire. « Non, non, répliqua l'autre, je suis fait à ce jeu; j'ai conduit plus d'un gentilhomme à ce palais sans jamais le revoir; examinez vos poches, et voyez si vous ne pouvez pas y trouver mon salaire. — Je n'ai décidément pas d'argent, dit l'empereur; mais attends, voici mon manteau que je te laisse en gage. — Je suis satisfait, dit l'*isvotchik*, je vois qu'il est neuf, et vous vous hâterez certainement de le racheter. » L'empereur rit de tout son cœur et disparut. Quelques minutes après, son valet de chambre vint demander le manteau de l'empereur, et présenta à l'*isvotchik* étonné une centaine de roubles pour le dédommager des pertes qu'il avait précédemment essuyées.

» Le cocher se retira dans la plus grande consternation, en pensant qu'il avait pris l'empereur de toutes les Russies pour un mauvais payeur. »

Nous avons écrit tout à l'heure le mot *kaback*, et nous avons fait voir que c'était le nom du cabaret en Russie. Quelquefois ce nom se prononce *cabat*, ce qui le rapproche encore davantage du mot français. Aussi ne serions-nous pas étonné qu'il y eût parenté entre les deux vocables, et certainement dérivation de l'un à l'autre. Mais lequel est le dérivé? Ici est la question; nous laisserons à de plus érudits le soin de la résoudre, et nous passerons outre au tableau, du reste fort peu réjouissant, que présentent ces tavernes moscovites encombrées de paysans silencieux et moroses.

« Le peuple, en Russie, dit Chappe d'Auteroche à la page 196 de la première partie de son *Voyage en Sibérie*, n'ayant rien à démêler avec le souverain, il paraîtrait qu'on devrait trouver au moins le plaisir dans cette classe de la nation. Partout ailleurs les paysans s'assemblent les jours de fête; les pères, réunis au cabaret, souvent à l'ombre d'un tilleul, se délassent de leurs travaux en buvant quelques bouteilles de vin.

» Ces plaisirs sont inconnus en Russie. Le peuple danse quelquefois, principalement certains jours de carnaval, mais il est dans ce temps livré à la débauche et à l'ivrognerie. On n'ose même pas se mettre en route, de crainte d'être insulté par cette populace.

» Les paysans, en Russie, sont communément dans leurs poêles les jours de fête, ou bien ils restent debout devant la porte, sans faire aucun exercice. L'oisiveté est pour eux le plus grand plaisir, après ceux de l'eau-de-vie et des femmes. Si un paysan russe possède quelque argent, il va seul au *cabat* (cabaret). Il le dépense et s'enivre; dans quelques minutes, il ne craint plus qu'on lui enlève sa fortune. »

Dans les villes russes, au XVIe et au XVIIe siècle, le commerce du vin et de l'eau-de-vie se faisait par les Livoniens. Les profits énormes qu'ils y récoltaient étaient pour eux un riche dédommagement de la liberté que le czar conquérant de leur patrie leur avait enlevée.

« Leur gain principal, dit le vieux voyageur français Margeret, consistoit en la liberté qu'ils avoient de vendre eau-de-vie, medon et autres sortes de breuvage sur lequel ils gagnent non dix pour cent, ains cent pour cent, ce qui semblera incroyable; mais néanmoins c'est la vérité. »

Les tavernes où s'assemblent les serfs sont les mieux remplies, mais aussi celles où se passent les plus hideuses scènes. Un jour, c'était du temps de Catherine II, le plus fameux de ces cabarets d'esclaves, à Novogorod, fut incendié et ensevelit sous ses ruines tous ceux qui s'y trouvaient entassés et que l'ivresse avait empêchés d'échapper à la mort. Il était évident que cet incendie avait une cause criminelle. On cherchait le coupable, quand il se présenta lui-même. C'était la fille même de Wolwikoff, gouverneur de la ville, c'était la belle Lizinka courant au-devant de la justice et du châtiment; elle venait aux pieds de l'impératrice avouer son crime et ses causes. Elle aimait Féodor, que son père lui refusait impérieusement pour époux; elle le recevait même en secret. Un jour Wolwikoff survint, et Féodor n'eut que le temps de se cacher sous les lourds coussins sur lesquels le farouche Moscovite avait coutume de s'étendre pour cuver son ivresse. A peine entré, il s'y jeta de tout son poids, et Féodor, qui n'était qu'un frêle adolescent, mourut écrasé sous la lourde masse. Comment faire disparaître ce cadavre? Lizinka, éperdue, se confie à la fidélité de l'esclave qu'elle croit le plus dévoué; mais celui-ci, le service rendu, met à son silence le prix le plus infâme. Lizinka, placée entre la mort et le déshonneur, choisit le déshonneur. L'esclave n'est pas encore satisfait, il veut prostituer à ses amis, d'autres esclaves, celle qui s'est abandonnée à lui. Il l'entraîne dans une taverne immonde, et il la promet pour dernier plaisir à la bande de misérables qu'il y a conviée. Ils se plongent d'abord dans l'ivresse, et elle est plus forte que leur impatience. Ils oublient l'infâme volupté promise, et s'endorment. Lizinka saisit une torche, met le feu aux parois vermoulues et tout enduites de résine, et les entendant craquer déjà sous les premières étreintes de la flamme, elle s'enfuit. Tel est son malheur, tel est son crime. Catherine l'a écoutée avec bienveillance. Elle connaît assez l'amour pour en comprendre les désespoirs et en pardonner les violences; elle n'envoie point Lizinka au supplice, mais elle lui donne pour asile une de ces retraites pieuses où se trouve le repentir et non l'expiation, où l'amour céleste est la sublime consolation des terrestres amours.

Cette histoire est si bien un drame qu'on en fit une tragédie à la fin du dernier siècle. D'après le récit qu'en donna *le Mercure* dans un de ses numéros de l'année 1786, cinq actes on ne peut plus tragiques furent rimés sous ce titre : *Féodor et Lizinka.*

Pour ne pas sortir des tavernes ou hôtelleries slaves et rester aussi dans les histoires terribles, nous allons emprunter à Regnard le récit d'une aventure qui lui arriva dans une hôtellerie de la Pologne qui n'était autre chose que le repaire d'une bande de voleurs. Il vient de nous raconter comment étant parti de la cour, il traversa le duché de Jéroslaw, et il ajoute : « Nous fûmes pendant le chemin attaqués par trois voleurs. Nous étions dans notre carrosse, enfermés de toute part, à cause du vent. Notre cocher, à qui ils dirent d'arrêter, n'en voulut rien faire, et nous fit signe de prendre nos pistolets, ce que nous fîmes promptement, et sortîmes du carrosse le pistolet à la main, et le valet avec un bon fusil qui le coucha en joue. Quand ils virent cette disposition, ils demeurèrent tout court et nous regardèrent sans oser approcher. Nous continuâmes notre chemin à pied le pistolet à la main, et comme il était tard, nous arrivâmes peu de temps après à l'hôtellerie, où ils envoyèrent deux de leurs compagnons qui vinrent comme des passagers pour examiner notre contenance.

» Ils virent que nous apprêtions nos armes, et que nous fûmes toute la nuit sur pied. Nous ne les connaissions point pour ce qu'ils étaient, et comme il était déjà tard, nous n'avions pu les remarquer, à cause de l'obscurité.

» Ils sortirent deux heures avant le jour, et nous nous disposions à sortir quand le cocher nous dit qu'il les avait vus se joindre à quatre autres aux environs de la maison, et qu'ils avaient gagné le bois qui était à cent pas de là.

» Nous ne jugeâmes pas à propos de partir qu'il ne fût jour, et nous attendions qu'il fît clair, quand nous entendîmes passer quatre chariots avec deux bœufs chacun. Nous nous servîmes de cette occasion pour passer dans le bois, et comme il faisait clair de lune, nous fîmes prendre à tous les charretiers des bâtons blancs qui paraissaient, au clair de la lune, comme si c'eût été des fusils.

» Nous passâmes ainsi sans qu'ils osassent nous attaquer, quoique nous entendissions siffler de tous côtés. On nous dit à la première ville que ce bois en était tout plein, et qu'il était difficile d'y passer sans être volé. »

Au temps de Regnard, quand en Pologne et dans la Russie Noire on ne trouvait pas des voleurs pour hôtes habituels des auberges, on y rencontrait des juifs. C'était tomber de fièvre en chaud mal, et n'avoir aucune chance de sauver ses dépouilles.

Dans la Russie Noire, les juifs n'ont même d'autres gîtes que des auberges, véritables phalanstères d'excommuniés, où ils s'entassent familles sur familles. Les repaires où s'agitent ce tohu-bohu israélite s'appellent, selon Regnard, des *carchemats;* mais laissons-le vous les décrire, après quelques paroles de dégoût hautain pour leurs hôtes :

« Ces messieurs, dit-il donc, ne sont pas moins maltraités en Pologne qu'en Italie ou en Turquie, où ils sont l'excrément du genre humain, et l'éponge qu'on presse de temps en temps, et particulièrement quand l'État est en danger. Quand ils ne seraient pas distingués par une marque particulière, en Italie par un chapeau jaune, en Allemagne par l'habit, en Turquie par le turban, en Pologne par la fraise, il serait impossible de ne pas les reconnaître à leur air excommunié et à leurs yeux hagards.

» Quelque riches qu'ils soient, ils ne sauraient sortir de cette vilainie, dans laquelle ils sont nés, et qui fait horreur à ceux qui les ont vus, particulièrement en Pologne, dans les *carchemats* ou hôtelleries, qu'ils tiennent dans toute la Russie Noire, où ils sont trente ou quarante dans une petite chambre. Les enfants sont nus comme la main, et les pères et mères ne sont qu'à moitié habillés. Je ne crois pas qu'il y ait au monde une nation plus féconde; on trouve dans une même boîte, pleine de paille, dans un même berceau, quatre ou cinq enfants de la même mère, qui paraissent comme de petits corbeaux dans un nid, tant ils sont noirs et hideux. »

A Cracovie, Regnard ne trouva pas d'hôtellerie, et il fut réduit à s'aller loger, avec ses compagnons, chez un Italien, le plus grand hâbleur de la terre, et et dont nous nous étonnons qu'il n'ait pas fait plus tard un type de comédie, comme il savait si bien les peindre. C'eût été une amusante vengeance de tous les mensonges dont le régala cet hôte, et dont il ne fut pas du reste un instant la dupe. « Ce qui fut le plus plaisant, dit Regnard, c'est qu'il ne cessait de nous dire qu'il ne prétendait aucun argent pour le temps que nous logions chez lui, et quand il fallut aller au marché, il vint nous demander un écu, disant qu'il avait changé tout son argent en lettres de change, chez MM. Pessalouki, de Vienne. »

En Suède, Regnard est plus heureux qu'en Pologne; non-seulement il y trouve des hôtelleries, mais celle où il va loger est tenue par un Français. Les gens de notre nation faisaient, à ce qu'il paraît, le métier qu'exercent les Suisses aujourd'hui : ils allaient volontiers ouvrir auberge et tenir table dans les pays étrangers. On pouvait dire alors la *pension française*, comme on dit aujourd'hui par toute l'Italie la *pension suisse*. Celle-ci, du reste, a bien encore l'autre pour concurrente; en Suisse même nous nous souvenons d'avoir eu pour hôte à Brigge, au pied du Simplon, un brave homme né en Bourgogne, et à Venise c'est aussi un Français, Arnaut, de Marseille, qui nous hébergea en l'hôtel de l'Europe, l'ancien palais Justiniani.

C'est chez un Normand que Regnard logea à Stockholm, et il s'y trouva en très-bonne compagnie. Énumérant les Français de distinction qu'il trouva dans cette capitale de la Suède, il écrit :

« A l'auberge, chez Virchal, Normand, MM. de Saint-Leu, la Neuville, Grandmaison, écuyer de M. le comte Charles Oestiern; Coittard, chirurgien, etc. »

Nous ne savons pas si l'auteur friand des *Folies amoureuses* trouva dans cette auberge et dans les tavernes suédoises cette chère lie qu'il aimait tant à savourer dans les tavernes parisiennes. Il a omis de nous édifier à ce sujet. Il ne parle pas plus des cabarets de la Suède qu'il ne parle de ceux du Danemark; la vérité est pourtant que, s'il ne retrouva pas dans ceux-ci l'abondance qui lui agréait tant dans les cabarets de Paris, il y retrouva du moins les mêmes enseignes. Comme Paris, Copenhague avait sa *Pomme de pin*, et pour hôtesse de la taverne fameuse, Copenhague, comme Paris, avait une femme charmante. Le roi Christian II la vit et s'en éprit. Rien ne résistait aux amours de ce Néron, ou plutôt de ce Philippe II du Nord; ses caprices étaient impérieux et tyranniques comme ses volontés. Il fit enlever mademoiselle Sigebrite, et lui donna pour geôle l'appartement le plus secret de son palais. S'il allait en voyage, il l'emmenait avec lui.

On peut dire que c'était un supplément de bagage; car, par crainte du scandale et pour la mieux cacher, il la faisait voyager dans un coffre. Un jour que lui, toute sa cour, et mademoiselle Sigebrite dans son coffre, traversaient en barque la mer Baltique, une tempête survint. Il fallut alléger l'esquif et jeter à la mer tout le poids inutile. Rien ne fut épargné; le coffre même, prison de la belle tavernière, fut, avec le reste, jeté comme proie à la tempête. Le calme revenu, Christian ne réclama pas sa maîtresse, mais son coffre. On lui apprit son naufrage, et il se contenta de dire : « C'est dommage! » Ce fut sa seule plainte. On ne savait pas ce qu'il regrettait. Faut-il voir en ceci une effroyable indifférence ou bien un effort de dissimulation?

La police des auberges et des cabarets est bien faite en Suède. Longtemps l'ivresse y avait été défendue et punie comme un crime, puis peu à peu les ordonnances prohibitives avaient été mises en oubli, et les Suédois, en vrais Scythes, s'étaient précipités dans tous les désordres de l'ivrognerie. La loi du 24 août 1813 les a rappelés à la sobriété primitive.

Voici ce que nous lisons à propos de cet édit de tempérance dans un des excellents articles que le *Globe* publia en 1827 sur le livre du docteur Schubert, *Reise dusch Schweden*, etc.

« L'auteur, y lisons-nous, s'étant arrêté à Trensune, quelques règlements relatifs à l'usage immodéré des liqueurs fortes fixèrent son attention. Ils étaient affichés dans les chambres des voyageurs. »

« Toutes les réunions pour boire dans les lieux publics, ainsi que les banquets » accompagnés de musique et de danse dans les maisons particulières, sont » strictement défendus... »

« Le statut du 24 août 1813, ajoute-t-il un peu après, a exercé une grande influence, quoiqu'il ne soit que la remise en vigueur d'anciennes ordonnances qui étaient tombées en désuétude. D'après ces règlements, celui qui a été vu ivre est condamné pour la première fois à une amende de trois dollars; pour la seconde fois à une peine double; pour la troisième et la quatrième fois à une amende plus forte encore, avec privation du droit de voter aux élections, de celui d'être nommé représentant, et de quelques autres droits fondés sur la confiance que peuvent avoir en lui ses concitoyens. En outre il est exposé publiquement dans sa paroisse le dimanche suivant. Si le même individu est trouvé en faute une cinquième fois, il est enfermé dans une maison de correction et condamné à six mois de travaux forcés, et s'il recommence, il est emprisonné pendant une année entière.

» Si le scandale a lieu dans une assemblée publique, comme une foire, une vente à l'enchère, etc., l'amende est double, et si c'est dans une église, le délinquant est traité plus rigoureusement encore. Quiconque est convaincu d'avoir entraîné un autre à s'enivrer est condamné à une amende de trois dollars, qui est doublée lorsque celui qu'il a dérangé est un mineur, ce qui n'empêche pas ce dernier de recevoir chez ses parents une correction sévère.

» Un ecclésiastique coupable de ce délit perd immédiatement son emploi; si c'est un laïque qui occupe quelque place considérable, il est suspendu de ses fonctions et souvent destitué.

» L'ivresse n'est en aucun cas admise comme l'excuse d'une autre faute, et celui qui meurt dans cet état est enterré ignominieusement et privé des prières de l'Église. Il est défendu de donner et encore plus de vendre aucune liqueur forte aux étudiants, ouvriers, domestiques, apprentis, et aux simples soldats.

» Quiconque est ou ivre dans les rues, ou faisant du bruit dans un cabaret, est sûr d'être emprisonné et détenu jusqu'à ce qu'il soit dégrisé, sans être pour cela dispensé de l'amende. De ces amendes une partie revient aux dénonciateurs, qui d'ordinaire sont des officiers de police ; l'autre est donnée aux pauvres.

» Si le délinquant se trouve sans argent, il est gardé en prison, au pain et à l'eau, jusqu'à ce que quelqu'un ait payé pour lui ou qu'il se soit acquitté par des journées de travail. Deux fois par an ces ordonnances sont lues du haut de la chaire par les pasteurs, et tout aubergiste est tenu, sous peine d'une forte amende, d'en avoir un exemplaire affiché dans les principales chambres de sa maison. »

Ce ne sont pas les seules prescriptions de police auxquelles soient soumis les hôteliers suédois. Après neuf heures en été et huit en hiver, leurs portes doivent être fermées pour tout le monde, excepté pour les voyageurs sans gîte.

Sur les grandes routes les auberges sont assez rares. On ne trouve guère à se loger dans ces sortes de maisons de poste que les Suédois appellent *gastgifvergard*. C'est là que se réunissent les chevaux, qui, selon l'usage suédois, doivent être fournis à tour de rôle par les paysans chaque jour, et chacun selon l'étendue de sa ferme.

Ce sont de grandes maisons de bois avec deux ailes de chaque côté, l'une servant d'écurie, l'autre servant de hangar pour les *karra*, sortes de longues charrettes sur lesquelles on vous voiture.

La façon dont ces maisons de poste sont fournies de chevaux fait que le plus souvent, soit à cause de la négligence des fermiers, soit à cause de la longue distance qui existe entre leur ferme et la poste, il faut attendre leur arrivée pendant de longues heures. On n'obvie à ces retards qu'en prenant un *forbub*, c'est-à-dire en envoyant douze heures à l'avance un messager qui donne avis de votre passage sur toute la ligne que vous devez suivre ; mais souvent le *forbub* s'arrête en route, et bien qu'il ait pris sur vous l'avance d'une journée, vous arrivez avant lui.

Le meilleur moyen d'être promptement servi, mieux même que lorsqu'on a envoyé devant soi un *forbub*, c'est d'être porteur d'un passe-port de courrier et d'avoir un cornet de postillon. Avec le passe-port vous imposez au maître de poste ; avec le cornet vous ébranlez en l'assourdissant le garçon d'auberge ou *hollkard*, et vous le faites sortir de sa désespérante immobilité.

Il vous sert lentement et mal, mais au moins il ne vous vole pas. Faut-il en savoir gré à sa probité moins qu'aux rigueurs de la police qui a pourvu par des tarifs exactement maintenus qu'on ne rançonnât le voyageur ni pour son gîte, ni pour sa nourriture, ni pour le transport. Il n'en coûte pour trois lieues que quinze sous par cheval. En cas de mécontentement vous pouvez formuler votre plainte sur le registre spécial qui est ouvert dans toutes les postes pour recevoir les réclamations des voyageurs. Ce même registre vous indique aussi fort exactement les distances d'un lieu à un autre, de telle sorte que pour cela il est encore impossible au maître de poste de vous tromper.

Ce qui malheureusement n'a pas été prévu par la police, et ce qu'elle n'a pas réglé comme le reste, c'est la qualité que doivent avoir les vivres qu'on vous donne dans les auberges. Ici comme partout les hôteliers abusent de la permission de vous les servir détestables.

« Ce qui, dit M. Marmier dans une de ses *Lettres sur le Nord,* ce qui ajoute aux ennuis d'un voyage dont il est toujours assez difficile de prévoir la fin, c'est la malpropreté et le dénûment des auberges. Hors des villes et des villages de quelque importance, on ne peut guère attendre autre chose que la bouteille d'eau-de-vie de pomme de terre, qui est en station permanente sur la table, et le *knocbebrad,* espèce de galette dure et sèche mêlée d'orge et d'avoine, selon la récolte de l'année ou la fortune du paysan. Si à ces deux éléments primitifs des dîners suédois l'hôtesse ajoute une tranche de viande fumée ou un poisson, il faut rendre grâces à sa prévoyance.

» J'arrivai un soir dans une auberge de la Wermelanes avec l'appétit d'un homme qui a fait quarante lieues dans une journée. Mon hôtesse n'avait dans son armoire qu'une tasse de lait et deux œufs. J'avoue que mon égoïsme allait jusqu'à faire préparer les deux œufs pour moi seul, au risque d'affamer le lendemain la maison, mais la prudente femme ne m'en donna qu'un : « Il peut venir encore un voyageur, me dit-elle, et il faut bien que je lui garde quelque chose. » L'œuf qu'elle m'apporta, bouilli dans l'eau, était gâté; elle me regarda casser la coquille, et quand elle vit tomber le petit poulet dans l'assiette, elle me dit d'un grand sang-froid : « Je m'en doutais, » puis elle s'en alla. Je pris avec résignation ma tasse de lait, et je me couchai en pensant à la joie du voyageur qui viendrait dans quelques jours demander le second œuf. »

Ce n'est pas qu'il n'y ait quelques belles hôtelleries en Suède; là comme partout, dans les lieux où l'on sait que quelque intérêt de curiosité pour un beau site ou pour un bel établissement attirera les voyageurs, une auberge confortable a été ouverte avec toutes ses aisances et son luxe minutieux. Rien n'y manque de ce que peut souhaiter même un touriste anglais : on se croirait dans une hôtellerie de la Suisse.

M. Marmier en trouva une pareille aux environs des forges de l'Osterby, qui comptent parmi les plus célèbres, et par conséquent parmi les plus fréquentées de la Suède :

« Entre la forge et la prairie, dit-il, en face du bois de sapins, l'auberge d'Osterby s'ouvre aux regards du voyageur, et quand j'y suis entré, et quand on m'a présenté le livre où tous les étrangers avaient exprimé leur admiration, les Anglais avec des vers de Byron et les Allemands avec des citations de la Bible ou de saint Paul, j'ai cru me retrouver en Suisse, dans un de ces hôtels où il est convenu qu'on dînera à trois francs par tête et qu'on écrira six lignes de banalité ou d'érudition. »

Dans certaines tavernes d'Angleterre on ne s'en tient pas à ce simple registre où s'inscrivent les impressions du passant, on en tient un autre bien plus considérable et rédigé tout entier d'après un instinct complétement britannique. Ce n'est plus la pensée plus ou moins admirative du passant qui s'y formule, c'est un souvenir du repas copieux qu'il a fait et de sa bonne digestion qui s'y grave et s'y éternise.

Allez dans les grasses tavernes qui avoisinent les grands turfs; entrez, par exemple, dans celle de *Spread-Eagle,* qui est située au pied des collines d'Epsom, demandez à l'hôte son livre de cuisine, volumineuses annales de toutes les bombances hippiques qui depuis un siècle ont signalé les triomphes ou consolé de tous les casse-cou du *turf,* et l'on vous apportera d'énormes volumes dont la première page fut écrite par l'aïeul de l'hôte actuel, officier tranchant, tavernier favori de Georges III, et dont les feuillets, blancs encore, seront remplis de la main de l'illustre cabaretier, qui se rengorge en vous voyant parcourir ces pages. Quels fastes! quelles annales de gloutonnerie! avec quel soin minutieux elles sont tenues! comme chaque chose s'y retrouve avec son détail exact!

Depuis 1780, vous avez eu sur le turf d'Epsom soixante-treize *derby,* un par année; cherchez sur le grand livre le *bill* qui détaille la dépense faite en victuailles pour ces soixante-treize fêtes, et voici, à une once près, ce que vous trouverez : Rien qu'en rosbif, forme immuable, il a été dévoré 4,922 tonnes de bœuf pesant chacune 1,000 kilogrammes. Le jambon a donné plus encore : ce qui a croulé sous les fourchettes des *riders* et des jockeys affamés pourrait former une pyramide de 412,645 mètres cubes. Le compte des volailles de toutes sortes, coqs bouillis, oies au four, etc., qui ont été dévorées, n'est pas moins effrayant : il s'élève à 264,645 pièces; ajoutez à cela 246,104 fromages de Stilton et de Chester, dont chacun a 20 pouces d'épaisseur sur 49 pouces de diamètre, et vous aurez le plus gigantesque menu qu'une armée d'infatigables mangeurs puisse dévorer en soixante-treize ans. Le tout ne demanda pas moins de 219 journées de cuisiniers, et coûta aux consommateurs 3,250,000 livres.

Passons maintenant aux rafraîchissements absorbés dans le *tap-room* et dans le *parlour* de la même taverne de Spread-Eagle, et nous allons voir qu'ils pouvaient suffire à humecter la masse énorme de victuailles que nous venons de décrire. Mettons en première ligne 2,500,000 bouteilles de vin de Champagne; puis, pour les ladies de tout âge, pour les jeunes surtout, alignons 1,250,000 flacons de limonade, de soda-water et de ginger-beer; ensuite, 2,100,000 bouteilles de porto et de sherry; puis, pour boisson ordinaire, 300,000 tonneaux de porter, ale forte et double stout, le tout sans préjudice du rhum et du brandy, dont l'énorme chiffre de consommation est couvert sur le registre par une large tache d'encre tombée de la plume avinée et lassée du calculateur. Le vertige de l'ivresse a dû le prendre rien qu'à aligner ces nombres. Concluons par le total des livres de glace employées pour frapper et rafraîchir tous ces liquides, et qui s'élève à 726,000, et enfin, puisqu'en effet tout est énorme dans ce menu, qui eût fait reculer Gargantua lui-même, n'oublions pas les 1,120 livres de moutarde qui jetèrent leur pointe et leur montant dans tout cet indigeste chaos.

On comprend, par ce qui précède, que les taverniers, ou, pour mieux dire, les *victuailleurs*, puissent s'intéresser aux courses qui les ont fait mettre si copieusement et si fructueusement en besogne. Leur intérêt a été jusqu'à leur faire créer des prix spéciaux dont ils font les fonds pour chaque *derby* annuel. Ces prix, pour lesquels les victuailleurs patentés ont seuls droit d'apporter leur part, sont de plusieurs sortes. Tantôt c'est une coupe d'or, tantôt un *stake* de 210 souverains.

La somme, quelle qu'elle soit, qu'ils dépensent pour cela, leur est rendue au centuple. Pas de prix gagné sans d'abondantes rasades arrosant la victoire. Qui les verse? Le tavernier. Et quel profit pour lui au fond de chaque bouteillle! Après le *Champaign stake*, par exemple, il est de règle que le vainqueur offre au jockey-club du lieu douze douzaines de bouteilles de vin de Champagne.

Ce turf d'Epsom était de droit la proie des cabaretiers; ce sont eux en effet qui, flairant par avance la fortune qui les attendait, y vinrent les premiers.

La première maison d'Epsom fut une taverne, le petit cabaret à bière portant grossièrement peint un taillis de chêne (*oaks*) pour enseigne. Devant son humble façade s'étendait une vaste pelouse bien aérée, bien plane, admirablement disposée enfin pour l'entraînement des chevaux. Le général Burgoyne y passa en 1770; il apprécia d'un coup d'œil tous ces avantages, acheta le petit cabaret, en fit un magnifique rendez-vous de chasse, y lança quelques courses, et commença ainsi le renom hippique de cette localité fameuse. Le comte de Derby, le membre le plus fashionable de l'illustre et fashionable famille de Stanley, acheva ce qu'avait ébauché Burgoyne. Du cabaret devenu déjà rendez-vous de chasse, il fit un magnifique château qui conserva toujours l'ancien nom d'*oaks*, mais qui ne sembla plus le devoir qu'aux admirables futaies ombrageant ses parcs immenses et lui servant de verdoyante ceinture. La vieille enseigne était bien loin.

C'est le comte de Derby qui fonda les premiers prix d'Epsom, les premiers *stakes* (souscriptions particulières). Le plus important fut un souvenir de son mariage avec la belle lady Élisabeth, *the maid of the oaks* (la vierge des *oaks*), brillante et rapide amazone qui prouva bien par la fondation de ce prix, *stake* de ses noces, de quelle valeur était pour elle la reproduction bien entendue de la race chevaline. Elle voulut que son *stake* ne fût couru que par des *fillies*, pouliches de trois ans. La jeune lady comprenait déjà le prix de la maternité, et sans le connaître, se faisait un axiome de ce vers de Virgile : *Corpora præcipue matrum legat.*

En toutes choses de la vie anglaise, nous retrouverons la taverne. Pour les courses, elle est le point de départ; pour les élections, nous le ferons voir, elle est le point de réunion; pour certains mariages, elle est le temple. Nous voulons parler de ces unions clandestines dont l'atelier du forgeron de Gretna-Green fut le refuge quand les cabarets, qui les avaient d'abord abritées par toute l'Angleterre, leur eurent été fermés.

C'est dans les prisons que cette espèce de mariage s'était d'abord pratiquée, et d'après le lieu, on devine entre quelles gens. L'exemple, trop commode à suivre pour n'être pas contagieux, eut ses imitateurs dans les cabarets, avec l'aide intéressée des cabaretiers, et entre personnes qui, on le devine bien, n'étaient pas d'une moralité meilleure que celle des premiers. Par malheur on ne s'en tint pas là; tout autre système matrimonial fut négligé pour celui-là. L'union ainsi faite était si facile à nouer, si facile à rompre! Il fallut que le gouvernement intervînt, mais trop tard, et pas assez énergiquement : Gretna-Green survécut. Le *Monthly review*, dans un de ses numéros de 1834, fait ainsi l'historique de ces mariages étranges, où des geôliers, puis des cabaretiers, tenaient lieu de prêtres et de notaires :

« Quoique depuis un temps immémorial, lisons-nous, le mariage, dans tous les pays soumis à la religion romaine, ait toujours été regardé comme un acte exclusivement religieux, dans plusieurs parties de l'Europe, et surtout en Angleterre, l'intervention d'un prêtre n'a jamais été considérée comme essentielle. La manière de se marier du XIVᵉ au XVIIᵉ siècle consistait par un accord *per verba de præsenti*, c'est-à-dire entre les personnes contractant présentement un engagement pour devenir mari et femme, ou une promesse *per verba de futuro;* et si la promesse était suivie de la consommation, le mariage était considéré comme bon, sans l'intervention d'un prêtre. Quant au premier contrat, il était considéré comme un mariage définitif en substance, mais incomplet pour la forme. Quoique l'accord *per verba de futuro* fût insuffisant sur ces deux points, la cohabitation des parties, après avoir échangé leurs promesses mutuelles, rendait avec le temps le mariage parfait en substance, et lui donnait une validité égale au premier, qui ne pouvait être annulé par la cour ecclésiastique.

» L'époque à laquelle la prison de *la Flotte* devint une sorte de chapelle pour les unions clandestines n'est pas certaine. Il existe dans les manuscrits de Landswon, au *Museum britannique*, une lettre de l'alderman Low à lady Hickes, où il lui apprend qu'un mariage a été célébré dans *la Flotte*. Cette lettre est de 1613. Cet usage de se marier dans une prison paraît s'être établi par degrés.

» Il n'est pas douteux que si beaucoup de mariages étaient célébrés à *la Flotte*, d'autres l'étaient aussi dans des chambres préparées à cet effet dans des tavernes et dans des maisons particulières situées dans le voisinage de la prison. Les ministres partageaient les profits du métier avec leurs pourvoyeurs, gens chargés d'amener les parties.

» Les cabaretiers chez lesquels se célébraient les mariages avaient droit à une portion des profits pour le prix des liqueurs qui se buvaient dans ces joyeuses occasions. Quelquefois ces cabaretiers entretenaient un ministre à vingt shillings par semaine, tandis que d'autres, lorsque arrivait un mariage, envoyaient chercher un ministre de leur choix, et partageaient les bénéfices avec lui.

» Ce n'était pas seulement à *la Flotte* qu'avaient lieu ces mariages illégaux et clandestins; on y procédait aussi dans un grand nombre d'autres endroits de la capitale.

» Enfin le gouvernement résolut d'arrêter un pareil scandale, mais il n'y réussit pas. Une chapelle fut bâtie à May-Fair en 1730. Le ministre était le fameux Keith, qui commença à marier *ad libitum*, avertissant dans les journaux des avantages particuliers des unions contractées à May-Fair. Keith fut mis en prison, mais les mariages ne continuèrent pas moins pour cela.

» Quelquefois aussi les ministres fournissaient des maris au rabais, comme l'attestent plusieurs actes, entre autres celui-ci : « 22 juin 1728. Mariage entre » Josiah Walsh et Élisabeth Cutchey. Reçu de M. Ralf et de M. Hargrove, afin » de pourvoir la dame d'un mari, 2 guinées, lesquelles serviront aussi à payer » les autres frais de la noce. »

» Le motif de ces mariages impromptu, de la part de ceux qui les contractaient, était d'échapper à des créanciers trop pressants et de paralyser ainsi la rigueur de leurs poursuites. Les mariages contractés devant le fameux forgeron de Gretna-Green, en Écosse, sont les restes de ces vieilles coutumes. »

Servir de temple pour des unions clandestines, il est vrai, mais qui veulent cependant avoir quelque ombre de légitimité, c'est déjà presque de la moralité pour une taverne anglaise. Aujourd'hui les cabarets d'outre-Manche en auraient, que je sache, beaucoup moins. On s'y accouple bien toujours, mais on ne s'y marie plus. Plus d'état civil dressé entre deux brocs, plus de ministre prélevant sa dîme; le cabaretier seul intervient pour verser la rasade abondante destinée à arroser les fiançailles d'occasion. En revanche, si l'on n'y prend plus femme à peu près légitime, on y peut encore mettre son épouse en vente. Le cas n'est pas très-commun, j'en conviens, mais pourtant il se rencontre; et en l'an de grâce 1837, par exemple, au mois de juillet, on vit pareille vente s'effectuer en pleine auberge, à Whitehaven, l'une des fortes villes du Cumbérland. Voici ce qu'on écrivit alors à ce sujet aux gazettes de Londres, sous la date du 15 juillet :

« Il y a deux jours, nous avons été témoin d'une vente de femme. Le vendeur était un fabricant de paniers, et l'acquéreur un scieur de long. Depuis longtemps la femme objet de cette vente était infidèle à son mari, qu'elle avait à diverses reprises rendu père, et son affection pour le scieur de long était devenue si scandaleuse, que le mari voulut s'en défaire par vente publique; après quelques pourparlers et des négociations assez longues, il fut enfin convenu entre les trois intéressés que le mari nourrirait plusieurs enfants nés du mariage, et que la femme serait acquise au scieur de long moyennant la modique somme de douze sous.

» L'hôtesse de l'auberge où ce marché a été conclu n'a pas voulu être témoin de la livraison de la marchandise; c'est un passant qui a été recruté dans la rue pour faire l'office de témoin. Après la conclusion de cette affaire de commerce, les époux, l'acquéreur et le témoin ont passé gaiement la soirée ensemble, sacrifiant plus d'une fois à Bacchus. »

Ainsi dans les tavernes se font toutes les sortes de commerce, mais le trafic des voix, à l'époque des élections, est celui qui se pratique sur la plus large échelle. Le cabaret alors devient un véritable centre politique, une vraie boutique de corruption électorale. Tous les taverniers sont enrégimentés par les meneurs de tel ou tel candidat, et se parent effrontément de leurs couleurs, bleues, ou rouges, ou jaunes, dont ils pavoisent aussi le devant de leurs maisons. Ces jours-là les tavernes ne sont plus connues par leurs enseignes, mais par leurs banderoles aux nuances politiques, et elles sont moins remplies de buveurs que de démagogues, d'orateurs tous parés des mêmes couleurs qui flottent en banderoles à la porte.

Si l'on y boit, c'est gratis, ou plutôt aux frais du candidat à élire. On s'égosille, on s'altère à brailler pour lui, n'est-il pas juste qu'on se désaltère à son compte, et personne n'y fait faute; on crie d'autant mieux qu'on veut après boire davantage.

Pour que vous vous fassiez une idée complète de ce tohu-bohu d'élections et d'ivrognerie, nous allons vous reproduire, d'après un curieux article de M. Duvergier de Hauranne, publié dans le *Globe* du 11 juillet 1826, un coin du tableau de la grande élection qui fut si disputée en 1826 dans le Westmoreland, entre M. Brougham et lord Lowther :

« Pendant les élections, dit donc M. Duvergier de Hauranne, les électeurs qu'on déplace vivent aux dépens des candidats. Ce serait *bribery* que de leur donner deux shillings d'argent; mais en comestible on peut être aussi généreux que l'on veut, grâce sans doute à cette maxime évangélique, que ce qui passe par la bouche ne souille pas le cœur. Pour mettre un peu d'ordre dans ce désordre, voici comment on s'y prend ordinairement : chaque électeur reçoit un billet pour son déjeuner, un autre pour son dîner, et un troisième pour son souper, enfin autant de billets qu'il veut pour des verres d'*ale* et de *porter*, et vous sentez qu'il n'en veut pas peu.

» Ce sont des lettres de change payables à vue que les aubergistes ne manquent jamais d'acquitter. De leurs mains elles reviennent au comité central, qui chaque soir règle les comptes. Les *bleus* ont en outre une table d'hôte où chacun paye sa dépense, et dont M. Brougham est président. C'est là que se réunissent les officiers et sous-officiers de l'élection, là qu'ils tiennent grand conseil et se réunissent pour le lendemain. J'ai assisté hier à l'un de ces dîners, et c'est une chose fort curieuse.

» Dans une salle immense, entre écurie et toit, deux tables de bois grossier rassemblent cent vingt personnes environ. Là point de distinction; le pair du royaume s'assied à côté du paysan, le possesseur de 100,000 livres de rente à côté du *freeholder* à 40 shillings de revenu. Au dessert arrivent les toasts, qui sont la partie la plus importante.

» Quelquefois, j'en conviens, ces dîners ont quelque chose de formel et de froid, les toasts s'y succèdent méthodiquement comme des litanies, et les hourras neuf fois répétés (*three times three*) à un signal donné ressemblent à un bruyant exercice commandé par un officier consommé. C'est presque toujours quand le président est l'un de ces *torys* à principes inflexibles qui croiraient la constitution perdue si au XIX$^{e}$ siècle on ne buvait pas exactement comme au XV$^{e}$. »

Réflexion excellente qui va droit au ridicule de ces traditions trop immuables de la vieille Angleterre respectant tout du passé, même ses désordres; aperçu très-sensé qui, entre autres mérites, a pour nous celui de nous justifier d'avoir, en mêlant ensemble les deux tableaux, voulu prouver l'identité complète, inflexible, de ce qui fut jadis avec ce qui est encore, et qui menace de durer toujours en s'éternisant dans les abus. Mais laissons M. Duvergier de Hauranne continuer sa narration; il est en trop bonne voie pour que nous l'arrêtions plus longtemps,

« Le soir, dit-il, il n'y avait pas dans Appleby un seul électeur qui marchât droit. Jugez de l'effet que devait produire toute cette population chancelante ou étendue par groupes au milieu de la rue. Pour peu que cela dure, il n'y aura plus dans huit jours rien à boire dans le comté.

» Pour bien voir une élection, une petite ville vaut d'ailleurs mieux qu'une grande. Tout y est concentré sur un seul point, et en cinq minutes on peut entendre un discours, assister au *poll*, voir les agents des candidats courir de taverne en taverne pour rassembler les électeurs, donner par les fenêtres un coup d'œil à quelques repas, recevoir enfin quelques douzaines de pierres et de coups de bâton. »

Ce dernier trait n'est pas moins vrai que le reste, et il peut servir à nous annoncer la grande bataille entre électeurs, bataille non pas à coups de votes, mais à coups de poing, dont notre narrateur va nous faire le récit. Il commence par nous dire comment, la veille du combat, les *bleus*, qui tenaient pour Brougham, avaient déchiré le drapeau des *jaunes*, tenant pour lord Lowther, et sur lequel se lisait cette philanthropique inscription : *No popery*. Ce n'était qu'un prélude belliqueux, une escarmouche d'avant-garde, voyons la bataille :

« La matinée avait été tranquille, mais à quatre heures, quand l'ale et le soleil avaient échauffé toutes les têtes, un *jaune* s'est avisé de monter sur les *hustings*, et d'adresser aux *bleus* une vive apostrophe. Aussitôt cent broughamistes s'élancent sur lui, l'arrachent de la tribune et, malgré sa résistance, le jettent en bas. De toutes parts on court aux armes, c'est-à-dire aux bâtons et aux pierres ; on se procure les uns en brisant les supports de quelques échoppes, les autres en dépavant la rue, et la mêlée commence.

» Les deux partis s'étaient organisés comme deux armées ; postés aux extrémités de la rue, ils faisaient l'un contre l'autre des charges régulières. Tantôt vainqueurs, tantôt vaincus, nous les voyions successivement passer en désordre et repasser triomphants. En un clin d'œil, des deux hôtels quartiers généraux des deux partis, il n'est resté que les murailles ; les portes, les fenêtres, tout a été brisé, et ce n'est qu'en se défendant à coups de bouteilles que les assiégés ont sauvé l'intérieur. Les *hustings* eux-mêmes ont plus d'une fois changé de maître. Cette petite guerre civile, légalement organisée à certaines époques périodiques, doit vous paraître fort étrange. Mais ce qui l'est encore plus, c'est le peu de compte qu'on en tient. « *You'll have some fun,* » vous dit-on tranquillement, et toute la population se met aux fenêtres pour regarder le spectacle. A peine en paraît-elle émue. Peu s'en faut qu'elle n'applaudisse les vainqueurs et ne siffle les vaincus ; et sauf quelques marchands qui ferment leurs boutiques, personne ne donne le moindre signe d'inquiétude ni d'étonnement. C'est que chacun sait que l'agitation n'est qu'à la surface : c'est une soupape par où s'échappe le trop-plein des passions populaires ; l'explosion ne serait à craindre que si on la fermait. »

Pourquoi celui qui écrivait ces lignes en 1827 ne s'est-il pas dit en 1848, alors qu'il organisait les fatals banquets d'où s'échappa la révolution tout armée, qu'en France la grande machine populaire n'a pas, comme dans la régulière Angleterre, de soupape de sûreté, et qu'à la moindre fissure, au contraire, qui donne jour à son ébullition, tout ce qu'il y a de violence dans ses instincts, d'emportement dans ses fureurs, jaillit, éclate, fait explosion? Chez les Anglais, peuple grave et qui a le grand art de s'arrêter à temps, on peut jouer avec tout, même avec les émeutes, c'est-à-dire avec le feu. On sait que l'incendie n'ira jamais plus loin que le bourg où il s'est allumé. Chez nous, peuple d'emportement, qui d'un feu de paille, voire d'un feu de joie, ferions un embrasement, c'est tout le contraire. L'auteur des *Lettres sur l'Angleterre*, 1827, aurait bien dû réfléchir à tout cela en se rendant au banquet de la rue des Batailles, le 22 février 1848. Que de déceptions il se fût épargnées si, en lui, l'apôtre des réformes eût pris un peu conseil de l'observateur qui raisonnait si bien trois ans avant 1830, devant le tohu-bohu des élections de Westmoreland!

Il nous a conté la bataille, il va nous dire comment la paix revint, et trouver là un prétexte pour de nouvelles réflexions non moins sensées que les précédentes.

« Cependant, dit-il, grâce à l'intervention de quelques gentlemen, une trêve a été conclue. Les blessés ont été se faire panser, et l'un d'eux, s'étant, dit-on, maladroitement adressé à un chirurgien du parti contraire, n'a pu en obtenir le plus petit emplâtre. » Ce dernier trait est du meilleur comique. En France, j'en douterais; en Angleterre, j'en jurerais.

« Une heure après, on ne se serait pas douté qu'il y eût eu du bruit; tout s'était apaisé sans gendarmes ni dragons. Il est d'autres pays où le gouvernement tremble et sévit dès que quatre hommes sont assemblés ou que le cri le plus légal sort à la fois de trois bouches. Des deux systèmes lequel est le plus sûr? »

Ce n'est pas lorsqu'on s'y bat que la taverne est dangereuse à Londres, c'est quand on y joue, c'est surtout quand du jeu, le chemin est si court de l'un à l'autre, on passe au vol, surtout encore quand, par une industrie trop commune aux taverniers anglais, elle devient le dangereux dépôt des recels de toutes sortes.

Le jeu, ce premier fléau des cabarets anglais, fut aussi le premier qu'on voulut en bannir. Dès 1461, le roi Édouard IV avait rendu un édit qui le proscrivait sous des peines sévères. C'était la première année de son règne, et il ne pouvait l'inaugurer par un édit plus sage. Voici, d'après le curieux livre déjà cité ici, *The privy purse expenses of king Henri the eight*, etc., page 306, la teneur de l'acte qui fut alors formulé par le parlement contre les jeux de dés et de cartes, permis seulement pendant la durée des douze jours de Noël : « *None hosteler, taverner, victualler, artificer or houscholder, or other, use any such play in their houses or elsewhere upon payne of prisonment and other arbitrarie at the king's will.* »

Pourquoi, dans la même ordonnance, ne trouve-t-on pas quelques prescriptions aussi sévères contre les pernicieuses industries abritées par les tavernes?

Est-ce donc que déjà au XVe siècle on ne les y exerçait pas encore? J'en doute. Le tavernier, à Londres comme ailleurs, en dut toujours avoir trop bien l'instinct et la science. Ce qui me fait croire d'ailleurs, même sans preuve certaine, qu'à cette époque déjà les cabaretiers anglais ne devaient pas se faire faute d'être complices de tous les bandits et recéleurs de leurs vols, c'est qu'aux temps pour lesquels les renseignements ne nous manquent pas, ils nous apparaissent en possession complète, et selon toute apparence, depuis longtemps établie, de ces métiers infâmes et pernicieux.

Qu'on lise, par exemple, certains petits livres prototypes séculaires de nos *Mystères de Paris* et de nos *Mystères de Londres;* qu'on feuillette curieusement, sans crainte d'être écœuré par le parfum fangeux qui s'en exhale, le *Calendrier de Newgate*, l'*Histoire de Golly le Rossignol*, goualeuse anglaise du XVIIe siècle, et surtout les *Grandes annales des voleurs de mer et de rivière*, et y trouvant à chaque page des histoires de cabaretiers complices et recéleurs, on se convaincra sans peine que l'organisation du vol devait être, comme nous l'avons dit, établie de toute éternité dans les tavernes anglaises.

M. Ph. Chasles, qui s'est fait le lecteur assidu de ces scandaleuses archives, et, qui mieux est, l'analyste minutieux des faits qu'elles exposent, a bien voulu nous les rendre accessibles par les précieux extraits qu'il en a tirés, révélations pleines d'imprévu et de ténèbres qu'il éclaire au reflet de son style brillant, et que nous ne pouvons que reproduire ici d'après l'article curieux qui les mit le premier au jour dans la *Revue de Paris* du 24 mars 1844.

Il y est parlé d'abord de la *taverne flottante*, repaire étrange qui, il y aura bientôt deux siècles, engloutit tant de riches dépouilles, et dont la curieuse description peut seule expliquer le titre donné aux bandits ses habitants, dans le livre tout à l'heure cité, *Annales des voleurs de mer et de rivière.*

« On ne pouvait, dit M. Chasles, exercer ce brigandage qu'à Londres, sur les bords de la Tamise. Pour cette piraterie en grand, dont la métropole était la proie, et à laquelle les vastes flots de la Tamise servaient d'asile et de théâtre, on avait inventé des bateaux à recel, et la plus considérable de ces administrations fluviales était une taverne flottante, ou plutôt un fort beau café destiné à cet usage.

» On dressait des enfants à nager entre deux eaux, traînant après eux les objets volés que l'on renfermait dans des outres huilées. Il y avait une hiérarchie et un service parfaitement organisés, une marine aux ordres des pirates, et des distinctions honorables pour les voleurs à succès. Comme dans tous les pays commerciaux et avides, on ne se faisait pas faute de détruire la propriété d'autrui pour s'attribuer un très-petit bénéfice. Avec une vrille on perforait de grands vaisseaux, et par de légères saignées multipliées on parvenait à les couler bas; quand ils faisaient eau de toutes parts, et que les ballots flottaient sur la Tamise, ils devenaient la proie des *water-rats*, qui avaient des bateaux tout prêts. »

Les tavernes voisines de la Tamise, toutes favorables au recel des objets volés sur les bateaux, étaient pour la plupart des succursales du grand cabaret flottant; elles étaient, comme lui, les dépôts commodes où venaient s'entasser les riches *épaves*, fruit des criminels naufrages que M. Chasles vient de nous décrire. Le fameux Titus Oates, dont tant de supplices causés par ses dénonciations ont rendu la mémoire si exécrable à Londres, fut longtemps l'hôte, le chapelain, le *factotum* de l'un de ces dangereux repaires. C'est là qu'ayant besoin d'un traître capable de prendre sur lui la responsabilité de toutes les dénonciations du complot dont on avait besoin pour proscrire et victimer les papistes; c'est là, disons-nous, c'est au milieu de cette fange où grouillaient le vice et le crime, qu'on vint le chercher; c'est de là que, revêtu de la simarre magistrale, on l'amena devant le roi et les ministres, puis enfin devant le parlement, où la parole lui fut donnée pour qu'il exposât dans toute leur hideur les impostures qu'il avait inventées ou qu'on lui suggérait, à la grande joie du vieux parti anglican, qui, dans chaque parole du dénonciateur, surprenait l'arrêt de mort d'un papiste.

Sous Jacques II vint la réaction catholique, la vengeance; c'est alors qu'on sut toute la vérité sur l'ignominie de Titus Oates, c'est alors qu'on recula de dégoût devant les révélations de son fangeux passé, comme on avait reculé d'horreur en écoutant ses dénonciations. Le livre qui mit à jour tous les mystères de ce chapelain de cabaret, improvisé pour le crime, accusateur public de toute une religion, était l'œuvre de l'un des anciens amis de Titus lui-même; il portait le titre de *Gémissements de Jacques Ketch.* Les pages où sa vie de gueuserie et de débauche dans *Little Britain* se trouve racontée, celles où il est mis en jeu sous les voûtes enfumées des tavernes de *New-Alley*, en compagnie de son digne acolyte Dick le Désossé, sont trop curieuses à toutes sortes de titres pour que nous ne vous les donnions pas ici dans leurs traductions les plus textuelles.

« Il demeurait, y est-il dit, dans *New-Alley*, d'où l'on apercevait la Tamise, et qui était une espèce de rue, ou plutôt de boyau fangeux, conduisant, par une pente marécageuse, jusqu'à ce fleuve, semblable à une mer.

» Dans le flux, on avait de l'eau jusqu'à mi-jambes dans les caves; c'était la terreur des hommes de justice que ces parages, où ils ne s'aventuraient guère. Les habitants de la ruelle, aussi sauvages que les indigènes des côtes d'Afrique, avaient creusé des puits dans ces caves mêmes, et tout agent qui leur résistait ou leur déplaisait était conduit là pour y périr.

» Titus, qui vivait dans un de ces domiciles à demi aquatiques, était appelé dans le quartier *le Chapelain*.

» Il avait pour son service personnel un jeune mousse qu'il rossait toute la journée et qui jouissait de la plus mauvaise réputation. C'était Titus qui rédigeait les lettres des contrebandiers, les comptes des voleurs, et qui tenait leurs livres de recel. Tantôt il était payé, tantôt il ne l'était pas, ce qui lui constituait une vie peu profitable et faisait retentir le taudis de querelles fréquentes.

» Une de ses pratiques les plus habituelles était Dick le Désossé, qui possédait vingt ou trente métiers différents, tous dignes du gibet. Il était contrebandier de terre et de mer, mendiant, voleur, et avait été aide-bourreau. Cet homme jouissait de la faculté singulière de démonter à loisir sa charpente osseuse, et d'assumer ainsi pour son compte toute espèce d'infirmités. Il se faisait bossu dans toutes les directions, rendait ses jambes cagneuses ou arquées, enfonçait sa tête dans ses épaules, devenait cul-de-jatte, et pétrissait son propre corps comme un pâtissier pétrit sa pâte. A la flexibilité des jointures, il unissait la souplesse incroyable des chairs et des parties molles, de manière à se transformer rapidement en boule, en fuseau, et à se jeter pour ainsi dire dans tous les moules. Il n'y avait pas de signalement possible à donner de ce Protée humain. Il échappait à toutes les poursuites et à toutes les accusations. Son incroyable agilité lui servait à s'échapper de toutes les prisons, et une fois sorti, il changeait de figure, de taille et de bosse. »

Ne vous figurez-vous pas Mazurier se faisant voleur, le John Devani tant admiré dernièrement pour les prestigieux escamotages de sa personne, mettant son industrie non plus à se métamorphoser en singe, en monstre, en serpent, mais à se faire invisible pour l'Argus de la police de Londres, à se faufiler sous les portes des geôles, à glisser entre les grilles, etc.? Voilà Dick, l'ami de Titus, le voilà dans toute sa force, avec toute sa souplesse, avec toute son élasticité pernicieuse, le *clown* errant, le *clown* voleur. Une chose m'étonne, c'est que Walter Scott, qui a mis toute cette époque en scène avec une telle science de sa couleur et de ses caractères, avec un pittoresque si minutieux et si savant, ne se soit pas emparé de l'ami Dick pour égayer de ses évolutions prestigieuses et larronnes quelques-uns des chapitres de son roman de *Péveril du Pic*, l'œuvre qui nous révèle le mieux l'état des mœurs anglaises à cette époque, et celle qui, pour notre compte, nous a fait connaître la première le type étrange de Titus Oates. Mais continuons; aussi bien nous avons hâte de le retrouver et de l'étudier, cet homme à la face sinistre, dans ses relations et ses complicités avec Dick. Sachons d'abord où celui-ci logeait et où tous deux se rencontraient.

« Dick, écrit l'auteur des *Gémissements de John Ketch*, habitait de l'autre côté de la Tamise, dans un mauvais *hovel* ruiné, d'où il pouvait diriger les mouvements de ses petits bateaux, qui servaient aux déprédations nocturnes de sa bande.

» L'ami de Dick le Désossé, Titus, qui passait pour un savant homme, et qui, dans les parages, avait le renom de hanter bonne compagnie, avait indiqué à ce même Dick quelques bons coups à faire. Toute une cargaison de tabac avait été dévalisée au détriment du doyen de Westminster, qui avait dû recevoir ce cadeau d'un ministre hollandais de ses amis. Dick, conseillé par le chapelain Titus, escamota la cargaison et enivra le pilote hollandais. Mais il ne payait jamais la part qui revenait naturellement à Titus.

» Ce Dick, dans sa jeunesse, avait été valet d'un catholique, et Titus, le faisant parler après boire, avait obtenu de lui beaucoup de renseignements sur les intentions secrètes et sur les plans vagues de la partie sacrifiée et conspiratrice de la population anglaise. Il en tira un grand parti pour perdre à la fois tous ses ennemis, et spécialement Dick.

» Le matin même du jour où il alla faire sa première déposition contre les prétendus conspirateurs, Dick le Désossé lui avait joué un tour abominable.

» Titus était sensuel et ami de toutes les voluptés de son corps. Il prenait une quantité considérable de tabac, auquel Dick eut soin de mêler cette poudre alors connue sous le nom singulier de *bewitching powder*, et dont l'effet était de plonger dans la léthargie la plus profonde ceux à qui on l'administrait. Le méchant Dick, après de copieuses libations de *blue devil* (eau-de-vie de grain) et des prises non moins fréquentes administrées au chapelain, avait fait signer à celui-ci, dont il avait guidé la main engourdie, un reçu total et définitif des sommes dues à lui, Titus, par Dick le Désossé. On retrouva le chapelain ivre-mort sur les dernières marches de sa cave, les pieds pendants et baignés dans l'eau, qui en couvrait le sol à sept ou huit pouces d'élévation. Sans doute Dick avait poussé la complaisance jusqu'à le porter là. »

Titus ne sortit de ce lourd sommeil que pour reconnaître la duperie de Dick et pour s'en venger. C'est ce jour-là même que, s'étant affublé de noir de la tête aux pieds, il vint frapper à la porte du grand conseil assemblé, et une fois introduit, y dérouler la trame infernalement ourdie de ses dénonciations. On riait à le regarder, car il avait la plus étrange figure : « Ce n'est pas un visage, disait Charles II, c'est un menton. » Mais en revanche, on tremblait en l'écoutant parler, tant il y avait de calme et glacial cynisme dans ses paroles, distillant goutte à goutte le poison de leurs mensonges et de leurs trahisons. Il avait si bien l'art de l'invention vraisemblable, dans l'imposture même la plus éhontée, il avait aussi tant de mémoire dans ses mensonges, et par là savait si bien ne jamais se démentir, que n'eût-on même pas eu intérêt à croire ce qu'il disait, on y eût malgré soi ajouté foi. Malheureusement, dans le conseil du roi, tout le monde était disposé à donner créance à de telles impostures, eussent-elles été moins adroitement ourdies. Milord Shaftsbury surtout, qui trouvait là l'entière satisfaction de sa haine contre le parti papiste, applaudissait à chaque mot dénonciateur qui s'échappait des lèvres pincées de Titus, et lui, fin renard, pour encore mieux enivrer de son fiel le haineux ministre, se mettait à nommer un à un, comme chefs du complot, ceux qu'il savait être plus spécialement détestés par milord. Mais ce n'était pas assez pour Titus de donner aux autres leur vengeance, il lui fallait aussi la sienne. Après les ennemis du ministre, il se mit donc à étaler la longue liste de ses propres ennemis ; ses créanciers, fort nombreux, venaient les premiers ; puis ce fut ce pauvre Dick, qu'il donna pour un espion assidu des jésuites, et que ce seul mot fit envoyer au gibet ; puis ce furent les jésuites de Douai eux-mêmes, qui jadis l'avaient expulsé de leur collége, et dont on se hâta de confisquer tous les biens qu'ils possédaient en Angleterre ; puis ce fut encore le capitaine de vaisseau qui l'avait chassé de son bord pour ses mœurs honteuses. Enfin la liste entière se monta à cent cinquante ou deux cents personnes que, sans autre forme de procédure, on envoya d'une fournée au gibet ou à l'échafaud.

Titus y gagna l'ignoble bonheur de se venger et l'incroyable honneur d'être presque canonisé par les anglicans, qui, en lui décernant le titre de saint homme, satisfaisaient à la plus vive ambition de son hypocrisie. L'heure des représailles vint enfin, mais elle ne fut ni assez longue ni assez décisive. Tant que dura le règne de Jacques II, il fut enfermé dans une dure prison, d'où on le tirait cinq fois par année pour lui donner le fouet à la queue d'une charrette. C'était encore un trop doux supplice, et qui, d'ailleurs, ne se prolongea pas assez. La déchéance du roi papiste interrompit l'acte de justice. Titus, sous la reine Anne, redevint heureux et saint homme comme devant. Par acte spécial du parlement, il eut un logement dans le palais de la reine, on le déclara sauveur de l'État, et en récompense on lui servit une rente annuelle de 4,000 livres sterling. « C'était, dit éloquemment M. Chasles, c'était Marat pensionné. »

Cela nous a mené bien loin des tavernes, et nous aurons beau y revenir en toute hâte, nous n'y retrouverons jamais le pareil de ce fangeux imposteur. Ce sont de ces reptiles que la fange même la plus impure ne peut enfanter qu'une fois. Son histoire, cependant, servira, par quelques-uns de ses détails, à nous rendre vraisemblables quelques-uns des faits qui nous restent à vous exposer pour compléter le tableau des tavernes repaires des *tapis-francs* de Londres. Nous avons vu Titus factotum de ces bouges, teneur de livres des recéleurs, garde-note des assassins, mettant en ligne de compte l'homme à tuer et le meurtrier à payer, celui-ci au passif, celui-là à l'actif. Pour qu'on n'aille pas prendre ce raffinement de l'organisation larronne pour une invention de l'auteur des *Gémissements de John Ketch*, nous allons, à une autre époque, vous mener dans un autre repaire, où vous verrez chose toute pareille, un système de voleries tout aussi régulièrement établi, calculé, et mis au net. C'est chez maître

Peachum, l'un des héros de la fameuse pièce de Gay, l'*Opéra du Gueux*, que nous allons vous conduire. Dès la première scène nous le trouvons en besogne, apurant ses livres de compte, mettant d'un côté les voleurs dont il veut bien continuer d'être le recéleur, de l'autre ceux qui ne lui sont plus bons à rien, et qu'il peut en conscience, et ce qui vaut mieux, avec profit, livrer sans retard à la justice; car notre homme est comme Titus, il mange à deux râteliers, celui du vol et celui du tribunal : ici il recèle, et, passez-nous le jeu de mots, là il décèle. Ses dénonciations, toutefois, se font sur une bien moindre échelle que celles de Titus. Avant tout, Peachum se croit fort honnête homme; écoutez-le parler, c'est la probité même, et son métier vaut pour le moins, à tous égards, celui d'avocat.

« Le métier d'un avocat, dit-il, est sans doute fort honnête; il en est de même du mien. Il sait ainsi que moi doubler sa profession en travaillant tour à tour pour les fripons et contre les fripons. N'est-il pas juste après tout que nous protégions les fourbes et que nous les encouragions, puisque ce sont eux qui nous font vivre? »

A la scène qui suit, Subtil, le valet de Peachum, vient l'avertir qu'un voleur de ses pratiques, Thomas Baillon, a été pris et vient d'être condamné. Faut-il le sauver ou le laisser pendre? Cela dépend de Peachum; il n'hésite pas longtemps. Au gibet! Telle est sa sentence, et il met en ligne sur son livre les 40 livres sterling que, selon le tarif de la police de Londres, la tête de Thomas Baillon, ainsi livrée, doit lui rapporter. « Peste soit du coquin! dit-il tout en écrivant. Lorsque je le tirai d'affaire à la session précédente, je l'avertis de ce qui lui arriverait s'il ne devenait plus adroit. Point de grâce à espérer pour lui, c'est un homme mort, je puis le coucher sur mon livre. »

Subtil parle ensuite à Peachum de Babet Finette, qui est menacée de la transportation. Comme il s'agit là d'une adroite voleuse, Peachum ne tient pas pour elle le même langage que pour ce pauvre Thomas Baillon, si durement livré.

« Qu'on aille dire, s'écrie-t-il, qu'on aille dire à Babet Finette que je la sauverai de la transportation, car je puis gagner davantage avec elle en la faisant rester en Angleterre.

Subtil. Réellement, monsieur, cette Finette elle seule a fourni votre magasin de plus d'effets depuis un an que cinq hommes de la bande. En vérité, ce serait dommage de perdre une si bonne pratique.

Peachum. Si personne de la troupe ne me l'enlève, elle peut, selon le cours ordinaire du métier, vivre encore un an. J'aime à laisser échapper les femmes; un bon chasseur laisse toujours enfuir les perdrix femelles, c'est de là que dépend l'entretien de la chasse. D'ailleurs la loi n'accorde aucune récompense à ceux qui les font prendre. Il n'y a rien à gagner par la mort des femmes, excepté les nôtres. »

Maître Peachum aime à rire; la conversation roule quelque temps sur ce ton cyniquement jovial, puis Peachum congédie ainsi son digne valet : « Va-t'en vite à Newgate, et cours apprendre à nos amis quelles sont mes intentions. J'aime à les tirer d'embarras d'une manière ou d'une autre. »

Resté seul, Peachum se replonge dans son livre étrange, registre de grâce et de pendaison, où la vie et la mort d'un vaurien ne pèsent pas plus que le moindre chiffre sur tout autre journal. Ce qui le rend, le digne homme, plus ardent que jamais à cette étude, à ces calculs de vie et de mort, c'est que l'une des sessions trimestrielles de Old Baily est prochaine, et qu'il lui faut savoir, à un vaurien près, combien, tout compte fait, il devra sauver de criminels encore utiles, et combien il pourra en laisser d'inutiles aux mains de la justice. En somme, les assises finies, les jugements rendus, Newgate n'aura que son reste.

« Le temps avance, se dit-il, il faut que je songe à mes affaires et que je dresse mes batteries d'une manière convenable contre les sessions prochaines. Que je hais un vil fainéant qui ne peut rien faire gagner jusqu'à ce qu'on le fasse pendre! Voyons un peu le registre de la troupe. (*Il lit.*) Jean *Doigt-en-croc*, au service depuis dix-huit mois... Que je voie combien la caisse est redevable à son industrie... Une, deux, trois, quatre, cinq montres d'or, et sept d'argent... Vive un drôle aussi léger de la main! Seize tabatières dont cinq d'or pur, six douzaines de mouchoirs, quatre épées d'argent damasquinées, une demi-douzaine de chemises, trois perruques à nœud, et une pièce de drap. Si l'on prend garde que c'est là le fruit de ses moments perdus, je ne connais pas de plus joli garçon, et je ne sache personne qui ait une présence d'esprit plus séduisante sur le grand chemin... Gautier *la Terreur*, autrement Guillaume *le Brun*. Fi! un coquin sans principes, qui a toujours une voie sourde pour disposer de ses vols. Je lui sauverai encore deux ou trois sessions pour éprouver sa conduite... Henri Pieton. Ah! un pauvre maraud qui ne sait voler que des misères, un bélître sans le moindre génie. Ce drôle-là, quand je le ferais vivre encore six mois, n'ira jamais à la potence avec un certain honneur... Samuel *le Franc*... C'est un homme pendu à la première session. L'infâme qu'il est a l'imprudence de ne vouloir plus exercer son métier que comme tailleur, ce qu'il appelle un honnête emploi... Matthieu de la Monnoye, enregistré depuis un mois; un jeune drôle alerte, et qui promet des merveilles. Je suis fâché seulement qu'il ait un peu trop de hardiesse et de précipitation. Il pourra lever de fortes contributions sur le public si quelque assassinat ne le force à décamper... Thomas Biberon, un bêta d'ivrogne, un pilier de cabaret, toujours trop chancelant pour se tenir en place et pour y faire tenir les autres. La charrette lui est absolument nécessaire... Robert Duchemin, autrement *Gorgone*, autrement l'*Escarboucle*, autrement *Fier-à-bras*, autrement *Robin pillard*... »

Sur ce mot entre madame Peachum, qui l'a entendu et qui demande avec inquiétude à son mari pour quelle raison il couche ce bandit sur son livre fatal. Est-ce pour qu'il vive et vole encore, ou bien pour qu'il soit envoyé au gibet?

« Vous savez, lui dit-elle, expliquant la cause de l'intérêt qu'elle lui porte, vous savez, mon cœur, que c'est une de mes pratiques favorites. C'est lui qui m'a fait présent de cette bague.

PEACHUM (*d'un air sérieux*). Je viens de mettre son nom sur ma liste mortuaire, voilà tout, ma poule... Il passe sa vie parmi les femmes; dès que son argent sera parti, quelqu'une de ses maîtresses le livrera pour gagner la récompense, et voilà 40 livres sterling de perdues pour nous. »

Madame Peachum intercède encore; elle parle surtout contre le trop de facilité de son digne époux à envoyer les pauvres diables à la potence, de si charmants bandits qui volent et ne tuent pas : « Vous n'avez jamais eu, lui dit-elle, une troupe de plus beaux hommes, de plus braves et de mieux choisis qu'à présent. Entre tous, il ne s'en est pas trouvé un seul qui ait commis le moindre meurtre depuis près de sept mois et plus. »

A ces mots, l'affreux Peachum s'emporte; où sa femme voit une vertu, il trouve une faute. « Haïr le meurtre! Ne pas tuer! » Mais c'est le fait des bandits incomplets. Là est le mal, là est la cause de la décadence de sa troupe. « Que diable a donc cette femme, dit-il, pour faire sans cesse la dolente au sujet du meurtre? En est-on moins un brave homme pour en tuer un autre à son corps défendant? Si l'on ne peut s'en passer pour venir à bout de sa besogne, que voudriez-vous donc qu'on fît?... Sachez que le meurtre est un crime aussi à la mode que l'on puisse en commettre. Combien de gens du bel air avons-nous chaque année à Newgate uniquement pour cet article! S'ils trouvent le moyen de séduire les jurés et de faire passer leur action pour meurtre involontaire, en sont-ils moins estimés? Tenez, m'amour, ne parlons plus de cela. »

Si quelque chose peut ajouter à l'horreur qu'inspirent ces cyniques et sanglantes paroles, c'est la pensée que l'homme à qui Gay les prête a véritablement existé et a pu réellement tenir un langage pareil. Type imaginaire, ce Peachum est un être horrible; type réel, et il l'est, c'est un être effrayant. Selon une note préliminaire de Patu, premier traducteur de ce *Beggar's Opera*, et le même dont nous avons jusqu'ici suivi la version, Gay, ici, n'a rien créé, il n'a fait que peindre d'après un épouvantable modèle.

« Un nommé Jonatham Wild, pendu en 1724, dit Patu, a fourni à M. Gay le caractère de *Peachum*. Ce scélérat faisait précisément à Londres le rôle dont il s'agit ici, de faire travailler pour son compte les voleurs de toute espèce et de les livrer à la justice quand ils cessaient de lui être utiles, pour gagner la récompense de 40 livres sterling. » Auparavant notre traducteur nous avait ainsi donné l'explication du nom de Peachum substitué par Gay à celui du type original : « Ce mot vient de *peach* et de *'em*, contraction de *them*; ce qui joint ensemble, veut dire *accuse-les.* »

A une autre scène de ce drame étrange, la cinquième de l'acte troisième, nous nous retrouvons encore chez Peachum, dans son magasin même, à la *Bûche tortue*, dit le texte. Le recéleur est devant une table couverte de vin, d'eau-de-vie et de tabac; avec lui est maître des Barres, autre honnête homme du même calibre, qui trouve moyen de cumuler le double métier de geôlier à Newgate et de bandit. Il vient demander à Peachum, avec lequel il est de compte à demi pour toutes les prises faites par les mains des drôles dont plus tard ils vendront la tête, quel a été le résultat exact, le profit net des coups tentés dans une des journées les plus favorables aux vols, celle où Georges II a été couronné. Jamais, dans toute l'année 1722, les voleurs n'ont dû avoir pareille aubaine. La rafle a été si bonne, que Peachum lui-même se perd au milieu du butin. Décidément un seul couronnement vaut mieux que toutes les cérémonies du monde, même qu'une installation de lord-maire. Il est seulement dommage qu'il faille trop de travail pour tout mettre en ordre.

Des Barres. Le compte du couronnement, cher Peachum, est d'une nature si embrouillée, que j'imagine pour moi qu'il ne sera jamais en règle.

Peachum. Il est vrai qu'il renferme lui seul un nombre infini d'articles. Cela a valu à nos gens, en droits de différentes espèces, plus de dix installations. Voici, frère, une partie de ce compte, que nous avons sous les yeux.

Des Barres. Une queue de femme d'un riche brocart. A ce que je vois, on en a disposé.

Peachum. Oui, pour madame Vilain, notre revendeuse. La friponne qu'elle est en tirera un parti merveilleux en souliers, pantoufles, etc., pour attraper nos jeunes dames lorsqu'elles vont être entretenues.

Des Barres. Mais je ne vois aucun article de bijoux.

Peachum. Ils sont tous si connus, qu'il n'y a pas d'autre parti à prendre que de les envoyer dans les pays étrangers. Vous les trouverez écrits dans l'article de l'*exportation*. Pour ce qui regarde les tabatières, les montres, les épées, j'ai jugé à propos de les coucher sur mon livre sous leurs différents chefs.

Des Barres. Vingt-sept poches de femmes avec tous les effets y contenus, scellés et emmagasinés.

Peachum. Mais, frère, il ne nous est pas possible maintenant d'examiner cette affaire. Il nous faudrait plus d'un jour. D'ailleurs le compte des derniers six mois pour l'argenterie est dans un livre particulier qui est dans mon magasin.

N'admirez-vous pas cette régularité dans la vie la plus cyniquement irrégulière, cet ordre dans le désordre? C'est le vice, c'est le crime doublé dans sa force et dans ses ressources par tous les secrets du calcul. Chacun de ceux, hommes ou femmes, qui visitent la maison de Peachum, et les tavernes qui sont les hideuses succursales de ce bouge, ont les mêmes idées de spéculation, et les exécutent avec le même ordre imperturbable. Écoutez un peu, par exemple, à la scène IV du second acte, ce que dit Jeanne Plongeon la voleuse : « Je ne vais jamais à la taverne avec un homme pour le bien du métier. J'ai d'autres heures et d'autres galants pour mes plaisirs. » Ici pourtant, Jeanne Plongeon ne dit pas tout encore; ces galants de cœur dont elle parle sont pour elle des dupes aussi; du moins c'est madame Madré qui le dit.

Madame Madré. Si quelque femme a plus d'art que toute autre, c'est Jeanne Plongeon. Quoique son amant soit un cavalier des plus aimables, elle le vole aussi froidement que si l'or était son seul plaisir. Voilà ce que j'appelle gouverner ses passions d'une manière bien rare dans une femme.

Que dites-vous de ces gentilles personnes, et que vous semble des agréables cabarets où elles pratiquent ces belles manœuvres de l'amour servant d'appât pour le vol, de piége pour les dupes? Ils valent bien, et de reste, les *tapis-francs* les plus fangeux de notre Cité dont on a fait tant de descriptions hautes en couleur dans ces derniers temps, mais qui pourtant, malgré la violence des teintes, forcées pour l'effet, ne présentent pas, selon nous, des tableaux comparables à ceux qu'offraient et qu'offrent encore les tavernes anglaises, et dont la pièce de Gay ne nous a montré que le coin le plus honnête. Patu, le traducteur, est tellement scandalisé et des scènes que sa plume décalque sur le fond de l'œuvre originale, et de celles surtout qu'il devine sous les réticences de son guide, qu'il croit devoir éclairer le lecteur par cette note, mise au bas de la page où commence à se dérouler le tableau de la taverne près de Newgate, qui, au second acte, rassemble autour de ses tables tous les personnages de la pièce.

« On sait, dit-il, combien la police de Paris, de l'aveu même des Anglais, l'emporte sur celle de Londres. La licence des mœurs est portée à l'excès dans cette ville immense. Les tavernes sont des maisons de traiteurs où l'on reçoit les filles de joie, les libertins jeunes ou vieux, sous prétexte d'un dîner ou d'un souper. M. Gay ne pouvait peindre sous des couleurs trop odieuses de pareils endroits si contraires à l'honnêteté publique. »

Ceci était écrit au milieu du siècle dernier, et malgré la longueur de ces cent ans, malgré les révolutions qui les ont signalés, ceci est encore vrai aujourd'hui. Tout change à Londres, tout s'améliore et se perfectionne dans les sciences, dans l'industrie, dans le commerce, rien dans les mœurs. A côté du luxe qui grandit dans Piccadilly et dans Oxford street, la misère continue de croupir dans les bourgs de Saint-Gilles, l'orgie continue d'étaler ses désordres et ses scandales dans les tavernes nocturnes.

Londres en vient à s'étonner parfois du tableau qu'elle saisit avec stupeur par un rapide coup d'œil jeté dans ses bas-fonds, et alors la grande ville se fait horreur à elle-même; alors aussi les écrivains, qui, voyant le mal, devraient avoir la conscience de le décrire et de dire ses remèdes, semblent avoir peur de parler, ou, s'ils rompent le silence, se rejettent, poussés qu'ils sont par un faux amour-propre national, sur les autres nations, qui grossissent la leur du trop-plein de leurs vagabonds, et infligent à Londres, par cette invasion des vices de toutes sortes et de tous pays, la punition de sa trop facile hospitalité. C'est ainsi que dans les premières années de ce siècle Colqu'hurn croyait avoir suffisamment excusé Londres de la tache infamante que la multiplicité des crimes quotidiens qu'elle abrite imprime à son front de cité souveraine, quand il avait crié bien haut que tous ces crimes n'étaient pas commis par des Anglais, mais avaient au contraire pour auteurs des Français échappés de Paris qu'épuisait alors et qu'appauvrisait la révolution.

« Paris étant ruiné, disait-il, la noblesse bannie, et la plus grande partie des propriétés mobilières anéanties, les fripons et les escrocs n'y ont plus les mêmes ressources qu'auparavant, et d'ailleurs cette ville n'a plus les mêmes attraits qu'elle avait autrefois. L'ignorance de la langue anglaise, qui était pour nous une espèce de sauvegarde, n'est plus un obstacle à l'action des malfaiteurs venus du continent. Jamais notre langue n'a été aussi répandue au dehors, et jamais l'usage de la langue française n'a été aussi commun dans ce pays, surtout parmi les jeunes gens. Le goût du jeu et de la dissipation qui règne à Londres, et que l'influence des étrangers corrompus, l'opulence du peuple et la grande masse du numéraire en circulation ont déjà bien augmenté, présente aux Français et aux étrangers qui infestaient Paris sous l'ancien gouvernement un vaste champ pour exercer leur industrie. »

Ce n'était là qu'un jugement hasardé, qu'une excuse spécieuse, le temps l'a bien prouvé : Paris, en retrouvant son luxe, a retrouvé ses voleurs. Il est assez riche pour les alimenter tous, et si quelques-uns se décident encore à l'émigration, ce n'est certainement plus pour une raison de besoin, mais plutôt pour des raisons de sûreté. Les voleurs de Londres, ne se recrutant plus chez nous, devraient être moins nombreux; or, il n'en est rien : le bon Colqu'hurn serait forcé de l'avouer à la honte de sa nation.

« S'il vivait encore, dit avec un bon sens parfait M. Léon Faucher dans l'excellent travail qu'il publia en novembre 1843 dans la *Revue des deux mondes* sur les races de misérables dont Saint-Gilles est la fourmilière, Colqu'hurn serait obligé de reconnaître qu'en fait de crimes, en Angleterre, l'exportation égale tout au moins l'importation. Ce magistrat, ajoute-t-il, qui ne savait comment expliquer la quantité des délits à une époque où les prisons de Londres recevaient annuellement quatre ou cinq mille individus, se trouverait bien autrement embarrassé pour rendre compte des causes qui amènent aujourd'hui dans cette seule ville l'arrestation de soixante-quinze à quatre-vingt mille personnes par an. Quelle que puisse être d'ailleurs l'explication, il faut bien admettre, lorsqu'un désordre social se développe avec ce luxe de proportion, qu'il doit être un produit indigène et spontané. »

En fait d'étrangers peuplant les bouges infects de Londres, en compagnie des vagabonds indigènes, nous ne pouvons guère citer que ces pauvres diables de jeunes Italiens qui font métier de jouer de l'orgue par les rues, métier de gagne-petit, industrie de gueux s'il en fut, ce qui a fait que Gay, dans la pièce citée tout à l'heure, n'en a pas donné d'autre au *beggar* (gueux) qu'il fait paraître dans le prologue et qu'il donne, s'effaçant lui-même, comme auteur de l'œuvre étrange dont les scènes viennent après. Celui-ci, par exemple, ce gueux lyrique, pour ainsi parler, n'était pas venu, comme ceux qui pullulent à Londres aujourd'hui, de Crémone, de Parme ou de Modène; c'était un gueux du cru, un grand homme de Saint-Gilles, et il s'en vantait fort : « Je ne rougis pas, dit-il au musicien qui lui sert d'interlocuteur dans la scène d'introduction, je ne rougis point d'avouer que je suis de la compagnie des gueux, et que je fais nombre comme les autres à leur repas de confrérie qui se tiennent toutes les semaines proche de l'église Saint-Gilles. J'en reçois même tous les ans un léger salaire pour les romances que je chante dans les rues, et j'y dispose d'un bon dîner aussi souvent que je le juge à propos. »

Ce gueux-là n'est pas trop misérable, et l'on pourrait volontiers crier pour lui le refrain que Béranger a rajeuni d'une vieille chanson du XVII^e^ siècle :

Vivent les gueux !

Ce n'est pas tout pour lui et pour ses pareils qu'un bon et copieux dîner; il faut à cette compagnie la comédie après boire, et c'est notre gueux qui la donne. Une grande salle se trouve disposée exprès auprès de l'église; l'auteur est un gueux, les acteurs sont des gueux, et tout se passe à la seule joie de la gueuserie rassemblée. « Je dois encore convenir, dit notre *beggar*, que jusqu'ici ma pièce a été très-souvent représentée par mes confrères dans notre grande salle proche Saint-Gilles. »

Les temps sont bien changés, si toutefois ce que nous disons ici, n'ayant que Gay pour autorité, n'est pas quelque peu une fiction de son ironie.

Aujourd'hui les pauvres joueurs d'orgue ne s'émancipent plus jusqu'à être vraiment musiciens et compositeurs, ils se contentent de faire gémir par les rues leur monotone instrument; ils vont en haillons, meurent de faim tout le jour, et le soir ne trouvent d'abri que dans les bouges les plus immondes. Le traitement qu'ils y reçoivent de leurs maîtres et logeurs est d'une incroyable cruauté. On joint contre ces pauvres diables, presque tous adultes, les sévices aux privations, à tel point que dans les derniers mois de l'année dernière, la justice a cru devoir intervenir, et qu'une enquête a été faite pour qu'on sût bien jusqu'où allait réellement le dénûment mortel de ces pauvres nomades.

Voici ce qu'on lisait dans les journaux anglais du 9 septembre 1852 :

« Les administrateurs de la paroisse de Saint-André, dans *Holborn-street*, ont été encore saisis hier de la question des Italiens joueurs d'orgue et de la cruauté de leurs maîtres et logeurs.

» M. Luccioni a paru pour soutenir la prévention ; M. Richard Horne occupe le fauteuil.

» M. Luccioni. J'ai compté, dans le ressort de la paroisse seule de Saint-André, cent cinquante de ces esclaves blancs âgés de dix à quarante ans. Au n° 18, *Somes-street*, de *Eyre-street Hill*, dans un garni tenu par Louise Bazzini et son frère Dominique Bazzini, trente à quarante de ces pauvres petits êtres se groupent tous les soirs ; ils couchent trois dans un seul lit, dans un état de nudité complète. J'ai visité cet antre avec le sergent de police de la cité, M. Webb, et avec le célèbre Charles Dickens. Au n° 26 de *Eyre-street Hill*, il existe un autre repaire du même genre. Les hommes et les enfants sont des joueurs d'orgue dans les rues ; ils montrent des souris blanches et ils exécutent des danses grotesques pour amuser le public.

» Dans *Eyre-street* est le dépôt des grosses orgues louées à quatorze ou quinze adultes. A la tête de ce dépôt est Francis Mazini. Il y a un autre dépôt chez Francis Raggarti, 11, *Vine-street*. Là était un prétendu sourd-muet italien dont la police a constaté que les infirmités étaient simulées. Cet homme couche dans la cave au charbon.

» M. Day. Le pseudo-sourd-muet est probablement le Caliban de l'établissement.

» M. Luccioni. Ces malheureux font très-maigre chère, leur nourriture est insuffisante. Le matin une demi-livre de pain avec du thé (une once pour dix ou douze individus) ; quant à leur traitement médical, voici un certificat qui peut en donner une idée.

» Ici M. Luccioni donne lecture d'un écrit signé par M. F.-A. Boggi, chirurgien, ancien officier de santé à Turin :

« Le présent est à cette fin de certifier que j'ai examiné Pietro Bassi, joueur
» d'orgue des rues, originaire du canton de Traves, dans le duché de Parme,
» en Italie (la plupart viennent du duché de Parme). Ledit Bassi est atteint d'une
» débilitation générale avec fièvre, abcès à l'estomac, résultant de l'insuffisance
» des aliments et du sommeil, et de la fatigue qu'il éprouve à porter constam-
» ment un orgue. Dans l'état actuel de sa santé, il ne peut continuer plus long-
» temps sans s'exposer aux plus grands dangers, et très-probablement à la con-
» somption. Il a déjà un rhume très-fort. Il est de mon devoir de lui donner le

» conseil de renoncer à ce genre d'existence le plus tôt possible, et de retourner » dans sa patrie. »

Les enfants étrangers ne sont pas les seuls parias de la misère que Londres voit croupir dans ses taudis immondes. La grande ville a des bouges sans nombre peuplés d'enfants, d'adultes, de jeunes filles couvés dans l'un des mille alvéoles de sa fourmilière, et qui, nés on ne sait où ni de qui, ne savent jamais ni de quoi vivre ni où loger. Ce sont les apprentis du vice et du crime toujours prêts à s'enrôler pour n'importe quel vol, au service de n'importe lequel des recéleurs nombreux qui habitent certains districts de Saint-Gilles, les bas quartiers de Westminster et les deux extrémités de White-Chapel.

Pour mieux attirer chez eux ces novices du vol et de toutes les mauvaises industries qui l'accompagnent, ces gens se font logeurs à la nuit, et presque tous n'admettent que des enfants dans leurs garnis. Une fois qu'ils les tiennent, ils se les attachent et ne les lâchent plus. Tout le butin fait le jour, le logeur le palpe le soir. En revanche il abandonne aux petits misérables, ses pourvoyeurs, des femmes qu'il loge et entretient exprès. Ce que M. Wakefield raconte de ces débauches précoces est vraiment incroyable, et il faut, pour qu'on y ajoute foi, que l'autorité du témoignage de M. Cotton, le chapelain de Newgate, et de M. Beaumont, vienne en cela corroborer le sien. « Tous les enfants, dit le premier, même dans l'âge le plus tendre, font profession d'entretenir, sur le produit de leurs vols, des filles qu'ils appellent *flash-girls*. B......, qui est un enfant de neuf ans, a, lui aussi, une personne qu'il appelle sa femme (*hirs girl*). »

« Dans les maisons particulières, à Saint-Gilles, et dans les maisons publiques, à White-Chapel, dit de son côté M. V. Beaumont, les jeunes garçons et les jeunes filles passent la nuit dans un état complet de promiscuité. »

Souvent ce n'est pas le logeur, qui, par soif du butin dont sa maison devient le riche entrepôt, pousse les enfants au vol, les petites filles à la prostitution; ce sont les parents eux-mêmes qui, pour créer des ressources à leurs habitudes d'oisiveté ou d'ivrognerie, ouvrent à leurs enfants cette voie du vice et du crime.

On lit dans le quatrième rapport de la *Ragged school Union*, à propos d'un entassement de 1,600 personnes, dont 200 enfants, découvert il n'y a pas plus de deux ans dans une rue étroite de Saint-Gilles purifié : « On se fera une idée de l'état moral de ces enfants, si l'on se représente des parents assez dégradés pour forcer, par une combinaison de mauvais traitements, leurs fils à devenir voleurs (*their sons to become thieves*), et leurs filles, dans un âge encore tendre, à se jeter dans un genre de vie plus avilissant (*still more debasing course of life*), pour subvenir à leur passion effrénée de boisson. »

De tous les excès dans lesquels on laisse l'enfance se jeter d'elle-même, quand on ne l'y pousse pas, l'ivresse est le moindre à Londres. L'ivrognerie quotidienne y est un jeu pour les enfants du peuple; on les admet dans toutes les tavernes, et il est même certaines villes où ils ont des tables séparées, des verres faits exprès. Tout cela peut sembler si incroyable qu'il nous paraît nécessaire de citer encore ici notre autorité, c'est *The christian's penny magazine*, qui nous dit dans un de ses numéros de l'année 1834 : « Dans quelques grandes villes du Nord, on a établi dans les cabarets de petites tables et des verres d'une dimension proportionnée à l'âge des enfants auxquels ils sont destinés; mais à Londres, où cette *amélioration* n'a pas encore été introduite, les enfants se hissent sur la pointe des pieds pour prendre et payer leur petit verre de liqueur. Du reste, comme le nombre des *palais de genièvre* s'accroît tous les jours, il y a lieu d'espérer que la capitale ne restera pas en arrière dans cette voie de perfectionnement. »

Dans cette même année 1834, M. Buckingham soumettait au parlement des calculs extrêmement curieux sur la consommation de la bière, dont l'impôt venait d'être supprimé, et sur celle de l'eau-de-vie dans les cabarets de Londres, et il résultait de cette statistique qu'en Angleterre, aussi bien qu'en Écosse, on pouvait toujours compter parmi les visiteurs assidus des tavernes un enfant à peu près sur dix hommes et sur dix femmes. Il donnait, par exemple, pour certain que les quatorze principaux cabarets de Londres sont fréquentés, dans le cours d'une semaine, par 142,453 hommes, 108,593 femmes, et 18,391 enfants, en tout 269,437 individus, et il faisait remarquer que les femmes et les enfants s'y conduisaient d'une manière encore plus inconvenante que les hommes. Passant en Écosse et en Irlande, le noble faiseur de statistique avinée nous apprend que dans un des quartiers d'Édimbourg on compte un cabaret sur quinze familles; dans une petite ville d'Irlande dont la population ne dépasse pas 8,000 habitants, il en compte 88; enfin il dit : « Dans le district de Sheffield, treize personnes ont perdu la vie en dix jours, soit pour avoir trop bu, soit dans des rixes causées par l'ivresse. »

Ces rixes amènent ceux qui s'en sont rendus coupables devant le tribunal de simple police; l'ivresse même, quand on est pris en flagrant délit, est un cas de culpabilité suffisant pour qu'on vous fasse comparaître devant le juge; mais s'il est sévère pour la prévention, il ne l'est malheureusement pas pour la punition. On paie une légère amende, et tout est dit, on peut recommencer sur frais nouveaux. Un journal anglais du mois de juin 1836 rend compte ainsi d'une séance du tribunal de simple police, à Londres, où il s'agissait surtout de ces cas d'ivrognerie nocturne dont les coupables et les récidivistes pullulent dans chaque quartier :

« On commença par les personnes arrêtées pendant la nuit. — N... était si soûl qu'il ne pouvait se remuer. — En convient-il? — Oui. — Qu'il paie

5 shillings d'amende, etc. — » Voilà une affaire faite. — « N... était soûl, etc. — En convient-il? — Non. — Son habit n'était-il pas crotté par derrière? — Oui. — Qu'il paie 5 shillings d'amende. » Voilà encore une affaire faite. — « Monsieur a cassé un carreau dans mon omnibus. — Quand avez-vous vu le carreau entier pour la dernière fois? — Je ne le sais pas au juste. — Avez-vous d'autres preuves? — Non, mais monsieur était gris. — Qu'il paie 5 shillings d'amende. » Encore une affaire faite. — « N... était soûl, et il l'est très-souvent. — Qu'il paie 5 shillings d'amende, et la première fois que cela lui arrivera de nouveau, je l'enverrai à la maison de correction. » « J'ai été frappé de deux choses, dit le même écrivain, d'abord de ce que des hommes déguenillés ne trouvaient aucune difficulté à payer sur-le-champ les 5 shillings, et ensuite de ce que des hommes fort bien mis se montrassent ivres dans les rues. »

Ces cas judiciaires, dont la source et le théâtre sont les cabarets, ne se dénouent pas tous devant la justice d'une aussi aimable façon. C'est que le crime est là aussi commun au moins que le délit, surtout dans les tavernes où les prostituées tendent leurs piéges et engluent leurs dupes, comptant, le mauvais coup fait et la proie saisie, pouvoir s'échapper à travers les ruelles sombres de Saint-Giles. C'est un dédale, mais qui n'est pas aussi inextricable qu'on le pense et où l'impunité ne trouve pas un refuge aussi assuré que les bandits l'espèrent. A l'époque où M. Léon Faucher recueillait à Londres les matériaux de son beau travail sur Saint-Giles, on venait d'y arrêter quatre prostituées toutes âgées de dix-sept ans qui avaient prêté les mains au détroussement d'une pauvre dupe, alléchée d'abord par les charmes de ces belles, puis grisée jusqu'à ce que le sommeil le plus inerte s'ensuivît. L'habile écrivain prit occasion de ce fait pour glisser dans son article quelques détails sur les guet-apens de cette espèce, qui se dressent toujours dans les *tap-rooms*, sorte de *public houses* du plus bas étage.

« Les relations des prostituées, à Londres, avec les voleurs, dit donc M. Léon Faucher, sont un fait général et qui souffre peu d'exceptions. On les rencontre par centaines attablés ensemble dans les cuisines des garnis ou dans les cabarets, à jouer aux cartes et aux dés. Ces femmes ont le secret des expéditions, elles en partagent quelquefois les périls, et habituellement les profits; il n'y a pas de maison de prostitution, dans la dernière classe et la plus nombreuse, à Londres, à Manchester, à Liverpool, ni à Glasgow, qui ne soit aussi une caverne de brigands. Voici la méthode usitée en pareil cas : une de ces femmes ignobles, et dont le seul aspect offense tous les sens, se met en quête d'une dupe; quand elle pense l'avoir trouvée, comme ce malheureux n'aurait jamais le courage de suivre une pareille créature ni de s'aventurer dans un tel lieu, elle le conduit d'abord dans la boutique de quelque débitant de liqueur, et l'enivre de *gin*. Le patient, ayant perdu l'aplomb de sa raison, devient plus facile; on l'entraîne à travers une multitude d'allées tortueuses, au fond d'une cour, et là, dans un affreux coupe-gorge, d'où il ne sort que battu et dépouillé, souvent on le laisse pour mort et on le jette dans la rue.

» Tout récemment, ajoute M. Léon Faucher, la cour criminelle de Londres a condamné à la déportation quatre prostituées, toutes âgées de dix-sept ans, qui avaient figuré comme acteurs ou comme complices dans un guet-apens de ce genre. Mais il n'y est pas toujours facile de retrouver la trace des coupables à travers ces labyrinthes de Saint-Giles, dont les allées se ressemblent toutes et où les cours n'ont pas de noms. »

Ce ne sont pas là des faits isolés et exceptionnels, ce sont des actes de la vie commune dans les tavernes de Londres. Pas de *room* des faubourgs, pas de *public house* dont la grande salle et les infects petits réduits qui y attiennent ne soient chaque nuit le théâtre immonde de quelque guet-apens de cette espèce. Pour qu'on juge de la vérité de ce que nous avançons, nous allons compléter le tableau dont M. Léon Faucher vous a dévoilé un des coins les plus hideux, par deux esquisses dues à deux plumes différentes, celle d'un Français et celle d'un Anglais. Si la première peut être suspectée d'exagération, on pourra croire au moins à la véracité de l'autre.

« Un *room* ou *public house*, dit M. Eugène Rendu dans le rapport qu'il présenta en janvier de cette année à M. le ministre de l'instruction publique, se compose de deux et quelquefois trois pièces. Au rez-de chaussée est le comptoir; on y verse à flots l'ale, le porter, le gin, le wiskey, le brandy. Dans les pièces du premier, on boit encore, et de plus on danse, on se vautre, etc. Toutes les rues de Londres ont leurs *rooms;* je ne crois pas exagérer en disant qu'on en compte un sur dix maisons. Selon les quartiers, les *rooms* sont plus ou moins brillants, et la population s'y échelonne, depuis le fils du lord jusqu'au portefaix des *docks.* C'est la nuit, si l'on a ce courage, qu'il faut visiter les *public houses* pour juger leur effet sur la moralité publique; c'est de dix heures du soir à deux heures du matin, quand la vive lumière des comptoirs se détache des ténèbres environnantes à travers les vitres dépolies, qu'il faut voir le flot des filles perdues et des gentlemen, s'il s'agit des quartiers opulents; des ouvriers et des jeunes garçons, si l'on parcourt les quartiers pauvres, battre incessamment la porte entre-bâillée des *public houses.* J'ai parcouru les *rooms* du plus bas étage, dans les plus mauvais quartiers, *rooms* de marins, où se danse le *gig, rooms* où pirouettent les saltimbanques, *rooms* où viennent lutter les boxeurs, et il ne faut pas être moraliste intraitable pour affirmer qu'une jeune population habituellement plongée dans une telle atmosphère est fatalement livrée à tous les emportements de la débauche. »

A quelques lignes plus bas, M. Rendu, dont la mission était d'observer les progrès du vice dans la classe des adultes des deux sexes, nous raconte ce qu'il vit une nuit qu'il pénétra du *room* qui servait de rez-de-chaussée à l'un des pensionnats ou plutôt à l'une des nichées de ces petits misérables, jusqu'au taudis qui leur servait de dortoir.

« Du vice au crime, dit-il, la transition est facile. Comme pour mettre en demeure l'instruction morale et religieuse de lutter pied à pied contre un ennemi qui revêt jusqu'à ses formes en lui empruntant ses armes, il y a dans White-Chapel et ses confins des écoles et des maîtres de brigandage et de vol. L'école, ce sont les docks où les produits du monde entier entassés par une gigantesque puissance irritent la cupidité en fournissant aux expériences une mine intarissable. Les maîtres, ce sont tantôt des recéleurs qui, chose à peine croyable, trouvent des parents pour leur louer des enfants à la semaine; tantôt de vieilles femmes qui vendent à crédit pour forcer de petits malheureux endettés à se libérer en pillant un étalage; tantôt des filles publiques dont les ruses immondes sont la leçon du crime. » M. Léon Faucher, dans le travail que nous avons si souvent cité, nous avait déjà parlé de la corruption, de l'espèce de *chantage* exercé sur leurs petits débiteurs par les vieilles marchandes, mais ce qu'il ne nous avait pas fait voir dans toute sa hideur, c'est le tableau qui suit, et qui, sous la plume émue de M. Rendu, prend des teintes d'une réalité écœurante.

« Ce n'est pas assez de l'*externat,* dit-il, il y a le *pensionnat* du vol.

» Je suis entré de ma personne, à trois heures du matin, toujours, bien entendu, sous la protection des *policemen*, dans un garni exclusivement réservé à des apprentis voleurs. — Encore un triomphe de la liberté individuelle ! — Au rez-de-chaussée de l'établissement, deux garnements de quatorze ou quinze ans, à face blême, veillaient avec une fille du même âge accroupis auprès d'un vieux poêle; au premier, où conduisait une échelle de meunier, neuf cases superposées trois à trois, comme des planches d'un fruitier, supportaient chacune deux ou trois corps demi-nus. On ronflait; je me gardai de troubler un sommeil qui, pour n'être pas celui de l'innocence, n'en semblait pas moins profond. »

Voyons maintenant ce que dit notre Anglais, qui n'est pas autre que Charles Dickens, dans un de ses derniers livres, *la Clef de la rue, ou Londres la nuit.* Il ne va pas prendre la chose sur un ton aussi philosophique que M. Léon Faucher ou que M. Eugène Rendu. Il ne cherchera pas le coin moral, l'horizon humanitaire dans le tableau qu'il peindra. Il dira le fait réel, tel qu'il est; il jettera même sur le tout une légère teinte de plaisanterie qui prouvera qu'il est fait de longue main à ces spectacles, et que par l'habitude il a été amené à en rire plutôt qu'à en gémir; mais son esquisse n'en sera pas moins curieuse et utile à observer. Avec les autres on pouvait craindre que pour que la question morale en sortît plus vivante, pour que l'enseignement en jaillît plus direct, le gouffre du vice fût creusé exprès et scruté dans des profondeurs un peu exagérées et imaginaires; avec Ch. Dickens qui peint sans parti, on n'aura pas à avoir de ces craintes et de ces soupçons. C'est d'abord, nous l'avons dit, des tavernes nocturnes qu'il va nous parler.

« La taverne des *Armes de Mokawh*, par exemple, dit-il, ne ferme jamais.

» Le jeune lord Stultus, accompagné de son ami le capitaine Asinus, a tenté, vers quatre heures du matin, d'en expulser, de son autorité privée, tous les habitués pour rester maître de la place; mais, à l'instante prière de Frume, l'hôte de céans, il a substitué à ce premier dessein l'offre chevaleresque d'une tournée de grands verres de « vieux Tom » à toute la compagnie.

» Cette offre n'a pas été moins chevaleresquement acceptée. La tournée comprenant une trentaine de ces dames et de ces messieurs, c'était un assez bon coup pour Frume. En commerçant avisé qu'il est, il a su doubler la chance en donnant à tous les membres de la compagnie qui étaient gris, c'est-à-dire aux trois quarts, des verres d'eau au lieu de genièvre, opération souvent répétée par lui, et qui a pour double objet de combattre l'intempérance et d'accroître d'une manière notable les revenus de son échiquier.

» Après *les Armes de Mokawh*, on peut encore citer *la Tête de navet*, ce rendez-vous des grands maraîchers, et *la Pipe et le Collier de cheval*, fréquenté par les charretiers nocturnes, pour ne rien dire de cette bonne petite maison de Drury-Lane à l'enseigne du *Blue-Budgeon*, bien connue pour être le rendez-vous du fameux Tom Thug et de sa bande, dont les récents exploits dans l'art de la strangulation ont été si généralement admirés du public.

» Je jette en rôdant un coup d'œil curieux dans ces hôtelleries trop famées. A mesure que le jour avance, elles prennent un aspect plus calme, plus pacifique. Bientôt il n'y aura pas de maisons plus monotones, plus endormies, jusqu'à ce que les heures de la nuit y réveillent la vie, la débauche, le vol et peut-être le crime.

» Il y a aussi des cafés qui ne ferment pas. Celui où j'entre pour échanger ma pièce de quatre pence pour une tasse de café et une beurrée est resté ouvert toute la nuit. Il a maintenant pour seuls occupants un sale garçon dormant debout et une demi-douzaine de pauvres hères qui, par le paiement d'une tasse de café, ont acquis le privilége de s'asseoir à des tables crasseuses où, la tête appuyée sur les mains, ils tâchent de faire un somme furtif, somme interrompu trop tôt, hélas! par les poussées et les « réveillez-vous! » du garçon qui lui-même tombe de sommeil. Il paraît que sa consigne est d'empêcher les consommateurs de dormir. »

Dans sa revue nocturne, Ch. Dickens n'oublie rien. Il entre partout où il voit luire une lanterne, partout où pend une enseigne; car à Londres mieux encore qu'à Paris, point de taverne sans enseigne, à moins que ce ne soit quelques-uns de ces cabarets clandestins où le vin se vend en cachette, *under the rose* (sous la rose), comme on dit, en se servant d'une expression correspondante à celle qui fut en cours dans notre vieux langage, et qui est encore employée dans les campagnes : « Vente de vin *à muche pot* (cache-pot). » Ici l'enseigne ne servirait qu'à trahir, et l'on s'en garde bien. Mais, je le répète, il est peu d'autres tavernes, surtout parmi les anciennes, qui s'en passent. Le tavernier fait ainsi acte de conscience. Il connaît le vieux proverbe que nous avons déjà trouvé dans les *Mimes* de Publius Syrus, et qui se lit aussi à la première ligne de l'épilogue de *Rosalinde :* « A bon vin point d'enseigne. » Or comme il sait que jamais bon vin n'exista chez lui, il arbore l'enseigne qui est si nécessaire pour le mauvais.

Parmi les établissements qui ne recourent pas non plus à l'appât pittoresque de cette réclame ostensible et extérieure, il faut compter encore ces espèces de petits cafés en plein vent, qui, semblables à ceux que de petits marchands dressent tous les matins aux abords du pont Neuf, se composent tout simplement d'un réchaud sur lequel bout et gémit la potion noirâtre. Le premier marchand de café qui nous vint d'Orient, vers 1670, à la suite de l'ambassadeur turc ridiculisé dans le *Bourgeois gentilhomme,* n'étalait pas autrement sa marchandise. C'est à l'une des issues du pont Saint-Michel que ce petit boiteux, qu'on appelait le Candiot à cause du pays d'où il arrivait, avait coutume de dresser son fumant étalage; il est probable que Londres, qui nous imitait en toutes choses alors, eut aussi dès ce temps son petit marchand de café en plein vent, et il n'est pas étonnant non plus que dans ce pays, où tout s'éternise si bien, le commerce de ce premier marchand ait survécu jusqu'à nos jours.

Ch. Dickens, pour dernière station, s'arrête à l'un de ces étalages, et il n'est pas peu surpris d'y trouver, s'y gorgeant déjà de la nauséabonde liqueur, je ne sais quel vaurien qu'il a rencontré partout, au parc, dans les tavernes, semblant le suivre dans sa longue course nocturne comme l'ombre errante du vagabondage. Voilà donc notre observateur arrêté au coin d'une rue, dont il regarde fermer le dernier cabaret, éteindre la dernière lanterne.

« Je rencontre là, dit-il, mon camarade, le vagabond du parc, en train de faire un déjeuner économique et nourrissant dans une stalle où l'on vend du café.

» Cette stalle est un genre d'édifice qu'on n'a pas encore décrit, quelque chose entre la tente d'une bohémienne et la guérite d'un watchman. Pour justifier ma comparaison, la dame qui sert le café a tout l'air d'une bohémienne, elle est positivement vêtue du manteau d'un watchman.

» Le breuvage aromatique, si l'on peut donner ce nom à un composé de fèves brûlées, de foie de cheval rôti et de chicorée de rebut, sort tout bouillant d'un chaudron de l'aspect le plus cabalistique; il est versé dans un régiment de tasses et de soucoupes, et, comme l'estomac demande quelque chose de plus solide, les tasses sont flanquées d'assiettes couvertes de massives piles d'épaisses tartines et d'une équivoque substance qualifiée de gâteau. Outre mon camarade, deux maraîchers jouissent de l'hospitalité de l'établissement, et un énorme jardinier, assis à califourchon sur une pile de sacs de pommes de terre, s'est muni, à la même boutique, de pain, de beurre et de café, qu'il consomme avec une avidité telle, qu'à chaque bouchée ou gorgée les pleurs lui jaillissent des yeux. »

Les désordres et les scandales que nous venons d'énumérer au passage ne sont pas choses nouvelles en Angleterre; on l'a pu voir par le tableau esquissé plus haut de la *Taverne flottante* au temps de Charles II et du cabaret de Peachum, sous l'un des règnes qui suivit. D'autres faits ne nous manqueraient point comme preuves, si nous en avions besoin. Ainsi, pour ne revenir que sur la brutale passion de la *plèbe* anglaise pour le gin, nous n'aurions qu'à rappeler cette incroyable annonce faite par un tavernier de Londres, sous George II, et dont l'effet et ses suites sont ainsi expliqués dans un numéro du *Mercure* d'octobre 1809.

« Chaque taverne, à l'envi l'une de l'autre, y lisons-nous, mettait le *gin* (eau-de-vie de genièvre) au plus bas prix possible, pour attirer les chalands. Enfin un cabaretier s'avisa d'écrire au bas de son enseigne : « On promet à tous » les messieurs et autres (*gentlemen and others*) qui entreront ici de les rendre » morts-ivres (*dead-drunk*) pour deux pence (quatre sous de France). Ils sont » prévenus qu'il y a de la paille fraîche dans les caves. »

« Malheureusement pour les amateurs, ajoute l'écrivain français, le parlement prit la chose au grave, et considérant que le gin, qui était probablement préparé, hébéterait, démoraliserait et tuerait enfin successivement tous les sujets de Sa Majesté, il rendit un bill qui portait peine de mort contre les débitants de cette attrayante et funeste liqueur. »

On était alors en voie de rigueurs et de sévices contre l'ivresse. On ne s'en prit pas seulement au *gin* malfaisant, mais à l'inoffensif *porter*, à l'*ale* plus bénigne encore. Sous George III, toutes les espèces de bière furent augmentées, il s'ensuivit des émeutes dont Chevrier, dans son *Almanach* ironique et narquois pour 1762, résume ainsi, sous la date du mois de mars, les péripéties et les conséquences :

« On augmente la bière à Londres, la populace se mutine, elle force les caves des brasseurs, boit, s'enivre, dort et oublie tout. »

Je vous avais bien dit que pour trouver dans le passé des scandales au moins égaux à ceux d'aujourd'hui, nous n'avions qu'à chercher un peu. Les auberges anglaises du vieux temps ne nous ont pas encore fourni pourtant leur contingent de petits désordres; patience, cela peut venir. Nous nous trouvons à une époque justement où certaine histoire de voleurs arrivée dans une hôtellerie anglaise, et dont notre compatriote La Condamine fut la victime, fit le plus grand bruit, grâce au mouvement que se donna le savant volé et aux écrits qu'il publia pour obtenir sinon justice, au moins vengeance à la face du monde. Il enveloppa tout le peuple anglais dans cette affaire. Pour quelques écus perdus il cria au voleur contre tout un peuple. C'était trop de zèle, il fut ridicule :

« M. de La Condamine, lisons-nous sous la date du 13 juillet 1763, dans les *Mémoires secrets*, ayant été filouté à Londres dans son auberge, a fait de cette misère un événement important par un appel à la nation anglaise, qu'il a jugé à propos de faire insérer dans les gazettes; il est même, dans celle de France, traduit. Rien de plus fol que cette pièce. L'auteur y met cette nation au-dessous des sauvages et des barbares chez lesquels il a voyagé. Il est à craindre qu'il ne lui en reste un ridicule ineffaçable. »

Je veux croire pourtant que l'affaire qui fit pousser de si beaux cris à M. de La Condamine était chose rare, était même une exception malheureuse, et que jamais les aubergistes de la plus hospitalière des nations, ainsi qu'elle se qualifie, n'en avaient eu de pareille à se reprocher. Pour m'assurer dans cette favorable pensée, et la faire partager à tout le monde, je n'aurais au besoin qu'à donner ici, comme contre-partie de l'aventure précédente, le tableau vraiment charmant de la réception que Philidor reçut à Londres, en 1783, d'une hôtesse modèle entourée et aidée d'une famille non moins parfaite qu'elle. C'est un croquis charmant; la lettre où il se trouve est inédite : il y aura donc double attrait à la connaître.

« Il est, écrit donc Philidor le 23 décembre 1783, il est d'usage en Angleterre qu'au jour de Noël on rassemble sa famille; mon hôtesse m'a prié de si bon cœur de faire connaissance de son père et de sa mère en acceptant son dîner, que je n'ai pas su refuser. »

Ici commence la description complète d'un repas de bourgeois anglais qui aura plus d'intérêt encore que tout le reste.

« Notre dîner à l'angloise consistoit dans une tête de cabillau pesant plus de vingt livres, avec un aloyau de vingt-cinq à trente livres, du plumpudding, des salades, des Christmas-pyes et du dessert. On a chanté à la ronde des chansons, et les femmes n'ont point disparu de la table, comme on le croit en France. Nous avons resté à table depuis trois heures et demie jusqu'à huit. Je me suis fort amusé de voir les enfants, les mères et les grands-papas se donner réciproquement des marques de tendresse avec la franchise du bon vieux temps. On a joué depuis huit heures jusqu'à onze au whist; ensuite on s'est remis à table pour manger deux bonnes poulardes, deux salades et les débris du dîner, et l'on s'est remis à chanter au dessert des canons et des chansons en chorus jusqu'à trois heures du matin, où chacun s'est séparé. La compagnie où je me suis trouvé est ce que nous nommerions en France petites gens; cependant je puis t'assurer qu'il y régnoit plus d'honnêteté et qu'on y parlait avec plus de bon sens que dans la société du faubourg Saint-Germain, au coin de la rue Taranne. »

Voilà du moins un tableau qui dédommage un peu l'esprit et remet un peu le cœur de toutes les scènes écœurantes que nous avons été obligés de traverser. Ce n'est pas qu'on ne pourrait en trouver de pareils si l'on poussait l'étude des mœurs anglaises vers leur côté patriarcal; mais ce n'est pas ce qui nous importe dans ce livre. Cependant, comme, en ne faisant qu'effleurer cette partie plus honnête, nous pourrons encore trouver quelques faits à notre guise, comme il nous faudra surtout, pour la mieux voir dans tout son charme et toute sa vérité, remonter à des temps que nous aimons toujours à décrire, et qui n'ont pas eu encore leur part assez large ici, nous voulons bien *pérégriner* quelque peu à travers les cabarets de l'Angleterre, à l'époque où leur aspect était moins repoussant, au temps, par exemple, où les femmes du bon ton n'avaient pas crainte d'y aller sans honte. Sous Henri VII et au commencement du règne de Henri VIII, il en était ainsi. Un ambassadeur de Venise, qui vint alors à Londres, l'a constaté, et sans en être scandalisé, dans la relation qu'il a faite de son voyage, relation fort curieuse et qu'on a bien fait de publier récemment.

« Ils aiment la bonne chère, dit-il en abordant dans tous ses détails la partie gastronomique de la vie anglaise au XVIe siècle. Ils restent très-longtemps à table, mais ils épargnent trop le vin quand ils le boivent à leurs frais. » Voilà déjà un reproche qui leur fait honneur, et qu'on ne serait guère en droit de leur faire aujourd'hui, l'économie à Londres n'étant guère une raison de sobriété.

» Peu d'Anglais, ajoute notre Vénitien, ont une provision de vin: ils l'achètent en général à la taverne; et lorsqu'ils ont l'intention d'en boire beaucoup, c'est à la taverne qu'ils vont aussi, non-seulement les gentilshommes, mais les dames de la plus haute distinction.

» La rareté du vin en Angleterre est compensée amplement par l'abondance de l'ale et de la bière. Les Anglais y sont tellement habitués que dans les repas même où le vin ne manque pas, ils donnent la préférence à ces deux breuvages, dont ils boivent d'énormes quantités. Comme ils sont gens discrets, ils attendent pour en verser aux Italiens que ceux-ci leur en demandent. On ne peut leur faire un plus grand honneur que de manger chez eux, ou que de les inviter à leur tour; et ils dépenseraient plus volontiers cinq ou six ducats pour régaler une personne à leur table, qu'ils ne lui donneraient un liard pour la tirer d'embarras. »

Le luxe un peu massif et déjà lourdement *comfortable* des Anglais surprend beaucoup notre touriste transalpin. Il s'étonne surtout de la grande quantité de pièces d'argenterie qu'il trouve dans les maisons, même dans les hôtelleries, à commencer par celle où loge un des ambassadeurs, ses confrères.

« Londres, dit-il, abonde en objets de luxe aussi bien qu'en articles d'un usage commun ; mais la chose la plus remarquable est la prodigieuse quantité d'argenterie. Je ne parle pas des maisons particulières, quoique l'hôte chez qui logeait l'ambassadeur milanais eût de la vaisselle pour plus de 100 couronnes ; je parle des boutiques de Londres. Dans une seule rue nommée le Strand, qui conduit à Saint-Paul, j'ai compté cinquante-deux boutiques d'orfèvres, si riches et si garnies de pièces d'argenterie grandes et petites, que dans toutes les boutiques de Milan, de Rome, de Venise et de Florence réunies, je ne crois pas qu'on en trouve un si grand nombre ni d'une telle magnificence. Ces pièces d'argenterie sont des salières ou des coupes, des aiguières ou des bassins pour se laver les mains. »

Les hôtes les plus dévergondés que nous trouvions alors dans les tavernes ce sont les moines ; les femmes de tout rang et de toutes beautés qu'ils savent devoir y rencontrer sont pour autant que le vin et l'ale dans l'appât friand qui les y attire.

Allez chez l'*Alewife* (femme d'ale), la fameuse tavernière des faubourgs dont le prêtre Skelton nous a fait un portrait si haut en fortes couleurs dans son étrange macaronée, *the Tunnyng of Elinore Rumming*, et vous y verrez les moines s'y ébaudir à cœur joie, y jouer de leur reste, comme on pourrait dire ; car Henri VIII n'est pas loin : encore un peu de temps, il n'y aura plus pour eux sur le sol anglais un seul coin de terre qui leur rapporte de quoi s'aller enivrer au cabaret. Ils seront dépouillés, ils seront proscrits ; mais le goût de l'ale natale les attachera à la terre anglaise. Plutôt que de s'exiler, ils se transformeront ; et, patience ! avant qu'il soit longtemps nous les verrons revenir ici, la barbe rasée, le chef touffu, sans capuce et sous l'habit plus austère du ministre ou du marchand, voire sous la veste du matelot ; ils ne seront plus moines, mais ils boiront toujours : la taverne n'y perdra rien. Skelton pourrait revivre, Chaucer aussi, et y revenir, et, je le répète, ils n'y trouveraient rien de changé dans l'allure de leurs hôtes favoris, rien que la robe ; or si elle ne fait pas le moine, elle ne fait pas non plus le buveur.

Nous avons nommé Chaucer, pourquoi ne saisirions-nous pas l'occasion de reparler un peu de lui, ne fût-ce que pour remettre en scène un de ses personnages oubliés par nous dans la longue analyse que notre précédent chapitre contient sur ses contes de Cantorbéry. C'était pourtant l'un de ceux qui nous importaient le plus : c'est un rôtisseur (*cook*), et un rôtisseur, vous l'allez voir, qui entend au mieux les ruses du métier.

Quand l'intendant dont vous savez le récit a cessé de parler, notre *cook* demande si l'on voudra bien accorder la parole « à un pauvre homme comme lui, pour qu'il raconte à son tour une amusante aventure arrivée dans sa propre maison. » L'hôtelier de *la Jacquette*, qui a toujours la parole haute ici et qui octroie les permissions de conter, se rengorge quand il voit qu'il a affaire à un confrère, et la démangeaison d'une épigramme lui prend aussitôt à la langue. Il s'en passe la fantaisie aux dépens de notre rôtisseur, et tout en lui disant qu'il a la parole :

« Je te l'accorde, lui crie-t-il en se carrant sur son escabelle; parle, Roger, parle, et veille à ce que cela soit du bon coin. Car tu es connu pour avoir saigné plus d'un pâté et vendu plus d'un *jack de Douvres* qui avait été deux fois chaud et deux fois froid. Tu as recueilli les malédictions de maint pèlerin pour le *perselée* dont étaient farcies tes oies d'automne. Dans ta boutique, en effet, plus d'une mouche vole en liberté. »

A tout cela le *cook* ne répond que par de gros rires, preuve qu'il se reconnaît et que vérité n'offense pas toujours; puis il se met à conter l'aventure d'un apprenti qui dépense l'argent de son maître en buvant fort, courtisant les femmes, etc., et qui, au bout de cette route fleurie, finit par trouver le gibet.

On n'a malheureusement qu'un fragment de ce conte, cinquante vers à peu près; ce qui dédommage de cette perte, c'est ce qui vient un peu plus loin dans le prologue du conte que fait l'économe. Le rôtisseur y reparaît, et pour y jouer un rôle dans une scène assez triviale, mais d'un bon comique. M. H. Gomont l'analyse ainsi, sans lui rien ôter de sa vivacité, dans le livre : *Analyses et fragments*, qu'il a publié en 1847 sur Geoffroi Chaucer.

« Le rôtisseur, dit-il, que l'hôte, sans doute par mégarde, invite de nouveau à dire son histoire, est ivre-mort. A peine peut-on le tirer de son état de somnolence, et il répond aux injonctions de l'hôte en exprimant un vif besoin de dormir. « Pour dormir à mon aise, je renoncerais, dit-il, à un tonneau de vin de Chypre. » Enfin, comme l'économe lui adresse des propos assez piquants, il se jette sur ce dernier et le fait tomber de cheval. Cet acte de violence, toutefois, ne cause pas grand mal, car tout finit par un coup de vin que le champion désarçonné, afin de se venger noblement, fait avaler au rôtisseur. »

Dans tout ceci nous avons vu grande abondance et grande consommation de vin, ce qui a dû vous étonner quelque peu, eu égard au lieu où nous sommes. Pour revenir à des tavernes sinon plus sobres au moins plus avares de la précieuse liqueur et plus prodigues de l'ale patriotique, nous allons vous mener aux cabarets des poëtes. Ici il y aurait par trop d'invraisemblance à vous faire voir des mets dispendieux et surtout largement arrosés par les vins d'Espagne ou de France; c'est tout au plus si la dépense du porter n'y dépasse pas les moyens des poëtes. Jugez-en plutôt par ce que Shadwell fait dire à Dryden, racontant sa façon de vivre à Londres lorsqu'il y fut arrivé frais émoulu des Universités :

« Je fus d'abord en butte à beaucoup de persécutions; je louai un logement dont la fenêtre n'était pas plus grande qu'un mouchoir de poche. Je dînai à un ordinaire de trois sous qui aurait pu faire mourir de faim un tailleur; je voyais peu de monde, j'étais vêtu de serge, et je buvais du vin aussi rarement qu'un réchabite ou que le confesseur du Grand Seigneur. »

Dans le nombre des tavernes littéraires, il y en avait pourtant où le vin n'était pas liqueur défendue, et où les libations se faisaient avec ce seul nectar cher à Bacchus. C'était, par exemple, au temps même de Dryden, le fameux cabaret de la *Sirène.*

Dès 1638 il était très-fréquenté et il avait déjà sa poétique clientèle. Le vieux Jasper Mayne, voulant sans doute payer par une réclame quelque écot arriéré, ne manque pas d'envoyer à la *Sirène* Timothy, l'un des personnages de sa pièce de *City-Match.*

Il lui fait dire :

I had made an ordinary
Perchance at *the Mermaid.*

Ben Johnson, Beaumont et Flechter parlent souvent dans leurs œuvres de l'illustre cabaret, où il paraît qu'ils avaient coutume de se rassembler; mais aucun pourtant ne nous a fait savoir dans quel endroit de Londres se trouvait cette *Sirène;* nous ne l'avons appris que par le vieux poëme *Newes from Bartholomew fayre.* La *Sirène* était dans Cornhill. Pour que vous n'en doutiez pas, nous allons vous donner le passage tout entier du vieux livre. Il n'aura pas que cette curiosité pour vous, car vous y trouverez l'énumération complète de toutes les tavernes en renom alors dans la capitale de l'Angleterre :

The hath beene great sale and utterance of wine,
Besides beere and ale, and ipocras fine,
In every country, region, and nation;
Chefely at Billingsgate, at *the Salutation*,
And *Bores Head*, neere London stone,
*The Swan*, at Dowgate, a taverne well knowne,
*The Miter* in Cheape, and then *the Bull Head* ,
And many like places that make noses red;
*The Bores Head* in Old Fish street, *Three Cranes* in the Vintree,
And now of late, *S.-Martin's* in the Sentree;
*The Wind-Mill* in Lothbury; *the Ship* at the Exchange,
*King's Head* in New Fish streete, where roysters do range;
THE MERMAID in Cornhill; *Red Lion* in the Strand,
*Three Tuns* Newgate-Market, in Old Fish street *the Swan.*

Le texte ici était indispensable à cause des noms qui le hérissent; voici maintenant la traduction littérale :

« Dans tous les pays, contrées et nations, il se fait grande vente et grande consommation de vin, outre celle de bière, d'ale et de fin hypocras, surtout à *la Salutation*, dans Billingsgate, à *la Tête d'ours*, près de la pierre de Londres. Il y a aussi une taverne bien connue, *le Cygne*, dans Dowgate, *la Mitre* (the Miter), dans Cheape, puis *la Tête de bœuf*, et bien d'autres lieux encore qui empourprent le nez. *La Tête d'ours*, dans la vieille rue du Poisson; *les Trois crânes*, dans Wintree; et depuis peu de temps, *Saint-Martin*, dans Sentree; *le Moulin à vent*, dans Lothbury; *le Vaisseau*, près du Change; *la Tête de roi*, dans la nouvelle rue du Poisson, où demeurent les roysters; *la Sirène*, dans Cornhill; *le Lion rouge*, dans le Strand; *les Trois tonneaux*, au marché de Newgate; et *le Cygne*, dans la vieille rue du Poisson. »

Après cette curieuse énumération d'enseignes tavernières, nous ne pouvons mieux faire que de reproduire avec toute son étendue une notice anglaise dont nous ne savons pas l'origine, mais qui se trouve traduite dans le *Choix de Curiosités* publié en 1822.

« Je suis, dit donc notre anonyme dans son chapitre dont le titre est justement celui-ci : *Enseignes de tavernes*, je suis étonné, quand je passe dans la ville, de voir l'étrange mélange que présentent les enseignes des auberges, une *couronne avec une pie*, une *baleine avec un corbeau*,

Le *rasoir* et la *poule*,
La *cuisse* et les *sept étoiles*,
La *hache* et la *bouteille*,
La *tonne* et le *luth*,
L'*aigle* et l'*enfant*,
La *pelle* et la *botte*.
(*L'Apollon anglais*, 1710.)

» Les absurdités que présentent les enseignes des tavernes sont souvent assez singulières; mais on peut généralement en attribuer l'origine à ce penchant invétéré qu'a le vulgaire de toutes les nations à faire usage de tout quand il s'agit de noms propres.

» Il est aussi difficile de deviner quel rapprochement il peut y avoir entre une *pie* et une *couronne*, entre une *baleine* et un *corbeau*, ou bien entre une *poule* et un *rasoir*, qu'il le serait de démontrer de quelle manière ce rapprochement prend sa source dans la corruption de la langue, quoiqu'il soit plus probable que c'est de là qu'il provient.

» Le signe de la cuisse (*leg*) et des sept étoiles n'est qu'une faute d'orthographe, et signifie la ligue et les sept étoiles (*the leag and seven stars*) et l'on entendait par les sept étoiles les sept Provinces-Unies. La *hache* et la *bouteille* (*the axe and bottle*) ne sont sans doute qu'une altération de *battle axe* (hache d'armes), qui en temps de guerre était une enseigne très-convenable. La *tonne* et le *luth* étaient des signes indicatifs du plaisir du vin et de celui de la musique. »

Ici nous arrêterons notre anonyme pour dire ce qu'il ne dit pas, à savoir que cet accord du luth et de la tonne, de Bacchus et des Muses, n'était pas chose rare à Londres, où il dut y avoir des cabarets chantants aussitôt qu'à Amsterdam. Les premiers concerts ne se donnaient même pas ailleurs. Nous ne donnerons pour preuve que cette annonce insérée dans la *Gazette de Londres :* « Aujourd'hui, 4 février 1674, à la taverne de la Toison près Saint-James, à deux heures de l'après-midi, tous les jours de la semaine, excepté le dimanche, rare concert par quatre trompettes marines, instrument inconnu jusqu'ici en Angleterre. Prix des places : un shilling les meilleures, six sous les autres. »

Cela dit, cette taverne de la *Toison* dont nous n'aurons plus à reparler étant ainsi connue, revenons à notre anonyme et aux enseignes burlesques de ses cabarets.

« L'*aigle* et l'*enfant*, dit-il donc, peuvent avoir un sens caché; mais quand on vient à la pelle et à la botte, c'est là le triomphe de la folie, et il est inutile de chercher à y découvrir un rapprochement raisonnable.

» Le cygne à deux cous, *the swan with two necks*, a été pendant longtemps un mystère pour les curieux. Ce mystère s'évanouit par le changement d'une seule lettre. L'enseigne, dans son origine, était *the swan with two nicks* (le cygne à deux entailles), et nous trouvons le sens de cette dernière enseigne entièrement expliqué dans une communication faite par M. Joseph Banks à la Société des antiquaires. Dans une assemblée de cette société, qui eut lieu dans le mois de janvier 1810, M. Joseph présenta à la Société un rouleau de parchemin remarquable par son contenu. C'était l'indication des marques ou des entailles faites sur le bec des cygnes vieux et jeunes qui se trouvaient dans toutes les rivières et sur tous les lacs du comté de Lincoln. Ces détails étaient accompagnés d'une description des priviléges accordés aux personnes chargées de garder les cygnes sur ces rivières ou lacs, et les obligations des garde-cygnes du roi d'empêcher la destruction de ces volatiles et de s'opposer à ce que d'autres personnes adoptassent les mêmes signes ou les mêmes figures sur le bec de leurs cygnes. Le nombre des marques contenues dans le rouleau de parchemin montait à 219; elles étaient toutes différentes et se bornaient à la petite surface du bec du cygne. Les signes extérieurs consistaient en une figure oblongue formant un cercle par un bout, et qui contenait des points, des entailles, des flèches ou toute autre figure de ce genre, pour établir une différence et faire reconnaître le cygne de chaque individu. On rendit plus tard, dans la douzième année du règne de la reine Élisabeth, des ordonnances pour la conservation des cygnes dans le comté de Lincoln.

» La chèvre et le compas (*goat and compasses*). On supposait qu'il tirait son origine de la ressemblance entre le saut d'une chèvre et l'extension d'un compas, mais rien n'est peut-être plus idéal. Cette enseigne tire son origine du temps de la république, où c'était la mode d'employer des sentences tirées de l'Écriture sainte pour toute espèce de choses et pour toutes les dénominations; alors on entendait partout : Dieu soit loué, *barebones* (*god be-praised barebones*) et par l'invitation de boire un pot d'ale, *à tous les dieux nous protége* (*god-en-compasseth us*), la corruption de *god-encompasseth us*, dont on a fait *goat and compasses us*, est assez sensible et naturelle. »

Qui sait, c'est peut-être de la bouche même de Cromwell que ces saintes paroles, hypocritement prononcées, étaient passées sur la tablette de l'enseigne où nous les trouvons transformées en un si grotesque rébus. On n'ignore pas, en effet, que le futur Protecteur préludait à sa mission de despotique hypocrisie par des stations à la taverne; comme Luther, il évangélisait et catéchisait parmi les pots; seulement il choisissait ses acolytes avec un tact moins délicat : son Mélanchthon à lui était un charretier nommé Pride, et il ne quittait cette noble compagnie, sans pourtant quitter le cabaret, que pour se complaire dans celle de Harrisson, boucher et futur colonel.

Si les enseignes dont notre anonyme nous parlait tout à l'heure n'étaient autre chose que les paroles énigmatiques de Cromwell, mises en hiéroglyphe par un procédé qui ajoutait l'algèbre à l'algèbre, il faut dire que cela se fit sans l'aveu du sanglant apôtre et de ses sectaires, et que même lorsqu'ils eurent connaissance de ce qu'ils appelaient des profanations, ils firent tout pour les empêcher et faire effacer ces enseignes barbouillées aux dépens de l'Écriture sainte. Nous devons ce détail à notre déchiffreur d'enseignes, à qui nous allons laisser achever son curieux travail.

« Dans les *Caractères énigmatiques* de Richard Flekuve, dit-il, publiés en 1665, en parlant des réformateurs fanatiques, il fait observer qu'ils ont déjà bien commencé la réforme en changeant l'enseigne de la salutation de l'ange et de Notre-Dame, dans celle du soldat et du citoyen, et la roue de Catherine (*Katherine wheel*), dans celle du chat et de la roue (*the cat and wheel*), de sorte qu'il ne leur restait plus qu'à faire tuer saint Georges par le dragon, et à faire pincer par le diable le nez de saint Dunstan, pour rendre la réforme complète. Ils font, dit-il, une œuvre ridicule de leur réforme, et ils mettent tant de zèle contre tout ce qui est gaieté et jovialité, qu'ils arracheraient aussi l'enseigne du *Chat et du Violon* si cette enseigne avait le malheur de se faire entendre d'eux.

» Le sac de clous de Chelsea (*the bag of nails*) est regardé par les serruriers et les charpentiers du voisinage comme une maison qui leur est particulièrement réservée; mais si ce n'était pas une corruption, cette auberge appartiendrait encore aux *bacchanales* ou aux amis de Bacchus, qui, du temps de Ben Johnson, avaient la coutume de faire une promenade du dimanche dans ce charmant village. Un siècle a converti les bacchanales en sacs de clous : ne pouvons-nous pas nous attendre que le siècle suivant changera les ivrognes en forgerons (*bacchanalians into bag-o' nailians*)?

» L'origine de l'enseigne aux *Échecs*, qui est un emblème si commun des auberges et d'autres maisons publiques, a également été le sujet de plus d'une conjecture savante. Un écrivain suppose que l'on voulait représenter par là que l'on pouvait jouer aux échecs dans ces maisons. Un autre a appris d'un personnage très-illustre que, sous le règne de Philippe et de Marie, le comte d'Arundel avait, dans ce temps-là, le privilége de permettre l'ouverture des maisons publiques, et que, comme un échiquier faisait partie des armes de cette noble famille, l'aubergiste, pour faire voir qu'il en avait la permission, prenait ce signe pour enseigne; mais malheureusement pour les droits honorifiques d'Arundel, M. W. Hamilton a présenté il y a quelque temps à la Société des antiquaires la vue de Pompeia, dans laquelle nous voyons que les tavernes avec l'enseigne des échecs étaient communes chez les Romains. L'origine réelle de cet emblème est donc encore une énigme couverte d'un voile obscur. L'explication la plus spirituelle, quoiqu'elle ne soit sans doute pas la plus authentique, c'est celle qu'en donnait feu M. Georges Selwyn, qui avait la coutume de s'étonner que les antiquaires eussent la moindre peine à découvrir pourquoi les *draughts*, qui en anglais signifient à la fois coups de boisson ou échiquiers, étaient un emblème convenable pour des maisons à boire.

» Le commentateur des *Anecdotes de la littérature*, par Beloe, dit dans ses notes de l'année 1807 : « Je me rappelle qu'il y a plusieurs années, passant par une cour dans la petite rue Rosemary, j'observai une enseigne ancienne sur la porte d'une maison à bière, que l'on appelait *les Quatre tout* (*the four all*). C'était la figure d'un roi et l'inscription : *Je gouverne tout;* la figure d'un prêtre avec la devise : *Je prie pour tout;* celle d'un soldat avec la devise : *Je combats pour tout;* et enfin celle d'un fermier avec la devise : *Je paie tout.* »

» Il y a environ deux ans que, passant par la même rue et curieux de revoir cette singulière enseigne, je fus étonné de la trouver remplacée par un tableau en bois peint, sur lequel on avait écrit ces mots : *The four awls* (les quatre anguilles). Sur la route de White-Chapel se trouve une auberge qui a pour enseigne les mots : *the grave Morris* (le grave Morris). On donna à un peintre la commission de figurer cette inscription; mais le peintre n'avait pas un œil poétique, et il ne pouvait pas représenter la forme des choses inconnues. Dans sa détresse il s'adressa à l'un de ses amis, qui le tira aussitôt d'affaire; et le peintre dessina aussi bien qu'il put le comte Maurice (*the great Maurice*), dont il est souvent question dans les Lettres italiennes (*Epistolæ italianæ*). »

Malgré sa curiosité et son étendue, cette notice explicative sur les hiéroglyphes des enseignes tavernières ne nous a pas dit le mot de toutes les énigmes de cette espèce, et non plus que le fragment de la vieille comédie citée auparavant ne nous a pas donné la liste complète de tous les anciens cabarets que nous devons vous faire connaître à Londres. Entre autres dont l'enseigne eût dû attirer l'attention de notre anonyme, est celui qui, du temps de Cromwell, s'appelait *le Bouchon en deuil*. Pourquoi ce nom si étrange dans sa tristesse et si incompatible avec la joie dont toute taverne doit être l'asile? Son explication nous mènera à vous dire une touchante histoire.

Au commencement du règne de Charles Ier, un pauvre diable du comté de Glocester, nommé Jean Taylor, vint à Londres et s'y fit batelier sur la Tamise. Il était poëte par nature et savait assez d'écriture pour griffonner ses vers, assez de grammaire pour les styler en bon anglais. Il se lança dans les chansons, en fit de jolies qui eurent du succès, et devint bientôt un des poëtes à la mode. Par allusion à sa profession, on l'appelait le *poëte d'eau*. Il trouva que c'était un triste nom, aussi quitta-t-il bientôt le maussade métier qui le lui avait valu. Pour en faire un tout contraire, et qui n'eût rien, en apparence au moins, de commun avec l'eau, il se fit garçon cabaretier; puis bientôt après les *pièces de poésie*, dont il dédia le premier recueil à Jacques Ier, lui ayant fait une petite fortune, il ouvrit une taverne à ses frais. A cabaret tenu par un poëte il fallait une enseigne piquante; Taylor, ayant bien cherché, n'en trouva pas d'abord de meilleure que son propre portrait. Il l'arbora donc au-dessus de sa porte avec un distique anglais dont voici à peu près le sens :

« On voit pendre aux cabarets, pour enseignes, des têtes de rois et même de saints; pourquoi n'y mettrais-je pas la mienne? »

Taylor, par ses poésies, était bien en cour; son nouveau titre de cabaretier ne lui porta pas préjudice; au contraire, par là il devint l'hôte de tous les seigneurs, qui firent de sa taverne le centre ordinaire de leurs réunions. La révolution qui renversa Charles Ier du trône, et qui fit tomber sa tête, survint, mais n'ébranla pas Taylor dans la fidélité qu'il avait vouée au malheureux roi. Il ne craignait même pas de l'afficher publiquement et de courir tous les risques de cette publicité dangereuse. Le lendemain de l'exécution du roi Charles, il détacha son enseigne, et à sa place il appendit au-dessus de sa porte une large couronne au noir feuillage : voilà pourquoi son cabaret s'appelait *le Bouchon en deuil*.

L'un de ceux qui lui faisaient concurrence, et qui n'est pas nommé non plus dans les deux énumérations qui nous ont guidé jusqu'ici, était le cabaret de *la Rasade* (*Rummer Tavern*), situé près de Charing-Cross. Il était tenu en 1670 par Samuel Prior, et c'est de là que s'échappa un beau jour, pour devenir un ingénieux poëte et un fin diplomate, le célèbre Mathieu Prior, neveu de maître Samuel le cabaretier. Il n'avait pas servi chez son oncle, et Voltaire a eu tort d'écrire qu'il « était originairement garçon cabaretier. » C'est l'état de menuisier qu'il exerçait quand l'envie lui prit de s'émanciper jusqu'à la littérature; il est vrai que les conversations qu'il entendait dans la taverne de son oncle, où s'assemblait le club des savants, avaient beaucoup aidé à développer en lui la vocation littéraire.

Ainsi dans toutes les existences poétiques de cette époque, la vie de taverne se trouve être pour quelque chose en Angleterre; si nous remontons vers les époques précédentes, jusqu'à Shakspeare par exemple, il en est de même.

Ce n'est pas que le grand poëte fût, comme on l'a trop dit et trop fait jouer, un effréné hanteur de cabarets; au contraire, il était la sobriété même, par nature d'abord et par économie ensuite. Cette qualité que Shakspeare poussa, dit-on, jusqu'à l'excès qui en fait un vice, lui est sévèrement reprochée par un pamphlétaire de son temps, qui du même coup semble aussi lui faire un crime de sa frugalité. « Sois frugal comme Shakspeare, lit-on dans le *Conseil aux acteurs*, rarissime pamphlet dont la collection du comte Spencer possède un exemplaire qui semble être unique. Ne laisse personne vivre à tes dépens, et vis à ceux de tout le monde. Quand ta bourse sera bien garnie des écus du public, achète-moi quelque bon manoir seigneurial, et va vivre comme un gentilhomme, maître suzerain de guinées bien trébuchantes. Tu serais venu à Londres sans souliers, tu peux un jour retourner chez toi chargé d'écus et d'honneurs. »

Tout frugal qu'il était, Shakspeare n'en connut pas moins dans tous ses détails la vie de cabaret. On le voit par maints passages de ses œuvres, desquels il appert surtout qu'il dut y être écorché vif. Chaque fois qu'il parle d'une taverne, c'est pour lancer une épigramme. Toute offense à sa bourse faisait si bien saigner son cœur! Il ne réserve même pas pour ses comédies ces traits qu'il lui plaît tant de décocher, on en retrouve jusque dans ses pièces bâties sur des sujets antiques. Voici, par exemple, ce que nous lisons à la scène III de l'acte II de son *Coriolan* :

MÉNÉNIUS (*à Coriolan*). De la modération, je vous en conjure.

CORIOLAN. Oui, comme un hôtelier qui, pour la plus vile pièce d'argent, se laissera traiter de fripon tant qu'on voudra.

Dans *Timon d'Athènes*, à la scène III de l'acte IV, même invective par allusion contre les cabaretiers; c'est Timon lui-même qui parle : « C'est ainsi qu'on te traitait, dit-il à je ne sais quel plat flatteur; ton oreille était toujours ouverte comme celle d'un cabaretier qui fait un accueil gracieux aux fripons et à tous ceux qui l'approchent. »

Dans les comédies du grand et vindicatif poëte, ces épigrammes sont mieux de mise. On comprend volontiers Touchstone qui, dans la scène IV de l'acte III de *Comme il vous plaira*, dit à propos d'une chose qui le surprend fort : « On est moins confondu d'étonnement de voir arriver le long mémoire d'un petit écot dans un petit cabaret. « Mais on trouve un peu étrange d'entendre dans la même scène une jeune fille comme Célie faire cette singulière comparaison :

« Le serment d'un amoureux ne vaut pas mieux que la parole d'un garçon de cabaret ; l'un et l'autre affirment de faux comptes. »

A ce propos seul que Shakspeare fait tenir à une jeune fille, on devinerait quelles femmes il fréquentait lui-même, si par l'histoire de sa vie on ne le savait déjà. L'une de ses plus vives passions fut pour une hôtelière. « Pendant son séjour à Londres, il faisait, dit-on, de fréquents voyages à Stratford, écrit M. Guizot dans la notice qui précède sa traduction des œuvres complètes du grand poëte ; mais on l'accusait de trouver même sur sa route des distractions du genre de celles qui avaient pu le consoler au moins de l'absence de sa femme ; et sir William Davenant s'est vanté hautement de l'intimité du poëte avec sa mère, la belle et spirituelle hôtesse de *la Couronne* à Oxford, où Shakspeare s'arrêtait en allant à Stratford. »

Les raisons d'amour n'étaient pas les seules qui amenassent Shakspeare dans les hôtelleries ; bien souvent quand, pour ses représentations nomades, il avait besoin d'une salle et d'un théâtre, il n'en trouvait pas d'autre que les granges ou les hangars de ces grands asiles publics. Dans la notice citée tout à l'heure, M. Guizot nous donne quelques détails sur l'installation de ces premières scènes shakspeariennes. « Les comédiens ambulants, dit-il, étaient en usage de donner leurs représentations dans les cours d'auberge ; le théâtre en occupait une partie, des spectateurs remplissaient l'autre et demeuraient à découvert ainsi que les acteurs ; les chambres basses qui formaient le circuit de la cour et des galeries au-dessus offraient sans doute des places plus chères. Les théâtres de Londres avaient été construits sur ce modèle. »

Tieck, le conteur allemand, a cru intéressant d'observer la figure pensive du poëte, un jour qu'il attendait dans une salle d'hôtellerie, pensif et muet, au milieu de la foule turbulente, comme Molière dans la boutique du barbier Gelu, à Pézénas.

Shakspeare vient d'arriver dans une auberge. Il y a foule dans la grande salle, et tout en attendant l'arrivée de lord Southampton dont il a la promesse, il se laisse aller à écouter sans rien dire les mille propos de cette assemblée dont la voix glapissante et bavarde du poëte Marlowe domine le tumulte. Lord Southampton arrive dans la ville, et il dépêche son page à l'hôtellerie. « Tu vas aller, lui dit-il, dans la chambre commune ; là, regarde tous les visages. Les uns, remarque-le bien, te paraîtront ressembler à des figures d'animaux moins nobles, les autres à des figures d'animaux plus nobles ; cherche toujours, jusqu'à ce que tu aies rencontré un visage qui te paraisse ressembler à rien autre qu'à un visage humain. C'est là l'homme que je cherche, salue-le de ma part et amène-le-moi. » — « Et, ajoute M. Sainte-Beuve, de qui nous empruntons cette analyse, le jeune page s'empressa d'aller, et en entrant dans la chambre commune il se mit à examiner les visages ; et après un lent examen, trouvant le visage du poëte Marlowe le plus beau de tous, il crut que c'était l'homme et il l'amena à son maître. La physionomie de Marlowe, en effet, ne manquait pas de ressemblance avec le front d'un noble taureau, et le page, comme un enfant qu'il était encore, en avait été plus frappé que de toute autre. Mais lord Southampton lui fit remarquer son erreur, et lui expliqua comment le visage humain et proportionné de Shakspeare, qui frappait moins au premier abord, était pourtant le plus beau. »

Nous ne pouvons pas mieux finir que par cette histoire cet immense chapitre où nous aussi, dans ces auberges, dans ces cabarets pleins de gens aux passions et aux figures diverses, nous n'avons guère trouvé qu'un visage d'homme, celui de Shakspeare. Dans les scènes qui nous restent à dérouler, un autre tout aussi vraiment humain nous apparaîtra, le visage de Molière.

# CHAPITRE VI ET DERNIER.

## LES HOTELLERIES ET LES CABARETS EN FRANCE

### DEPUIS LA FIN DU XVIe SIÈCLE JUSQU'A NOS JOURS.

SOMMAIRE. — Bassompierre à la taverne. — Son aventure avec le Rosworm et les filles de l'hôtelier de Carlstein. — Henri IV au cabaret. — Ce qui lui arrive. — Histoire du couteau de Ravaillac volé dans une taverne. — Drames dans les cabarets au XVIIe siècle. — M. de Vatteville. — Un homme tué pour un gigot. — Une aventure de Fabert. — Le règne de Louis XIII et la Fronde au cabaret. — Les *raffins*, les *matamores*, les poëtes. — Le cabaret de Renard dans les Tuileries. — Brienne et Priolo. — Les boutiques de gourmandises au XVIe siècle. — Les Italiens en France, et les Français en Italie. — L'*osteria del Lombardo*. — Les rôtissiers de la rue aux Ours. — La *lanterne vive* des pâtissiers. — Les *faiseurs de ragoûts*, Flechmer, Mignot, etc. — Ragueneau, le pâtissier poëte. — Son histoire. — Origine d'un proverbe. — Les guinguettes du XVIIe siècle. — La Duryer. — Une tragédie à propos de cabaret. — La chanson de Motin. — Les couplets-réclames des guinguettes de Sceaux. — Invasion des reîtres. — Plaintes du buveur chansonnier. — Désespoir de Chapelle. — Les soldats maraudeurs. — Le cabaretier de Doegsbourg. — Richesse et nombre des tavernes à Paris en 1664. — Leurs noms. — Cabaretiers voleurs. — Mesures de la police contre eux. — Révolte de vignerons et de taverniers. — Les Lanturlus à Dijon, les cabaretiers du Vivarais. — Impôts divers. — Comment le fisc distingue le marchand de vin du cabaretier. — Une ordonnance de Louis XIV, à propos de cabaret. — L'*omnibus-restaurant* au XVIe siècle. — Le *bouchon* et les *enseignes*. — Scandale sacrilége de celles des cabarets de Paris sous Louis XIV. — Lettre de Boursault. — Les tavernes littéraires. — Chapelle, Molière et Boileau à la *Croix de Lorraine*. — Une ivresse de Boileau à la *Tête noire*. — La comédie des Plaideurs au *Mouton blanc*. — Histoire de ce cabaret. — Chronique littéraire de la *Pomme de Pin*. — La taverne de la Boisselière. — Les grands seigneurs au cabaret. — Origine du vin de Beaune. — Boucingault, la Guerbois. — M. de Béchamel; ses recettes poétiques. — L'éclanche dévorée pendant que minuit sonne. — Le cabaret des comédiens. — Mort de Champmeslé à l'*Alliance*. — Les *Deux faisans*. — Chapelle, mort de peur, ressuscite à la taverne de l'*Ange*. — Les musiciens ivrognes. — L'académie de danse à l'*Epée de bois*. — Les moines au *Treillis vert*. — Les pédants au cabaret de *la Corne*. — L'hôtel Saint-Quentin. — L'*Ecu d'argent* et ses soupes. — Monmor changé en marmite. — Pérégrinations de Saint-Amand dans les cabarets du monde. — La tabagie de la Plante au bourg de Sauzon. — Le cabaret de la Coiffier à Paris. — Voiture et Saint-Amand. — Duel singulier d'un ivrogne et d'un buveur d'eau. — Mort de Saint-Amand chez Sercy. — Le XVIIIe siècle au cabaret. — Les *délicats*. — Rousseau, Forel et Lamy, les fameux traiteurs. — Les vins frelatés. — Grands seigneurs ivrognes. — Les guinguettes de la finance, le *Port à l'Anglais*, le *Moulin de Javelle*. — Regnard et les deux sœurs Loyson. — Dancourt chez Cheret. — Le *Petit père noir* à la place Maubert. — Les marchands de vin du Temple, Fitte et la Morlière. — Chaulieu les chante. — Chronique criminelle des tavernes : un assassinat au cabaret de la rue de Venise ; un vol à l'*hôtel Royal* de la rue des Mathurins ; Cartouche à la *Courtille* ; le juif de la rue Poupée ; les voleurs du cabaret de Belleville ; complainte de la mort de la servante de Lannion. — Les cabaretières entremetteuses. — Les cabarets chantants, le *Caveau*. — Mystifications de Poinsinet. — Les *Porcherons*, poëme poissard sur cette fameuse guinguette. — Le procès de Ramponneau. — Excursion rapide dans quelques auberges d'autrefois, et dans les cabarets d'aujourd'hui. — Un souvenir aux fameuses *Mères*. — Conclusion.

Nous commencerons ce chapitre, qui doit embrasser les deux derniers siècles et une partie du nôtre, par un dernier retour vers le XVIe, mais en ne parlant plus que de la France, pour laquelle, même après les nombreux détails dans lesquels nous sommes entrés, il faudrait encore au moins un volume entier, tant la matière est abondante et féconde. Ce dernier regard vers un passé que l'on pourrait croire épuisé pour nous ne nous mènera pas très-loin pourtant, nous avons hâte d'aller en avant et d'en finir. Il nous suffira de nous occuper de deux hommes dont nous avons négligé de parler jusqu'ici, parce qu'ils n'appartiennent pas moins à l'époque dans laquelle nous entrons qu'à celle dont nous venons de parler : ce sont Bassompierre et Henri IV. Le premier, entre autres affaires de galanterie et de débauche, en eut beaucoup dans les hôtelleries et dans les tavernes ; nous choisirons une de celles-ci, qui nous semble être la plus curieuse. Elle lui arriva à Carlstein, ville forte de Bohême, en compagnie de ce fameux Rosworm, qui, pendant toutes ses pérégrinations en Allemagne, fut son compagnon d'orgies et d'entreprises de toutes sortes. « Le Rosworm, pensant m'obliger, dit-il, m'embarqua en une assez mauvaise affaire. Il avait traité avec un hôte de la nouvelle ville, que pour deux cents ducats il lui livreroit ses deux filles qui étoient très-belles, et je pense qu'il surprit ce pauvre homme étant ivre pour lui faire cette promesse, comme il apparut ensuite. Car comme nous fûmes arrivez à deux pas de cette hôtellerie, nous descendîmes de carrosse, qu'il commanda de retourner et de nous attendre là, et le Rosworm et moi, avec un sien page bohême pour nous servir de truchement, allâmes en cette hôtellerie.

» Nous trouvâmes le père dans son poêle avec ses deux filles, qui travailloient à leurs ouvrages, qui fut aucunement étonué de nous voir, et plus encore lorsque le Rosworm lui dit que nous lui portions chacun cent ducats pour avoir le pucellage de ses deux filles, comme il lui avoit promis. Lors il s'écria qu'il n'avoit jamais promis telle chose, et, ouvrant la fenêtre, cria par trois fois : « *Morteriau! morteriau!* » qui veut dire : « Au meurtre! »

» Alors le Rosworm lui porta le poignard à la gorge, et lui fit dire par le page que s'il parloit aux voisins, et s'il ne commandoit à ses filles de faire notre volonté, il étoit mort, et me dit cependant que je prisse une de ses filles et que je m'en jouasse. Moi qui pensois être venu à une affaire où toutes les parties étoient d'accord, fus bien étonné lorsque je vis qu'il nous falloit forcer les filles en la présence de leur père. Je dis au Rosworm que je ne m'entendois point à forcer des filles. Il me dit lors que si je ne le voulois faire, je vinsse tenir le poignard à la gorge de son père, et qu'il feroit son devoir avec une des deux filles : ce que je fis à grand regret, et ces pauvres filles pleuroient. Le Rosworm commençoit à en baiser une, quand un grand bruit du voisinage, ému aux cris qu'avoit faits l'hôte, lui fit lascher prise, et me dire qu'il nous falloit payer de courage et de bonne mine ou qu'autrement nous étions perdus.

» Lors il fit dire à l'hôte qu'il le tueroit s'il ne nous faisoit sortir des mains du peuple. Cet hôte avoit une jupe volante sous laquelle il lui mit sa dague qu'il lui tenoit contre la chair, et me fit donner le poignard du page pour en faire de même. Alors sortîmes du poêle, jusques à la rue, l'hôte intimidé disant toujours au peuple que ce n'étoit rien, jusques à ce que, étant un peu éloignez, nous retirâmes nos dagues de dessous sa jupe, et l'hôte commença à crier, comme devant : « *Morteriau! morteriau!* » ce qui convia le peuple à courir après nous avec infinis coups de pierres. Alors le Rosworm me cria : « Mon frère, sauve qui peut. Si vous tombez ne vous attendez point que je vous relève, car chacun doit songer à soy. » Nous courions assez vite; mais une pluye de pierres nous incommodoit grandement, dont l'une ayant donné dans les reins du Rosworm, le porta par terre; et moi, pour ne faire que ce qu'il m'avoit dit qu'il me feroit, le relevai et l'aidai à marcher à vingt pas, au bout desquels nous trouvâmes heureusement notre carrosse, auquel nous étant jettez nous fîmes toucher jusqu'à ce que nous fussions en sûreté dans la vieille ville, étant échappez des pattes de plus de quatre cents personnes. »

Cette histoire, dans sa crudité révoltante, est d'un grand caractère. Tout ce qu'on apportait de cynisme et de brutalité dans la débauche s'y expose sans périphrase et sans voile. Bassompierre veut s'y donner pour plus innocent que son cynique ami, le Rosworm; mais à la manière dont il raconte le tout, ne craignant pas de dire qu'il tenait au pauvre père le couteau sous la gorge pendant le viol de sa fille, on voit trop qu'il était prêt à faire de même, et qu'il n'attendait que son tour. C'étaient pourtant là les grands élégants de ce temps-là, les gens qui menaient la mode; mais la mode était dans l'orgie, dans la débauche poussée jusqu'au crime et dans ce meurtre réglé, dans cet assassinat au nom de l'honneur qui fit verser tant de flots de sang sur le Pré aux Clercs et dans le Marché aux chevaux.

Nous reviendrons à ces scènes émouvantes d'horreur et de cynisme, mais auparavant nous avons besoin de nous rafraîchir l'esprit par quelque autre d'une couleur plus douce et plus reposée. Prenons, par exemple, celle que nous trouvons à la page 483 du tome 1^er du *Mercure françoys*, où nous voyons Henri IV, avec autant de curiosité que certain kalife, mais avec plus de bonhomie, venant s'enquérir dans les auberges de la pensée qu'on a de lui et de son gouvernement. « Estant, lisons-nous, quelques jours après la chasse, et s'estant esgaré des siens, affamé comme un chasseur, se rencontrant sur un grand chemin, il tire droit au premier village, entre en la meilleure hôtellerie, et se met à table d'hoste avec plusieurs passants sans estre recognu. Après qu'il eust disné, il se mit en discours de la cour, des affaires d'Estat, du roy; chascun en dit par où il en sçavoit. On parle de sa conversion; luy en dit pour faire discourir. Mais un marchand de porcs, ayant son manteau agrafé par le collet, et lequel estoit contre luy, luy dit : « Ne parlons pas de cela, la poche sent toujours le haren. » Après cette parole, le roy se lève de table, se met à la fenestre, où il voit aussitost quelques seigneurs qui venoient faire de mesme luy, et repaistre en ce village. Il les appelle : Montez. Ceux avec qui il avoit disné le recognurent lors l'honneur que ces seigneurs lui faisoient, mais dont ils furent estonnez, et eussent bien voulu tous retenir ce qu'ils avoient dit. Toutesfois le roy, sans leur en rien dire, voulant s'en aller, frappa sur l'espaule du marchand de porcs, et luy dit seulement : « Bonhomme, la poche sent toujours le haren en vostre endroit, et non pas au mien, car vous avez encore du mauvais levain. » Ce trait appartient à sa franchise ordinaire, et à ce qu'il vouloit sçavoir lui-même l'opinion que l'on avoit de ses actions. »

C'est sous la date de 1610 que l'auteur du *Mercure françoys* place cette aventure de Henri IV à la taverne. Or, c'est cette année même, à quelques semaines seulement de là, que devait sortir d'une taverne aussi l'homme qui frappa le roi avec l'arme la plus vile, avec un couteau volé sur la table même de cette taverne. L'un de nous a raconté sommairement ce fait dans un travail sur le quartier de Paris où se trouvait ce cabaret. Nous nous contenterons de reprendre ce récit :

« La butte Saint-Roch, en se peuplant, était avant tout devenue une sorte de Courtille. Parmi ses tavernes agrestes se remarquait celle des *Trois Pigeons*, qui faisait face au portail même de l'église. Peu de jours avant son horrible attentat, Ravaillac y vint loger. Il avait vainement cherché un gîte dans la ville tout obstruée alors par la foule des étrangers qu'attiraient les fêtes du sacre de la reine. De guerre lasse, il s'était mis à errer, cherchant toujours, des environs de la porte Saint-Jacques jusqu'aux environs de la porte Saint-Honoré. Près des Quinze-Vingts, il entra dans une hôtellerie où l'on ne put le recevoir encore. Un couteau à lame large et pointue était sur la table; il s'en saisit au moment où la servante qui venait de lui parler se retournait, et il sortit. — Plus tard, son crime étant commis avec le même couteau, il avoua cyniquement qu'il l'avait volé, « non pour se venger du refus qu'on lui faisait, mais parce qu'il lui avait semblé tout à fait propre à tuer le roi. » — Pressant l'arme homicide sous son vêtement, il avait continué son chemin à travers le faubourg; arrivé devant Saint-Roch, il avait heurté aux *Trois Pigeons;* on l'y avait reçu, et le 14 mai au matin il en sortait pour aller se poster rue de la Ferronnerie. On sait le reste. »

Les épisodes dramatiques et sanglants ne manquent pas à cette partie de l'histoire des tavernes. Nous choisirons les plus palpitants, et nous vous les donnerons, soit avec la forme dont les ont revêtus leurs premiers narrateurs, soit avec celle dont nous les revêtirons nous-même, en adoptant pour ces temps plus scéniques une méthode que nous avons repoussée jusqu'ici. Entraîné par le besoin de mise en scène, par la nécessité de dramatiser dans la forme ce qui est si dramatique par le fond, nous ferons agir et parler dans notre récit tout ce monde actif et remuant, à qui toute autre façon de raconter ôterait ses aises et ses libres allures. Nous n'abuserons pas toutefois de ces scènes plutôt dignes du roman historique que de l'histoire. Chaque fois que nous trouverons chez un contemporain le vif récit de l'épisode qui nous intéresse, nous nous garderons bien de le refaire; c'est celui-là que nous vous donnerons.

Commençons par le plus étrange de tous et le mieux conté. Vatteville est le héros, Saint-Simon est l'historien.

« Les Vatteville, dit-il, sont des gens de qualité de la Franche-Comté. Celui dont il s'agit se fit chartreux de bonne heure, et après sa profession il fut ordonné prêtre. Il avait beaucoup d'esprit, mais un esprit libre, impétueux, qui s'impatienta bientôt du joug qu'il avait pris. Incapable de demeurer plus longtemps soumis à de si gênantes observances, il songea à s'en affranchir. Il trouva moyen d'avoir des habits séculiers, de l'argent, des pistolets et un cheval à peu de distance.

» Tout cela peut-être n'avait pu se pratiquer sans donner quelque soupçon. Son supérieur en eut, et avec un passe-partout va ouvrir sa cellule, et le trouve en habit séculier, sur une échelle, qui allait sauter les murs. Voilà le prieur à crier; l'autre, sans s'émouvoir, le tue d'un coup de pistolet et se sauve.

» A deux ou trois journées de là, il s'arrête pour dîner à un mauvais cabaret, seul dans la campagne, parce qu'il évitait, tant qu'il pouvait, de s'arrêter dans des lieux habités, met pied à terre, demande ce qu'il y a au logis; l'hôte lui répond : « Un gigot et un chapon. — Bon, répond mon défroqué; mettez-les à la broche. » L'hôte lui veut remontrer que c'est trop de deux pour lui seul, et qu'il n'a que cela pour tout chez lui; le moine se fâche et lui dit qu'en payant c'est bien le moins d'avoir ce qu'on veut, et qu'il a assez bon appétit pour tout manger. L'hôte n'ose répliquer et embroche. Comme le rôti s'en allait cuit, arrive un autre homme à cheval, seul aussi, pour dîner dans ce cabaret; il en demande, il trouve qu'il n'y a quoi que ce soit que ce qu'il voit prêt à être tiré de la broche. Il s'informe combien ils sont là-dessus, et se trouve bien étonné que ce soit pour un seul homme; il propose en payant d'en manger sa part, et est encore plus surpris de la réponse de l'hôte, qui l'assure qu'il en doute à l'air de celui qui a commandé le dîner.

» Là-dessus le voyageur monte, parle civilement à Vatteville, et le prie de trouver bon que, puisqu'il n'y a rien dans le logis que ce qu'il a retenu, il puisse en payant dîner avec lui. Vatteville n'y veut pas consentir. — Dispute; elle s'échauffe. Bref, le moine en use comme avec son supérieur, et tue son homme d'un coup de pistolet. Il descend après tranquillement, et au milieu de l'effroi de l'hôte et de l'hôtellerie se fait servir le gigot et le chapon, les mange l'un et l'autre jusqu'aux os, paie, remonte à cheval et tire pays.

» Ne sachant que devenir, il s'en va en Turquie, et pour le faire court, prend le turban et s'engage dans la milice. »

Ainsi et sans plus de façons on procédait en ce temps-là, pour peu qu'on fût en humeur de tuerie. Pour un habit de cavalier, on tue son prieur; pour un chapon et un gigot, on casse la tête d'un passant. Ces disputes d'hôtellerie, au sujet du repas et de la couchée, étaient plus fréquentes que le reste. On en venait d'ordinaire à la raison du plus fort, et celle-ci n'allait pas sans quelques coups d'épée.

Le grand Fabert, voyageant incognito, faillit être lâchement assassiné dans une querelle de cette nature. L'aventure est peu connue, et le P. Barre, génovéfain, l'a racontée d'une façon assez vive et assez colorée dans l'histoire qu'il a faite de la vie du maréchal. Nous allons le laisser parler.

« M. le maréchal de Fabert, dit-il, courant la poste, se reposait à Clermont en Beauvoisis, en attendant les chevaux qui étoient en course.

» Vers les deux heures du matin, le comte de Rantzau, neveu du célèbre maréchal de ce nom, et Laquenay, capitaine de cavalerie, entrent dans sa chambre, et se mettent à danser en faisant beaucoup de bruit.

» Fabert leur dit : « Messieurs, vous savez les usages, la chambre est à moi; il y en a d'autres dans l'hôtellerie, je vous prie de vous en accommoder. — Monsieur, répondit Rantzau, dormez si vous pouvez; pour moi, je veux me réjouir. »

» Fabert, choqué de cette réponse, se leva en fureur. Rantzau dit en riant : « L'affaire est sérieuse, monsieur prend ses chausses : » A ces mots, Fabert en chemise et nu-pieds fondit sur lui l'épée à la main.

Rantzau et Laquenay le mirent entre eux, de sorte qu'il ne pût porter aucun coup à l'un qu'il ne fût blessé par l'autre.

« Les gens de l'hôtellerie accoururent au bruit. En entrant, ils désarmèrent Laquenay, qui était près de la porte. Alors Fabert, quoique percé de quatorze coups d'épée, se jeta sur Rantzau, le saisit au corps, le renversa, et lui mettant l'épée sur la gorge, lui dit : « Quel est ton nom, misérable? Demande-moi la vie, ou je te tue. » Il ne répondit point. L'hôte s'écria : « Monsieur de Fabert, je le connais, il s'appelle Rantzau. » Au nom de Fabert, Rantzau dit : « Plût à Dieu que je fusse mort! qu'ai-je fait? — Sauvez-vous, jeune étourdi, s'écria Fabert, et tâchez de vous dérober au châtiment honteux que la justice réserve aux assassins. »

» On avait eu la précaution de fermer les portes de l'hôtellerie, et main-forte arrivait pour arrêter les coupables. M. de Fabert sollicita l'hôte pour qu'il favorisât leur évasion; il refusa. Alors Fabert poussa la générosité jusqu'à leur indiquer les moyens de se sauver; et lorsqu'il fut guéri de ses blessures, il alla solliciter leur grâce à la cour, et le roi la lui accorda. »

Ceci se passait au mois de mars de l'année 1641, c'est-à-dire à une époque féconde en sanglants scandales, où la vie d'un homme ne coûtait pas plus aux forcenés duellistes, aux raffinés d'honneur, que la vie d'un lièvre courant sur leurs terres.

C'est pourtant de ce temps-là qu'il nous faut parler à présent; c'est du règne de Louis XIII qu'il faut que nous nous occupions. Nous ne le verrons heureusement que par son côté gaillard et joyeux; et malgré le contraste terrible des scènes avoisinantes, nous aurons encore beaucoup à dire. En effet, le croirait-on? sous un roi dévot et ennuyé, sous un ministre terrible, tout n'est qu'orgie et extravagance dans Paris!

Temps étrange vraiment, ère d'ivresse et de sang, où la taverne touche à l'échafaud, l'homme qui chancelle sous l'effort de l'orgie à l'homme qui tombe sous le tranchant de la hache; époque bizarre, inouïe, qui, lorsqu'on pense à la bande joyeuse de ses *goinfres* et de ses *libertins*, semble faite tout entière, comme le dit Courval-Sonnet, « *pour être chantée sur l'air du Lanturlu*, » et qui, lorsqu'on se rappelle au contraire Richelieu, Laubardemont, Laffémas et leurs victimes, paraît ne devoir être écrite que de la main du bourreau Jean Guillaume.

Ensuite, comme pour continuer dignement ce règne, sinon dans ses fureurs, au moins dans ses joies et ses extravagances, viendra pour nous cette guerre folle, cette bagarre héroïque, cette *fronde* en un mot, qui, pour avoir un prêtre et un cardinal, Paul de Gondi et Jules de Mazarin, à la tête de chacun de ses partis, n'en prendra pas moins pour scène, souvent sanglante, les cabarets de Paris.

Vrai Dieu! c'est un étrange monde que les gens de ce temps-là, et qui veut des originaux peut y choisir. Voici les *raffinés*, les *matamores*, les *petits-maîtres*, les *poëtes*, tout un peuple de bretteurs exercés aux finesses de l'escrime; la *stoccata* et le *punto reverso*, toute une troupe de tueurs galants, de pourfendeurs de naseaux et de marche-lauriers. Mais prenez garde tout d'abord, vrai Dieu! n'allez pas rire de leurs moustaches en croc, de leur feutre gris, cône empanaché haut de cinq pieds, de leurs rapières longues comme un jour sans pain; s'ils passent devant vous, Dieu vous garde d'une parole malséante sur leurs épais pourpoints de triple taffetas busqué, sur leurs *rotondes* à double rang de dentelles, sur leurs rubans et leurs canons couleur *ventre de biche, Espagnol malade, face grattée, singe mourant*, de *veuve réjouie*, de *ris de guenon*, de *singe envenimé*, ou de *baise-moi, ma mignonne*, suivant la nomenclature que donne de leurs ajustements d'Aubigné dans son *Baron de Fenœste*. Mal vous en prendrait, car ils jurent furieusement et tuent mieux encore. « Ils se battront avec vous, dit le Mercutio de Shakspeare, si vous avez respiré trop haut, si vous avez marché dans leur ombre, si votre barbe est mal plantée, si votre chien leur déplaît. »

« Quelles sont ces canailles qui font du bruit là-bas? s'exclamera le grand Cyrano; si je descends, je lâcherai la bride aux Parques... Et ne savez-vous pas que si j'entre, c'est pour ordonner à toutes choses de se taire, hormis à ma renommée? Ne savez-vous pas que mon épée est faite d'une des branches des ciseaux d'Atropos? Ne savez-vous pas que si j'entre, c'est par la brèche; si je sors, c'est du combat; si je monte, c'est sur un trône; si je descends, c'est sur le pré; si je couche, c'est un homme par terre; si j'avance, ce sont mes conquêtes; si je recule, c'est pour mieux sauter; si je joue, c'est au *roi dépouillé*; si je gagne, c'est une bataille; si je perds, ce sont mes ennemis; si j'écris, c'est un cartel ; si je lis, c'est un arrêt de mort ; enfin, si je parle, c'est par la bouche d'un canon ? »

Ne croyez pas qu'ils se contentent même de telles paroles, l'action les suit toujours de près ; ils se battent, et tuent plus vite encore qu'ils ne parlent, deux contre deux, trois contre trois, cinq contre cinq, comme à ce fameux duel du mois de juillet 1652, où le duc de Nemours fut laissé mort sur le pré du *Marché aux chevaux*. S'ils se rencontrent pacifiquement quelquefois, c'est en entrant à la taverne, mais jamais en en sortant ; suivez-les au cabaret de *Renard*, dans le jardin des Tuileries ; à celui du *Bel-Air*, près du Luxembourg, où Lambert, le beau chanteur, fit tant de fredaines que, faute d'argent, il finit par payer de sa personne... c'est-à-dire en se mariant à la fille du tavernier ; allez à cette fameuse *cave du vin muscat* de la croix du Trahoir, où ce même Lambert se grisait à en perdre la raison et la voix ; entrez au cabaret des *Trois ponts d'or*, où le poëte la Serre prit aussi femme pour payer ses écots arriérés. — Contrat de mariage valait quittance alors entre cabaretière et poëte. — Et là, dans tous ces lieux de joie, au milieu d'un monde mêlé de poëtes crottés, de courtisans dorés, de bretteurs empanachés, vous ne verrez pas finir un festin sans voir sortir une bonne querelle du fond du dernier flacon.

Quel beau tapage alors, quelle belle mêlée, quelle belle cohue ! C'est un feu nourri de bravades, de provocations, de défis aussitôt acceptés que lancés. Les gants sont jetés à la face comme gages de combat ; les raffinés retroussent leurs fières moustaches, les rapières frémissent dans le fourreau ; mais un poëte, pacifique personne, se jette entre les champions, et domine de son fausset médiateur ce tohu-bohu de menaces, une bourrade le rejette à vingt pas, lui et son sermon, une rapière dégaînée accroche son manteau de panne et lui fait un trou de plus. Le duel commence, la table qui sépare les champions va se briser tout écloppée contre la muraille. Dans ce champ clos élargi et tout semé de débris d'assiettes, la cohue s'écarte, les champions s'alignent, les fers se heurtent, et deux heures durant, jusqu'à ce que l'un des deux soit tombé perforé d'outre en outre, les chandelles vacillent au vent des longues tueuses qui vibrent et sifflent dans l'air.

C'est de chez Renard, si nous avons bonne mémoire, que ce drôle de Cyrano, caressant un soir son long nez tout tailladé de cicatrices, et faisant sonner sa rapière plus longue encore, envoya un cartel au genre humain, avec défense d'être vivant dans trois jours, sous peine d'avoir affaire à lui.

Combien d'autres bonnes histoires chez Renard, dans cette élégante taverne si solitairement perdue sous le naissant et frais ombrage des Tuileries ! Renard, en fin cabaretier digne de faire école, avait des appâts pour tout le monde. Ancien valet de chambre du commandeur de Souvré, le plus délicat des gourmets, il donnait aux grands seigneurs, par son service passé, caution suffisante de la tenue tout aristocratique et de la chère exquise de son cabaret; puis amateur des arts, ami des artistes qui trouvaient chez lui une salle spacieuse toute meublée de beaux tableaux et de belles tapisseries, il avait de même de quoi affriander le *curieux* de mœurs retirées, le *collectionneur* aux habitudes austères. Enfin, cachant sous de mystérieux feuillages ces *retraits* clandestins, si trivialement nommés aujourd'hui *cabinets particuliers*, Renard alléchait mieux encore le coureur d'aventures galantes, les grandes dames amoureuses, si altières au grand jour, si faciles dans l'ombre. La cour et la ville, tout le monde enfin venait donc chez lui à la file. Rien ne se tramait d'élégant et de mystérieux dont son cabaret ne fût le complice. Ah! que si M. de Chateaubriand ne l'avait contée avant nous dans sa vie de Rancé, nous vous dirions volontiers ici une charmante aventure de madame de Montbazon et de madame de Longueville chez Renard; et ensuite, n'était notre promesse de ne plus nous mêler d'épisodes politiques, comme nous aurions plaisir à vous conter, car la matière est belle, le plus glorieux exploit de M. de Beaufort, le jour qu'il s'en vint au cabaret de Renard braver en plein repas M. de Candale, M. de Jersay et tous les cabalistes Mazarin de leur escouade, et qu'en vrai roi des halles, après avoir rompu sa canne sur le dos de Jersay, il fit sauter à la face des convives la table avec les plats qu'elle portait. Mais de cette histoire-là, dont s'est tant égayé le naïf Loret qui l'appelle :

Certaine étrange comédie
. . . . . . . . . . . . . .
Pleine d'invention et d'art,
Et dont la scène est chez Renart,

nous ne voulons vous dire que ce qui est de notre ressort, un couplet de chanson. Il est de Blot, *l'Esprit,* et c'est M. de Beaufort qu'il malmène :

Il deviendra grand potentat
Par ses actions mémorables,
Ce duc dont on fait tant d'état!
Il deviendra grand potentat,
S'il sait renverser notre État,
Comme il sait renverser la table,
Il deviendra grand potentat
Par ses actions mémorables.

Il nous fâche de nous éloigner de cette tragi-comédie du cabaret de Renard sans vous avoir au moins indiqué la scène qui, selon nous, offre avec elle le plus étrange contraste. C'est encore une scène de taverne, mais aussi calme, aussi pacifique que l'autre est bruyante. Que s'y trame-t-il? Un marché. Brienne, qui traite pour Mazarin, est l'acheteur; Priolo, le pamphlétaire, est le vendeur.

L'un, affidé matois du plus madré des ministres, vient à beaux deniers comptants marchander une conscience; l'autre, écrivain affamé, gonflé de venin et d'orgueil, léger d'argent, plus léger d'honneur, chargé de dettes, vient vendre son âme et sa plume. Brienne verse à pleines mains les écus d'or, à flots écumants les rasades de vin d'Espagne; et quand sa bourse est à sec d'argent, sa flatterie corruptrice à bout de louanges et de promesses; quand enfin le dernier verre de la dernière bouteille est vidé, l'infâme marché est conclu. Maintenant si vous lisez jamais le *De rebus gallicis*, lib. VII, de Benjamin Priolo, vous saurez de quelle bourse corruptrice, de quelle bouteille frelatée sont sorties les prétendues vérités qui fourmillent dans ce livre en l'honneur du Mazarin.

Cela dit, le cœur affadi, la bouche amère, quittons vite ce monde où la politique effraie la gaieté; allons où celle-ci règne seule, dans les tavernes où l'on boit et où l'on ne conspire pas.

Nous sommes arrivés à une époque où Paris commence à devenir ce qu'il est encore, la métropole gastronomique, le chef-lieu de la gourmandise en Europe.

Quand les visiteurs provinciaux, les touristes étrangers quittaient la grande ville, de quoi pensez-vous qu'ils retournaient parler chez eux? Était-ce de Notre-Dame et de ses hautes tours? Point. Des vingt-quatre églises qui entassaient leurs merveilles sur le terrain si resserré de la cité? Moins encore. C'était alors du cours la Reine et de ses interminables ombrages? des grands hôtels dont Michel de Marolles nous a donné la précieuse liste en détestables vers :

Le vieux Montmorency, le d'Avaux, le Vivonne,
Le Chevreuse nouveau, l'un et l'autre Beauvais,
Le Senneterre neuf, le Monnerot sans dais,
Le Créquy, le Viry, le Grammont, le Lionne, etc.?

Point du tout. C'était donc des palais déjà si somptueux et si nombreux alors? enfin

De ces superbes galeries,
Dont l'incomparable longueur
A joint le Louvre aux Tuileries?...

comme dit le poëte Maynard? Eh! non, vous dis-je, en aucune sorte. Ce qu'au retour ils allaient vanter partout comme la vraie merveille de la grande ville, comme l'objet de leur plus long ébahissement, c'était le grand nombre de ses tavernes, de ses pâtissiers et de ses rôtisseurs. Quand le frère Bonaventure Calatagirone, général des cordeliers, et l'un des négociateurs de la paix de Vervins, fut retourné en Italie, il ne parlait d'autre chose. Le friand moine ne gardait souvenir que des rôtisseries de la rue de la Huchette et de la rue aux Ours. Cette exclamation béate et jubilante, faite saintement l'œil au ciel, les narines ouvertes et comme aspirant encore : « *Veramente queste rotisserie sono cosa stupenda!* » voilà, selon Sauval, ce qui résumait pleinement toute son admiration pour Paris.

L'ambassadeur vénitien Jérôme Lippomano, qui était venu en 1577, n'avait point pensé, n'avait pas admiré autrement.

« Paris, écrit-il dans sa très-curieuse relation, a en abondance tout ce qui peut être désiré. Les marchandises de tous les pays y affluent; les vivres y sont apportés par la Seine, de Normandie, d'Auvergne, de Bourgogne, de Champagne, de Picardie. Aussi, quoique la population soit innombrable, rien n'y manque; tout semble tomber du ciel. Cependant le prix des comestibles y est un peu élevé, à vrai dire, car les Français ne dépensent pour nulle autre chose aussi volontiers que pour manger et pour faire ce qu'ils appellent *bonne chère.* C'est pourquoi les bouchers, les marchands de viande, les rôtisseurs, les revendeurs, les pâtissiers, les cabaretiers, les taverniers, s'y trouvent en telle quantité que c'est une vraie confusion; il n'est rue tant soit peu remarquable qui n'en ait sa bonne part. Voulez-vous acheter les animaux au marché ou bien la viande, vous le pouvez à toute heure, en tout lieu. Voulez-vous votre provision toute prête, cuite ou crue, les rôtisseurs et les pâtissiers, en moins d'une heure, vous arrangent un dîner, un souper, pour dix, pour vingt, pour cent personnes : le rôtisseur vous donne la viande; le pâtissier, les pâtés, les tourtes, les entrées, les sauces, les ragoûts. Cet art est si avancé à Paris, qu'il y a des cabaretiers qui vous donnent à manger chez eux à tous les prix, pour un teston, pour deux, pour un écu, pour quatre, pour dix, pour vingt même par personne, si vous le désirez. Mais pour vingt écus, on vous donnera, j'espère, la manne en potage ou le phénix rôti, enfin ce qu'il y a au monde de plus précieux. Les princes et le roi lui-même y vont quelquefois. »

Écoutez encore le chevalier Marini, et après ce qu'il vous aura dit du Paris culinaire de son temps, ne doutez plus :

« On ne voit que jeux, ballets, festins, conversations, mascarades et bonne chère; on tue plus de bestiaux en un jour que la nature n'en a produit en un an; ce ne sont que chapons embrochés, gigots et côtelettes qui tournoient jour et nuit devant un feu d'enfer, et qui prouvent ainsi le mouvement perpétuel. »

Enfin, pour clore cette digression gastronomique, et comme digne péroraison de tant de preuves, laissez-nous vous citer encore ce que dit des sauces, des ragoûts, des rôtis et même des pains de Paris, l'auteur de la lettre italienne reproduite dans le *Saint-Evremoniana :*

« On trouve à Paris tout ce qu'on peut demander, et on le trouve sur-le-champ; et le monde ne fournit aucune invention pour goûter tous les plaisirs de la vie que l'on n'y mette en usage. Les péripatéticiens et les stoïciens n'ont jamais tant travaillé pour réformer les mœurs, que les cuisiniers pour satisfaire le ventre. Toujours sauces nouvelles et ragoûts inconnus; et les Français, fatigués de se nourrir de viandes ordinaires, ont trouvé le moyen d'amollir les os décharnés des animaux, et d'en faire des mets délicieux. On vit chèrement ici :

le pain est bon, il est blanc, bien fait, et un seul pain est quelquefois si grand qu'il suffit pour rassasier une famille entière pendant plusieurs jours; ce qui a fait dire à un plaisant que si cette manière de faire de grands pains eût été dans la Judée au temps du Messie, les cinq mille Juifs qui furent rassasiés se seraient plutôt étonnez du four que du miracle. »

MM. les Italiens, qui vantent si bien ici notre hospitalité friande, notre délicatesse gastronomique, savaient nous rendre la pareille quand nous allions chez eux. Il est même plus d'une gourmandise délicate encore recherchée chez nous, qui n'est qu'un souvenir de leurs tables, qu'une exportation de leurs cuisines. Nous traitions parfois un peu sans façon leurs ambassadeurs, que nous allions jusqu'à loger à l'auberge, dans l'immonde rue de la Huchette; eux y mettaient plus de procédés. Ils envoyaient bien aussi les ambassades à l'hôtellerie, mais ils les défrayaient de tout. Dès 1459, à l'époque d'une ambassade de Philippe le Bon au pape, il en était ainsi déjà. « Quand il (le duc de Milan) fut assuré qu'icelle ambassade (du duc de Bourgogne vers le saint-père) prenoit son chemin par ladite ville de Milan, lisons-nous dans les chroniques de Matthieu de Coussy, il envoya de ses gens jusques à l'entrée de son pays faire commandement aux hostelains que la despense qu'icelle ambassade feroit, ils n'en prissent aucune chose, et que de tout ce qu'ils demanderoient on ne leur fist aucun refus; et ainsi en fut fait jusques en ladite ville de Milan. » Quelquefois les Français ne répondaient à ces politesses que par des tours de matoiserie. Ils avaient fort mauvaise renommée chez tous les hôteliers italiens; on en a la preuve par une charmante farce dont Molière imita le début dans son *Malade imaginaire*, et qui a pour titre : *Farsa del Franzoso alogiato al' osteria del Lombardo*.

M. Rathery, dans son beau travail : *Influence de l'Italie sur les lettres françaises*, l'analyse ainsi :

« On y voit, dit-il, les bons tours que les Français jouaient aux Milanais leurs hôtes, faisant la cour à leurs femmes, ou punissant leur avarice en tirant d'eux un bon dîner à peu de frais. Il y a des scènes d'un excellent comique, certains traits rappellent l'avocat Patelin et même Molière. Les interlocuteurs y parlent tantôt français, tantôt italien, et le plus souvent un français italianisé que nos soldats rapporteront plus tard en France. »

Les pâtissiers, comme on a pu voir, étaient pour beaucoup dans la bonne renommée de la gastronomie parisienne. C'est qu'ils n'épargnaient pour leur art friand aucun soin, aucune recherche, aucune exquise délicatesse. L'été, à leur large *ouvroir* parfumant la rue, l'hiver, à travers les vitres bien nettes de leurs huis, on voyait s'étaler par longues files de beaux *gâteaux feuillés*, bien saupoudrés de sucre blanc; des *roinsoles* croustillantes sortant de la poêle; des *tartes de massepain* faites d'amandes pilées, assaisonnées de moitié de leur poids de sucre, et aromatisées d'eau de rose; puis des tourtes au musc et à l'ambre « qui coustoient jusqu'à vingt-cinq escus, » selon l'Estoile; des gâteaux faits avec des fruits de toute couleur assaisonnés d'hypocras, et de grasses *pièces de four* toutes piquées de dragées, de pistaches et de cédrat. Ces belles friandises étaient si avenantes à l'œil et jetaient si doux parfum, que c'était plaisir rien que de les voir et de humer leur fumet. Pauvres gens y eussent mangé leur pain sec, comme ce faquin dont parle Rabelais, qui, en la « *roustisserie du Petit-Chastelet, au devant de l'ouvroir d'ung roustisseur,... mangeoit son pain à la fumée du roust, et le trouvoit ainsi parfumé grandement savoureux.* »

Pour mieux achalander leurs boutiques, et surtout pour allécher mieux les enfants, de tout temps leur plus assidue clientèle, les maîtres pâtissiers recouraient le soir à je ne sais quel prestigieux éclairage qui faisait de leur ouvroir une vaste lanterne magique. La nuit venue, ils dressaient leurs chandelles derrière de longues pancartes faites d'un papier transparent, tout couvert de figures d'hommes et de bêtes grossièrement enluminées. La rue sombre s'éclairait de cette bizarre fantasmagorie, dont les ombres étranges s'agitaient et dansaient sur les blanches parois des maisons opposées. C'est aux spectacles de la basoche que les pâtissiers de Paris avaient emprunté ce singulier système d'illumination; et ils en amusaient gratis les pauvres diables qui n'avaient pu encore trouver six sols dans leurs poches pour aller jouir de ces merveilles à l'hôtel de Bourgogne. Régnier le satirique se trouva un jour parmi ces badauds ébahis, l'invention lui sembla ingénieuse, et plus tard il sut s'en souvenir à point pour égayer une de ses drôlatiques descriptions. Ayant à peindre, dans sa XI^e satire, l'une des mégères égyptiennes du logis de Macette, effrayante duègne à l'œil vitreux, au front sillonné de *contrescarpes*, à la peau de parchemin, il ne trouva rien de mieux que cette grotesque comparaison :

L'autre qui de soi-même était diminutive,
Ressemblait transparente une lanterne vive,
Dont quelques pâtissiers amusent les enfants,
Où des oysons bridez, guenuches, éléfans,
Chiens, chats, lièvres, renards et mainte estrange beste,
Courent l'une après l'autre : ainsi dedans sa teste
Voyait-on clairement au travers de ses os
Ce dont sa fantaisie animait ses propos.

Le corps des pâtissiers *faiseurs de ragoûts* avait déjà ses célébrités en ce temps-là. Notre Paris du XIX^e siècle a son *Félix*, son *Lesage*, son *Carême*; le Paris de Louis XIII et de Louis XIV avait son illustre *Fagnault*, son *Flechmer*, son *Mignot*, et tant d'autres qu'on ne connaît plus. Le ventre a si peu de mémoire! Mignot est le seul que l'on n'ait pas oublié, et pourquoi encore? Est-ce parce qu'un poëte l'a récompensé d'une bonne digestion par quelques vers flatteurs? Non, c'est parce que Boileau a médit de ses sauces; parce que le dédaigneux Voltaire l'a renié pour son parent. O vanité de la gloire et de la cuisine! « Pour toutes deux n'est-il donc, comme disait le manchot la Reynière, qu'un même laurier et qu'une même fumée? »

Ces grands faiseurs du XVII^e siècle ont pourtant eu leur belle renommée. Leur nom seul prononcé faisait venir l'eau à la bouche des gourmets. Écoutez plutôt ce que dit avec candeur, mais avec conviction, Abraham du Pradel, dans son livre *Commode des adresses*, l'*Almanach Bottin* de ce temps-là (1690) :

« M. Fagnault, écuyer de cuisine de monseigneur le Prince, en fait de très-excellente qu'il vend à personnes de connaissance.

» Ainsi en est-il du sieur Flechmer, rue Saint-Antoine au coin Saint-Paul. Celuy-ci fait un grand débit de fines brioches que les dames prennent chez luy en allant au cours de Vincennes.

» Le sieur Mignot, rue de la Harpe, n'a pas seulement beaucoup de réputation pour la pâtisserie, mais encore pour toute espèce de ragoûts, étant pâtissier traiteur. »

Pourquoi l'*annonce grand format*, la *réclame omnibus*, n'étaient-elles pas inventées alors? Elles auraient eu beau jeu avec M. Fagnault, l'*écuyer de cuisine*, avec les *fines brioches* du sieur Flechmer, et les sauces du sieur Mignot.

Entre tous ces illustres *pastissiers* ou *pastisseurs*, comme on disait alors, brillait le grand Ragueneau. Sa boutique, placée dans la rue Saint-Honoré, entre la rue de l'Arbre-Sec et le Palais-Royal, était achalandée de poëtes, de comédiens et d'ivrognes, par le double voisinage de la Comédie française et de *la Croix du Trahoir*, où, comme vous savez, se vendaient en détail les vins muscats et des Canaries. Mais de ces deux clientèles, celle que Ragueneau préférait, c'était celle des poëtes et des comédiens. Ils payaient mal, c'est vrai, mais ils parlaient si bien ! Au bout d'un long crédit, on n'obtenait le plus souvent des gens de théâtre qu'un misérable billet de faveur pour aller applaudir Molière ou Mandory; les poëtes, de leur côté, n'apportaient le plus ordinairement comme à-compte que l'indigeste collection de leurs œuvres complètes pour envelopper les gâteaux et les brioches. Mais Ragueneau aimait ces sortes de payements poétiques. A force même d'en recevoir de pareils, à force de fréquenter le théâtre et de dépecer dans sa boutique les œuvres de ses illustres pratiques, le goût des vers le prit, lui aussi il se mit à rimer. On ne le trouva plus que rêvassant dans son comptoir, se grattant le front, comptant ses hémistiches sur ses doigts; enfin pétrissant un sonnet en même temps qu'un godiveau, et donnant chaque jour par fournée les quatrains, les sixains, les madrigaux, comme les petits pâtés : seulement les petits pâtés étaient excellents, et les vers détestables. Les poëtes ses pratiques, à qui il faisait savourer ses doubles productions, et qui riaient des unes en croquant les autres, ne s'en amusèrent que mieux. Charles Beys, le comédien poëte, que Ragueneau avait pris surtout pour confident de sa muse, et qui cultivait précieusement sa manie comme un inépuisable fonds de bonnes mangeailles et de bonnes plaisanteries, le tout gratis, Charles Beys engoua plus que personne le pauvre sot de son propre mérite.

« — Vous êtes Apollon fait pâtissier, lui disait-il.

» — Ah! monsieur...

» — Que je sois pendu si je mens! Vous êtes un homme unique. Je connais dans la rue Grenelle-Saint-Honoré un certain Quinault, fils de boulanger, qui veut faire comme vous, et qui est déjà une assez bonne pâte de rimeur; il tourne fort bien, ma foi, le vers d'opéra; il a à lui, comme dit Furetière, quatre ou cinq cents mots bien dorés et bien saupoudrés qu'il blute, qu'il sasse et qu'il ressasse, et qu'il pétrit le mieux du monde... Mais, vrai Dieu! ce n'est rien auprès de vous; son mérite ne vous va pas à la cheville.

» — Pourtant!...

» — Non, par ma foi! Tenez, mons Ragueneau, vous êtes pour les gens de pâte ce qu'Adam Billault, le menuisier de Nevers, est pour les gens de rabot et de varlope... Ah! ne vous en défendez pas, vous le valez... »

Et Ragueneau faisait alors une petite moue modeste, la plus drôle du monde; et Beys, pour s'empêcher d'en rire, avalait d'une bouchée le plus beau gâteau pris dans la plus belle assiette.

« — Tenez, continuait-il en faisant claquer sa langue, si j'étais que de vous, j'enverrais un cartel à ce menuisier rimeur.

» — Un cartel!

» — Un cartel poétique, cela s'entend, pour montrer un peu son béjaune à ce faiseur de coffres.

» — Il est bien illustre, monsieur Beys!

» — Vous méritez de l'être plus que lui; vous êtes trop modeste, mon brave Ragueneau, mais, que diable, il faut concilier sa modestie avec son mérite. Laissez-moi faire, je vais écrire en votre nom, et de bonne encre, un sonnet à maître Adam, où je lui ferai savoir... tout en le flattant.

» — A la bonne heure.

» — Qu'il n'est pas seul poëte entre les artisans, et qu'enfin s'il est du bois dont on fait les rimeurs, vous êtes, vous, mon brave pâtissier, vous êtes de ceux pour qui chauffe le four d'Apollon. »

Le lendemain, Beys revint de bonne heure à la boutique de Ragueneau, et après avoir embauffré deux ou trois brioches et autant de darioles pour se parfumer la bouche, voici ce qu'il lut au pâtissier épanoui :

*A maistre Adam le menuisier, pour Ragueneau le pastissier.*

SONNET.

Je croyois estre seul entre les artisans
Qui fust favorisé des dons de Calliope ;
Mais je me range, Adam, parmi tes partisans,
Et veux que mon rouleau le cède à ta varlope.

Je commence à connoître, après plus de dix ans,
Que dessous moi Pégase est un cheval qui choppe.
Je vais donc mettre en paste et perdrix et faisans,
Et contre mon fourgon me noircir en cyclope.

Puisque c'est ton métier de fréquenter la cour,
Donne-moi tes outils pour échauffer mon four ;
Je te laisse Hippocrène, et n'en veux boire goutte.

Tu souffriras pourtant que je me flatte un peu :
Avecque plus de bruit tu travailles sans doute,
Mais pour moi je travaille avecque plus de feu.

Ce sonnet était une flatterie à double tranchant, et Beys l'avait plutôt fait à l'intention d'Adam Billault, son ami, qu'à celle de Ragueneau, qui n'était que son plastron ; mais il sut le lire et le commenter de sorte que le faiseur de brioches le prit du premier jusqu'au dernier vers pour l'apologie de ses rimes. En récompense il laissa le comédien gourmand s'indigérer deux mois durant sans cesse ni relâche avec les plus fines friandises de sa boutique. A ce train-là Ragueneau pouvait bien devenir fameux, même ridicule, mais riche point du tout. Son étalage se dégarnissait gratis, et sa bourse ne s'emplissait pas. Bien plus, grâce aux distractions poétiques, il arrivait souvent que Ragueneau salait trop ses sauces, pétrissait mal sa pâte, ou chauffait trop son four. Ses bonnes pratiques le quittèrent, et un jour il se trouva tout seul dans sa boutique entre deux godiveaux tout brûlés par dehors et les deux tiroirs de son comptoir béants et vides, face à face avec un sonnet ébauché et une brioche rancie. Il était ruiné. Cette solitude de sa maison, si pleine jadis de flatteurs, vous l'apprend de reste ; les amis étaient partis, les recors arrivèrent. On le coiffa du bonnet vert comme banqueroutier, et on le jeta en prison ; il n'en sortit qu'au bout d'un an. Que fit-il alors? D'Assoucy, qui avait été de ses amis, va vous l'apprendre par quelques lignes dures et moqueuses de ses burlesques *aventures*. « Il voulut publier ses vers, mais il ne trouva dans Paris aucun poëte qui le voulût nourrir à son tour, et aucun pâtissier qui, sur un de ses sonnets, voulût lui faire crédit seulement d'un pâté. Il sortit donc de Paris avec sa femme et ses enfants, lui cinquième, en comptant un petit âne tout chargé de ses œuvres pour aller chercher fortune en Languedoc, où il fut reçu dans une troupe de comédiens qui avaient besoin d'un homme pour faire un personnage de suisse, où, quoique son rôle fût tout au plus de quatre vers, il s'en acquitta si bien qu'en moins d'un an il acquit la réputation du plus mauvais comédien du monde; de sorte que les comédiens, ne sachant à quoi l'employer, le voulurent faire moucheur de chandelles, mais il ne voulut point accepter cette condition, comme répugnante à l'honneur et à la qualité de poëte. Depuis, ne pouvant résister à la force de ses destins, je l'ai vu avec une autre troupe, mouchant les chandelles fort proprement. Voilà le destin des fous quand ils se font poëtes, et des poëtes quand ils deviennent fous. »

Et c'est ainsi que Ragueneau le pâtissier vieillit et mourut moucheur de chandelles.

En vous faisant, sur les pâtissiers et les rôtisseurs de Paris, cette longue digression, nous ne nous sommes pas autant écartés de notre sujet qu'on le pourrait croire. Il n'y avait pas un seul de ces faiseurs de mangeaille qui ne fût quelque peu cabaretier, et même cabaretier de la plus mauvaise espèce, c'est-à-dire entremetteur d'intrigues galantes, recéleur de scandales.

L'arrière-boutique de ces *fricotteurs* était toujours quelque petit réduit bien sombre tout disposé pour le mystère et le tête-à-tête, enfin un vrai *cabinet particulier*, moins le sofa, qui alors n'était point inventé. Une petite porte donnant sur une ruelle étroite et sombre conduisait à la mystérieuse chambrette. La femme novice en fait de débauche et timorée encore dans le vice ne manquait point de passer par cette entrée discrète, mais celle chez qui une longue habitude a fait taire tout scrupule et tout remords, qui marche hardiment et le front haut dans le désordre, celle-là dédaignait la porte clandestine. Narguant toute pudeur, elle entrait bravement chez le pâtissier par la porte commune. Cette sorte d'intrépidité dans le vice passait, aux yeux du peuple, pour le signe le plus flagrant de l'impudence et du dévergondage, aussi en fit-il un de ses plus énergiques proverbes. Quand il voulut flétrir de son mépris toute femme sans pudeur et faite depuis longtemps à braver tout respect humain, il dit :

*Elle a honte bue, elle a passé par devant l'huis du* PATISSIER.

Dans ce proverbe du peuple, la satire n'était pas toute pour la femme éhontée, le pâtissier complice de ses désordres y devait prendre sa bonne part du blâme; la malice populaire l'avait voulu ainsi, contente de piquer de cette manière un nouveau lardon sur le dur épiderme de ces empoisonneurs patentés. Et Dieu sait si ce n'était pas là une bien juste revanche! Dieu sait de combien de tromperies, de combien de mauvais repas le pauvre peuple se vengeait par ce simple quolibet! Les duperies des pâtissiers et des rôtisseurs étaient si nombreuses, déjà si flagrantes, si grossières, que la police d'alors, qui certes n'avait pas ses cent yeux d'aujourd'hui et qui même était presque myope, les avait pourtant appréciées toutes et condamnées dans ses ordonnances.

Défense était faite aux traiteurs et rôtisseurs d'*écréter* les vieux coqs et de les faire ainsi passer pour des chapons; ordre leur était donné de couper les extrémités des oreilles aux lapins clapiers, pour qu'on ne les confondît pas avec les lapins de garenne, et de couper la gorge aux canards barboteux, afin qu'on les distinguât bien des canards sauvages. Ils devaient aussi vendre toujours des lapins avec leurs têtes, « à l'effet, dit l'ordonnance, d'empêcher qu'ils ne vendissent des chats pour des lapins. » S'il arrivait que, malgré l'édit royal, un rôtisseur donnait un chat pour un lapin, certaine sentence du parlement, confirmée par un arrêt de 1631, le condamnait, en guise d'amende honorable, à se rendre sur le bord de la Seine en plein jour et en public, d'y jeter ses chats écorchés et décapités, et de crier à haute voix comme *meâ culpâ :* « Braves gens, il n'a pas tenu à moi et à mes sauces perfides que les matous que voici ne fûssent pris pour de bons lapins. »

Mais c'est trop parler de ces tromperies de rôtisseurs, de ces gibelottes de gargotiers. « Ne réveillons pas le chat qui dort, » comme disait Flicotteaux l'autre jour en pareille rencontre. Parlons de plus nobles cabarets, disons comment ailleurs on entendait grandement l'art des petits scandales et des somptueux repas, le mystère des *cabinets particuliers*, et la science de duper la riche pratique.

C'est aux environs de Paris, à Bagnolet, et surtout à Saint-Cloud, qu'étaient les rendez-vous de noble débauche. Là, sous prétexte de promenades permises, il y avait toujours des occasions d'amours défendues et d'orgies illicites; aussi Saint-Cloud, comme plus tard le moulin de Javelle, fut bientôt un lieu honni des vrais amants, des maris jaloux et des sages. « Si je devine bien, écrit Sarrazin à M. Arnaud, le mot d'aventure et le lieu de Saint-Clou (*sic*) vous feront d'abord songer à quelque chose d'étrange, etc. »

Que de jalousies éveillées, que de brouilles amoureuses, que de liaisons rompues, que de ménages en désarroi pour une simple promenade à Saint-Cloud et à Bagnolet, faite par l'amant ou l'amante, par l'époux ou par l'épouse, clandestinement et à l'insu de l'autre, partant en mauvaise compagnie! *Je ne saurais,* dit Charleval à une coquette,

> Je ne saurais vous pardonner
> Le régal qu'à Saint-Clou Paul vient de vous donner;
> C'est le plus dégoûtant de tous les esprits fades.
> Vous aimez trop les promenades,
> Iris, allez vous promener.

Furetière va plus loin; écoutez un peu comment, dans son *Voyage de Mercure,* il stigmatise vertement ces hantises dans ces lieux perdus, gouffres hideux où s'abîment les bonnes renommées, où viennent sombrer l'honneur et la paix des bons ménages :

— Un mari passe pour infâme
D'aller aux lieux où va sa femme,
Et dès là se nomme jaloux,
Quand il lui dit : D'où venez-vous?
Aussi, sans scrupule et sans honte,
Sans congé, ni sans rendre compte,
Elles vont de nuit et de jour,
Avec des plumets de la cour,
En des bals, en des promenades,
Où se dressent des embuscades
Si puissantes contre l'honneur,
Qu'il n'en revient que par bonheur.
C'est par ces licences publiques
Que Mercure perd ses pratiques.
Car dès qu'on fit ces rendez-vous,
Ces Bagnolet et ces Saints-Clouds,
Qu'on fit des courses, des voyages,
Des vœux et des pèlerinages,
Et qu'on inventa les cadeaux,
Adieu l'état de maq......!

Le même Furetière dit encore dans son *Roman bourgeois :* « Les promenades furent fréquentes à Saint-Cloud, à Meudon, à Vaugirard, qui sont, comme parlent les bonnes gens, les grands chemins par où l'honneur bourgeois va droit à Versailles. »

Saint-Cloud, comme vous pensez bien d'après cela, n'était tout entier qu'un village de plaisance rempli de l'un à l'autre bout de petites maisons bien mystérieuses et bien ombragées, sortes de charmants réduits moitié guinguette, moitié villa, et qu'en ce temps, en style bourgeois, on appelait *maisons de bouteille.* Auprès s'épandaient, sous un dôme de treilles enlacées, avec leur ceinture de bosquets verdoyants, les larges et grasses tavernes où venaient se nouer, dans une orgie, les amours mystérieusement soupirés à Paris. Plus de contrainte : ce qui n'était là-bas qu'une demi-liberté devient ici de la licence; toute passion enchaînée, et qui là-bas se permettait à peine les soupirs, s'émancipe et éclate ici en rires gaillards et en folles chansons.

Le cabaret que préféraient les gentilshommes à Saint-Cloud était celui de la Duryer. Cette femme, il faut le dire, avait bien mérité de la noblesse, tant par ses services présents que par ses services passés. Il y avait même telle action de sa vie qui lui valait l'estime des plus austères gentilshommes, l'admiration sincère des puritains de la cour et de la province. Plus d'un, à qui la sévérité de ses mœurs défendait l'approche de ce cabaret mal famé, aurait volontiers pressé la main de la cabaretière, et la voyant passer, aurait respectueusement ôté son feutre en murmurant le nom de Saint-Preuil.

Saint-Preuil donc, puisque son nom prononcé nous oblige à vous dire toute l'histoire, avait pris la Duryer toute jeune fille, arrivant de son pays, Mons en Hainaut, et en avait fait une vivandière. C'était un maigre office qui certes n'exigeait pas grande reconnaissance : la Duryer pourtant en eut une éternelle pour Saint-Preuil. De ce jour elle fut toute à lui, corps, âme et bourse. Il était dépensier, elle fut ménagère, et toutes ses économies furent pour lui; il était emporté, brutal, elle fut douce et passive. Quand elle n'avait pas d'argent à lui donner, elle se laissait battre sans mot dire, et encore après lui demandait pardon.

Quand il fut fait maréchal de camp et gouverneur d'Arras, n'ayant plus de raison pour être sa vivandière et rester à son service, elle le quitta et vint s'établir à Saint-Cloud. Là elle fonda une auberge dont sa bonne mine fut l'enseigne, et dont ses façons franches et accortes firent la fortune. Afin d'avoir pour la servir quelqu'un dont le zèle, le désintéressement et la fidélité lui fussent assurés à tout jamais et sans grands frais, elle s'attacha un pauvre homme dont elle fit du même coup son factotum et son mari. Voilà ce qui s'appelle entendre l'économie des affaires; aussi les siennes furent-elles bientôt des plus florissantes.

En 1641, elle avait déjà le plus beau cabaret des environs de Paris à trente lieues à la ronde, de grandes salles bien garnies de bancs, de tables de chêne, et de hauts buffets chargés d'une brillante vaisselle, puis de nombreuses chambres meublées attendant les hôtes avec leurs larges lits aux blanches courtines; et encore cette taverne modèle ne devait-elle pas s'en tenir là : dix ans après elle n'était plus reconnaissable, tant elle s'était agrandie et accrue par les soins et les dépenses de la Duryer. En 1652, selon Tallemant des Réaux, elle avait, l'habile hôtesse, fait percer jusqu'à trois ou quatre maisons, « dans lesquelles il n'y avait pas moins de quatre-vingts chambres meublées et *fort propres.* »

Comme elle était ainsi en passe de fortune, en pleine année 1641, une pénible nouvelle vint troubler le bonheur de la Duryer. Elle apprit que Saint-Preuil, son ancien protecteur, l'homme qu'elle avait si longtemps suivi et qu'elle vénérait toujours malgré ses brutalités, s'était jeté dans d'imprudentes haines contre le cardinal, avait pris parti pour Cinq-Mars, de Thou et leurs complices, puis, qu'en fin de conspiration, il avait été arrêté comme eux et conduit à Amiens, où il allait payer ses témérités de sa tête.

A cette nouvelle fatale, rien ne put retenir la Duryer; elle ferma son cabaret et partit pour Amiens. Quand elle arriva, tout le peuple était déjà sur la grande place, attendant sa victime et hurlant contre les bourreaux, trop lents à lui jeter sa tête.

La pauvre hôtesse se laissa aller au flot de la foule, qui la porta haletante et brisée jusqu'au pied de l'échafaud. Quand elle leva les yeux, elle vit Saint-Preuil debout près de la hache, pâle, mais l'œil fier encore; il avait le cou découvert, les mains liées derrière le dos, et le pied droit appuyé sur le billot saignant : lui aussi semblait attendre. Elle voulut l'appeler, elle se leva sur la pointe des pieds, et en agitant ses bras, fit mille efforts pour être aperçue de lui; ce fut peine inutile, le bruit de la foule couvrit sa voix, et Saint-Preuil, absorbé dans une rêverie suprême, ne put apercevoir ses gestes.

A un mouvement que fit le bourreau pour se rapprocher de la hache, Saint-Preuil se recula, et elle ne le vit plus, mais tout à coup il y eut un immense mouvement dans la foule, un grand cri sortit de toutes les poitrines; en même temps il se fit sur l'échafaud un grand bruit de pas, puis elle entendit quelque chose de pesant qui tombait et rebondissait sur le plancher : elle regarda tout effrayée, et elle vit une pluie de sang qui ruisselait à travers les ais mal joints, et qui, en jaillissant, faisait une mare rouge sur le pavé... Tout était fini.

La Duryer chancela un instant, comme frappée d'un vertige, sous le coup de sa douleur et de son effroi; mais, reprenant soudain tout son courage, elle se précipita aux marches de l'échafaud, et les monta d'un seul élan. Arrivée sur le sanglant plancher, elle se trouva face à face avec le bourreau.

Il venait de placer dans un grand panier le corps et la tête du supplicié, et il enlevait de terre ce lourd et horrible fardeau pour en charger les épaules d'un de ses valets. Aux efforts qu'il faisait, aux secousses qu'il donnait, le couvercle du panier s'ouvrit, et la tête du mort, s'en échappant avec un flot de sang caillé, vint bondir aux pieds de la Duryer. Elle ne frémit point, ne recula pas d'un pas, l'heure de l'épouvante était passée; elle se baissa vers la tête ensanglantée, et, bien sûre que le bourreau ne la regardait pas, elle la prit par les cheveux, la mit dans son tablier, et s'étant glissée furtivement jusqu'au bas de l'échafaud, elle s'enfuit à travers les rues sombres.

Elle ne retourna à Saint-Cloud qu'après avoir fait embaumer la tête de Saint-Preuil, et lui avoir fait préparer à ses frais une magnifique sépulture.

Cette action de la Duryer fut connue, malgré le soin qu'elle mit à la cacher; on en fit même grand bruit à sa louange dans Paris et dans la province, à la cour et à la ville. Les chroniqueurs s'en emparèrent, et le nom de la courageuse hôtesse fut ainsi acquis à l'histoire. Voici ce qu'on lit dans le *Journal du cardinal de Richelieu,* au sujet de l'exécution de Saint-Preuil. Nous transcrirons ce passage, parce qu'il diffère en plusieurs détails du récit que nous avons fait nous-mêmes d'après des Réaux :

« Une femme de Paris, qu'on dit avoir été autrefois son hôtesse, monta sur l'échafaud avec un drap mortuaire, dans lequel elle mit le corps et la tête, mais comme on allait dévaler ledit corps, la tête étant tombée sur l'échafaud, elle la prit et la mit en sa robe, et étant descendue, elle la mit dans ledit drap avec le corps qu'on mettait dans un carrosse. »

La Duryer, revenue dans son cabaret de Saint-Cloud, y trouva, pour se consoler de cette effroyable journée, le rire, la folle ivresse, et les folles chansons; mais c'est moins dans la joie insoucieuse que dans la pratique d'une noble bienfaisance qu'elle en chercha l'oubli. Elle mit tout son zèle et toute sa fortune à secourir les pauvres gens, dans quelque condition qu'elle les trouvât : chez le peuple, dans la bourgeoisie, et même dans la noblesse, où se trouvaient déjà bon nombre de nécessiteux.

Un certain baron des Essarts venait depuis longtemps chez elle, mangeait bien, buvait fort, et ne payait jamais, mais c'était par pauvreté, non par aucun mauvais vouloir de débiteur. Pourquoi sa bourse n'était-elle pas en proportion égale d'ampleur et de rotondité avec sa panse? La bonne hôtesse le lui pardonnait.

Il est pauvre, disait-elle, sa famille est nombreuse; bien loin de pouvoir soutenir noblesse, à peine s'il peut vivre, laissons-le boire; et jamais elle ne lui parlait de ses écots arriérés.

Une fois pourtant elle le prit à part, et pendant que le baron, croyant à une algarade de créancière, se rengorgeait fièrement dans sa dignité et dans sa noblesse, elle lui dit en rougissant presque :

— Vous avez beaucoup d'enfants, monsieur le baron, et si grosse famille est une charge pour vous, moi je n'ai ni fils ni fille, le bon Dieu nous a tenu rigueur et ne nous a pas envoyé un seul enfant : eh bien, accommodons-nous ensemble, compensons ma disette par votre opulence. Donnez-moi l'un des vôtres, votre cadet, par exemple, je vous promets de le bien élever, de le bien nourrir, de le bien vêtir. Vous êtes noble, moi je suis riche, et vous étant son père, moi me faisant sa fournisseuse et son intendante, nous le mettrons à nous deux sur le pied d'un fort bon gentilhomme.

Le baron fut tout étourdi de l'offre, mais elle était si gracieusement faite, il savait d'ailleurs la Duryer si bonne, si sincèrement bienfaisante, et en même temps si peu vaine de ses dons, qu'il accepta; il lui confia son second fils.

Les soins que la Duryer prit de cet enfant sont incroyables. Pour lui, rien n'était trop magnifique. « Elle le faisait élever comme un grand seigneur, dit Tallemant des Réaux, qui nous a révélé toutes ces histoires; il était vêtu de toile d'argent si pesante qu'il ne pouvait porter sa robe. Elle le voulait faire son héritier. »

Et ce n'est pas là son seul bienfait. « Elle nourrissait aussi, dit des Réaux, une pauvre femme avec trois enfants. »

Elle était pour tout le monde bonne et libérale jusqu'à la prodigalité; elle donnait aux nobles eux-mêmes des leçons de générosité et de largesse.

Un jour ayant ouï dire qu'un gentilhomme, après un duel où il s'était bravement conduit, était resté fort blessé près du pont de Saint-Cloud, elle courut près de lui, le fit emporter par ses gens, ordonna qu'on le traitât bien, et quand à force de soins il eut été guéri, elle lui donna cinquante pistoles pour se retirer chez lui. Peu de temps après, cet homme revint apportant une bourse de quatre cents pistoles.

— Tenez, madame, dit-il à la Duryer, prenez, et si ce n'est pas assez, je reviendrai bientôt avec plus forte somme.

— Vous moquez-vous? reprit-elle, reprenez vite vos pistoles, et venez dîner.

L'autre fit résistance et refusa de reprendre sa bourse, la Duryer l'y força bien. Quand elle y eut réussi :

— Çà, dit-elle, puisque vous voulez me payer, donnez-moi deux pistoles.

Elle les prit et les jeta à ses gens en disant :

— Tenez, voilà ce que monsieur vous donne.

D'autres fois c'étaient les gendarmes royaux qui faisaient chez elle grosse dépense, dont elle ne leur faisait payer que la moitié.

— Eh! vertubleu, disait-elle à ces braves gens ébahis, ce n'est pas avec vous autres que je prétends m'enrichir.

C'étaient encore, et cela pendant les troubles, les gens du conseil qui envoyaient loger chez elle leurs valets et leurs chevaux, et qu'elle laissait partir sans vouloir s'en faire payer; mais cette fois-là M. de Tubeuf sut bien la contraindre de recevoir une ordonnance de cent écus au lieu de quarante qu'on devait.

Cette femme-là, nous ne le répéterons jamais assez, avait un art merveilleux pour faire tout ensemble la réputation de son bon cœur et la fortune de sa maison. Les envieux disaient qu'elle avait un sortilége, un charme, une *main de gorre,* comme ce chandelier de la Rochelle dont on sait l'aventure avec Henri IV; la vérité est qu'elle avait de l'activité, du tact et du cœur. Elle sut si bien faire que les grandes dames elles-mêmes, je dis les mieux famées, n'eurent point peur de venir chez elle. Où il y avait tant de bonté, tant de délicatesse d'âme, il devait toujours rester quelque pudeur..., et puis il en fallait si peu, même pour les plus honnêtes femmes de ce temps-là !

Afin de les apprivoiser mieux, la Duryer acheta, tout près de son cabaret, un beau jardin bien frais, bien ombragé, dont l'entrée, défendue à toute mauvaise compagnie, n'était ouverte qu'à ces visiteuses de bonne maison. On y faisait de jolis dîners sur l'herbe avec les plats les plus fins, les vins les mieux choisis qu'on apportait du cabaret.

Les poëtes avaient aussi leur libre entrée dans cette Paphos de la Duryer, et ils s'y complurent si bien que les jardins de Gondi, qui étaient tout près et dont ils avaient fait jusque-là leur plus chère solitude, en furent presque abandonnés. Pour que la Muse parvînt à les y ramener, il fallut qu'elle les accablât de bien vives caresses et leur envoyât de bien pressantes inspirations. Sarrazin, du moins, semble s'être bien fait prier par elle le jour qu'il composa, dans les jardins de

Gondi, sa fameuse *Ode à Calliope.* Un dîner l'attendait chez la Duryer, et quelque vive qu'elle fût, son inspiration cédait déjà devant la convoitise du ventre, quand la pauvre Muse, faisant appel à toutes ses flatteries, à toute son éloquence, réussit à le convaincre qu'un bon poëme à faire vaut mieux qu'un bon dîner à digérer. Il fit donc en tête-à-tête de sa Muse un repas très-poétique, mais encore plus maigre. « Voicy, lui avait-elle dit, de l'eau et des fruits, et nous ne ferons pas plus mauvaise chère aujourd'hui qu'on la faisait au bienheureux siècle dont les poëtes font tant de bruit. Nous trouverons même sous ces couches et sur ces treilles des melons et des muscats plus délicats que le miel des chênes et le lait des rivières, et je quitteray pour vous la table des dieux si vous quittez pour moi celle de la Duryer. »

Du reste, Sarrazin se trouva bien de cette abstinence : une lourde digestion eût porté malheur à sa verve; mal repu au contraire, libre d'estomac et d'esprit, il écrivit tout d'un élan cette sorte de dithyrambe au vainqueur de Sens qui est resté sa meilleure œuvre lyrique.

Gaston d'Orléans, le frère de Louis XIII, vint bien souvent lui-même faire de royales orgies dans le cabaret de Saint-Cloud, en compagnie de ses fidèles Puylaurens, Chalais, Bautru, Bassompierre. C'est de là qu'ivre lui-même il vint, avec sa bande plus ivre encore, faire chez la Neveu cette crapuleuse débauche tant racontée depuis Sandras de Courtilz. Enfin, c'est sans nul doute aussi chez la Duryer que Gaston prit un goût si vif pour la taverne et pour cette chanson qui en retrace les béatitudes.

Motin l'avait faite pour les ivrognes de la place Maubert et des faubourgs, et il se trouva, par la force des mœurs de ce temps crapuleux, que ce fut à un prince du sang qu'il plut et qu'il convint le mieux de la chanter.

Que j'aime en tout temps la taverne!
Que librement je m'y gouverne!
Elle n'a rien d'égal à soi;
J'y vois tout ce que je demande,
Et les torchons y sont pour moi
De fine toile de Hollande.

Pendant que le chaud nous outrage,
On ne trouve point de bocage
Agréable et frais comme elle est;
Et quand la froidure m'y mène,
Un malheureux fagot m'y plaît
Plus que tout le bois de Vincenne.

J'y trouve à souhait toutes choses;
Les chardons m'y semblent des roses,
Et les tripes des ortolans;
On n'y combat jamais qu'au verre.
Les cabarets et les brelans
Sont les paradis de la terre.

C'est Bacchus que nous devons suivre :
Le nectar dont il nous enivre
A quelque chose de divin,
Et quiconque a cette louange
D'être homme sans boire du vin,
S'il en buvait, serait un ange.

Le vin me rit, je le caresse ;
C'est lui qui bannit ma tristesse,
Et réveille tous mes esprits.
Nous nous aimons de même sorte :
Je le prends, après j'en suis pris ;
Je le porte, et puis il m'emporte.

Quand j'ai mis quatre dessus pinte,
Je suis gai, l'oreille me tinte,
Je recule au lieu d'avancer ;
Avec le premier je me frotte,
Et je fais, sans savoir danser,
De beaux entrechats dans la crotte.

Pour moi, jusqu'à ce que je meure,
Je veux que le vin blanc demeure
Avec le clairet dans mon corps.
Pourvu que la paix les assemble,
Car je les jetterai dehors,
S'ils ne s'accordent bien ensemble.

Un repas chez la Duryer était un événement dans la vie de tout bon viveur de ce temps-là ; savoir ce qu'on y avait défoncé de tonneaux, étranglé de poulardes, mis de vertus rebelles à bout et moissonné d'appas était la grande affaire des nouvellistes. « Si j'étais curieux, écrit Furetière, ce serait d'apprendre combien, un tel jour, on a mangé de dindons à Saint-Cloud, chez la Duryer ; combien de plats de petits pois ou de fraises, etc.... » Mais aussi, dans toute la banlieue de Paris, il n'y avait guère que cette taverne dont on s'enquît si curieusement ; les autres n'étaient guère regardées que comme des repaires de libertins sans noblesse, d'ivrognes sans qualité, d'orgies crapuleuses dont le nom seul prononcé donnait la nausée aux commensaux raffinés de la Duryer. Il y avait bien encore *le Petit Maure*, à Vaugirard, *l'Épée royale*, à Passy, et les nombreux cabarets de Sceaux, mais qu'était-ce, grand Dieu, auprès de la taverne de Saint-Cloud ? Ce qu'une bouteille de suresne est auprès d'un flacon de malvoisie. Vainement ces petits cabarets voulaient se hausser jusqu'à sa renommée par de grands frais de tables neuves, de bancs de chêne, de brocs d'étain luisants, de pampres et de feuillages bien badigeonnés et serpentant autour des portes et des fenêtres, de larges gravures hautes en couleur représentant les quatre saisons clouées aux parois ; tout cela ne servait de rien, c'était une vaine dépense d'enseigne et de *printemps d'hôtellerie*, comme eût dit Ninon : la taverne de la Duryer restait sans rivale.

Alors les taverniers de Sceaux firent un dernier effort pour se mettre en haut renom.

Un pauvre poëte besoigneux et râpé, à bout de verve et d'argent, dont l'habit et l'esprit montraient la corde, avait fait chez eux bon nombre d'écots sans en payer aucun. C'était une dette déplorable, désespérée, ils se l'avouaient, s'en rongeaient les ongles, et ne savaient que faire. Enfin, un jour, le plus fin d'entre eux se surprit à avoir une idée, il courut la conter aux autres, qui l'écoutèrent ébahis et l'applaudirent émerveillés, en répétant : « C'est mieux que de l'argent comptant. »

Le lendemain, il se mit de bonne heure sur le seuil de sa porte, attendant le rimeur au pourpoint troué, qui ne tarda pas à paraître.

« — Il est temps, lui dit-il en le happant au collet, qui, trop mûr, faillit lui rester dans la main, il est temps que ça finisse.

» — Quoi, dit l'autre, le tonneau que nous avons mis en perce hier?.... De grand cœur.

» — Non, le crédit que nous vous faisons tous : à tout il faut une fin.

» — C'est vrai, surtout à une bouteille qu'on laisse toujours trop longtemps pleine.

» — Trêve de sornettes, il faut payer...

» — Volontiers, si j'avais de l'argent.

» — Avez-vous de l'esprit?

» — Parbleu, dit le rimeur, qui, à cette parole de doute, enfonça son feutre et se campa bravement le poing sur la hanche.

» — Eh bien, c'est ce qu'il nous faut.

» — Parlez donc, je suis en fonds, vous êtes payé...

» — Il nous faut une chanson.

» — Allez préparer votre quittance.

» — Une chanson qui nous vante, qui célèbre nos vins et nous mette à tout jamais en honneur.

» — C'est dit... Faites qu'on m'apporte un broc plein, et je rimerai de source, je parlerai d'abondance. »

Le broc fut servi, le rimeur s'enivra, et la chanson fut faite. Puisée ainsi au fond d'une ivresse, était-elle bonne? Non. C'est qu'alors le vin ne valait rien. On la fit chanter par tous les vielleurs, chanter à pleine voix et à pleins verres dans tous les cabarets, on la fit publier dans tous les recueils bachiques; ce fut peine perdue, bruit inutile, efforts infructueux, les cabarets de Sceaux n'en devinrent pas plus célèbres et mieux hantés. Était-ce justice? Jugez-en, voici la chanson :

A Ceaux (*sic*) on fait de bons repas (*bis*) :
Quoi, buveurs, vous n'y courez pas?

A pied, à cheval, en carrosse,
On y fait tous les jours la nopce;
Ses verres sont de grands vaisseaux,
C'est pourquoy l'on la nomme Ceaulx.

Enfans, c'est icy le séjour
De ces gros messieurs de la cour,
Qui souvent tiennent table ouverte,
Et toujours de bons mets couverte :
On en vient saoul comme pourceaux.
Buvons et chantons vive Ceaulx!

Ce lieu est l'un des plus charmants,
Et les beuveurs et les amants
N'en ont point de plus délectable;
On y met tous les jours la table,
Et l'on y boit le vin à seaux,
Sans aucun mélange des eaux.

Bacchus chérit tant ce climat,
Pour montrer qu'il en fait estat,
Et qu'il l'aime sur toutes choses,
A semé le chemin de roses,
De couleur de ses vins nouveaux.
Buvons et chantons vive Ceaulx!

Quand éclatait quelque guerre et que les partis ennemis, entrant par nos frontières ouvertes, pénétraient jusqu'aux environs de Paris, ces pauvres cabarets de la riante banlieue étaient les premiers menacés, les premiers envahis. Il fallait voir comme reîtres et lansquenets s'y ruaient avec bonheur et s'y ébaudissaient, car ils n'avaient pas perdu le goût des bons vins de France, depuis le temps où Fleurange nous apprend qu'on logeait exprès en des villes de vignobles ceux que nos rois avaient à leur solde.

« Brandecque, dit-il au chapitre XXXIII de ses *Mémoires*, gentilhomme allemand, et monsieur de Montmort, général desdits lansquenets, et le jeune adventureulx, vindrent en un lieu de Bourgogne qui s'appelle Coulange-la-Vineuse; et son frère, le sieur des Jamets, à Vezelay, où est une partie du corps de la Magdeleine, avecques deux mille lansquenets. Et ont une coustume en France de mettre ces lansquenets en garnis ès lieux où il y a quelques vins, car ils l'ament mieux que l'eau bouillie. »

Ce qu'on leur donnait de bon gré, et pour ainsi dire comme supplément de solde, comme vrai pourboire en nature et sur place quand ils étaient sous nos drapeaux, les reîtres se le donnaient par force quand, étant aux gages des chefs allemands, ils se trouvaient chez nous en pays ennemi.

C'était dans les vignes un saccagement, dans les tavernes un pillage à faire verser par chaque bon ivrogne toutes les larmes de son corps.

Les chansons bachiques de ce temps-là n'ont plus de refrains joyeux, ce ne sont que des complaintes désolées dont un exemple, pris entre beaucoup, vous fera comprendre toute la tristesse.

Pourquoy sont venus en France
Tant d'estrangers si nouveaux,
Ces beuveurs à grosse panse,
Et ces vuideurs de tonneaux,
C'est pour faire au vin la guerre.

Sauve, sauve, sauve le verre,
Sauve le vin de ces gourmans,
Suisses, reîtres et Allemands!

Avons-nous pas trop à boire,
Pour appeler l'estranger?
Car s'ils viennent jusqu'à la Loire,
Nos vins sont en grand danger,
J'en frissonne tout de crainte.

Sauve, sauve, sauve la pinte,
Sauve, etc.

Ces buveurs d'eau en sont cause,
Ce seroit bien employé :
Car ils ne font autre chose,
Que le dernier fust noyé
Dans le Rhin jusqu'aux oreilles.

Sauve, sauve, sauve les bouteilles,
Sauve, etc.

Nostre roy rempli de gloire
Renversera leurs projets,
En les empeschant de boire
Le bon vin de ses sujets.
Ils mourront s'il les attrappe.

Sauve, sauve, sauve la grappe,
Sauve, etc.

Chapelle n'a pas de plaintes moins amères; il trouve dans la venue des reîtres une source inépuisable de chagrins et de doléances, il s'indigne aussi bien contre ceux qu'on a appelés pour défendre le parti de la cour pendant la Fronde, que contre les autres qui ont été enrôlés pour la cause des princes, et qui traitent en pays conquis la ville et la banlieue de Paris. Un certain M. Carré est le confident de ses plaintes, voici ce qu'il lui écrit :

Vous saurez donc qu'ici la peste,
Et la guerre encor plus funeste,
A ravi la moitié des gens.
Je ne sais si les Allemands
Voudront bien épargner le reste.

Le Nord nous a rendu visite,
Suivi d'un nombreux exercite
De Lorrains, Croates et Goths;
Le tout pour nous mettre en repos,
Ainsi que gazette débite.

. . . . . . . . . . . . . . .

Toutes ces troupes étrangères
Font qu'on ne se promène guères.
Hélas! comment le pourrait-on,
Puisque Chaillot et Charenton
Sont à présent places frontières?

Je suis renfermé dans la ville,
En grand chagrin, sans croix ni pile;
Nous buvons mal, et, qui pis est,
Boirons longtemps mal, s'il ne plaît,
Aux gendarmes de faire Gille.

Car à Melun une grand' chaisne,
Qui tient la pauvre Seine en gêne,
Empêchant nos fameux voisins
D'amener ici leurs bons vins,
Nous réduit à ceux de Suresne.

Encore en avons-nous bien peu :
Car, sur ma foi, ce n'est pas jeu
D'en entreprendre la voiture;
Et qui le fait sans aventure
En doit belle chandelle à Dieu.

Quand les Français se trouvaient sur territoire ennemi, ils savaient bien prendre leur revanche. Ce sont les cabaretiers hollandais ou allemands qui leur payaient le pillage que reîtres et lansquenets avaient fait de leurs propres guinguettes; seulement, comme chez ces taverniers d'outre-Rhin le bon vin n'abondait pas, et qu'on n'y trouvait guère qu'une bière assez mauvaise dont nos soldats n'aimaient pas à s'affadir le cœur, ce n'est pas en nature, c'est en argent qu'aubergistes et cabaretiers devaient payer la dîme de conquête.

De sévères règlements défendaient à nos soldats ces exactions, mais ils n'en tenaient pas compte; on fut forcé d'en venir à la dernière rigueur et de porter peine de mort contre ceux qui s'en rendraient coupables. Les délits devinrent plus rares, mais il y en eut pourtant encore des exemples.

A Doegsbourg, dans les Pays-Bas, un cabaretier fut rançonné par deux gendarmes et un cadet au régiment des gardes. Ils voulurent le forcer à donner cinquante écus; il porta plainte, la chose fut prouvée, et le roi donna ordre à le Grain de faire justice. Il fallait qu'un des trois coupables fût pendu; on tira au billet pour savoir lequel subirait la peine.

Nous allons maintenant laisser Pélisson vous raconter le reste dans sa lettre du 24 juin 1672 à mademoiselle de Scudéry. « Le sort, dit-il, tomba sur le cadet aux gardes, jeune garçon sortant du collége qui a, dit-on, plus de deux cent mille francs de biens, et qui avait moins de part au mal que les deux autres. Son père a été autrefois valet de chambre du roi et s'appelle Ridel. La garnison se mit sous les armes pour assister à l'exécution dont les habitants de la ville étaient tous fâchés, et soit par cette compassion ou autrement, on fit dire au cabaretier que sa femme s'était méprise, que son argent s'était retrouvé, et d'autres choses pour justifier les prisonniers. Cependant on ne trouvait pas le roi, qui était monté à cheval et à qui il fallait demander grâce. M. d'Albret, par pure bonté, courut à toute bride jusqu'à Doegsbourg, et tira parole de le Grain qu'il différerait l'exécution jusqu'à ce qu'on eût parlé à Sa Majesté. Le roi revint, on lui parla. Il distingua bien promptement l'artifice dont on usait pour sauver le malheureux. Il dit néanmoins qu'il faisait grâce, mais que le Grain avait tort d'avoir différé, et M. d'Albret de l'avoir demandée, pour lui renvoyer à faire mourir un homme ou à le sauver, qu'il lui coûtait assez de dire une fois que quelqu'un fût pendu sans y revenir encore une seconde. Cela passa même jusqu'à ordonner qu'on dît à M. d'Albret de ne pas se présenter devant lui. Incontinent après, de peur que ces paroles n'obligeassent à faire l'exécution, nonobstant la grâce qu'il venait d'accorder, il prit un soin extrême d'envoyer un garde du corps à toute bride pour dire à le Grain qu'il faisait grâce, mais qu'on chassât et les gendarmes et le cadet, en sorte qu'il ne parussent plus à l'armée. »

On savait que les cabaretiers étaient riches, et que chez eux il y avait toujours quelque tiroir bien garni à écrémer, voilà pourquoi les pillards de l'armée couraient tout d'abord à cette proie. Qui eût pu rançonner tous ceux qui tenaient taverne à Paris eût levé une belle dîme. Pendant les temps misérables de la Fronde, ils étaient seuls à gagner leur vie dans Paris; après eux il n'y avait guère que les marchands faisant commerce de futilités et de coquetteries qui pussent se vanter de faire aussi quelque gain raisonnable.

« Le bourgeois, écrit Gui-Patin le 2 janvier 1664, est ici fort mal content des rentes supprimées, tout le monde se retranche fort, il n'y a que les vendeurs de bijoux et de galants qui gagnent, avec quelques cabaretiers; les charlatans mêmes ne font plus de fortune. »

Une preuve que le métier était bon, c'est le grand nombre de cabarets qui s'établirent à Paris sous Louis XIII et pendant la Fronde. Une mazarinade ayant pour titre *Discours facétieux et politique en vers burlesques, sur toutes les affaires du temps*, par O. D. C., Paris, Guill. Sassier, 1649, nous nomme les plus fameux, et la liste en est assez longue déjà. Nous allons la donner sans en rien dire davantage, nous retrouverons plus tard tous ces noms-là.

| | | |
|---|---|---|
| Marseille, | La Montagne, | Le Chêne vert, |
| La Pomme de pin, | La Croix de fer, | L'Aigle royal, |
| L'Écu d'argent, | La Croix blanche, | L'Écharpe blanche, |
| Saint-Martin, | Notre-Dame, | Le Soleil. |
| Le Petit voisin, | Le Chapelet, | |

Afin d'ajouter aux gains du métier, les taverniers étaient de la dernière tolérance pour les scandales de toutes sortes qui venaient s'abriter chez eux.

On a vu plus haut comment ils entendaient déjà le grand art de la prostitution déguisée, et du mauvais lieu, se cachant sous le couvert du retrait clandestin, c'est-à-dire de ce que nous appellerions *le cabinet particulier*. Ils faisaient pis encore; continuant avec les gens sans aveu une complicité qui avait été de tradition dans leur métier à toutes les époques, ils étaient, en secret, de tous les mauvais coups, de toutes les tentatives un peu hardies dans lesquelles s'aventuraient les voleurs. En 1681, la chaîne des forçats fut arrêtée près de Melun; soixante-dix-huit malfaiteurs furent délivrés et disparurent au galop sur des chevaux amenés exprès; on chercha les auteurs de ce coup de main inouï, et l'on trouva qu'un cabaretier était l'un des chefs du complot. C'est le maître de *l'Écu de Bourgogne*, dans la rue Montorgueil, qui avait commandé les chevaux nécessaires pour l'enlèvement, et qui s'était fait garant du louage. On peut lire dans la *Correspondance administrative de Louis XIV*, à la page 56 de l'introduction du tome II, des détails sur cette affaire, qui nous est une dernière preuve des connivences continuelles des taverniers et des voleurs.

On le savait si bien chez les gens de police, que ceux-ci n'étaient jamais frappés sans que les autres eussent le contre-coup de la rigueur. On le voit par maint passage des lettres de Gui Patin.

Écrivant, par exemple, en octobre 1666, que Louis XIV veut apporter de grandes améliorations dans la police de Paris, il ajoute : « Le roi a dit qu'il veut faire de Paris ce qu'Auguste fit de Rome, *lateritiam reperi, marmoream relinquo;* on viendra ensuite aux bouchers, boulangers, cabaretiers... On s'en va aussi, écrit-il un peu plus haut, donner ordre pour les voleurs de nuit, en quoi on imitera, à ce qu'on dit, la police de votre ville de Lyon; on parle aussi de *lustranda universa civitate*, de visiter toutes les maisons, d'en chasser toutes sortes de vagabonds et gens inutiles, et même le nombre superflu des garçons barbiers, chirurgiens et apothicaires. »

Quand on ne fait que les morigéner par ces règlements de stricte police, nos taverniers se tiennent coi, ils savent que l'édit le plus rigoureux laisse toujours une porte ouverte à la désobéissance des habiles gens; mais quand on s'en prend à leur bourse, c'est différent. Contre l'impôt il n'y a de ressource que la révolte, et ils y recourent.

Pendant la première moitié du XVIIe siècle, il y eut plusieurs émeutes de vignerons et de cabaretiers, par suite de contributions nouvelles mises sur le vin, mais toutes furent plus risibles qu'à craindre. L'une, qui s'appela la révolte des *Lanturlus*, et dont la banlieue de Dijon fut le théâtre, ne mérita que d'être chantée, sur le refrain moqueur qui lui avait servi de cri de guerre. Ce n'est même que comme commentaire de l'histoire de la chanson que l'histoire de la ridicule révolte nous est parvenue, blottie dans un coin du *Glossaire* de la Monnoye sur les Noëls bourguignons. Il nous dit du mot *Lanturlus* que c'était le refrain d'un fameux vaudeville « qui eut grand cours en 1629 », et il ajoute : « L'air en étant brusque et militaire, des vignerons séditieux, attroupés l'année suivante à Dijon, un jeudi au soir, 28 de février, et tout le jour du lendemain, premier de mars, furent de là nommés *Lanturlus*, parce qu'ils faisaient battre cet air sur le tambour, par la ville, pendant leur marche. Ils pillèrent plusieurs maisons, et cette sédition, quand on en parle, est encore appelée le *Lanturlus* de Dijon. »

Une échauffourée de cabaretiers qui alluma le Vivarais en 1670 n'eut pas de suites plus terribles. Si Gui Patin n'en eût parlé, nous n'en saurions rien, et lui-même, comme vous allez voir, n'en savait pas grand'chose. « Je pense, écrit-il à Lyon le 20 juin, que vous savez mieux que nous s'il est vrai d'une espèce de petite révolte que l'on dit être arrivée en Vivarais; par les marchands de vin, à cause d'un impôt qu'on vouloit mettre sur les cabarets, de huit livres par an, et dont quelques maltôtiers ont été maltraitez. »

De quel impôt est-il parlé ici? Nous ne le savons; mais parmi ceux qui furent établis alors, il ne serait pas difficile d'en trouver plusieurs qui fussent capables d'exciter à ce point la colère de nos avares taverniers. Il aurait suffi, par exemple, de l'édit qui, tendant à établir une différence entre le marchand de vin véritable et le cabaretier, imposait à celui-ci une redevance plus forte que celle due par le premier. Les receveurs des aides eurent fort à batailler quand il fallut prouver aux cabaretiers tenant table, donnant à boire et à manger, qu'ils ne devaient pas être confondus avec le marchand qui se contentait de vendre son vin à travers le trou fait à sa grille de bois, et obligé, la vente faite, de renverser son pot vidé sur le comptoir, ce qui avait fait appeler ce genre de débit en détail vente à *huis coupé* et à *pot renversé*. Le tavernier, *le traiteur*, comme on l'appelait déjà sous Louis XIII — on le voit par un passage des *Historiettes* de Tallemant, — ne pouvait, malgré les priviléges plus étendus de son métier, et ses chances de profit plus considérables, ne pouvait, dis-je, se résoudre à payer un supplément d'aide pour le droit que lui accordait l'édit. On sut bien l'y contraindre. Colbert s'explique clairement à ce sujet dans une lettre du 16 octobre 1681, qui est l'exposé le plus complet que nous ayons trouvé de toute cette affaire. Elle est écrite à M. de Mirosménil.

« J'examinerai avec soin, écrit ce ministre, le mémoire concernant la levée des droits d'ayde dans la ville de Vitry, mais je vous avoue qu'il est difficile de donner atteinte aux règlements les plus anciens et les plus authentiques des aydes sans tomber en de grands inconvénients. Ces règlements portent que les marchands de vin ne peuvent vendre en détail qu'à huis coupé et pot renversé, et les taverniers et cabaretiers peuvent vendre du vin, donner à manger ou souffrir que l'on mange dans leur maison. Or, l'exception que vous faites d'un paysan qui a un morceau de pain dans sa pochette et qui demande un demi-setier ou une chopine de vin et boit ce vin en mangeant son pain est assurément fort favorable; mais si celui qui vend son vin souffre qu'il mange cela dans sa maison ou dans sa cave, il donne sans difficulté atteinte au règlement dont les suites pourroient être difficilement empeschées, et qui tendent à confondre le marchand de vin et le cabaretier, c'est-à-dire empescher que les cabaretiers ne payent le droit tel qu'ils le doivent. Cette mesme difficulté est survenue à Paris, où enfin elle a esté accommodée par une augmentation de droits que ces marchands de vin ont consentie. »

Les ordonnances réglant la police générale étaient très-sévères pour ce qui concernait les cabarets. Tout était réglé, l'heure de leur fermeture, la façon dont on y devait vendre, le prix de chaque chose débitée, etc.

En 1629, un édit somptuaire avait défendu aux cabaretiers de prendre plus d'un écu par tête pour la dépense des *nopces et festins* faits chez eux. En 1666, dans l'édit du roi rendu pour pourvoir « à la seureté de la ville de Paris et autres villes », voici ce qui fut statué, entre autres choses : « Seront... les cabarets et lieux où se vend la bière à pot, fermés à six heures du soir au plus tard, depuis le jour et feste de Toussaint, et à neuf heures du soir depuis la feste de Paques; à peine contre lesdits cabaretiers et vendeurs de bière à pot de cent livres d'amende pour la première fois, et en cas de récidive, de deux cents livres d'amende et d'être mis au carcan. »

L'*ordonnance de Louis XIV*, pour régler la juridiction du prévôt des marchands et des échevins, a bien d'autres prescriptions encore; elle s'en prend aux détaillants, vendeurs de vin *à pot renversé*, aussi bien qu'aux taverniers-traiteurs.

Par l'article XVII du VII^e chapitre, il est fait défense aux premiers de fermer leurs caves « qu'ils n'ayent entièrement vendu leur vin. »

« Pour prévenir aussi, y est-il dit, la malice d'aucuns vendans vins en détail, qui, prévoyant la stérilité, affectent de fermer leurs caves et cessent la vente de leur vin pour cause de chèreté, défense aux taverniers de fermer leurs caves et discontinuer de vendre, jusques à ce que les vins estant en icelles aient été entièrement vendus, à peine de confiscation et d'amende arbitraire. »

L'article qui suit traite d'un point non moins important, « *ne mélanger les vins.* »

« Défenses à tous marchans, tant en gros qu'en détail, de faire mixtion de vins, comme du vin blanc avec du vermeil, soit par remplage ou autrement, à peine d'amende pour la première fois et de confiscation en cas de récidive. »

Si l'on craint les vins faux, on craint aussi les fausses mesures, c'est pourquoi, par l'article XXII du même chapitre VII, il est statué ceci : « *Débit de vins en détail sera fait dans des pots et pintes d'estain et non dans des bouteilles.* »

« Défense à tous cabaretiers et taverniers de vendre dans leurs cabarets et distribuer en tavernes aucuns vins par bouteilles ; à eux enjoint de fournir leurs dits vins dans des pots d'estain et pintes estallonnées, à peine de cent livres d'amende pour la première fois, et d'interdiction de pouvoir tenir taverne ou cabaret en cas de récidive. »

Ces prescriptions de l'édit royal, malgré leur sévérité, n'étaient rien encore auprès de celles que contenait un arrêt rendu contre les tavernes par le parlement de Rouen vers la fin du XVIe siècle. Celui-là ne tendait à rien moins qu'à la suppression complète des tavernes qui eussent été remplacées, en ce qu'elles ont d'utile pour la consommation publique, par une sorte de cabaret ambulant portant vivres et boissons à domicile. Nodier trouve là le premier germe de l'invention nouvelle de l'*omnibus-restaurant*. Il en renvoie tout l'honneur au parlement rouennais, avec cette restriction toutefois, « qu'à son insu il avait été précédé en cela par la police chinoise. »

Un petit livre imprimé et vendu à Rouen sous ce titre :

> Le discours démonstrant sans feinte
> Comme maint pion font leur plainte,
> Et les tavernes desbauchez,
> Par quoy taverniers sont faschez,

avait, avec exactitude et en mauvais langage, rendu compte de l'édit proscripteur et de ses suites, notamment de l'invention qui en était résultée ; Nodier prit ce bouquin, et pour nous faire l'historique complet de l'affaire, voici comment il l'analysa :

« Le prudent sénat de la province, dit-il, anticipa de plus de deux cents ans, par une décision hardie, sur les sages mesures des sociétés de tempérance qui viennent d'être instituées au nord de l'Amérique... Par un édit dûment enregistré et revêtu du sceau royal, le parlement de Normandie supprima les tavernes, en défendant, sous des peines graves, aux industriels qui les tenaient ouvertes à tout venant d'asseoir désormais aucun homme du lieu... La liberté de faire venir des vivres et des boissons à domicile resta entière pour tous, et les ménages s'en trouvèrent mieux. »

> Si un voisin, avec son familier,
> Se veut esbattre ainsy que de raison,
> Il est contraint de boire en sa maison,
> Et d'envoyer querir du vin au pot.
> Par ce moyen en tout temps et saison,
> Femme et enfant ont leur part à l'escot.

Le parlement fit mieux encore, il inventa un cabaret roulant qui dût aller de porte en porte colporter ses rafraîchissements. On l'appela *triballe* ou *trimballe*, du vieux mot *trimballer*, traîner, rouler, conduire après soi...

« Jusqu'alors, ajoute Nodier, le peuple était allé chercher le divertissement dans les tavernes, où il oubliait tout pour lui ; les tavernes obtinrent la permission d'aller chercher le peuple, mais sous défense expresse de s'arrêter assez longtemps pour lui faire une occupation de ses plaisirs. »

Quels sont, je le répète, les édits bénins et incomplets de Louis XIV auprès de celui-ci, qui, d'un mot, coupe le mal dans sa racine, et par une prudence trop peu imitée, sait donner en même temps une compensation de ce qu'il enlève ? Une dernière question pourtant : ces sages mesures furent-elles exécutées ? J'en doute, surtout après que les mois de la première rigueur eurent été passés. Il dut en être comme de tout édit trop sévère ou trop indulgent, comme il en fut sans doute de la grande ordonnance royale que nous analysions tout à l'heure, et à laquelle nous devons encore revenir pour quelques détails. Dans les articles dont il nous reste à parler, il s'agit des enseignes dont la police est aussi réglée. Voici ce que statuent les deux articles du chapitre VII, qui les concernent.

« ARTICLE XXIII. *Taverniers mettront enseignes et bouchons.*

» Pour donner à connoître les lieux où se vendent les vins en détail, et si les règlements y sont observez, nul ne pourra tenir taverne en cette dite ville et faubourgs sans mettre enseigne et bouchon...

» ARTICLE XXV. *Seront mis enseigne aux vins estrangers contenant le prix.*

» Seront lesdits marchands tenus de déclarer le lieu où ils voudront faire le débit et vente desdits vins, et d'avoir enseignes contenant le prix qui aura esté mis par lesdits prevost des marchands et des échevins. »

Une seule chose n'est pas réglée dans ce qui concerne les enseignes de cabaret et autres, c'est leur partie pittoresque et emblématique ; je ne parle pas de leur partie littéraire et orthographique, pour celle-là il y aurait eu trop à faire, et le Casitidès du *Fâcheux* y eût lui-même perdu sa peine, mais l'autre valait bien qu'on s'en préoccupât, surtout sous un roi aussi dévot que l'était Louis XIV. Presque toutes ces enseignes de tavernes, en effet, étaient des profanations en rébus, des sacriléges en calembours. Boursault, qui ne se piquait pourtant d'être ni trop dévot, ni trop chaste, surtout dans ses *Lettres,* ne put s'empêcher de dire un jour, tout indigné, son avis sur ces scandales en mauvaise peinture.

« N'est-ce pas, dit-il avec raison dans la lettre qu'il écrit au commissaire Bizoton, n'est-ce pas une allusion non-seulement grossière, mais criminelle, de faire peindre un *cygne* à une enseigne avec une *croix* pour faire une équivoque sur le *signe de la croix?...* Ne devrait-on pas condamner à une grosse amende un misérable cabaretier qui met à son enseigne un *cerf* et un *mont* pour faire une ridicule équivoque à *sermon?* Ce qui autorise des ivrognes à dire qu'ils vont tous les jour au sermon, ou qu'ils en viennent?... Ne fait-il pas beau voir un cabaret avoir pour enseigne *Au Saint-Esprit,* pour faire une impertinente allusion avec le nom du maître, et quoique je le crois assez honnête homme pour n'y penser aucun mal, ne sait-il pas que le cabaret étant un lieu de débauche, ce n'est pas là que le Saint-Esprit doit être placé? J'en dis autant de la *Trinité*, de l'*Image Notre-Dame*, et de je ne sais combien de saints qui servent d'enseigne de cabaret, et qui enseignent peut-être encore pis... J'ai vu dans une fort petite rue qui donne d'un bout dans la rue Saint-Honoré et de l'autre dans celle de Richelieu, une de ces petites auberges ou *gargotes* où l'on prend des repas à juste prix, et voici quelle enseigne il y avait : C'était Jésus-Christ que l'on prenait au jardin des Olives, et pour inscription de l'enseigne, *Au Juste pris*, pour faire savoir qu'on mangeait là dedans à *juste prix*. Je fus si indigné contre le maraud qui avait trouvé cette odieuse équivoque que je ne pus retenir mon zèle, tout indiscret qu'il était. Je fis du bruit et menaçai même d'aller chercher un de vos confrères pour la faire abattre, et comme les commissaires sont plus craints de la populace qu'ils n'en sont aimés, la menace que je fis eut son effet, et quand j'y repassai, l'enseigne n'y était plus. »

Malheureusement elle n'était pas qu'en cet endroit de Paris, chaque corps de marchands avait son *juste prix* représenté par un *Juste pris*. L'enseigne sacrilége du tavernier de la rue du Rempart, car c'est de cette rue sans doute que Boursault veut parler, put bien disparaître, mais elle continua de se pavaner au-dessus des autres boutiques. Dernièrement encore un marchand de fer l'avait arborée au-dessus de la sienne, dans la cour du Dragon. C'est même, si je ne me trompe, l'une des dernières enseignes en rébus qui nous soient restées des autres siècles. Le fameux *Epi scié* du boulevard du Temple a en effet disparu; on chercherait inutilement à présent l'enseigne des *Trois forts bancs*, dont je n'ai pas besoin de vous expliquer le calembour; celle aussi du *Verre galant*, représenté par un verre tout enguirlandé de fleurs, et c'est tout au plus si l'on trouverait dans quelque coin de Paris une de ces fameuses enseignes *A la femme sans tête*, de qui l'une des rues de l'île Saint-Louis tenait son nom.

En toutes choses on a changé les méthodes, même celles d'avoir de l'esprit, et cela, aussi bien chez les gens de commerce qui ne s'en piquent plus guère, même en enseignes — il ne faut pas le regretter — aussi bien, dis-je, que chez les gens de lettres, qui s'en piquent toujours, mais y réussissent moins. En un seul point peut-être, rien n'a changé dans le monde de ces derniers, c'est dans la façon dont, la verve s'éteignant, on cherche à la rallumer; et l'esprit s'obstinant à s'absenter, on s'évertue à le rappeler. Aujourd'hui c'est l'estaminet qui sert de centre inspirateur, le divan aux coussins froissés qui tient lieu de trépied poétique; jadis c'était le cabaret. Il remplaçait le sacré vallon — je parle d'un vieux temps, je dois parler en vieux style. — Il n'y a donc que les noms d'un peu modifiés, la chose et le but sont les mêmes. Bohême à présent, Bohême autrefois! On s'étonnera peut-être de ce nom donné au monde littéraire du siècle de

Louis XIV, mais nous prouverons, et trop longuement peut-être, qu'il est mérité.

En effet, on ne connaît pas bien le grand siècle, on l'a calomnié chaque fois que, suivant la loi d'un parti pris traditionnel, on n'a mis en scène ses enfants illustres que pour nous les montrer écrasés sous la pompe ridicule de leurs perruques *in-folio*, enchevêtrés dans leurs hauts-de-chausses tout bordés de rubans et de dentelles, et chancelant sur ces hauts souliers à larges oreilles, toujours prêts à faire trébucher leurs muses ou leur gloire. On a médit de ces hommes quand, s'obstinant à les charger de cet attirail burlesque, on a voulu faire de l'Œil-de-bœuf, où ils attendaient humblement le petit lever du roi, leur rendez-vous ordinaire, leur unique station. Qu'on ne s'y trompe point pourtant, et qu'on se défie de ces préjugés admis, il était des heures où toute cette foule magnifique et enrubanée savait, elle aussi, *s'éjouir* et se mettre en belle humeur. Le guindé de l'étiquette ne l'empesait pas toujours. Quand ces hommes sérieux pouvaient fuir à leur tour ce joug fatigant du bon ton et des belles manières, Dieu sait comme ils savaient rire et s'ébattre au milieu des coupes et des chansons à boire; car, pour tout vous dire, c'est au cabaret que ces beaux courtisans échappés de Versailles faisaient l'école buissonnière loin de la férule dorée du grand roi.

Alors vraiment on pouvait assister à une gaillarde et réjouissante métamorphose! Tous ces beaux, tous ces marquis si bien gourmés tout à l'heure, lancent au plafond leur écrasante perruque, et, décoiffés ainsi à la façon du Mascarille des *Précieuses*, le crâne nu et fumant, les voilà qui s'abandonnent aux imaginations les plus bouffonnes. Le courtisan est dépouillé, le masque jeté à bas, l'homme joyeux reste. Ne leur parlez plus ni de Versailles ni du grand roi, ils s'en raillent et le chansonnent. N'aventurez pas un mot sur les Grecs et sur les Romains : fi! ils ne les connaissent plus, et s'ils daignent se souvenir de ces anciens hommes, c'est seulement en l'honneur de quelques bons diables, francs buveurs et gais convives, qui se nommaient, croient-ils, Anacréon et Horace. Pour le reste, ils l'ont oublié.

Ah! vraiment, vous tous, lecteurs naïfs, qui vous êtes fait un dix-septième siècle bien grave et toujours compassé, une cour de Louis XIV bien froidement majestueuse, éternellement esclave dans cette prison royale qu'on appelait Versailles, venez voir maintenant tous ces illustres; ils sont au cabaret, ils dînent à la *Croix de Lorraine*.

C'est l'une des meilleures tavernes de Paris; elle date au moins du temps de la Ligue, car elle a gardé pour enseigne cette *double croix* des princes lorrains, dont on avait dit dans la *Ménippée* :

Savez-vous ce que signifie
Que les ligueurs ont double croix?
C'est qu'en la ligue on crucifie
Jésus-Christ encore une fois.

Où était placé ce fameux cabaret? C'est là un point à débattre entre M. Taschereau, qui, dans un passage de sa *Vie de Molière*, nous dit qu'il était au cimetière Saint-Jean, et nous, qui soutenons qu'il devait être loin de ces quartiers, nous faisant fort pour cela de la lettre de Chapelle, qui nous sert de guide et dans laquelle il est dit :

Pour la Planche, attendu l'absence
De tant d'ivrognes d'importance,
Il craignit fort pour le Marais,
Et jugea qu'il fallait exprès
Y demeurer pour sa défense.

Il est impossible, après cela, de dire que la *Croix de Lorraine* était au cimetière Saint-Jean, en plein Marais. Mais que ce cabaret fût là où de l'autre côté de la Seine, peu nous importe, on y buvait et riait bien, c'est l'essentiel; faisons vite connaissance avec lui. C'est un *lieu*, dit Chapelle,

... Propre à se rompre le cou,
Tant la montée en est vilaine,
Surtout quand on entre chien et loup,
On en sort chantant mirdondaine.

Vous êtes déjà fourvoyé, mais ne craignez rien, entrez; Chapelle, le plus joyeux de tous, va vous servir de cicerone, comme à nous, et continuer pour vous la description dont ce quatrain est le prélude. Voyez :

Ils sont là bien neuvaine
De gens valant tous peu ou prou.

C'étaient *neuf modernes épulons,* dit Chapelle. Au premier rang s'est assis

... Le comte de Lignon,
Homme à ne dire jamais non,
Quelque rouge bord qu'on lui porte;
Après lui, l'abbé du Broussin,
En chemise montrant son sein,
. . . . . . . . . . . . . . . . .
Et prenant soin d'un seau de glace
Qui rafraîchissait notre vin.

Vous voyez qu'ils se mettent à l'aise et se *débraillent* noblement. Du reste, rappelez bien toute votre mémoire : cet abbé du Broussin ne vous est pas inconnu, certain vers de Boileau a dû vous en parler jadis; mais en voici bien un autre pour lequel il ne sera pas besoin d'évoquer de si lointains souvenirs :

Molière, que bien connaissez,
Et qui vous a si bien farcés,
Messieurs les coquets et coquettes,
Le suivait, et buvait assez
Pour vers le soir être en goguettes.

Puisque cet admirable poëte, l'homme le plus triste de son siècle, parce qu'il était le plus contemplateur, daigne venir à la *Croix de Lorraine* pour y noyer ses ennuis, vous n'hésiterez plus à croire, je pense, que tout le monde plus frivole des courtisans, toute la foule parfois joyeuse des auteurs daigne les accompagner. En effet, regardez déjà. N'est-ce pas Boileau qui vient d'entrer? Oui, c'est le satirique lui-même; il a daigné descendre du haut de ce Parnasse dont il rend la montée si ardue, et c'est Chapelle qui l'amène. Le malin bâtard du président Lhuillier a si bien fait, qu'il va cette fois encore rendre cette ivresse contagieuse pour le grave législateur des poëtes...

Et renversant sa lampe à l'huile,
Lui mettre le verre à la main.

Mais n'allez pas induire de là que l'amour du vin soit folie coutumière pour le grave et sentencieux Despréaux, non certes, il vit de régime, et comme Molière, il prendrait volontiers un vase de lait pour potion ordinaire : s'il aime à hanter les cabarets, c'est seulement parce qu'il sait d'avance qu'il n'y rencontrera que de bons esprits, des intelligences d'élite, et il y vient lire ses satires; pendant que les autres s'enivreront de vin, il s'enivrera de ses vers, Chapelle le lui a déjà reproché.

L'autre jour pourtant, ce même Chapelle a tendu un piége à sa sagesse infaillible, et notre pédagogue y est lourdement tombé. Despréaux sortait de la cour du Palais où les boutades de sa belle-sœur, madame Jérôme Boileau, l'avaient mis en veine d'épiloguer et d'admonester. Il rencontra Chapelle, ivre déjà, et d'humeur d'autant plus libre et insouciante. Le premier mouvement du poëte sévère est de lui faire une vigoureuse réprimande, la première pensée de Chapelle est d'en rire. La discussion s'engage et s'anime, les arguments s'entrecroisent, et ceux du rude moraliste ont grand'peine à se tenir fermes contre les ripostes pressantes du spirituel buveur.

« — Allons, dit enfin Chapelle, nous ne nous entendrons jamais; avec notre belle querelle nous n'ajoutons qu'un bruit de plus à tout ce grand vacarme de la rue; va, il ne sortira rien de nos paroles.

» — Je prétends bien que ta conversion en soit le fruit, dit plus gravement Boileau. Ne sais-tu pas que la lumière ne jaillit que du choc des idées?

» — Si tu le prends ainsi, elle jaillit bien mieux du choc des verres, et c'est pour cela que la Sorbonne ne vaut pas la taverne. Tiens, nous voici justement devant le cabaret de la *Tête noire*, entre avec moi, et je consens à t'entendre; accepte une rasade, et j'accepte ta remontrance; passe-moi la bouteille, et je te passerai le sermon. »

Ce cabaret de la *Tête noire* était situé près du Palais; il avait pour clientèle toute la basoche et les chantres de la sainte Chapelle. Jugez s'il était bien achalandé. Le *Diable* était son seul concurrent redoutable. Quand Boileau a dit dans son *Lutrin*

> Et de chantres buvant les cabarets sont pleins,

c'est au *Diable* et à la *Tête noire* qu'il pensait. L'auteur de l'*Ode à tous les cabarets* ne les oublia pas non plus :

> Palais où règne le pouvoir
> De ces âmes sans artifice
> Qui rendent, selon leur devoir,
> A tout le monde la justice;
> Lieux sacrés où l'on est soumis
> Aux saints oracles de Thémis,
> Encor que vous ayez la gloire
> De voir tout le monde à genoux,
> Sans *le Diable* et *la Teste noire*,
> Je n'approcherais pas de vous.

Chapelle est de l'avis de ce rimeur, c'est la *Tête noire* et le *Diable* qui l'attirent par ici. Aussi est-il heureux d'y entrer et plus heureux d'y entraîner Boileau.

Quand ils furent assis à table, Chapelle se montra d'humeur si docile et si attentive, Boileau, au contraire, d'une éloquence si verbeuse, que, les bouteilles se succédant toujours pour remplir chaque pause du sermon et réconforter la langue fatiguée du sermonneur, l'ivresse ne tarda pas à le gagner lui-même. Chapelle s'en riait tout bas, versait toujours et se grisait plus à l'aise; enfin à la péroraison du discours, l'un et l'autre glissèrent sous la table, Chapelle ivre de vin et de gaieté, Boileau ivre de vin et de doctrine.

A quelques jours de là, Despréaux prit sa revanche sur Chapelle par une épigramme mordante; et le même soir, comme il se trouvait à la *Croix de Lorraine*, morose encore de son ivresse forcée, il composa avec Furetière la fameuse scène de *Chapelain décoiffé*. Ce fut cette fois une simple débauche d'esprit et de malice, seules orgies que le sévère Despréaux se permît volontairement. Il ne buvait que pour se mettre en humeur de railler; après la première rasade sa verve se mettait en train, et il avait le vin satirique.

Racine était de même : s'il allait aux Tuileries pour déclamer ses tendres tragédies, s'il aimait à se perdre sous de frais ombrages pour soupirer ses grandes scènes, il venait au cabaret aiguiser ses épigrammes. Nous voudrions qu'il fût possible de connaître journée par journée l'histoire de la vie du grand poëte; on apprendrait, nous en sommes sûrs, que c'est du cabaret qu'on doit dater seulement les malins couplets qu'il décocha contre la *Judith* de Boyer et l'*Aspar* du sieur de Fontenelle. La comédie des *Plaideurs*, cette satire charmante, cette épigramme dialoguée en trois actes contre les gens de robe, fut écrite tout entière sur le coin d'une table de taverne. Il la composa chez la veuve Bervin, qui tenait cabaret au cimetière Saint-Jean, au *Mouton blanc*. Despréaux et l'avocat Brilhac étaient ses collaborateurs : l'un lui racontait en termes pittoresques les mœurs des plaideurs qu'il voyait faire antichambre chez son frère le greffier; l'autre l'initiait au jargon juridique, et Racine jetait sur le tout ses rimes charmantes, les fines saillies, les perles de son esprit; et du sein de ce grimoire épineux, il faisait ainsi éclore cette fleur exquise de gaieté dont nous aimons toujours à respirer le parfum.

Le cabaret du *Mouton blanc* survécut à Racine et à Despréaux; il existe même encore, je crois, dans la rue de la Verrerie, où on l'a transféré du cimetière Saint-Jean. La maison qu'il occupait sur cette dernière place, dans l'enfoncement qui avoisine la rue de Bercy, garda jusqu'à la fin du XVIIIe siècle le nom de maison du *Mouton*, qu'elle portait déjà du temps de Sauval. Le cabaret poétique ne l'occupait pas tout entière, une autre partie servait de pied-à-terre aux religieuses de l'abbaye de Chelles quand elles venaient à Paris, et c'est pour cela que l'auberge qui l'a remplacée s'appelle encore *hôtel de Chelles*.

Malgré ce voisinage trop pieux pour lui, le cabaret du *Mouton* menait grande chère et grand tapage; quiconque y avait bu une fois eût voulu y boire toujours.

A l'heure que dessus les flots
On fit cette belle entreprise,
En dépit de ses matelots,
De vouloir surprendre Sourdise (*sic*)
Il me souvient qu'en ce moment,
Étant dessus cet élément,
Le plus outrageux de nature,
Il s'écria d'un triste ton :
Ah! que n'ai-je pour sépulture
*Les Deux torches* ou *le Mouton!*

Pas de poëte qui n'eût fait un vœu pareil à celui du grand amiral, par amour du vin d'abord, ensuite par penchant poétique pour ce cabaret, qui, suivant Sylvain Maréchal, dans son livre sur les *Costumes civils de tous les peuples connus*, conserva jusqu'à la fin du dernier siècle la table sur laquelle s'accoudaient Racine et Despréaux.

Ce n'était pourtant pas encore là le plus illustre cabaret de cette époque. La véritable taverne littéraire, le vrai cabaret classique, comme l'a fort bien dit M. Sainte-Beuve, c'était la *Pomme de pin*, dans la rue de la Licorne, en la Cité, vis-à-vis de l'église de la Madeleine. C'est là vraiment que trônait le grand Chapelle et qu'il brillait dans tout l'éclat de son pétulant esprit : chaque soir on faisait cercle autour de lui pour l'entendre; chaque soir il y avait petite guerre de bons mots, escarmouche de bonnes plaisanteries et de couplets improvisés, et le malin bâtard était toujours le vainqueur. A cette fameuse taverne se tenait l'académie joyeuse, comme à l'hôtel Séguier se tenait l'académie pédante, et

Dieu sait à laquelle des deux on voyait plus ordinaire affluence. Il n'était bel esprit qui ne se fît gloire de s'enivrer au moins deux fois la semaine à l'illustre cabaret, et le plus humble rimailleur était fier de porter sur sa trogne bourgeonnée un *sic itur* à la *Pomme de pin*, comme le dit si plaisamment Régnier. Heureux qui, après une longue course à travers les boues de la Cité, pouvait apercevoir enfin la porte ouverte et la grille aux barreaux festonnés qui bordait les murs du cabaret! Heureux qui voyait sourire à sa gourmandise, comme un appeau friand, cette enseigne connue dont Saint-Amand avait dit :

La *Pomme de pin* qui vaut mieux
Que celle d'or, dont fut troublée
Toute la divine assemblée.

Les merveilles du *pont Notre-Dame*, qui étaient auprès; n'arrêtaient point le buveur au passage; il se disait en hâtant le pas, comme l'auteur de l'*Ode sur les cabarets de* 1608, que nous ne citerons jamais assez :

Quelle digne narration
Pourra comprendre tes merveilles,
Pont de qui l'admiration
Ravit les yeux et les oreilles?
L'égalité de ces maisons,
Ce bel ordre, ces liaisons,
Sont-ce pas autant de miracles?
Mais qui voit la *Pomme de pin*
Trouve-t-il pas les tabernacles
Du Dieu qui fait naître le vin?

Le maître d'une taverne dont le bon vin et l'esprit faisaient si bien la chalandise ne devait pas attendre longtemps la fortune, c'est ce qui arriva. Cet homme heureux se nommait Desbordes Grouyn : après avoir ainsi pendant quelques années tenu bureau d'esprit sous prétexte de donner à boire, il se sentit assez riche et se retira des affaires. Son fils lui-même, au dire de Tallemant, dédaigna de lui succéder; il se jeta dans la finance, et plus tard, s'étant encore enrichi, Gui Patin écrivit à son sujet : « Monsieur Desbordes Grouyn, jadis garçon cabaretier, fils du maître de la *Pomme de pin*, est aujourd'hui grand partisan et même un des gabelles. Il fait bâtir une maison à trois lieues d'ici. »

C'est Cresnay, le même dont a médit Boileau, qui avait pris en ses mains les destinées de l'illustre taverne, et qui exploitait sa renommée : il y prospéra comme ses prédécesseurs; comme eux il prit rang parmi les premiers cabaretiers, et fut l'un des douze marchands de vin du roi « qui faisoient les grandes fournitures en pièces et en bouteilles pour la cour, l'armée et le public ».

Cette fortune de Cresnay le fit jalouser par ses confrères, et comme ils surent que c'était la présence et la conversation des gens d'esprit qui attiraient chez lui si brillante affluence, chacun d'eux voulut avoir, pour achalander sa taverne, un ou deux poëtes en renom qui lui fissent l'honneur de venir s'enivrer gratis avec ses meilleurs vins. Il n'y eut pas jusqu'au maître de la *Croix de fer*, petit cabaret de la rue Saint-Denis, où jamais pourtant seigneur ou financier ne s'était avisé de faire un repas à gros écot, qui ne se targuât un jour d'avoir à l'une de ses tables un hôte choisi dans la troupe des poëtes. Trouver un rimeur qui n'a pas dîné n'est pas chose difficile, et pourtant notre tavernier ne put ce soir-là en rencontrer un seul. Il jouait de malheur, tous les auteurs avaient trouvé où porter leur appétit et leurs vers. Les uns dînaient à l'*Écharpe*, la taverne la plus choyée du Marais, qui donne son nom à la très-courte rue menant de la rue Saint-Louis à la place Royale, et celle aussi dont le maître inventa les *cabinets particuliers*, s'il faut en croire l'auteur des *Visions admirables du pèlerin du Parnasse;* les autres s'enivraient aux *Trois cuillers*, chez Lamy, le cabaretier en renom de la rue aux Oües; ceux-ci étaient au cimetière Saint-Jean et faisaient bombance chez Martin, aux *Torches;* ceux-là s'égayaient à la *Galère* de la rue Saint-Thomas-du-Louvre; le plus grand nombre faisaient chère lie chez ce fameux Corbon, dont Chapelle a trop médit, et que, par un singulier anachronisme, un noël du temps nous montre parmi les cuisiniers *fricottant* pour le baptême du petit Jésus; enfin il s'en trouvait aussi chez cet hôte fameux du *Chêne vert*, dont le bouchon se voyait à la sortie du préau du Temple. Chapelle un jour y avait mangé, aux frais de d'Assoucy, un dîner qu'il lui paya plus tard en vers médisants; et c'est de cette même taverne que l'auteur de l'*Ode à la louange de tous les cabarets* nous a fait ainsi l'éloge :

> Vieux temple, autrefois l'ornement
> De ces marets inhabitables,
> Et depuis, le seul fondement
> De ces maisons inimitables,
> Que j'ayme ces beaux changements
> Qui ravissent nos jugements;
> Que je me plais à la sortie
> De ce beau champ tout découvert;
> Surtout j'ay de la sympathie
> Avec l'hoste du *Chesne verd.*

Or, dans toutes ces tavernes, c'était le désir de faire concurrence à la *Pomme de pin* et à ses gens d'esprit qui avait fait octroyer aux poëtes cette libérale et gratuite hospitalité. L'hôte de la *Croix de fer* était seul dépourvu. En vain s'était-il mis en campagne avec tous ses garçons; quatre heures allaient sonner, le dîner était prêt, les convives appelés pour ce galas d'esprit et de bonne chère étaient arrivés, et ni le maître ni les valets en courant par les rues n'avaient pu mettre la main sur le plus chétif rimailleur. De désespoir ils quittaient la partie, quand l'un des garçons aperçut dans le voisinage des halles un pauvre homme assez misérablement vêtu, qui se débattait à grand'peine au milieu d'un grand tas de boue. La figure pâle, l'air distrait de cet homme avaient tout d'abord frappé le valet et lui avaient fait soupçonner que ce pouvait bien être un poëte; mais quand il l'eut vu ne point s'inquiéter de la crotte qui couvrait ses chausses, quand il l'entendit se murmurer à lui-même et sans se retirer de l'ordure quelques vers déclamateurs, il n'en douta plus.

« — Voilà notre homme, dit-il à l'hôte, et maître et valets se ruèrent sur le pauvre diable.

» — N'êtes-vous pas homme d'esprit? lui crièrent-ils en même temps.

» — Je m'en vante, répondit l'autre à cette demande flatteuse faite d'une manière fort impolie.

» — Vous allez donc nous suivre...

» — Mais, messieurs, je n'ai rien à faire avec vous...

» — Venez toujours. »

Et l'ayant saisi par les épaules, deux valets l'entraînaient déjà.

L'homme eut peur.

« — Messieurs, cria-t-il, je suis auteur, c'est vrai, mais je suis honnête homme; je suis poëte, mais je n'ai pas d'ennemi... Pourquoi vous adressez-vous à moi?

» — Venez, vous l'apprendrez tout à l'heure.

» — Je me nomme François Colletet, messieurs... on me connaît beaucoup par la ville..., et j'en prends toutes mes œuvres à témoin; jamais je n'ai fait un seul sonnet séditieux, un seul vers satirique... Je ne compose que des ballades galantes, des madrigaux bénins; mes vers n'ont jamais offensé personne, ils sont plutôt faits pour mettre le monde en joie.

» — C'est justement ce qu'il nous faut.... Venez. »

Les valets tiraient de plus belle, et pour accélérer la marche du poëte, qui regimbait à chaque pas, le maître poussait par derrière.

« — Mais, exclama Colletet, cherchant encore à se dégager par un effort suprême, mais je n'ai pas dîné, messieurs.

» — Tant mieux! cria l'hôte, c'est encore ce que nous demandons... »

Alors il fit signe à ses garçons, et étreignant lui-même Colletet avec plus de force, le malheureux poëte fut lestement enlevé de terre et emporté au pas de course.

Il ne reprit haleine qu'en entrant au cabaret de la *Croix de fer*, mais alors la chaude aspiration qu'il huma longuement apporta jusqu'à lui un si doux parfum de mets savoureux et de viandes cuites à point, qu'il n'eut plus la force d'avoir de mauvais soupçons.

Il se laissa plus doucement conduire. Depuis qu'on était arrivé, le maître était d'ailleurs devenu pour Colletet d'une civilité cérémonieuse; il ne lui parlait que son bonnet à la main, et tout en lui demandant pardon de la liberté grande, il lui montrait lui-même le chemin.

Le poëte ne savait que penser de tout cela; mais comme les parfums venant de la cuisine se succédaient par bouffées plus fréquentes et toujours plus savoureuses, il espérait.

On arriva dans une grande salle splendidement éclairée, où trente gaillards à la mine affamée se tenaient autour d'une table immense et surchargée de plats.

« — Enfin, nous en tenons un! cria triomphalement l'hôte en entrant. Ah! ah! nous allons rire, ça va commencer. » Et doucement il poussa Colletet en avant.

Tout le monde se leva et se découvrit, puis on n'entendit plus un souffle... On attendait que l'homme d'esprit parlât.

Il ne dit mot, seulement il se murmura à lui-même :

« — Je ne sais ce qu'on veut de moi, mais voilà une table bien servie. »

L'hôte et les convives, que ce silence trompait, se disaient en même temps : « — Il a faim, sans doute, nous verrons après le potage. »

On servit. Colletet, mis à la place d'honneur, eut les premiers morceaux, les premières rasades; il n'en parla pas davantage, cette bonne chère l'occupait trop. Jamais le pauvre homme ne s'était vu à pareille fête, aussi il se répétait toujours : « — Mangeons, parbleu! nous verrons bien après le dîner ce qu'ils me veulent. »

Et les convives attendaient toujours, ils ne disaient mot eux-mêmes pour se tenir mieux aux écoutes et ne pas perdre une seule des rares paroles du poëte; lui ne se souciait que de ne pas perdre un seul morceau des plats. L'hôte était décidément inquiet; à chaque plat, à chaque service, il s'était dit : « Patience, c'est qu'il se réserve, nous verrons tout à l'heure. » Mais, hélas! le rôt avait disparu, et il en était réduit à se dire : « Ce sera donc pour le dessert. »

Le dessert s'écoula aussi silencieux. C'était vraiment à désespérer! Mais aussi pourquoi s'adresser à un de ces poëtes faméliques, qui n'ont plus de parole sitôt que leur robuste appétit a mis leur langue en travail?

Colletet venait d'absorber son dernier fruit et de vider pour la vingtième fois son verre, quand sept heures sonnèrent à l'horloge de l'église Saint-Leu.

« — Déjà, se dit-il, et ma femme! »

Il se leva alors, s'inclina au-dessus de la table, et annonça d'un geste qu'il allait parler.

« — Enfin! s'écria l'hôte.

» — Enfin! crièrent les convives... Écoutons.

» — Messieurs, dit-il, voici sept heures; ma demeure est loin d'ici, et ma femme m'attend. Je ne sais qui m'a valu l'honneur de votre compagnie, mais si quelqu'un veut me dire le mot de cette énigme, je loge rue Saint-Victor, auprès du collége de Boncourt... Du reste, messieurs, je vous rends grâces, votre dîner était excellent. »

Cela dit, il prit son chapeau et sortit; l'hôte ne le suivit pas, et désormais il se garda bien de courir après les gens d'esprit.

Colletet seul eut toujours bon souvenir de ce repas, car les dîners succulents faisaient alors époque dans la vie des poëtes; il composa même en son honneur un sonnet qu'on peut lire dans ses œuvres, sous ce titre : *Le dîner à la Croix de fer.* Nous ne vous citerons pas tout entière cette poésie de bonne digestion, nous vous en dirons seulement un vers qui peint bien à lui seul la façon égoïste et vorace dont Colletet en usait quand le hasard l'amenait à une table bien servie.

— Moi, dit-il,

Moi, je mange aux repas et bois sans dire mot.

De même que les poëtes, les grands seigneurs avaient alors leur taverne particulière, leur cabaret de choix; quand ils voulaient faire chère lie et *carrousse,* suivant l'expression du bel air, ils se rendaient chez la Boisselière. Cette Hébé de la haute noblesse avait mis son cabaret en tel crédit, que sa renommée avait éclipsé tout à fait la vogue surannée de Renard et de la Duryer. Elle tenait ses tables non loin du Louvre, et ce voisinage faisait affluer chez elle le peuple des courtisans heureux de ne faire qu'un saut de l'antichambre royale à la taverne, où ils pouvaient enfin se redresser à l'aise et se délasser de leurs courbettes. La Boisselière faisait grassement payer l'hospitalité de son cabaret. On ne dînait pas chez elle à maigres écots comme à l'*Hôtel d'Anjou,* rue Dauphine; comme au *Pressoir d'or,* rue Saint-Martin; comme à la *Toison* de la rue Beaubourg, tables vulgaires où l'on dressait la nappe pour vingt sous par cavalier; ou bien comme au *Signe de la croix* et au *Juste pris* de la rue Saint-Honoré. Les repas se faisaient même à plus grands frais encore qu'à l'*Hôtel de Mantoue,* rue Montmartre, et à l'*Hôtel de France,* rue Guénégaud, où les dépenses s'élevaient pourtant à quarante sous pour chaque écot. Chez la Boisselière, pour dîner même sans luxe et à l'ordinaire, il fallait, le dessert venu, débourser dix livres tournois. Mais quelque magnifiques et prodigues qu'ils fussent, les seigneurs ne lâchaient pas si grosse somme sans murmures ni jurements; ils faisaient même si bien, pendant tout le repas, à force d'exigences brutales, d'ordres fantastiques et multipliés, qu'un plus riche écot n'aurait pas suffisamment dédommagé l'hôtesse et ses garçons. Un poëte gentilhomme, d'Esternod, nous a laissé le pittoresque tableau de ces turbulents seigneurs au cabaret.

Ils blasphèment plus gros dans une hôtellerie
Que le tonnerre affreux de quelque artillerie.
— Cordious! morbious! de Pocab-de-Bious!
Est-ce là apprestē honnestement pour nous?
Torchez cette vaisselle, ostez ce sale linge;
Il ne vaut seulement pour attifer un singe.

Fi! ce pain de Gonesse! .. Apportez du mollet;
Grillez cet au côté... Sus, à boire, valet!
Donnez-moi ce chapon au valet de l'estable,
Car c'est un Durandal, il est plus dur qu'un diable.
C'est quelque crocodil! Tau, tau! pile, lévrier!
Que ce coq d'Inde est flac! Va dire au cuisinier
S'il se dupe de nous, s'il sait point qui nous sommes,
Et lui dis si l'on traite ainsi les gentilshommes!

Tout le grand siècle a passé chez la Boisselière; tout le somptueux cortége des grands hommes de cette magnifique époque s'est arrêté dans ce cabaret. Combien même, combien s'en trouva-t-il qui aimèrent mieux faire station chez la joyeuse hôtesse qu'antichambre chez le roi! L'auteur du dithyrambe bachique qui nous sert de guide ne faisait pas autrement.

Grands et superbes bâtiments,
Où l'on voit même la nature
Admirer les compartiments
D'une excellente architecture;
Grand Louvre, honoré des François,
Belle demeure de nos rois,
Où leur grandeur particulière
Montre son absolu pouvoir,
Sans l'hostel de la Boisselière,
Je ne vous irais jamais voir.

C'était le plus joyeux relais qui se trouvât pour un courtisan sur le grand chemin de la fortune et des grandeurs; chaque jour les plus fiers étaient heureux d'y faire une halte; par malheur, quel que fût le prix des vins servis par la tavernière, ils ne savaient pas toujours y puiser la sincérité. Ils étaient courtisans, même au cabaret. Dans les jours d'ivresse, la flatterie empiétait sans vergogne sur les droits de la vérité, cette fidèle desservante du culte de la bouteille. Pour faire sa cour à Richelieu, le financier Montauron avait acheté à un prix extravagant tout le vin des vignes de la terre de Ruel, domaine chéri du cardinal; et malgré l'âpre verdeur de cette piquette, de ce vin rude et *guinguet*, comme on disait alors, tous les courtisans s'étaient disputé à prix d'or l'honneur de tarir jusqu'au dernier broc ce nectar ministériel. Sous Louis XIV, un même caprice courtisanesque mit en faveur le vin de Beaune, qu'on avait jusque-là dédaigné, pour ne priser que les vins d'Espagne et d'Italie. Le grand roi étant tombé malade, Fagon, son médecin, lui ordonna, en Bourguignon dévoué, l'usage des vins de sa province, et dès lors le dédain se changea en vogue. Le Jupiter de Versailles ne jurait plus que par le vin de Beaune, c'en fut assez; l'arrêt fut aussi formel que si le Jupiter de l'Olympe eût juré par le Styx : tout le monde voulut boire du vin consacré, et comme il se trouva des meilleurs et tout parfumé d'un généreux bouquet, on se soumit volontiers à l'empire de sa faveur. Son règne dure encore.

Celui du cabaret où ce fin nectar eut son plus grand débit fut aussi de longue durée. Aux premières années du règne de Louis XIII, nous trouvons déjà toute florissante la taverne de la Boisselière. En 1612, quand fut donné le ballet des *Courtisans et des matrones*, on n'eut garde d'oublier la fameuse hôtesse parmi les personnages les plus dignes d'y figurer; elle intervient là comme créancière d'un courtisan, et elle chante :

A moy, qui suis la Boisselière,
De mon métier cabaretière,
Ce courtisan manque de foy.
Le méchant, le vilain parjure,
Il voudroit bien me faire injure,
Luy qui fust mort de faim sans moy.

Bien qu'il fist partout l'agréable,
Afin d'avoir place à la table,
Souvent, sans moi, cet impudent,
Qui ne trouvoit pas de lipée,
Eust mis en gage son épée,
Ou desjeuné d'un curedent.

Quand je n'étois pas arrivée,
Ou que la table estoit levée,
Ou qu'il n'avoit place au bas bout,
Il contrefaisoit le malade,
Ou bien disnoit d'une salade,
Ou bien ne disnoit pas du tout.

Je l'ay nourri, je l'ai fait vivre,
Lorsque le voleur venoit suivre
La cour jusqu'à Fontainebleau.
Je n'en ai point de récompense;
Que l'on me paye sa despense,
Ou bien qu'il laisse le manteau.

Si notre célèbre tavernière est là peinte et *pourctraite* au vif, je comprends que les mauvais payeurs ne se hasardassent pas chez elle. Ils passaient piteux le long de son cabaret, et pour se dédommager un peu de n'y pouvoir entrer, ils en médisaient comme fait Gautier Garguille dans sa *Rencontre* avec Tabarin : « Allons, lui dit-il, où bon te semblera, pourvu que ce ne soit pas chez la Boisselière, d'autant que je suis si remply d'avoir beu de l'eau de ce fleuve, que j'en suis tout enflé de ses cruditez. »

La Boisselière faisait-elle donc si chèrement payer ses écots qu'on ne pût aller quelques jours chez elle sans faire de grosses dettes? Je ne sais, mais pour que vous en jugiez par vous-mêmes, nous allons vous donner ici, d'après le même ballet, les *parties* ou mémoires présentés par la Boisselière à son courtisan.

Pour le disner du courtisan,
Au dimanche, un demy-faisan,
Plus une soupe de marmite;
Pour le lundy, des pois nouveaulx,

Un potage fait de naveaux,
Au dessert une poire cuite.

Au mardy comme au mercredy,
Et pour tout le jour du jeudy,
Une espaule avec une éclanche;
Toujours le roty, le bouilly,
Et le bon vin n'a pas failly,
Le pain blanc, ny la nappe blanche.

Au vendredy, de bons œufs frais;
L'esté, des febves de marais;
L'hyver, de la fraische marée.
Au samedy, mesme repas,
La salade n'y manquoit pas,
Les capres ni la chicorée.

Pour un grand laquais tout pelé,
Du mouton ou du bœuf salé,
Et selon les saisons, les vivres;
Plus, sans les tranches de jambon,
En bois, en chandelle, en charbon,
Le tout peut monter deux cents livres.

Tout ceci se lit au *Recueil des plus excellents ballets de ce temps*, Paris, Toussaint du Bray, MDCXII, in-12, pages 11-13.

Parmi les seigneurs, mais bien payants ceux-là, qui fréquentaient le cabaret de la Boisselière, quelques-uns étaient plus assidus dans leurs hantises, et ce n'étaient pas les moins nobles et les moins titrés. A leur tête se voyait le marquis d'Uxelles, seigneur de haute maison, capitaine plein de bravoure, mais, pour tout dire aussi, plus intrépide buveur. Ses rangs, ses dignités, sa noblesse même, il eût tout donné pour une seule journée de débauche à la taverne. Un jour le ministre Louvois lui envoya la décoration insigne et si recherchée du cordon bleu.

« — Remerciez de ma part M. de Louvois, dit le marquis à l'envoyé, mais déclarez-lui en même temps que je refuse l'ordre dont il me décore, s'il doit m'empêcher d'aller au cabaret. »

Le ministre sourit de cette boutade, et il n'y répondit qu'en choisissant malicieusement le comte d'Harcourt pour donner l'accolade au marquis.

Ce gros homme était en effet le seul buveur capable de tenir tête à M. d'Uxelles. Il prenait le titre de *chef des goinfres*, qu'un certain la Flotte avait toutefois quelque droit à lui disputer. Quand il se trouvait le verre en main avec ses chers suppôts, Maricourt, Faret, Saint-Amand, Marigny, il était plus fier de cette dignité bachique que de son titre de maréchal de France. Il était, en fait d'histoire, de morale et de poésie, ignorant comme tout homme du bel air; et cependant venait-on à parler de cabarets et de vignobles, on s'étonnait de le trouver presque érudit. Il connaissait l'histoire de tous les clos de France, d'Espagne, d'Italie et d'Allemagne; il savait par cœur tous les vers avinés de son poëte Saint-Amand, et l'on dit même qu'il avait fait assez d'effort sur sa paresse pour retenir de mémoire ce quatrain moral du président Mathieu :

Ainsi qu'au cabaret, l'homme demeure au monde;
Le plaisir et le vin se laissent avaler;
Le temps y dure peu, tant que la joie abonde,
Et puis il faut compter, payer et s'en aller.

Il n'y avait guère à Paris que deux tavernes qui fussent dignement rivales du cabaret de la Boisselière : c'étaient celles de Boucingo et la maison de la Guerbois. Boucingo vous est déjà connu, son brevet d'immortalité est signé d'un vers de Boileau. Au besoin ce quatrain de Chapelle compléterait son histoire :

Boucingo, dès son âge tendre,
Posséda la sauce Robert,
Avant même qu'il pût apprendre
Ni son *Ave* ni son *Pater*.

Il excellait surtout à fabriquer de son cru, et sans emprunter quoi que ce soit aux vignobles d'Espagne, une sorte de vin d'Alicante que les délicats préféraient au véritable. Montreuil le vante dans ses vers sans croire faire injure au dieu des vins sincères, et Boursault recommande ainsi à sa Babet ce nectar de fabrique parisienne : « Boucingo vend du vin d'Alicante, qu'il fait lui-même et qu'il donne à cinquante sols la bouteille, qui est la plus agréable liqueur qu'on puisse boire. »

Le cabaret de la Guerbois s'ouvrait dans le quartier fraîchement bâti de la butte Saint-Roch. Lainez, ce poëte buveur qui fit tant de bons vers aiguisant la soif, et un long poëme sur le *Tirbouchon*, y venait en voisin. Les cercles fameux alors de la butte Saint-Roch, le *club* chansonnier que présidait le chevalier de Bouillon et qu'égayaient Chaulieu et la Fare, y envoyaient leurs commensaux. Après une bonne séance bien malicieuse, on descendait chez la Guerbois, on venait achever d'y manger le prochain, non sur du pain sec, mais avec une grasse poularde, et s'il y avait quelque dissentiment, on vidait du même coup, comme disait Lainez, le débat et les écuelles. Les gens de robe et les hommes de finance y venaient aussi à la file. *Est-il*, dit Boursault,

Est-il un financier noble depuis un mois
Qui n'ait son dîner sûr chez madame Guerbois?...

Et c'était là une bonne clientèle, buvant bien et payant mieux. Aucun vin n'était trop cher pour ces Crésus des quartiers neufs. Leur renom en ce genre datait de loin, du reste. Déjà, sous Henri IV, Courval Sonnet avait dit :

Les plus excellents vins de Grave et de Coussy
D'Ay, Beaulne, Avenay, Versenay et Issy,
Les exquis muscadets, appelés vins de couche,
Sont toujours réservés pour la friande bouche
De ces bons financiers qui n'épargnent nul prix.

Les hommes de cour et de guerre ne dédaignaient pas eux-mêmes cette taverne des robins et des gens de finance. Quand il s'agit de boire, y a-t-il jamais mésalliance entre les gens? L'ivresse et la joie n'ont jamais regardé à l'habit.

Le buveur qui venait le plus assidûment chez la Guerbois était le président de M..., juge intègre, magistrat sans reproche, mais aussi et surtout ivrogne ivrognant toujours avec délices. Ménage, qui le voyait souvent, nous dit que lorsque ce brave homme se trouvait pris de vin, il y trouvait tant de plaisir, qu'afin de se souvenir qu'il devait encore s'enivrer le lendemain, il piquait des épingles sur sa manche.

Le célèbre fermier général M. de Béchamel, marquis de Nointel, venait aussi dans ce cabaret des friands gourmets pour y déclamer *ex professo* des leçons de haute gastronomie. Il donnait appétit au mieux repu, quand la bouche parfumée, l'œil ardent, ses manches de dentelle retroussées jusqu'au coude, il expliquait avec une délicatesse savante comment, pour les *sauces financières* qui ont gardé son nom, les épices et les plus fins hachis doivent s'harmonier avec les champignons. C'est là qu'il fit manger à ses amis, à ses fidèles, les premiers pâtés chauds, les premiers vol-au-vent élaborés sous ses yeux, dans les officines culinaires de son hôtel de la rue des Petits-Champs. Je gage que Molière avait surpris au passage le menu d'un repas dressé par M. de Béchamel, quand il écrivit cette carte d'un dîner à servir pour son *Bourgeois gentilhomme* :

« Si Damis s'en était mêlé... il ne manquera pas de vous parler d'un pain de rive à bizeau doré, relevé de croûte partout croquant tendrement sous la dent; d'un vin à la séve veloutée, armé d'un goût qui n'est point trop commandant; d'un carré de mouton gourmandé de persil; d'une longe de veau de rivière, longue comme cela, blanche, délicate, et qui, sous la dent, est une vraie pâte d'amande; de perdrix relevées d'un fumet surprenant; et, pour son opéra, d'une soupe à bouillon perlé, soutenue d'un gros jeune dindon cantonné de pigeonneaux et couronné d'oignons blancs mariés avec la chicorée. »

Voilà un style assez appétissant, et qui n'est pas trop à dédaigner pour du style de cuisine. Mais, fi! c'est de la prose, et M. de Béchamel voulait, pour ses recettes, le divin langage des vers. Quand il rédigea, sous le nom de M. Lebas, son cuisinier, les préceptes gastronomiques qu'il dédiait aux gens de cour, il les formula en petits vers et en madrigaux. Bien plus, il voulut qu'on chantât ses recettes poétiques, et il marqua les airs sur lesquels s'ajustait le rhythme de leurs vers. Chaque plat eut son refrain, chaque assaisonnement sa musique. Désiriez-vous savoir comment se préparaient les perdreaux à l'espagnole, vous n'aviez qu'à chanter sur l'air : *Petits oiseaux, rassurez-vous :*

Du vin, de l'huile et du citron,
Coriandre et la rocambole,
Dans ce ragoût à l'espagnole,
Le tout ensemble sera bon.

Vouliez-vous tâter d'un fin coulis d'écrevisses, eh! vite, il vous suffisait de fredonner avec l'air : *Petits moutons qui dans la plaine :*

Les écrevisses bien pilées,
Mitonnez-les dans du bouillon;
Joignez-y du pain qui soit bon,
Et que toutes soient bien passées.

Le maréchal d'Estrées était aussi docte dans la science des vins que M. de Béchamel dans la connaissance des plats friands. C'est lui qui sut impatroniser le premier, dans les nobles cabarets de Paris, les vins exquis qu'il tirait de sa terre de Sillery. Sa femme veillait aux vendanges et à la préparation du mousseux nectar, tandis que lui-même il présidait à sa dégustation. La renommée qui a consacré et perpétué la vogue du Sillery, mis ainsi en honneur, lui a même laissé, en souvenir de madame d'Estrées, le nom de *vin de la Maréchale.*

Un cabaret, à Paris, avait pris le nom par excellence d'*Hostel des ragoûts.* Je ne sais lequel ce pouvait être; mais, d'après ce que nous avons appris, je croirais volontiers que c'était celui de la Guerbois. Quel qu'il fût, on y faisait bonne chère, si bien qu'un chansonnier du temps ne trouva pas indigne de ses stances la description de l'ordre observé dans cette *gourmanderie* illustre. Nous citerons les plus curieuses de ces strophes, vrai menu dithyrambique.

## L'HOSTEL DES RAGOUSTS.

### STANCES.

L'hoste donne une table ronde,
Une nappe et douze couverts,
Et qu'aucun rimailleur de vers
Ne s'en approche et ne la tonde.
A ce rond qui n'a point de bout,
La place d'honneur est partout;
Trêve de la cérémonie,
Ne choquons point la volonté;
Que la contrainte soit bannie.
Et que chacun de nous vive en sa liberté.

. . . . . . . . . . . . . . .

Ne charbonnons point la muraille,
Ce n'est que le papier des foux
Ou le registre des filoux,
Des gourmands et de la canaille.
Garçon, apporte-nous du pain,
Donne de l'eau, lavons la main;
Je vois que l'hoste s'achemine,
Il est midy, çà plaçons-nous.
Ces bouteilles ont bonne mine,
Garçon, mets-nous à part et ce gris et ce doux.

Vient ensuite l'éloge détaillé des divers plats.

Orgueilleuse et belle éminence,
Superbe mets, gigot fessu,
Présent digne d'être reçu,
Glorieux jambon de Mayence,
Admirable et riche aliment,
Des festins le bel ornement,
Jambons de Soule et de Bayonne,
A la façon des vieux guerriers,
Suivez Bacchus, suivez Bellone,
Et venez nous trouver tout chargés de lauriers.

. . . . . . . . . . . . . . .

A ce glou-glou de nos bouteilles
Nous employons un riche temps;
Mais pour être mieux écoutans,
Pourceau, prête-nous tes oreilles;
Que ta bajoüe y soit aussi,
Que la fumée ait noircie;
Preste-nous aussi ton eschine,
Tes saucisses et ton museau;
Les ragousts de notre cuisine
Ne sauroient faire un pas sans tes pieds de pourceau.

. . . . . . . . . . . . . . .

Petits habitants de montagne,
Qui vous paissez de serpolet,
Qui cachez sous un poil follet
Le meilleur morceau de campagne;
Venez, petits caprioleurs,
Vêtus de vos grises couleurs,
Quittez la grotte souterraine
Où vous courez mille hazards;
Venez, bons lapins de garenne,
Pour éviter ici les ruses des renards.

N'allez pas croire que le cabaret de la Guerbois fût un cours permanent où la bonne chère ne servait que de prétexte à de doctes méditations. La gourmandise n'y était en aucune façon ni pédante ni gourmée. On y savourait avec théorie d'accord, mais on y mangeait aussi avec la vigueur d'un bon appétit pratique. Quelquefois même l'ivresse franche et joyeuse, l'ivresse du peuple, la bonne, pouvait s'y gagner; et alors, vraiment, la noble taverne devenait aussi bruyante, aussi pleine de tumulte, de chants joyeux et de jurons que la plus triviale guinguette des faubourgs.

Un soir, le prince Henri de Bourbon, fils du grand Condé, y fit pareille débauche, avec quelques seigneurs ses familiers. Au dessert, tout le monde déraisonnait : les uns parlaient de la cour, les autres du théâtre; les uns des dames de la reine, les autres des filles de la rue du Chantre; ceux-ci de leurs valets, ceux-là de leurs chiens. Mais ce qui dominait le désordre de toutes ces conversations croisées, c'était une dissertation verbeuse de M. de Conti sur l'appétit de ses bassets.

« — Mes chenils me ruinent, disait-il; je ne sais quelle faim vorace aiguise les dénts de tous les chiens de ma meute, mais ils me dévorent pour mille écus de pâture par mois... Si le prophète Daniel fût tombé au beau milieu de ces mangeurs aboyants, il n'en serait pas sorti sain et sauf comme de sa fosse aux lions.

» — Palsembleu! dit le prince, je gagerais bien que vos bassets n'ont pas un appétit aussi robuste que la Guiche, l'un de mes valets de pied...

» — Quand nous serons à Versailles, nous les mettrons aux prises, si vous voulez.

» — Soit; mais d'abord, pour vous montrer tout ce que ce mangeur incroyable a de puissance dans la mâchoire et de capacité dans l'abdomen, je veux qu'il dévore devant vous et pendant que les douze coups de minuit sonneront, l'immense pièce de viande que voilà. »

Le prince montrait une épaisse éclanche de mouton restée intacte.

« — Je parie, dit M. de Conti, qu'il n'aura pas même le temps d'en dépecer la moitié.

» — Je gage mille louis pour soutenir ce que j'avance.

» — Je tiens la gageure. »

On fit monter la Guiche. C'était un petit homme maigre et membru, à l'œil vif et noir. Quand il sut ce qu'on voulait de lui, il donna tout au milieu de l'éclanche un coup de fourchette qui la traversa; — et s'étant mis à rire, ce qui fit briller à tous les yeux une double rangée de dents longues et tranchantes :

« — Voilà qui est bon seulement, dit-il, pour me mettre en goût et tenir ma mâchoire en activité. »

Ce disant, il s'attabla gravement, découpa avec majesté l'éclanche en douze morceaux qu'il déposa symétriquement, et, la fourchette haute, il attendit. Quand l'horloge commença à sonner, il se mit en besogne. Le premier coup tintait encore qu'il avait déjà englouti deux morceaux. Au sixième coup, il était en avance d'une bouchée. Il en profita pour prendre haleine et avaler un plein verre de vin de Beaune, qui s'engouffra torrentueusement dans son gosier. C'est le prince lui-même qui avait tendu le gobelet à son valet de pied, tant il avait à cœur le succès de sa gageure. Mais la voracité de son formidable mangeur sembla tout à coup se ralentir; ses facultés masticantes et digestives n'avaient plus la même vigueur; les morceaux, vainement hâtés, s'arrêtaient à la gorge, et, pour les faire descendre, la Guiche était forcé de se frapper la poitrine à grands coups de poing. M. de Conti triomphait, le prince de Condé se mordait les doigts d'impatience; car le dixième coup avait retenti et deux tranches restaient à dévorer.

« — Il y a cent louis pour toi, dit le prince au pauvre valet suffoquant, et de plus, je te donne l'intendance de mon hôtel au Marais... Fais donc encore un effort. »

La Guiche se ranima à cette promesse suprême, il embrocha d'un seul coup de fourchette les deux fatales tranches et les avala d'un trait. Il tomba à la renverse, sans respiration, le sang au visage, agonisant et râlant; mais le douzième coup ne faisait que de sonner et le prince avait gagné son pari.

« — Qu'on l'emporte, s'écria-t-il, et qu'on le soigne bien; je l'ai fait mon intendant. Quant à vous, monsieur de Conti, payez-moi mes mille louis. »

La Guiche eut la place promise, mais de sa vie il ne toucha à une éclanche; son exploit glouton resta célèbre. Nous tenons en nos mains une brochure bouffonne, imprimée à Dijon en 1693, avec ce titre : L'*Art admirable de la Guiche pour manger méthodiquement un membre de mouton pendant que douze heures sonnent.* Ainsi, pour arriver à la postérité, il ne faut qu'avoir vaste estomac et robuste appétit.

Après le cabaret des poëtes et ces tavernes des robins, des financiers et des grands seigneurs dont nous avons tenté de vous peindre les mœurs et de vous faire connaître les hôtes, il sera peut-être à propos de vous introduire dans le cabaret des comédiens. Bergerat en était le maître, et il était situé sous l'enseigne joyeuse des *Bons enfants,* dans la rue qui pourrait lui devoir son nom. Le voisinage du Palais-Royal et de son théâtre faisait affluer aux *Bons enfants* les principaux sujets de la troupe de Molière. Le grand poëte y vint souvent lui-même, et Boileau avec lui. C'est même ainsi qu'ayant connu Bergerat, le satirique eut fantaisie de l'immortaliser dans ce vers, où, parlant d'un certain dîner champêtre pris à Baville, chez M. de Lamoignon, il dit :

Et mieux que Bergerat l'appétit l'assaisonne.

Mais de même que le théâtre de l'hôtel de Bourgogne faisait concurrence au théâtre dirigé par Molière, ainsi le cabaret des *Bons enfants* avait pour rival celui de *l'Alliance,* où se réunissaient tous les émules des comédiens du Palais-Royal. Champmeslé, le mari de la fameuse tragédienne aimée de Racine, y venait surtout. Le pauvre homme, oisif et buveur par nature plutôt qu'époux jaloux, venait se distraire au cabaret des ennuis du ménage et des infidélités de sa femme. S'il faut même en croire une médisante indiscrétion de Boileau, dans sa correspondance, il s'y enivrait volontiers avec le vin de Champagne que lui payait Racine en récompense de son silence complaisant. Quand il fut devenu vieux, et que sa femme étant morte, il n'eut plus de tapage à faire au logis et d'infidélité à ignorer, il n'en continua pas moins ses assiduités au cabaret; afin même de clore dignement sa vie, c'est là qu'il vint mourir. Le jour même de sa mort, toujours allègre et dispos, Champmeslé étant allé lui-même faire dire deux messes aux frères Cordeliers, l'une pour sa mère et l'autre pour sa femme (alors les gens de théâtre n'avaient pas scrupule d'être dévots, et quelques dévots d'être gens de théâtre), les messes dites, il donna un quart d'écu (trente sous) au sacristain, qui lui dit :

« — Mais voilà dix sous de trop, et vous me donnez là pour une troisième messe.

» — Eh bien! vous la direz pour moi, reprit tristement Champmeslé; gardez tout. »

Il sortit alors de l'église, et s'achemina vers son cher cabaret. Plusieurs de ses camarades étaient assis sur un banc et causaient à la porte; il prit place auprès d'eux et se mêla à l'entretien. Il s'agissait d'un repas à faire de compagnie.

« — Parbleu, j'en serai, s'écria-t-il, et ce soir nous dînerons ensemble. »

A peine achevait-il ces mots, qu'il tomba lourdement par terre; on s'empressa de le relever : il était mort.

Les cabarets abondaient autour de l'hôtel de Bourgogne : les comédiens et les oisifs de théâtre sont de si bonnes pratiques pour les maisons où l'on boit, et puis la halle à la marée, dont le parfum seul donnait soif, était si près de là! D'abord c'étaient les *Deux faisants* que le tonnerre faillit consumer le 3 juillet 1664, dit Loret :

> Où maint friant et maint comique,
> Par débauche ou bien autrement,
> Vont repaître ordinairement...

Puis, *vers les places de Montorgueil,* selon la pompeuse expression de notre lyrique des tavernes, on trouvait les *Trois maillets*. Enfin, tout proche du théâtre s'ouvrait le fameux cabaret de *l'Ange :*

> Séjour des muses et des vers,
> Où l'on recognoit sans envie,
> Parmi tant d'accidents divers,
> Les stratagèmes de la vie;
> Esprits qui, par vos fictions,
> Nous découvrez nos passions,
> Je n'ai pas vu votre théâtre,
> Qu'aussitôt je ressors de là
> Pour un *Ange* que j'idolâtre,
> A cause du bon vin qu'il a.

Chapelle venait souvent boire à *l'Ange*. Un soir qu'il en sortait à moitié ivre et tout à fait bien repu, il entra à l'hôtel de Bourgogne, où l'on jouait je ne sais plus quelle tragédie assaisonnée de combats et de coups d'épée. Une fois assis sur une des banquettes du théâtre, il se sentit si bien bercé par le rhythme monotone de la déclamation du gros Mondory, que, déjà alourdi et somnolent par l'effet de la digestion, il s'endormit tout à fait. Il ronflait depuis une heure à l'unisson du gros tragédien, quand arriva la scène de la bataille. Le cliquetis des épées le tira de son somme :

— Au voleur! au tirelaine! cria-t-il, se levant en sursaut à ce bruit, et d'une main enfonçant son feutre, de l'autre étreignant son manteau. On n'est pas en sûreté ici. Au meurtre! on m'assassine!

Debout sur l'avant-scène, brûlant presque les rubans de ses chausses aux flammes des chandelles, les jambes titubantes, regardant sans voir le parterre qui riait aux éclats et les acteurs qui se tordaient dans leurs loges, il resta ainsi quelques minutes à hurler et à se démener, puis il prit sa course, en criant :

« Décidément, je ne passerai plus le soir sur ce maudit pont Neuf. »

Il retourna s'enfoncer dans son cher cabaret. « On ne put l'en tirer, dit d'Assoucy, de qui nous tenons l'histoire, que lorsqu'il eut épuisé le tonneau que l'on avait mis en perce pour le faire revenir de sa défaillance. »

Les musiciens n'avaient pas, que nous sachions, de cabaret préféré. Ces gens-là s'altèrent et boivent partout. Tout lieu leur était bon pour *chanter le beau pinceau,* comme on disait au temps de d'Aubigné, pour désigner le verre, qui enlumine si bien la trogne. En quelque endroit qu'on leur offrît de boire, ils faisaient raison et trinquaient des deux mains. Mais leur bourse aussi restait toujours close. C'était la réputation qu'ils s'étaient faite dans le monde ivrognant : « Mauvaise connoissance qu'un musicien de l'Opéra! dit M. Grifon dans *la Sérénade;* ils mènent les gens au cabaret, et il faut toujours payer pour eux. »

Les danseurs buvaient avec plus d'ensemble et de fraternité que leurs collègues de la musique. L'*Épée de bois,* dans la rue de Venise, était leur taverne de prédilection. Quiconque se fût avisé de s'enivrer ailleurs eût forfait aux lois de la compagnie. Mieux eût valu faire un entrechat contre la mesure. Quand Louis XIV eut organisé les danseurs en académie et leur eut assigné pour lieu de réunion une des salles du Louvre, nos pauvres gens se trouvèrent bien empêchés dans ce grand palais, sous ces voûtes dorées. Un beau jour ils s'échappèrent, gagnèrent d'une volée leur cher *Épée de bois*, et ne le quittèrent plus. « C'est dans ce lieu favori que se réunissaient les académiciens, dit M. Castil-Blaze, qui finira le tableau pour nous. C'est là que se réglaient les intérêts de l'empire du rigodon et du menuet; c'est là que se faisaient les élections, et, sans divertir à autre acte, sans quitter l'académique fauteuil, on servait le dîner sur la table où chacun venait d'écrire son bulletin. La nappe couvrait le tapis vert, la bouteille succédait à l'écritoire, la soupière remplaçait l'urne du scrutin, et l'on buvait à longs traits à la santé du nouvel académicien, au voyage de celui que la mort venait de rayer du contrôle. »

Les gens d'église, et n'allez pas nous imputer à malice si nous les plaçons après tous ces buveurs profanes, les prêtres et les moines, disons-nous, avaient en la Cité, dans le quartier de l'*Université,* leurs tavernes et leurs *gourmanderies,* comme dit Rabelais : le *Riche laboureur* dans l'enclos de la foire Saint-Germain, la *Table Roland* dans la vallée de Misère, nom bien mal choisi pour un lieu illustré par une si belle taverne; aussi l'apologiste des cabarets s'écrie-t-il :

Que n'ai-je cent mille ducats
Afin d'en faire bonne chère
Des morceaux les plus délicats
Qui sont dans ce lieu de *misère!*

Mais c'est au *Treillis vert* de la rue Saint-Hyacinthe qu'affluaient de préférence les moines de toutes les communautés : capucins, célestins, jacobins, cordeliers. Et comme ils buvaient! les jacobins et les cordeliers surtout, vraies tonnes encapuchonnées :

Boire à la *capucine*,
C'est boire pauvrement,
Boire à la *célestine*,
C'est boire largement;
Boire à la *jacobine*,
C'est chopine à chopine;
Mais boire en *cordelier*,
C'est vider le cellier.

Jamais d'eau dans leur vin! fi! c'eût été profanation et contre les lois de l'Église qui, défendant l'eau pour le vin de l'Eucharistie, ne peut le commander pour celui du cabaret. Quand un moine allait prêcher en quelque église de province, que demandait-il pour prix de sa prédication pendant tout un Avent ou un Carême? Rien que quelques bons brocs de vin pour son gosier altéré. Bien boire ce n'est pas rompre le jeûne.

Les prêtres, nous l'avons dit, venaient aussi aux tavernes, mais moins hardiment que les moines. Les paroissiens les eussent montrés du doigt à la sortie, et une bonne chanson des gabeurs du coin eût fait justice de leur ivresse. Le curé Hardi, qui pendant la Ligue avait effrontément sali sa soutane dans tous les cabarets de Paris, avait trop bien appris à ses dépens ce qu'une telle conduite fait germer de scandales et de satires. Courval Sonnet lui avait décoché entre autres virulentes invectives ces rimes âpres et mordantes :

Oses-tu d'un curé, Hardy, porter le nom,
Lutin de cabaret, estalon de taverne,
Épicure gourmand que le ventre gouverne,
Marmiton de cuisine, insigne escornifleur,
Des bachiques liqueurs friponnier recéleur?...

Il n'y avait guère de cabarets à Paris où le libertinage des mauvais prêtres n'apportât son scandale. Les vaudevilles et les satires en faisaient raison. Le couplet d'une farce de 1697, *Pasquin et Marforio,* gourmande ainsi, sous un pseudonyme sans doute, l'un de ces abbés ivrognes :

On dit que l'abbé Friquet
Est toujours au cabaret,
Ce n'est qu'une médisance;
On dit que de l'*Alliance*
On l'a souvent rapporté
Sans raison ni connoissance,
C'est la pure vérité.

*Les Mémoires de la calotte* vont plus loin, ils nomment par son nom l'abbé Rattier, accusé d'une scène scandaleuse dans une taverne, et ils lui envoient un brevet d'aumônier en leur régiment des fous, le tout d'après le témoignage d'un certain Verdier, lequel, disent-ils :

..... Nous assure avoir vu
Le susdit prêtre, en sa colère,
Tranchant du jeune mousquetaire,
Poursuivre l'épée à la main
Certain quidam, marchand de vin
Qui, par respect pour la soutane,
N'osa répondre à coups de canne.

Enfin Gacon, dans sa XV^e satire, met en scène un curé et un traiteur, celui-là sermonné par celui-ci qui s'en venge plus tard en refusant de l'enterrer en terre sainte :

..... Si ce directeur
A paru tant haïr un célèbre traiteur,
Jusqu'à ne vouloir pas le mettre en terre sainte,
C'est qu'un jour ce traiteur, homme libre et sans feinte,
Luy reprocha son crime, et luy dit hautement :
Cessez de me prêcher, ou vivez autrement.

Les pédants de l'Université tenaient table au cabaret de *la Corne*, qui, de la rue des Sept-Voies, était descendu à la place Maubert.

Je préfère au meilleur collége
*La Corne* en la place Maubert,

dit notre rimeur panégyriste des tavernes, et tout étudiant le pensait comme lui. Ils venaient aussi faire carousse le jour du Landit et des grandes fêtes universitaires à cet *hôtel Saint-Quentin* de la rue des Cordiers que Leibnitz, Gresset, Bordes, Mably, Condillac, devaient habiter plus tard, et auquel J.-J. Rousseau, qui y vint après eux et sur la recommandation de leur séjour, devait laisser son nom, qu'il a gardé. Mais c'était à *l'Écu d'argent* que l'on était sûr de trouver, un jour de grand gala, tous les plus fins gourmets de l'Université. Il n'y avait qu'à *l'Écu d'argent* qu'on tâtait du bon vin de Beaune. Les *Trois entonnoirs*, près des Carneaux, dont ce vin bourguignon faisait la renommée, n'en servaient pas de meilleur. C'est seulement aussi à *l'Écu d'argent* qu'on pouvait savourer sans crainte de contrefaçon ces soupes à la mode dont Boileau nous donne la recette un peu ironique dans sa troisième satire :

Que vous semble...... du goût de cette soupe ?
Sentez-vous le citron dont on a mis le jus
Avec un jaune d'œuf mêlé dans du verjus ?

Montmaur trônait à *l'Écu d'argent*, comme Chapelle chez Cresnay. Quand du haut de la tourelle doctorale qu'il habitait au collége de Boncourt il avait vu les cheminées fumer de ce côté ; quand son nez, toujours tourné à friandise, comme celui de Saint-Jacques de l'Hôpital, avait cru saisir dans ces lointaines émanations le présage d'un bon dîner, il descendait, enfourchait sa mule, et arrivait à point pour bien manger et bien rire. C'est là que son appétit et ses bons mots, les uns payant pour l'autre, lui firent tant d'envieux dans la famélique Université; c'est là que Ménage, lui donnant pour chaire une large marmite, le montre qui enseigne la cuisine aux marmitons, dans son poëme satirique *Vita Gargilii Mamurræ parasitopædagogi;* enfin, c'est là que d'Alibray, autre jaloux, amène Mercure pour métamorphoser ce grand glouton en marmite. Le Dieu, dit-il,

> Raccourcit ses deux pieds, de ce bâton aussi
> Qu'il tenoit en sa main fait un pied raccourci;
> Après, sur ses trois pieds il rendurcit son ventre,
> Fait qu'avec l'estomac toute la tête y rentre;
> Ses deux bras attachés au cou comme jadis,
> Sur le ventre tombant, sont en anse arrondis;
> Le collet du pourpoint s'élargit en grand cercle;
> Le chapeau de docteur s'aplatit en couvercle, etc.

Montmaur, en son vivant, avait été bon professeur de grec. Quand il eut rendu l'âme dans un dernier hoquet, on chercha les livres qu'il avait pu faire, on n'en trouva point. Alors on lui supposa toute une collection d'ouvrages que sa science n'aurait pas dictés, mais que son appétit aurait certainement avoués : « Examen et réfutation du dire de saint François Xavier : *Satis est, Domine, satis est* (C'est assez, Seigneur, c'est assez). — Traité des quatre repas par jour, leur étymologie. — Requête à M. le lieutenant civil à ce qu'il lui plaise faire défense aux cabaretiers d'avoir des plats dont le fond s'élève en bosse, ce qui est une manifeste tromperie, etc. »

Cicerone souvent bavard, mais plus souvent désorienté, nous venons de vous conduire dans les plus fameux cabarets de ce temps-là; vous connaissez les plus avenantes et les mieux hantées de ces maisons de joie, mais ce pèlerinage *popinatoire* n'est pas près de finir, nous n'en avons marqué que les premières stations. Pour les autres, pour les dernières, nous vous donnerons un meilleur guide, c'est le gros Saint-Amand que nous vous dirons de suivre, et avec ce poëte, la fleur des *goinfres*, ce sera bientôt fait : il ne vous faudra pas un jour pour parcourir ce qui vous reste à connaître du Paris joyeux et ivrognant.

Ce gros homme est un buveur cosmopolite. Il a porté sa panse en cent lieux de la terre, et partout il a rimé, après boire, les louanges de l'ivresse. Le comte d'Harcourt, notre vieil ami, est son compagnon. Ils ont fait ensemble le voyage de Candie, et, sans peur de l'onde amère, ils ont trinqué sur la poupe, ils ont bu à tous les dieux marins. De Candie, Saint-Amand est allé à Rome, mais il n'y a trouvé que des faces sacerdotales moins fleuries que les visages des chanoines parisiens. Il n'a pu même attendre la fin du carême. Revenu à Paris, voici comment il a redit, en quatre vers, à l'un des goinfres ses amis, tous ses muets anathèmes d'ivrogne, tout son dédain énergique contre la ville des papes :

O bon ivrogne, ô cher Faret!
Qu'avec raison tu la méprises!
On y voit plus de trente églises,
Et pas un pauvre cabaret!

Depuis ce temps, rien n'a pu le distraire de la vie joyeuse dont il a retrouvé le digne théâtre. Une seule fois, Faret a voulu l'emmener encore loin de Paris, et lui faire respirer l'air frais des champs dans les plaines de la Bresse, sa patrie; mais, loin de faire droit à cette envie du goinfre réfractaire, Saint-Amand n'a cru devoir lui répondre que par une longue épître en style de buveur bon conseiller :

Qui te porte à ce beau projet?
Parle, cher ami, je t'en prie,
Si tu ne veux que je m'écrie :
On fait à savoir que Faret
Ne rime plus au cabaret.
. . . . . . . . . . . . . . .
Laisse les soins pour d'autres testes,
Laisse les forêts pour les bestes,
Laisse les eaux pour les poissons,
Et les fleurs pour les limaçons,
Aussi bien, à voir ton visage,
Cela n'est point à ton usage;
La campagne n'a point d'appas
Qui puissent attirer tes pas;
Et de l'air dont tu te gouvernes,
Les moindres échos des tavernes
Te plaisent plus cent mille fois
Que ne font les échos des bois.

Pour lui, il a continué ses pérégrinations dans les tavernes, passant toutes ses journées soit à *l'Épée royale*, cabaret fameux dont la grille de fer, curieusement ornée et festonnée, se voit encore au coin des rues Barre-du-Bec et Saint-Merry; soit auprès de Saint-Eustache, chez Cormier, hôte indulgent et de crédit facile. C'est là qu'il rencontrait souvent Maricourt, l'un de ses meilleurs compagnons, le même qu'il apostrophe ainsi quelque part :

Franc Picard à la rouge trogne,
Brave Maricourt, noble ivrogne,
Qui crois être sur ton fumier,
Quand tu présides chez Cormier.

Pour enseigne parlante, Cormier avait fait peindre au-dessus de sa porte l'arbre dont il portait le nom, et Saint-Amand ravi avait pu dire :

Paris, où fleurit un Cormier,
Qui des arbres est le premier.

Heureuse métaphore d'ivrogne qui se retrouve encore dans ce couplet bachique :

Mon gros Jean Gourman,
Que j'ay l'âme ravie
D'envie
De voir
Ton visage charmant.
Chacun rit,
Et, revoyant ta trogne,
D'un ivrogne,
Le Cormier fleurit.

Saint-Amand avait aussi dans ses préférences un cabaret de la rue de *la Perle*, au Marais, lequel avait succédé au fameux brelan de *la Perle* si hanté au moyen âge, et qui avait transmis son nom à la rue. Ce qu'il aimait dans ce lieu, c'est que l'heure n'y marchait pas. On n'y voyait qu'une mauvaise horloge toujours arrêtée ou en retard, sous laquelle se lisait :

Que j'aille bien ou mal, il ne t'importe pas,
Puisque céans toute heure est l'heure des repas.

Même lorsqu'il était loin de Paris, Saint-Amand trouvait encore à bien boire et à bien fumer. Étant allé passer quelque temps dans les terres du duc de Retz, près de Belle-Isle, il ne se fit pas un exil de cette solitude, il découvrit dans le bourg de Sauzon un cabaret borgne, tenu par un borgne nommé la Plante, et, ne demandant rien de mieux, il y passa ses journées. Une lettre écrite par M. Roger, commissaire de la marine, le 15 décembre 1737, et reproduite au tome II, page 454 du *Recueil du Parnasse*, nous donne ces piquants détails sur le genre de vie que menait Saint-Amand à Belle-Isle : « Mon aïeul maternel, sénéchal de Belle-Isle, écrit M. Roger, étoit du même goût, et intime ami de notre poëte. J'ai encore une vieille armoire sur laquelle nos deux champions montoient : ils avoient entre eux une petite table chargée de bouteilles de vin. Là, chacun étant sur sa chaise, ils y faisoient des séances de vingt-quatre heures. Le duc de Retz les venoit voir de temps en temps dans cette attitude. Quelquefois la table, les pots, les verres, les chaises, les buveurs, tout dégringoloit de haut en bas. » Quand Saint-Amand était malade d'avoir bu, il se retirait dans une grotte qui porte encore le nom de *la Grotte de Saint-Amand*, où il a composé plusieurs de ses pièces.

C'est à Belle-Isle, chez la Plante, que notre gros goinfre consuma l'odorante cargaison de *petun* (tabac) qu'il avait rapportée d'Orient. Quand la dernière feuille s'en fut exhalée en fumée, ne trouvant point dans les poches de son haut-de-chausses le moindre doublon pour payer la Plante, mais sentant, au contraire, la rime active s'éveiller dans son cerveau, il composa ce sonnet en l'honneur de l'hôte et de sa tabagie :

Voici le rendez-vous des enfants sans souci,
Que pour me divertir quelquefois je fréquente.
Le maître a bien raison de se nommer *la Plante*,
Car il gagne son bien par une plante aussi.

Vous y voyez Belot, pâle, morne, transi,
Vomir par les naseaux une vapeur errante;
Vous y voyez Jallards chatouiller la servante,
Qui rit du bout du nez en portrait raccourci.

Que ce borgne a bien plus Fortune pour amie
Qu'un de ces curieux qui, soufflant l'alchimie,
De sage devient fol, et de riche indigent!

Celui-ci sent enfin sa vigueur consumée,
Et voit tout son argent se résoudre en fumée;
Mais lui de la fumée il tire son argent.

Ce sonnet est vif, gai, petillant comme une pipe bien fumeuse et bien embrasée. Mais écoutez cet autre, il est triste et philosophique comme un cigare éteint:

Assis sur un fagot, une pipe à la main,
Tristement accoudé contre une cheminée,
Les yeux fixés vers terre et l'âme mutinée,
Je songe aux cruautés de mon sort inhumain.

L'espoir qui me remet du jour au lendemain
Essaie à gaigner temps sur ma peine obstinée,
Et me venant promettre une autre destinée,
Me fait monter plus haut qu'un empereur romain.

Mais à peine cette herbe est-elle mise en cendre,
Qu'en mon premier état il me convient descendre,
Et passer mes ennuis à redire souvent :

« Non, je ne trouve pas beaucoup de différence
De prendre du tabac, à vivre d'espérance,
Car l'un n'est que fumée, et l'autre n'est que vent. »

Dans le Marais, près de la place Royale, dans la rue alors nouvelle du Pas-de-la-Mule, et vers le milieu de la montée, se trouvait à cette époque un cabaret fameux, que la qualité des gens qui le fréquentaient, l'exquise recherche des plats servis et sa propreté singulière, seul luxe de ce temps-là, avaient tout d'abord posé en rival heureux de celui de la Boisselière et de celui de la Guerbois. La Coiffier, cette femme joyeuse dont Tallemant des Réaux nous entretient souvent dans ses historiettes, était l'hôtesse de cette riche taverne; et, comme si elle eût deviné le nom que notre époque destinait aux dandys, successeurs brillants des muguets qui venaient dans sa salle basse, elle avait arboré pour son cabaret l'enseigne significative de la *Fosse aux lions*. Le maître du café le plus à la mode de nos jours, le propriétaire des salons du *Jockey's Club*, n'aurait pas trouvé mieux.

Avant de venir rue du *Pas-de-la-Mule*, la Coiffier avait eu son cabaret près de Saint-Nicolas des Champs. C'est là que l'auteur de l'*Ode à la louange des cabarets* l'avait connue et célébrée :

Amants, que l'on voit à tous coups
Pleurer une importune flamme,
Je sens aussi bien comme vous
L'amour qui se glisse en mon âme.
La Coiffier me rend soucieux,
Elle seule plaît à mes yeux,
Et mon amour est immortelle,
Voyant un objet si divin,
Non pas pour coucher avec elle,
Mais bien pour boire de son vin.

En changeant de quartier, elle n'avait pas changé de clients, tous l'avaient suivie, chantant à tue-tête ce couplet que nous trouvons dans un recueil de 1628 :

Sus, allons chez la Coiffier,
Ou bien au Petit-More;
Je vous veux tous défier
De m'enivrer encore.

Saint-Amand venait souvent à la *Fosse aux lions;* mais, chose plus singulière, Voiture, le buveur d'eau, y venait aussi quelquefois, attiré par l'élite des gens nobles ou lettrés qui y tenaient compagnie. Le hasard fit que les deux poëtes s'y rencontrèrent, et ce fut là une plaisante entrevue. Ce fut moins la rencontre de deux académiciens que celle de deux éléments ennemis. Le vin et l'eau, personnifiés l'un et l'autre dans leurs plus ardents champions, étaient en présence.

« — Ah! monsieur de Voiture, dit Saint-Amand, c'est du plus loin qu'on ne vous a vu. Puis il ajouta avec un dédain superbe : — Vous venez si peu au cabaret!

» — Et vous, si rarement à l'Académie!

» — C'est vrai : la docte société pourrait me prendre pour un boudeur. Mais qu'y faire : mon destin est de lui tourner le dos; le poids de ma panse énorme m'emporte sur une autre pente, et m'amène toujours essoufflé et altéré jusqu'à la porte d'une taverne.

» — Nous savons bien que s'il fallait assimiler votre existence à quelque chose, il faudrait en comparer le cours au flot rapide qui s'échappe d'une tonne défoncée.

» — Ah! voilà du beau langage; mais je trouve que cette comparaison sent trop son vieux temps, et, comme je vous sais d'esprit inventif, je vous prierais de nous en percer d'une autre. »

Voiture rougit à ces derniers mots, allusion maligne à l'état de son père, le cabaretier d'Amiens. Voyant, au contraire, qu'on l'avait compris, Saint-Amand continua :

« — Et vous, poëte limpide, à quoi faudrait-il comparer le cours si fleurissant de votre belle vie? A quelque claire fontaine, sans doute; à quelque doux ruisselet serpentant au milieu des roses. Car l'eau seule est votre Dieu, votre source de poésie.

» — C'est un élément divin!

» — C'est une boisson détestable.

» — C'est la liqueur des muses.

» — C'est le poison des poëtes.

» — C'est le nectar des gens de notre sorte, dit alors de sa voix la plus flûtée le petit Painchêne, neveu de Voiture. C'est la seule libation des auteurs de notre famille.

» — De votre famille! Ah! voilà un mot des plus imprudents, monsieur Painchêne! Fi! que vous êtes oublieux, que vous êtes ingrat! Ne vous souvient-il donc plus, à vous qui vantez ainsi les buveurs d'eau comme gens de votre famille, ne vous souvient-il plus de ce bon M. Voiture qui faisait commerce de vin en la ville d'Amiens, sous l'enseigne du *Pigeon blanc?* Ce qui ne l'empêcha pas, le pauvre homme, de créer et mettre au monde M. de Voiture que voici, grand poëte par nature, et buveur d'eau par vanité. »

Voiture, le poëte dameret, rougit jusqu'aux oreilles.

« — Et qui vous a dit, monsieur de Saint-Amand, s'écria-t-il, qui vous a dit que je méconnaissais mon père?

» — Qui me l'a dit? Vraiment, ce sont vos œuvres, ce sont vos petits rondeaux à la louange de l'eau. Est-ce donc le fait d'un bon fils qui doit avant tout achalander d'ivrognes la boutique de son père que d'aller chanter partout, ainsi que vous le faites :

D'un buveur d'eau, comme avez débattu,
Le sang n'est pas de glace revêtu,
Mais si bouillant et si chaud au contraire,
Que chaque veine en eux est une artère
Pleine de sang, de force et de vertu.

» Ou bien encore :

Vénus, d'Amour la gracieuse mère,
Naquit de l'eau sur les bords de Cythère;
Aussi son fils favorise surtout
Un buveur d'eau.

» Eh! c'est bien autrement, morbleu! que vous deviez parler! Il fallait vous couronner de lierre, prendre le thyrse pour sceptre poétique, et ne chanter jamais que des rondeaux aiguillonnant l'ivresse; il fallait boire surtout, sinon par goût et vocation d'ivrogne, au moins par amour filial. Ainsi, mon poëte, vous auriez bien mérité des buveurs et de votre bonhomme de père; ainsi vous n'auriez jamais servi de point de mire aux railleries des méchants.

» — Et qui donc, s'il vous plaît, a jamais osé se prendre à moi?

» — Qui? Mais Saint-Gilles, le gai mousquetaire. Avez-vous oublié son quatrain moqueur :

Quoi! Voiture, tu dégénère!
Hors d'ici, maugrebi de toi!
Tu ne vaudras jamais ton père,
Tu ne vends de vin, ni n'en bois.

» Et le vieux M. de Bassompierre aussi : « Le vin qui donne du cœur aux » autres, disait-il, fait pâmer M. de Voiture. »

» — Eh! foin de ces comparaisons et de ces railleurs! s'écria le poëte hors de lui; je défie quiconque voudra soutenir que je méconnais mon père et rougis de son état.

» — Voilà un noble élan, un généreux cartel; mais c'est le verre en main qu'il faut le soutenir. Allons, monsieur de Voiture, armez-vous de ce rouge-bord, videz-le, tenez-moi tête, et prouvez-nous encore une fois au moins que vous n'êtes pas dédaigneux de la liqueur paternelle. Cela fait, j'irai dire partout que vous êtes

Au demeurant, le meilleur fils du monde.

Le défi caché sous cette ironique invitation était pressant, irrésistible. Voiture céda; rendu hardi par la colère, il triompha de ses dégoûts, et, saisissant d'une main tremblante le verre qu'on lui présentait, il avala d'un trait et sans faire trop la grimace tout le vin qu'il contenait.

« — Victoire! s'écria Saint-Amand, les buveurs comptent un poëte de plus.

» — Pas encore, reprit Voiture, que la chaleur du vin animait déjà et rendait plus ardent à la riposte; car moi aussi je maintiens mon sentiment, et je soutiens à mon tour qu'aucun poëte n'est digne de ce titre s'il dédaigne l'eau, poétique liqueur, dont l'Hippocrène est la plus vive source. A vous donc, monsieur de Saint-Amand, à vous ce plein verre d'une liqueur tant chérie par Apollon et les Muses! Si vous ne le videz à l'instant, moi aussi je vous déclare indigne de prendre place dans la grande famille des poëtes. »

Tout le monde applaudit de la voix et des mains à cette plaisante idée de joyeuse vengeance, et triomphant à son tour, Voiture versa une pleine aiguière dans le verre toujours vide de Saint-Amand.

Le gros homme frémit, et quand l'eau descendit par limpides cascatelles dans l'immense gobelet, on le vit pour la première fois pâlir sous le fard vineux dont tant de jours d'ivresse avaient enluminé ses joues.

« — Allons, à votre tour! s'écria une seconde fois Voiture, qui jouissait de sa stupeur, j'ai fait ma première libation à Bacchus, faites la vôtre aux Muses.

» — Point de façon, monsieur de Saint-Amand, dit aussi le petit Painchêne; si l'eau est de saveur si mauvaise, vous avez là près de vous un plein broc de vin de Cahors qui saura bien vous remettre le cœur. Allez, allez, l'eau ne fait qu'altérer le buveur, ce vous sera un prétexte pour vous enivrer mieux. »

Saint-Amand lui lança un regard foudroyant; mais comme il vit que tout le monde s'était mis du côté des deux rieurs et triomphait avec eux de sa confusion, il releva dédaigneusement la tête et affecta de faire bonne contenance.

« — Parbleu, dit-il, j'en veux boire, en effet, de cette eau détestable, ne fût-ce que par curiosité et pour savoir si c'est à elle seule qu'il faut renvoyer le ridicule de tant de mauvais vers que nous coassent les grenouilles du Parnasse. »

Après cette bravade, accompagnée d'un regard méprisant qui transperça le chétif Painchêne, Saint-Amand prit le verre d'eau et en avala quelques gouttes; mais quoiqu'il l'eût humée lentement et avec toutes les précautions d'un buveur expérimenté, cette première gorgée pensa le suffoquer. Il fut pris d'une nausée si violente qu'il fut contraint de remettre son verre sur la table.

Voiture riait aux éclats, Painchêne se tordait sur sa chaise, et tous les autres dissimulaient mal l'élan d'une hilarité pareille.

« — Allons, courage, se dit Saint-Amand, et puisqu'on me soumet à l'épreuve de l'eau, sortons victorieux du martyre. Aussi bien, ajouta-t-il à haute voix, je suis là au milieu de gens qui ne sont pas d'humeur charitable, ils ne sauveraient pas un pauvre diable qui se noie. »

Et il avala la seconde gorgée, puis la troisième, puis la quatrième, prenant chaque fois haleine comme après le plus pénible effort, et ne recommençant qu'après une pause de quelques minutes... C'est la première fois que ce grand ivrogne buvait à si petits coups. Il mit ainsi deux heures à vider son verre. Voiture assista à tout ce long martyre, comptant une à une, avec une joie maligne, les grimaces et les contorsions du pauvre diable. Quand Saint-Amand, après avoir bu sa dernière goutte d'eau, eut lancé contre la muraille son verre profané, le vainqueur se leva, frappa familièrement sur l'épaule le buveur terrassé, lui fredonna à l'oreille ces derniers vers du rondeau dont Saint-Amand avait cité la première strophe :

> Si, vous ferez fort bien de vous en taire,
> Qu'un de ces jours vous ne soyez battu
> D'un buveur d'eau...

puis sortit avec toute sa compagnie.

Vous ne devez pas être surpris de trouver tous ces académiciens à la taverne, ce que nous vous avions dit auparavant vous avait habitué à pareilles rencontres. Nos immortels venaient là tous par goût, et quelques-uns par droit de naissance : bon nombre d'entre eux étaient nés à la taverne. Ainsi Charpentier, à qui l'abbé Tallemant en fit un jour assez fortement reproche en pleine Académie. « ... Ils se prirent de paroles, dit Furetière dans son *Second factum*, et après quelques gradations d'injures, Charpentier reprocha à l'abbé Tallemant qu'il était fils d'un banqueroutier de la Rochelle; Tallemant répliqua à Charpentier qu'il était fils d'un cabaretier de Paris. » Quant à Voiture, nous n'avons pas besoin de répéter qu'il était de race tavernière, la scène précédente nous a suffisamment édifiés là-dessus. Il n'en devint pas moins un des plus illustres de l'Académie, et sa sœur n'en fut pas moins courtisée par des gens considérables. Quillet, un secrétaire du maréchal d'Estrées, qui fut l'un de ses amoureux, fit à propos d'elle ce couplet :

Enfants de Bacchus et d'Amour,
Aimons la nuit, buvons le jour;
Reprenons des vigueurs nouvelles.
Je brûle d'un amour divin :
J'aime une fille des plus belles,
Et fille d'un marchand de vin.

Mézeray n'était pas né à la taverne, mais il fit tout pour y vivre et y mourir. On sait son amitié pour Lefaucheur, cabaretier à la Chapelle-Saint-Denis; on connaît le testament qu'il fit en sa faveur, et l'on a soupçon qu'une raison d'amour, autant au moins qu'un désir bachique, l'attira dans cette guinguette et l'y acoquina. Madame Lefaucheur était jolie, dit-on, et le petit vin de son cabaret gagnait à être versé par elle. Mézeray, se laissant prendre à cette double ivresse, avait pu se répéter ce vieux couplet :

On ne croit boire que chopine,
Et quelquefois on en boit deux;
On croit rire avec la voisine,
Et l'on en devient amoureux.

Quelques vers d'un immortel que nous n'attendions pas ici, car c'est M. de Saint-Aulaire, véritable académicien de cour, achèveront de nous prouver combien alors on faisait fi de l'hippocrène pour ne courir qu'à la taverne.

Le vin, quand il est bon, nous sert de médecine,
Il surpasse le suc de toute autre racine;
Le vin pris le matin rend les hommes plus forts,
Et, quand il est bien frais, il réjouit le corps;
Le vin fait rencontrer le petit mot pour rire;
Le vin, quand il est bon, fait bien boire et bien dire;
Le vin fait que nos cœurs sont des livres ouverts;
En un mot, le bon vin fait composer des vers.
Et je crois qu'Apollon n'est propice à Corneille
Qu'à cause que son nom rime avec la bouteille;
Qu'on n'imprimeroit point les œuvres de Mairet,
Si le sien ne rimoit avec le cabaret;
Qu'à cause du baril, Barot fait des miracles,
Et qu'on tient dans Paris ses vers pour des oracles;
Qu'on n'eût tant cajolé sa belle Rabavin,
N'eust été que son nom se terminoit en vin.

Cela dit, on peut, sans autre transition, revenir à Saint-Amand. Il passa plus d'un jour à se remettre de sa libation forcée, de son empoisonnement aquatique, et pourtant il n'y épargna pas l'antidote. Pendant deux semaines il ne quitta point les tavernes : buvant un plein broc à chaque table, il alla de cabaret en cabaret, et ne s'arrêta que quand il eut promené son ivresse dans tous ceux du cimetière Saint-Jean, joyeux cimetière, dit-il quelque part,

Fait pour enterrer les ennuis.

Et pourtant, en dépit de ce fortifiant régime, un mois après il avait encore le cœur affadi et la bouche amère.

Un jour vint cependant où le grand goinfre dut être moins dédaigneux pour l'eau. La misère le surprit au milieu de ses folles orgies, et force lui fut bien alors de se sevrer de sa liqueur chérie. Que fit-il, quand vinrent ces mauvais jours? Plutôt que de ne pas s'enivrer, il mourut. Mais, pour faire une digne fin, il s'en alla chez Sercy, dans ce cabaret dont l'enseigne, au *Petit Mauve,* se voit encore au coin de la rue des Marais et de la rue de Seine. Là, drapé dans son manteau troué, le grand goinfre rendit l'âme auprès d'une dernière bouteille. L'un de ses sonnets peut lui servir d'épitaphe, la moralité suprême de sa vie.

Coucher trois dans un lit, sans feu ni sans chandelle,
Au profond de l'hiver, dans la salle aux fagots,
Où les chats, ruminant le langage des Goths,
Nous éclairent sans cesse en roulant la prunelle;

Hausser notre chevet avec une escabelle;
Être deux ans à jeun, comme les escargots;
Rêver en grimaçant, ainsi que les magots,
Qui, bâillant au soleil, se grattent sous l'aisselle;

Mettre, au lieu d'un bonnet, la coiffe d'un chapeau;
Prendre, pour se couvrir, la frise d'un manteau,
Dont le dessus servit à nous couvrir la panse;

Puis souffrir cent brocards d'un vieil hôte irrité,
Qui peut fournir à peine à la moindre dépense :
C'est ce qu'engendre enfin la prodigalité.

Saint-Amand mourant ainsi, et Chapelle l'ayant suivi à six années de là, on peut dire que le XVII<sup>e</sup> siècle bachique est clos, le XVIII<sup>e</sup> peut venir.

Avec lui commence une nouvelle ère pour les cabarets, ère toute d'orgies effrénées et de folles licences. Les tavernes prennent une face nouvelle : on n'y va plus seulement pour y faire débauche de poésie et y débrailler plus à l'aise son esprit, trop empesé ailleurs; on ne s'y enivre plus seulement par licence poétique, on s'y grise en toute réalité, on renie Apollon le buveur d'eau, et pour faire les frais de ces franches orgies, on en appelle aux dieux les plus sincèrement ivrognes.

Princes, ducs et marquis, que de somptueux plaisirs n'enchaînent plus à

Versailles, courent maintenant mieux que jamais les tavernes. C'est là qu'ils passent joyeusement ces longues et libres vacances que leur laisse la vieillesse dévote du grand roi. Les rues de Paris, leur bruit et leurs fanges n'ont plus rien qui révolte leur goût et provoque leur dédain ; loin de là, c'est au milieu des plus populeuses qu'ils vont chercher leurs tavernes de choix : on dirait que leur goût blasé par la magnificence, voulant se retremper, se raviver dans la crapule, tâche de la surprendre dans ses sources les plus secrètes et les plus infimes. Ainsi, c'est dans l'une de ces rues immondes qu'infectent les abords de la rue Saint-Denis et des halles, c'est dans la rue d'Avignon qu'ils se plaisent à faire débauche, chez ce fameux Rousseau dont les comédies de Dancourt ont éternisé la renommée, et qu'à toute autre époque on eût laissé croupir dans les fanges de sa rue.

A Rousseau portons nos écus,

s'écrient-ils tous avec leur chansonnier Coulanges, et tout le jour, au bruit assourdissant de son populeux voisinage, toute la nuit, à la lueur de quelques chandelles fumeuses, ils tiennent table dans la salle basse et humide de ce bouge renommé. C'est ce qu'ils appellent s'enivrer en bon lieu, et tout buveur qui recherche d'autre taverne est honni par eux comme un *faux délicat*. Écoutez plutôt ce qu'en dit un de ces marquis à qui l'ivresse n'avait pas encore désappris l'usage de la poésie et de l'hyperbole :

..... Paris voit force sots,
Nobles escrocs à l'esprit fourbe et traître,
Qui, ne pouvant s'enyvrer en bon lieu,
Boivent sans règle et comme il plaît à Dieu.
Bacchus, de nous éloigne telle ivresse !
Nous ne cherchons que ces repas joyeux
Où l'esprit brille, où règne l'allégresse,
Où la raison par traits ingénieux,
Par dits badins, se déride, s'oublie,
Et bonnement va trouver la folie.

Dieu sait pourtant quels vins étaient le plus souvent servis à ces gourmets si expérimentés ! Maîtres et garçons de cabaret n'avaient, il est vrai, en bouche, que les noms pompeux des vins de Beaune, de Coulanges, d'Ay, d'Avenay, mais la friandise du buveur une fois éveillée, ils ne lui servaient que de durs vins d'Auxerre saupoudrés d'alun, passés sur un râpé et entremêlés de vin d'Orléans. Rousseau n'était pas seul passé maître dans cette industrie hautement perfectionnée depuis le temps des *brouilleurs de vin* du XVI^e siècle : Forel, qui avait à honneur d'enivrer, dans son cabaret voisin du Théâtre-Français, comédiens et poëtes ; Lamy, le maître des *Trois cuillers*, ne lui cédaient en rien dans l'art de frelater habilement. Un poëte qui les connaissait bien, et qui les regardait tous trois comme de vrais empoisonneurs, plus empoisonneurs qu'une douzaine de chimistes allemands, Boursaut, leur décocha un jour cette épigramme :

Forel, Rousseau, Lamy, nous sommes convaincus
Que chez vous on nous vole,
Et que pour deux écus
On compte une pistole.
Nous vous pardonnons cet abus;
Mais renoncez à l'injuste maxime
De mélanger le vin dans nos repas.
C'est assez de commettre un crime :
Volez, mais n'empoisonnez pas.

Quand ils se sont largement gorgés de ce faux nectar et qu'ils croient pouvoir se vanter d'avoir *travaillé en bon vin de Champagne,* quand toute une nuit d'ivresse a épuisé ce qui leur restait de force et de raison, le matin venu, tous nos marquis se retirent chez eux, ou plutôt leurs valets les y emportent. C'est là un des plus graves reproches que le *Distrait*, de Regnard, adresse à son beau-frère le chevalier.

..... On dit (je n'en crois rien)
Que souvent vous prenez trop de vin de Champagne;
Et qu'il faut que toujours quelqu'un vous accompagne,
Pour pouvoir vous montrer votre chemin la nuit,
Et même quelquefois vous reporter au lit.

Ceux dont la jambe est restée assez ferme s'en vont cuver leur vin en quelque mauvais lieu, chez la Neveu ou chez la Fillon, ou bien ils vont faire du bruit chez leurs maîtresses. « Eh! fi, madame, dit le Crispin du *Chevalier à la mode* parlant de son maître, il ne la va voir qu'en sortant de chez Rousseau, quand il est un peu en train, sur les trois ou quatre heures du matin; il va faire du bruit pour la divertir. »

Telles sont les mœurs du temps! Sous le grand roi du moins, les femmes ne souffraient jamais de ces débauches, l'ivresse n'empiétait point sur le respect qui leur était dû. Chapelle, le plus téméraire de ces nobles ivrognes, savait tout le premier comment, pour ne point faire outrage aux femmes, il faut tempérer à propos ses goûts de buveur; comment on doit se sevrer d'un plaisir pour en mériter un autre. Ses plus chers désirs en pâtissaient sans doute, et pour lui une telle tempérance valait la plus dure pénitence; mais enfin, quelle que fût leur tyrannie, il se soumettait à ces bienséances de l'amour, et quoique à jeun, c'est en toute sincérité qu'il écrivit un jour à sa maîtresse :

Pour toi seule je me retranche
Des longs dîners de la *Croix blanche.*

Sous la régence, ce dernier frein des mœurs est brisé, la licence envahit tout, on ne craint plus d'offrir aux yeux des femmes le spectacle de ces désordres; bientôt elles s'habituent à ne plus les regarder comme de coupables débauches, et la contagion gagnant, elles en deviennent elles-mêmes les complices. L'amour du vin, la passion des liqueurs fortes, comptent alors parmi les plus nobles dames des desservantes et des victimes. Déjà madame de Villedieu, auteur fameux de tant de romans oubliés, était morte des suites d'une ivresse. En 1718, « on voit, dit Lemontey, une princesse de Condé, veuve du duc de Vendôme, se reclure dans un cabinet rempli de flacons de liqueur, et mourir à quarante ans des excès de cette crapule solitaire. »

Si les mémoires du temps se taisent souvent par pudeur sur ces désordres, les chansonniers, en revanche, ne nous les laissent point ignorer. Il nous suffirait, par exemple, de ce couplet de Coulanges pour dresser en bonne forme notre procès contre les femmes ivrognes de la fin du grand siècle :

La femme décide du vin,
Sait où le meilleur se débite;
Elle se pique de goût fin,
Elle s'en fait un grand mérite.
Le vin relève ses appas...
Les canapés sont à deux pas.

Écoutez aussi mademoiselle l'Héritier tançant vertement, en prude honnête, ces débauches des femmes :

A se barbouiller de tabac
Trouvait-on de la gloire?
Se piquait-on d'un estomac
Qui fût si propre à boire?
Certaines dames de ce temps
L'emportent, pour ces beaux talents,
Sur Jean de Werth,
Sur Jean de Werth.

Que vous dirai-je, enfin? cette mode de l'ivresse était si bien passée dans les mœurs du jour que, selon Senecay, tout nouvelliste bien appris devait savoir :

..... Quel petit maître a dîné chez Rousseau,
Quelle femme s'est enivrée.

Ce n'est point toutefois que les grandes dames dérogeassent assez pour hanter les cabarets et s'y enivrer sans vergogne. Les filles de mauvaise vie, les joueuses, les marquises du lansquenet s'y rencontraient seules. Encore ne s'aventuraient-elles d'ordinaire que dans ces tavernes hors de Paris, dans ces *guinguettes de la finance*, comme les appelle Dancourt, et dont les plus fameuses étaient le *Moulin de Javelle* et le *Port à l'Anglois*.

Aujourd'hui on va au *bal Mabille* et au *Château d'Asnières*, et plus d'un jeune *lion* de haute lignée ne craint pas d'y nouer, entre deux figures d'une contre-danse quelque peu décolletée, les premières intrigues d'une liaison amoureuse. Sous la Régence, pour pareilles affaires, pour mener à bonne fin toute aventure galante, on allait au *Moulin de Javelle*. Cent vaudevilles du temps nous l'apprennent :

Vous qui de votre ardeur fidelle
Entretenez une cruelle,

Vous parlez gaulois;
Vous qui proposez à la belle
D'aller au Moulin de Javelle,
Vous parlez françois.

Mais la danse n'entrait encore pour rien dans l'heureuse conclusion de telles intrigues; les manœuvres si vives et si prestes aujourd'hui eussent alors semblé trop lentes. Pour s'engager, et surtout pour oublier plus vite, c'est entre deux bouteilles que l'on concluait tout amoureux marché. Le vin met si vite d'accord quand il s'agit de volupté, il rend sitôt oublieux pour tout ce qui ne rappelle pas le plaisir! En vérité, ces roués de la Régence étaient de grands maîtres.

Dans l'histoire des amours,
On ne connaît que leur mère;
On n'a su que de nos jours
Que Bacchus en est le père.
Amours, rentrez dans vos droits,
Vivent nos nouvelles lois!

. . . . . . . . . . . . . . .

Pour rendre un amant plus sûr
D'un amour pur et fidèle,
Que sa belle boive pur,
Autant pour lui que pour elle.
Pour former des nœuds étroits,
Vivent nos nouvelles lois!

Plus de liqueur du Lignon
Qui fait naître l'amour fade;
Vive le vieux Bourguignon
Et son jeune camarade!
Triomphez, gai Champenois!
Vivent nos nouvelles lois!

. . . . . . . . . . . . . . .

Tous mots ou contes gaillards
A table peuvent paraître,
A la faveur des brouillards
Qu'au dessert on y voit naître.
Qu'on les passe quelquefois.
Vivent nos nouvelles lois!

Voilà de bonnes chansons qui en disent plus que vingt longs chapitres sur les mœurs de ce temps-là; voilà de bons couplets que ne renieraient aujourd'hui ni nos vaudevillistes pour leur esprit, ni nos dandys pour leurs maximes.

Au *Port à l'Anglois*, village de guinguettes qui s'épanouissait sous les treilles à l'autre extrémité de la grande ville; au delà d'Ivry, on festoyait de même sorte. C'est là qu'au sortir des bains du *quai Saint-Bernard*, tritons et naïades, pour parler le langage du temps, se donnaient rendez-vous. Plus d'une soubrette qui, au sortir de l'eau, s'était trompée d'ajustements, y venait leste et pimpante sous les atours de sa maîtresse; et nul marquis n'était, que nous sachions, assez malavisé pour se plaindre de la métamorphose; plus d'une grande dame à qui le même accident faisait troquer la robe traînante pour le jupon court s'y fourvoyait de même parmi les grands laquais, et ne s'en plaignait pas davantage. C'était encore dans les mœurs du temps.

De la maîtresse à la soubrette,
Et de l'hôtel à la guinguette,
On passe du grand au petit,
Changement pique l'appétit.

Les deux sœurs Loyson, les deux nymphes souveraines du quai Saint-Bernard, venaient chaque soir d'été au *Port à l'Anglois.* C'est là que Regnard les connut. Libertin magnifique, débauché, spirituel, *cynique mitigé,* comme il s'appelle lui-même, quelles splendides orgies le poëte grand seigneur des *Folies amoureuses* devait y ordonner! C'était comme à Grillon, où il aimait tant à faire fête à ces femmes amoureuses; c'était même gaieté, mêmes vins, mêmes convives. Notre poëte d'abord, l'*architriclin* présidant au repas, ajustant chaque ragoût, veillant à tous les vins, et, par sa bonne mine, prévenant d'avance en faveur des mets friands qu'il annonce, car lui aussi, fier de son teint fleuri, la meilleure enseigne des bons repas, il pouvait dire comme l'homme de bonne chère de sa comédie des *Souhaits :*

Cet embonpoint des plus brillants,
Qui fidèlement m'accompagne,
Est pétri de mets succulents
Et broyé de vin de Champagne.

Ensuite venaient Davaux, le plus cher des amis du poëte; Duché, qui, pour composer des tragédies saintes, ne s'enivrait que mieux; Dufresny, si longtemps l'émule chéri, le second poétique de Regnard, et comme Henri IV, dont il se croyait le descendant, ayant le triple talent d'aimer, de boire et de rimer, sinon de combattre. Enfin, au milieu de ce groupe de convives joyeux paraissaient les deux sœurs, les reines de l'orgie, *la Doguine,* et *Tontine,* pour les appeler par leur nom de guerre et de débauche. Tout s'animait avec elles : leur gaieté donnait l'élan à la gaieté des autres; leur voix donnait le ton aux refrains bachiques et dominait le chorus des chants les plus grivois; leur verre était toujours le premier plein, le premier vide. Les joyeuses filles! elles avaient pour chacun un toast et un amour, elles buvaient et elles aimaient à la ronde. *La Doguine* surtout, cette blonde passionnée que Regnard aimait tant, et qu'il célébrait de si bon cœur, en ses jours d'ivresse :

Qu'elle est aimable,
Quand Bacchus la tient sous ses lois!
Mais bien qu'elle triomphe à table,
L'amour ne perd rien de ses droits.
Qu'elle est aimable!

Tous à la ronde
Vuidons ce verre que voilà,
C'est à cette charmante blonde.
Peut-être elle nous aimera
Tous à la ronde.

Quand la folle bande quittait le *Port à l'Anglois*, où elle ne venait jamais chercher vainement les longs plaisirs et les vins sincères; quand elle avait bien *fessé le vin de Champagne*, comme dit Regnard en quelque endroit, ne croyez pas que pour achever une fête si bien commencée elle s'en allât heurter à l'huis d'un cabaret de Paris : point. Les plus vantées entre ces tavernes semblaient autant de coupe-gorge à de tels convives: c'est loin des rues fangeuses où ces bouges se trouvaient d'ordinaire qu'ils s'aventuraient à la nuitée. La jambe avinée, le pied trébuchant, ils poussaient jusqu'au delà de la porte de Richelieu, vers les remparts. Là ils trouvaient l'asile modeste et hospitalier du poëte, ce petit logis toujours préparé pour les hôtes joyeux qu'un bon hasard voudrait y envoyer. La table, toujours mise, semblait les y attendre; un valet dispos les accueillait au seuil de la salle, et à un seul signe du maître paraissait, comme par magie, un repas simple, mais exquis. C'est ainsi qu'au milieu de plaisirs renaissants d'eux-mêmes, les hôtes du poëte achevaient la nuit.

Contents d'un linge blanc et de verres bien nets,
Qui ne recevaient point la liqueur infidèle
Que Rousseau fit chez lui d'une main criminelle,
Ils souffraient un repas simple et non préparé,
Où l'art des cuisiniers, sainement ignoré,
N'étalait point au goût la funeste élégance
De cent ragoûts divers que produit l'abondance,
Mais où le sel attique, à propos répandu,
Dédommageait assez d'un entremets perdu.

Aller au cabaret! fi! Regnard savait trop quel vin s'y fabrique et ce qu'y pèse une bouteille. On n'a qu'à entendre ce qu'il fait dire par Merlin au gargotier de sa comédie du *Bal* :

..... Sans vous déplaire,
Cette bouteille-ci me paraît bien légère.
Vous êtes un fripon, un scélérat. . . . .
. . . . . . . . . . . . Sans parler de la colle,
Ni des ingrédients dont votre art nous désole;
Je vous y tiens : voilà, monsieur le gargotier,
Des bouteilles qui sont faites d'un triple osier...

Tous les poëtes cependant n'avaient pas pour les tavernes ces dédains du rimeur sybarite. Pour le plus grand nombre, le cabaret était encore le lieu inspirateur, et ses vins frelatés l'ambroisie poétique. Un jour de succès, c'est encore là qu'on allait fêter sa gloire; un jour de défaite, c'est là qu'on allait chercher des consolations, et comme dit la Fontaine,

Noyer ses ennuis dans les pots.

Ces heures funestes à la scène étaient les plus joyeuses à la taverne; alors on y chantait si haut, on y trinquait si fort, que le bruit des chansons et des verres couvrait celui des sifflets.

Dancourt, mieux que personne, connaissait tout le prix de ce bachique dérivatif. S'il voyait à la première représentation d'une de ses comédies le succès près de lui fausser compagnie, dès les premiers symptômes, il devinait une chute, il lui suffisait de voir trébucher une scène et d'entendre les premiers murmures du public. Alors, sans attendre que l'ennui le gagnât lui-même, il sortait du théâtre et allait au cabaret. D'ordinaire c'est dans la rue des Prouvaires, chez Chéret, à la *Cornemuse*, qu'il allait s'attabler. On y connaissait ses habitudes, et jusqu'après la seconde bouteille on y respectait silencieusement son malheur. Mais cette double libation au dieu des mauvais succès une fois accomplie, Dancourt était le premier à oublier sa défaite, ou plutôt à en rire. Il avait trouvé tant d'autres bonnes saillies, tant d'autres idées souriantes au fond de son verre, que, vrai Dieu, celle qui venait d'avorter ne lui semblait plus mériter même un regret. Quelques bouteilles achevaient de retremper et d'aviver son inspiration, mise en éveil, et il rentrait chez lui tout à fait consolé; il sentait germer dans sa tête un succès tout prêt à le venger de sa chute.

Ces promptes consolations puisées à la taverne, ces joyeux retours du poëte, cette gaieté prenant si vite la place du désespoir, n'avaient point échappé à la plus jeune des filles de Dancourt, et la charmante espiègle commentait le tout à sa manière, c'est-à-dire avec cet instinct d'observation malicieuse et franche inné chez les enfants. Vous allez voir que les conclusions que tira de là sa petite cervelle se rencontrèrent tout juste avec la vérité.

Dancourt venait de terminer une petite comédie à laquelle il avait donné le titre assez malencontreux de *l'Éclipse.* Le jour de la première représentation, il lut sa pièce en famille devant sa femme et ses enfants, c'était bien là certes le public le plus bénévole qu'il pût désirer. Eh bien, pourtant, voyez la fatalité, sa pièce n'eut même pas le bonheur de réussir devant ce parterre si facilement amusable. A la première scène, l'ennui commença; à la seconde, toute la petite famille bâilla à bouche que veux-tu; à la troisième, la bonne madame Dancourt s'endormit. Le pauvre auteur n'alla pas plus avant, et, tout piteux, il rengaînait son manuscrit et il allait sortir, quand sa petite fille, le tirant par la manche, lui dit avec un regard espiègle et de son ton de voix le plus mutin :

— Bon papa Dancourt, je crois que ce soir vous irez souper chez Chéret.

C'était un mot d'enfant terrible qu'eût envié Gavarni. Dancourt en rit de bon cœur, embrassa tendrement sa petite fille, et comme il trouva la prédiction excellente, plutôt que de la démentir, il alla tout de ce pas au cabaret. Cette fois du moins il prit l'avance contre les sifflets, il avala l'antidote avant le poison, et quand la mauvaise nouvelle arriva, il l'attendait bravement entre deux brocs et cuirassé par une bonne dose d'ivresse.

O Molière! c'est encore à vous que Dancourt empruntait cette bonne philosophie; cette ivresse de consolation n'était que la mise en pratique des préceptes de votre Gros René :

> Croyez-moi, bourrez-vous, et sans réserve aucune,
> Contre les coups que peut vous porter la fortune;
> Et pour fermer chez vous l'entrée à la douleur,
> De vingt verres de vin entourez-vous le cœur.

Nous aventurerons-nous maintenant jusqu'à la place Maubert, pour y rencontrer dans le cabaret du *Petit père noir* la société choisie que le chevalier de la Ferté y entraînait alors à sa suite? Entrerons-nous dans cette *popine* galante, pour y juger par nos yeux de la vérité des descriptions que le chevalier poëte nous a faites du cabaret et de l'hôtesse?

> Si tu veux sans suite et sans bruit
> Noyer tous tes ennuis et boire à ta maîtresse,
> Viens; je sais un réduit
> Inaccessible à la tristesse.
> Là nous serons servis de la main d'une hôtesse
> Plus belle que l'astre qui luit;
> Et mêlant au bon vin quelque peu de tendresse,
> Contents du jour, nous attendrons la nuit.

Hélas! cette belle hôtesse de la place Maubert, elle n'a peut-être pour héritière de son cabaret et de ses charmes que quelque vieille à l'œil vitreux, à la face avinée, dont un sale comptoir d'étain est le trône et d'infects chiffonniers la seule cour.

— C'est Mégère au lieu d'Hébé, dirait dans son jargon *Phœbus,* le chevalier de la Ferté, s'il pouvait revenir, et toujours fidèle à sa tradition d'Horace, il s'enfuirait bien loin de la place Maubert en rimant non plus l'ode à Glycère, mais quelque traduction mordante de l'ode à la vieille Canidie.

Dans le quartier du Temple, où abondaient alors aussi les tavernes en renom et bien hantées, nous n'aurions pas moins de désenchantement si nous voulions y rechercher la trace des élégants buveurs du dernier siècle. Où donc est le cabaret que visitaient pour se griser les épicuriens du Temple, Chaulieu, la Fare, le chevalier de Bouillon, l'abbé Courtin, Palaprat, et quelquefois aussi, par échappée bachique, le grand prieur M. de Vendôme, Mécène de tous ces poëtes bons vivants? Où donc retrouverons-nous la salle basse du fameux Fite et la cave de la Morellière? En buveur reconnaissant et qui fait payer à sa muse la dette de son ivrognerie, Chaulieu a pourtant tout fait pour assurer à jamais la vogue de ces deux tavernes; il n'a réussi qu'à rendre le nom de leurs hôtes immortels; c'est une compensation. Personne ne pourra retrouver dans le dédale de l'ancien Temple le lieu où se cachaient ces deux illustres cabarets, mais en revanche tout le monde retrouvera dans les œuvres du poëte le passage où il a fait si bien resplendir le nom des deux grands taverniers. Ainsi donc, pour arriver à la gloire, ne fût-on que simple cabaretier, il suffit d'avoir parmi ses pratiques quelques poëtes qu'on abrite chaudement, qu'on abreuve de vin frais et à qui surtout on accorde de longs crédits.

Qu'un jour Chaulieu fasse un bon repas chez Fite ou passe une joyeuse nuit d'ivresse chez la Morellière, le lendemain, si la digestion n'a pas été pénible, si les nausées de l'orgie n'obscurcissent pas d'un voile ses pensées souriantes, vite il écrira au chevalier de Bouillon, son confident de plaisir, son frère en épicuréisme :

Chevalier, reçois ces vers
D'une bouche libertine ;
Qu'ils aillent, sous ton nom, de popine en popine,
Apprendre à tout l'univers
Que Fite et la Morellière,
Pour n'avoir point de Césars,
Ont pourtant sous leur bannière
Leurs héros ainsi que Mars.

Puis son souvenir lui retraçant, dans un charmant mirage, les ébats, les joyeux propos, les bonnes folies de la veille, il finira par ce ravissant tableau sa poétique lettre :

Vois-tu, près de la guinguette,
Folâtrer dessus l'herbette
Vénus avec les Amours?
Elle attend sous cette treille,
Où tu vois mainte bouteille,
Volet au sortir du Cours.
Joins ce que ton cœur adore
A ce couple libertin :
Qu'en ouvrant ses yeux, l'Aurore
Vous trouve tous quatre encore
Ivres d'amour et de vin ;
Et grondez cette pleureuse,
Qui pour troupe si joyeuse
S'éveille un peu trop matin.

Il fut un temps où la troupe des buveurs élégants quitta le quartier des Marais et de la rue Saint-Denis pour l'immonde rue Quincampoix. Elle y suivait la multitude avide des agioteurs que la banque de Law y attirait, et qui, accourus là tous pour s'enrichir, n'y arrivaient pourtant jamais que pour être dupés. Pendant que ces ardents zélateurs de l'agiot mississipien assiégeaient de leurs groupes pressés la maison du banquier écossais toute bardée de barreaux et de grilles, les buveurs s'installaient au cabaret de l'*Épée de bois*, situé à l'angle de la rue Quincampoix et de la fangeuse ruelle qu'on appelait déjà rue de Venise. Là tout était spectacle et distraction pour eux : le mouvant tableau des agioteurs s'agitant dans la rue, se ruant sur la maison du banquier et faisant curée de ce papier-monnaie acheté au poids de l'or; les cris et les élans passionnés de toute cette multitude possédée de la fièvre du gain, et surtout l'air et les gestes effarés des courtiers se croisant sans cesse dans la salle même du cabaret pour arriver jusqu'à une sorte de bureau d'escompte qui se tenait au premier étage. Il y avait tout à gagner pour l'observateur dans l'étude de cette passion nouvelle, si franchement, si ardemment mise en jeu. Aussi, parmi les spectateurs attirés au cabaret de l'*Épée de bois* par ce drame émouvant et nouveau, les poëtes ne manquaient-ils pas. Malheureusement, quelques-uns se laissèrent prendre à la contagion. De sceptiques, ils devinrent croyants; de sains, ils devinrent malades comme les autres, et Law, qui, de son haut perron et à travers ses grilles, faisait crier par tous ses commis à la foule empressée et inquiète : « Soyez tranquilles, on vous prendra tout, on prendra tout à tout le monde! » Law, dis-je, eut aussi l'argent de ces poëtes convertis au culte de l'agiot. Il fit si bien, que ces gens à la gueuserie proverbiale trouvèrent tous quelques louis pour payer leur dîme à la passion du jour. C'est peut-être son plus beau miracle.

Chose singulière! ceux qui n'avaient rien y gagnèrent; ceux qui, au contraire, y hasardèrent leur petit avoir l'y perdirent.

Louis Racine y compromit la petite fortune qu'il devait aux chefs-d'œuvre de son père, et Marivaux, plus riche, s'y ruina plus complétement encore. C'est pour se refaire une fortune qu'il se jeta dans le théâtre : à cette fortune perdue, nous avons dû des œuvres charmantes.

Le poëte au moins avait ces ressources du génie réparant les mauvaises chances de la spéculation; mais le grand seigneur, lesquelles avait-il? Comment pouvait-il se sauver du gouffre? Quelquefois c'est dans le mariage de quelque roturière qu'il trouvait son refuge; une mésalliance était sa planche de salut. Mais si le noble ruiné était trop haut placé pour pouvoir descendre plus bas, les seuls moyens de salut qui lui restaient étaient fatalement criminels. Il fallait par force qu'il se fît spoliateur, quelquefois même voleur et assassin vulgaire.

Ce fut le sort du comte de Horn, dont on connaît la sanglante aventure dans ce cabaret de l'*Épée de bois*, dont nous avons parlé tout à l'heure. Le journal encore peu connu de Barbier nous en fait le récit suivant, vif et précis comme il convient ici.

« Au mois de mars (1720), vers le 9 ou le 10, y lisons-nous, logeait à Paris, à l'hôtel de Flandre, rue Dauphine, le comte de Horn, âgé de vingt-trois ans, cadet du prince de Horn, souverain dans la Flandre, parent de l'Empereur, de Madame douairière et de M. le régent lui-même. Son père lui faisait ici douze mille livres de pension. Comme il avait beaucoup perdu à la foire Saint-Germain, où le jeu était considérable cette année, à cause de la quantité de billets de banque, deux coquins, vieux officiers qu'il fréquentait, lui conseillèrent de faire un mauvais coup; ils le rassurèrent apparemment sur sa qualité et sur son crédit. L'occasion était facile, à cause des portefeuilles où l'on portait des sommes considérables, et un jour, dans la rue Quincampoix, où était l'agiot, ils proposèrent, lui troisième, à un homme facteur-courtier qu'ils savaient avoir des papiers à plusieurs personnes, de faire quelque affaire.

» Pour la consommer, ils allèrent dans un cabaret situé dans un petit cul-de-sac de la rue Saint-Martin, derrière la rue Quincampoix, et montèrent dans une chambre au second. L'homme qui avait pour cent cinquante mille francs d'effets était assis; le comte de Horn lui entortilla la tête par derrière avec sa serviette, et pendant ce temps on lui donna dix coups de poignard. Il ne laissa pas de crier un peu. Les deux complices du comte de Horn se sauvèrent par la porte, lui se jeta par la fenêtre. A la faveur des pièces de bois qui soutiennent les maisons il ne se blessa pas, mais il eut l'imprudence d'aller lui-même chez le commissaire Regnard, rue Saint-Martin, rendre plainte qu'on avait voulu l'assassiner. Le commissaire le reçut avec respect, mais le peuple, qui vint du cabaret chez le commissaire, dit que c'était lui qu'il fallait arrêter, et il fut conduit en prison. De Milly, un des deux autres, fut pris aussi. »

Toute la noblesse s'émut; les meilleures familles, les Châtillon, les d'Egmont, le prince d'Épinay, intercédèrent, ce fut inutilement. Law sollicitait de son côté et demandait un grand exemple, ce fut lui qui l'emporta; le comte de Horn fut décapité.

En ce même temps, par une suite de circonstances qui tiennent sans doute moins au hasard qu'à la triste fatalité du métier, les cabaretiers se trouvaient être plus que jamais les hôtes de voleurs et d'assassins. Tous les mauvais coups se faisaient dans leurs bouges.

Un juif est tué rue Poupée, un des gens qu'on soupçonne du crime est arrêté et mis à la question; il avoue. Et quel lieu désigne-t-il comme théâtre du meurtre? Une mauvaise auberge de cette rue infecte.

« Dans la torture, dit Barbier, il a avoué qu'il avait tué un homme dans la rue Poupée, contre Saint-André, dans une auberge, et que le cadavre était dans une armoire. La justice s'y est rendue; mon serrurier (c'est toujours Barbier qui parle) a été mandé pour jeter bas la serrure de la chambre et ouvrir l'armoire, et il m'a dit, une heure après l'expédition, qu'il y avait dans le bas de l'armoire un homme ayant des pendants d'oreilles de petits diamants, qui avait la gorge coupée et deux coups à la tête. On a emporté le cadavre au Châtelet... On a emmené aussi les maître, maîtresse et servante de l'auberge, qu'on dit être un mauvais lieu. »

C'est encore une fois dans les cabarets ou les auberges que se dressent tous les piéges où doivent tomber les dupes marquées à tuer ou à voler. En 1753, au mois de janvier, un des riches orfévres de Paris, nommé Vallat, reçoit visite d'un abbé ou soi-disant tel, qui lui donne rendez-vous, pour une grosse affaire de vente de galons, à l'auberge de l'*Hôtel royal,* rue des Mathurins. Vallat est exact, il arrive dans son carrosse, monte dans la chambre de l'abbé, dont la première question est celle-ci : « Vous avez votre argent? » Vallat lui fait voir les 3,000 livres en or dont il est porteur. Notre abbé tire un poignard, et le mettant sous la gorge de l'orfèvre, lui déclare qu'il n'a pas de galons à vendre, mais qu'il lui faut pourtant les 3,000 livres. L'autre se débat; le poignard ne suffisant pas, l'abbé s'arme d'un rasoir dont il taillade le pauvre homme. Au bruit de cette scène, on accourt. L'abbé se sauve par une fenêtre sur les toits, il s'abrite derrière une cheminée; mais, quand on vient, son ombre le trahit, et il n'a qu'à choisir entre être pris ou sauter en bas. Il se laisse prendre, et vous devinez le reste.

Pour conclure, Barbier, de qui nous résumons le récit, dit qu'il était fort imprudent à Vallat de « monter seul chez un homme qu'il ne connaissait pas, et dans une chambre garnie. » Nous sommes de son avis, surtout pour le dernier point. Alors il fallait fuir l'hôtel garni comme on fuit un coupe-gorge, comme on fuit la forêt de Bondy; encore faisons-nous injure à la pauvre forêt par cette comparaison. Ce qui avait longtemps ajouté aux périls de ces lieux si dangereux d'ordinaire, c'est la préférence que Cartouche et sa bande, en quête de refuges et de repaires, avaient pour les tavernes et les hôtelleries.

Il y eut alors bien peu de cabarets de Paris qui ne fussent témoins d'un vol ou d'un assassinat par ce hardi bandit. La police le savait bien, et pour le prendre, elle ne dressait pas ses piéges autre part. Elle y réussit enfin. Dans la nuit du 20 octobre 1721, on le surprit dans un cabaret de la Courtille, dont le maître s'appelait Germain Savard, et qui avait pour enseigne à la *Haute borne*. C'est Marais, dans son journal, reproduit par la *Revue rétrospective,* qui nous donne ces détails, un peu en contradiction avec ceux qui ont cours dans les histoires populaires de Cartouche, et selon lesquels le fameux bandit aurait été arrêté au cabaret du *Pistolet*.

Il avait pris ses mesures comme à l'ordinaire. En rentrant vers six heures du matin, il avait donné le mot d'ordre, qui était celui-ci : *Y a-t-il quatre femmes?* Ensuite il était allé se coucher dans le lit même de l'hôte. Six pistolets armés étaient sur la table de nuit. Les archers apostés le laissèrent s'endormir; le moment venu, on s'empara de lui avant qu'il eût eu le temps de se reconnaître, sans cela il y aurait eu certainement danger : Cartouche ne se fût pas rendu sans tuer quelqu'un.

Son procès, qui s'instruisit longuement, fit mettre en cause bon nombre de complices qu'on ne lui supposait pas. Il y eut surtout beaucoup de cabaretiers compromis, entre autres, selon le journal de Barbier, notre guide en tout ceci, les frères Liards, « Cent-Suisses et gros cabaretiers, » qui, bien que riches de cinquante mille écus chacun, avaient, vu les profits espérés, prêté la main aux brigandages de Cartouche, et fait, pour lui, de leur cabaret une maison de recel.

Les cabarets de la banlieue étaient, comme aujourd'hui, plus dangereux que les tavernes de l'intérieur. Favart raconte dans son journal au comte de Durazzo, comment, de son temps, une bande de voleurs, au nombre desquels était le fils d'un cabaretier, infestait tous les environs de Belleville, et trop nombreuse pour s'abriter dans les hôtelleries, se faisait un refuge des carrières voisines. Le récit de la capture du fils du cabaretier, dont les parents, honnêtes gens, ignoraient les crimes, est tout un petit drame.

« Dans le seul village de Belleville, dit Favart sous la date du 13 octobre 1763, où je loue une maison à un quart de lieue de Paris, on a arrêté au fond des carrières seize voleurs qui s'y retiraient la nuit; ils attaquaient en plein jour, et avaient des relations avec plusieurs garnements des villages circonvoisins.

» Un bourgeois de Paris, avec sa femme et sa fille, furent dépouillés par deux de ces scélérats; les pauvres gens, trompés dans leur partie de plaisir, s'en retournaient tristement à Paris. Fatigués, ils entrent dans un fameux cabaret de leur connaissance, où ils demandent à se rafraîchir. A peine les a-t-on servis, qu'il paraît deux jeunes gens : « Ah! s'écrie le bourgeois, voilà ceux qui nous ont volés. » Quelle est à ces mots la surprise du maître du cabaret en voyant son fils et celui d'un voisin! Malheureusement pour le père, mais heureusement pour l'humanité, il y avait à une autre table des archers de la maréchaussée qui s'emparèrent d'abord des deux coupables. »

Il était beaucoup moins rare de voir les taverniers prêter la main aux crimes que de les trouver victimes eux-mêmes des voleurs ou des assassins. Ce dernier cas se présentait pourtant quelquefois. Nous en savons même un très-dramatique exemple : c'est l'histoire de cette pauvre jeune servante d'une auberge bretonne, qui fut violée et tuée par deux bandits qui l'avaient demandée pour les guider la nuit.

Le crime eut lieu à Lannion, en 1693. Périnaïk était servante au *Pélican blanc*. Ce n'était pas une de ces filles d'auberge qui sont à gages pour toutes sortes de services, celui-ci de jour, celui-là de nuit. Elle était honnête autant que jolie. Elle sortait d'ailleurs d'une bonne famille; si ses parents ne l'eussent laissée orpheline de trop bonne heure, elle eût été à même de ne pas entrer en condition. Son frère aîné, que ses parents avaient eu le temps de bien élever, était vicaire à Lannion. Quoique servante, Périnaïk était heureuse, l'hôtesse du *Pélican blanc* était pour elle plutôt une mère qu'une maîtresse, et tous ceux qui venaient à l'auberge semblaient l'avoir en grande estime. Quand le double crime dont elle fut victime eut été connu, ce fut dans la ville une grande rumeur d'indignation. Les deux coupables, que le sénéchal avait fait arrêter, et qu'on avait trouvés sur la route même ivres et endormis, furent salués, en allant au gibet, par les huées de la foule. L'un sifflait en marchant et poussait l'audace jusqu'à demander un biniou pour faire danser cette foule qui le huait ; l'autre s'en allait, au contraire, tête baissée et pleurant ; on lui jetait des pierres. Quand il fut arrivé à la potence, il s'y cramponna si fortement avec le pied, que le bourreau fut obligé de le lui couper d'un coup de hache. Justice fut faite.

C'est près de la croix de Saint-Joseph que Périnaïk avait été tuée. Longtemps, dit la légende bretonne, on vit chaque nuit, à la douzième heure, une petite lumière qui se levait au pied de la croix et qui s'agitait à l'entour en tremblotant. Une nuit, la mélancolique lueur parut comme à l'ordinaire, puis on la vit grandir, prendre une forme humaine, une tête, des bras, un corps revêtu d'une robe lumineuse, et deux grandes ailes blanches qui s'ouvrirent et l'emportèrent au ciel. « Le temps où la jeune fille eût cessé de vivre, si elle fût restée sur la terre, était arrivé. »

A cette dernière péripétie, si poétiquement close par cette phrase, que nous empruntons à M. de la Villemarqué, on a reconnu la superstitieuse Bretagne. On la retrouvera encore bien mieux avec toute sa simplesse et toute sa poésie pleine de senteurs pénétrantes, dans la complainte qui fut faite en dialecte du canton de Tréguier, et que M. de la Villemarqué nous a reproduite telle qu'il l'entendit chanter un jour par des laveuses de Lannion.

Dans cette complainte déjà légendaire, dont voici le titre breton, ENZIVADEZ LANNION (*l'Orpheline de Lannion*), on retrouvera toute la sinistre histoire. Un seul détail différera, et c'est à l'inimitié native de tout Breton contre les gens du fisc que l'on devra cette variante. Au lieu de deux bandits ordinaires, la tradition haineuse mettra en scène deux maltôtiers. Le détail est significatif, passons outre cependant, et écoutons la vieille ballade.

« En cette année mil six cent quatre-vingt-treize, est arrivé un malheur dans » la petite ville de Lannion.

» Dans la petite ville de Lannion, en une hôtellerie, à Périnaïk Mignon, qui » y était servante.

» — Donnez-nous à souper, l'hôtesse : tripes fraîches, viande rôtie et bon vin » à boire.

» Quand chacun d'eux eut bu et mangé tout son saoul :

» — Voici de l'argent, hôtesse, comptez blancs et deniers.

» Voici de l'argent, hôtesse ; votre servante et une lanterne pour nous recon- » duire chez nous.

» Quand ils furent un peu plus loin, sur le grand chemin, ils se mirent à » parler bas en regardant la jeune fille.

» — Belle enfant, vos dents, votre front et vos joues sont blancs comme » l'écume des flots sur la rive.

» — Maltôtiers, je vous prie, laissez-moi comme je suis, laissez-moi comme » Dieu m'a faite.

» Quand je serais cent fois plus belle, oui-da, cent fois plus belle encore, je » ne serais pas pour vous, messieurs, je ne suis ni mieux ni pire.

» — A en juger par vos gentilles paroles, mon enfant, on dirait que vous » êtes allée apprendre à parler avec les moines en leur couvent.

» — Je ne suis allée ni au couvent de Bégards apprendre à parler, ni ailleurs, » croyez-moi, avec les clercs. Mais chez moi, au foyer de mon père, j'ai eu, » messieurs, bien de bonnes pensées.

» — Jetez là votre lanterne, et éteignez-en la lumière; voici une bourse » pleine : elle est à vous, si vous voulez.

» — Je ne suis pas de ces filles que l'on voit par les rues de la ville, et à qui » l'on donne douze blancs et dix-huit deniers.

» J'ai pour frère un prêtre de la ville de Lannion : s'il entendait ce que vous » dites, son cœur se briserait.

» Je vous prie, messieurs, faites-moi la grâce de me précipiter au fond de » la mer, plutôt que de me faire un pareil affront.

» Je vous en supplie, messieurs, plutôt que de me faire un pareil chagrin, » enterrez-moi toute vive.

» Périnaïk avait une maîtresse pleine de bonté, qui resta sur le foyer à attendre » sa servante.

» Elle resta sur le foyer, sans se coucher, jusqu'à ce que sonnèrent deux » heures, deux heures après minuit.

» — Levez-vous donc, paresseux; levez-vous donc, sénéchal, pour aller » secourir une jeune fille qui nage dans son sang.

» On la trouva morte près de la croix de Saint-Joseph; sa lumière était auprès » d'elle, et la lumière vivait toujours. »

Passons à de moins sinistres histoires : cela sera facile, vu la matière que nous traitons; les mêmes livres qui nous ont fourni l'épisode sanglant peuvent nous prêter l'épisode joyeux, l'histoire comique. Ne sortons point, par exemple, de ce journal de Favart, d'où nous avons extrait tout à l'heure le petit drame du fils de cabaretier, voleur clandestin si singulièrement découvert, et nous trouverons encore quelque anecdote bonne à citer. Ainsi, sous la date du 24 juin 1760, cherchant quelque sujet joyeux pour amuser son noble correspondant, et ayant sous la main ce pauvre petit Poinsinet, le *mystifié*, il se met vite à en raconter les mille et une déconvenues. Nous ne prendrons de toutes ces histoires, un peu trop connues peut-être déjà, que celle qui est tout à fait de notre matière, encore sera-ce pour y joindre, comme pièce justificative et commentaire burlesque, quelques couplets d'une complainte qui fut faite, après boire, sur la malheureuse victime de ces bons esprits, mauvais rieurs.

Dans ce que nous voulons extraire du journal de Favart, il s'agit de cette *mystification,* la plus longue de toutes, qui consista à faire croire à Poinsinet qu'il était invisible, et à le jeter dans les mille accidents auxquels un homme invisible peut être exposé. La principale scène de cette farce se passe chez Landel, ce fameux cabaretier de la rue de Bucy, le même chez qui nous verrons se tenir les premières séances bachiques et chantantes du premier Caveau :

« Poinsinet le jeune, quoique garçon d'esprit, dit Favart, avait une confiance si aveugle en Palissot, que celui-ci lui faisait accroire les absurdités les plus ridicules et le rendait perpétuellement le jouet de toutes les sociétés qu'il fréquentait. Un jour Palissot lui fit voir une lettre supposée d'un souverain d'Allemagne, portant commission de chercher en France un jeune homme versé dans la littérature, qui voulût bien se charger de l'éducation du prince héréditaire. Poinsinet pria son ami de lui ménager cette place; Palissot lui promit d'écrire en sa faveur. Quelque temps après, il feignit d'avoir reçu la réponse désirée. « Il dépend de toi, lui dit-il, d'être le précepteur du jeune prince; il y a cepen- » dant un obstacle. — Un obstacle! quel est-il? — C'est que le prince est » luthérien, et qu'il faut être de sa religion. — Qu'à cela ne tienne, répondit » Poinsinet, je me fais Turc, juif, brahmine, s'il le faut. » Sur cette assurance, on prend jour pour lui faire faire abjuration, et il signe devant témoins une profession de foi telle qu'il avait plu de l'imaginer.

» Cela passait la plaisanterie; on fit comprendre à Poinsinet les conséquences d'une pareille action. On lui dit même qu'il y avait des ordres pour l'arrêter comme renégat; c'était un nouveau persiflage de ses amis. Par leur conseil, il se travestit en femme, ainsi que Pourceaugnac, et s'enferme dans une cave, où il ne se croit pas encore en sûreté. On lui persuade qu'un certain philosophe cabalistique possède le secret de rendre invisible; il veut en faire une épreuve. L'adepte prétendu lui frotte le visage d'une pommade jaune et le conduit chez Landel, le fameux traiteur, chez lequel on s'était assemblé pour souper. Il entre comme on était à table; on ne fait pas semblant de l'apercevoir. On parle de lui comme s'il était absent, c'est-à-dire qu'on ne ménage ni ses mœurs ni son esprit; on ne se contente pas de mettre son amour-propre à la torture, tantôt on lui jette un verre de vin par le nez, tantôt une assiette entre les jambes. A toutes ces gentillesses il disait en lui-même : « Bon, bon, je suis invisible. » Encouragé par cette expérience, il prend la résolution de voler son père en sa présence. Il s'introduit dans son cabinet en marchant sur la pointe des pieds, parce qu'on lui avait dit que s'il posait le talon à terre le charme cesserait. Le père, qui était occupé alors, ne s'aperçut pas que son fils était entré; mais, en tournant la tête, il le vit comme il prenait de l'argent dans son secrétaire. Le bonhomme n'était point au fait de la mystification; aussi donna-t-il une trentaine de coups de fouet à son drôle, qui les souffrit patiemment en s'écriant par intervalles : « Je sens bien que j'ai tort, sûrement j'aurai posé le talon. » Une autre fois, on lui dit qu'un certain homme l'avait insulté, qu'il fallait en tirer vengeance. On l'enivra pour lui donner du courage, et quand il fut déterminé à se battre, on lui opposa une figure de paille qu'il perça d'un grand coup d'épée. Il crut avoir tué son homme, nouvelles alarmes; il se tint encore caché jusqu'à ce qu'on vînt lui apporter sa grâce. »

Le cabaret joue, on le voit, un grand rôle dans tout ceci; l'ivresse est le principal ressort de toutes ces machines, elle fait un peu pardonner les mauvaises plaisanteries de ceux qui torturent, et rend presque croyable la niaiserie du torturé.

Passons maintenant à la complainte faite pour chanter toutes ces mésaventures, qu'on regrette presque de trouver plaisantes, car le rire ainsi obtenu est cruel et blâmable. Chaque couplet est une mystification nouvelle, et chaque mystification a pour scène un cabaret différent. Donnons d'abord le titre, qui est digne du reste.

## LA TANT PITOYABLE ROMANCE

### DES AVENTURES DÉSASTREUSES ET COMIQUES DE L'INFORTUNÉ PETIT POINSINET

*surnommé* LA VICTIME.

### HISTOIRE VÉRITABLE.

AIR *du cantique de saint Roch.*

Nous vous ferons grâce des couplets qui ne sont pas de notre sujet, ce sera bien assez des autres, si ce n'est trop même, car ils n'épargnent pas le détail cynique et dégoûtant.

La première scène est encore chez Landel.

De beaux esprits une troupe choisie
Voulut un jour le traiter chez Landel :
« Eh bien, dit-il, je me sens du génie;
Allons, messieurs, j'accepte le cartel. »
Il fut si bête,
Si malhonnête,
Qu'il s'endormit
Sous la table et vomit.

Il fallait que l'ivresse jouât toujours quelques tours à Poinsinet, mais ce dernier-ci n'est pas du meilleur goût. Poinsinet, qui a du cœur, le comprend, il se dégoûte de lui-même et jure de s'observer. Pour bien prendre sa revanche, il invite à souper la même compagnie, devant laquelle il a fait figure si maussade. On accepte, on va chez Petit, autre traiteur fameux qui avait son cabaret dans la rue des Boucheries-Saint-Honoré. Hélas! Poinsinet n'a pas plus de bonheur, la scène de la veille recommence.

Le lendemain, un saint jour de dimanche,
Notre glouton, que pressoit l'appétit,
Court inviter, pour prendre sa revanche,
Les mêmes gens à souper chez Petit.
Mais la pécore,
Plus bête encore,
Se rendormit
Sous la table et vomit.

Pardon encore une fois de ces descriptions nauséabondes; mais pour bien connaître cette époque d'esprit soi-disant juste et fin, de philosophie soi-disant grave et profonde, il faut en passer par-là, encore ne sommes-nous pas au bout.

Poinsinet est désespéré, il se battrait lui-même, il jure encore une fois ses grands dieux qu'il ne tombera plus dans de pareils excès; pour y couper court, il promet de ne plus boire.

Ne suis-je pas, dit-il, bien misérable?
J'ai fait des vers, Fréron seul m'a loué;
J'ai de l'esprit, et je suis sobre à table;
Mais on m'enivre, et je suis bafoué.
Liqueur funeste,
Je te déteste;
Jusqu'au tombeau,
Je me condamne à l'eau.

Pour n'être pas parjure, où va-t-il, ou plutôt où se laisse-t-il mener? Au cabaret, toujours au cabaret. Cette fois, c'est dans un des plus fameux du quartier du Temple, chez ce tavernier du *Soleil d'or* dont on voit encore dans la Vieille rue du Temple, au coin de la rue de l'Oseille et en face de la fontaine de l'Échaudé, la grille antique, et au-dessus de la porte, la vieille enseigne, Phœbus dédoré, entouré de ces mots dans leur orthographe surannée : AV SOLEIL D'OR.

Le lendemain, vis-à-vis la fontaine
De l'Échaudé, si fameuse au Marais,
Ses vrais amis, Préville et Clerontaine,
Pour s'amuser, vous l'emmènent exprès.
Qui l'eût pu croire?
Il osa boire
Tant, qu'il dormit
Sous la table et vomit.

Le malheureux étoit près d'une dame
Dont il salit la robe et le jupon;
Préville alors s'applaudissoit dans l'âme
De n'avoir pas apporté son manchon;
Car notre ivrogne,
Plein de bourgogne,
Avoit un jour
Vomi tout à l'entour.

Dans les couplets qui suivent, l'histoire du duel de Poinsinet, que Favart n'a fait qu'effleurer, est racontée dans tous ses détails. On sait où se passe la scène, c'est dans un mauvais lieu de la rue Baillet, près de la rue de l'Arbre-Sec; on sait comment arrive le cartel et quel est l'antagoniste de Poinsinet; enfin, tout se termine, pour ces mystifications, par un couplet résumant la plupart de celles dont il fut le patient : ici, quand il se laissa persuader qu'une place d'écran de la chambre du roi était vacante, et que, pour l'obtenir, il se grilla huit jours durant les mollets et les cuisses devant un feu à rôtir un bœuf; là, quand refaisant l'histoire de Lazarille de Tormes, il se crut métamorphosé en triton, en spectre, en cuvette, etc... De là notre ironique, et, quoiqu'elle n'en ait pas l'air, notre très-malveillante complainte, ne s'occupant plus de Poinsinet *mystifié*, prend à partie Poinsinet *auteur*, et comme tel moins ridicule à beaucoup près, et même assez heureux au théâtre par son esprit, pour qu'on fût jaloux de ses succès. En quelques vers on en fait sa liste, et l'on verra que c'est pour tâcher de les amoindrir. Pauvre Poinsinet! on ne veut rien lui laisser, pas même l'esprit qu'il avait la plume en main, et qui lui permettait de prendre au théâtre une belle revanche de sa niaiserie dans le monde.

Le sommaire de ce qui nous reste à citer étant ainsi posé, reprenons notre complainte.

Admis alors à souper chez des filles
De mauvais ton, près le Palais-Royal,
Le scélérat, qui les trouvoit gentilles,
Quoique ivre-mort, voulut les mettre à mal.
Quand d'aventure,
Une figure
De faux major
Vint troubler ce transport.

Or, admirez son merveilleux courage,
Le pauvre diable, alors tout éperdu,
Malgré sa peur, croyant avoir fait rage,
S'imagina qu'il s'étoit bien battu;
Que son épée,
De sang trempée,
Au faux major
Avoit donné la mort.

Le lendemain, criant miséricorde,
Il se plaignoit de son trop de valeur;
On lui prouva qu'il méritoit la corde,
Qu'on le pendroit pour avoir eu du cœur.
Sans rien répondre,
Il se fit tondre :
Être tondu
Vaut mieux qu'être pendu.

Depuis ce temps le pauvre petit homme
Ayant partout l'affront d'être sifflé,
Fut gouverneur, lavette, écran, fantôme,
Mystifié, battu, croquignolé.

Courant les g...,
Donnant des farces,
Souvent loué
Et toujours conspué.

Or écoutez de plus grandes merveilles :
Un negromant, dit Coste d'Arnobat,
Un beau matin étonna ses oreilles,
Par certains mots empruntés au sabbat.
Sur sa parole,
Le petit drôle
Crut être aux yeux
Invisible en tous lieux.

Ce fut avant le Warwick de la Harpe,
Lorsqu'au théâtre on siffloit Astarbé,
Que tout à coup amoureux d'une carpe,
Dont il cuidoit être le sigisbé,
Notre invisible,
Imperceptible,
Voulut, dit-on,
Se changer en triton.

Enfin lassé de tant de personnages,
D'un lord anglois épousant les destins,
Il entreprit de longs pèlerinages
Vers les pays qu'on nomme ultramontains.
Il vit Florence,
Parme, Plaisance,
Rome, en un mot,
Dont il revint plus sot.

Par son retour à l'Opéra-Comique,
Il éclipsa Sedaine et Taconnet;
Gille amoureux, chef-d'œuvre amphigourique,
Par son succès fit pâlir Nicolet.
Mais la bagarre
Parut si rare,
Qu'elle effaça
Presque Sancho Pança.

Sancho Pança fut suivi de Cassandre,
Qui fut suivi d'Apelle et du Sorcier,
Auquel sorcier on ne put rien entendre;
Tom Jones vint qui les fit oublier.
L'Ogre malade,
Noble parade,
D'un goût nouveau
Fit tomber Ramponneau.

Rassasié des lauriers de la foire,
Notre héros au tripot des François,
Voulut enfin reparoître avec gloire,
Et cette fois il eut un grand succès.
Le téméraire,
Vil plagiaire,
Prit mot pour mot
Le cercle à Palissot.

. . . . . . . . . . . . . . . .

Depuis ce temps, à titre de victime,
Le petit monstre, à des soupers bourgeois
Se voit admis; ce n'est pas qu'on l'estime,
On veut du moins le berner une fois.
Telle est l'histoire
Pleine de gloire,
Du marmouset
Appelé Poinsinet.

On n'aurait qu'une triste idée de l'esprit des gens spirituels de ce temps-là.— Quant à leur cœur, n'en parlons point, c'est un absent qui aurait tort, — si l'on s'en tenait pour juger d'eux à ces supplices infligés en façon de plaisanteries au malheureux Poinsinet. Par là, encore une fois, ils nous ont fait rire presque malgré nous; ramenons-les dans un meilleur jour, voyons-les riant franchement et prêts à nous faire rire de bon cœur sans arrière-pensée. Pour cela, retournons chez Landel, et assistons à ces bons pique-niques d'esprit et de bonne chère qui y firent la gloire de l'ancien Caveau.

Qui trouvons-nous dans la salle basse de la fameuse taverne littéraire du carrefour Bucy, dans ce cabaret lettré, la véritable *Pomme de pin* du XVIIIe siècle? Toute l'élite de ceux qui savent bien rimer, bien rire et bien boire encore : Panard, qui a quitté sa mansarde de la rue du Hasard, et qui, avant de venir ici faire sa station chérie, n'a pris que le temps d'aller faire un tour aux Tuileries pour achever un couplet, et de manger son petit pain d'un sou en buvant sa chopinette sur le comptoir du cabaretier de la rue de Richelieu ; Crébillon fils, déjà gorgé de quelques douzaines d'huîtres humées à pleins poumons chez l'écaillère de la rue Montorgueil, mais tout prêt à éventrer une nouvelle bourriche et à en vider jusqu'à la dernière coquille, pourvu qu'on lui apporte une pleine jatte de ce lait écumant qui dissout si bien dans l'estomac l'onctueux mollusque; pourvu qu'on lui promette aussi que Panard, mis en humeur de chanter ses jolis couplets, dira autant de vers qu'il fera éclater d'écailles. C'est aussi Gallet, l'épicier poëte, le coupletier de la rue des Lombards, le premier homme qui ait su mettre d'accord le sel de la chanson et l'épice du commerce, mais qui, puni bientôt de cette hérésie dont s'applaudissait la muse, dont s'indignait le négoce, fit banqueroute, hélas! et même, c'est là le mal, frauduleusement. S'il n'eût été que malheureux, tous les bras, tous les cœurs de ses amis du Caveau lui fussent restés ouverts, et leurs bourses mêmes, si c'eût été possible ; on ne lui eût fait qu'un accueil meilleur, on n'eût applaudi que plus cordialement ses jolis refrains dont l'épicerie n'entachait plus les rimes; mais, la fraude s'étant mise de la partie, ce fut différent. On tint conseil chez Landel, et, après délibération, on décida qu'un billet serait dépêché au coupletier failli. Crébillon fils se chargea de la rédaction ; la voici : « M. Gallet est prié de passer le plus rarement possible dans le carrefour Bucy, et d'aller dîner partout ailleurs le dimanche. »

Panard fut le seul qui ne voulut pas être inexorable; il était trop par l'esprit et par le cœur de la famille de la Fontaine, pour ne pas se souvenir de ce vers admirable :

On devient innocent quand on est malheureux.

Il continua de voir Gallet. Quand ses rêveries aux Tuileries et ses stations chez Landel lui laissaient quelques instants, il s'en allait au Temple, lieu d'asile pour les débiteurs insolvables, et que notre insouciant, dont c'était le refuge, appelait son *Temple des mémoires*. Là on sablait quelques chopines, — peut-être à crédit encore, — à la maigre cantine de la dette publique. Panard fredonnait à Gallet ses dernières rimes, Gallet lui chantait ses derniers refrains, et l'on se quittait en se disant au revoir pour un lendemain qui n'arrivait souvent que le mois d'après : tant Panard, malgré son amitié pour Gallet, trouvait long le trajet des Tuileries au Temple, et longuement agréables les haltes qu'il fallait faire sur la route et qui souvent l'arrêtaient à mi-chemin. Une fois sa visite se fit plus attendre encore qu'à l'ordinaire : Gallet eut le temps d'être malade et de mourir. Quand Panard arriva, il était enterré. Marmontel le rencontra qui revenait triste, la tête baissée, la larme à l'œil : « Je voulais, écrit-il dans ses *Mémoires*, lui marquer la part que je prenais à son affliction.

» — Ah! monsieur, me dit-il, elle est bien vive et bien profonde! un ami de trente ans avec qui je passais ma vie! A la promenade, au spectacle, au cabaret, toujours ensemble! Je l'ai perdu.... je ne chanterai plus, je ne boirai plus avec lui. Il est mort. Je suis seul au monde, je ne sais plus que devenir. »

» En se plaignant ainsi, le bonhomme fondait en larmes, et jusque-là rien de plus naturel. Mais voici ce qu'il ajouta :

» — Vous savez qu'il est mort au Temple? J'y suis allé pleurer et gémir sur sa tombe. Quelle tombe! Ah! monsieur, ils me l'ont mis sous une gouttière, lui qui depuis l'âge de raison n'avait pas bu un verre d'eau! »

Piron était aussi l'un des convives, l'un des chanteurs, l'un des rieurs assidus du Caveau. On peut même dire qu'il en était l'âme, la gaieté, le rire même; car, sauf Crébillon le fils, tous ces gens-là n'étaient pas toujours très-forts en esprit comptant, en saillies abondantes; ils n'avaient guère de verve et de gaieté que la plume à la main. C'était surtout le défaut de Panard, causeur épais et convive distrait comme l'avait été la Fontaine. Marmontel en convient, et Collé aussi, qui avait été de cette société, et qui avait assez connu Panard pour dire que le bonhomme des divins apologues revivait tout dans ce bonhomme des charmants refrains : « Il ne s'est pas plus mis en peine de la fortune que ne l'a fait la Fontaine; son incurie pour les biens de ce monde était inconcevable. Pendant le temps qu'a subsisté l'Opéra-Comique, il subsista, lui, de ce qu'il en retirait, et il mangeait à mesure, au cabaret, cinq à six mille francs que ce spectacle lui rapporta par an pendant une vingtaine d'années. Lorsque cette ressource lui manqua, quelques amis le logèrent, souvent l'habillèrent, et ils ont eu soin de lui jusqu'à sa mort... Des sots, dans une société, auraient pu le prendre pour une bête, et les gens d'esprit n'en ont jamais tiré parti. Il n'avait de l'esprit que quand il écrivait; il ne l'avait point en *argent comptant*. Il était rêveur et distrait, avait un rire niais et la conversation d'un enfant. Je n'ai connu personne qui mît moins dans le commerce ordinaire; il n'y apportait qu'une douceur et qu'une complaisance extrêmes. »

Piron était tout différent : c'était l'esprit même, avec son petillement étincelant et malicieux; sa conversation était, on peut le dire, un jet continu de bons mots, une pyrotechnie éblouissante de plaisanteries fines et d'impromptu, où la pensée ingénieuse jaillissait déjà tout armée et revêtue de la forme poétique. Il était chez Landel ce que Chapelle avait été à la *Pomme de pin*. C'était même mieux encore, c'était Boileau devenu causeur, c'était le Racine des *Plaideurs*, c'était quelquefois Molière lui-même s'émancipant à bavarder et à donner la menue monnaie de son esprit. Piron, encore une fois, était le *Caveau* tout entier. Aussi était-ce bien à son historien d'en faire sommairement la chronique. C'est ce qui est arrivé : personne ne nous a mieux appris que le biographe de Piron, Rigoley de Juvigny, ce qu'était cette joyeuse succursale de l'Académie. Être académicien, ce n'était rien, à entendre Piron; mais lui parliez-vous de son titre de membre du Caveau, oh! c'était autre chose.

« Au Caveau, écrit donc Rigoley de Juvigny, dans la notice qui précède son excellente édition des œuvres de maître Alexis, s'était formée une espèce d'aréopage que le haut rang qu'occupaient dans la république des lettres la plupart de ceux qui le composaient rendit bientôt célèbre. Quelques amateurs y étaient admis; mais l'entrée n'en était pas accordée indistinctement à tout le monde.... On y lisait ses ouvrages : on y était écouté sans prévention, et jugé sans partialité. Si l'ouvrage était mauvais, on ne laissait aucun repos à l'auteur qu'il ne l'eût tout à fait condamné à l'oubli, ou qu'il ne l'eût rendu digne de voir le jour par les corrections jugées nécessaires. Il fallait que l'amour-propre le plus fier se tût, et, pour peu qu'il osât se révolter, il était aussitôt assailli par une grêle d'épigrammes plus vives les unes que les autres. D'ailleurs, l'amitié, si sévère dans l'intérieur de cet aréopage, déployait toute sa sensibilité au dehors; les gens de lettres qui le composaient se soutenaient mutuellement en public : lorsqu'un ouvrage était imprimé, il ne s'agissait plus de juger, d'éclairer son ami, son rival, son concurrent; il s'agissait de le soutenir, de l'encourager, de le défendre et de l'applaudir avec le public.

» Le ton de cette société était une gaieté vive et piquante. Tout ce qui interrompait mal à propos cette gaieté était puni de ridicule. Parlait-on trop longtemps de soi, s'avisait-on de disserter du ton du bel esprit ou d'entamer un conte languissant et sans sel, on appelait aussitôt le garçon traiteur pour boire à la santé du fat, du bel esprit ou du conteur ennuyeux, et cette santé portée terminait la louange, la dissertation ou le conte. »

Ce dernier trait est charmant; nous pouvions nous croire à l'Académie, il nous ramène au cabaret. Je jurerais que c'est Piron qui a trouvé ce châtiment-là.

La gaieté chez Landel ne consistait-elle qu'à bien rire, qu'à bien boire, qu'à bien rimer? N'aimait-on pas quelque peu, dans cette célèbre taverne, et démériterait-elle, par l'indifférence de ses hôtes, de tous ces buveurs galants, de ces poëtes tout confits en madrigaux mi-partis poétiques, mi-partis amoureux, que nous avons trouvés sur notre route, en pérégrinant à travers les cabarets du grand siècle? Non pas, vraiment. L'amour aussi avait là son petit coin; maître Landel ne lui avait pas fermé sa porte. Qui sait? en hôte sachant vivre, peut-être prenait-il lui-même ce pauvre aveugle par la main, et le menait-il où il devait aller. Les gais coupletiers qui firent vers 1800 le vaudeville de *Laujon de retour à l'ancien Caveau,* et qui n'ignoraient rien de la tradition passée, n'oublièrent pas cette particularité galante. Ils en firent un couplet, où le nom de Landel se perdit dans une ingénieuse variante du refrain de *Landerirette :*

Pour voir gentille fillette,
Sitôt qu'on l'appellera,
Pour percer une feuillette,
Dès qu'on le demandera.
    Et lon lan la,
    Landel irette,
    Et lon lan la,
    Landel ira.

Le temps où l'on se grisait, où l'on riait, où l'on rimait, où l'on aimait chez Landel à la porte Bucy, fut le bon temps du Caveau; mais il ne dura guère plus que Panard lui-même, qui pourtant ne mourut pas trop vieux. Quand Marmontel vint à Paris, le Caveau n'était déjà plus qu'une ombre de ce qu'il avait été. Ce n'était plus qu'une cave, — passez-nous le jeu de mots, — un cabaret ordinaire. Il voulut se reconstituer plus tard, mais ce fut en pure perte pour la gaieté.

Dans le trou où il s'alla nicher, tout près du perron du Palais-Royal, plus de joyeux *pique-niques*, plus d'académie chantante. Ce ne fut qu'un refuge d'ergoteurs médisants, mangeant le prochain sur le pain sec de leur stérile et plat esprit; un ramas de nouvellistes bavards, d'alarmistes aigris qui venaient là, les jours d'hiver, fuir le froid ou la pluie, dont ils souffraient trop sous leur arbre de Cracovie. Autant on avait redouté et mis à l'index le faux esprit dans les séances de l'ancien Caveau, autant on le laissait s'ébattre de toute façon, et surtout en mauvaise prose, de politique ou de philosophisme, dans les assises pédantes du nouveau synode. Malgré cela, l'hôte qui tenait ce bouge prétentieux n'eut pas trop à se plaindre du sort. Il fit fortune, à peu près comme ces saltimbanques des foires qui montrent des bêtes curieuses. Il montrait, lui, des beaux esprits, et bien mieux, des beaux esprits presque toujours en querelle et voire se chamaillant très-haut! D'ailleurs, il avait eu soin que la cage dans laquelle il les faisait voir fût bien ornée. La salle de son cabaret, fi! disons mieux, de son café, était d'un joli aspect; et, tout en regardant le combat, la logomachie perpétuelle de ces lettrés bavards, on consommait d'excellentes glaces. « Le *Caveau*, dit la correspondance secrète de Métra, sous la date du 15 mai 1779, est le nom qu'on donne à un café fort à la mode, placé dans un petit souterrain arrangé avec goût dans le jardin du Palais-Royal. Il est tenu par le nommé Dubuisson. Les agréables oisifs, les habitués de l'Opéra et surtout les amateurs de bonnes glaces, dont il s'y fait un débit prodigieux, s'y rendent à différentes heures du jour. Quelques gens de lettres y vont faire leur digestion plus ou moins laborieuse. C'est un tribunal duquel on peut appeler à celui du bon sens, mais dont les décisions font toujours une impression momentanée. »

Le plus souvent, c'est après le spectacle que se tenaient les plus chaudes et les plus bruyantes discussions. On divaguait sur la représentation de l'Opéra ou du Théâtre-Français à perte de vue; cela menait très-loin, et l'hôte, qui craignait la police, pestait en grommelant dans son comptoir : « Messieurs, il se fait tard, il est temps que je ferme, on me mettra à l'amende. » On ne l'écoutait guère, les volets étaient mis, une seule chandelle restait allumée et l'on ne partait pas; on continuait à divaguer. Une nuit Dubuisson se fâcha, et il en résulta une scène tragi-comique dont le dénoûment fut la désertion des habitués du *Caveau*. La chose est assez bien racontée dans la *Correspondance secrète*, sous la date du 10 avril 1783.

« Dubuisson, le maître de ce café littéraire, y est-il dit, gâté par l'affluence de ces ergoteurs impitoyables qui prônent et décrient avec la même démence les rois, les ministres, les gouvernements, les auteurs, les acteurs, les danseurs, les chanteurs, etc., s'est arrogé une dose de suffisance que les petits sybarites rimeurs qu'il reçoit à sa table peuvent bien souffrir et même applaudir, mais qui de loin en loin lui attire des apostrophes plus ou moins sérieuses, suivant le personnage auquel il s'adresse. Pour en venir au fait, vendredi dernier le marquis de Villette et plusieurs autres chroniqueurs s'y étaient rendus, suivant un ancien usage, à l'issue de l'Opéra, pour y tenir bureau des anecdotes scandaleuses les plus fraîches. La matière fut abondante, le temps passa rapidement, et onze heures étaient sonnées que personne ne songeait à partir. Dubuisson, dit-on, était un peu dans les broussailles, il voulait aller dormir, et vous verrez qu'il eût mieux fait que de rester; mais, soit humeur, soit crainte de la police, il pria, insista, voulut qu'on sortît. On persifla Dubuisson et l'on ne sortit point. Un M. de Brignolles, Marseillais, poëte et redoutable parleur, tenait alors la parole, et, dans un moment d'expression, il fit un geste avec le bras, et allait peut-être heurter Dubuisson qui se trouvait derrière lui, lorsque celui-ci l'arrêta d'une manière assez ferme avec la main. B... se retourne, voit Dubuisson, et lui témoigne sa surprise et son mécontentement. D... réplique en nasillant quelques raisons piquantes, et le marquis de Villette lui dit qu'il avait tort. Cela s'apaise néanmoins, et la conversation reprend son fil. D..., voulant absolument qu'on sorte, dit à ses garçons de tout ranger, et lui-même prend des tabourets et les jette à droite et à gauche; mais, soit volonté, soit maladresse, il en campe un sur les jambes de M. de Brignolles, qui se livre à toute sa colère et traite Dubuisson de b..., de f..., de p..., et finit par l'appeler f... *cornard*. D... ne demeure point en reste et riposte sottise pour sottise à B...; mais le plaisant et le très-plaisant de l'affaire, c'est que, sur le mot *cornard*, D... ayant traité B... de *bardache*, celui-ci, par une saillie bien digne d'un Provençal, se prit à dire : « Oh! pour bardache..., j'en prends ces messieurs pour juges. » Et se passant la main sous le menton : « Est-il possible, continua-t-il, qu'un être aussi laid que moi puisse passer pour un bardache? » Sur quoi D... répliquant : « Eh bien, dit-il, je prends aussi ces messieurs pour juges, et leur demande si je puis passer pour cornard, ayant une femme aussi laide que la mienne? » — Chacun rit aux éclats; mais les deux champions ne cessèrent de s'adresser les plus sales invectives, au point que B... proposa des coups de canne à D..., sur quoi D... lui fit défi. La scène devenant fatigante pour tout le monde, chacun ayant enfin sorti, et D... étant sorti lui-même, toujours *gueulant* avec B..., les deux champions en vinrent aux mains dans la rue : mais, comme il faisait nuit et noir, on n'est pas d'accord sur le sort des combattants. Au surplus, le public a donné tort à D..., et la désertion qu'éprouve son café depuis cette scène scandaleuse prouve assez qu'il veut l'en punir. »

Après un pareil esclandre, nous devrions nous croire bien moins au Palais-Royal, dans ce Caveau soi-disant successeur de celui où Panard, Collé, Piron, menaient si joyeusement, si cordialement la vie; bien moins, dis-je, dans ce cabaret littéraire, qu'aux tavernes populaires des Porcherons. Nous pouvons donc tout de suite venir à celle-ci sans dire gare. La transition est trouvée. Ne soyons pas trop dédaigneux, d'ailleurs; ici encore, nous trouverons des poëtes : non pas seulement Vadé, qui y trônait aussi bien qu'à la Courtille,—où, comme on le sait, d'après Voltaire, il fit un beau jour décerner à Louis XV le surnom de *bien-aimé* (digne parrain pour un tel baptême!) — mais Fréron aussi, Collé, Panard, et même encore notre infortuné Poinsinet.

Souvenez-vous de l'un des couplets cités tout à l'heure à propos des œuvres poissardes de la pauvre victime :

. . . . . . . . . .
L'ogre malade,
Noble parade
D'un goût nouveau,
Fit tomber Ramponneau.

Il y a là certainement un commentaire à faire, et pour nous, dans ce commentaire, tout un chapitre : c'est pourquoi nous ne l'avons pas fait tout d'abord.

Qu'est-ce que ce Ramponneau, qui nous est donné ici comme un acteur de parade, une sorte d'émule burlesque de Volange? Serait-ce le même dont la renommée, comme cabaretier de la basse Courtille, est venue jusqu'à nous; le même dont nous connaissons l'Iliade avinée, depuis le jour, cher au Bacchus d'Argenteuil et au Silène de Suresnes, qui le vit naître dans le premier de ces deux villages aux souvenirs pleins de verdeur, jusqu'à l'heure de gloire et de fortune où il dressa ses tables et enguirlanda de lierre la grille de bois de sa guinguette? Serait-ce enfin ce même Ramponneau dont la vogue fut si grande, et qui, sans prendre d'autre enseigne que sa bonne grosse figure au niais sourire, d'autre devise que ses saillies nigaudes dignes de Jocrisse, attira tout le beau monde de Paris dans ces boueux parages, et qui devint la coqueluche même des jolies femmes, au point que leurs modes devinrent toutes à la Ramponneau? Vous l'avez dit, c'est le même. Ramponneau cabaretier et Ramponneau acteur ne sont qu'un; seulement il y a entre eux une révolution, celle qui d'un sage fait un fou.

Pendant que l'on se grisait de piquette sous ses treilles, Ramponneau se grisa de son succès. Il crut qu'il y avait en lui mieux que l'étoffe d'un cabaretier. Entendant parler de Volange, il se frappa le front, fit une gambade, et se dit avec un gros sourire : « Moi aussi je suis un farceur. » Il quitta sa boutique et alla heurter à l'échoppe de maître Gaudon, qui donnait des spectacles au boulevard du Temple, en concurrence avec les *Variétés amusantes*. Celui qui voulait être le rival de Janot ne pouvait mieux s'adresser qu'au théâtre concurrent du sien. Gaudon connaissait la colossale renommée de Ramponneau : lui donner ses tréteaux pour piédestal, lui parut être une magnifique affaire. On conclut marché le 27 mars 1760, jour à jamais mémorable, et voici à quelle condition les signatures furent échangées.

Ramponneau s'oblige : « de paraître et de jouer dans le spectacle du sieur Gaudon, et consent que le sieur Gaudon le fasse annoncer, afficher, voir *en dedans et en dehors*, fasse peindre son portrait au naturel, fasse faire des chansons, livres et pièces *à son avantage*, pour le temps de deux mois et demi ou environ, depuis le 14 avril jusqu'au 28 juin. De son côté, le sieur Gaudon lui promet 400 livres, dont 200 livres payables par billets à ordre lui seront délivrées huit jours après son début, et le reste après cinq semaines. De plus, le sieur Gaudon lui tiendra compte de la moitié des produits et bénéfices qu'il acquerra pendant ledit temps, tant par estampes que livres, chansons et autres généralement quelconques. » L'acte original contient de plus l'obligation, de la part de Ramponneau, de se trouver aux heures indiquées; il est fait double, avec un dédit de 1,000 livres, et l'on convient qu'il sera passé par-devant notaire à la première réquisition.

Gaudon comptait si bien sur le succès, qu'il commença par avancer à Ramponneau les 200 livres du billet qui n'était payable que huit jours après le début. Ramponneau en profite pour s'équiper, se faire une garde-robe de Jocrisse, une collection de queues rouges, etc. Quelque temps lui restait avant ses débuts, il veut l'employer en représentation d'essai. En compagnie d'un certain Haget, amateur bourgeois, il part pour Versailles, et là, hardiment, à deux pas du palais, au nez même de la cour, il dresse ses tréteaux. Il échoue : cabaretier, il faisait rire; farceur, il est sifflé, il est hué. Mauvais présage! Il revient à bas bruit au boulevard, et trouve sa pièce de début prête. Poinsinet, qui y gagnait un habit neuf, l'avait stylée de sa meilleure encre, et à toute vitesse. La salle était décorée à neuf, la mise en scène était superbe. Bref, tout était magnifique, irréprochable; restait à savoir si Ramponneau, lui aussi, le serait. Il y réfléchit le premier, et si bien, que, le cœur encore gros de sa déconvenue de Versailles, il prit une résolution hardie. C'était un homme de tête et bien conseillé surtout, vous l'allez voir.

Un matin, la veille du grand jour, une lettre arrive chez Gaudon, elle est de Ramponneau, et c'est un homme noir qui l'apporte. Est-ce une facétie du gaillard? Non pas, c'est son désistement; il ne jouera pas la comédie, il ne montera pas sur les planches, etc., etc. Et pourquoi, s'il vous plaît? Le notaire apostolique qui, le samedi, veille de la Quasimodo, dressa l'acte de désistement, va vous répondre :

« Aujourd'hui est comparu le sieur Jean Ramponneau, cabaretier, demeurant à la basse Courtille, lequel a volontairement déclaré que les résolutions mûres qu'il a faites sur les dangers qu'apporte au salut la profession des personnes qui montent sur le théâtre, et sur la justice des censures que l'Église a prononcées contre ces *sortes de gens*, l'ont déterminé à renoncer, comme suit par ces présentes, à jamais monter sur aucun théâtre, ce qu'il promet à Dieu, ni faire aucune fonction, profession ni actes y analogues. Pourquoi il proteste par les présentes contre toutes soumissions et engagements qu'il pourrait avoir faits avec qui que ce soit, notamment avec le sieur Gaulier dit *Gaudon*, entrepreneur de spectacles sur les boulevards de cette ville, pour paraître ce jour, soit dans son spectacle, soit dans tout autre, ou pour souffrir qu'il soit fait par son ministère, sous son nom ou à son occasion, quelques actions, chansons, livres et estampes, le tout tendant à lui donner la *publicité indécente qui ne convient qu'à des gens de cette sorte*, comme lesdites conventions et engagements, quels qu'ils soient, n'ayant été et ne pouvant être qu'extorqués de lui dans des temps où il n'aurait pas eu l'usage de sa raison, ni la faculté de faire des réflexions sur les conséquences de ces engagements pour son salut; qu'ainsi donc lesdites soumissions et engagements, quels qu'ils soient, ne pourraient lui nuire ni préjudicier, etc., etc. »

Il y a certes assez de scrupule, de piété, de conscience apparente dans cet acte, pour que la vérité dût s'y trouver aussi. Elle n'y est pourtant pas. Quand ce bon Ramponneau, agréable niais comme ceux de la Sologne, madré nigaud qui ne se trompe que pour tromper, qui n'est dupe qu'à son profit, vient nous mettre en avant ses remords et ses béates repentances, il ne dit pas vrai. Ce n'est pas Dieu qui lui commande de renoncer à Satan, à ses pompes et à ses œuvres; c'est l'intérêt. Il a vendu sa guinguette à un sieur Martin, moyennant une rente de 1,500 livres, joli denier certes, mais qu'il ne doit palper qu'à une condition : c'est qu'il restera pour achalander le cabaret, c'est qu'il se rivera à la porte comme une vivante enseigne. Ramponneau trouve le marché bon, très-bon même, meilleur surtout que celui qu'il a conclu avec Gaudon. C'est pourquoi il l'a signé d'une main, tandis que de l'autre il veut déchirer son engagement.

Gaudon, bien entendu, prétend qu'il n'en soit pas ainsi. Il riposte au désistement par une assignation; procès! Les gloires du barreau, les plus nobles illustrations littéraires s'en mêlent. Gaudon a pour avocat Me Élie de Beaumont, et Ramponneau a pour lui Me Coqueley de Chaussepierre. Bien plus, il a Voltaire, qui jette son *factum* plaisant dans cette affaire à mourir de rire, comme il a lancé tant d'éloquents mémoires dans le labyrinthe sinistre des affaires de Calas et de Sirven. Mais laissons d'abord parler Gaudon, le *demandeur*, par l'organe de Me Élie de Beaumont.

« Vouloir appliquer aux théâtres de nos jours, dit celui-ci, ce que les lois anciennes auront prononcé contre des histrions sans pudeur ou des gladiateurs qui révoltaient l'humanité; renfermer les uns et les autres sous une condamnation générale, c'est évidemment faire une application injuste d'un règlement peut-être alors nécessaire.

» Dans la ville qui est le centre de la chrétienté, on voit les spectacles établis avec l'approbation d'un souverain, juge respectable de la règle des mœurs et qui pourrait les détruire, puisque la tiare romaine réunit en lui l'un et l'autre pouvoir. On a vu, sous Louis XIII, nos prélats, toujours réguliers et décents, accompagner le roi au théâtre. En Italie, prêtres et évêques assistent sans scrupule à ce noble délassement. Tout ce qui ne blesse point la règle des mœurs peut être l'objet d'une convention licite aux yeux des tribunaux séculiers. Toute convention licite aux yeux de ces tribunaux doit être exécutée, ou la réparation de son inexécution doit être prononcée en faveur de celui qui en reçoit du dommage. Telle est dans l'espèce la cause de ma partie; et cependant, si le sieur Gaudon n'obtient pas les 1,000 livres du dédit et les dommmages-intérêts qui lui sont dus, c'est fait d'une troupe choisie, pour laquelle il a fait des dépenses énormes. Ramponneau est venu de lui-même s'offrir à lui, l'acte a été fait double en présence des témoins; il l'a doublement ratifié, soit en recevant le lendemain un à-compte de 200 livres, soit en allant s'exercer à Versailles. Le sieur

Gaudon a fait graver Ramponneau et composer une pièce entière à sa louange, etc.

» S'il est vrai, disait encore Me de Beaumont en terminant, que la nécessité de réparer les torts qu'on a causés est une des premières conditions d'une véritable pénitence, que Ramponneau, en payant les condamnations du dommage résultant de l'inexécution de son traité, prouve aux incrédules la sincérité d'une conversion qu'il fait dans sa citation sonner si haut. »

Que répond à cela M. de Chaussepierre, l'organe de Ramponneau? Des banalités, hélas! Mais Voltaire? oh! des choses charmantes, des plaisanteries délicieuses toutes brodées d'érudition et d'esprit. Il est vrai pourtant que si son plaidoyer eût été prononcé, il eût fait perdre le procès que M. de Chaussepierre fit gagner.

« Je ne payerai pas, messieurs, s'écrie donc Ramponneau-Voltaire, et je ne monterai point sur le théâtre. J'ai fait un marché, il est vrai; mais, comme dit le fameux Grec dont j'ai entendu parler à la Courtille : « Si ce que j'ai promis » est injuste, je n'ai rien promis. »

» ..... Si la cour avait pu lire un petit livre que Jean Jacques, indigné de sa gloire, et honteux d'avoir travaillé pour les spectacles, a lâché contre les spectacles mêmes, elle verrait que ce Rousseau préfère hardiment les marchands de vin aux histrions. Il ne veut pas que dans sa patrie il y ait des comédies, mais il y veut des cabarets; il y regrette ce beau jour de son enfance où il vit tous les Genevois ivres, il y souhaite que les filles dansent toutes nues au cabaret.

» Nous espérons que les mœurs se perfectionneront bientôt jusqu'à parvenir à ce dernier degré de la politesse. Alors maître Beaumont lui-même sera très-assidu chez moi, à la Courtille. Il ne songera plus à me produire sur le rempart; il sentira ce qu'on doit à un cabaretier.

» Feu monseigneur le cardinal de Fleury disait que les fermiers généraux étaient les colonnes de l'État : si cela est, nous sommes la base de ces colonnes; car, sans nous, plus de produit dans les aides; et sans les aides comment l'État pourrait-il aider ses alliés et s'aider lui-même contre ses ennemis? M. de Silhouette, qui a tenu le tonneau des finances moins de temps que je n'ai tenu ceux de mes vins de Brie, a voulu faire quelque peine au corps des fermiers; mais il a respecté le nôtre.

» Si nous sommes nécessaires à la puissance temporelle, nous le sommes encore plus à la spirituelle, qui est si au-dessus de l'autre. C'est chez nous que le peuple célèbre les fêtes; c'est pour nous qu'on abandonne souvent trois jours de suite, dans les campagnes, les travaux nécessaires, mais profanes, de la charrue, pour venir chez nous sanctifier les jours de salut et de miséricorde; c'est là qu'on perd heureusement cette raison frivole, orgueilleuse, inquiète, curieuse, si contraire à la simplicité du chrétien, comme M. de Beaumont lui-même est forcé d'en convenir; c'est là qu'en ruinant sa santé on fournit aux chrétiens de nouvelles découvertes; c'est là que tant de jeunes filles, qui peut-être auraient langui dans la stérilité, acquièrent une fécondité heureuse, qui produit tant d'enfants bien élevés, utiles à l'Église et au royaume, et qu'on voit peupler les grands chemins pour remplir le vide de nos villes dépeuplées....

» ..... C'est par un cabaret, et même par une cabaretière, que les premiers triomphes du saint temple juif commencèrent. La belle Rahab, vous le savez, messieurs, tenait un cabaret à Jéricho, dans le vaste pays de Setim. Elle était Zonah, du mot hébreu *zun*, qui veut dire cabaret et rien de plus. (Et c'est ce que je tiens de M. Tellès, qui vient souvent chez moi.) Elle reçut les espions du saint peuple; elle trahit pour lui sa patrie; elle fut l'heureuse cause que les murailles de Jéricho étant tombées au bruit de la trompette et des voix des Juifs, la nation chérie tua les hommes, les femmes, les filles, les enfants, les bœufs, les brebis et les ânes....

» ,.... Vous voyez, juges augustes du boulevard et de la Courtille, quelle prééminence eut de tout temps le cabaret sur le théâtre.....

» ...., Je vois d'ici maître Beaumont sourire; je l'entends répéter les mots d'Horace, ce poëte du Pont-Neuf, que j'ai ouï souvent répéter :

Perfidus hic caupo. . . . .
. . . . . cauponibus atque malignis.

(Ce fripon de cabaretier, ces cabaretiers malins.)

» Il aura recours même à l'*Encyclopédie :* l'article CABARET dit que les lois de la police ne sont pas toujours rigoureusement observées dans nos maisons. Je demande justice à la cour de cette calomnie; je me joins à maître Palissot, maître Lefranc de Pompignan et maître Fréron, contre ce livre abominable. Je savais déjà, par leurs émissaires, mes camarades ou mes pratiques, combien ce livre et leurs semblables sont pernicieux....

» ..... Ces détestables livres enseignent visiblement à couper la bourse et la gorge sur le grand chemin, ce qui certes n'arrive pas à la Courtille, où nous abreuvons les gorges et coupons les bourses loyalement.

» Je conclus donc à ce qu'il plaise à la cour me faire donner beaucoup d'argent par Gaudon, qui a la mauvaise foi de m'en demander en vertu de son marché. »

Ramponneau n'obtint pas tout à fait ce que demande pour lui l'ironique plaidoyer de Voltaire, ce *factum* si gaiement persifleur. Il fut même condamné, c'était bien le moins, à restituer à Gaudon les 200 livres du billet avancé; mais ce fut tout. Il put retourner quitte et libre à son cabaret, ayant gagné à tout cela un renom nouveau qu'il sut exploiter au profit de Martin, son successeur, et au sien même.

Ainsi se termine cette grande affaire en cette année 1760, dont ce fut, selon Grimm, le principal événement : « L'année 1760, dit-il, est marquée dans les fastes des badauds en Parisis, par la réputation soudaine et éclatante de Ramponneau. »

Mais cette réputation ne s'arrêta pas là. Elle fleurit de plus belle quand Ramponneau eut reparu dans sa guinguette, et qu'il se fut remis à califourchon sur une tonne, posture digne de Silène, qu'il ne devait plus quitter. *Le Tambour royal*, c'était le nom du cabaret de Ramponneau, redevint la guinguette préférée des badauds, et ce mauvais quatrain, servant d'inscription à la gravure alors populaire qui représentait la fameuse taverne, redevint une vérité, comme en 1758, époque de la première vogue :

> On voit aujourd'hui courir nos badauds,
> Sans les achever quitter leurs travaux,
> Pourquoi? C'est qu'ils vont chez mons Ramponneau
> Voir la taverne à la mode.

Ramponneau, nous l'avons vu, était un niais madré aimant la joie, mais préférant l'argent. Le célèbre rébus, véritable axiome de cabaretier : *Mon oye fait tout*, date de son temps, et est même, je crois, de lui. Sur la gravure dont nous parlons, on l'aperçoit écrit entre une grossière figure de Bacchus à cheval sur la tonne, et les portraits de mademoiselle Camargo et de M. Belhumeur, sergent aux gardes. Je crois même que la fameuse chanson dont ce même calembour-rébus est le refrain, s'y trouve aussi charbonnée en quelque coin :

> Chascun dedans ce monde-cy
> Met son corps et son âme en peine,
> Et pensant sortir de soucy,
> S'en vont à la chasse à *mon oye*.
>
> De l'un jusques à l'autre bout
> Du monde vous serez sans joye,
> A cheval, en chaise ou debout,
> Si vous ne possédez *mon oye*.

Ramponneau dut posséder bientôt ce fameux phénix; sa guinguette ne désemplit pas.

Ce n'étaient pas seulement des farauds qu'on y voyait venir chantant à plein gosier :

> Pour voir leurs maîtresses,
> Mettent ces fringants,
> Leurs cheveux en tresses,
> En queue, en pendants.
> Pour que l'on attrape,
> Dira un faraud,
> Faut que je me r'tappe
> A la Ramponneau.

C'étaient aussi les gens les plus distingués. « Des princes même visitèrent Ramponneau, dit Voltaire, et il dit vrai. Les Anglais y affluaient surtout, même les milords, qui, s'ils dédaignaient de s'y griser avec le petit vin bleu, n'y faisaient pas fi de la fillette et y pinçaient quelquefois une intrigue qui les menait assez loin. S'il faut en croire la chanson, il y en eut un qui fit sa femme d'une grisette trouvée à la Courtille. Le mariage conclu, la nouvelle lady n'eut rien de plus pressé que de revoir sa guinguette, et fouette jockey, voilà nos deux époux partis :

> A la Courtille, z'un jour de fête,
> Nos nouveaux mariés s'en vont tête à tête
> Dans un cabriolet bien beau,
> Afin d'voir c'fameux Ramponneau.

La foule était grande, mais pas telle pourtant qu'on ne pût s'y reconnaître entre amis, et bien mieux entre frère et sœur : or, justement voilà ce qui arrive. Un faraud qui n'avait pas été prié de la noce, quoique notre milady fût sa sœur, l'aperçoit et la salue, vous devinez comment. Une scène s'ensuit, très-vive, puis une rixe acharnée; car on savait boxer chez Ramponneau, et le faraud ne cédait pas à M. l'Anglais son beau-frère. Quand on s'est bien accommodé des deux parts, la garde arrive, le combat finit. Quant à la chanson, elle a pour finale une moralité à propos de ce petit drame de guinguette :

> Qui doit apprendre à ben des filles
> Qui vont chez Ramponneau faire les gentilles,
> A n'pas mépriser les p'tites gens,
> D'peur d'y rencontrer d'leux parents.

Vadé n'eût pas mieux dit, lui qui fut le poëte de ces guinguettes et qui les chanta dans leur vrai langage, lui qui, ne comptant pour rien le Louvre et les Tuileries, ces prétendues gloires de Paris, mais qui, comptant pour tout, en revanche, les fameuses guinguettes, la Courtille et les Porcherons, s'est écrié tout *enflambé* de verve, comme eût dit le vieux Régnier :

> Voir Paris sans voir la Courtille,
> Où le peuple joyeux fourmille,
> Sans fréquenter les Porcherons,
> Le rendez-vous des bons lurons,
> C'est voir Rome sans voir le pape.
> Aussi ceux à qui rien n'échappe,
> Quittent souvent le Luxembourg
> Pour jouir dans quelque faubourg
> Du spectacle de la guinguette.
> Courtille, Porcherons, Villette,
> C'est chez vous que puisant ces vers,
> Il trouve des tableaux divers,
> Tableaux vivants où la nature
> Peint le grossier en miniature;
> C'est là que plus d'un Apollon,
> Martyrisant le violon,
> Jure tout haut sur une corde,
> Et d'accord avec la discorde,
> Seconde les rauques gosiers
> Des farauds de tous les quartiers.

Le tableau est vrai, n'est-ce pas? on dirait qu'il est fait par Téniers, la plume en main au lieu du pinceau. Je le voudrais plus complet cependant, plus vif encore et surtout d'une couleur plus locale. Ce que dit Vadé est une description de la guinguette en général; c'est la Courtille aussi bien que la Villette, la Villette aussi bien que les Porcherons. Or, c'est un croquis réel pris au vif, une pochade colorée de l'un ou de l'autre de ces grands villages à cabarets, que nous aurions voulu. Nous l'avons bien cherché, et comme il arrive à qui bien s'enquiert, nous avons trouvé. Dans le coin d'un volume que je crois rarissime, sinon unique, nous avons découvert tout un poëme en *sept chants* ayant pour titre, celui-ci magique pour nous : *Les Porcherons*. C'était une admirable trouvaille, et nous avons béni la ville de Stenay, cité peu typographique d'ordinaire, où il semblait avoir été imprimé à notre seule intention, en 1773, à la fin de ce volume in-12 des *Amusements rapsodi-poétiques*. Nous l'avons lu, nous l'avons relu avec ardeur, et nous allons l'analyser de même, ne voulant pas que le lecteur de ce livre-ci perde rien des richesses que nous avons cherchées, et, Dieu aidant, trouvées pour lui.

Au premier chant, l'auteur nous dit qu'il ne s'occupera pas, bien entendu, des dieux de l'Olympe ni des héros de Troie; c'est aux Porcherons qu'il va, et morguienne, il a bien raison. Moi, dit-il,

Moi je me borne à des héros,
Hardis pourfendeurs de gigots,
Intrépides pour les grillades,
Gueulans ragoûts, tripes, salades,
Chacun d'eux pourtant bon vivant,
Qui ne mettant flamberge au vent,
N'ont brin le poing paralytique,
Lorsqu'on veut leur faire la nique.

Vous voyez tout d'abord qu'en ce poëme, comme chez Vadé, on parle bien et crûment la langue de l'endroit; ne vous en effrayez pas, notre livre est l'*Histoire du royaume d'Argot*. Nous savons ce que sont les héros, voyons ce qu'est le théâtre :

Leur champ se tient aux Porcherons,
Où vont luronnes et lurons,
Les jours de fête et le dimanche,
Casser ou la gigue ou l'éclanche,
A gogo boire et ribotter,
Farauder, rire et gigotter,
Et puis finir force gambades
Par maintes et maintes gourmades,
Qui donnent le plaisir après
A chacun de faire la paix.

C'est là qu'un robuste plaisir
N'a jamais le temps de languir.
Ton bruyant, gros ris, cris, tapage,
Saut, lippée et grand bavardage;

La chanson et le quolibet,
Les sons aigus du coup d'archet,
De vinot le pot ou la pinte,
Que l'on vide là sans contrainte,
Tout cet ensemble divertit
Qui n'a souvent sol ni crédit.

Ensuite vient l'énumération de toutes les espèces de gens qui viennent là s'ébaudir. Vous diriez la nomenclature des chefs de toute sorte qu'Herminie fait du haut des remparts de Jérusalem; seulement Herminie ici est une franche commère, passez-nous le mot, une poissarde :

On sait que toute la semaine,
L'artisan, sans reprendre haleine,
Chacun dans son petit état,
Travaillant comme un vrai forçat,
Des six jours se fait un carême,
Pour pouvoir aller, le septième,
Sucer, comme on dit, le cruchon,
Chanter la *mère Gaudichon*,
S'ébaudir, se mettre en goguettes,
Fille et garçon conter fleurettes,
Hommes et femmes s'empaffer,
De tout âge enfants se piffer,
Crocs rencontrer quelque gueulée,
Tapageurs troubler l'assemblée,
Farauds se montrer en beaux fils,
Vilaines faire les Cypris,
Greluchons lorgner leurs donzelles,
Celles-ci jouer les fidelles,
Et rendre dupes de leur jeu
Le pauvre *milord pot au feu.*

Ici nous revenons à notre histoire de tout à l'heure, qui, si elle avait besoin d'une preuve ou d'une vraisemblance, la trouverait dans ce dernier trait.

Hamilton, avant notre poëte, avait, dans sa lettre à M. de Mimeure du 1er juillet 1701, parlé aussi de l'affluence joyeuse qui se pressait aux guinguettes de Sceaux, de

Ces gentils compagnons,
Qui les fêtes à la guinguette,
Régalant facile grisette,
Avec trois maudits violons,
Pour Toinon, Nicole ou Perette,
A bon marché font des chansons.

Mais qu'il était loin du tableau qui se déroule ici, où toutes les variétés populacières qui font cohue aux Porcherons sont nommées par leur nom, et analysées dans tous les détails de mœurs, de métier, de costume!

Dans tous les quartiers de la ville,
C'est, dimanche et fête, une file
D'honnêtes gens de tous métiers,
Cordonniers, tailleurs, perruquiers,

Harengères et ravaudeuses,
Écosseuses et blanchisseuses,
Servantes, frotteurs et laquais,
Mignons du port ou porte-faix,
Par-ci par-là soldats aux gardes,
Et leurs commères les poissardes,
Qui, n'ayant crainte du démon,
Vous plantent tous là le sermon,
Pour galoper à la guinguette
Où se grenouille la piquette.
. . . . . . . . . . . . . . . .
Des pèlerins l'air libre et leste,
Les propos, l'ensemble et le geste,
Font voir, comme ailleurs, que chacun
Désire là d'être quelqu'un.

Bas blancs, souliers fins, chevelure
Poudrée à blanc, sont la parure
Des jolis cœurs qui, contents d'eux,
Y vont faire les doucereux.

On fait jabot, on fait manchette,
On a chemise blanche et nette,
Petit chapeau, grand bourdalou,
Mouchoir à flot autour du cou,
La rouge culotte de panne,
En main ou sous le bras la canne,
Veste de toile ou de coton,
En fine nacre le bouton;
Tête en avant, coude en arrière,
La rose dans la boutonnière,
Aux mains, hyver, été, les gants
Bourses, tresses ou catogans.

A cet ensemble on peut connaître
L'élégant et le petit-maître
Du Pont-aux-Choux, des Porcherons,
Où l'on roule ses paturons.

Ces dames ne sont pas moins pimpantes. La fille, ma foi, est digne du garçon :

. . . . . . On se redresse,
Sur l'honneur on fait la tigresse.
On babille *ab hoc* et *ab hac*,
On fait le semblant du tabac,
Taille serrée et force hanches,
Courtes chemises, longues manches.
. . . . . . . . . . . . . . . . . .
Quelques breloques aux oreilles,
Qui font aux atours des merveilles;
De mousseline un tablier,
Sur lequel descend le clavier,
De la ceinture à la pochette.
Au-dessus et dans la bavette,
Au milieu se met le bouquet,
Qui de l'amant est le cachet.
En rouge ou brun la courte cotte,
Propre à mieux sauter la gavotte,

Enfin tricot, mitaine ou gant,
Et crucifix d'or à coulant.
Bien entendu que la chaussure
Répond à ladite parure :
De fil ou coton bas à coin,
Qu'on tient tirés avec grand soin ;
De tombacle ou d'argent la boucle,
Aussi brillante qu'escarboucle,
Le soulier fin ou gris ou bleu,
Et les talons couleur de feu.

Reste à savoir comment se menait la bombance aux Porcherons, quel *fricot* on y mangeait, à quelles danses on s'y ébattait, comment s'y carrait le maître, comment s'y trémoussaient les garçons, s'ils étaient ou non, comme ceux de Ramponneau, coiffés de bonnets en pain de sucre faits de papier de diverses couleurs, etc., etc., comment enfin et sur quel ton l'orchestre y faisait sa cacophonie. Pour le repas, nous en savions déjà quelque chose. Le scénario de l'un de ces jeux de proverbe dont on s'amusait au commencement de l'autre siècle nous avait donné le menu de l'une de ces ripailles. Le thème du proverbe était une *Noce à la Courtille,* et il commençait par la mise en scène dont un des volumes d'avril 1777, de la *Bibliothèque des romans,* a reproduit le détail; il était dit que, sur la table dressée au milieu du théâtre, on verrait, pour plat du milieu, une terrinée de bœuf à la mode, une soupe aux choux et une à l'oignon, une éclanche à l'échalote et un gigot à l'ail, un chapon au cresson, du pâté à l'aune, des gâteaux et deux grandes salades. »

Voilà, ma foi, un menu bien dressé, et le parfum s'en fait sentir jusqu'ici. Celui qui jette ses aromes dans notre poëme des *Porcherons* n'est ni moins friand ni moins pimenté; et bien plus, pour parfaire le tableau, on voit consommer toute cette mangeaille, on assiste à l'immense gueuleton où chacun fait office de la mâchoire et de la fourchette.

Là-bas du manche d'un couteau
Un manant se fait un marteau
Pour qu'on lui rapporte chopine,
Et dit un *diable t'extermine.*
Plus loin c'est la pinte d'étain
Qu'on secoue à force de main,
Et dont le bruit, par son couvercle,
Des buveurs ranime le cercle.
Celui-ci fouette pots et plats,
Sitôt qu'ils sont vides, à bas.
Celui-là jure pour un verre
Qu'il a laissé tomber par terre.
Cet autre de voix fait assaut
Pour faire apporter un réchaud.
L'autre arrive avec sa frigousse,
Dont en passant il éclabousse.

Celui-ci crie et sacre net,
Trouvant dans un œuf un poulet,
Celui-ci malpropre et maussade,
Des mains retourne la salade.
Plus loin c'est la part du Tricot,
Où nul ne se montre manchot.

Ce repas n'est pas très-appétissant sans doute, mais si notre rimeur l'eût voulu, il l'eût été moins encore, et cela sans qu'il se permît contre la vérité la moindre licence poétique. Il n'avait qu'à voir et qu'à flairer minutieusement ce qui se mangeait, comme le fit certain pessimiste de ce temps-là qui, sans crainte du mal de cœur, scruta jusque dans leurs plus infectes profondeurs les mystères de ces gargotes. Cet observateur cuirassé, on peut le dire, est un M. D..., auteur d'un petit livre paru en 1788, sous ce titre : *Les Numéros de Paris, ouvrage utile et nécessaire aux voyageurs à Paris. Paris, de l'imprimerie de la Vérité.*

Il consacre tout son *numéro V* à la description de la *guinguette* en général, et vous allez voir qu'il n'y épargne pas le cynisme dans l'observation :

« Le bas peuple, dit-il, va tous les dimanches à la guinguette : c'est ainsi qu'on appelle différents cabarets situés hors des barrières. Le vin y est toujours très-mauvais ; mais comme on le paye moins que dans la ville et que la mesure y est plus grande, le journalier court s'y abreuver de la plus pernicieuse boisson.

» Comme on danse tous les jours de fête dans ces cabarets, les laquais viennent y étaler leurs grâces, et courtiser les danseuses, qui ne sont guère autre chose que des échappées de la *Salpêtrière.*

» Ces marchands de vin sont aussi traiteurs, mais leurs ragoûts ne sont jamais bons ; tantôt on vous sert un chat pour un lapin, quelquefois la chair d'*âne* y est servie et payée sans que l'acheteur s'en méfie ; enfin tout y est sale et répugnant. On commet, dans quelques-uns de ces endroits, un brigandage bien infâme, c'est au sujet des fritures de petits poissons.

» Lorsqu'un Parisien veut se régaler, il court manger une friture de *goujons* chez *Jérôme* (Pierre, Jacques ou Jérôme, le nom est peut-être idéal et ne fait rien à la chose). Les goujons qu'on donne là ne sont autre chose que ce qu'on appelle ordinairement du poisson blanc ; avant de le mettre en friture, le cabaretier en a déjà tiré un gros profit, et voici comment. Ces marchands ont dans leur maison un endroit secret où l'on fait pourrir le poisson dans l'*urine* pendant vingt-quatre heures ; par cette manœuvre, on en retire l'écaille que cette opération rend susceptible de devenir un objet de commerce. (Elle sert, dit-on, pour faire une espèce de perles.) Ensuite, comme on ne veut rien perdre, on fait frire et l'on vend ce poisson pourri.

» Cela paraît incroyable et a jusqu'à présent échappé à la vigilance des lois. »

Il est impossible, convenez-en, de trouver une invention plus dégoûtante, et ce que dit Mercier des beignets graisseux faits au bout du Pont-Neuf semble auprès de cela la description d'un menu de Lucullus. Le détail qu'il en donne se trouve au chapitre CCCXXII[e] de son *Tableau de Paris*, sous cette rubrique : *Mets hideux*. — Comment eût-il donc nommé ceux dont nous venons de parler ?

« ... Je dirai encore, écrit-il, ce qui se passe au bout du Pont-Neuf. C'est une faiseuse de beignets qui, plaçant sa poêle à frire sur un réchaud exposé en plein air, et dont en passant vous recevez la fumée au nez, emploie au lieu de beurre, d'huile ou de saindoux, un *cambouis*, un *vieux oing*, qu'elle semble avoir dérobé aux cochers qui graissent leurs roues de carrosses. Des polissons déguenillés attendent que le beignet gluant et visqueux soit sorti de la poêle et le dévorent encore chaud et brûlant à la face du public. Le passant étonné s'arrête et dit : « *Il a le gosier pavé.* » Au reste, on distingue partout le Parisien, en ce qu'il mange sa soupe presque bouillante.

» Dois-je aussi parler des *vendeuses de marrons et de châtaignes* qui tout à côté les font rôtir ou bouillir ? Elles glapissent du matin au soir, criant : *Tout chaud, tout bouillant*. On dit qu'attendu que les fermiers généraux nous vendent le sel treize sols la livre (falsifié encore), elles versent par économie dans leur chaudière aux marrons un sel qui leur est propre, qui ne vient ni de l'Océan ni des mines, et n'est pas encore assujetti à aucun droit.

» Vous conduirai-je encore, lecteur, ajoute Mercier, dans ces gargotes de faubourgs, obscures ou enfumées, où les maçons, tenant sous le bras leur morceau de pain enduit de plâtre, ainsi que leurs personnes, vont le plonger dans un chaudron banal ; ce qui s'appelle *tremper la soupe ?* Il leur en coûte trois sols pour cette immersion. Quel chaudron ! quelle soupe ! Mais j'aperçois que j'offenserais votre délicatesse si j'allais plus loin. »

Nous avons été plus hardis, grâce à l'auteur des *Numéros parisiens ;* nous en fera-t-on un crime ? Non sans doute, la vérité qui instruit ne répugne jamais.

Nous en aurons beaucoup de pareilles à révéler, si nous nous hasardons à visiter aussi curieusement que les cabarets les hôtelleries dont nous ne nous sommes pas encore assez occupé. La digression sera longue peut-être, mais on nous la pardonnera.

Pendant le règne de Louis XIV, vers lequel il nous faut remonter un instant, les auberges étaient, pour la plupart, assez misérables en France, comme partout. Nous le savons par les étrangers qui ont laissé des relations de leurs pérégrinations dans nos villes et dans nos campagnes, et, ce qui est moins suspect de partialité dédaigneuse, nous le savons aussi par les touristes indigènes, qui ne peuvent cacher le dégoût que ces déplorables gîtes leur ont causé.

Dans le journal de son *Voyage en France*, dont la *Revue de Paris* a publié en 1831 de trop rares fragments, Locke s'exprime ainsi sur le compte des hôtelleries dont il dut subir la couchée et la mangeaille, depuis son débarquement jusqu'en pleine Picardie.

« 2 décembre 1675. — Les auberges de Boulogne à Abbeville, dit-il, sont détestables; celle où je me trouve ne suffirait pas à garantir un berger d'Écosse contre les atteintes de l'air. A force de demander une paire de pantoufles, je suis parvenu à me faire apporter une paire de sabots. Ce genre de chaussure m'incommode singulièrement; encore n'en ai-je pas seul le bénéfice. Mes deux compagnons de route, fatigués de leurs bottes, ont tour à tour essayé ces souliers de bois, très-communs en France, et absolument inconnus en Angleterre; deux sabots ont servi à trois personnes, et les politesses mutuelles dont ces évolutions ont été accompagnées ont achevé de rendre la scène grotesque. A cela, il faut ajouter un dîner abominable, point de lit, un assemblage de toutes les odeurs nauséabondes et de tout ce qui peut torturer le voyageur... Si Paris est un vrai paradis, comme tout le monde prend soin de nous le répéter, les auberges de la grand'route sont assurément le purgatoire qui y mène. »

Madame de Sévigné, qui fit alors de si fréquentes tournées en Bretagne, ne dit pas moins crûment leur fait aux misérables gîtes qu'elle rencontre sur son chemin. Il en est un qui lui tient surtout au cœur, c'est celui où force lui fut de s'arrêter presque aux portes de Nantes. Il avait pour maître un pauvre diable de paysan breton qui, ayant créé son auberge à son image, en avait fait « un endroit, dit la marquise, plus pauvre et plus misérable qu'on ne peut représenter. Nous n'y avons trouvé, ajoute-t-elle, que de la paille fraîche sur quoi nous avons tous couché sans nous déshabiller. »

Et cela, encore une fois, à deux pas d'une grande ville, aux portes mêmes de cette cité de Nantes qui devait si bien s'entendre au confortable, et même, disons-le, au raffinement de la vie d'auberge et de taverne. N'est-ce pas là, en effet, que s'établirent au commencement de ce siècle des cabarets où l'on donnait à boire à tant par heure, ce dont s'indigne pieusement et avec raison M. de Villeneuve, au tome II de son *Économie politique chrétienne ?*

On a droit de s'étonner du délabrement des hôtelleries de cette époque et de leur dénûment quotidien, lorsqu'on songe à la clientèle qui devait y affluer de toutes parts, surtout sur certaines routes. On voyait alors, j'en conviens, beaucoup moins qu'à présent, de gens en voyage. Il fallait pour cela une trop grande dépense et de temps et d'argent; mais une fois qu'on s'était mis en route, et beaucoup s'y décidaient, il fallait de nécessité s'arrêter deux ou trois fois par jour à l'auberge. Ne se fût-on mis en route que pour un trajet de vingt lieues, il fallait faire ses trois repas au moins à l'hôtellerie et y coucher une nuit. Ainsi le voulait la lenteur des véhicules, coches d'eau ou voiture. Aujourd'hui, dût-on aller jusqu'au fond de l'Allemagne, la vie d'auberge inquiète peu, tant que dure le trajet du moins; à peine entre-t-elle dans les frais de route. Le chemin de fer va d'une vitesse qui vous fait passer comme un trait devant toutes les hôtelleries où vous auriez dû, il y a un siècle, demander gîte et nourriture.

Pour que vous jugiez de la désespérante lenteur de ces moyens de transport qui tuaient le voyageur et qui auraient pu faire la fortune des hôteliers, nous allons vous donner un extrait de l'*Indicateur fidèle ou Guide des voyageurs*, publié en 1765, par MM. Michel et Dems, ingénieurs géographes du roi, et dédié à Cassini, directeur de l'Observatoire. Nous y prendrons ce qui concerne la *Route de Paris à Arras.*

« Tous les mardis et vendredis, à cinq heures du matin, part de Paris un carrosse pour Arras; dîne à Louvres, onze heures du matin; à Senlis, cinq heures du soir; couche à Pont-Sainte-Maxence, sept heures. — Repart à cinq heures du matin, dîne à Gournay, onze heures du matin; couche à Roye, six heures du soir. — Repart à huit heures du matin, dîne à Omiecourt, onze heures du matin; couche à Péronne, cinq heures du soir. — Repart à neuf heures du matin, dîne à Bapaume, midi; arrive à Arras, sept heures du soir. »

Quatre jours pleins pour un trajet que la vapeur dévore en huit heures trente-deux minutes!

Vingt ans plus tard, il n'y a pas encore de progrès, le siècle a marché vite, mais les coches, hélas! ne font pas comme lui. Lisez plutôt, avec nous, ce passage de l'*Almanach historique de la province de Guienne pour l'année commune* 1783 :

« Départ de Bordeaux pour Paris : La diligence ou turgotine part de la Bastide, le jeudi et le dimanche, à dix heures précises du matin : elle arrive à Paris en cinq jours et demi.

» Carrosse : Le carrosse part de Blaye pour Paris le samedi matin, reste en route quatorze jours et arrive le vendredi.

» Fourgon pour Bayonne : Le fourgon part tous les samedis à midi précis, et passe par Langon, Bazas, Roquefort, et arrive à Bayonne le jeudi dans la matinée (six jours). »

Si du moins les voitures eussent été commodes et moelleuses, si l'on eût pu s'y mettre comme dans un lit bien chaud, où le mouvement du lent véhicule n'eût fait que vous bercer; si pour chaque voyageur on eût eu, par exemple, quelque peu des soins que prenait pour lui-même le maréchal de Richelieu, ne voyageant que chaudement couché, ne mangeant que d'une cuisine faite à Paris et cuite à petit feu, le long de la route sous la voiture : oh! alors, il n'y eût eu que demi-mal; je sais même tels oisifs qui se fussent fort bien accommodés de cette longue couchée et qui se fussent mis tout exprès en voyage. Mais combien n'en allait-il pas ainsi pour les voyageurs ordinaires, fussent-ils même d'assez gros personnages, fussent-ils la marquise de Sévigné, ou bien encore M. Sarrazin, secrétaire des commandements de monseigneur le prince de Conti! Si nous le nommons, ainsi que la marquise, c'est que, comme elle, il nous a entretenu de ses ennuis sur le coche d'eau; c'est qu'un jour qu'il descendait la

Seine, comme la marquise avait tant de fois descendu la Loire pour se rendre en Bretagne, il se mit, tout en cherchant de l'œil les horizons normands, à rimer les ennuis de sa route, à décrire et le coche, et le nocher, et les passagers, et à faire enfin comme Horace son *voyage à Brindes :*

Dans une hôtèllerie où je suis arrêté,
Pressé de la chaleur et de l'oisiveté,
Pour tâcher de tromper l'absence qui m'outrage,
Je veux en mauvais vers raconter mon voyage
Et faire un impromptu sans travail et sans art
De tout ce que j'ai fait depuis notre départ.
. . . . . . . . . . . . . . . . . . . . . .
J'arrivay sans tarder aux rives de Poissy,
Car les dieux et le sort en ordonnoient ainsy.
Lors, trouvant un bateau, nous nous mismes sans peine,
Mes compagnons et moy sur les flots de la Seine;
Le bateau, qui sans doute étoit du temps passé,
Me parut fort petit et fort rapetassé,
Sur les branches de saule encore toutes vertes,
L'on étendit sur nous deux antiques couvertes;
Les rayons du soleil et les rayons de l'œil
Y passoient comme ils font au travers d'un réseuil.
Là, garni d'un jambon propre à faire ripaille,
Nous sommes tous couchés comme des rats en paille;
Mes compagnons joyeux, et moi plus étonné
Qu'un homme qu'on auroit nouvellement berné.
Cependant le pilote, observant les étoiles,
Nous force de partir, hausse toutes les voiles,
Commande de ramer, et sous les avirons,
Le fleuve, en ondoyant, blanchit aux environs.
. . . . . . . . . . . . . . . . . . . . . .
Le plus vieil batelier, qui de l'arche est le maître,
Magloire Jolivet, pauvre homme et pauvre prêtre,
D'habit et de bonnet rouge et bleu déguisé,
Semble être promptement un triton baptisé;
J'entends de ces tritons de nouvelle manière
Que Balzac a trouvés au bord de sa rivière,
Et qui semblent bien moins, à sainement juger,
Des demi-dieux marins que des captifs d'Alger.

Maître Sarrazin continue encore quelque temps ainsi, les lenteurs du coche lui laissant tous les loisirs de la rime; mais nous, ayant plus de hâte que lui, nous arriverons vite à l'auberge, où, fourriers soigneux, nous demanderons d'abord s'il se trouve des lits pour les voyageurs. Un « certainement » bien affirmatif est la réponse de l'aubergiste. On a des lits, c'est vrai, mais quels lits, grands dieux! Les uns sont mauvais, les autres sont pires, pas un n'est présentable. Alors grande dispute entre les voyageurs. Chacun veut avoir le meilleur, et quelquefois, tous ayant raison de le demander, s'y mettent ensemble et pêle-mêle. Joli tableau, n'est-ce pas? dont la Fontaine va vous garantir la vraisemblance dans une de ces lettres charmantes qu'il écrivit à sa femme en septembre 1663 pour lui raconter son *voyage en Limousin :*

« Comme Saint-Lié, dit-il, n'est qu'un bourg et que les hôtelleries y sont mal meublées, notre comtesse n'étant pas satisfaite de sa chambre, M. Châteauneuf voulant toujours que votre oncle fût le mieux logé, nous pensâmes tomber dans le différend de Potrot et de la dame de Nouaillé. Les gens de Potrot et de la dame de Nouaillé ayant mis pendant la foire de Niort les hardes de leur maître et de leur maîtresse en même hôtellerie et sur même lit, cela fit contestation. Potrot dit : — Je coucherai dans ce lit-là. — Je ne dis pas que vous n'y couchiez, répondit la dame de Nouaillé, mais j'y coucherai aussi. Par point d'honneur, et pour ne pas se céder, ils y couchèrent tous deux. La chose se passa d'une autre manière... »

Quelquefois autre aventure. Les lits d'auberge se trouvent faits de telle sorte que, plutôt que de courir le risque de s'y hucher et d'y faire de sa nuit une insomnie de casse-cou, personne ne prend le parti de s'y coucher et préfère pour couchette le carreau de la chambre. C'est quand on approche de l'Allemagne qu'on est exposé aux hasards de ces périlleuses couchées. Si l'on va jusqu'en Bavière, jusqu'à Munich, c'est pis encore. Là on ne monte au lit que par escalade, comme dans une citadelle, et l'on ne s'y maintient que si l'on est bien cuirassé contre le vertige. Regnier Desmarets a fait tout un poëme de la description du lit monumental où il se coucha à Munich. C'était une vraie place forte, et il se tâta bravement deux heures avant d'en tenter l'attaque. Pour y entrer dignement, il s'y fourra tout botté :

Quel logis, quel gîte maudit!
Falloit-il donc aller si vite,
Pour ne trouver ni feu, ni pain, ni vin, ni lit!
Pour comble un poile (*sic*) où l'on respire
Une molle et fade vapeur,
Qui fait presque faillir le cœur,
Est l'endroit où l'on se retire.
Et de nos maux pourtant ce n'est pas là le pire,
Le pire est, ou qu'il faut dormir sur le plancher,
Chose, à mon avis, un peu dure,
Ou se résoudre à se jucher
Sur un lit que je voy, dont la seule figure
Me détermine presque à ne point me coucher.
. . . . . . . . . . . . . . . . . . . . . . .
Il est fait en forme d'armoire
Et l'on y monte par degrés;
Des rideaux, vous m'excuserez,
Ces sortes de lits-là font gloire
De n'en être jamais parés.
L'ambitieux chevet, jusques au ciel s'élève;
J'entends jusques au ciel du lit,
Et de la couche large et brève,
Tient la moitié sans contredit.
Une couette de cuir, vers le milieu renflée,
Mais mince et plate vers le pied,

Avec une autre couette encor plus boursouflée
En occupe l'autre moitié.
Voulez-vous coucher, c'est entre ces deux couettes,
Où vous trouvez deux draps grands comme deux serviettes,
Qu'il faut tout vif s'ensevelir.
Romains, vainqueurs de l'Allemagne,
Et vous, illustre Charlemagne,
Que vous avez su mal polir!
Au lieu de tant de lois de toutes les natures
Dont on vous a vus la remplir,
C'étoient des draps, des couvertures,
C'étoient des matelas qu'il falloit établir.

Ces auberges d'Allemagne, celles des bords du Rhin surtout, vers Bâle et Strasbourg, étaient cependant de celles où l'on était le plus grassement hébergé. On vous y faisait meilleure mine qu'au temps d'Érasme, et surtout on y faisait chère plus succulente; on y pouvait bien boire sinon bien rire, mais surtout on y pouvait jouer autant qu'on en avait l'envie, voire tout le jour et toute la nuit.

« A mon retour en Suisse, dit dans sa note 8, à la fin du volume, l'auteur du *Voyage à Paris vers* 1795, j'arrivai vers les dix heures dans une petite auberge entre Befort et Bâle; j'y trouvai, dans la seule chambre où l'on pouvait se tenir, une demi-douzaine de paysans, autour d'une table, à côté de celle où l'on nous fit souper; ils étaient fortement occupés d'une partie de brelan. Obligé de repartir vers les cinq heures, je retrouvai mes joueurs encore à la même place; les écus continuaient de rouler sur la table et la dernière poule que je vis gagner était de plus de trente louis. Ce n'est pas sans doute une poule de ce genre que Henri IV souhaitait à tous les paysans de son royaume. Celle-ci, du moins, n'excita pas beaucoup d'emportement et d'humeur, mais elle ne termina point encore la partie. »

C'est toujours une triste chose que le jeu, surtout quand il est poussé avec cette frénésie et par des gens de travail qui, sachant ce que donne de peine le gain de la plus petite somme, devraient savoir aussi ce qu'il y a de douceur à en être économe et à en faire bon usage; cependant ce que nous venons de voir dans l'hôtellerie bâloise ne nous a pas fait éprouver un sentiment de tristesse comparable à celui que nous avons éprouvé quand les pages que nous allons citer d'un éloquent mémoire de Grosley sur les *corvées* de Champagne nous sont tombées sous les yeux. Tout à l'heure, c'était le jeu dont l'idée seule implique celle de la prodigalité, ce charlatanisme de l'aisance; ici ce sera plus triste, je le répète, ce sera la morne et dure misère du paysan taillable et corvéable, obligé de donner, faute d'argent, son travail pour dîme et pour impôt; forcé de dépenser au profit de l'intendant de la province ces heures laborieuses dont l'infatigable emploi suffit, comme maigre gagne-pain, à sa famille.

Voici donc le récit poignant de Grosley, dans son mémoire sur l'*Administration des corvées :*

« Un Anglais, gentilhomme cultivateur, me racontait que, dans l'automne de 1767, venant d'Allemagne à Paris, par la Bourgogne et la Champagne, il s'arrêta pour la couchée à un village, sur la route de Langres, nommé Suzainecourt. Ne soupant point, et voyant toutes les grosses auberges de ce village remplies de coches et de rouliers, il descendit dans une petite auberge, y trouva un lit pour lui et une écurie pour son cheval et s'y fixa. En attendant l'heure de se mettre au lit, à l'abri du bruit qu'il avait précédemment évité, il entretenait une veuve qui tenait cette auberge, lorsque arriva le syndic du village, à la tête d'une vingtaine de paysans pour lesquels il venait demander gîte de la part du roi.

» Ces paysans faisaient partie d'une troupe de soixante ou quatre-vingts venus de différents côtés pour commencer en commun une grande corvée sur le chemin de Suzainecourt. L'Anglais, dont cette apparition dérangeait les projets, en tira parti pour s'instruire parfaitement de l'objet qui rassemblait ces gens. Ils étaient mandés de huit à dix lieues avec leurs charrettes et leurs bœufs, qu'il était impossible d'amener de si loin, par une traversée qui n'était que montagnes et vallons également hérissés de pierres et de cailloux auxquels la faiblesse de leurs voitures et les sabots de leurs bœufs n'eussent pu résister.

» Tristement arrangés autour de la table de la petite auberge, ils prirent d'abord en considération l'amende qu'ils devaient et que le lendemain en arrivant à l'atelier il fallait payer entre les mains de M. l'inspecteur, sous peine de prison; cette amende étant en proportion du nombre de bœufs que chacun devait amener, il s'agissait de faire un état qui, en distinguant ce nombre relativement à chaque particulier, donnât le total à compter à l'inspecteur. Ils implorèrent pour ce travail le secours de l'Anglais qui leur mit cet état au net. Il montait environ à 50 livres, et cette somme, douloureusement tirée de toutes les poches, en monnaie de toute espèce, renfermée dans un papier et jointe à l'état, fut mise sous clef par la veuve qui les hébergeait.

» Après cette opération, pendant laquelle une partie de ces malheureux étaient occupés auprès du feu à étuver avec du beurre et du vin obtenus par charité leurs pieds déchirés et ensanglés par les cailloux de la route, la veuve leur demanda s'ils soupaient : quelques-uns avaient du pain, et ils firent marché à deux sols par tête pour le faire tremper avec de l'eau, du sel et un peu de beurre; d'autres firent marché pour le pain et pour l'assaisonnement; plusieurs, n'ayant ni pain ni argent, prirent le chemin de la grange pour s'y disposer, par le repos, au travail du lendemain.

» L'Anglais demanda alors à la veuve si elle avait ou si elle pouvait trouver dans quelque autre cabaret des restes de sauces dont on pût faire à la hâte une base de soupe, en y joignant du beurre et quelques herbes.

» Elle avait au fond d'un grand pot tout un jus de bœuf à la mode qui depuis quatre jours faisait le fond de sa cuisine. L'Anglais en traita, et le pot ayant été rempli jusqu'aux bords et remis sur le feu, il fit donner à discrétion du pain à la compagnie : elle le tailla et en remplit en un instant quatre grandes terrines qui, à peine garnies de bouillon, furent englouties avec le silence d'un réfectoire de chartreux. Il fit ensuite servir trois fromages parés, avec du pain, toujours à discrétion. Le total de la fête lui coûta 5 livres 8 sols et lui valut mille bénédictions et les prières les plus ferventes que ces bonnes gens adressèrent au ciel pour lui en disant leurs grâces en commun.

» Le gentilhomme accompagnait le récit de ce fait de mille raisonnements à perte de vue sur l'amende, sur la légalité, sur le caractère de ceux qui l'ordonnaient d'une main et la recevaient de l'autre, sur son emploi, sur l'augmentation de travail qu'elle entraînait, etc., etc. Il ajoutait que, s'étant depuis trouvé dans un joli château appartenant à un homme qui avait fait sa fortune dans les ateliers de grands chemins, à peine l'avait-il appris, qu'il s'était hâté de s'enfuir, dans la crainte, disait-il, que ce château ne vînt à l'écraser en écrasant le maître. »

C'est par les touristes anglais, plus que par tout autre voyageur, que nous apprenons à connaître les anciennes auberges de France et surtout leurs abus, dont ils semblent même se complaire à étendre le détail. Arthur Young, qui de 1787 à 1790 parcourut toute la France, revient souvent sur le compte de nos hôtelleries. Quoiqu'il soit sévère dans son appréciation de touriste curieux de toutes choses, surtout de *confortable*, on aperçoit à travers ce qu'il dit que certaines améliorations ont été apportées depuis le temps de Locke dans ces asiles de l'hospitalité mercenaire. Ainsi on y est nourri d'une façon presque convenable. L'Anglais, si facile à prendre du dégoût, n'y trouve rien à redire : cela vaut le plus grand éloge. Il y a même des villes où il se récrie sur la bonne chère des hôtelleries et voire sur leur bon marché : « A Aire, s'exclame Arthur Young, juste et élogieux même par bonne digestion, on me donna, à *la Croix d'or*, de la soupe, des anguilles, un ris de veau, avec un dessert de biscuit, de pêches, de nectarines, de prunes, un verre de liqueur et une bouteille de bon vin, pour quarante sols. »

Mais après la louange de la cuisine vient bien vite la critique du reste. « C'est là tout, » dit-il en un autre endroit où il s'est encore complu à décrire la bonne chère; description convaincue après dégustation savante. Il admet pourtant aussi que les lits sont meilleurs dans les auberges françaises que dans celles d'Angleterre. Or, que demander mieux? le lit et le manger dans une auberge, c'est au moins le nécessaire, et, pour chicaner sur le reste, il faut être bien méticuleux et bien Anglais. Young est l'un et l'autre à un degré renforcé; ne nous en plaignons que pour l'hôtelier, que cela lui fait rudement malmener, mais pour notre propre compte accueillons et reproduisons avec plaisir le détail dans lequel cette sévérité minutieuse le fait entrer à propos des hôtelleries. « Vous n'avez pas de salle à manger, dit-il, on vous sert dans une chambre où il y a deux, trois et quatre lits. Des appartements mal meublés, des murs blanchis ou couverts de différentes sortes de papiers dans la même chambre ou de tapisseries si vieilles, que ce ne sont que des nids à teigne ou à araignées, et les meubles sont si mauvais, qu'un aubergiste anglais en ferait du feu. Partout, en guise de table, on met une planche sur des barres de bois croisées qui ne laissent de place pour les jambes qu'aux extrémités; des chaises avec dossier perpendiculaire qui ôtent toute idée de se reposer après la fatigue. Les portes vous entretiennent agréablement de musique en faisant entrer le vent qui souffle par toutes les crevasses, tandis que les gonds écorchent les oreilles. Les fenêtres, non moins complaisantes, laissent entrer la pluie avec le jour; quand elles sont fermées, il n'est pas facile de les ouvrir, et quand elles sont ouvertes, pas aisé de les fermer. Le balai de laine ou autre et les brosses à frotter le plancher ne sont pas dans le catalogue des articles nécessaires à une auberge française. De sonnettes, il n'y en a pas, il faut continuellement s'égosiller pour appeler la domestique, et, quand elle paraît, il se trouve qu'elle n'est ni propre ni avenante. La cuisine est noire de fumée; le maître est, en général, le cuisinier; il y a grande abondance d'ustensiles de cuisine en cuivre, mais pas toujours bien étamés, etc. »

Depuis, tout cela s'est bien amélioré, convenons-en, et si la perfection du bien-être n'est pas encore obtenue dans les auberges de France, surtout dans celles de certaines provinces, il faut pourtant avouer que leur progrès en ce genre a été aussi grand, depuis le temps d'Young jusqu'à nous, qu'il l'avait été précédemment depuis l'époque de Locke jusqu'à la sienne. Cela nous donne bon espoir, puisqu'il faut un siècle pour amener les auberges du mauvais au passable et du passable presque au bien; avant cent ans nous aurons le mieux, c'est-à-dire le très-bien.

L'un des premiers progrès obtenus a été la moralité plus grande des maîtres d'auberges, je dis de celles, non des grandes routes, mais des villes : c'est quelque chose déjà. Jadis, ils étaient malhonnêtes gens partout.

Prenons un exemple, M. Dessein, l'aubergiste chez qui Sterne loge à Calais. C'est un brave homme celui-là. Doux, obséquieux, mais sincère cependant et digne d'une confiance entière. Sterne est un peu railleur avec lui, et pour cela même ne lui rend pas toute justice. Quand il l'a peint « revenant de vêpres et le suivant poliment son chapeau à la main pour lui rappeler qu'il l'a fait demander; » quand il a raconté leur entretien à propos de cette fameuse *désobligeante*, et qu'il s'est encore moqué de son imperturbable assentiment sur chaque chose, il croit peut-être avoir tout dit sur ce brave homme, il se trompe. M. Dessein n'était pas seulement l'hôtelier discret et poli qu'il a vu, c'était encore l'honnête homme dont on pouvait mettre la probité aux plus tentantes épreuves, sûr qu'il s'en tirerait à son honneur.

Labouïsse Rochefort, dans la treizième livraison des étranges mémoires qu'il appelle *Trente ans de ma vie*, a complété, par une anecdote on ne peut plus honorable pour l'hôte de Calais, la silhouette trop railleuse découpée par la fine plume de Sterne.

« Sterne, dit donc Rochefort, a rendu célèbre, dès les premiers chapitres de son *Voyage sentimental*, l'imperturbable aubergiste Dessein armé de ses clefs et de ses respectueuses courbettes. Ce n'est point un être imaginaire créé par la fantasque imagination du voyageur anglais.

» En se rendant à Londres, M. de Montclar logea chez lui à Calais. Il avait dans sa ceinture mille écus en or qu'il emportait à sa garnison, mais qu'il ne voulait pas aventurer sur les routes de la bienheureuse Angleterre, que tant d'honnêtes voleurs parcourent sans obstacles, usant très-largement du *droit de la liberté*. Il pria M. Dessein de les lui garder jusqu'à son retour. M. Dessein les prend, s'assied à son bureau, et écrit sur un vaste registre : « *Le...* 178..., *reçu de M. le chevalier de Montclar mille écus en dépôt.* » Il se lève et s'en va. M. de Montclar, surpris qu'il ne lui remette aucun titre, lui fait observer qu'il n'est nanti d'aucun reçu. — Monsieur, *ce n'est point mon usage; vous faites un acte de confiance, vous êtes inscrit sur mon registre, cela suffit pour la sûreté de votre somme.*

» M. de Montclar, jeune, et par conséquent dans l'âge où l'on n'éprouve aucune défiance ni aucune crainte, ne fit point d'autre objection, ne doutant point de la sincérité et de l'exactitude d'une parole donnée d'un ton si *solennel*. Son espérance ne fut point trompée. A son retour en France, l'honnête M. Dessein lui remit ses mille écus en or, tels qu'il les lui avait laissés, en biffant l'article du dépôt sur son registre, et ajoutant en marge : *Le...* 178..., *ladite somme a été restituée à son propriétaire.* »

Serait-ce qu'il faudrait conclure, d'après cela, que les aubergistes étaient tous de très-honnêtes gens, des modèles de probité solennelle au XVIIIe siècle; non pas, s'il vous plaît. C'était encore, comme eût dit Corneille, un monde de marchands mêlés où les mauvais l'emportaient toujours de beaucoup sur les bons. Pour un M. Dessein, dont vous trouvez à louer sans mesure l'exacte honnêteté, vous aurez, dans la gent des taverniers et des aubergistes, mille individus aussi prompts pour le mal que l'hôte de Sterne l'était pour le bien; vous trouverez, par exemple, quand viendra la terreur, le fameux Jourdan *coupe-tête*, qui, d'abord cabaretier à Paris, avait fait dans cette noble profession l'apprentissage de celui de contrebandier qu'il prit ensuite, comme dans ce dernier métier il sut s'initier à tous les crimes dont la terreur lui permit plus tard le sanglant exercice.

Il faut dire, cependant, qu'au XVII^e^ et au XVIII^e^ siècle, la profession de tavernier et d'aubergiste se relève, en ce sens que les gens qui l'exercent ne s'y acoquinent pas, comme par le passé, dans la perpétuelle habitude du vice et du désordre. On en trouve bon nombre qui tendent à sortir de leur fange pour s'élever plus haut, vers quelque profession plus honorablement qualifiée.

Au XVII^e^ siècle, plus d'un fils de marchand de vin se jette dans la finance; nous avons eu l'exemple de Desbordes Grouyn, le fils du maître de la *Pomme de pin*, qui se mit dans les gabelles et y fit une grosse fortune dont la splendeur un peu dédorée de l'hôtel Pimodan, qu'il fit bâtir en l'île Saint-Louis, peut encore donner une preuve; nous pourrions citer, cent ans après, les frères Montmartel qui, selon des bruits fort accrédités, et dont le *Journal de Barbier* s'est fait l'écho complaisant, n'étaient aussi, à ce qu'il paraît, que des fils de cabaretier de village.

Beaucoup se donnaient aux lettres. Aubery le biographe, de qui l'on a d'assez médiocres histoires des cardinaux Richelieu et Mazarin, était né dans une auberge que son père tenait rue Saint-Denis; François Genard, qui fit quelques pamphlets apocalyptiques vers 1760, et qui finit par mourir à la Bastille, était fils d'un marchand de vin de Paris, qu'il ruina par les frais de son éducation d'abord, puis en se faisant plusieurs fois racheter par lui du régiment des gardes où il était encore en 1752. Il n'est pas jusqu'à Rivarol qui ne fût, malgré sa morgue fanfaronne et son blason menteur de chevalier provençal, qui ne fût, dis-je, tout simplement le fils d'un cabaretier de Bagnols. Lui et son frère, qui se disait comte, comme lui-même, plus modeste encore, se disait chevalier, eurent maintes fois les déboires de cette origine dissimulée. Un jour, le comte de Rivarol reçut de Bagnols une lettre en patois. C'était un sien cousin, cabaretier audit lieu, qui lui écrivait pour s'enquérir de sa santé, qu'on disait compromise par un coup de poing reçu aux Tuileries en pleine poitrine. Jugez, au reçu de cette épître, et surtout à sa lecture, jugez de l'indignation du comte et du chevalier *de* Rivarol. Celui-ci, tout chaud de colère, écrivit au lieutenant de police, M. Thiroux de Crosne, une lettre conservée encore aux archives de la préfecture et qui se termine ainsi : « J'ai voulu avoir l'honneur de vous prévenir, monsieur, de tout cela, avant que de présenter un mémoire au roi, comme me l'ont conseillé plusieurs gardes de Sa Majesté, mes camarades. » Un mémoire au roi pour un coup de poing et pour la lettre d'un cousin qu'on veut renier, comme trop infime, c'est bien là Rivarol tout entier!

Les cabarets eurent aussi leurs prophètes. Ainsi, le fameux Simon Morin, qui d'écrivain public se fit cabaretier, et de ce dernier métier passa sans autre ambage au rôle de Fils de Dieu qu'il s'adjugea dans son livre des *Pensées*, paru en 1647, et dont le dénoûment ne fut pas la croix du Calvaire, mais un bûcher en place de Grève.

Les arts avaient fait d'assez heureuses recrues dans les tavernes; nous n'aurons besoin de citer pour exemple que mademoiselle Desmatins, qui, avant d'être une des interprètes les plus passionnées de la musique de Lulli, avait été laveuse d'écuelles à l'auberge du *Plat d'étain*, sur la place du Carré-Saint-Martin. Enfin, il n'y avait pas jusqu'à la magistrature qui ne se recrutât parfois d'avocats dans ce monde d'aubergistes et de marchands de vin où la basoche, au temps passé, ne trouvait pourtant que des clients assez difficiles à défendre.

« M. de Vendôme, bâtard de Henri IV, raconte Tallemant des Réaux, passant à Noyon, logea aux *Trois-Rois*. Le fils du maître de la maison, nouvellement reçu avocat, crut que sa nouvelle dignité l'autorisait à aller faire sa révérence à M. de Vendôme; il y va. M. de Vendôme lui demande qui il était : « — Monsieur, je suis le fils des *Trois-Rois*. — Le fils de trois rois... Monsieur, je ne suis le fils que d'un; vous prendrez le fauteuil : je vous dois tout honneur et tout respect. »

M. de Vendôme, un bâtard de Henri IV, à l'auberge! C'est déjà quelque chose, mais vous savez que nous en avons vu bien d'autres à la taverne; si même vous voulez nous suivre, nous vous y montrerons de plus importants personnages encore. Un empereur, par exemple, Joseph II, qui, fidèle au plus strict incognito, ne voulait pas d'autres gîtes quand il courait l'Allemagne ou les contrées voisines. On sait que lorsqu'il vint à Paris, il refusa le palais qu'on lui offrait pour demeure, et ne voulut même pas d'un simple hôtel de comte ou de marquis, comme avait fait Pierre le Grand, qui prit gîte à l'hôtel Lesdiguières. Joseph II, lui, s'en vint bourgeoisement loger rue de Tournon, dans l'hôtel voisin du Luxembourg, dont le frère du fameux Mercier était alors le maître. Il s'y fit servir on ne peut plus modestement; Monteil va même jusqu'à dire, d'après une tradition du quartier, que Sa Majesté faisait elle-même sa cuisine. L'hôtel a gardé le nom d'*Hôtel de l'empereur Joseph II*. C'était là un privilége que réclamaient tous les aubergistes auxquels Sa Majesté Germanique avait fait honneur pareil. Ce fut, à ce qu'il paraît, un bonheur pour l'hôtellerie du bonhomme Mercier, mais il n'en fut pas de même pour certain hôte de Maëstrick, à qui, sur sa demande, l'empereur avait aussi fort gracieusement octroyé non-seulement son titre et son nom, mais même aussi la permission d'appendre son portrait équestre pour enseigne. Auparavant, cette auberge, la meilleure de Maëstrick, s'appelait vulgairement *l'Ane gris*, à cause de l'enseigne triviale que l'impérial portrait venait remplacer. Peut-être pensez-vous que *l'Ane gris* était ainsi détrôné par l'empereur en peinture, l'auberge prédestinée va augmenter d'autant en crédit et en importance, et que l'affluence des pratiques passantes y va doubler au moins. Point du tout. Nos Hollandais, bonnes bêtes d'habitude, ne reconnaissant pas l'enseigne, ne veulent pas davantage reconnaître l'auberge.

Ils n'entrent plus et vont auprès. Ce que voyant, un matois se met à ouvrir maison à deux pas de l'auberge trop honorée et trop abandonnée. Il se fait peindre pour enseigne un âne gris superbe, l'append au-dessus de sa porte et tout le monde arrive. L'autre, déjà furieux de l'abandon de ses pratiques, s'exaspère de cette concurrence. On lui a volé son *âne gris*, il demande son *âne gris;* il l'aura. Il fait venir le barbouilleur qui lui a peint à grands frais la malencontreuse majesté qui le ruine. « Efface ce qu'il y a sous ce tableau, lui dit-il, mais morbleu ne touche pas à la figure, elle m'a coûté cher et j'y tiens. Ote seulement l'écrit : *A l'empereur Joseph II*, et mets à la place : *Au véritable âne gris.* » Ce qui fut fait en lettres longues d'une aune, et longtemps on vit à Maëstrick, le grand empereur et roi se prélassant à cheval au-dessus de cette inscription : *Au véritable âne gris*.

En Allemagne, nous l'avons dit, Joseph II persistait dans sa manie de courir aux auberges et de fuir les palais.

Le duc de Wurtemberg le prit à son piége, d'une façon on ne peut plus adroite.

« Le duc, dit madame d'Oberchick dans ses Mémoires récemment publiés, eut une idée très-heureuse et tout à fait dans son caractère si délicat et si souverainement distingué. Il ordonna à toutes les hôtelleries d'ôter leurs enseignes, et il en fit mettre une énorme à la porte du palais, portant les armes de l'Autriche avec ces mots : HÔTEL DE L'EMPEREUR.

» Joseph II ne résista pas à une si ingénieuse insistance. Il vint chez le duc Charles et y resta plusieurs jours...

» La plaisanterie de l'auberge fut admirablement soutenue à Stuttgard; lorsque l'empereur descendit à la porte du palais, le duc vint le recevoir en costume d'hôtelier et joua son rôle avec un naturel incroyable. Les personnes de la cour les plus choisies et les plus élevées avaient toutes un emploi, soit à la chambre, soit à l'office; les plus jolies femmes portèrent le bavolet et le tablier des servantes. L'empereur s'y prêta de bonne grâce et en rit beaucoup. Le lendemain, chacun reprit sa place. »

Au départ, le travestissement recommença en partie. « Au moment, continue madame d'Oberchick, où le carrosse s'approchait devant la porte du palais, on vit monter à cheval un postillon en vieux surtout et en bottes crottées. L'empereur même le remarqua et dit en riant :

« — En voilà un qui n'est pas courtisan, il n'a pas mis son habit des dimanches. Ce doit être un ivrogne, nous lui donnerons un pourboire.

» Le postillon mena ventre à terre avec une adresse et une agilité merveilleuses. Joseph II en fut enchanté et reprit plusieurs fois :

» — Je voudrais avoir un drôle comme celui-là dans mes écuries.

» Arrivé à la poste suivante, au moment de changer de relais, Sa Majesté voulut tenir sa promesse et donner un souvenir *sonnant* à celui qui s'était si fort distingué pendant ces quatre lieues.

» On lui apprit alors que ce postillon était le prince de... et qu'il avait été conduit avec ses chevaux. L'empereur trouva la plaisanterie charmante et remercia l'Altesse qui se transformait pour lui en coureur de grandes routes.

» — L'imitation était parfaite, monsieur, lui dit-il; cependant, si j'y avais regardé de plus près, j'aurais découvert le déguisement. Vous n'avez pas assez juré. »

Je pense que Joseph II, en dépit de son incognito, dut être fortement rançonné dans toutes les hôtelleries où de cœur et de joie il venait prendre gîte. Il se donnait bonnement comme le comte de Falkenstein, et en conséquence se faisait traiter d'une façon modeste; mais quand venait le moment des comptes, ce quart d'heure de Rabelais auquel n'échappent ni princes ni rois, je gage qu'on le faisait payer, non pas selon le titre qu'il avouait, mais suivant la très-haute et souveraine qualité qu'il dissimulait. On l'avait hébergé comme un comte, on le faisait payer comme un empereur. Quoi qu'il en soit, on ne dut jamais le mettre plus impudemment à rançon que le roi Georges Ier d'Angleterre courant la poste en Hollande. Il avait fait plusieurs fois ce voyage et avait bien juré de ne plus se laisser prendre aux embûches des comptes d'aubergistes. Plutôt que de descendre dans une hôtellerie hollandaise, il aurait couché dans sa chaise de poste. Par malheur, même avec les chevaux les plus *vites*, comme on disait, on ne marchait pas très-rapidement en ce temps-là, et, eût-on même fait d'abondantes provisions, force était de se ravitailler bientôt dans quelque village; les hôteliers alors reprenaient leur proie. Georges fut ainsi obligé de s'arrêter au village d'Alkemaër. C'était bien malgré lui, et il jura de ne faire que la dépense la plus chétive qu'il lui serait possible. Arrivé devant l'auberge du *Mouton*, il demanda trois œufs frais. Aurait-il, en effet, pu demander moins? On les lui apporta, comme il les désirait, frais, très-frais même, ce qui commença sans doute à lui donner l'éveil sur le prix qu'en raison de cette exception singulière on s'apprêtait à lui demander : « — Combien? dit-il à l'aubergiste en cassant la coquille du dernier. — Sire, deux cents florins, répondit l'autre. — Deux cents florins! » cria le roi, bondissant de surprise sur les coussins de sa chaise; mais se rassurant bientôt et prenant cet air railleur qui chez les princes prend si vite l'air d'une menace narquoise : « Les œufs, monsieur l'hôtelier, dit-il, sont donc chose bien rare à Alkemaër? » Il croyait tenir son homme, mais c'est lui qui le tenait, car il était matois. Il fit une nouvelle courbette, et froissant respectueusement son bonnet, il dit avec le sourire sournoisement benêt de quelque niais de Sologne : « Oh! que non pas, Sire, les œufs ne sont pas rares ici, mais ce sont les rois qui n'y sont pas communs. » Je suis payé, aurait dit Henri IV; Georges Ier ne le dit pas, mais il paya.

L'aubergiste d'Alkemaër avait eu de l'esprit en cette affaire, c'était fort bien, mais il aurait pu s'en dispenser. C'était un luxe qu'en vertu de l'usage et de la loi de son pays il aurait pu ne pas se donner, sans craindre pour cela de n'être pas tout aussi bien payé. Le roi Georges, ses trois œufs frais servis, avait-il demandé, avant de les manger, quel en était le prix? L'anecdote ne le dit pas. L'aubergiste était donc en droit de lui demander pour ces trois œufs dévorés tel prix qu'il lui conviendrait. — On a vu qu'il n'y manqua pas. — C'était l'usage, c'était la loi. Eût-on fait venir le bourgmestre, qu'il n'en eût pas décidé autrement, à moins que la présence d'une majesté, comme partie dans la cause, ne lui eût fait commettre, eu égard à la loi hollandaise, une injustice qui en droit commun se serait trouvée être l'équité.

Encore une anecdote, et vous verrez qu'à propos de cette étrange coutume des aubergistes hollandais nous avons dit vrai. Celle que nous allons reproduire d'après le livre assez peu connu de M. Fortia de Piles, *Nouveau dictionnaire français,* au mot Représailles, est curieuse à plus d'un égard. Elle prouve que si en Hollande on est ferré sur l'usage, sur la loi, fût-elle illégale, on ne l'est pas moins en France sur l'esprit et sur l'à-propos, et que par là on a toujours sa revanche toute prête :

« M. de la Vauguyon, étant ambassadeur en Hollande et résidant à la Haye, eut envie d'aller avec une compagnie manger un ragoût de poisson, appelé *waterfisch,* dans un endroit sur le bord de la mer, nommé Scheweningen, où on l'apprête à merveille de cette manière.

» Le jour pris, il fit arrêter le local et commanda du *waterfisch* pour toute sa société; il y envoya ses gens et sa cuisine pour y préparer le reste du dîner; de sorte que le maître de l'auberge n'eut à fournir que le logement et le poisson accommodé. Il s'y rendit avec sa compagnie, et après le repas, au moment du retour, le maître d'hôtel, ayant demandé le compte de sa dépense, fut très-étonné de se voir présenter un mémoire de 1,500 florins,—un peu plus de 3,000 francs. — Il le montra à l'ambassadeur, qui se récria, comme on le pense bien, sur cette prétention exorbitante.

» L'hôte fut mandé devant lui et ne voulut en rien diminuer. L'ambassadeur fit appeler le bailli du lieu, qui commença par lui demander s'il avait fait prix à l'avance avec les gens de l'auberge. M. de la Vauguyon lui répondit que non; alors le magistrat, s'adressant à l'hôte, lui représenta doucement qu'il avait tort de former une prétention aussi élevée. Celui-ci lui dit qu'il avait le droit de taxer son industrie comme il l'entendait; que c'était la loi, et qu'il la fixait en cette occasion à 1,500 florins. Le bailli dit à l'ambassadeur que la loi était formelle, qu'ainsi il ne pouvait rien y faire.

» M. de la Vauguyon s'adressa vainement au gouvernement hollandais, qui lui fit la même réponse, et il fut contraint de payer. Il instruisit le gouvernement français de ce qui lui était arrivé, et cet avis ne fut pas perdu.

» Quelque temps après, M. de Berkenroode, ambassadeur de Hollande à Paris, voulut aller en compagnie manger une matelote à la Râpée. Il en fit commander une des plus copieuses, ainsi que le logement, seulement sans faire de prix, et ses cuisiniers allèrent y préparer le repas. Quand vint le moment de donner, comme on dit, la carte, M. de Berkenroode fut bien étonné de voir un compte de 3,000 francs. Il jeta les hauts cris, fit appeler l'hôte; celui-ci, bien endoctriné, répondit qu'il taxait ainsi son industrie, qu'il en avait le droit, et que Son Excellence avait tort de se plaindre. L'ambassadeur hollandais fut près de s'emporter, mais il s'arrêta tout à coup. Après un moment de réflexion, il dit en souriant à son maître d'hôtel : « J'entends, j'entends; il faut que je paye le waterfisch de M. le duc de la Vauguyon. » Il fit compter à l'hôte les mille écus. »

L'aventure est curieuse, n'est-ce pas? mais ce qui a dû peut-être un peu vous étonner, c'est que, pour cette matelote à savourer, notre ambassadeur hollandais ne fût pas allé au *Moulin de Javelle,* si fameux jadis pour ces sortes de régals. Serait-ce donc qu'il aurait été mal renseigné sur les bons endroits? Non pas, c'est que la vogue a changé; elle n'est plus au *Moulin de Javelle,* elle a remonté la Seine, et l'on est venu placer la renommée des bons morceaux, des fritures croustillantes et dorées, des matelotes vermeilles et savoureuses, sur ce quai placé en face du *Port à l'Anglois*, et dont un commissaire des guerres, M. de la Râpée, a été le parrain.

On est bien loin du temps où Dancourt et l'obscur Michault, son collaborateur, faisaient représenter à la Comédie-Française ce petit acte, repris, je crois aussi, par Scribe, et pour lequel on avait emprunté au *Moulin de Javelle* son nom en guise de titre, et pour intrigue l'une des fréquentes aventures passées sous ses bosquets : c'était en 1696; il y a donc, à l'époque dont nous parlons, plus de quatre-vingts ans de cela. On est même bien loin de cette année 1718, pendant laquelle, le 5 septembre, selon Dangeau, M. le prince de Conti donna au même lieu une fort jolie fête de nuit, dont certaine dame de Normandie fut la reine au grand dépit de son Normand d'époux.

En 1752, le *Moulin de Javelle* était déjà tout à fait déchu. On le jouait encore à la Comédie-Française, ses treilles de toiles peintes encadraient encore la face goguenarde de Dancourt, que déjà il n'existait plus lui-même qu'à l'état d'ombre et de ruine d'une grande renommée. Un petit livre qui parut cette année-là, et que je crois rare, le *Voyage de Saint-Cloud par terre et par mer,* nous parle de cette décadence en phrases bien trouvées où le souvenir des joies évanouies se mêle agréablement aux tristesses et aux regrets du présent :

« Sur la rive opposée, y lisons-nous, en tirant au *sud-ouest*, est une petite masure isolée dont l'exposition heureuse, quoique très-retirée, semble annoncer une de ces retraites que choisissaient autrefois les anachorètes, lorsque, dégoûtés du monde, ils voulaient renoncer entièrement à son commerce pour se livrer à la contemplation des choses célestes.

» Au milieu de quelques arbres mal dressés et plantés au hasard rampe humblement un petit corps de logis dont la simplicité fait tout l'ornement; l'art paraît avoir moins participé à la décoration de ce lieu que la simple et belle nature; cependant tout y rit, et je me trompe fort si ce n'est point là qu'était au temps jadis ce fameux désert où saint Antoine fut tant tourmenté par l'esprit malin lors de ces belles tentations que Callot nous a si bien gravées; car on voit encore à quelque distance de là un moulin que ce saint ermite fit apparemment venir exprès de Montmartre pour son usage et celui de son ménage, et sous lequel il y a encore un toit à cochons. Le tout compose un ensemble qui m'a paru si charmant, que je crois que si jamais il prenait fantaisie à la Madeleine de revenir sur terre, et qu'elle passât à cet endroit-là, elle n'hésiterait pas à le préférer à la *Sainte-Baume.*

» Quelqu'un qui me vit attentif à examiner un lieu que je paraissais avoir regret à perdre de vue prévint ma curiosité, en me disant : — Eh bien! monsieur, vous considérez donc cette fameuse *guinguette* autrefois si fréquentée, où l'Amour était venu de Cythère, exprès pour la commodité de Paris, établir une manufacture de plaisirs à la honte des familles bourgeoises. C'était là autrefois l'écueil où Charybde et Scylla prenaient plaisir à faire échouer la vertu, à tendre des piéges aux vestales; c'était le rendez-vous de la lasciveté, de l'impureté, de la prostitution et de l'adultère; tous les vices s'y rassemblaient de toutes parts. Mais tout est bien changé aujourd'hui : Bréaut est mort, et le *Moulin de Javelle* que nous voyons aujourd'hui n'est que l'ombre de celui que j'ai vu de mon temps.

» — Qu'appelez-vous, monsieur? lui repartis-je. Est-ce que c'est là ce *Moulin de Javelle* dont j'ai entendu parler sur l'affiche de la Comédie-Française à Paris?

» — Oui, monsieur, me dit-il, c'est le même pour lequel on a voulu inspirer de l'horreur aux jeunes gens en leur représentant tous les désordres qui s'y commettaient. »

A Paris, même les cabarets autrefois en renommée sont en décadence; sauf les tavernes où vont les gens de lettres et que nous vous avons fait connaître en détail, sauf les courtilles populaires de la banlieue, il n'y a plus guère de cabaret qui fasse fortune. Les grands seigneurs ne les fréquentent plus que par boutades de crapule, ou bien en temps de carnaval; encore ces jours-là ne restent-ils pas à Paris, ils s'en vont aux *Porcherons.* Les femmes n'ont plus les mœurs du temps de la Régence; à moins qu'il ne s'agisse d'une partie nocturne et déguisée chez Ramponneau, le mot de cabaret les écœure. « Fi! dit la présidente de la pièce de Collé, *La vérité dans le vin;* fi! les femmes ne peuvent souffrir qu'on estime le vin. » On n'emploie plus le traiteur que pour lui faire préparer quelque fin repas qu'il vient lui-même servir en la grande salle de l'hôtel, dans la vaisselle seigneuriale qu'on livre à ses sauces, ou bien dans celle qu'il prête lui-même, ce dont il se trouve mal quelquefois, si j'en crois ce que raconte d'un certain M. de Firmaçon la *Chronique du règne de Louis XV*, publiée au tome IV de la *Revue rétrospective :* « Sous prétexte d'un grand souper, son rôtisseur, rue de l'Arbre-Sec, lui avait confié non-seulement toute sa vaisselle d'argent, mais en avait encore emprunté. M. de Firmaçon la mit en gage, et le rôtisseur en est non-seulement pour les frais de son souper, mais encore pour l'argent qu'il est obligé de rendre pour retirer sa vaisselle d'argent. »

Si quelques grands seigneurs font tort aux cabaretiers de cette façon plus que déshonnête, d'autres trouvent moyen de leur porter préjudice d'une manière toute différente : ils leur font concurrence. A la fin du XVIIe siècle, on vit un ambassadeur de Pologne établir chez lui une rôtisserie publique, et, pour lui remontrer l'inconvenance de cet établissement, il fallut une lettre ministérielle que nous trouvons au tome II, page 764, de la *Correspondance administrative de Louis XIV*. Une autre, qui se trouve auprès, statue sur un abus à peu près pareil. C'est une défense au maréchal d'Estrade de tenir jeu public dans son hôtel.

D'un autre côté, et comme pour aggraver encore la position rendue si fâcheuse de tous ces pauvres diables tenant cabaret, tripots et hôtelleries, les lois avaient redoublé de sévérité.

Par un arrêté qui se trouve aussi reproduit dans la *Correspondance administrative*, on avait fait défense à tous religieux de loger à l'auberge; en vertu d'une autre ordonnance, les gens qui, sous le nom de *baigneurs*, si répandus à Paris jusqu'à la fin du siècle dernier, tenaient maison meublée ou plutôt hôtel garni, étaient aussi obligés, comme le dernier des aubergistes de grande route, d'avoir registre ouvert de toutes les personnes logées chez eux. C'est qu'on savait tous les scandales qui trouvaient asile dans leurs chambres, tous les amours clandestins dont ils étaient les entremetteurs et les recéleurs. On n'alla point pourtant jusqu'à leur défendre de loger de femmes, comme cela s'était fait en Sicile, où, par une mesure de prudence incroyable et qui prouve combien on redoutait en pareil cas les déguisements, il fut enjoint aux aubergistes de ne recevoir que des gens portant de la barbe. Ce singulier édit est rappelé dans le *Journal de Verdun* du mois de février 1705, page 117.

Les aubergistes avaient aussi perdu la liberté d'établir leurs auberges où bon leur semblerait; un édit qui était en projet vers 1720, et qui, nous le croyons bien, fut réalisé, avait, dit le même journal, sous la date d'avril de cette année-là, statué « sur la fixation des lieux et auberges sur les routes en faveur des voyageurs. »

Une seule fois la loi avait été favorable aux cabaretiers : c'est lorsque, en décembre 1704, elle les déchargea, ainsi que les aubergistes, « des redevances attribuées aux visiteurs des poids et mesures ». Mais des visites de ces mêmes inspecteurs pour la capacité légale des mesures, voulut-on de même en exempter les cabaretiers? Moins que jamais, je pense, car plus que jamais ils exerçaient la fraude. On le savait bien, et si, la loi en main, le gouvernement sévissait contre eux, les satiriques, plume en main, prenaient aussi vengeance de ces cabaretiers trompeurs qui, non contents de frelater la vendange, vendaient ce vin faux dans de fausses mesures.

Les pièces du temps fourmillent d'invectives plaisantes contre les taverniers. Ici l'on se moque de ceux qui dédaignent leur ancien titre et se font appeler traiteurs gros comme le bras. Lamy, qui florissait vers 1695, était de ceux-là ; « Oh! oh! dit Colombine, la narquoise, dans les scènes françaises du *Banqueroutier,* Lamy n'est point un cabaret, c'est un traiteur de conséquence. »

Qu'étaient pourtant, grands dieux! ces traiteurs qui le prennent si haut? Des fricotteurs vulgaires qui, bien loin d'être sans pareils, sont éclipsés, pour peu qu'on puisse faire la comparaison, par le premier venu des cabaretiers de province.

Regnard fait à Chaumont un voyage dont il a mis en rimes et en refrains toutes les aventures et tous les repas. Il trouve bien de ci de là sur la route de piètres auberges, comme aux *Trois rois* à Brie; mais c'est par exception, et ce sont, ma foi, les bonnes auberges qui sont en majorité :

Entrant dans la bonne ville,
Cite Nogent,
Jérusalem fut l'asile,
Soleil couchant;
Bon séjour pour le pèlerin.
Vive du Vaulx le bon vin!

A Chaumont c'est mieux encore, c'est ici que Lamy, que Rousseau et tous les autres pâlissent :

Que l'on vante la *Galère*,
Rousseau, Lamy;
Petit-Jean fait autre chère,
Et près de luy,
Bergerat n'est qu'un assassin.
Vive du Vaulx et le bon vin!

Si les maîtres ont peine à trouver grâce devant ces satiriques, c'est bien pis encore pour les garçons de cabaret.

A la scène première du premier acte des *Promenades de Paris,* Scaramouche déshabille Octave et le met en garçon de cabaret :

« Voyons auparavant, lui dit-il, si vous saurez bien jouer votre rôle. Criez-vous bien : Du quel, messieurs? du Champagne? du Bourgogne? à huit? à dix?

à quinze? à trente? Holà! on y va. Savez-vous courir, mentir et vous enivrer au buffet? Voilà un garçon de cabaret depuis les pieds jusqu'à la teste! »

Que dites-vous du portrait? il est trop peu flatté pour ne pas être vrai.

S'il s'agit des vins vendus au cabaret, il faut entendre encore les plaintes de la pratique; c'est un chorus universel d'invectives, dans lequel domine la voix piaillarde de ces filles toujours acoquinées aux tavernes et qu'on appelait *guinguettes* en 1722, selon le *Ballet des vingt-quatre heures.* Au nez même du tavernier apportant son broc de nectar frelaté, on chante à pleins poumons des couplets qui lui font reproche de son industrie. Nous en savons mille de cette espèce, mais nous n'en disons qu'un bien anodin, mais assez spirituel. Il courait en 1717 :

Qui pour l'hyménée
Prend une catin,
A la destinée
Du marchand de vin.
Vainement il tente
De garder son muid,
Vin nouveau s'évente,
Vin gardé s'aigrit.

Nous aurions voulu quelques données sur les mauvais vins de fabrique servis dans les guinguettes, mais nous n'avons rien trouvé à ce sujet qu'une décision célèbre du conseiller au parlement, M. le Man, lequel opina à la mort d'un cabaretier frelateur. Je trouve l'arrêt juste, si M. le Man le rendit étant à table et légèrement en ébriété, mais à jeun je le crois un peu rigoureux.

Lemierre est moins indulgent que nous, dans son poëme des *Fastes,* au chant XIIe. Lui aussi, il demande, et même en assez bons vers, la tête des cabaretiers qui font du vin faux. Il vient de chanter la vendange, il vient de faire en l'honneur du nectar nouveau un dithyrambe alexandrin, et il ajoute :

. . . . . . . . . . . . . . . . . . . . . . . .
Délicieux breuvage et non moins salutaire,
Si la cupidité ne le mêle et l'altère;
Quoi! même la ciguë, en de savantes mains,
Distille un jus salubre aux infirmes humains,
Et l'on ose verser de perfides rasades!
Canidie a touché la coupe des Ménades,
Cette source où le peuple, aux sueurs condamné,
Rencontre au lieu d'un baume un philtre empoisonné.
Sévissez, magistrats! L'audacieux Penthée
Sur qui Bacchus vengea son orgie insultée,
C'est ce vil mercenaire, en nos murs toléré,
Qui profane des ceps le jus dénaturé.

Les vers sont beaux, la période solennelle, la péroraison éloquente, mais la moindre petite note qui nous expliquerait comment se frelataient ces mauvais vins ferait ici bien mieux notre affaire.

Nous n'avons trouvé cette recette précieuse dans aucun des documents relatifs aux cabaretiers du dernier siècle; nous savons qu'ils étaient *brouilleurs de vin* comme ceux des époques antérieures, voilà tout. Pour la même industrie à notre époque, nous avons été plus heureux, nous savons comment on y procède, comment, par exemple, — et c'est le sublime du métier, — on arrive à composer une sorte de vin dans lequel il n'entre ni raisins ni aucune espèce de fruits.

« On prendra, à cet effet, dit cette recette que nous recommandons pour le temps où les vignes seront gelées, on prendra cent cinquante litres d'eau de rivière; on y fera dissoudre cinquante livres de sucre brut de première qualité; on ajoutera à la liqueur cinq livres de... en poudre, trois onces de..., une demi-livre de... bien pilées, trois livres de..., un quart d'once de..., et un quart d'once de... concassé. Vous mettrez le tout dans une pièce d'Orléans dont on aura soutiré le vin depuis peu; cette liqueur, ainsi préparée avec les proportions voulues, doit la remplir à peu de chose près. Ajoutez deux livres de... en morceaux. Placez, autant que possible, à une température de dix-huit degrés, le tonneau; au bout de vingt-quatre heures, la fermentation sera parfaitement établie, et lorsqu'elle sera achevée, vous soutirerez et collerez avec trois ou quatre blancs d'œufs. On aura alors un vin propre à être mélangé avec les autres vins blancs ou rouges. On pourrait aussi le boire sans être mélangé; il n'a pas tout à fait ce moelleux et cet agrément qu'ont les vins naturels, mais il peut servir avec un grand avantage aux marchands de vins en détail de Paris, pour couper les autres vins. Il revient à environ 44 francs la pièce de deux cent vingt-huit litres. En le mêlant avec deux autres pièces de vin dur et chargé en couleur, on aura trois pièces de fort bon vin, plus un bénéfice de 100 francs environ. »

Mais c'est assez parler de mangeaille détestable et, dirait Rabelais, de *beuverie adultère* et frelatée. Après la panse, la danse : c'est le proverbe qui le dit, et toute guinguette bien apprise le met en pratique. Aux *Porcherons* — il faut bien y revenir — on suivait l'usage; dans le poëme qui les chante le rigodon vient après la ripaille :

Lorsqu'à peu près pleine est la panse,
Gavigni le cadet s'avance,
Et fait, tenant son violon,
A pas lents le tour du salon.
Du doigt pinçant la chanterelle,
Pour faire beaux bras il appelle.
Un aveugle ordinairement,
Dont la basse fait l'instrument,
Sur les talons de son confrère,
En tâtonnant marche derrière.
Lors il est de l'honnêteté
Que le verre soit présenté

A messieurs de la symphonie,
Qui, gens de bonne compagnie,
Quoique ennemis jurés du vin,
Se passeraient plutôt de pain.
A chaque écot une rasade,
Qui se répète à la passade,
Finit par monter au cerveau
De nos deux racleurs de boyau,
Desquels la raison en séquestre
N'en promet pas meilleur orchestre.

Après la contredanse, la gavotte ou le menuet, dont nous ne vous redirons pas les évolutions désordonnées et hors de mesure, arrive le fameux instant où il faut payer, ce fameux quart d'heure de Rabelais qui, entre taverniers et chaland ivre, dure souvent deux grandes heures de querelle et de coups de poing. Enfin on s'arrange toujours, on paye, et garçons et filles, forts et poissardes, bras dessus, bras dessous, se disposent à sortir. Par malheur, il y a grand tumulte dans la salle; des racoleurs et des soldats aux gardes viennent d'arriver, ils ont insulté quelques farauds qui n'ont pas l'oreille dure quand on est insolent, et l'on en est venu aux coups. Les bretteurs ont dégaîné, les farauds se sont armés des chaises et des bancs, c'est une effroyable bagarre.

Joli-Cœur de la colonelle,
Agresseur de cette querelle,
Fer-en-Grippe le grenadier,
Par état fameux estafier,
Saint-Jean, marchand de chair humaine,
Qui pour non ou pour oui dégaîne,
De maître en fait d'arme un prévôt,
Du taudis reconnu suppôt,
Sont ceux pour lesquels est troublée
Pour lors la brillante assemblée.

C'est pour Fanchon, c'est pour Javotte, deux infidèles, deux Hélènes de cabaret, qu'on se querelle et qu'on s'échine. Fanchon et Javotte attrapent les premières tapes administrées militairement par Joli-Cœur.

Ce que voyant, le fort Jérôme,
En gnoles mauvais économe,
Il s'élance sur Joli-Cœur,
Qu'il vous étrangle avec honneur;
Mais au même instant Fer-en-Grippe,
Grinçant des dents, mordant la lippe,
Jure, sacre, et le sabre au vent,
Fait voir qu'il est un fier vivant.
. . . . . . . . . . . . . . . .
Joli-Cœur, enfin dégagé,
Attaque comme un enragé;
Il écarte au loin homme et femme
Du seul moulinet de sa lame.

Le prévôt et le racoleur,
Tous deux avec égale ardeur,
Percent jusqu'à leurs camarades
Par de fréquentes estocades.
Tous les quatre, acculés au mur,
Sont de toutes surprises sûr.
Verres, pots, plats, assiettes, pintes,
Leur portent de rudes atteintes.
Tous les meubles du cabaret
Jusqu'au moindre manche à balai,
Trottent en l'air drus comme mouches.
A ces dangereuses escarmouches,
Charlot et Bastien Rabat-Joie,
Accoutumés à tirer l'oie,
S'arment de bâtons courts et gros
Qu'ils lancent non comme manchots
Contre sabre et contre flamberge,
Faussés des meubles de l'auberge.

Le cabaretier veut mettre les holà! il veut être le *Si forte virum quem* de cette bagarre, il n'en peut mais, et n'y attrape que des horions. Il court chercher la garde, elle vient; on empoigne les deux sabreurs, et les poissards, avec leurs commères, restent maîtres du champ de bataille. Le combat a altéré, et toute victoire d'ailleurs se chante verre en main; on demande de nouvelles pintes, on s'altère davantage en buvant; on ne cesse donc plus de boire, et quand le compte arrive, Dieu sait si l'on reste penaud.

Ils connaissent que la dépense
Dépasse beaucoup la finance
Qu'ils peuvent ramasser entre eux,
Ce qui les rend un peu peneux.

Fanchon se dévoue; pour les tirer de peine, elle va

Mettre en plan
Son crucifix et son coulant.

Mais ce n'est pas assez, il faut que tout le monde en fasse autant, ou le compte ne sera pas payé.

Sitôt chacun s'inventorie
Et dépouille sa friperie :
La Nicole ôte son clavier,
Suzon déboucle son soulier;
Pour Javotte, par galantise,
Elle veut ôter sa chemise.

Enfin on est libre, il faut partir; on a bien quelque désir de rester: les jambes qui trébuchent résistent aussi un peu :

.... Mais
Il n'est si bonne compagnie
Qu'à quitter le temps ne convie,
Disait, au rapport des anciens,
Le roi Dagobert à ses chiens.

Cahin caha, trébuchant à chaque trou, s'embourbant à chaque ornière — et il n'en manquait pas alors dans ce chemin des Porcherons qui est devenu la magnifique rue de la Chaussée-d'Antin — on regagne la ville. Croyez-vous que c'est pour chercher aussitôt son gîte? Que non pas.

Deux à deux marchant à la file,
Ils entrent déjà dans la ville,
Où des voitures le fracas
Pour eux n'est petit embarras.
Des yeux partout Jérôme lorgne
Et cherche quelque café borgne,
Ou si l'on veut même un bouchon
Pour faire rafraîchir Fanchon,
Que l'on sait n'être assez nigaude
Pour jamais donner dans l'eau chaude,
Mais qui sait noyer sa raison
Dans le paffe, comme Suzon.

On entre donc chez la brandevinière, la rogomiste du coin. Ne vous en scandalisez pas, nos poissards font là ce que faisaient les marquis ivrognes de la fin du XVIIe siècle. Ils ne sortaient jamais de chez Rousseau que pour se paffer d'eau-de-vie à l'étalage du brandevinier ambulant. Écoutez un peu l'*Arlequin Phaéton*, de Palaprat en 1692 :

« Ah! vraiment, ce drôle de brandevinier en sait long pour débiter sa marchandise, et s'en va attendre au passage les jeunes gens qui sortiront de chez Rousseau... »

Puisque ainsi faisaient les gens de cour, laissons donc nos gens de la halle entrer sans dire gare dans l'échoppe matinale de madame Roquille. C'est ainsi que s'appelle, du nom sans doute de la petite mesure que nous appelons aujourd'hui un canon, cette robuste marchande qui, dodue et forte en gueule, et trônant le poing sur la hanche derrière son comptoir d'étain, maintient la tradition que la fameuse madame Rogome, marraine du nectar de ce nom, impatronisa un siècle auparavant dans les environs du Pont-Neuf, à l'endroit même peut-être où la fameuse mère Moreau commença son établissement et sa vogue en 1795.

Marchant toujours enfin, on drille
Jusque chez la mère Roquille,
Dont le commerce en possédé
Sur tous les autres a le dé.
En brandevin elle a la vogue,
Et quoiqu'elle ait l'air assez rogue,
Elle souffre complaisamment,
La nuit, la maîtresse et l'amant
Dans sa maison agir à l'aise,
Et de plus elle déniaise
La jeunesse que tout exprès
Elle attire dans ses filets.

Voilà le mal, voilà le scandale, mais il était inhérent alors au métier de marchand de vin. Pas de tavernière qui ne fût en même temps entremetteuse, et qui ne tînt au-dessus de sa boutique quelque garni tout prêt pour la débauche. Les grands seigneurs eux-mêmes ne s'en fiaient qu'à ces habiles femmes pour s'approvisionner de passions nouvelles ou pour bien surveiller les anciennes. Ainsi la pourvoyeuse du duc de Fronsac, en 1763, était une cabaretière de la rue Sainte-Anne. On lit dans le *Journal de police* dont Rochefort Labouïsse a reproduit des extraits au tome Ier de ses *Souvenirs :*

« 14 octobre 1763. — M. le duc de Fronsac a enfin trouvé le secret de plaire à madame la présidente de Boulainvilliers. C'est lui qui est aujourd'hui l'amant favorisé, et cette dame a la complaisance de se rendre deux ou trois fois la semaine à la petite maison de ce seigneur située rue de Pincourt. Il doit revenir dimanche de Fontainebleau pour la voir, et comme il est extrêmement jaloux, il a chargé pendant son absence la femme Masse, tenant le cabaret du *Port-Mahon*, au coin de la rue Saint-Anne, qui a été ci-devant femme de charge dans la maison de monsieur son père, de lui trouver un homme intelligent pour observer la conduite de cette dame. »

La femme Masse, s'en tenant là, restait dans les choses honnêtes du métier. On faisait bien pis ailleurs, surtout dans les cabarets des petits quartiers, dans les environs de la place Maubert et de l'Arche-Popin.

On lit dans la *Chronique secrète* des années 1742-1743, recueillie au tome IV de la *Revue rétrospective :*

« Il y a un cabaret à bière au coin de la rue Oignard, à côté d'un chapelier, rue Saint-Martin, qui sert d'entrepôt aux raccrocheuses et aux *crocs* du quartier.

» Dans la rue Thibautodé, chez une fruitière, au-dessus d'un perruquier, vis-à-vis l'arche Marion, on y exerce le même métier. »

C'est presque toujours dans les cabarets qu'on surprenait alors en flagrant délit de débauche tous ces moines et ces prêtres dont Manuel s'est complu à étaler la liste dans son livre scandaleux la *Police dévoilée.* Nous citerons deux de ses articles les plus significatifs :

« 9 novembre 1765. — J. Joseph Biache et Joseph Étienne, de la maison de Crépy, tous deux au cabaret du *Cerf montant,* où ils avaient demandé un lit à trois, n'ayant entre eux que la Marin. (Commissaire, Mutel; inspecteur, Marais, etc., etc.)

» 25 octobre 1761. — Philippe de Saint-Gouttan, chanoine de Vannes, avec un clerc dans un cabaret de Montmartre où pend l'image de saint François, prenant leur dîner comme les Romains, couchés entre la Catinat et la Leroi. (Commissaire, Thirion; inspecteur, Receveur.) »

Ces scandales si criants furent ceux dont la répression fut le plus éloquemment demandée lors des grandes réformes de 1789.

Ainsi, nous lisons dans une brochure publiée cette année-là, avec ce titre :

*De la prostitution, cahiers et doléances d'un ami des mœurs*, etc., plusieurs passages ayant en vue ces infamies, ces recels continuels de la débauche chez les cabaretiers:

« Interdire aux filles de loger chez les marchands de vin, au-dessus des cafés et des maisons de jeu, et surtout dans l'hôtel des restaurateurs...

» ... Amender fortement les baigneurs qui favorisent le libertinage. Cet usage s'introduit et peut devenir commun, comme à Naples et à Berne, si la police n'y veille exactement...

» ... Interdire l'entrée des cafés, des restaurateurs et des tavernes à toutes personnes du sexe. »

Ailleurs, dans le même livre, c'est la passion du jeu, faisant rage dans ces mêmes bouges, qui est prise à partie :

« Punir de prison et de confiscation de meubles toutes les filles, *castor* ou *demi-castor*, qui donneraient à jouer. On en connaît plusieurs qui gagnent cinquante mille livres de rente au *quinze* et au *trictrac* (*sic*), chez elles, avec leurs dés. »

L'ancienne police était assez rigoureuse pour cet abus, surtout lorsqu'il s'agissait des cabarets du petit peuple. Nous en avons un exemple par le dénoûment même de ce poëme étrange des *Porcherons* que nous avons laissé en plein septième chant, au moment où la bande avinée vient d'entrer chez la cabaretière.

La Roquille, en femme commode,
Suivant son ordinaire mode,
Les voyant si tard plus que gris,
Les engage à prendre des lits.
Les commères, apprivoisées,
Ne craignant d'être dehousées,
Acceptent l'offre et mettent bas
La peur d'exposer leurs appas.
Chacun en secret se fait fête
De quelque nocturne tempête.

Mais ils n'auront pas ce qu'ils espèrent; nos braves gens comptent sans la police, qui a cette nuit l'œil plus ouvert que jamais sur ce bouge mal famé.

Déjà depuis un certain temps
Pères et tuteurs, mécontents
Du commerce de la Roquille,
Qui débauchait plus d'une fille,
S'en étaient plaints au magistrat
Qui, juge en ce cas par état,
Voulut, pour l'exacte police,
Qu'on choisît une nuit propice
Pour faire sauter le taudis
Où commençaient quelques Laïs.
Un commissaire et son escorte
A minuit frappent à la porte.
On ouvre, on monte et l'on saisit
Tout, sans accorder de répit.

Nicole, qui est l'*orateuse* de la bande, veut interpeller la police, et elle lui fait, sur son honnêteté et sur la cause de leur présence dans ce lieu indu, un discours à fendre un cœur de roche; mais c'est peine perdue, le commissaire d'alors n'entendait que d'une certaine oreille, et les pauvres femmes, qui ont tout *mis en plan*, ne sont plus en fonds pour lui parler cette langue-là.

Mais un commissaire n'est pas
Homme à tirer quelqu'un de peine
Sans ce que l'on nomme l'étrenne;
Aussi donne-t-il l'ordre au guet
De les mener au Châtelet.

Et cela dit, arrive la morale :

Cet exemple fait voir aux filles
Le danger que chez les Roquilles
On court, quand, par malheur, la nuit,
Chez elles on accepte un lit.

Nous avons eu là, convenons-en, le tableau complet de la guinguette. Deux choses y manquent pourtant. D'abord le racoleur que nous y avons bien trouvé, c'est vrai, mais non pas comme il le fallait dans l'exercice de ses étourdissantes fonctions, grisant de vin bleu et de gloire frelatée le pauvre niais dont il veut faire un héros. Ce type, qui a disparu avec l'ancien régime, trônait aux guinguettes des *Porcherons* et y faisait rafle de futurs braves aussi bien que sur le quai de la Ferraille, dans ces tavernes appelées *fours*, je ne sais pourquoi, où tant de pauvres niais sont entrés à jeun et libres, pour en sortir gris et soldats.

C'est pourtant à Neuilly plutôt encore qu'aux *Porcherons* que les recruteurs dressaient heureusement leurs piéges et faisaient abondamment récolte de héros. C'est là que brillaient le mieux leurs enseignes en banderole au-dessus de la tente de toile bariolée; là enfin que l'hyperbolique citation du vers

Le premier qui fut roi fut un soldat heureux,

badigeonnée au-dessus de l'une de ces tavernes ambulantes, prenait le mieux à son appât les niais ambitieux du port au Foin et de la place Maubert. Mais ce qui faisait le plus pour amener des dupes dans les piéges du racoleur, c'était la brillante revue que le roi passait tous les ans dans la plaine des Sablons. Ce jour-là, plus de cent héros, jusque-là fainéants et badauds, se révélaient à eux-mêmes. C'était autant de pris pour le racoleur, qui n'avait qu'à faire un peu politesse au Turenne improvisé, et qu'à humecter de quelques verres de vin sa vocation guerrière, pour le griser tout à fait d'ambition et de gloire et l'enrôler sous les drapeaux.

« Il va signer son nom dans un cabaret de Neuilly, dit Mercier au chapitre CCCXVII^e de son *Tableau de Paris,* et le voilà adjoint aux héros qui vont cueillir les lauriers des batailles. L'artisan a vu tant de soldats assemblés dans la plaine, qu'il n'a pu ce jour-là dompter l'envie d'en aller augmenter le nombre.

» Si le roi ne faisait pas sa revue tous les ans avec ce grand appareil, il perdrait à coup sûr beaucoup de soldats.

» Quand cet ouvrier s'est donc vendu dix écus, vers la plaine des Sablons, et qu'il a fait enfin ce jour-là un bon repas, le recruteur lui dit le lendemain : — Mon bon ami, j'attendais la voiture du régiment, elle ne vient pas, je ne sais pourquoi ; mais il fait beau, marchons à pied, nous gagnerons de l'appétit.

» Il ne s'agit, en effet, que de faire cent trente lieues à pied. A la première journée, le recruteur dit au pauvre fantassin harassé : — Nous entrerions bien dans cette auberge, mais comment coucher dans des lits où tout le monde a couché? entrons chez ce bourgeois, il nous donnera de la paille fraîche. Le roi lui a recommandé de nous bien traiter ; s'il ne nous traitait pas bien, le ministère le saurait et en instruirait le roi.

» On entre dans la maison nue, et l'éloquent recruteur ajoute : — Mes amis, le roi vous fait servir de la chair crue, parce que chacun suivra son goût : l'un l'aime rôtie, l'autre bouillie, celui-ci un peu cuite ; faites rôtir votre viande. Voici un pot de vin nouveau, c'est assez pour vous rafraîchir : le vin nouveau, d'ailleurs, vaut bien le vieux.

» Arrivé au régiment, on lui dit le lendemain : — Mon ami, vous avez parcouru hier la ville ; quand vous vous promèneriez encore demain, vous verriez toujours la même chose, autant vaut vous amuser autrement : allez vous mettre à la muraille. On le fait tenir droit comme un piquet, on le redresse ; on lui abat les épaules et on lui dit : — Vous en aurez meilleure grâce devant les dames.

» La charlatanerie du recruteur est non-seulement autorisée, mais encore récompensée, ajoute Mercier, qui conclut ce tableau si burlesquement vrai par quelques phrases tout à fait sensées. Et ce même homme, dit-il, qui pour la première fois touche une épée, quand il aura été plongé dans l'esprit de corps, n'en deviendra pas moins un brave soldat, capable des actions les plus héroïques. Qu'est-ce que l'*esprit de corps?...* C'est ce qu'on voit, ce qu'on sent, ce qu'il est presque impossible de définir, ce que produit enfin le nom du régiment, où personne ne recule quand il a bu une fois à la *santé du roi,* dans un cabaret de Neuilly, le jour d'une revue. »

On pourrait en dire bien davantage sur cette industrie du racoleur, on n'aurait pour cela qu'à interroger encore le volumineux salmigondis moral qui s'appelle le *Tableau de Paris;* qu'à lire avec un peu de soin quelques recueils anecdotiques du temps, tels que les *Souvenirs de deux militaires* de Fortia de

Piles, etc., etc., on aurait ainsi une chronique à peu près complète des *fours* avoisinant le Pont-Neuf, et tout un côté de l'histoire de ce quai de la Ferraille où, dit Florian :

> Où l'on vend des oiseaux, des hommes et des fleurs.

Mais ce serait ici une superfétation de détails, dont nous nous garderons pour arriver vite au second tableau que notre poëte des *Porcherons* a oublié d'appendre dans sa galerie. Nous voulons parler des visites *incognito* que les plus grands seigneurs et les plus nobles dames ne craignaient pas de faire à la guinguette illustre. On en a douté dernièrement, mais à tort; madame de Genlis, qu'il ne faut guère croire quand elle s'adjuge des vertus, mais qui mérite toute créance quand par hasard elle avoue ses fredaines, confesse dans un des premiers volumes de ses mémoires qu'elle alla une nuit au bal des *Porcherons*, déguisée en grisette, comme toutes les autres dames de sa compagnie. Enfin dernièrement nous lisions dans les Mémoires tout récemment publiés de la baronne d'Oberkirch que cette envie d'aller aux *Porcherons* prit un soir la vertueuse princesse de Bourbon elle-même, et que c'est seulement par peur de son très-rigoriste époux qu'elle y résista.

Ces velléités populaires, ces envies de se mêler au peuple et de s'amuser, si c'était possible, comme lui et avec lui, étaient depuis longtemps de tradition dans les hautes classes en France; c'était comme un reste des saturnales romaines, comme une avance prise sur le carnaval de chaque année. Les femmes philosophes ne se permettaient-elles pas elles-mêmes ces petites licences, et en pleine liberté encore, sans penser le moins du monde qu'il y eût indécence dans leur fait! Il est même curieux de voir comment elles se comportaient quand d'aventure elles se lançaient dans ces petites parties de guinguette. L'une des plus singulières est celle qui réunit un soir et toute une nuit dans un cabaret de Chaillot, la *Maison rouge*, cinq ou six des virtuoses du bel esprit et de la beauté en ce temps-là : madame de Boufflers, madame du Châtelet, madame de la Popelinière et les marquises de Mailly, de Gouvernet et Dudeffant. Elles étaient jeunes alors, on sortait de la régence, et folles! vous allez voir. C'est Longchamps, récemment alors au service de madame du Châtelet comme valet de chambre, qui raconte la chose dans ses *Mémoires* :

« Ces dames, dit-il, se débarrassèrent de leurs vêtements, hormis ceux que la bienséance prescrivait de garder. On ne se gênait pas devant ses laquais, ajoute Longchamps, c'était l'usage, et j'ai été à même de juger par mon propre exemple que leurs maîtresses ne les regardaient que comme des automates. Je suis du moins convaincu que madame du Châtelet, dans son bain, en m'ordonnant de le servir, ne voyait pas même en cela une ombre d'indécence, et que mon individu n'était alors à ses yeux ni plus ni moins que la bouilloire que j'avais à la main; à plus forte raison les laquais de ces dames pouvaient-ils être considérés ainsi au souper de Chaillot....

» Ces dames s'amusèrent beaucoup, nous n'en pûmes douter; on les entendait rire et chanter; elles ne songèrent à quitter le cabaret qu'à cinq heures du matin. »

Nous sommes bien loin de ces temps et de ces licences. Nous ne les regrettons pas, car nous aimons que la femme honnête ait toujours la pudeur de son honnêteté : même dans ses plaisirs, dans ses ébats les plus hardis, nous aimons qu'elle ne coure jamais le risque d'être confondue avec des femmes qu'en toute autre occasion elle rougirait de voir appeler ses pareilles. Par bonheur, dans le monde des femmes vraiment sages et qui ont la décence de leur sagesse, sans pour cela tomber dans la pruderie, ce pédantisme de la vertu, il n'y a plus guère d'exemple de ces désordres : on laisse à ces demi-courtisanes qui s'appellent femmes entretenues le plaisir sans partage de la partie fine à la guinguette et la liberté du cabinet particulier. Enfin, on laisse le cabaret à qui il appartient, à la population trop nombreuse déjà pour laquelle il a été créé. Maintenant, pour que le cabaretier ait du beau monde, il faut qu'il cesse d'avoir un cabaret, il faut qu'il transforme son établissement et se fasse restaurateur. Philippe lui-même, qui, simple marchand de vin à comptoir fourbi, résista si longtemps à la contagion du luxe extérieur, s'est vu forcé de faire comme les autres et d'ériger en véritable restaurant son ancienne taverne de la rue Montorgueil ; à la halle même, où l'on n'aurait pas été si ingrat pour la pure tradition tavernière, on en fait autant. Le gros Antoine du *Pied de mouton* est maintenant un restaurateur; Pion, à la *Petite halle*, dans la rue des Prêcheurs, n'ose plus dire qu'il est un cabaretier; Truchot de même sur le boulevard Saint-Martin; enfin, il n'est pas jusqu'à l'illustre Passoir, dans le faubourg du Temple, qui n'ait été obligé de mentir au premier titre qui a commencé sa fortune et qui maintenant semble faire injure au métier.

Le vrai marchand de vin, le franc cabaretier, tout prêt déjà pourtant, j'en suis sûr, à se métamorphoser restaurateur, sitôt qu'il se trouvera assez gros pour cela, ne se rencontre plus que dans quelques ruelles des faubourgs Saint-Denis, Saint-Martin, de la place Maubert. Son bouge est l'abri de l'ouvrier qui veut casser une croûte et s'arroser d'un verre de vin ; la table y est toujours mise pour quiconque veut s'émanciper jusqu'à la dépense de la côtelette enfumée ou du fromage à part triangulaire d'un arome si offensant pour toute narine sensible. Un jeune littérateur réaliste, M. Aussandon, a dernièrement décrit *de visu* cette variété curieuse du marchand de vin non encore transformé, restaurateur dans sa chrysalide. Il peint et analyse tout dans sa vraie couleur. Voici d'abord le sanctuaire :

« La boutique est ouverte à tous vents. On y voit un comptoir à auge, d'étain brillant, sur lequel reposent brocs et mesures de même métal. On y voit aussi quelques bouteilles d'élite pour les gourmets, les fins connaisseurs. Derrière ce comptoir est placée une glace de moyenne grandeur; de chaque côté de cette glace sont superposées des tablettes de verre garnies de flacons de cristal pleins de rhum, d'anisette ou de liqueur des braves. A la droite du comptoir est adossée une boîte sans couvercle contenant des pains longs et fendus; à gauche, il y a un tambour de bois qui masque l'escalier de la cave quand elle donne sur la rue.

» Lorsque ce soupirail n'est pas occupé par un repasseur de couteaux, un chapelier retapeur ou un bijoutier en vieux pour chaussures, le maître de l'établissement trouve moyen de placer sur la fenêtre qui le surmonte un jardinet orné de son jet d'eau et bassin où frétillent des ablettes sauvées par miracle de la friture; au-dessus du bassin une volière pleine d'oiseaux qui gazouillent gaiement; le tout couronné de cobæas, clématites et pois de senteur, qui grimpent en contournant les barreaux de fer de la fenêtre, s'épanouissant çà et là. »

Voyons maintenant la cabaretière, ce type si souvent heurté par nous au passage et qui n'a rien perdu de ses prétentions à la beauté, aux parures voyantes et à la galanterie; voyons aussi le cabaretier avec sa vraie carrure; enfin, voyons ses hôtes buveurs et tapageurs :

« La marchande de vin vient s'asseoir au comptoir de bonne heure et se retire avant la nuit; car, après huit heures, à la sortie des ateliers, les tables des cabarets se garnissent et les têtes s'échauffent. Le marchand de vin, au contraire, est à tout, toujours debout avec ses garçons qu'il active de la voix et du geste.

» C'est un gaillard solide, aux larges épaules, cou court, grosse tête, cheveux ras, ne se servant pas plus de chapeau que de lunettes, en bras de chemise bien blanche, les deux mains sur ses brocs, prêt à servir; caporal ou sergent dans sa compagnie, sapeur s'il est ventru, mais orné de breloques qui se balancent comme une pendule; ne refusant jamais de trinquer avec ses habitués, les faisant coucher au violon le dimanche soir, quand ils sont par trop tapageurs, mais allant les réclamer le lundi dès l'aube; citoyen patenté, servant de témoin pour mariage, baptême ou passe-port, trop respectueux pour manquer à un enterrement; endossant pour les cérémonies un habit noir qui le gêne et qu'il n'a jamais pu boutonner. »

Il ne manque ici qu'un type, le garçon de cabaret, mais nous le connaissons, nous l'avons vu déjà au passage, faisant son métier dans tous ses détails. Il est ce qu'il était à la fin du XVII$^{e}$ siècle, quand, dans sa farce des *Promenades de Paris,* Mongin faisait dire par Scaramouche à Octave, qu'il veut déguiser en garçon de cabaret, ces paroles déjà citées plus haut, et qui sont tout une description de ce type. Relisez-les, et venant à ce qui concerne l'ivrognerie quotidienne du garçon s'abreuvant au buffet, dites s'il n'y a rien de changé dans les habitudes de ces sortes de gens, et si ce n'est pas encore là le garçon de cabaret tel que nous le connaissons? Il a si bien toujours le droit de s'enivrer, et il en a si bien aussi la faculté gratis, qu'un malheureux qui, de la bohême littéraire, était tombé de chute en chute, d'ivresse en ivresse dans la plus infime crapule, se fit, m'a-t-on dit, garçon de cabaret, valet de marchand de vin, pour pouvoir se griser tous les jours. Il prenait ses gages en nature! La nuit venue, on était sûr de le trouver sous un banc, tenant en main le dernier broc dans lequel il avait noyé le reste d'un esprit qui avait eu du feu et de la verve; la dernière flamme d'un génie satirique qui avait pu sans trop d'orgueil se cacher sous le pseudonyme d'Archiloque, et lutter corps à corps avec la vieille *Némésis* de Barthélemy à son réveil! Sous le grand roi, ce n'était pas un poëte, c'est un grand seigneur, un Nicolaï, dit-on, qui s'était pendant quelques semaines affublé du tonnelet de bure, de la serpillière salie du garçon marchand de vin; mais son intention justifiait cette licence : c'est par amour pour la cabaretière qu'il s'était fait valet du cabaret.

Aujourd'hui, Dieu sait quel amour entendent ces gens-là et de quelle manière ils en font métier et marchandise. Ils sont souteneurs, entremetteurs, tout ce que comporte enfin un mot que je ne veux pas écrire ici. Quand ils quittent le service du cabaret pour se donner tout aux autres métiers qu'ils menaient en même temps et sans cumul ma foi, ils se disent toujours marchands de vin. Le fait s'est produit il y a deux ans dans une affaire d'assassinat d'une fille publique dont l'*Événement* du 16 mai 1851 rendait compte ainsi :

« Berger est âgé de vingt-cinq ans, il se dit *garçon marchand de vin :* il en est de cette profession comme de celle de couturière que se donnent, par un reste de pudeur, les filles publiques appelées en témoignage. La profession réelle de l'accusé est en effet de celles qui n'ont pas de nom dans le langage honnête...

» M. LE PRÉSIDENT. — Vous avez vingt-six ans, et vous vous dites *garçon marchand de vin?*

» L'ACCUSÉ. — Oui, monsieur, c'est une profession que je me suis donnée.

» D. Vous n'étiez donc pas chez un marchand de vins rue Saint-Antoine, 61 ? — Non, monsieur, je logeais là en garni; seulement, comme il fallait indiquer une profession, j'avais choisi celle-là. »

Nous savons, par malheur, que cet empiétement du cabaretier sur les autres métiers infâmes n'est pas un perfectionnement de notre époque corrompue, ce n'est qu'une tradition suivie. Les progrès dans le vice sont moins sensibles qu'on ne pense en thèse générale; les mauvais métiers ont bien vite atteint tous les abus, tous les excès qui devaient être de leur ressort. Les cabaretiers des siècles précédents n'ont pas beaucoup laissé à inventer à ceux de nos jours; cela est si vrai, que tel délit non prévu par nos lois modernes ne trouve sa législation pénale que dans des ordonnances très-anciennes, voire trois fois séculaires. Il n'y a pas un an, on a fait revivre une ordonnance de Charles IX pour avoir raison d'un cabaretier dont notre Code pénal n'avait pas prévu le délit, et que le vieil édit faillit atteindre au contraire, à trois siècles de sa promulgation. Voici ce qu'on lisait dans les journaux de mai 1852 :

« Une déclaration du roi Charles IX, à la date du 5 janvier 1563, soumet à l'amende les *hôteliers* qui refuseront *par malice* de loger les voyageurs.

» Le juge de paix du canton de Saint-Pierre de Chignac (Dordogne) avait, par un de ses jugements, fait application de cette disposition pénale au sieur Desmond, aubergiste à Ladouze. Ce dernier a interjeté appel, et le tribunal de police correctionnelle de Périgueux, à son audience du 18 courant, a réformé la décision rendue contre lui.

» Il a été reconnu en principe que la déclaration de 1563 était encore en vigueur, mais qu'elle n'était pas applicable à Desmond, qui, absent de son auberge quand son épouse avait refusé de loger des voyageurs, n'avait pu agir avec malice; que c'était la femme qui aurait dû être citée, et que, dans le cas où elle eût été condamnée, la responsabilité du mari n'aurait pu s'étendre qu'aux frais de poursuites, mais non à l'amende encourue, qui est la peine d'un délit ou d'une contravention, peine qui ne doit jamais atteindre la personne qui n'est que civilement responsable. »

En nous entraînant jusqu'à Charles IX, qu'on n'attendait guère en cette affaire, toutes nos digressions nous ont mené bien loin du cabaret que M. Aussandon avait si bien commencé à nous décrire. Nous connaissons le cabaretier, la cabaretière, nous avons effleuré la description de la salle, notre guide va l'achever :

« Pour pénétrer dans la salle commune, laissons d'abord de côté le cabinet réservé du marchand de vins, cabinet ciré, à fond brillant de propreté; il y a même une pendule dorée sur une cheminée à la prussienne, et au mur est suspendu un tableau à musique; le panier à l'argenterie flâne librement de la table à l'armoire, qui est toujours ouverte : on comprend que dans ce *sanctum sanctorum* on n'admet que des intimes, des huppés. La salle commune est la plus grande pièce de l'établissement. Elle est illustrée par un poêle de fonte à pommes de cuivre qui a l'air de jouer aux quatre coins avec les tables. Ces tables sont de chêne, couvertes de nappes grises ornées de salières jumelles de terre de pipe; bancs de bois comme à l'école. Un bec de gaz à flamme libre en éventail éclaire assez bien ce local que le propriétaire tient dans un état de nudité extrême, afin d'éviter le bris et la casse. Une bouteille est payée par le consommateur au moment où le garçon la dépose sur la table. Dans Paris, cette règle n'est plus aujourd'hui aussi sévère qu'autrefois; mais chez les marchands de vin hors barrière, elle est toujours en pleine vigueur. A deux heures de l'après-midi et à huit heures du soir, cette salle est pleine. Si le fonds est bien achalandé, comme chaque métier a son enseigne sur les faces de ces bons travailleurs! A cette table s'assied un tourneur en cuivre tout vert de limaille; il n'y a que son tablier qui tienne solidement à lui, attaché par un polichinelle de cuivre en forme de crochet. En face de lui est un batteur d'or dont la face brillante est pailletée comme l'habit d'un marquis. A côté de celui-ci est assis et soupe un garçon boulanger, nature herculéenne, figure blanche, impassible et maigre; pour tout costume, il porte un jupon de grosse toile et un serré-tête blanc. »

Tout cela est propre, ou tout au moins à peu près, pour passer auprès de ces cabarets sans que le dégoût vous prenne par le regard et par l'odorat; mais du côté de la place Maubert, si l'on se hasarde à humer pareilles cuisines, gare, ma foi! il faut avoir le flair à l'épreuve et tenir son nez en défiance de toutes les émanations :

« Vous voyez, dit notre jeune observateur, tous les jours, devant le café de Paris, ces fringants équipages attelés de nobles coursiers rênés et guindés comme leurs maîtres qu'ils attendent en piaffant. Si vous avez le courage de monter avec nous jusqu'au haut du faubourg Saint-Martin ou Saint-Marceau, vous verrez à la porte de plusieurs marchands de vins rogomistes les équipages de MM. les chiffonniers : ce sont hottes et mannequins rangés comme des voitures à la porte d'un théâtre. L'aspect de cette classe de buveurs est hideuse, l'impression révoltante. Sur la face, le corps et le costume, tout n'est que trous et ordures, rien ne tient sur eux, ils ne tiennent à rien. Le vin et l'eau-de-vie, l'eau-de-vie surtout leur tient lieu de tout; l'eau de feu, comme dit l'Indien, auquel ils ont emprunté le mocassin pour chaussure. Le marchand de vin rogomiste a la tête d'un geôlier; passant les nuits à la vente, il sommeille presque toujours dans un coin, ne soulevant que la moitié d'une paupière à chaque aspiration et la baissant à l'expiration, indifférent aux propos diffus, gutturaux de cette enfance sénile. »

Pour nous rasséréner un peu et nous faire respirer à air libre, M. Aussandon devrait bien nous conduire à quelque guinguette ombreuse des faubourgs. C'est ce qu'il ne fait pas; il y a inhumanité, mais nous le tenterons à sa place : nous vous conduirons dans la dernière guinguette littéraire et chantante dont se soit égayée la banlieue de Paris.

Elle n'était pas aux Porcherons, où s'était ébaudi Vadé; à la Courtille, où Desriaux était mort pour avoir voulu consommer trop vite les droits d'auteur de son opéra *Démophon;* là, c'est chez Desnoyers que nous vous conduirions, et ce sont rarement des poëtes que nous pourrions rencontrer, même en carnaval. Voulant les trouver seuls, avec quelques journalistes, avec quelques peintres leurs amis, c'est chez la mère Saguet que nous allons.

Sa guinguette n'est pas très-ancienne, elle n'est pas de fondation antérieure à l'année 1784, qui vit bâtir les murs d'enceinte si utiles aux fermiers généraux, si fatals aux cabaretiers. Bien lui a pris de venir après, elle n'a pas eu besoin de se déplacer et de sauter, comme firent les Porcherons, de la rue Saint-Lazare à la barrière Blanche et à la barrière de Clichy; de la ville dans les faubourgs, de la Chaussée-d'Antin aux Batignolles. La guinguette de la mère Saguet s'est tout d'abord établie dans la rue du Moulin-de-Beurre, à deux pas de la barrière du Maine, dans un temps où les buveurs avaient passé condamnation sur ces murailles de 1784 dont on s'était plaint si fort au cabaret, et qui avaient fait dire à quelque marquis de Bièvre en goguette :

Le mur murant Paris rend Paris murmurant.

C'est sous l'Empire que la guinguette de la mère Saguet commence à être florissante, mais c'est sous la Restauration qu'elle atteint le dernier degré de sa prospérité et de sa gloire, car c'est alors qu'elle a pour hôtes, Charlet, Juhel, V. Hugo, M. Thiers, et mille autres bons vivants de cette valeur. Pour dignement parler d'eux et de leur hôtesse, nous allons laisser la plume à celui qui a été le meilleur historien de la mère Saguet, à M. Marc Fournier, dont l'article charmant : *Le dernier cabaret*, publié d'abord dans la *Revue du Midi*, puis dans l'*Artiste*, peut bien être, pour trouver sa vraie place, reproduit ici, sinon tout entier, au moins par longs fragments.

« Aujourd'hui que tant de traditions s'effacent et que l'oubli semble se promener sur les choses passées, comme l'antique charrue sur les cités détruites, il n'est peut-être pas hors de propos de recueillir ici le peu de traces qui nous restent de ce dernier des cabarets dont le seuil est encore debout, mais d'où le dieu qui l'animait jadis est depuis longtemps disparu.

» C'était donc une salle au rez-de-chaussée, basse, étroite et longue, avec des murailles nues que Juhel, dont il sera peut-être question dans le courant de ces lignes, recouvrit plus tard d'un badigeon à l'huile, un jour de ripaille, entre deux vins. Sur le mur du fond, au-dessus d'une porte qui conduisait au jardin, un cadran, dit *œil-de-bœuf*, avait marqué toutes les grandes heures de l'histoire contemporaine. Ce fut le lendemain de la bataille d'Iéna qu'il sonna pour la première fois. Depuis il marcha toujours, calme au milieu de nos tourmentes, comme le sablier du destin, et traversa tranquillement tous nos jours de fièvre et de colère avec soixante pulsations à la minute.

» L'*œil-de-bœuf*, avec un vieux damier pendu en face, et la complainte coloriée du *Juif Errant*, formaient exactement tout le décor des lambris. L'hiver, à partir de la Toussaint, on avait un poêle rond, de faïence, dont les tuyaux serpentaient sous le plafond, et brisaient une vitre pour prendre l'air à la fenêtre. Enfin, on comptait cinq tables à droite et cinq tables à gauche, toujours couvertes d'un gros linge bien blanc et d'assiettes symétriquement alignées : c'était l'*en cas*. On s'asseyait sur des escabelles. Pour arriver dans la salle, on traversait la cuisine, une belle cuisine bien noire, avec une vaste cheminée et des jambons pendus sous le manteau; de la salle, on allait au jardin, c'est-à-dire une grande cour entourée de pavillons et de pampres, où d'autres tables, solidement enracinées, attendaient le retour des hirondelles qui ramenaient les buveurs. Une claire-voie fixée sur le mur d'entrée permettait d'apercevoir, de la route, la maisonnette aux volets verts, avec une autre petite cour, un grand arbre et un jardinet planté de laitues qui la séparaient du chemin. Celui qui passe aujourd'hui devant ce seuil tristement désert lit sur la face du logis : BOURDON, SUCCESSEUR DE VEUVE SAGUET, DONNE A BOIRE ET A MANGER. Or, la veuve Saguet, — découvrez-vous, fils de nos pères, — s'appelle *madame Grégoire,* dans une chanson de Béranger.

» On ne sait plus boire. C'est un art qui s'en est allé, je ne sais où, peut-être en Allemagne. Hoffmann buvait encore à Dresde en 1813, au milieu des balles du prince Eugène; c'est la dernière halte connue du vieux Bacchus. Il ne fit depuis que de rares apparitions, se révélant par-ci, par-là au petit nombre d'apôtres qui lui étaient demeurés fidèles, mais il ne s'arrêta plus. On en sut pourtant des nouvelles, jusque vers 1830, sous les vignes de la rue du Moulin-de-Beurre, et c'est là que se tinrent, à ce qu'on croit, ses dernières bacchanales. Car, en fait de cabaret, ne me parlez pas du *Caveau.* On avait, il est vrai, dressé là dedans une manière de temple, où l'on offrait à l'idole disparue le culte des souvenirs. Mais on y faisait beaucoup de poésie, — peut-être beaucoup trop. On criait *Evohe!* mais on s'y abreuvait d'ellébore un peu plus que de vin. Il y avait du prétentieux et du parti pris dans cet attirail bachique; mais de naturel, pas l'ombre. Remarquez que du jour où l'on a chanté *le jus de la treille,* on a oublié de le boire. Les choses, aussi bien que les hommes, ne passent dans le domaine de la poésie qu'après leur mort. Quand on ne les a plus, on les chante; mais tant que le plaisir existe, on a mieux à faire que de le rimer, on le goûte. Méfiez-vous des poëtes couronnés de pampres, ce sont quasi tous des buveurs d'eau. »

Le bon vin bu franchement et sans chansons faites exprès donne du moins de la tendresse et de la sensibilité; c'est inouï comme il fait pleurer facilement. C'est des larmes qui coulent des yeux des ivrognes, et non de celles que versent les rois, que Bossuet devait s'étonner. Oh! s'il eût vu celles qui inondèrent un jour la taverne de la mère Saguet, qu'eût-il dit? qu'eût-il fait? une oraison funèbre. Ce que dit M. Marc Fournier de la cause de ce grand deuil, la mort de Juhel, nous en tiendra lieu.

Les buveurs sont rassemblés, on boit en attendant ceux qui manquent.

« Voilà que tout à coup un des leurs entre dans la salle, pâle et pleurant.

» — *Juhel est mort!* dit-il en tombant sur un escabeau, le front dans ses deux mains.

» — *Juhel!* répondirent vingt cris consternés.

» La mort venait de s'abattre au milieu d'eux.

» Il faut que je vous dise qui était Juhel. C'était un pauvre et bon ivrogne, peintre d'enseignes de son métier. Il badigeonnait quelquefois; mais où il excellait de préférence, c'était à peindre des pampres sur la porte des marchands de vin. Les belles grappes blondes et les belles feuilles rouillées qu'il savait faire, cet admirable Juhel! Mais, vous comprenez, à force de planter des vignes à la porte des cabarets, il avait fini par prendre en goût le vieux Silène. Culte d'artiste, voilà tout. Et puis, il avait le vin si gai, si fou, si bon enfant, qu'on grisait Juhel toutes les fois qu'on voulait rire; et ils voulaient toujours rire, chez la mère Saguet. Aussi Juhel, c'était plus qu'un compagnon pour eux, c'était leur patron, leur maître de philosophie, le grand prêtre de leurs mystères. Quand on s'apercevait qu'il n'avait plus de culottes, on faisait une souscription pour lui en acheter une paire. Alors Juhel, reconnaissant, prenait sa plus belle couleur de rouille pour *rajeunir* les murs du cabaret, et poussait l'inspiration de son cœur jusqu'à dessiner des panneaux sur les murailles, entourés d'une belle Grecque du goût le plus pur, afin de réjouir les yeux de ses enfants! ils ont voulu que cette dernière œuvre du bon Juhel fût religieusement conservée, et tous les ans, depuis la mort du peintre d'enseignes, la mère Saguet enlevait, dès le matin, sous des flots d'eau de savon, la poussière qui ternissait la belle Grecque, pour que le soir, durant le repas anniversaire, le regard des enfants de Juhel en fût encore réjoui!

» Celui qui entrait ainsi, le visage défait, pour annoncer la mort du badigeonneur, s'appelait Charlet. Il y eut un long silence de stupeur et d'épouvante. On se regardait avec des yeux hébétés. Enfin une voix osa se faire entendre, qui demanda de quoi Juhel était mort. Celui qui fit cette question se nommait Devéria.

» — Mes amis, dit alors Charlet d'un air digne et orgueilleux, Juhel, le grand Juhel est mort, en chrétien, dans les vignes du Seigneur : il était gris comme un âne. C'est une consolation pour ceux qui le pleurent!

» — *De profundis!* murmurèrent alors tous les disciples recueillis du défunt le grand maître en *beuverie*.

» En ce moment la mère Saguet se précipita dans le cabaret, toute sanglotante.

» — Ah! messieurs, s'écria-t-elle, Juhel n'est plus! Qui aurait dit, mon Dieu! que Juhel nous quitterait ainsi? La vendange avait été si belle cette année!

» Chacun demeura frappé de la vérité de ce discours, si bien que la cabaretière, encouragée par le silence général, ajouta d'une voix amère :

» — Allez! les VIDES que la mort de Juhel vient de laisser parmi nous sont incalculables!

» — Pauvre femme! observa Romieu, elle pense à tous les tonneaux que lui *vidait* Juhel : c'est déchirant!

» La réflexion fit sourire, et peu à peu on se prit à songer que l'heureux Juhel, mort d'une *apoplexie de templier*, comme disait Charlet, devait se réjouir dans le sein de l'éternité, et bénir ses enfants *du haut des cieux, sa demeure dernière*, ainsi qu'ajouta Édouard Donvé, d'un air à faire pleurer les montagnes. Alors Fonta se leva et récita ce distique :

A JUHEL.

Tu nous as fait trop rire dans ta vie
Pour qu'à ta mort on pense à te pleurer.

» On trouva le début galant, et chacun se mit en devoir de chercher des rimes en l'honneur du défunt. Cela fit une chanson qui servit d'oraison funèbre, et que l'illustre Collinet joua sur sa petite flûte aux applaudissements universels.

» On attribue plusieurs strophes de cet hymne à l'un des plus joyeux tapageurs du cabaret, M. V. Hugo. Il venait là, tous les jours, promener sa muse et ses rêves, bon, naïf, insouciant, et le front déjà chargé de ces rayons de gloire dont ses amis oubliaient l'éclat à la franche clarté de son sourire. La mère Saguet, qui est aujourd'hui une bonne vieille de soixante-cinq ans, n'en parle jamais que l'œil humide. Elle l'appelle toujours l'*enfant sublime*, elle vous conduit derrière sa maison, dans un petit coin gazonné, où s'élevait jadis le *moulin de la grande Pinte*. « C'est là, dit-elle alors, au pied du moulin, que M. Victor écrivait ses vers. Le moulin n'est plus, mais je suis bien sûre que les vers sont restés. Ah! quel aimable enfant que M. Victor, et aussi son frère Abel! Diriez-vous, mon bon monsieur, que c'est ce fou d'Abel qui m'apprit à faire le *riz à la Valenciennes* et la *tetine de vache* en daube! Le jour qu'ils sont venus pour attacher leur croix d'honneur, j'ai pleuré comme une Madeleine, mais c'était de joie. Car c'est ici qu'ils ont tous attaché leur croix, tous, les uns après les autres. Et aussi je les appelais mes enfants, qu'ils étaient déjà de grands hommes! »

» Tous ceux dont le siècle s'honore sont venus rire sous ces heureuses tonnelles. L'un s'appelait Thiers, l'autre s'appelait David le statuaire, celui-ci Bellangé, celui-là Chenevard, cet autre Armand Carrel, cet autre Alexandre Dumas, et puis Devéria, et puis Raffet, Gavarni, Tony Johannot, Romieu, Boulanger, Rousseau, Collinet, Fontan, Victor Hugo : quelle éblouissante pléiade!

» Un jour, la mère Saguet, voyant que 1830, — 1830 a détruit plus de choses qu'on ne pense, — avait dispersé tous ses poëtes, prit sa cave en dégoût, et se retira des affaires dans un petit pavillon tout couvert de feuillée, qui est au fond du jardin.

» La mère Saguet voit ainsi monter autour d'elle cette marée de plâtre et de moellons qui l'emportera. Elle a, d'ailleurs, une bonne vieille figure, assez philosophique. Quand on lui parle d'autrefois, son œil s'anime, et l'on découvre alors de vieux Jeux et de vieux Ris blottis et grelottants sous ses rides profondes. Ils se sont réfugiés là pour mourir avec leur mère..., ainsi que nous aurions dit du temps de madame Grégoire. »

Ce que M. Marc Fournier ne dit pas, c'est que la mère Saguet a tous les ans son jour de résurrection : c'est le jour de sa fête. Elle quitte son pavillon verdoyant et revient s'installer derrière son comptoir. Tout ce qui survit de gais lurons, ses contemporains, arrive alors à la file, aucun n'a oublié la date; la mère Saguet les attend, elle a fait elle-même la cuisine, elle a remué la *castrolle,* — c'est son mot, — avec une vigueur toute juvénile; la nappe est mise et les convives n'ont qu'à s'asseoir. Ainsi la mère Saguet se survit à elle-même comme elle avait survécu à la mère Gaspard :

> Allons, allons, la mère Gaspard,
> Une bouteille, il n'est pas tard;
> Allons, la mère Gaspard
> Il n'est qu'onze heures moins un quart ..

comme aussi elle avait survécu à la mère Radig, — prononcez Radis, — qui, sa fortune faite au cabaret de la *Providence*, à la Villette, s'en alla, vers 1830, au village de Bouffemont, près Pontoise, où elle est morte il y a deux ans, n'ayant pas moins de quatre-vingt-cinq ans. Avec elle s'en alla l'un des derniers débris de la vie de cabaret. Il ne reste plus que la mère Saguet, et nous en rendons grâce à Bacchus et à toute la mythologie bachique; sans cela, au lieu d'un *exegi monumentum*, nous aurions dû finir par un *De profundis*.



FIN.

PARIS. TYPOGRAPHIE DE HENRI PLON, 8, RUE GARANCIÈRE.

www.ingramcontent.com/pod-product-compliance
Ingram Content Group UK Ltd.
Pitfield, Milton Keynes, MK11 3LW, UK
UKHW012147240726
13966UKWH00001B/194

9 782013 478687